정합경제이론

김 학 은
연세대학교

$$y_{t\,n+1} = y_{t\,n}(1 + \theta_n\,\mu_{t\,n})$$

$$Y_{t\,n+1} = Y_{t\,n}(\zeta - \theta\,Y_{t\,n})$$

傳 英 社

이 책의 연구와 출판은 연세대학교 상경대학 기초학문분야 육성기금의 지원을 받아서 수행되었다.

젊은 학자들에게

거울 속의 나는 왼손잡이요
나는 지금 거울을 안 가졌소 마는 거울 속에는 늘 거울 속의 내가 있소
거울 속의 나는 참 나와는 반대요 마는 꽤 닮았소

李　箱

We shall not cease from exploration
And the end of all our exploring
Will be to arrive where we started
And know the place for the first time.

T. S. Elliot

책을 펴내며

1. 지금까지 나의 연구를 모아서 「정합경제이론」(整合經濟理論, *Coherence Theory of Economics*)이라는 이름으로 출판하기로 결심하였다. 정합경제이론이라는 명칭은 지금까지 없었다. 그러나 나의 연구주제가 책 전체를 관통할 정도로 단일하고, 내가 조사한 바에 의하면 지금까지 아무도(?) 인식하지 못한 내용이라서 마땅히 이름 붙이기가 어려웠다. 처음에는 수량공간과 시간공간 사이의 상대성과 경제현상이라는 긴 이름도 생각해 보았다. 그러나 오랫동안 숙고한 끝에 정합경제이론이라는 이름을 찾아내었다. 이 책에서 정합경제이론과 비교 대상으로 삼은 기존의 이론은 베이즈 정리(Bayes' theorem)이고 연구 내용도 겉으로 보기에는 베이즈 정리와 흡사하여 베이즈 경제학을 책제목으로 생각 해보았으나 본질적으로 다르므로 마지막 순간에 배제하였다. 이 책의 내용을 다음과 같이 요약할 수 있다.

- 관측할 수 없고 실험할 수 없는 경제현상을 설명하는 정합이론
- 시계열 표본에서 다양한 횡단면 표본집합을 추출하는 정합방정식
- 경제현상의 분열과 진화를 설명하는 정합방정식
- 생산과 분배를 설명하는 정합방정식
- 아담 스미스의 보이지 않는 손을 측정하는 정합방정식
- 파레토최적을 측정하는 지수
- 자유주의의 기초를 제공하는 정합방정식
- 자유와 평등의 상대적인 측정

이러한 내용은 저자의 과문(寡聞) 탓인지 어떠한 문헌에서도 아직 발견되지 않은 것들로서 이 책에서 처음 소개된다고 믿으며 이 책 출판의 충분한 사유가 된다고 생각하여 상재(上梓)한다.

2. 이 내용을 일별하면 느끼겠지만 정합경제이론은 일차적으로 실험경제학과

대조된다고 말할 수 있다. 그러나 이론경제학과도 대조된다. 이론경제학은 계량이나 실험을 통하여 검정된 가설을 이론으로 정립한다. 그러나 실험할 수 없는 경제현상에 대하여 이론경제학은 계량경제학이나 실험경제학으로도 확인할 수 없게 된다. 이러한 점을 생각할 때 정합경제이론은 이론경제학과도 구별된다. 무엇보다 이론경제학의 기초인 최적화 가정을 필요로 하지 않는다는 점에서 그 구별은 더욱 또렷해진다. 실험으로 확인할 수 없는 대표적인 경제현상은 실현되지 못하고 시간 속에 묻혀버린 횡단면 표본집합이다.[1] 스미스의 보이지 않는 손과 칸트의 자유도 마찬가지이다. 지역의 화폐유통속도도 관측되지 않으며, 도덕적 해이나 역선택 아래에서 균형이자율도 관측되지 않는다. 이 밖에도 관측되지 않고 실험으로도 확인할 수 없는 경제현상은 부지기수이므로 정합경제이론의 범위는 정해지지 않는다. 이 책은 제 1 편의 이론부분과 제 2 편의 응용부분으로 편성되어 있다. 제 2 편 응용부분에서 이론을 적용한 분야는 계량경제학, 화폐경제학, 금융경제학, 진화경제학, 소득분배론, 일반균형론 등 일부분에 지나지 않지만 앞으로 공공경제학, 법경제학, 국제경제학, 게임이론, 계약이론에도 적용할 가능성을 열어놓았다.

3. 정합경제이론이 하나의 이론으로서 성립할 수 있는 이유를 비유로 설명할 수 있다. 우리는 어떠한 사물의 2차원 그림자에서 그의 3차원 실체를 추론할 수 있다. 이 추론을 더욱 발전시킨 것이 평면의 2차원 모습에서 입체의 3차원 영상이 투사되는 홀로그래피 현상이다. 오른쪽 눈의 인식과 왼쪽 눈의 인식 사이의 생리적 차이를 이용하여 평면의 2차원 그림을 입체의 3차원에서 가상현실로 투영하는 것도 더 이상 새로운 일이 아니다. 말하자면 평면의 2차원에는 이미 입체의 3차원 정보가 교묘하게 숨겨져 있다는 사실이 확인된 이상 이것을 추출하는 방법의 발견만 남았을 뿐이다. 일찍이 베이즈(T. Bayes, 1763)는 관측되는 1개의 확률에서 관측되지 않는 모집단의 확률을 추론하는 방정식을 발견하였다. 이 발견이 오늘날 베이즈 확률이론으로 성장하여 컴퓨터의 발전과 함께 여러 분야에서 유용하게 사용된다. 최근에 만델브로(B. Mandelbrot, 1982)는 하나의 기하학적 형태가 자신 속에 갇혀서 숨어 있는 유사자신을 무한개 추출하는 자기유사성 원리(principle of self-similarity)의 방정식을 제시하였다. 이보다 먼저 튜링(Turing, 1952)은 생물체에서 나

---

1) 횡단면 표본집합보다 횡단면 모집단이 더 어울리는 표현이지만 확신할 수 없어서 횡단면 표본집합이라는 말을 사용하였다.

타나는 자기복제 현상을 형태발생(morphogenesis)이라고 명명하고 그의 수학적 모형을 제시한 바 있다. 그의 모형은 여러 분야 특히 인공지능분야에 영향을 주고 있다. 오목거울은 평면거울이 비추지 못하는 면까지 찾아낸다. 이 원리를 이용한 것이 자동차의 후사경(後射鏡, rear mirror)이다. 이러한 현상을 경제현상에서도 발견할 수 있다면 2차원 평면의 1개 시계열 표본에서 그 속에 갇혀서 교묘하게 숨어있는 3차원 입체의 다양한 횡단면 표본집합을 추출하는 원리의 발견도 불가능하지 않을 것이고 그 분포의 특성도 규명할 수 있을 것이다. 다시 비유하자면, 2차원 평면의 1개 시계열 속에는 3차원 입체의 횡단면 정보가 숨겨져 있고 그것을 추출할 수 있다는 주장이다. 이 추출원리의 "정합방정식"을 이 책에서 만날 것이다. 정합방정식이 후사경이다. 더욱이 이 추출은 자기복제(self-reproduction)의 특성을 보인다. 실험이 불가능한 횡단면 표본을 추출하는 것은 정합방정식으로 숨겨진 정보를 발굴하여 그 특성을 조사하는 방법이다. 이 방법을 사용하여 앞서 예로 들은 관측이나 실험이 불가능한 여러 경제현상들의 설명이 가능함을 보인다.

4. 스스로 새로운 이름을 지었으되 아무도 불러주지 않으면 이름으로서 남기가 어렵다는 점을 잘 알고 있다. 그리고 학자가 자신이 연구한 내용에 스스로 새로운 이름을 붙이는 무모함이 위험한 자만이라는 점도 충분히 인식하고 있다. 누가 자신의 이름을 스스로 짓던가. 그러나 그것은 일단 출판의 필요에 의해 편의상 붙인 이름이며 그 이상 그 이하도 아니라는 점을 분명하게 밝히고자 한다. 정합경제이론이 미시경제학이나 거시경제학처럼 독립된 분과가 되리라고는 생각하지 않는다. 그것은 강호의 동학들이 헤아릴 일이며 다만 자신의 서재 이름은 자신이 지을 수도 있다는 점으로 잠시 위안을 삼고자 한다. 폰 미제스(von Mises, 1949)처럼 자신의 이론을 스스로 인간행동학(Praxeology)이라고 명명한 예가 있으며 카네만과 트벨스키(Kahneman and Tversky, 1979)처럼 단지 사람들의 관심을 끌 목적으로 지금은 이미 유명해진 자신들의 논문 제목을 내용과 전혀 상관없이 전망이론(Prospect Theory)이라고 지은 경우도 있다는 사실을 상기함으로서 새로운 이름에 대한 변명을 삼고자 한다.[2] 그럼에도 불구하고 망외(望外)로 책의 내용을 인정하는 학자가 혹여 있어 더 좋은 명칭을 찾아서 붙여줄지도 모른다는 희망을 가져본다. 이런 점에서 차라리 베이즈 경제이론이 제목으로서 더 나을지 모른다고 생각해 보았다.

2) 카네만은 그 업적으로 2002년 노벨상을 수상하였다.

5. 이 책에 실린 내용은 베이즈 공식과 블랙-숄스 공식을 제외하고 모두 나의 발견이며 아무 곳에도 발표하지 않은 것으로서 그 내용의 객관적 인정에 이 책의 운명이 달려 있다.[3] 발표하지 않은 이유는 전체를 부분으로 토막내어 표현하였을 때 나의 주장이 설득력을 갖기 어렵다는 판단 때문이었지만 무엇보다도 처음에는 나 자신도 내 생각에 대하여 확신을 가질 수 없었다는 데 기인한다. 그러나 각 부분을 떼어낼 수 없을 정도로 생각을 한 단계 한 단계 차근차근 쌓아 올려간 결과 마침내 확신을 갖게 되었다. 이런 점에서 베이즈 공식을 인용한 것은 이미 인정받는 기성의 이론과 비교하면 나의 주장이 설득력을 얻는 데 도움이 된다는 판단 때문이지 이 책에서 빼버려도 전혀 상관없다. 무엇보다 책에서도 거듭 설명하지만 베이즈 정리가 불필요한 이유는 책의 내용이 베이즈 정리와 본질적으로 다르기 때문이다. 수학적 증명에 추가하여 여러 분야에서 이미 알려진 수많은 현상을 인용한 것도 모두 나의 주장을 설득하고자 하는 이유에서인데 단순한 비유의 사족으로 받아들이기 바란다. 생각해보면 멩거(C. Menger), 뵘바베르크(E. Böhm-Bawerk), 왈라스(L. Walras) 등도 자신들이 처음 발견한 경제원리를 장황하게 설명하고 있지만 검정을 거쳐 인정을 받자 오늘날 간단한 수학 방정식으로 표현될 뿐이다. 이 책에서 처음으로 제시하는 정합경제이론도 온갖 현상을 빌려 장황하게 설명되고 있지만 그것은 현학적인 장식이나 위세가 아니라 직관적인 이해를 구하기 위한 수단에 불과할 뿐, 언젠가 인정받는다면 이 책의 표지를 장식한 간단한 정합방정식 $y_{tn+1}=y_{tn}(1+\theta_n\mu_{tn})$ 또는 $Y_{tn+1}=Y_{tn}(\zeta-\theta Y_{tn})$만으로 표현될 수 있다고 예단할 수 있다. 사실상 우리 주변의 여러 현상이 정합방정식을 발견하는 데 도움이 되었음을 고백한다.

6. 이 책을 구상하고 출판하기까지 어느덧 15년의 세월이 흘렀다. 그 동안 부분적으로 성공하는 기쁨도 있었지만 난관에 부딪혀 좌절한 적이 더 많았다. 우연히 찾아온 어려운 문제를 둔재(鈍才)가 풀기에는 그 지성이 충분히 뒷받침하지 못하여 공연히 여러 해만 소비한 셈이다. 그러나 작은 결실을 보게 되어 이즈음에서 일단 정리하기로 마음먹고 출판에 임하였다. 그 결심의 배경에는 이 연구에 온 시간을 바치느라고 다른 일을 할 수 없었기에 그 노력의 결실을 그냥 사장하기가 너

---

3) 제10장의 일부는 경제학회지(2001)에 게재되었고 제8장의 일부도 한국경제학보(2005)에 게재되었다.

무 아깝다고 스스로 평가하는 데에 있기도 하지만, 책의 내용이 실험이나 관측으로 확인되지 않고 논리에만 의존하기 때문에 논리적 오류가 생겼을 때 그 오류를 발견하는 데에는 나 혼자만의 검토만으로 한계가 있으므로 내용의 수정과 완성을 위하여 여러 현자들의 거침없는 질정과 지혜를 절실하게 필요로 한다는 데에도 있다.

7. 멀리서 이 책의 출판을 격려해 주신 노 은사 마크 펄만(Mark Perlman) 교수에게 학문의 은혜를 크게 입었음을 밝히고자 한다. 특히 학자가 어떤 이론을 세웠을 때 그 생각의 계기를 후학이 이해할 수 있도록 기록으로 남기는 의무를 가르쳐 주셨다. 생각의 계기는 간단한 회귀방정식 $Y=\alpha+\beta X+\mu$에서 비롯되었다. 만일 $yY=1$, $xX=1$로 변수변환되는 x와 y가 존재한다면 회귀방정식 $y=\gamma+\lambda x+\eta$은 어떠한 모습이 되며 그것은 경제학적으로 어떤 의미가 있을까. 그리고 원래의 회귀방정식과 어떠한 관계일까. 특히 모든 변수가 이 같은 변환 관계를 유지할 때 두 개의 오차 μ과 η 사이에는 어떤 관계가 성립할까. 이것이 궁금하였다. 이 결과는 이 책의 제 8 장에 소개되었지만 여기에서 파생된 여러 가지 생각이 자라서 마침내 제13장과 제14장에서 경제학의 궁극적인 질문과 마주하게 되었다. 제15장은 이 보다 더 근본적인 질문에 대한 1차 시도이다. 이 책을 쓰는데 주위에서 쉽게 볼 수 있는 각종 홀로그래피가 나의 생각에 큰 영향을 주었다.

8. 상업성이 없는 순수학술의 연구와 출판에 연세대학교 상경대학 기초학문분야 육성기금의 지원을 받았음을 고맙게 밝히는 바이다. 이 책의 핵심인 제 8 장을 윤석범 교수와 김태환 교수가 여러 번 꼼꼼하게 읽어주었고 전체 초고를 정진욱 교수가 검토하여 주었다. 바쁜 시간을 내어 기꺼이 청감(淸鑑)을 허락한 데 대해 깊은 사의를 표한다. 육성기금이 정한 출판기한에 쫓기다 보니 원고의 정리과정에서 내용상 오류가 없을 수 없겠지만 그것은 전적으로 저자의 몫이다.

2006년 11월 10일

김 학 은 적음

차　례

제 1 편　이론부분

01 정합이론

02 비내포모형과 내포모형

03 수량좌표와 시간좌표

04 정합경제이론의 가능성

05 정합현상

06 기본방정식

07 확률생산함수

08 정합방정식

제 2 편 응용부분

09 정합과 자동복제

10 정합과 무질서

11 정합과 분할

12 정합과 분배

13 보이지 않는 손

14 파레토최적

15 자유와 평등

머 리 말

1. 이 책은 실험이나 계량으로 확인할 수 없는 경제현상을 설명하는 정합경제이론을 제시한다. 이 이론의 첫 번째 결실은 어떠한 확률변수라도 2개의 변수로 설명할 수 있는 "기본방정식"의 존재를 발견한 것이다(제 6 장). 이것은 오캄의 면도날(Occam's razor) 원리에 잘 부합된다. 두 번째 결실은 기본방정식에 기초하여 1개의 시계열 표본에서 그 속에 갇혀 교묘하게 숨어 있는 다양한 횡단면 표본집합을 추출하는 "정합방정식"을 발견한 것이다(제 8 장). 정합방정식은 기본방정식과 더불어 이 책의 2대 기둥이다. 더욱이 정합방정식에 의한 횡단면 표본집합의 추출은 초기조건만 주어지면 스스로 계속하여 자기복제의 기능을 발휘한다는 점에서 일종의 자기복제 자동기구(automaton)이다(제 9 장 제 3 절). 이 발견은 의외로 "자유주의"에 대한 논의의 실마리를 제공한다. 세 번째 결실은 확률방정식인 정합방정식이 자유주의 시장경제의 "분열과 진화"를 설명하는 무질서의 결정방정식과 동일하다는 사실을 규명한 것이다(제10장).[1] 네 번째 결실은 자유주의 시장경제의 "보이지 않는 손"의 기능이 생각보다 강하여서 어떤 이유로 시장이 균형에서 이탈될 때 그 스스로 빠르고

---

1) 여기서 무질서(chaos)는 완벽하게 정의된 수학 용어로 우리가 생각하는 일상적 질서가 없는 무질서가 아니다. 자유주의 시장경제는 수학적 무질서일 수 있으나 일상적 무질서인 혼동상태와 거리가 멀다. 이를 무질서의 질서(chaotic cosmos) 또는 비규칙의 규칙(irregular regularity)이라고 표현한다.

매끈하게(quickly and smoothly)[2] 균형으로 회귀하는 현상 역시 정합방정식으로 설명할 수 있음을 보인다(제13장). 다섯 번째 결실은 어째서 "자유"가 평등보다 더 중요한 덕목인가를 규명하는 이론적인 토대를 구축하였다는 점이다(제15장). 정합방정식은 지금까지 발견된 적이 없었다. 이 정합방정식의 발견은 자유주의 시장경제의 기능, 특성, 분열, 진화에 대한 의구심을 제거하는데 기여할 것으로 기대한다. 제 8 장과 제13장에서 이 방정식을 정식으로 대면하기 전에 관련문헌(literature survey)을 중심으로 그 배경의 문제의식을 기록하는 것으로서 머리말을 대신하겠다.

2. 경제학에서 관심을 갖는 변수들은 거의 대부분 단위시간(a unit of time) 또는 일정시간(a period of time)에 발생하는 수량이다. 여기서 단위시간이라 함은 일정 길이를 갖는 물리적이며 현상적인 기간을 가리킨다. 이 개념을 처음 제의한 힉스(Hicks, 1939)는 상징적으로 일시균형(temporary equilibrium)의 주(週, the Week)라고 불렀는데 이 주는 달력상의 주가 아니라 개념상의 주이며 시간 개념이 배제된 정태(static) 개념이다.[3] 소득, 소비, 저축, 투자 등이 단위시간에 측정되는 대표적인 수량이다. 재화와 용역으로 통칭되는 수량들은 구체적 달력상으로는 주로 1년이나 1분기 또는 1개월이라는 구체적인 시간 동안의 유량(流量, flow)으로 측정된다. 당연히 재화와 용역, 합쳐서 상품이라고 부르는 객체의 가격들 역시 단위시간에 측정되는 것은 당연한 일이다. 여기에서 한 단계 더 생각을 확대하면 수량과 가격으로 함께 표현되는 수요와 공급 역시 그 측정은 단위시간에 한정될 수밖에 없다. 상품 가운데 단위시간에 측정하는 유량이 아니라 일정시점에서 측정하는 저량(貯量, stock)은 측정의 단위시간이 없다고 하지만 저량이 그의 모습을 수요로 표현될 때에는 수요함수의 연속성 조건 때문에 단위시간이 부여된다(Hicks 1939, Friedman, 1962, Moss 1976). 여기에 더하여 저량 또한 긴 시간에 축적된 것이므로 시간의 길이를 연장하여 생각하면 이 또한 유량의 한 종류이다. 수학적으로 표현하면 시간에 대한 정적분(定積分)이다. 그러므로 케인즈의 유동성 선호설에서 화폐수요로 표현되는 저량의 가격으로서 이자율 역시 일정한 단위시간에서 측정될 수밖에

---

2) 이것은 힉스(Hicks 1939, p. 123)의 표현이다.

3) The theory of temporary equilibrium does not include the ultimate dynamic problems (Hicks, 1939, p. 246).

없다. 이와 대조적으로 북구(北歐)의 대출자금설에 따르면 이자율은 처음부터 일정기간에 측정하는 유량으로서 대출자금의 가격이다.[4] 이자율의 역수가 유량의 가격임을 생각하면 그 역시 측정의 이면에는 단위시간이 숨겨져 있다. 이처럼 모든 경제재화의 수량과 가격이 단위시간에 측정된다. 경제현상은 단위시간의 수량좌표(quantity coordinates) 상의 발현이다.

효용함수는 생산함수와 더불어 경제학의 2대 기둥이다. 효용함수에 관련된 모든 수량 역시 단위시간에 측정되므로 결과적으로 얻어지는 효용도 단위시간에 측정된다. 그에 대한 중요한 이유로서 효용은 측정하는데 어려움은 있지만 줄 곳 수량의 개념이라는 사고가 오래 동안 지배적이었다는 점을 들 수 있다.[5] 또 하나의 기둥인 생산함수에 관련된 수량 또한 그것이 저량이면 그것이 일정시간에 생산을 위해서 흐르는 그의 서비스가 단위시간에 측정된다. 경제학은 단위시간이라는 개념의 수량좌표 위에 축조된 이론이라 할 수 있다.

3. 경제학의 또 하나의 특징은 관측되는 경제현상에 대해 가설(hypothesis)을 세우고 계량경제학이나 실험경제학의 기법으로 검정(testing)하여 이론(theory)으로 정립한다는 점이다. 이때 관련되는 대부분의 변수들 역시 단위시간에 측정된다. 그러나 경제학은 일반적으로 자연과학에 비하여 실험에 제약을 받기 때문에 이론경제학의 엄밀성이 어느 학문보다 강조되며 그에 어울리게 발달되어 있다. 그러나 이론경제학의 목표 가운데 하나는 관련된 변수들을 계량화하여 가설을 검정하고 마지막에 현상을 설명하는데 기초를 제공한다는 데에 있는데 이론의 검정을 현상 설명에 두는 계량경제학이나 실험경제학은 일치이론(一致理論, correspondence theory)에 속한다. 일치이론은 진리를 찾는데 있어서 이론을 현상에 일치시키는 방법이다.

4. 그러나 관측될 수 없고 실험할 수 없는 변수들에 대해서는 일치이론의 방법으로는 접근할 수도 파악할 수도 없다. 수학에서 허수(虛數, imaginary number)는 현실에서 관측되지 않고 인식하기도 대단히 어렵다. 물리학에서 허시간(虛時間, imaginary time)은 관측한 사람도 없고 경험한 사람도 없을 뿐만 아니라 인식하기도 불가능하다. 통계학에서 역확률(逆確率, inverse probability)

---

4) loanable fund theory를 대부자금설이라고도 번역한다.

5) Schumpeter(1954), p.1063n.

은 그 개념을 파악하기 어렵고, 경제학에서 "보이지 않는 손" 역시 마찬가지이다. 계량경제학에서 1개의 시계열 표본 속에 숨어 있는 횡단면 표본집합 역시 관측을 불허한다. 철학에서 "자유" 역시 순수 사유의 산물이다. 그러므로 허수, 허시간, 역확률, 보이지 않는 손, 시계열 속의 횡단면 표본, 자유는 일치이론으로는 그 존재를 확인할 수 없다. 허수, 허시간, 역확률, 보이지 않는 손, 시계열 속의 횡단면 표본, 자유는 수학, 물리학, 통계학, 경제학, 철학의 이론체계가 내적 정합으로 완벽하게 찾아낸 좋은 예가 된다. 자연계에 어딘가에 있지만 존재를 드러내지 않는 허수, 허시간, 역확률, 보이지 않는 손, 시계열 속의 횡단면 표본, 자유는 정합이론(整合理論, coherence theory)이 아니면 찾아내기가 불가능할 것이다.

5. 정합이론은 진리를 추구하는데 있어서 진리의 전체체계를 하나의 사고체계(idea 1)로 설명할 때 전체체계를 설명하는 다른 사고체계(idea 2)와 일관되게 통일되어 내적 정합을 이루면 진리로 받아드리는 방법이다. 전체가 하나이며 하나가 전체가 되는 접근법이다(all is one and one is all). 인간 이성의 고유 영역이다.

경제학에서 관측될 수 없는 유명한 예가 "보이지 않는 손"이다. 아무도 본 적도 없고 볼 수도 없는 이것의 존재를 증명하는데 오로지 정합이론에만 의존하여 200여 년이 소요되었다. 그러나 보이지 않는 손이 얼마나 빠르게 시장균형을 형성하는지 그 수렴속도는 관측되지 않는다. 일반적으로 경제학에서 속도는 관측되지 않는다. 현재 기술수준이나 능력 범위로 보아 관측될 수 없는 속도변수의 또 다른 예가 임의의 지역의 화폐의 유통속도이다. 전체 화폐수량은 알려져 있지만 특정지역의 그것은 알 수 없고 전체 유통속도는 알려져 있지만 특정지역의 유통속도는 관측이 되지 않는다. 지역소득 역시 마찬가지이다. 지역생산량은 알려져 있지만 하나의 지역에서 생산하고 다른 지역에서 주거하는 사람들 때문에 지역소득은 파악하기가 어렵다. 지역소득이나 지역유통속도는 과학기술의 발달로 아마 미래에는 그의 파악이 가능할지 모른다. 그러나 균형의 수렴속도는 아마도 관측이 계속 불가능할 것이다. 관측이 불가능한 대상 가운데 가장 좋은 예가 현실에서 실현되지 않고 시간좌표(time coordinates)에서 묻혀버리는 횡단면 표본의 확률정보일 것이다. 즉 시계열 속의 횡단면 표본집합이다. 몬테 칼로 방법(Monte Carlo Method)을 사용하는 표본추출의 문제는 그를 우회하는 방법 가운데 하나이다.

6. 그러나 단위시간을 배경으로 수량좌표에서 축조한 가설과 검정을 통과한 이론은 진리의 전체체계를 찾는 하나의 사고체계(idea 1)에 불과하다. 이와 어울리는 또 하나의 사고체계(idea 2)로서 시간좌표가 있다면 둘 사이의 내적 정합을 이용하여 관측되지 않거나 실험될 수 없는 변수의 확률정보를 찾아낼 수 있을 것이다. 마치 씨줄(idea 1)과 날줄(idea 2)이 엉켜 한 필의 옷감이 만들어지는 현상에 비유할 수 있다. 씨줄과 날줄이 서로 독립이듯이 수량좌표(quantity coordinates)와 시간좌표(time coordinates)는 상호 독립적이다. 이것이 1개의 시계열 표본 속에 숨겨있는 횡단면 표본집합의 추출문제이다.

7. 이 추출이 가능하다는 것이 이 책의 주장이다. 어떠한 사물이든지 2차원의 그림자에서 그의 3차원의 실체를 추론할 수 있다. 광원의 위치를 한 점(idea 1)에서 다른 점(idea 2)으로 옮기면 다른 그림자가 형성되고 이렇게 형성된 그림자들을 합성하면 사물의 실체가 된다. 베이컨(F. Bacon)의 동굴의 우상은 바로 이러한 점을 지적한 것이다. 마찬가지로 관측이 불가능하여 일치이론으로 접근이 불가능한, 단위시간에 측정되는 수량변수를 수량좌표에서 표현하는 전통적인 이론체계(idea 1) 대신 거꾸로 단위수량에 측정하는 시간변수를 시간좌표에서 표현하는 새로운 이론체계(idea 2)를 구축하여 두 좌표 사이의 내적 정합(coherence)을 이용하면 가능하다. 베이컨의 동굴에서도 벽(idea 1)을 향해 앉아서 그림자로만 보던 사물의 우상을 밖(idea 2)을 향하여 돌아앉아야 비로소 사물의 실체를 제대로 이해할 수 있다.

코페르니쿠스는 우주에 대한 인류의 인식을 지구중심의 사고(idea 1)에서 태양중심의 사고(idea 2)로 전환시켰다. 철학자 칸트(Kant, 1781)는 경험주의와 이성주의를 정합할 때 자신의 사고를 코페르니쿠스 전환이라고 자부하였다. 그는 경험세계(idea 1)와 초월세계(idea 2) 사이에 하나의 관계를 창출하였는데 그 매개를 전형이라고 불렀다.[6] 초월세계에 속하는 도덕법칙(idea 1)은 직접적으로 알려지지 않으므로 경험세계의 자연법칙(idea 2)이라는 전형을 기준 삼아

6) 이성주의를 합리주의, 초월세계를 선험세계라고 번역한 것이 최근까지 관행이었다.

행위의 도덕성을 측정해야 한다고 주장하였다.

8. 인식했든 못했든 수량좌표의 경제현상을 시간좌표 상에서 표현하는 코페르니쿠스 전환을 현대에서 처음 시도한 사람은 40여 년 전 민서(Mincer, 1963) 교수이지만 그는 슬라츠키 방정식(Slutsky equation)에서 소득효과의 편의(偏倚, bias) 현상에 의문을 제기하는데 그쳤다. 곧 이어 베커(Becker, 1965)가 이 문제를 시간배분이론이라는 새로운 경제학 분야를 개척하며 부분적인 해법을 제시하였다. 그러나 베커의 이론은 이미 그보다 110년 전에 고센(Gossen 1854)에 의해 인식되었던 것을 재발견한데 불과하다. 고센은 한계효용이 체감하는 이유로서 소비에는 시간이 소모된다는 사실을 지적하였다. 베커는 단위수량을 소비하는데 소요되는 시간을 수요이론에 도입하였다. 음악회라는 상품은 음악이라는 재화와 감상시간이라는 재화가 합쳐진 복합상품(composite good)이다. 이것은 랭커스타(Lancaster, 1966)의 특성이론(characteristic theory)의 연장이다. 재화의 수량과 소비시간을 분리해서 생각할 수 없는 것은 시간 없이는 어떠한 행동도 불가능하기 때문이다. 영국자료를 조사한 멀가트로이드와 뉴버거(Murgatroyd and Neuberger, 1997)에 의하면 시간을 노동에 35퍼센트, 수면과 휴식에 36퍼센트, 소비활동에 29퍼센트를 배분하는 것으로 나타났다. 이것은 시간을 다루는 경제성장의 동태적인 현상과 다르다. 힉스의 주("the Week")에서 소비행위는 소비에 시간을 배분하는 정태적 행위이다. 주말휴가라는 단위상품의 소비는 시간으로 계산된다. 이미 1920년대에 포드 자동차회사는 자동차 1대를 생산하는데 14초가 걸렸다는 사실을 선전하였다. 1900년에는 연간 노동시간이 3,100시간이었고 전체시간 가운데 의식주생산을 위해 바치는 시간이 75퍼센트, 여가시간이 18퍼센트였다. 2000년에는 연간 노동시간이 1,700시간으로 반이 감소하였고 전체시간 가운데 의식주생산에 불과 12퍼센트, 여가시간에 67퍼센트를 사용한다.[7)] 시간이야말로 공급의 상한이 한정되어 위에서 닫혀 있는 폐집합(閉集合)이며 축적이 되지 않는 유일한 재화라는 사실의 인식과 함께 시간의 가치가 점점 높아지면서 수량 대신 시간으로 측정하는 방법의 중요성은 커져가고 있다. 호텔은 1인당 투숙시간으로 객실을 판매하며 주차장

---

7) Fogel, R. W., "Technophysio evolution and the Measurement of Economic Growth," *Journal of Evolutionary Economics*(2004), pp. 214–221. Williams(1985)와 Lehndorf(1997)도 비슷한 자료를 제시하였다.

도 자동차 1대당 주차시간으로 주차면적을 판매한다. 그런데 문제는 누구에게나 하루가 24시간이라는 절대적인 크기로 주어져 있으며 축적이 안 된다는 사실이다. 시간은 위로 상한을 갖는 닫힌 폐집합이다.

9. 단위시간에 생산하거나 소비하는 수량을 Q라고 표현하고 단위수량을 생산하거나 소비하는데 필요한 시간을 q라고 표현하면 이들 사이의 수학적 변환관계는 $qQ=1$이다. 의도했든 못했든 이러한 변수변환의 예를 처음 보인 사람은 마샬(Marshall, 1923)이다. 그는 피셔(Fisher, 1911)의 단위시간의 유통속도 V를 변수변환 $Vk=1$에 의하여 오늘날 마샬의 k라고 부르는 변수, 즉 단위회전에 소요되는 시간으로 변환하였다.[8] 그렇다고 하여 피셔의 교환방정식 $MV=Y$를 정태이론이라고 여기는데 대하여 마샬의 캠브리지 방정식 $M=kY$를 동태이론이라고 생각하는 학자는 없다.

이러한 예는 그 후 위험회피도 A와 위험인내도 T의 관계 $AT=1$, 레온티에프 생산함수의 자본의 평균생산 σ와 가속도 v의 관계 $\sigma v=1$, 사회적 후생함수에서 소득의 그림자가격 λ과 구매력 계수 θ의 관계 $\lambda\theta=1$, 가격밀도 k와 조이자율 $R=1+r$의 관계 $kR=1$, 오차의 분산 σ^2과 오차의 정도(precision) h의 관계 $\sigma^2 h=1$ 등으로 확대되었고 앞으로 더 확대될 것이다. 이러한 예는 단순한 변수변환에 불과할 뿐 정태현상이 동태현상이 되는 것이 아니다. 누가 그림자가격을 구매력으로 바꾸어 표현하였다 하여 사회적 후생함수를 동태적 함수라고 보던가. 이 책에서 말하는 시간이란 고센-베커가 말하는 경제행위에 배분하는 시간배분(the allocation of time)의 개념이다(제 3 장의 소정리 3-1을 참조).

이러한 예에서 보듯이 앞에서도 언급하였지만 간단한 회귀방정식 $Y=\alpha+\beta X+\varepsilon$의 변수가 단위시간에 측정되는 수량이라면 $yY=1$, $xX=1$의 변수변환의 도움으로 새로이 정의되는 회귀방정식 $y=\gamma+\lambda x+\mu$의 변수는 단위수량에 측정되는 시간으로 변환된다. 그렇다면 단위시간의 수량좌표에서 분석한 결과(idea 1)와 단위수량의 시간좌표에서 분석한 결과(idea 2) 사이에는 고유한 내적 정합

8) 마샬이 캠브리지 방정식을 생각하게 된 단초는 1871년까지 거슬러 올라간다.(Screpanti and Zamagni 2005, p. 233). 비슷한 시기에 철학자 쇼펜하우어는 시간과 공간의 특성을 분류하면서 다음과 같이 말하였다. Velocity, the space being the same, is in the inverse ratio of the time. Schopenhaur, A., *Die Welt als Vorstellung und Wille*, Leipzig, 1877, p. 55.

의 전형관계가 존재할 것이다. 이러한 내적 정합을 예상하지 못한 새로운 정보를 추출하는 공식인 "정합방정식"으로 표현할 수 있음을 이 책이 제시할 것이다(제 8 장과 제 9 장). 가상현실이 오른쪽 눈의 인식(idea 1)과 왼쪽 눈의 인식(idea 2)의 차이를 거꾸로 이용하여 2차원 평면의 정보에서 3차원 입체의 정보를 확대 생산하는 것처럼 정합이론은 수량좌표(idea 1)와 시간좌표(idea 2)의 내적 정합을 이용하여 2차원 평면의 표본에서 3차원 입체의 횡단면 표본집합을 생산한다. 수량좌표가 씨줄, 시간좌표가 날줄이라면 횡단면 표본집합은 한 필의 옷감이다, 정합경제이론은 가상현실의 경제학적 적용에 비유할 수 있다.

10. 정합방정식이 1개의 시계열 표본에서 다양한 횡단면 표본집합을 추출할 수 있다면 그것은 다양성의 자유주의가 왜 중요한가를 설명하는 기초를 제공한다. 뿐만 아니라 횡단면 모집단의 확률분포의 다양한 특성에 대한 기초를 제공할 수 있게 되었다. 현재까지 시계열분석에서 횡단면 모집단의 정규분포를 가정하는 것이 통상적인 관행이었다. 이것은 어디까지나 가정에 불과하다. 이 가정은 올바른 것일까. 관측이나 실험을 할 수 없으므로 아직도 미래의 연구분야이지만 정합방정식에 의해 그 가정에 대한 진위를 검정할 수 있는 길이 열렸다(제10장 제 5 절). 또한 이 검정은 자유주의의 특성이 정규분포의 특성과 유사한 것인지 아닌지 시금석을 제공하여 민주주의 투표의 속성을 규명하는 데에도 기여할 것으로 기대할 수 있다.

11. 아마 가장 흥미로운 사실은 불확실성을 설명하는 정합방정식이 무질서(chaos)의 분열(bifurcation)을 설명하는 결정방정식의 형태를 취한다는 점일 것이다(제10장). 세포분열 같은 이 현상을 정합방정식이 설명할 수 있다는 증명은 주어진 정보가 정합방정식의 도움으로 세포분열하여 새로운 정보를 추출할 수 있다는 사실을 확인시켜 준다. 이항정리에 의하여 2항이 무한대의 n항으로 분열되는 현상이나 2진법이 n진법으로 표현될 수 있는 수학적 진리도 바로 이러한 모습에 비유될 수 있을 것이다. 불리언 수학(Boolean mathematics)은 모든 진술, 문장, 제의를 2항 방정식으로 설명한다. 뒤집어 말하면 불리언의 2항 방정식은 모든 진술을 내포하고 있다고 말할 수 있다. 만델브로(B. Mandelbrot, 1982)의 분절기하학(fractal geometry)은 하나의 기하학적 형태가 자신 속에 갇혀 있는 자기 유사를 무한개 추출하는 방정식을 제시하는데 성공하였

다.[9] 이러한 의미에서 무질서 이론은 곧 진화경제이론과 연결된다. 새로운 제도나 시장의 탄생, 진화, 소멸을 설명하는 이론을 부분적으로 제시한다. 진화에는 자동장치가 전제되어야 하는데 정합방정식의 특성 가운데 하나가 스스로 계속하여 자기복제하는 능력을 보유하고 있다는 점이다(제 9 장 제 3 절). 경제학은 실험에 제한을 받기 때문에 자연과학보다 정보가 상대적으로 부족하다. 이 새로운 정보가 단위시간의 수량만으로는 관측할 수 없는 여러 가지 개념의 존재를 인식시키는데 중요한 역할을 한다는 점에서 정합이론의 의의가 있다고 할 수 있다.

12. 이뿐만이 아니다. 현재 아담 스미스의 "보이지 않는 손"의 존재는 증명되었지만 그 손이 정태균형을 찾아가는 왈라스(L. Walras, 1871)의 탐색과정이나 에지워스(F. Edgeworth, 1881)의 협상과정은 아직 만족할 만한 수준으로 규명되지 않았다. 소위 균형의 안정성이라고 부르는 이 과정을 시간(time)의 미분방정식의 해법으로 설명하지만 학자들은 현실성이 부족하다고 그에 대하여 만족하지 않고 있는 실정이다.[10] 이 책은 수량좌표(idea 1)와 시간좌표(idea 2) 사이의 내적 정합으로 찾아낸 정합방정식이 시간이 아닌 상태(state)의 미분방정식임을 보이고(제 8 장과 제 9 장) 이것을 이용하여 "보이지 않는 손"의 강력한 안정성을 증명하는 한편, 최초로 자연적이고 비인격적이며 조정속도가 빠른 협상과정과 탐색과정을 나타내는 "정합방정식"을 유도할 것이며 이 방정식을 이용하여 파레토최적을 측정하는 지표를 구할 수 있음을 보인다(제13장과 제14장). 이 방정식에 의하면 일시균형으로 회귀하려는 시장의 힘은 생각보다 빠르고 매끄러우며 강력하다. 그렇다면 아무런 인위적인 간섭이 없을 때 시장경제의 가장 중요하고도 흔들릴 수 없는 "자유"의 기초를 제공하는 셈이다(제 15장).

13. 정합방정식이 내포하는 시간좌표(idea 1)의 중요성은 그것이 위에서

---

9) 만델부로의 말을 빌리면 fractal이라는 단어는 자신의 발명인데 라틴어의 단절을 뜻하는 fractus에서 암시를 받았다고 한다(Gleick, 1987, p. 98). 이것은 전파 잡음의 노아효과 Noah effect와 요셉효과 Joseph effect를 반영한다. 그러나 그가 발견한 새로운 차원이 분수 fraction로 표현되는 점을 강조하는 해석도 있다(Coveney and Highfield 1995, p. 192). 분수차원과 단절현상을 합쳐서 분절기하학이라고 번역하였다.

10) Arrow and Hahn(1971).

제약된 닫힌 폐집합이라는 점이다.[11] 이와 대조적으로 수량좌표(idea 2)는 아래에서 제약되고 위로 열려져 있는 집합이다. 경제학에서 균형의 존재를 증명할 때 음(陰)의 상한은 제외하지만 양(陽)의 상한은 무한대로 열려져 있다. 선호의 포화점이 없다는 가정과 기술의 집합이 볼록하다는 가정이 모두 이러한 특성을 의미한다. 그러나 시간은 모두에게 24시간으로 위에서 제약되어 있으며 동시에 음의 시간은 존재하지 않으므로 아래에서도 제약되어 있다. 뿐만 아니라 수량은 축적이 되지만 시간은 축적이 불가능하다. 무한대로 열려 있는 소비집합에서 무한대의 소비가 가능하지 않은 것은 궁극적으로 소비에는 시간이 사용되기 때문이다. 시간을 사용하지 않고는, 경제적이든 비경제적이든, 인간의 어떠한 행동도 불가능하다. 무한대로 열려져 있는 생산집합에서 무한대의 생산이 가능하지 않은 이유 역시 궁극적으로는 노동이 소비와 시간사용에 경쟁적이기 때문이다. 그러므로 아래에서 제약된 수량좌표와 위에서 제약된 시간좌표 중간에 힘의 균형이 존재한다고 생각하는 것은 직관이다. 그리고 위에서 제약하는 시간의 힘과 아래에서 제약하는 수량의 힘이 서로 견제하여 균형을 안정하게 만든다고 생각하는 것도 직관이다. 이렇듯 수량좌표와 시간좌표 사이의 상호작용과 내적 정합이 시장의 힘의 원천이 된다. 마치 원심력과 구심력 사이에 균형 잡힌 힘이 투사된 물체를 궤도에 안정적으로 머물게 하는 현상에 비유할 수 있다.

14. 시간좌표가 수량좌표와 내적 정합을 이루고 서로 견제하여 스스로 균형을 유지하는 내적인 힘이 존재한다는 사실은 정합방정식에는 경제학의 가장 근본적인 최적화(optimization) 가정이 반드시 필요하지 않을 수 있음을 뜻한다. 오히려 정합방정식이 최적화 가정의 근본 이유를 제공한다고 볼 수 있다 (제 7 장과 제 8 장).

15. 시간좌표에서 중요한 것은 시간의 가격인데 베커는 처음으로 이 개념을 도입하였다. 같은 1시간이라도 시간마다 가격의 차이가 있음을 처음으로 인식한 것이다. 주차장에서 처음 30분 주차가격과 그 다음 초과 주차가격은 다르다. 호텔에서도 정해진 시간을 초과하면 시간가격이 다르다. 주말의 1시

11) 시간의 상한은 24시간이고 축적되지 않는다.

간의 가치는 주중의 1시간의 그것과 다르다. 소위 내재적 시간(intrinsic time)의 개념으로 측정하면 아시아 증권시장의 시간은 미국의 증권시장의 시간보다 짧다고 알려졌다.[12] 그러므로 단위수량당 시간은 하나의 희소상품으로서 가격이 그 시간에 대한 개인의 수요와 공급에 의해서 결정된다고 볼 수 있다. 베커는 슬라츠키 방정식의 대체효과와 소득효과가 현실에서 편의(偏倚)된다는 사실을 통계자료를 통하여 처음 발견한 민서의 의문, 즉 슬라츠키 소득효과의 불가능 정리를 시간배분이론을 이용하여 부분적으로 해결할 수 있었다. 그것은 재화가격은 시장에서 결정되어 소득수준이 다른 모든 소비자나 생산자에게 공통으로 주어지지만 시간가격은 시장에서 결정되지 않고 소득수준이 서로 다른 모든 사람마다 시간배분이 다르고 다른 가치를 가지기 때문에 서로 다른 소득계층에 대하여 재화의 가격은 동일할 수 있지만 시간가격이 동일하지 않는다는 사실에 기인한다. 따라서 수량차원에서 분석한 결과와 시간차원에서 분석한 결과 사이에 차이가 발생하여 슬라츠키 소득효과의 정의가 불가능하게 된 것이다. 이 점을 주목한 것이 베커의 업적이다.

16. 그러나 민서-베커는 단위시간 접근의 사고체계(idea 1)와 단위수량 접근의 사고체계(idea 2)를 정합시키는 작업은 시도하지 않고 일치이론에만 머물러서 코페르니쿠스 전환은 일어나지 않았다. 스티드만(Steedman, 1995, 2000) 역시 소비에 시간의 중요성을 역설하였으나 정합의 방식을 추구하지 않았다. 이 책에서 연구한 정합경제이론은 베커가 설명한 소득효과의 편의 현상을 멋지게 재구축할 수 있을 뿐만 아니라(제 5 장), 그 밖에 관측되지 않은 현상을 찾아내는 데에도 폭넓게 활용될 수 있다(제11장과 제12장). 우연의 일치처럼 이 책에서 시도한 수량좌표와 시간좌표의 정합구조는 베이즈의 확률이론과 블랙-숄스의 옵션가격이론의 구조와 매우 흡사하므로 이들의 이론을 수량좌표와 시간좌표의 정합구조에 비추어서 확장 분석하였다(제 2 장, 제 3 장, 제 4 장, 제 7 장). 그 과정에서 "정합방정식" 유도의 기초가 되는 "기본방정식"이 유도되었다(제 6 장). 기본방정식과 정합방정식. 이 두 방정식이 이 책의 두 기둥이다. 이 책은 수량좌표의 현상과 시간좌표의 현상을 통합하여 경제학의 새로운 정합방법을 연구한 결과물이다.

---

12) Chorafas(1994), p. 17.

부록: 정보추출

2차원에서 3차원으로 투영하는 예로서 홀로그래피를 소개하였지만 2차원의 정보로 3차원을 투영하는 간단한 수학적 예를 들어보겠다. 다음의 방정식을 생각하자.

$$Y = aX^3 + bX^2 + cX + d \qquad \cdots\cdots \ (\text{A}-1)$$

이것은 3차 방정식인데 이것의 기하학적 표현이 〈그림 A−1〉이다. 특별히 원점을 지나도록 선택하였지만 일반적인 경우라도 상관없다. 이 그림을 보고 무엇을 유추할 수 있겠는가.

[그림 A-1]

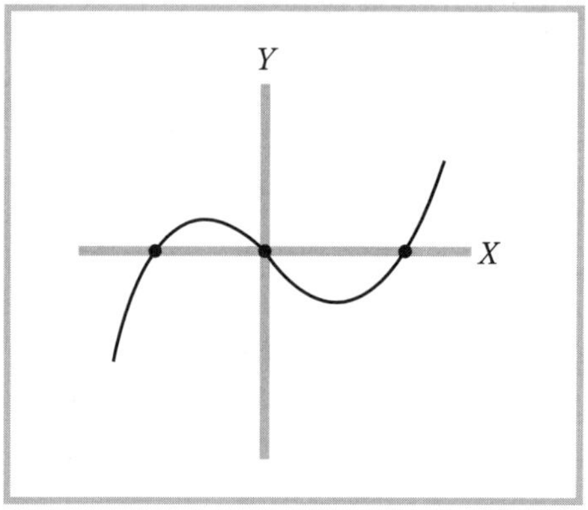

[그림 A-2]

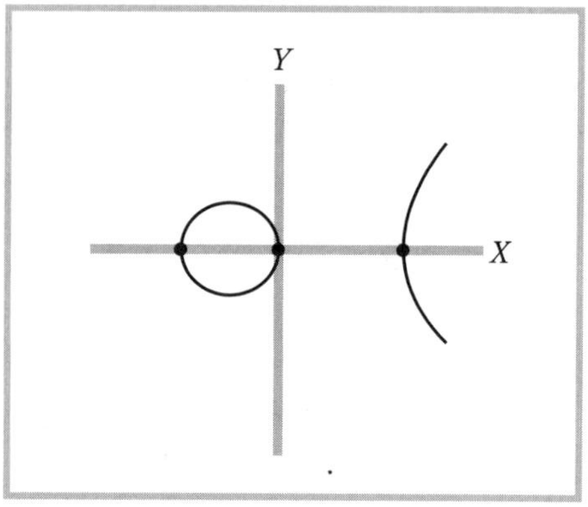

가령 X축이 수평선이라고 하자. 그러면 가로축 위의 부분은 수면 밖이고 밑은 수면 밑이다. 말하자면 수평선을 바라볼 때 수평선 위로 나타난 육지의 모습이다. 물밑에 잠긴 부분은 보이지 않는다고 하자. 그러면 추가적인 정보 없이 육지의 모습을 유추할 수 있겠는가. 알려진 Y의 정보를 이용하면 된다. 구체적으로 다음의 방정식을 생각하자.

$$Y^2 = aX^3 + bX^2 + cX + d \qquad \cdots\cdots \ (\text{A}-2)$$

방정식 (A−2)는 방정식 (A−1)의 왼쪽에 Y를 곱한 것뿐이다. 이미 알고 있는 정보를 재활용한 것이다. 그러나 방정식 (A−2)의 기하학적 표현은 〈그림 A−2〉처럼 공중에서 내려다 본 육지의 모습이 된다. 다시 말하면 2차원의 정보를 나타낸 〈그림 A−1〉의 모습을 3차원의 모습으로 전환한 것이다. 이것은 이미 뉴턴이 발견한 것이다. 이 간단한 예에서 보듯이 2차원의 정보에서 3차원의 정보를 추출하는 것은 가능하다.

제 1 편

이론부분

CHAPTER 01

정합이론

이 책은 앞서 머리말에서 문헌 중심의 문제의식을 제기한대로 경제학에 새로운 방법의 도입을 시도하는 연구서로서 그 이상 그 이하도 아니다. 그러나 이 장에서는 불가피하게 정합경제이론을 설명하는데 기본적으로 필요한 철학, 수학, 물리학, 통계학의 예를 최소한도의 범위 내에서 인용하겠다. 다만 저자가 이들 학문의 전문가가 아니므로 이들 학문에 대한 깊이 있는 소개로 여기질 않기를 바랄 따름이다.

제 1 절 철 학[1)]

1. 정합이론(整合理論, coherence theory)은 철학의 이론이다. 철학에서 진리 또는 판단(judgement)을 진술하는데 있어서 이와 쌍벽을 이루는 또 하나의 이론으로 일치이론(一致理論, correspondence theory)이 있다. 일치이론은 그 뿌리가 고대 그리스의 플라톤까지 거슬러 올라간다. 일치라는 말이 암시하는 바대로 그 의미는

1) 이 부분은 *Encyclopedia of Philosophy*, pp. 130–133, pp. 223–232에 크게 의존하였으며 연세대학교 철학과 박순영 교수의 자문을 받았다. 오류가 있다면 그것은 저자의 탓이다.

사고와 현상이 일치해야 진리로 받아들인다는데 기인한다. "진리란 지성(intellect)과 사물(things)의 일치이다(Veritas est adaequatio rei et intellectus)"라고 주장한 9세기 철학자 아이삭 이스라엘리(Isaac Israeli)의 말에 잘 요약되어 있다. 현대에는 무어(Moor), 러셀(Rusell), 램지(Ramsey), 비트겐슈타인(Wittgenstein), 타르스키(Tarski) 등 주로 경험주의 철학자들이 일치이론에 속하는 대표적 철학자들이다.[2)]

2. 그러나 일치이론의 한계는 사물에서 관측되지 않는 현상에 있다. 이와 대립되는 정합이론은 라이프니츠(Leibnitz), 스피노자(Spinoza), 헤겔(Hegel), 브래들리(Bradley) 등 주로 합리주의 철학자가 구축하였지만 칸트도 여기에 속한다. 철학자 롤즈(Rawls, 2000)는 정합이론가(coherentist)로서의 칸트 철학을 강의하며 그에 관련한 정합이론의 골격을 다음과 같이 요약하고 있다.

> I suggested that [Kant's] constructivist doctrine is also *coherentist*, in that it gives an account of how the four kinds of reason [freedom of reason, humanity of reason, autonomy of reason, fact of reason] *cohere together into one unified and self-authenticating constitution of reason* (p. 273, the italics are not original).

여기서 "자유"가 정합이론의 대상임이 주목된다. 일치이론의 목록에는 자유가 없다. 순수수학과 이론물리학에 영향을 받은 노이라스(Neurath), 헴펠(Hempel) 등 논리실증주의자들도 정합이론에 속한다. 정합이론에 의하면 진리 또는 판단에 대한 진술(idea 1)의 진위는 다른 진리 또는 판단에 대한 진술(idea 2)에 정합하는가 그렇지 않은가의 여부로 판정된다. 하나의 판단이 참인지 아닌지 검정하는 방법은 전체(one unified and self-authenticating constitution)와 내적 정합(cohere)의 검정을 거치는 것이다. 경험할 수 없는 무지의 영역(realm of ignorance)에서 이성의 능력만으로 접근할 수 있는 최선의 방법이다.

3. 그러나 정합이론은 전체의 정체가 무엇인지 모호하다는 비판을 받고 있다. 전체가 사전적으로 주어진 것인지 아니면 사후적으로 알 수 있는 것인지, 내적 정합을 이루는 부분이 모여서 전체가 되는 것인지, 하나의 사고가 다른 사고와 정합을 이룬다고 어떻게 모호한 전체와 정합을 이루는지에 대한 비판은 계속 남아

2) The observed truth of physical science, therefore, constitutes overwhelming empirical evidence that this hypothesis is very approximately correct, even if not rigidly true. Russell, B., *Foundations of Geometry*, Cambridge, 1897, p. 6.

있다. 케인즈(J. M. Keynes)는 부분의 합이 전체가 되지 않는다고 주장하였다(the whole is not equal to the sum of the parts). 이것이 전체론(holism)과 환원주의(reductionism)의 한계이다. 칸트는 정합이론의 측면에서 순수이성의 이율배반으로 시간의 길이가 무한하다고 추론하였는데 아인슈타인의 상대성이론에 의하면 시간에는 시작이 있다는 사실이 밝혀졌다. 이로서 칸트 정합이론의 한계가 드러났다. 이러한 정합이론의 단점과 일치이론의 단점을 각각 보완하기 위하여 합의이론(合意理論, consensus theory)이 탄생하였다. 그럼에도 불구하고 순수수학이나 이론물리학에서 정합이론은 설득력을 갖는데 그 대표적인 예를 통해 정합이론의 진수를 파악해본다.

제2절 수 학[3)]

1. 수학사에 의하면 허수(虛數)의 발견은 고대 이집트까지 거슬러 올라갈 수 있다. 그러나 1545년 카르다노(G. Cardano)가 재발견할 때까지 잊혀졌다. 그에 대한 가장 큰 이유는 허수와 일치하는 현상이 전혀 없었기 때문에 일치이론으로는 받아드리기 어려웠다는데 있다. 이로서 수학은 시와 음악뿐만 아니라 모든 예술을 뛰어넘었다.[4)] 허수의 존재는 1637년 데카르트(R. Descartes)에 의해 기하학적으로 표현되면서 시각적으로 이해할 수 있는 기회를 얻게 되었다. 대수적인 해법(idea 1)과 기하학적 해법(idea 2)이 일치하면서 그 정합이 인정된 것이다. 허수의 좌표가 실수의 좌표와 직교한다는 [그림 1-1a]의 기하학적 진리가 1799년 베셀(C. Wessel)에 의해 증명되어서야 오랫동안 감추어졌던 허수의 모습이 마침내 드러났다.

2. 허수의 발견은 몇 가지 특징을 갖는다. 첫째, 일치이론(correspondence theory)으로는 설명할 수 없다는 점이다. 둘째, 현실에서 실험으로 검정할 수 없다는 점이다. 허수는 수학적 존재이므로 물리적인 존재를 필요로 하지 않는다. 이렇

3) 이 부분은 Nahin, P., *An Imaginary Tale: The Story of* $\sqrt{-1}$, Princeton: Princeton University Press, 1998, chs. 1-3을 참조하였다.

4) They[imaginary numbers] lead to results grander than any which flow from the imagination of the poet. Hill, T., *North American Review*, vol. 85, p. 235.

게 말하면 허수는 실세계와 아무 연관도 없는 수학적 구조에 불과한 것처럼 보일 수 있다. 그러나 실증주의 철학의 관점에서 보면 어느 쪽이 실재인지 결정할 수 없다. 허수의 허수 자승이 실수가 된다는 사실 $i^i=0.2078\cdots$ 을 발견한 수학자 피어스(B. Peirce)는 다음과 같이 선언했다.[5)]

> This is surely true, it is absolutely paradoxical; we cannot understand it, and we don't know what it means. But we have proved it, and therefore we know it must be truth.

3. 허수의 수학적 존재는 우리가 측정할 수 없지만 그 밖에 다른 방법으로 믿고 있던 효과까지 예견할 수 있다는 사실이 밝혀졌다.[6)] 이것이 정합이론(coherence theory)의 가장 좋은 예이다. 무엇보다 오일러(L. Euler)에 의해 발견된 "수학에서 가장 경이로운 공식(the most remarkable formula in math)"은 다음과 같

그림 1-1a 베셀의 허수좌표

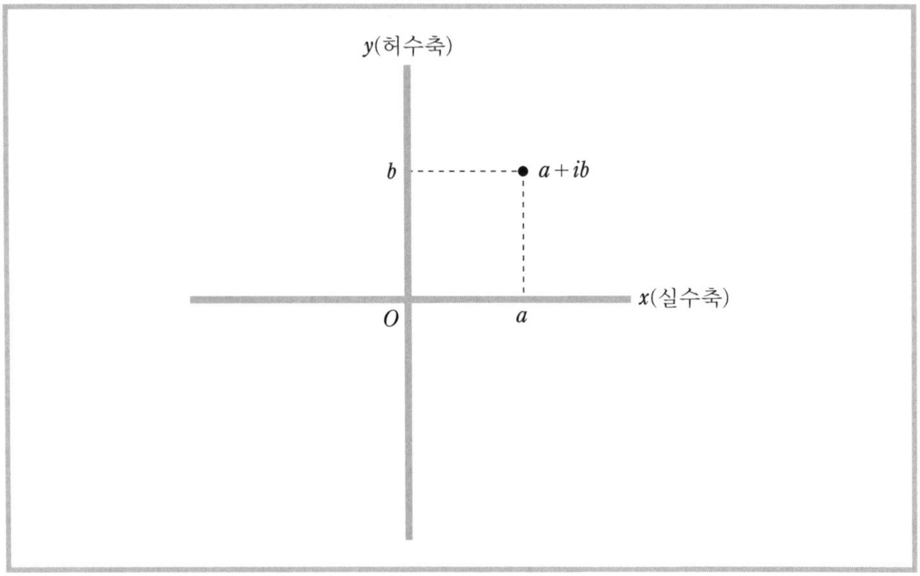

5) Nahin(1998), p. 68.

6) The strongest use of the [imaginary number] symbol is to be found in its magical power of doubling the actual universe and placing by its side an ideal universe, its exact counterpart. Peirce, B., *American Journal of Mathematics*, vol. 4(1881), p. 216.

그림 1-1b 두 좌표 사이의 거리

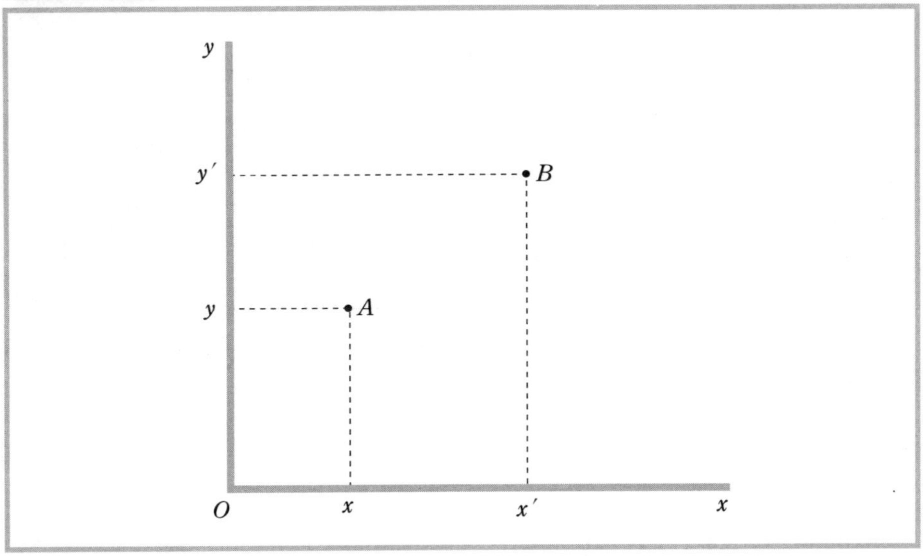

은 간단한 식이다.

$$e^{\pi i} = -1$$

이 식에 의하면 e에 실수인 원주율 π과 허수 i의 곱을 제곱하면 일정한 실수 -1이 된다. 이 공식은 수학의 세 가지 부호 (e, π, i) 사이의 관계를 가장 단순하고 아름답게 나타내고 있다. 허수는 두 개의 실수 e와 π에 숨어 있는 것이다. 실수와 허수의 곱의 형태가 상수가 되는 것은 이것이 유일한 경우이다.

4. 원주율이 허수만에 의해서 다음과 같이 표현될 수 있는 경지에 이르면 허수의 존재는 확실해진다.

$$\pi = 2\frac{i}{ln(i)}$$

그럼에도 실수인 원주율이 허수만으로 표현된다는 수학적 진리는 상상을 불허한다. 그러나 원주율은 다음과 같이 실수만으로 표현되기도 한다.

$$\frac{\pi}{4}=\arctan x=\cfrac{x}{1+\cfrac{x^2}{3-x^2+\cfrac{9x^2}{5-3x^2+\cfrac{25x^2}{7-5x^2+\cdots}}}} \quad \cdots\cdots (1-1)$$

여기서 $x=1$이며 분모가 무한대로 확장되지만 매우 빠르게 수렴한다.[7] 이것을 보면 허수는 실수인 원주율 속에 교묘하게 숨어 있는 것이다. 이것은 실험이나 계량에 의한 일치이론으로는 발견될 수 없는 것이다.[8] 그것은 오히려 삼각함수(idea 1), 해석학(idea 2), 미적분(idea 3) 등의 독립된 결과와 내적 정합을 이루는 속에서 발견되었다. 인간이성의 결과물이다.

제3절 물 리 학[9]

1. 수학과 달리 물리학은 실험으로 가설을 검정할 수 있다. 그러나 물리학에서도 실험으로 검정할 수 없는 허시간(虛時間)이 추론의 정합에 의해서 발견된다. 실시간의 관점에서 허시간의 역사를 결정하는 법칙들을 가지며 그 역도 성립한다는 것이 밝혀졌다.

허시간이 문헌에 처음 나타난 것은 아마도 부이(A. Buee)에 의해서 그 존재가 드러난 1806년일 것이다. 이것은 허수의 직교현상(orthogonality)이 베셀에 의하여 발견된 지 불과 7년만의 일이다. 부이는 미래의 시간을 t, 과거의 시간을 $-t$라 정의하고 현재의 시간을 $(t\sqrt{-1})/2$와 $(-t\sqrt{-1})/2$의 합성인 $(t\sqrt{-1})/2+(-t\sqrt{-1}))/2=0$라고 주장하였다. 부이에 의하면 현재는 두 개의 허시간의 합인 셈이다.

---

7) Brouncker-Euler의 증명으로 알려져 있다.

8) 허수 이외에 경험할 수 없는 수학적 개념은 무한대와 K차원의 초공간이다. … the infinite, the imaginary, and the relations of hyperspace, none of which can be directly imagined. Merz, J., *History of European Thought in the Nineteenth Century*, London, 1903, p. 716.

9) 이 부분은 Nahin, P., *An Imaginary Tale: The Story of* $\sqrt{-1}$, Princeton: Princeton University Press, 1998, chs. 4를 참조하였다.

2. 부이의 주장에는 증명이 포함되지 않았다. 본격적인 허시간의 증명은 아인슈타인의 상대성원리를 기다려야 하였다. [그림 1-1b]의 2차원 평면에서 좌표 (x, y)에서 좌표 (x', y')까지 이동거리는 피타고라스 정리에 의하여 $(\Delta s)^2=(\Delta x)^2+(\Delta y)^2$이다.

3. 이제 2차원 평면에서 3차원의 공간으로 확대하면 개인 1은 좌표 (x, y, z)에 머물고 개인 2는 좌표 (x', y', z')에 머물고 있다고 설정한다. 개인 1의 좌표의 이동거리는 피타고라스 정리에 의하여 $(\Delta s)^2=(\Delta x)^2+(\Delta y)^2+(\Delta z)^2$이고 개인 2의 좌표의 이동거리는 $(\Delta s')^2=(\Delta x')^2+(\Delta y')^2+(\Delta z')^2$이다. 이동거리는 좌표축을 어디에 잡느냐에 따라 상관없이 일정하다. 두 사람의 좌표축을 평행 이동하는 한 이동거리는 불변이다. 두 사람의 이동거리가 같다고 하자. 즉 $\Delta s=\Delta s'$이다. 이제 이동하는데 걸리는 시간까지 생각하면 약간 다르게 된다. 즉 개인이 각자의 시간을 들여 이동할 때 좌표축은 자연시간에 의해 이동하는데 그 이동거리는 빛의 속도 c에 이동시간 Δt을 곱한 거리 $c\Delta t$이다. 시간까지 포함한 피타고라스 정리는 다음과 같다.

$$(\Delta s)^2=(\Delta x)^2+(\Delta y)^2+(\Delta z)^2+(c\Delta t)^2$$

이때 복잡함을 피하기 위해 개인 1과 개인 2가 y와 z의 위치는 고수한 채 x 방향으로만 v의 속도로 이동한다고 하자. 그러면 $x\neq x'$, $y=y'$, $z=z'$이다. 즉 $\Delta y=0$와 $\Delta z=0$이다. 따라서 $\Delta y=0$와 $\Delta z=0$일 때 시간까지 포함한 피타고라스 정리는 다음과 같다.

$$(\Delta s)^2=(\Delta x)^2+(c\Delta t)^2 \quad \cdots\cdots (1-2)$$

문제는 개인 1의 이동거리를 이렇게 표현할 수 있겠는가. 대답은 아니다. 먼저 개인 2의 이동거리 $(\Delta s')^2$을 계산하기 위해서 우리는 $(c\Delta t')^2$과 $(\Delta x')^2$이 필요하다. 상대성이론에 의하면 두 사람의 시간은 이동속도에 따라 다르므로 $t\neq t'$이다. 이러한 경우 다음의 로렌츠 변환(Lorentz transformation)이 성립한다.[10]

$$x'=\frac{x-vt}{\sqrt{1-(v/c)^2}},\ y=y',\ z=z',\ t'=\frac{t-xv/c^2}{\sqrt{1-(v/c)^2}} \quad \cdots\cdots (1-3)$$

10) 아인슈타인은 독자적으로 기존의 물리학 법칙에 의존하지 않고 동일한 결과를 발견하였다.

이동속도 v가 빛의 속도 c에 비하여 극히 작은 크기이면 분모는 대체로 1로 여길 수 있어서 $x'=x-vt$와 $t=t'$이 되겠지만 이동속도가 빛의 속도에 비하여 무시할 수 없을 정도로 크면 사정은 달라진다. 로렌츠변환 (1-3)의 각 변수를 시간에 대하여 미분한 결과를 이동거리에 대입하면 다음이 된다.

$$(\Delta s')^2=\frac{\left[\frac{v^2}{c^2}(\Delta x)^2-2v(\Delta t)(\Delta x)+c^2(\Delta t)^2\right]}{1-(v/c)^2}+\frac{[(\Delta x)^2-2v(\Delta t)(\Delta x)+v^2(\Delta t)^2]}{1-(v/c)^2} \quad \cdots\cdots (1-4)$$

이 결과는 이동속도 v가 빛의 속도 c에 비하여 작은 크기이면 개인 1의 이동거리 (1-2)와 일치한다. 그러나 이동속도가 커지면 이동거리의 정의 (1-2)와 다르다. 개인 1의 이동거리와 개인 2의 이동거리가 동일하려면 이동거리 (1-2)는 다음과 같이 재정의 되어야 한다.

$$(\Delta s)^2=(\Delta x)^2-c^2(\Delta t)^2$$

여기에 미분한 결과를 대입하면 다음과 같이 정정된다.

$$(\Delta s)^2=\frac{(\Delta x)^2[1-(v/c)^2]-c^2(\Delta t)^2[1-(v/c)^2]}{1-(v/c)^2}=(\Delta x)^2-c^2(\Delta t)^2 \quad \cdots\cdots (1-5)$$

이렇게 하면 개인 1의 이동거리와 개인 2의 이동거리가 일치한다. 이것은 (1-2)가 다음과 같이 됨을 의미한다.

$$(\Delta s)^2=(\Delta x)^2+(c\Delta t\sqrt{-1})^2 \quad \cdots\cdots (1-6)$$

이 과정에서 $(c\Delta t)^2$이 아니라 $-(c\Delta t)^2$임이 확인된다. 이것은 자연시간이 과거로 진행하는 것이 되지 않게 하려면 이동거리가 $-(c\Delta t)^2=(c\Delta t\sqrt{-1})^2$이 되어야 한다는 뜻이다. 즉 허시간의 존재를 인정하지 않을 수 없다. 시간이 미래방향으로만 진행하므로 이동거리는 다음과 같이 표현하여야 한다.

$$\begin{aligned}(\Delta s)^2&=(\Delta x)^2+[c\Delta t\sqrt{-1}]^2\\&=(x'-x)^2+c^2(t'\sqrt{-1}-t\sqrt{-1})^2 \quad \cdots (1-7)\end{aligned}$$

시간이 과거시점 $t\sqrt{-1}$ 에서 미래시점 $t'\sqrt{-1}$ 으로 진행할 때 개인이 한 점 x에서 다른 점 x'로 이동한 거리는 Δs이다. 시간개념에 대한 부이(A. Buee)의 직관과 거의 일치한다.

4. 로렌츠 변환(Lorentz transformation)은 맥스웰(J. Maxwell)의 전자기장 방정식의 수학적 유도의 결과이며 여기까지는 이론과 현상이 대응하는 일치이론의 영역이다. 그러나 허시간의 존재는 실험이나 관찰을 통해서 인식할 수 없는 허수라는 하나의 사고(idea 1)에 상대성원리라는 또 하나의 사고(idea 2)와 로렌츠 변환(idea 3)이 내적 정합을 구성하여 확인되는 정합이론의 산물이다.

제 4 절 통 계 학

1. 통계학은 귀납법(induction)에 의존하는 대표적인 학문이다. 그러므로 통계학은 사물에 대해 비교할 수 있는 준거를 갖고 있다고 생각할 수 있다. 그러나 통계학의 역설은 확률에 근거를 두고 있다는 점이다. 현실에서 확률을 본 사람이 없기 때문이다.[11] 객관적인 확률이 자연에 숨어 있다고 믿는 빈도 확률 학자(frequentists)에 대하여 베이즈(Bayes, 1763)는 확률을 주관적으로 믿는 정도라고 정의하였고, 베루누이는 베루누이 이동(Bernoulli shift)이라고 알려진 결정적(deterministic) 현상으로 확률을 설명한 바 있다.[12] 갈톤(Galton, 1869)은 확률법칙을 비이성의 최상의 법칙(the supreme law of unreason)이라고 불렀으며, 폰 노이만과 몰겐슈타인(von Neuman and Morgenstein, 1944)은 게임이론에서 확률의 근원은 사람의 마음 속에 있다고 보았다. 이에 더하여 케인즈(Keynes, 1921)는 확률이론은 현실과 상관없다고 주장하였다.

> … it is not, that is to say, subject to human caprice, … There is little likelihood of our discovering a method of recognizing particular probabilities, without any

11) 주사위를 던져서 4가 나올 확률을 1/6이라고 한다. 그러나 잘 갖추어진 실험실에서 기계가 주사위를 던질 때 방향, 힘, 풍속, 기압, 습도, 온도 등 주사위에 영향을 미치는 모든 정보를 알 수 있다면 4가 나오는 현상은 더 이상 확률적(stochastic) 현상이 아니라 결정적(deterministic) 현상이다.

12) 이 부분은 Ekeland, I., *Mathematics and the Unexpected*, University of Chicago Press, 1988, pp. 49-64에 자세히 서술되어 있다.

assistance whatever from intuition or direct judgement … incautious methods and exaggerated claims of the school of Laplace.[13)]

이러한 측면에서 보면 통계학은 귀납법과 연역법 사이에 있는 학문이다.[14)] 여기에 더하여 역확률(inverse probability)은 사고하기가 어려운 개념이다.[15)] 실제 물리적으로 존재하지 않기 때문이다. 역확률에는 두 가지 유형이 있다. 제 1 유형 역확률은 모집단 전체에서 발생할 수 있는 확률을 소수의 표본만으로 추론하는 확률이다. 제 2 유형 역확률은 글자 그대로 확률의 역수를 가리킨다. 제 1 유형은 베이즈 확률이론에서 잘 정리되어서 사고하기 어려운 개념이 아니므로 여기에서는 제 2 유형만 생각해 본다.

2. 베이즈(Bayes, 1763)에 의하면 확률은 발생빈도(frequency)가 아니라 사물의 특성에 대해 주관적으로 믿는 정도(a degree of belief)이다.[16)] 그 믿는 정도는 사물에 대한 특성에 대해 새로운 정보가 추가되면서 바뀌어 가는데 바뀌기 전의 사전확률(prior probability)과 바뀐 후의 사후확률(posterior probability) 사이의 베이즈 공식은 다음과 같다.

$$P(G \mid E)=\frac{P(G)\times P(E \mid G)}{P(G)\times P(E \mid G)+(1-P(G))\times P(E \mid G^{*})} \qquad \cdots\cdots \ (1-8)$$

여기서 $P(G)$는 사건 G가 일어날 수 있는 사전확률이고 $P(G^{*})$는 사건 G^{*}가 일어날 수 있는 사전확률이다. 그런데 일어날 수 있는 독립사건이 2개뿐이라면 $P(G)+P(G^{*})=1$이다. $P(G \mid E)$는 정보 E 하에서 사건 G가 일어날 수 있는 사후확률이다. 베이즈 공식 (1-8)의 예를 들어 보자. 여기 살인혐의로 경찰에 잡혀온 피의자가 있다고 하자. 그는 범행을 완강히 부인하고 있다. 취조관은 75퍼센트의 심증으로 그가 범인이라고 생각한다. 이것이 사전확률 $P(G)$이다. 그에게 거짓말탐지기 E를 사용하였더니 그의 무죄 주장이 거짓말이라고 나왔다. 이 기계의 성능은

---

13) Keynes(1921), pp. 3-4, 51.

14) It[statistics] is the link between rigid deduction and the vast field of inductive science. A complete theory of probabilities would be the complete theory of the formation of belief. Davis, E., *Bulletin American Mathematical Society*, vol. 1(1894), p. 16.

15) Berstein, P., *Against the Gods,* New York: Wiley, 1996, p. 129.

16) Bayes, T., "An Essay Toward Solving a Problem in the Doctrine of Chances," *Philosophical Transactions, Essay* LII, pp. 370-418. Thomas Bayes(1702-1761).

과거기록에 비추어보면 진범이 거짓말하는 확률이 85퍼센트이고 결백한 피의자가 사실을 말했는데도 거짓말한다고 나타내는 확률이 5퍼센트이었다. 나머지 10퍼센트는 회색지대(inconclusive area)이다. 전자의 경우가 $P(E \mid G)$에 해당하고 후자의 경우가 $P(E \mid G^*)$에 해당한다. $P(E \mid G)$과 $P(E \mid G^*)$ 사이에는 회색지대가 있다. 따라서 그가 진범일 사후확률은 다음과 같다.

$$\mathrm{P}(G \mid E)=\frac{0.75\times 0.85}{0.75\times 0.85+(1-0.75)\times 0.05}=0.98$$

사전확률 75퍼센트에서 거짓말탐지기의 도움으로 새로운 증거 E가 추가된 결과 사후확률이 98퍼센트로 증가한다. 베이즈 정리는 사전확률(idea 1)과 사후확률(idea 2)이 내적 정합을 이루는 공식 (1-8)에 있다. 베이즈가 확률을 믿는 정도라고 정의한 것은 이런 의미에서 하나의 믿음과 다른 믿음 사이에 정합의 구축에 두고 있다고 생각된다. 여기서 부호를 간소화하기 위하여 우도함수(likelihood function)를 $P(E \mid G)=Q_1$와 $P(E \mid G^*)=Q_2$라고 표기할 수 있다. 그러면 베이즈 정리 (1-8)은 다음과 같다.

$$P_a=\frac{P_bQ_1}{P_bQ_1+(1-P_b)Q_2} \qquad \cdots\cdots \ (1-9)$$

여기서 P_b는 사전확률이고 P_a는 사후확률이다. 예를 들어서 두 개의 공장을 운영하는 회사를 생각하자. 새로운 공장 1이 60퍼센트의 생산을 하고 나머지 40퍼센트는 오래된 공장 2가 생산을 한다. 이것이 새로운 공장의 사전확률 $P_b=0.6$이다. 회사는 오래된 공장 2의 불량품 생산이 새로운 공장 1의 그것 보다 2배 높다는 것을 경험적으로 알고 있다. 이것은 $Q_1=100$이라면 $Q_2=200$이라는 뜻이며 베이즈 정리 (1-9)가 Q_1과 Q_2에 대하여 0차 동차 함수임을 의미하므로 Q_1과 Q_2을 언제든지 확률 $P(E \mid G)=Q_1$와 $P(E \mid G^*)=Q_2$로 변환하여 베이즈 정리 (1-8)이 될 수 있다. 이러한 환경에서 어떤 1명의 구매자가 1개의 불량품 반환을 요구한다고 하자. 어느 공장장에게 문책을 해야할까. 이 경우 새로운 공장 1에서 그 불량품이 생산될 사후확률은 다음과 같다.

$$P_a=\frac{0.6\times 100}{0.6\times 100+0.4\times 200}=0.428$$

새로운 공장 1은 전체의 60퍼센트를 생산하지만 불량품 생산은 전체 불량품 가운데 42.8퍼센트에 불과하다. 오래된 공장 2의 생산은 전체의 40퍼센트에 불과하지만 불량품은 전체 불량품 가운데 57.2퍼센트로서 과반수를 넘는다. 베이즈 정리는 단 1개의 불량품이 발생했을 때 어느 공장에서 생산된 것인지 그 사후확률을 계산할 수 있는 방법을 가르치는 것이다.

3. 베이즈 확률이론은 20세기에 케인즈(Keynes), 램지(Ramsey), 피네티(Finetti), 세비지(Savage) 등에 의해 더욱 발전되었고 현재 진단, 판결, 로봇설계, 핵발전소설계, 고고학연대추정, 금융 등 위험과 불확실성에 관련된 모든 분야에서 널리 쓰이고 있다. 그러나 베이즈 정리는 사전확률이 무엇인지 그 정체가 모호한 경우가 많다는 비판을 받는다. 빈도확률학자(frequentist)들은 사전확률이 확률변수가 아니라고 주장하지만 베이즈 확률학자(Bayesian)들은 사전확률을 확률변수로 정의한다.[17]

앞서 살인피의자 예에서 사전확률은 경찰관의 심증이었고 불량품의 예에서 사전확률은 과거 경험이다. 두 경우 모두 과거 경험에 의존한다. 베이즈 사후 그의 논문을 책임지고 출판해 준 프라이스(R. Price)는 다음과 같이 적고 있다.

> Every judicious person will be sensible that the problem now mentioned is by no means a curious speculation in the doctrine of chances, but necessary to be solved in order to provide a sure foundation for all our reasonings concerning *past facts, and what is likely to be hereafter* (the italics are not original).[18]

그러나 과거경험이 전혀 없는 경우가 더 많다. 수술경험이 전혀 없는 의사가 첫 환자를 성공적으로 수술을 끝낼 확률을 묻는 경우가 그 예이다. 이 비판은 흡사 정합이론에 있어서 전체의 개념이 모호하다고 비판받는 것에 견줄 수 있다. 이것은 불확실성과 위험의 차이이다. 나이트(Knight, 1921)에 의하면 불확실성은 과거에 그와 동일한 사건의 발생이 없기 때문에 확률분포조차 알려지지 않은 미래의 상태이고 위험은 확률분포가 알려진 상태이다. 미래가 불확실하다는 것은 확률분포가 불확실하다는 뜻이다. 그러나 케인즈는 불확실성과 위험을 구태여 구분하지 않았다.

17) Koop(2005), p. 2.
18) Kendall and Plackett(1977), pp. 134-141.

일치이론으로 설명할 수 없는 대상이 신의 존재이다. 그렇다고 이것은 정합이론으로도 설명되지 않는다. 이 점은 일찍이 칸트가 유명한 이율배반으로 증명한 바 있다. 그러므로 수학자인 베이즈가 개인의 주관적 믿음에 근거한 새로운 확률이론을 발견했다는 사실은 그의 직업이 목사였다는 사실과 무관해 보이지 않는다. 무지의 상태에서 전체가 하나이고 하나가 전체라는 철학자 쇼펜하우어의 표현도 같은 맥락에서 이와 흡사하다.[19] 최근에 물리학자 언윈(Unwin, 2003)이 베이즈 확률이론으로 신의 존재의 가능성을 탐구한 것은 정합이론의 한 부분이다. 아래에서 보듯이 정합경제이론의 구조는 베이즈 정리와 매우 흡사하다.

4. 베이즈 정리는 광범위하게 응용되는 분야가 증가하고 있지만 아직도 그 영향력은 계량경제학에서 상대적으로 작으며 경제이론에서는 매우 작다.[20] 정합경제이론과 접목에 필요한 그 기초를 찾기 위하여 베이즈 정리 (1−9)의 분모를 다음과 같이 표현할 수 있다.

$$Y = P_b Q_1 + (1 - P_b) Q_2 \qquad \text{비내포 모형} \qquad \cdots\cdots \ (1-10)$$

여기서 Y는 식 (1−8)과 비교하면 주변확률이고 Q_1와 Q_2는 조건확률이지만 동시에 Y는 Q_1와 Q_2의 수학적 기대(mathematical expectations)이다. 이때 적용되는 확률이 사전확률 P_b이므로 사전기대(priori expectations)로서 사후정보를 내포하지 않았기에 식 (1−10)을 비내포 모형(非內包模型, non−nested model)이라고 부를 수 있다. 앞서 피의자의 예에서 주변확률은 Y=65퍼센트이다. 이것은 거짓말탐지기가 실수하지 않을 확률 85퍼센트와 실수할 확률 5퍼센트의 사전평균이므로 사전기대이다. 앞서 공장의 예에서 사전기대는 두 공장의 불량품 1개와 2개의 평균불량품의 수 Y=1.4개이다. 그러면 베이즈 공식 (1−10)에서 다음이 성립한다.

$$P_a Y = P_b Q_1 \qquad \text{베이즈 변환} \qquad \cdots\cdots \ (1-11)$$

$$(1 - P_a) Y = (1 - P_b) Q_2 \qquad \text{베이즈 변환} \qquad \cdots\cdots \ (1-12)$$

식 (1−11)∼(1−12)은 사전확률 P_b을 사후확률 P_a로 변환하는 공식인데 편의상 베이즈 변환(Bayes transformation)이라고 부르자. 하나의 정보에서 새로운 정보

19) Magee(2001), pp. 131−153.
20) Koop(2005), xiii.

를 추출하는 공식이다. 사실상 식 (1−11)은 베이즈의 공식 (1−9) 그 자체이다. 베이즈 변환의 형태는 이 책의 전편에서 자주 등장하는 중요한 분석수단이다. 이로부터 다음을 유도할 수 있다.

$$\frac{1}{Y}=\frac{P_a}{Q_1}+\frac{1-P_a}{Q_2} \qquad \text{내포모형} \qquad \cdots\cdots (1-13)$$

식 (1−10)은 사전확률에 의한 산술평균인데 식 (1−13)은 사후확률에 의한 조화평균이며 좌표 $(Q_1,\ Q_2)$에서 중심이 $(P_aY,\ (1-P_a)Y)$인 직각쌍곡선이다. 베이즈 변환은 사전확률에 바탕을 둔 산술평균 (1−10)을 사후확률에 바탕을 둔 조화평균 (1−13)으로 언제나 바꿀 수 있다. 비내포 모형 (1−10)에 대하여 식 (1−13)을 내포모형(nested model)이라고 부를 수 있다. 비내포모형을 원형모형이라고 하면 내포모형은 파생모형이다.

5. 식 (1−10)의 Y는 사전확률 P_b 아래에서 Q_1와 Q_2의 수학적 기대인데 대하여 식 (1−13)의 사후확률 P_a 아래에서는 수학적 기대가 아니라 조화평균이 된다. 이것은 사고하기 어려운 개념이다. 이 어려움을 이해하기 위하여 다음을 생각하자. 베이즈에 의하면 확률은 주관적인 믿음이므로 베이즈의 공식 (1−9)에 적용할 수 있는 앞서 살인피의자의 예에서 사전확률 P_b은 피의자가 범인일 확률이라고 하자. 그러면 $Q_1=0.85$는 거짓말탐지기가 제시하는 증거 E가 피의자가 범인이라는 전제 G(=guilty) 아래에서 나타나는 확률 $Q_1=P(E \mid G)$로 정의할 수 있고 $Q_2=0.5$는 동일한 증거 E가 피의자가 범인이 아니라는 전제 G^* 아래에서 나타나는 확률 $Q_2=P(E \mid G^*)$이라고 정의할 수 있다. 이때 $Q_1+Q_2=P(E \mid G)+P(E \mid G^*)\neq 1$인 것은 거짓말탐지기의 회색지대(inconclusive area) 때문이다. 그러면 식 (1−13)은 다음과 같다.

$$\frac{1}{Y}=\frac{P_a}{P(E \mid G)}+\frac{1-P_a}{P(E \mid G^*)} \qquad \cdots\cdots (1-14)$$

조화평균 (1−14)를 이해하기 위하여 변수변환 $yY=1$을 이용하여 다음과 같이 표현할 수 있다.

$$y=P_a\times p(E \mid G)+(1-P_a)\times p(E \mid G^*) \qquad \cdots\cdots (1-15)$$

식 (1－14)를 식 (1－15)와 비교할 때 다음의 변수변환이 주목된다.

$$p(E \mid G) \times P(E \mid G) = 1 \qquad \cdots\cdots (1-16)$$

$$p(E \mid G^*) \times P(E \mid G^*) = 1 \qquad \cdots\cdots (1-17)$$

이것은 확률의 역수이므로 제 2 유형의 역확률(inverse probability)이다. 식 (1－15)에서 y는 수학적 기대로 정의되지만 이 정의가 성립하기 위해서는 역확률 $p(E \mid G)$와 $p(E \mid G^*)$이라는 개념이 존재하여야 한다. 즉 식 (1－15)는 베이즈 정리 (1－9)에서 논리적으로 유도한 것이지만 현실에서 역확률의 개념과 부합되는 실체의 존재를 사고하기 어렵다. 이 개념은 사전확률(idea 1)과 사후확률(idea 2)이 내적 정합을 구성한 정합이론의 산물이다. 베이즈 확률이론에서 이미 오차의 분산 σ^2의 역수 h를 오차의 정도(精度, precision)라고 정의한 것도 같은 맥락이다.

$$h\sigma^2 = 1 \qquad \cdots\cdots (1-18)$$

분산의 역수는 사고하기 어려운 개념이지만 오차의 정도라는 개념은 이해하기 쉬운 개념이다. 식 (1－16)～(1－17)을 원래의 부호로 표기하면 다음과 같다.

$$yY = 1 \qquad \text{변수변환} \qquad \cdots\cdots (1-19)$$

이 변수변환 (1－19)는 베이즈 변환 (1－11)과 함께 앞으로 논의할 정합경제학에서 가장 중요한 수단이 될 것이다. 변수변환 (1－19)는 변수가 하나뿐이므로 하나의 변수를 다른 변수로 변환하는 관계로 해석할 수 있다. 그러나 2변수의 경우인 식 (1－10)과 식 (1－13)에 변수변환 $yY=1$, $q_1Q_1=1$, $q_2Q_2=1$을 적용하여 사전확률 P_b과 사후확률 P_a 아래에서 베이즈의 세계를 표현하면 다음이 된다.

$$y = P_a q_1 + (1-P_a) q_2 \qquad \cdots\cdots (1-20)$$

$$Y = P_b Q_1 + (1-P_b) Q_2 \qquad \cdots\cdots (1-21)$$

식 (1－21)은 현실에서 이해할 수 있는 수학적 기대이다. 그러나 식 (1－20)은 현실에서 이해하기 어려운 수학적 기대인데 그것은 식 (1－21)이 설명하는 현실을 거꾸로 묘사하는 역현실(inverse reality)이기 때문이다. 그러나 역현실이란 과연 무엇인가.

6. 주사위를 1회 던져서 3이 나올 확률은 1/6이고 그의 역수는 6회 투척이다. 이것이 역확률이라고 간단하게 생각할 수 있다. 그렇다면 1개의 시계열 표본의 역확률은 그 1개의 시계열 표본을 낳게 한 횡단면 표본집합 6이다. 여기서 역확률=횡단면 표본집합의 등식이 성립한다. 만일 시간이 반복될 수 있다면 서로 다른 현실이 거꾸로 반복하여 나타날 것이고 그 결과 횡단면 표본집합의 정체가 드러날 것이다. 이것이 역현실일 것이다.[21] 그러나 시간은 1회성으로 반복이 불가능하므로 이 횡단면 표본집합의 정체가 무엇인지 생각하기 힘들다. 이 정체를 밝히는 것이 이 책의 목표 가운데 하나이다(제 8 장).

제 5 절 경 제 학

1. 계량경제학은 일치이론에 속한다. 최근에는 실험경제학이 태동되어 경제학에도 실험을 할 수 있는 가능성을 모색하고 있어서 일치이론의 적용범위는 확대될지 모른다. 그러나 계량경제학이나 실험경제학은 이론경제학이 없으면 그 자체로 독자적으로 성립할 수 없다. 이러한 의미에서 이론경제학의 존재가 중요하다.

그림 1-2 비트겐슈타인의 오리토끼

21) 영화 back to the future에서 과거와 미래를 반복하여 왕래한다.

그 이유는 일치이론의 취약점 때문인데 그 예가 [그림 1-2]의 비트겐슈타인(Wittgenstein)의 오리토끼이다. 관측자에 따라 토끼도 되고 오리도 되는 관측의 동등성(observational equivalency)이다.

2. 계량경제학에서 일치이론의 문제점을 드러낸 대표적인 비트겐슈타인의 토끼오리의 예는 현실을 반영한다는 구조방정식의 모호함에서 찾을 수 있다. 구조방정식이 다음과 같은 형태라고 하자.

$$Y_t = Y^* + a_0 M_t + a_1 M_{t-1} + c_1 G_t + c_2 G_{t-1} + u_t \qquad \text{(구조방정식 1)}$$

동일 시점의 변수인 화폐 M_t와 재정 G_t이 동일시점의 변수 Y_t을 설명하므로 이것은 구조방정식이다. 인과관계를 반영한다. 변수의 과거 성과 M_{t-1}와 G_{t-1}가 현재의 Y_t에 영향을 주는 것은 시차 때문이다. 이제 중앙은행이 이 구조방정식을 거꾸로 화폐정책에 이용한다고 하자. 정책변수가 내생변수에 반응하는 역인과관계를 반영하는 것이다. 화폐정책 목적이 실제생산 Y_t을 자연생산 Y^*에서 벗어나지 않게 하는 것이라고 하자. 그러면 위의 구조방정식에서 이 목적 $Y_t = Y^*$을 달성하는 t기의 화폐변수를 다음과 같이 유도할 수 있다.

$$\begin{aligned} M_t &= -\frac{a_1}{a_0} M_{t-1} - \frac{c_2}{a_0} G_{t-1} - \frac{1}{a_0} u_t \\ &= \pi_1 M_{t-1} + \pi_2 G_{t-1} + \eta_t \\ &= M^* + \eta_t \qquad \text{(중앙은행 반응함수)} \end{aligned}$$

화폐정책변수만 사용하므로 다른 정책변수인 재정은 $G_t = 0$으로 가정하였다. 이 식이 중앙은행의 반응함수인데 이 공식을 따른다면 생산은 안정 $Y_t = Y^*$가 된다. 그런데 화폐변수 M_t가운데 예상되는 부분은 $M^* = \pi_1 M_{t-1} + \pi_2 G_{t-1}$이고 예상하지 못한 부분은 오차 η_t인데 새 고전학파의 주장대로 예상하지 못한 화폐변수만이 실질소득에 영향을 준 것이 현실에서 단기적 상관관계로 나타난 것이라고 하자. 그러면 구조방정식은 다음과 같다.

$$Y_t = Y^* + d_0 \eta_t + d_1 G_t + d_2 G_{t-1} + u_t \qquad \text{(구조방정식 2)}$$

만일 현실이 이런데도 불구하고 중앙은행이 현실을 나타내는 것이 구조방정식 1인줄 알고 반응함수를 적용할 수 있다. 반응함수를 구조방정식 2에 대입하면 다음과 같다.

$$Y_t = Y^* + d_0 M_t - d_0 \pi_1 M_{t-1} + d_1 G_t + (d_2 - d_0 \pi_2) G_{t-1} + u_t \qquad \text{(구조방정식 3)}$$

이것은 또 하나의 구조방정식이다. 구조방정식 3은 구조방정식 1과 동일한 형태이지만 계수만 다르다. 구조방정식 1과 구조방정식 3은 관측의 동등성의 산물이다. 문제는 구조방정식 3은 구조방정식 2에서 유도되었다는 것이고 구조방정식 2는 예상하지 못한 화폐변수 η_t만이 생산에 영향을 주는 것이 현실이라는 것이다. 이에 대하여 구조방정식 1은 예상하건 예상하지 못하건 화폐 M_t는 생산에 영향을 준다는 것이다. 따라서 현실에서 화폐변수가 생산과 단기적인 상관관계를 갖는 것으로 나타난 현상이 새 고전학파의 주장대로 예상 화폐변수는 생산에 대하여 단기에서도 중립이고 예상하지 못한 화폐변수만이 영향을 준 것이라고 주장할 수 있다. 장기는 물론이고 단기에서도 정책무력성 정리를 주장할 수 있는 것이다.

구조방정식 3은 구조방정식 1과 비교할 때 또 다른 의미를 포함하고 있다. 구조방정식 1이 설사 사실이라고 하자. 그러나 중앙은행의 반응함수 때문에 구조방정식에서는 계수가 변했다. 구조방정식 3에는 정책을 나타내는 반응함수의 계수 π가 들어 있다는 것은 사람들이 구조방정식 1의 계수를 정책에 반응하여 구조방정식 3의 계수로 변경했다는 루카스 비판(Lucas critique)을 의미한다. 경제구조에 정책 당국이 반응하여 정책을 실시하면 이번에는 거꾸로 사람들이 정책에 반응하여 계수를 바꾼다는 것이다. 이 관측의 동등성 때문에 단기에서 나타나는 상관관계의 진정한 원인의 규명이 어려운 것이다.

3. 아마 독일 역사학파와 치열한 방법론 논쟁을 벌린 멩거(C. Menger, 1871)는 이미 같은 오스트리아 학파의 비트겐슈타인의 오리토끼를 마음에 두고 있었는지 모른다. 그는 고전경제학의 실수는 방법이 잘못된 것이 아니라 옳은 방법을 잘못 사용한데 있다고 보고 고전경제학의 동일한 연역법(deduction)으로 관측된 현실과 일치되는 이론을 세울 수 있음을 보였고, 1883년에는 이론경제학에 유일한 "정확한"(exact) 방법만이 있다고 주장하며 역사학파의 귀납법을 비판하였다.[22] 이에 대하여 마샬(A. Marshall. 1890)은 경제학의 방법에 대하여 다음과 같이 말했다.

Induction and deduction go hand in hand … There is not any one method of

22) Seager(1893).

investigation which can properly be called the method of economics; but every method must be made serviceable in its proper place (pp. 88 – 89).

4. 연역법의 이론경제학에서 공리적 접근은 대표적인 정합이론이다.[23] 공리적 접근은 엄밀한 수학적 바탕 위에 구축된 것으로 실험을 통해서 검정할 수 없는 것이 특징이다. 스미스의 “보이지 않는 손”을 관측한 사람은 과거에 없었고 현재에도 없으며 앞으로도 없을 것이다. “자유” 역시 마찬가지라고 앞서 칸트를 인용하였다. “보이지 않는 손”과 “자유”가 존재한다는 사실을 증명하는 데에는 정합이론의 공리적 접근만이 가능하다. 이것을 완성하기 위하여 도입한 “완전시장”의 개념은 애로우(Arrow, 1992)의 사유의 산물이다.

> The basic element in my view of the good society[complete market competitive equilibrium] ⋯ imply a general committment to *freedom* (Waldrop 1992, p. 45, the italic is not original)

완전시장의 경쟁균형이란 곧 보이지 않는 손을 일컫는다. 그러므로 애로우의 이 짧은 인용 속에는 두 개념이 들어 있다. “보이지 않는 손”과 “자유”이다. 이 과정에서 이론경제학이 통계학에서 빌려온 중립확률(neutral probability)의 개념은 사실상 현실에서 존재하는 대상이 없으며 현실의 자연확률(natural probability)과 다르며 상상하기 어려운 개념이다.

5. 애로우(Arrow, 1992)는 “보이지 않는 손”과 “자유”의 존재를 증명하는 경제학이 물리학보다 내적 정합에서 엄밀할 수밖에 없는 이유를 다음과 같이 설명하고 있다.

> They[the physicists] use a little rigorous thinking, a little intuition, a little back–of–the–envelope calculation – so their style is really quite different, ⋯ I don' t know what it's like in fields like relativity theory, where the ratio of the theory to observation is much greater, but the general tendency is that you make a calculation, and then find some experimental data to test it. So the lack of rigor isn't so serious. The errors will be detected anyway. Well, we[the economists] don't *have data* of that quality in economics. We can't generate data the way the physicists can.

---

23) 공리적 방법이 정합이론인가에 대해서는 논란의 여지는 있다.

> We have pretty far on a small basis. So we have to make sure every step of the way is correct(Waldrop 1992, p. 140, the italic is original)

애로우는 이 대담에서 두 가지를 강조하고 있다. 이론과 관측(theory to observation)이 일치하는 일치이론은 그 결과물인 오차의 발견(detect of error)에 혜택을 입을 수 있다. 오차는 이론을 수정할 수 있는 여지를 발휘하기 때문이다. 그러나 경제학에서는 관측의 제약 때문에 정보(data)가 상대적으로 부족하여 오차로 이론을 수정하기 어려운 경우가 많으므로 그 대신 처음부터 오차를 허용하지 않도록 엄밀한 내적 정합이 요구된다. 그 주요 이유로서 애로우는 경제학은 물리학처럼 정보를 만들어 내지 못한다는 점을 강조하고 있다.

이에 대하여 정합이론을 적극적으로 경제학에 도입하면 정합방정식에 의해 추가적인 정보의 투입 없이도 새로운 정보를 생산할 수 있다는 것이 이 책의 주장이다. 정합방정식이 "보이지 않는 손"과 "자유"의 존재를 확인하는 기초를 제공할 것이다. 그러나 정합이론이 새로운 정보를 생산하는 도구로 사용되면서 경제학을 엄밀성에서 풀어주지 못하고 오히려 경제학에 내적 정합의 정밀성을 더욱 요구할 수밖에 없다는 비판을 들어 마땅할 것이다. 이것은 내적 정합을 위한 어쩔 수 없는 비용이다. 그러나 정합이론은 비교할 수 있는 현상이 없기 때문에 오류에 빠질 위험에 노출되어 있다.

폰 미제스(L. von Mises, 1949)가 다음과 같이 말하는 것을 보아서 그는 어쩌면 정합경제이론의 가능성을 예견한 유일한 학자일지 모른다.

> How can mathematics, a product of human reason that does not depend on any experience, so exquisitely fit the objects of reality? Is human reason able to discover, unaided by experience through pure reasoning the features of real things? … The real thing which is the subject of … human action, stems from the same source as human reasoning. *Action and reason are cogeneric and homogeneous; they may even be called two different aspects of the same thing*(p. 142, the italics are not original)

> No special experience is needed in order to comprehend these theorems, and no experience … could disclose them to be a being who did not know a priori what human action is. The only way to a cognition of these theorems is logical analysis of our inherent knowledge of the category of action. … *Like logic and mathematics,*

praxeological knowledge is in us; it does not come from without (p. 153, the italics are not original).

6. 이 책에서 우리는 비내포모형(idea 1), 내포모형(idea 2), 수량좌표(idea 3), 시간좌표(idea 4), 비교정학(idea 5)의 개념 사이의 내적 정합을 적극 활용하여 여러 가지 실험이나 계량이 불가능한 "보이지 않는" 경제현상을 설명할 것이다. 그 가운데 가장 흥미로운 점은 추가적인 정보 없이 새로운 정보를 생산할 수 있는 정합방정식의 발견(제 8 장)과 함께 이 결과를 이용하여 균형의 탐색과정과 협상과정을 증명하여 경쟁시장의 힘이 생각보다 빠르고 매끈하며 강하다는 주장을 전개할 것이다(제13장). 이를 근거로 자유주의를 설명할 것이다(제15장).

CHAPTER 02

비내포모형과 내포모형

1. 이 장의 목표는 베이즈 이론의 역확률 정리와 비교하여 정합경제이론의 〈역표본 정리〉를 제시하는 것이다. 이 〈역표본 정리〉의 증명과 응용이 이 책의 내용이 된다. 구체적으로 이 책의 제 1 편은 이론부분이고 제 2 편은 응용부분이다. 이에 맞추어 이 장의 주제는 내포모형(內包模型, nested model)의 개념을 중심으로 베이즈의 확률세계를 재구성하는 것이다. 내포모형은 앞서 비내포모형(非內包模型, non-nested model)의 둥지(nest)에 내포된 것에서 파생된 것이며 비내포모형과 비교하여 적합한 모형을 찾는데 쓰인다. 다시 말하면 비내포모형은 원형모형이고 내포모형은 원형모형에서 파생된 파생모형이다. 그러나 이 책에서는 이와는 다른 목적으로 이용하는데 그것은 새로운 정보를 발견하는데 유용하게 쓰인다. 베이즈 이론에서 비내포모형과 내포모형은 주로 적합한 모형을 찾기 위해 모형의 비교에 쓰이는데 여기서는 이와 달리 비내포모형(idea 1)과 내포모형(idea 2) 사이의 내적 정합이 새로운 정보를 생산하는 데 열쇠가 됨을 보일 것이다.

2. 앞서도 언급했고 뒤에서도 밝혀지겠지만 정합경제이론은 베이즈 정리와 그 구조가 비슷하므로 비교를 위하여 그에 맞게 새로운 시각으로 재조명할 필요가 있다. 그러나 이 장에서 베이즈 공식 하나만 제외하고 나머지는 모두 저자의 발견인데 그 가운데 중요한 것이 실재좌표, 투영좌표, 모형변환의 개념이다. 이 개념은

이 책의 전편에서 폭넓게 사용된다.

3. 베이즈의 세계는 사전확률(idea 1)과 사후확률(idea 2)의 내적 정합을 이루면서 표본을 통해 관측되지 않은 모집단의 확률을 추론하는 정합이론의 좋은 예가 된다. 특히 베이즈 변환의 형태는 변수변환과 함께 이 책의 전편을 통하여 중요한 역할을 한다. 그러나 앞으로 보면 알겠지만 정합경제이론은 베이즈 확률이론이 아니다. 두 이론의 공통점은 표본을 통하여 관측되지 않거나 실험할 수 없는 모집단의 횡단면을 추론하는 것이지만, 다른 점은 베이즈 이론은 외부에서 주어지는 추가적인 정보로 확률을 수정해 가는 과정인데 대하여 정합경제이론은 외부에서 추가적으로 주어지는 정보 없이 내적 정합만으로 새로운 정보를 만드는 과정이다. 이 장에서 베이즈 정리를 살펴보는 것은 이 같이 인정받는 기존의 이론과 비교하면 정합경제이론을 이해하는데 도움이 될 것이라는 희망 때문이다.

제1절 베이즈 정리

1. 앞으로 전개되는 정합경제이론의 내용을 이해하는데 필요한 비내포모형과 내포모형을 설명하는데 도움이 되는 베이즈의 세계를 좀더 생각해 보자. 베이즈(Bayes, 1763)는 자신의 문제를 다음과 같이 제기하였다.

> Given that the number of times in which an unknown event has happened and failed: Required the chance that the probability of its happening in *a single trial* lies somewhere between any two degrees of probability that can be named (the italic is not original).[1)]

이 문장의 핵심은 발생하는데 1회 사건의 성공한(success) 경우와 실패한(failure) 경우의 구분이다. 베이즈는 자신의 문제를 해결하기 위하여 당구의 예를 들고 있다. 첫 번째 당구공을 굴리고 스스로 멈추도록 내버려둔다. 두 번째 공을 같은 방식으로 굴린다. 당구공을 굴리는 행위를 계속한다. 첫 번째 공의 오른쪽에

1) Bayes(1763), pp. 370–418.

멈춘 공의 수를 센다. 이 숫자가 사건이 일어난(happened) 숫자이고 왼쪽에 멈춘 공의 수가 사건이 일어나지 못한(failed) 숫자이다. 이러한 작업은 무한하게 반복하여야 자연의 확률을 알 수 있지만 그것은 불가능하다. 즉 하나의 확률을 알기 위하여 동전이나 주사위를 무한번 던질 수 없는 노릇이다. 여기에서 사고의 전환이 필요하다. 거꾸로 첫 번째 공의 위치의 확률을 두 번째 공의 성공(success)과 실패(failure)에서 추론할 수 있는 방법이다. 다시 말하면 모집단에서 확률을 찾아내는 것이 아니라 표본에서 모집단의 확률을 추론하는 것이다. 이것이 사후확률을 사전확률에서 추론하는 방법이다. 혹은 사후확률을 사전확률에서 생산하는 것이다. 수술 경험이 전혀 없는 의사가 첫 환자에게 두 번 수술해 보았는데 당신이 첫 번째라고 말하는 것에 비유할 수 있다. 그 공식은 다음과 같았다.[2)]

$$P_a = \frac{P_b Q_1}{P_b Q_1 + (1-P_b)Q_2} \qquad \cdots\cdots (2-1)$$

여기서 Q_1이 성공할 사건이고 Q_2가 실패할 사건이다. 베이즈 정리 (2-1)은 Q_1과 Q_2에 대하여 0차 동차 함수이므로 사건으로 해석할 수 있고 확률로도 해석할 수 있다. 어떠한 사건이라도 실패하면 성공하지 못한 것이며 성공하면 실패하지 않은 것이므로 Q_1과 Q_2는 상호 독립사건이다. 그러나 두 사건의 합이 전체는 아니다. 어떤 현상 E이 발생했을 때 Q_1은 신이 존재하기 때문에 일어나는 확률로 해석할 수 있고 Q_2는 신이 없기 때문에 일어나는 확률로 해석할 수 있는 경우 두 확률의 합이 1이 아니다. 인식이 불가능한 회색(inconclusive)지대가 존재하기 때문이다.

2. 베이즈의 업적은 1회 발생하는 불확실한 사건에 대한 확률을 사후적으로 추론할 수 있는 방정식의 발견으로 표본에서 전체 모집단을 거꾸로 추론할 수 있는 기초를 제공하였다는 점이다. 이것이 제 1 유형의 역확률의 정체이다.[3)]

> ▶▶▶ **정리(역확률 정리)**
> 베이즈 확률이론의 세계는 관측되는 1개의 확률에서 관측되지 않는 모집단의 확률을 추론하는 역확률의 세계이다.

2) Lindley, D. V., *Introduction to Probability and Statistics from a Bayesian Viewpoint*, Cambridge University Press, 1965.

3) Berstein, P., *Against the Gods*, New York: Wiley, 1996, p. 129.

이 책은 유사한 정리가 정합경제이론에서도 유효하다는 〈역표본 정리〉를 증명할 것이다.

> **▶▶▶ 정리(역표본 정리)**
> 정합경제이론의 세계는 관측되는 1개의 시계열 표본에서 관측되지 않는 횡단면의 표본집합을 역산하는 세계이다.

이것이 제 2 유형의 역확률의 정체이다. 어떻게 이것이 가능할까. 그림자는 2차원의 현상이지만 그 그림자를 만든 사물의 실체는 3차원 현상이다. 2차원의 그림자만으로 3차원의 실체를 유추할 수 있다. 그림자를 만드는 광원의 위치를 한 점(idea 1)에서 다른 점(idea 2)으로 이동시켜 다른 그림자를 만들고 이러한 그림자들을 합치면 사물의 실체가 드러난다. 생각을 확대하면 3차원의 실체에서 4차원의 실체까지 추론할 수 있다.[4)]

오른쪽 눈과 왼쪽 눈의 인식 차이를 이용하여 2차원 평면을 3차원 입체의 가상현실에 투영하는 원리에 비유할 수 있다. 또는 2차원 평면의 모습을 3차원 입체의 홀로그래피로 변환할 수 있는 현상에도 비유할 수 있다. 만델브로(B. Mandelbrot, 1982)는 이미 하나의 기하학적 형태가 그 속에 갇혀 있는 자기와 유사한 것을 스스로 무한개 추출하는 방정식을 발견하여 분절기하학(fractal geometry)의 창시자가 되었다. 이 비유를 원용하면 2차원 평면의 1개의 표본(그림자=투영)이 3차원 입체에서는 횡단면 표본집합(실체=실재)으로 투영되어 나타난다고 말할 수 있다. 또는 3차원 횡단면 표본집합의 2차원 그림자가 시계열 표본이라고 말할 수 있다. 베이즈 확률이론의 역확률 정리가 유효하다면 정합경제이론의 〈역표본 정리〉도 유효할 것이다. 문제는 어떻게 숨겨진 이 횡단면 표본집합을 추출하느냐 이다. 이 방법의 제시가 이 책의 핵심이다.

> **▶▶▶ 연구의 목표**
> 이 책의 1차 목표는 역표본 정리의 증명이고 2차 목표는 그 응용이다.

---

4) Gammov, G., *One, Two, Three … Infinity*, 1950. 이 책에서 저자는 3차원의 실체를 4차원의 그림으로 시도하였다.

3. 베이즈의 역확률 정리는 자신보다 50년 전에 수학자 베루누이(J. Bernoulli, 1713)가 이미 정의하였던 역확률 정리와 동일한 문제이다.[5] 사후확률의 계산을 시도한 베루누이의 정리는 대수의 법칙(law of large numbers)으로 알려졌다. 그는 다음과 같이 가정하였다.

> under similar conditions, the occurrence(or non-occurrence) of an event in the future will follow *the same pattern* as was observed in the past.(p. 1430).

그러므로 베이즈 정리 (2-1)에서 Q_1과 Q_2는 베이즈에게 성공할 사건(success)이고 실패할 사건(failure)이겠지만, 베루누이에게는 발생할(occurrence) 사건이고 발생하지 않을(non-occurrence) 사건이다. 그러므로 Q_1과 Q_2는 상호 독립이다. 베이즈의 성공이나 실패 또는 베루누이의 발생이나 비발생이 동일한 형식(same pattern)을 취한다는 베루누이의 가정이 식 (2-1)의 형태이다.[6] 새로운 정보 Q_1과 Q_2가 추가되어도 함수의 형태 (2-1)은 변하지 않는다는 가정이다. 자연은 실제확률을 드러내지 않지만 확률을 생산하는 동일한 형식(pattern)은 불변하게 드러내고 있다는 믿음이다. 정보(information)라는 낱말 속에는 형태(form)이 포함되는데 정보 생산에는 일정한 양식 pattern 또는 form이 있다는 특성을 반영한다. 베루누이의 이 가정에 의하여 새로운 정보는 생산될 수 있다. 앞서 두 개의 공장을 운영하는 회사의 예를 다시 상기하면 P_b는 공장 1이 불량제품을 Q_1개를 생산할 사전확률이고 $1-P_b$는 공장 2가 불량제품을 Q_2개를 생산할 사후확률이다. 그러면 P_a는 공장 1이 추가적으로 1개의 제품을 만들었을 때 그것이 불량제품이 될 사후확률이며 이 회사가 이와 같은 공장 1을 만들어서 첫 번째 제품을 만들었을 때에도 동일한 형식하에 그것이 불량제품이 될 확률이다.

---

5) Berstein(1996), p. 132.

6) 베루누이가 확률을 빈도보다 수학적 불확실성로 믿는 것은 그의 베루누이 이동 Bernoulli shift이라는 현상에서 나타난다. Ekeland, I.(1988), pp. 50-64.

제2절 비내포모형

1. 베이즈의 업적은 1회 발생하는 사건에 대한 확률을 사후적으로 추론할 수 있으므로 표본에서 전체 모집단을 유추할 수 있는 역확률 이론의 기초를 최초로 제공하였다는 점이다. 함수의 형태 (2-1)이 변하지 않는다는 베루누이의 가정하에 베이즈 변환 (1-11)~(1-12)를 사용하면 다음과 같았다.

$$Y=P_bQ_1+(1-P_b)Q_2 \qquad \text{비내포모형} \qquad \cdots\cdots (2\text{-}2)$$

앞의 식 (1-10)에서 이것을 비내포모형(non-nested model)이라고 이름하였다. 사후정보가 내포되지 않았기 때문이다. 공장 1과 공장 2 모두에서 생산되는 불량제품의 사전적 기대수치이다. 그러나 사전확률을 모르는 경우에 이 기대수치는 알려지지 않는다. 사전기대 Y는 베이즈 정리 (2-1)에서 사후확률 P_a이 사전확률 P_bQ_1와 비례관계 $P_a \propto P_bQ_1$을 형성할 때 비례배수(scaling factor)이다. 비내포모형 (2-2)에서 만일 사건 Q_1이 신 G(=god)이 존재할 때에 그 증거가 나타날 조건확률 $P(E \mid G)$이라면 신이 존재할 사후확률 P_a은 사전확률 P_b에 증거가 나타날 조건확률을 곱한 $P_b \times P(E \mid G)$에 Y배만큼 비례한다.[7] 비례배수 Y는 주변확률이며 동시에 독립적인 두 사건이며 동시에 조건확률인 Q_1과 Q_2의 수학적 기대이므로 사전기대라고 부를 수 있다. 그러나 다시 앞서 신의 존재의 예로 돌아가면 $Y=P(E)=P_b \times P(E \mid G)+(1-P_b) \times P(E \mid G^*)$로서 증거가 나타날 주변확률이다.

2. 베이즈 확률이론은 그 형태가 단순하다는 점에서 많은 사람의 관심을 끈다. 2개의 사건을 나타내는 확률변수 E와 G를 생각하자. 확률이론에 의하면 다음은 사실이며 정의이다.

$$P(E, G)=P(E \mid G) \times P(G) \qquad \cdots\cdots (2\text{-}3)$$

여기서 $P(E, G)$는 E와 G가 함께 발생할 결합확률이고, $P(E \mid G)$는 G가 발생했을 때 E가 일어날 조건확률이며 $P(G)$는 G의 주변확률이다. 그렇다면 다음도 사

7) Unwin(2005).

실이다.

$$P(E,\ G)=P(G \mid E)\times P(E) \qquad \cdots\cdots\ (2\text{–}4)$$

이 두 가지 확률법칙으로부터 베이즈 정리가 유도된다.

$$P(G \mid E)=\frac{P(G)\times P(E \mid G)}{P(E)} \qquad \cdots\cdots\ (2\text{–}5)$$

만일 독립사건이 G와 G^*의 2개뿐이라면 동일한 논리로 다음도 성립한다.

$$P(G^* \mid E)=\frac{P(G^*)\times P(E \mid G^*)}{P(E)} \qquad \cdots\cdots\ (2\text{–}6)$$

예를 들면 유죄(G)와 무죄(G^*) 사이에 다른 사건은 없다. 신이 존재하느냐(G) 존재하지 않느냐(G^*) 역시 그 중간이 없다. 사건 G가 일어나면 사건 G^*는 일어나지 못하고 그 반대도 마찬가지이다. 하나의 시점에서 두 가지 사건이 동시에 발생할 수 없기 때문이다. 다시 말하면 G와 G^*는 독립적이며 확률의 합은 $P(G \mid E)+P(G^* \mid E)=1$이다. 그러면 식 (2－5)～(2－6)에서 다음의 주변확률이 성립한다.

$$\begin{aligned}P(E)&=P(G)\times P(E \mid G)+P(G^*)\times P(E \mid G^*)\\&=P(G)\times P(E \mid G)+(1-P(G))\times P(E \mid G^*)\end{aligned} \qquad \cdots\cdots\ (2\text{–}7)$$

이 식이 비내포모형 (2－2)이다. 이 식을 식 (2－5)에 대입하면 다음이 된다.

$$\begin{aligned}P(G \mid E)&=\frac{P(G)\times P(E \mid G)}{P(G)\times P(E \mid G)+(1-P(G))\times P(E \mid G^*)}\\&=\frac{P(G)\times P(E \mid G)}{P(E)}\end{aligned} \qquad \cdots\cdots\ (2\text{–}8)$$

이것이 식 (2－1)이다. 여기서 조건확률 $P(E \mid G)$는 우도함수(likelihood function)이다. 그러므로 사후확률은 사전확률에 우도함수를 곱한 것에 비례한다. 다시 말하면 [그림 2－1]이 보여주는 것처럼 사후확률은 사전확률과 조건확률의 가중평균이다. 이때 비례배수는 사건 G와 상관없는 주변확률 $P(E)$이다. 이것이 식 (2－1)의 사후확률의 정의이다.

그림 2-1 확률분포[8)]

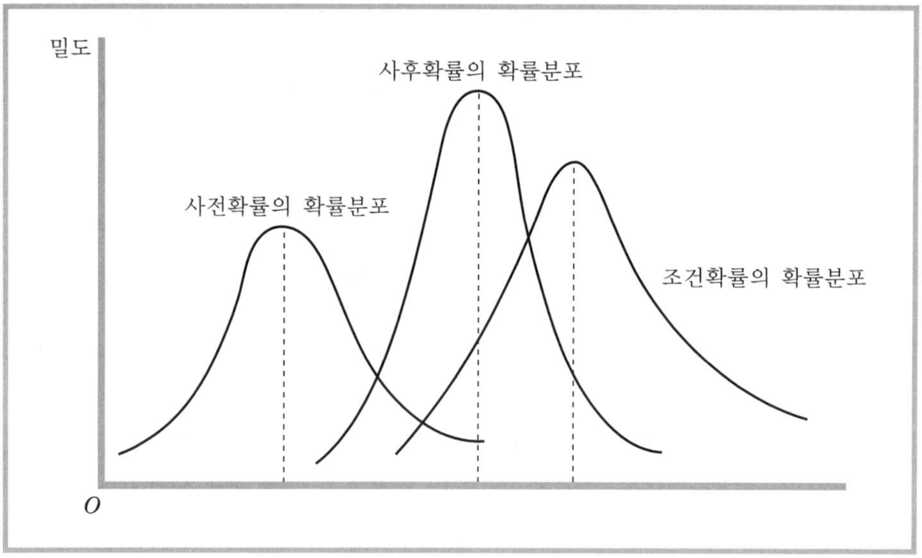

3. 베이즈 정리 (2-8)의 사후확률은 $P(E \mid G)$와 $P(E \mid G^*)$에 대하여 0차 동차함수이다. 임의의 실수 λ을 $P(E \mid G)$와 $P(E \mid G^*)$에 곱하여도 변함이 없다. 따라서 $\lambda P(E \mid G)=Q_1$과 $\lambda P(E \mid G^*)=Q_2$을 대입하면 식 (2-8)은 식 (2-1)이 되고 그 결과 식 (2-2)도 성립한다.

▶▶▶ **소정리 2-1**

베이즈 정리의 사후확률은 조건확률에 대하여 0차 동차 함수이다.

4. 새로운 증거 E에 따라 사후확률 $P(G \mid E)$은 사전확률 $P(G)$보다 커질 수도 있고 작아질 수도 있다. 주변확률 (2-7)이 성립하므로 동일한 논리로 다음의 주변확률도 성립한다.

$$P(G)=P(E)\times P(G \mid E)+(1-P(E))\times P(G \mid E^*) \qquad \cdots\cdots (2-9)$$

따라서 사후확률과 사전확률 사이에는 다음이 성립한다.

8) Kennedy(1991), p. 170.

$$P(G)-P(G \mid E)=(1-P(E))(P(G \mid E^*)-P(G \mid E))$$
$$=\eta(E) \geqslant 0 \qquad \cdots\cdots (2-10)$$

여기서 주변확률 $P(G)$과 조건확률 $P(G \mid E)$의 차이 η는 사건 E의 함수이다. 식 (2−10)을 이용하면 베이즈 정리는 다음과 같이 표현할 수 있다.

$$P(G)+\eta(E) = \frac{P(G)\times P(E \mid G)}{P(E)} \qquad \cdots\cdots (2-11)$$

마찬가지 논리로 다음도 성립한다.

$$P(G^* \mid E) = \frac{P(G^*)\times P(E \mid G^*)}{P(G^*)\times P(E \mid G^*)+(1-P(G^*))\times P(E \mid G)}$$
$$= \frac{P(G^*)\times P(E \mid G^*)}{P(E)} \qquad \cdots\cdots (2-12)$$

사건 E가 발생했을 때 일어날 수 있는 사건은 G 아니면 G^*이다. 그러므로 모든 사후확률의 확률의 합은 1이므로 $1=P(G \mid E)+P(G^* \mid E)$이다. 식 (2−5)와 식 (2−6)을 합치면 1이 됨을 확인할 수 있다. 그러나 사건 E를 놓고 G를 유추하는 모형이 하나가 아니라 여럿일 수 있다. 앞서 예를 들면 동일한 증거 E를 놓고 판단할 때 범인이다(G) 아니다(G^*)의 2가지 가능성 밖에 없지만 판단에는 항상 1차 오류와 2차 오류가 있기 때문에 1심의 판결과 2심의 판결과 3심의 판결이 일치하라는 법은 없다. 어느 모형을 따르느냐에 확률의 크기가 달라진다. 모형이 N개 있을 때 N개의 확률이 존재하며 모든 모형의 확률의 합은 1인데 이 가운데 G를 주장하는 모형의 확률이 n이라면 나머지 $N-n$은 G^*를 주장하는 모형의 확률이다. 따라서 다음이 성립한다.

$$P(G \mid E)=\sum_{i=1}^{n} P(G \mid E, M_i) \qquad \cdots\cdots (2-13)$$

$$P(G^* \mid E)=\sum_{j=n+1}^{N} P(G^* \mid E, M_j)=1-P(G \mid E) \qquad \cdots\cdots (2-14)$$

여기서 M_i는 G를 주장하는 i 모형을 의미하고 M_j는 G^*를 주장하는 j 모형을 의미한다. 그러므로 사건이 G와 G^*의 2개뿐일 때 사후확률 $P(G \mid E)$와 $P(G^* \mid E)$는 각각 누적확률이다. 이 사후확률은 다음에 새로운 증거 E'가 나타나서 수정될 때 다음과 같이 사전확률의 역할을 한다.

$$P(G \mid E') = \frac{P(G \mid E) \times P(E' \mid G)}{P(G \mid E) \times P(E' \mid G) + (1 - P(G \mid E)) \times P(E' \mid G^*)}$$

$$= \frac{P(G \mid E) \times P(E' \mid G)}{P(E')} \quad \cdots\cdots \ (2-15)$$

여기서 $P(G \mid E')$는 사후확률이고 $P(G \mid E)$는 사전확률이다. 그러므로 독립사건이 2개로 분류될 때 사후확률과 사전확률은 각각 누적확률이다. 누적확률 (2-13)~(2-14)는 앞으로 계속 중요하므로 다시 설명해 본다. 지금까지 사건이 단지 G 아니면 G^*이었다. 이제 사건을 G_1, G_2, …, G_N으로 확대하여 베이즈 정리를 일반화할 수 있다. 사건 G_1, G_2, …, G_N은 서로 독립이며 사건 가운데 하나는 반드시 발생한다고 하자. 사건 G를 설명하는 사건 E가 있을 때 베이즈 정리에 의한 사후확률은 다음과 같다.

$$P(G_i \mid E) = \frac{P(G_i) \times P(E \mid G_i)}{P(E)} = \frac{P(G_i) \times P(E \mid G_i)}{\sum_{i=1}^{N} P(G_i) \times P(E \mid G_i)} \quad \cdots\cdots \ (2-16)$$

여기서 $P(G_i \mid E)$는 조건확률이다. 따라서 조건확률을 합치면 누적확률이 된다.

$$P(G \mid E) = \sum_{i=1}^{n} P(G_i \mid E) = \frac{\sum_{i=1}^{n} P(G_i) \times P(E \mid G_i)}{P(E)}$$

$$= \frac{P(G) \times P(E \mid G)}{P(E)} \quad \cdots\cdots \ (2-17)$$

$$P(G^* \mid E) = \sum_{i=n}^{N} P(G_i \mid E) = \frac{\sum_{i=n}^{N} P(G_i) \times P(E \mid G_i)}{P(E)}$$

$$= \frac{P(G^*) \times P(E \mid G^*)}{P(E)} \quad \cdots\cdots \ (2-18)$$

누적확률 (2-13)이 식 (2-17)이고 누적확률 (2-14)가 식 (2-18)이다. 예를 들어서 어느 공장에서 4대의 기계가 있는데 기계 1은 전 생산량의 30퍼센트, 기계 2는 25퍼센트, 기계 3은 15퍼센트, 기계 4는 30퍼센트를 생산하고 있다. 이것이 사전확률 $P(G_1) = 0.3$, $P(G_2) = 0.25$, $P(G_3) = 0.15$, $P(G_4) = 0.3$이다. 생산된 제품의 불량률은 기계 1이 5퍼센트, 기계 2가 3퍼센트, 기계 3이 2퍼센트, 기계 4가 1퍼센트라고 과거경험에서 알려져 있다. 이것이 조건부확률 $P(E \mid G_1) = 0.05$, $P(E \mid$

$G_2)=0.03$, $P(E \mid G_3)=0.02$, $P(E \mid G_4)=0.01$이다. 창고에서 하나의 제품을 추출하였을 때 그 제품이 불량품이었다고 하자. 그 제품이 기계 1과 기계 2에서 생산되었을 누적확률 $P(G \mid E)=P(G_1 \mid E)+P(G_2 \mid E)=0.789$가 되고 그것이 나머지 기계 3과 기계 4에서 생산되었을 누적확률은 $P(G^* \mid E)=P(G_3 \mid E)+P(G_4 \mid E)=0.211$이다.

▶▶▶ 소정리 2-2

베이즈 확률이론에서 독립사건을 단순하게 2개로 분류할 때 사전확률과 사후확률은 모두 누적확률이다.

5. 베이즈 정리를 이용하여 다음의 2개의 설명변수 회귀방정식을 설명하는 방법을 생각하자.

$$Y_{tn}=b_n Q_{t1}+(1-b_n) Q_{t2}+\mu_{tn} \qquad \cdots\cdots (2-19)$$

여기서 n은 채택하는 모형을 가리킨다. 여기서 오차의 평균은 0이고 분산은 σ_{tn}^2이라고 가정한다. 식 (2-19)는 계수 b_n와 σ_{tn}^2의 정보가 주어지면 또는 사건이 발생하면 Y_{tn}가 발생하는 확률함수로 표현할 수 있다.

$$P(Y_{tn} \mid b_n,\ \sigma_{tn}^2) \qquad \cdots\cdots (2-20)$$

이것은 조건확률이다. 식 (2-19)의 Y_{tn}, Q_{t1}, Q_{t2}에서 새로운 계수를 정의할 수 있다.

$$b_{tn}=\frac{Y_{tn}-Q_{t2}}{Q_{t1}-Q_{t2}} \qquad \cdots\cdots (2-21)$$

이것을 정리하면 다음이 된다.

$$Y_{tn}=b_{tn}Q_{t1}+(1-b_{tn}) Q_{t2} \qquad \cdots\cdots (2-22)$$

이것은 힐드레스와 훅크(Hildreth, C. and J. Houck, 1968)의 확률계수(random coefficient) 모형인데 여기서 확률계수 b_{tn}와 비확률계수 b_n의 관계는 $\mu_{tn}=(b_{tn}-b_n)(Q_{t1}-Q_{t2})$에서 정의된다.[9] 이렇게 하면 회귀방정식 (2-19)는 언제든지 베이즈

9) 확률계수 회귀방정식 가운데 가장 많이 사용되는 대표적인 예로서 힐드레스와 훅크

의 주변확률의 형태 (2−22)로 표현할 수 있다. 그러나 정합경제이론은 한 걸음 더 나아가서 식 (2−20)에서 다른 표본이 발생할 가능성을 제시하는 것이다. 다시 말하면 베이즈 식 (2−20)이 Y_{tn}이 발생할 조건부확률이라면 최초로 이 책이 제시하는 정합방정식은 Y_{tn+j}가 발생할 확률을 다음과 같이 표현한다.

$$P(Y_{tn+j} \mid b_n, \ \sigma^2_{tn}) \qquad \cdots\cdots \ (2-20^*)$$

6. 모형을 비교하는 데에는 두 가지가 있다. 비내포모형 (2−22)에서 설명변수에 제약을 가하여 얻은 내포모형(nested model)과 비내포모형(non−nested model)을 비교하는 제 1 유형과, 피설명변수에 제약을 가하여 얻은 내포모형과 비내포모형을 비교하는 제 2 유형이다. 모형이 2개로 국한될 때 제 1 유형은 다음의 두 모형을 비교하는 것이다.

$$Y_{tn}= b_{tn}Q_{t1}+(1-b_{tn})\,Q_{t2} \qquad \text{비내포모형} \qquad \cdots\cdots \ (2-23)$$
$$Y_{tn}=a_{tn}\widehat{Q}_{t1}+(1-a_{tn})\widehat{Q}_{t2} \qquad \text{제 1 유형 내포모형} \qquad \cdots\cdots \ (2-24)$$

모형이 2개로 국한될 때 제 2 유형은 다음의 두 모형을 비교하는 것이다.

$$Y_{tn}= b_{tn}Q_{t1}+(1-b_{tn})Q_{t2} \qquad \text{비내포모형} \qquad \cdots\cdots \ (2-25)$$
$$\hat{\hat{Y}}_{tn}=c_{tn}Q_{t1}+(1-c_{tn})Q_{t2} \qquad \text{제 2 유형 내포모형} \qquad \cdots\cdots \ (2-26)$$

우리는 두 가지 방식을 모두 자유롭게 사용할 것이다. 베이즈 확률이론에서는 비내포모형과 내포모형을 비교하는데 사용하지만 이 책에서는 비내포모형과 내포모형 사이의 내적 정합에 관심을 가질 것이다.

7. 베이즈의 정리 (2−1)은 사건 또는 조건확률 Q_1과 Q_2가 주어졌을 때 사전확률(idea 1)과 사후확률(idea 2)의 내적 정합을 이루게 하는 공식이다. 여기서는 한 걸음 더 나아가서 비내포모형(idea 1)과 내포모형(idea 2) 사이의 내적 정합을 모색할 것이다.

(Hildreth and Houck, 1968)를 참조할 수 있다. 이들의 특별한 형태가 식 (2−22)이다. 구체적으로 표현하면 이들은 비확률계수 방정식 $Y_t=\beta X_t+\gamma Z_t+\mu_t$을 확률계수 방정식 $Y_t=\beta_t X_t+\gamma_t Z_t$으로 전환하였는데 $\mu_t=X_t\varepsilon_t+Z_t v_t$, $\beta_t=\beta+\varepsilon_t$, $\gamma_t=\gamma+v_t$이다. 여기에 $\gamma=1-\beta$, $\gamma_t=1-\beta_t$로 대체하면 $v_t=-\varepsilon_t$이 된다. 따라서 $\mu_t=(\beta_t-\beta)(X_t-Z_t)$이 되는데 이 결과를 비확률계수 방정식에 대입하면 잔차 μ_t의 정의와 일치한다.

먼저 순서를 바꾸어서 사전확률 P_b과 사후확률 P_a이 주어질 때 사건 Q_1와 Q_2의 관계를 조사한다. 앞서의 예에서 두 개의 공장을 운영하는 어느 회사에서 불량 제품의 확률이 사전적으로 사후적으로 알려져 있을 때 두 공장에서 생산되는 불량 제품의 수 사이의 관계이다. 베이즈 변환 (1−11)~(1−12)는 베이즈 공식 (2−1)에서 유도된 것인데 변수변환 $yY=1$, $q_1Q_1=1$, $q_2Q_2=1$을 한층 더 사용하면 다음처럼 표현할 수 있다.

$$Y=P_bQ_1+(1-P_b)Q_2 \qquad \cdots\cdots (2-27)$$

$$\frac{1}{Y}=\frac{P_a}{Q_1}+\frac{1-P_a}{Q_2} \qquad \cdots\cdots (2-28)$$

$$y=P_aq_1+(1-P_a)q_2 \qquad \cdots\cdots (2-29)$$

$$\frac{1}{y}=\frac{P_b}{q_1}+\frac{1-P_b}{q_2} \qquad \cdots\cdots (2-30)$$

식 (2−27)~(2−28)은 베이즈 변환 (1−11)~(1−12)에서 유도되었는데 식 (2−27)은 비내포모형 (2−2)에 해당한다. 변수변환에 의하여 식 (2−30)은 식 (2−27)과 동일하고 식 (2−29)는 식 (2−28)과 동일하다. [그림 2−2a]의 가로축은 Q_1을, 세로축은 Q_2를 측정한다. 사전확률과 사후확률이 주어졌다면 식 (2−27)은 직선 $Y[P_b]$이고 식 (2−28)은 직각쌍곡선 $Y(P_a)$이다. 두 선은 두 점에서 만난다. 하

그림 2−2a 베이즈의 실재좌표

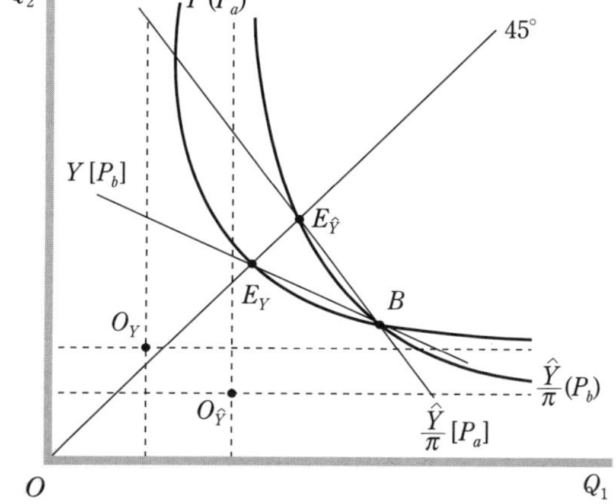

그림 2-2b 베이즈의 투영좌표

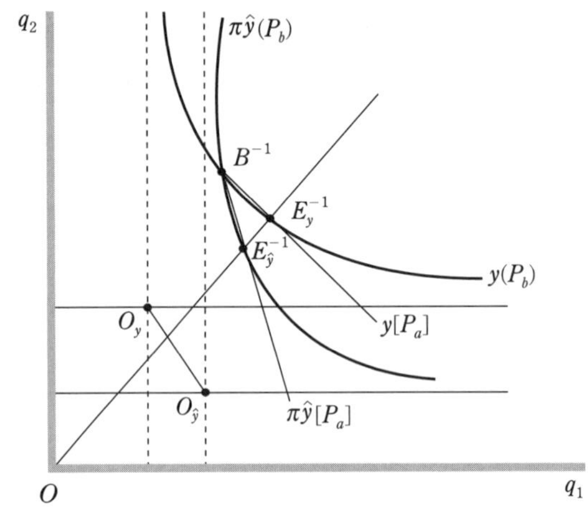

나는 45도선 상의 E_Y점이고 다른 하나는 45도선 밖의 B점이다. 직각쌍곡선 (2-28)의 중심(center)의 좌표는 $O_Y=(P_aY,\ (1-P_a)Y)$이다.

식 (2-29)는 식 (2-28)과 동일하고 식 (2-30)은 식 (2-27)과 동일한데 다만 확률의 역수로 표현되었다. 이것이 제 2 유형의 역확률이다. [그림 2-2b]는 동일한 내용을 다른 좌표에서 표현한 것이다. 가로축은 q_1을, 세로축은 q_2를 측정한다. 식 (1-16)~(1-17)에 의하면 이것은 역확률 좌표이다. 식 (2-29)는 직선 $y[P_a]$이고 식 (2-30)은 직각쌍곡선 $y(P_b)$이다. 두 선은 두 점에서 만난다. 하나는 45도선 상의 E_Y^{-1}점이고 다른 하나는 45도선 밖의 B^{-1}점이다. 직각쌍곡선 (2-30)의 중심의 좌표는 $O_y=(P_by,\ (1-P_b)y)$이다.

[그림 2-2a]를 베이즈의 실재(實在)좌표라고 부르면 [그림 2-2b]는 베이즈의 투영(投影)좌표라고 부를 수 있고 그 역도 성립한다. 투영좌표는 그림자이고 실재좌표는 실체이지만 실증주의 철학의 관점에서 보면 어느 것이 실재인지 알 수 없기 때문이다. 관심의 핵심은 실재좌표(실체)와 투영좌표(그림자) 사이의 숨겨진 관계를 밝힐 수 있다면 외부에서 정보유입 없이 새로운 정보를 제공할 수 있는 원천이 된다. 이에 대해서는 제 5 장부터 논의한다.

8. 베이즈의 실재좌표에서 사전확률 P_b가 알려지면 모든 변수가 풀린다. 실

재좌표의 [그림 2-2a]와 투영좌표의 [그림 2-2b]에서 사전확률 P_b이 주어지면 점 B_Y와 점 B_Y^{-1}이 결정된다. 그러나 사전확률이 어떻게 결정되는지에 대해서 여러 가지 이론이 제시되지만 아직까지 결정적인 이론이 제시되지 못하고 있어서 베이즈 확률이론이 극복해야 할 난관으로 남아 있다.[10] 두 공장을 운영하는 회사의 예에서 과거의 경험이 사전확률이었고 살인 피의자의 예에서도 과거의 경험인 심증이 사전확률이었다. 이것이 베이즈 확률이론에 대한 비판이며 극복해야 할 과제이다. 그러나 앞서 경험 없는 의사의 예에서 보았듯이 첫 번째 수술의 성공확률을 결정하는 사전확률은 존재하지 않는다. 한 가지 방법은 이 의사와 비슷한 조건의 경험 많은 의사의 확률을 이용하는 방법이 있겠지만 이것은 그의 진정한 사전확률이 아니다. 이에 대하여 앞으로 계속되는 여러 장에서 정합경제학의 내용을 충분히 전개한 후 거기서 발견된 정리를 이용하여 제 7 장에서 구체적으로 제시한다. 그러나 그 전에 몇 가지 예비적 사항을 검토하기로 한다.

제 3 절 내포모형

1. 비내포모형 (2-2)는 최초로 주어진 방정식인데 이 방정식에는 그로부터 파생되는 방정식의 둥지(nest)가 숨겨져 있으므로 그를 찾아내는 실마리를 제공한다. [그림 2-2a]의 점 B_Y의 특성을 조사해 보자. 식 (2-1)과 식 (2-2)에서 다음의 베이즈 변환이 성립한다.

$$P_a Y = P_b Q_1 \qquad \text{베이즈 변환} \qquad \cdots\cdots (2-31)$$

$$(1-P_a)Y = (1-P_b)Q_2 \qquad \text{베이즈 변환} \qquad \cdots\cdots (2-32)$$

다시 식 (2-31)은 사실상 베이즈 정리 (2-1) 그 자체이다. 베이즈 변환 (2-31)~(2-32)은 [그림 2-2a]의 점 $B_Y=(Q_1,\ Q_2)$의 좌표가 된다.

$$B_Y = \left(\frac{P_a}{P_b}Y,\ \frac{1-P_a}{1-P_b}Y\right) \qquad \cdots\cdots (2-33)$$

10) Koop(2005).

따라서 점 B_Y가 베이즈 변환의 기하학적 표현으로서 베이즈 정리 그 자체이다. 점 B_Y의 위치를 규명하면 사전확률을 알 수 있다. 그러나 실재좌표만으로 정보가 충분하지 않으므로 점 B_Y의 위치가 결정되지 않는다. 실재좌표와 투영좌표 사이의 내적 정합으로 규명하여야 한다. 제 7 장에서 이 작업을 설명한다.

2. 비내포모형 (2−2)는 각 사건에 대한 사전확률을 알아야 성립될 수 있다. 그러나 많은 경우에 사전확률은 알려지지 않을 뿐만 아니라 두 사건 Q_1과 Q_2 가운데 어느 사건의 사전확률이 크고 작은지도 알려져 있지 않다. 베이즈 이론의 취약점이며 가장 극복해야 할 부분이다. 앞서 살인 피의자의 예를 다시 들면 취조관 A는 75퍼센트의 심증으로 그가 범인이라고 믿지만 취조관 B는 30퍼센트 확률의 심증을 가질 수 있다. 이 차이를 좁히는 방법 가운데 하나가 확률을 바꾸어 보는 것이다. 그를 위하여 사건 Q_1과 Q_2가 주어졌을 때 비내포모형 Y에 제약을 가하여 내포모형 $\hat{Y}$로 변환하는 모형변환을 다음과 같이 정의한다.

$$Y\hat{Y} = \pi Q_1 Q_2 \qquad \text{모형변환}^{11)} \qquad \cdots\cdots (2-34)$$

모형변환 (2−34)는 비내포모형 (2−2)의 피설명변수 Y에 제약을 가하여 $\hat{Y}$로 만드는 제 2 유형의 방법이다. 이 식에서 $Y\hat{Y}$의 크기는 사전확률 P_b과 사후확률 P_a에 전혀 영향받지 않는다는 데에 주목할 필요가 있다. 오로지 독립 사건 Q_1이나 Q_2에만 영향 받는다. 따라서 독립 사건 Q_1과 Q_2의 크기가 주어지면 사전확률 P_b이나 사후확률 P_a과 상관없이 $Y\hat{Y}$의 크기 역시 일정하게 주어진다. 중요한 점은 모형변환 (2−34)가 가정이 아니라 정의라는 사실이며 이 특성은 제 4 장부터 드러나기 시작하여 제 6 장에서 그 전모가 밝혀진다. 특히 제 4 장의 식 (4−64)에서 모형변환 (2−34)가 유도됨이 보인다.

3. 모형변환의 역할을 이해하기 위하여 식 (2−34)를 베이즈 변환 (2−31)∼(2−32)에 대입하면 다음이 된다.

$$P_a Q_2 = P_b \frac{\hat{Y}}{\pi} \qquad \text{베이즈 변환} \qquad \cdots\cdots (2-35)$$

$$(1-P_a)Q_1 = (1-P_b)\frac{\hat{Y}}{\pi} \qquad \text{베이즈 변환} \qquad \cdots\cdots (2-36)$$

---

11) 이 변수변환의 곱은 1은 아니다. 그러나 두 사건의 크기가 주어질 때 YX=상수가 되므로 변수변환에 속한다.

여기에서 다음의 내포모형이 성립한다.

$$\frac{\hat{Y}}{\pi} = (1-P_a)Q_1 + P_aQ_2 \qquad \text{내포모형} \qquad \cdots\cdots (2-37)$$

$$\frac{\pi}{\hat{Y}} = \frac{1-P_b}{Q_1} + \frac{P_b}{Q_2} \qquad \text{직각쌍곡선} \qquad \cdots\cdots (2-38)$$

식 (2−37)이 제 2 유형의 내포모형 (2−26)에 해당하며 식 (2−38)은 식 (2−23)에 제 1 유형과 제 2 유형을 모두 적용한 모형이다. 식 (2−37)의 $\frac{\hat{Y}}{\pi}$은 사건 Q_1과 Q_2의 수학적 기대인데 사후적 확률 P_a에 의해 결정되며 Y에 제약을 가하여 파생시킨 것이므로 피설명변수가 다른 내포모형 (2−25)∼(2−26)의 일종이다. 내포모형은 이 밖에 여러 가지 모습이 될 수 있지만 이 책에서는 모형변환 (2−34)를 거친 것만을 내포모형으로 사용한다. 한편 비내포모형 (2−2)와 비교할 때 사건 Q_1과 Q_2에 대한 사후확률 P_a와 $1-P_a$의 역할이 엇갈려 있으므로 모형에 따라 계수가 달라진다는 모형 (2−24)∼(2−26)의 형태이다. 다시 말하면 식 (2−37)은 피설명변수와 계수를 모두 바꾼 내포모형이다. 이 변화의 의미는 다음과 같다.

사전적으로는 사건 Q_1이 일어날 확률이 P_b이고 사건 Q_2가 발생할 확률이 $1-P_b$일 때 사전확률 자체를 모르므로 어느 사건에 어느 확률이 부여되는지 모르는 상태에서 추가적인 정보의 도움으로 사후적으로는 위치를 바꾸어서 사건 Q_1이 발생한 확률이 $1-P_a$고 사건 Q_2가 발생한 확률이 P_a라고 반대의 결과를 설정할 때의 수학적 기대이다. 그러므로 $\frac{\hat{Y}}{\pi}$는 사전에 설정한 입장이 사후에 바꾸어질 때의 수학적 기대인 것이다. 또는 사전확률과 사후확률이라는 개념을 떠나서 Q_1과 Q_2 가운데 누가 범인인줄 모를 때 두 취조관 A와 B의 심증 P_a와 P_b의 차이 때문에 확률을 바꾸어서 모든 경우를 의심해보기 위하여 Q_1과 Q_2의 확률을 바꾸어 보는 것에 비유할 수 있다. 그러므로 식 (2−34)는 사전기대 Y를 사후기대 $\frac{\hat{Y}}{\pi}$로 변수변환하는 정의인데 모형변환이라고 부르자. 이 모형변환이야말로 두 사람의 취조관 사이의 사전확률의 차이를 극복하는 수단이 된다. 모형변환은 베이즈 변환 (1−11), 변수변환 (1−19)와 함께 이 책의 중요 3대 변환이다. 이상의 3대 변환이 베이즈의 정신에 어울린다. 베이즈 확률이론의 기본정신은 새로운 정보가 추가될 때마다 사후확률이 변환하는 것이 골자이기 때문이다.

다른 예를 들면 Q_1과 Q_2의 두 공장 가운데 어느 공장에서 폐수가 흘러나오는지 확률을 바꾸어서 모든 경우를 생각해보는 것에도 비교할 수 있다. 이것은 처음에 설정하는 사고(idea 1)에 반대로 설정하는 사고(idea 2)를 정합시켜 보는 실험에 해당한다. 이 모든 경우를 종합하면 결론을 얻는데 도움을 기대할 수 있기 때문이다. 실제로 아래에서 이러한 방식을 이용할 것이다. 식 (2－37)은 [그림 2－2a]의 실재좌표에서 또 하나의 직선 $\frac{\hat{Y}}{\pi}[P_a]$이고 식 (2－38)은 또 하나의 직각쌍곡선 $\frac{\hat{Y}}{\pi}(P_b)$이다. 두 직선은 점 $E_{\hat{Y}}$와 점 B에서 만난다. 직각쌍곡선 (2－38)의 중심좌표는 $O_{\hat{Y}}=((1-P_b)\frac{\hat{Y}}{\pi},\ P_b\frac{\hat{Y}}{\pi})$이다.

4. 내포모형 $\frac{\hat{Y}}{\pi}$의 의미를 기하학적으로도 설명할 수 있다. [그림 2－2a]의 실재좌표에서 두 개의 직각쌍곡선 (2－28)과 (2－38) 및 두 개의 직선 (2－27)과 (2－37)이 만나는 공통의 점 B의 좌표에서 네 개의 식을 만족하는 Q_1과 Q_2가 결정된다. 점 B의 좌표에서 가로축에 대한 수직선의 길이 Q_2와 세로축에 대한 수평선의 길이 Q_1을 곱한 면적 OQ_1BQ_2의 크기가 모형변환 (2－34)의 $\frac{Y\hat{Y}}{\pi}$이고 점 B를 통과하며 공통의 면적 $\frac{Y\hat{Y}}{\pi}$을 형성하는 직각쌍곡선(그림에는 그리지 않았음)의 식이 모형변환 $\frac{Y\hat{Y}}{\pi}=Q_1Q_2$이다.

5. 모형변환에 의한 내포모형의 역할이 드러났으므로 그에 대한 정의 (2－37)～(2－38)에 변수변환 $\hat{y}\hat{Y}=1$, $q_1Q_1=1$, $q_2Q_2=1$을 적용하면 다음이 된다.

$$\pi\hat{y}=(1-P_b)q_1+P_bq_2 \qquad \cdots\cdots (2-39)$$

$$\frac{1}{\pi\hat{y}}=\frac{1-P_a}{q_1}+\frac{P_a}{q_2} \qquad \cdots\cdots (2-40)$$

식 (2－39)는 [그림 2－2b]의 투영좌표에서 직선 $\pi\hat{y}[P_b]$이고 식 (2－40)은 직각쌍곡선 $\pi\hat{y}\,(P_a)$이다. 직각쌍곡선과 직선은 점 $E_{\hat{y}}{}^{-1}$과 점 B^{-1}에서 만난다. 직각쌍곡선 (2－40)의 중심좌표는 $O_{\hat{y}}=((1-P_a)\hat{y}\pi\,,\ P_a\hat{y}\,\pi)$이다.

6. [그림 2－2a]의 실재좌표에는 2개의 직각쌍곡선 $Y(P_a)$와 $\frac{\hat{Y}}{\pi}(P_b)$이 있고 [그림 2－2b]의 투영좌표에도 2개의 직각쌍곡선 $y(P_b)$와 $\pi\hat{y}(P_a)$이 있다. 변수변환 사이의 관계를 규명하기 위하여 [그림 2－2a]의 실재좌표에서 2개의 직각쌍곡선의 중심좌표 O_Y와 $O_{\hat{Y}}$을 연결한 직선의 기울기를 $\Delta=\frac{(1-P_a)Y\pi-P_b\hat{Y}}{P_aY\pi-(1-P_b)\hat{Y}}$로 표기하고 [그림 2－2b]의 투영좌표에서 2개의 직각쌍곡선의 중심좌표 O_y와 $O_{\hat{y}}$을 연결한 직선의 기울기를 $\Omega=\frac{(1-P_b)y-P_a\hat{y}\pi}{P_by-(1-P_a)\hat{y}\pi}$라 표기하면 두 개의 새로운 변수 Δ와 Ω 사이에

서 다음이 성립한다.[12)]

$$\Delta\Omega = 1 \qquad \text{변수변환} \qquad (2-41)$$

두 개의 직각쌍곡선의 중심을 연결한 직선의 기울기도 다른 변수변환처럼 두 좌표 사이에서 변수변환의 정의 (1−19)를 만족한다는 사실을 지적하는 것으로 그치고 새로운 변수변환 (2−41)의 중요성은 제11장에서 드러내기로 한다(소정리 11-4).

▶▶▶ 소정리 2−3

직각쌍곡선으로 표현되는 비내포모형과 내포모형의 현상을 하나의 좌표에서 변수변환으로 다른 좌표에서 표현할 때 직각쌍곡선의 중심의 이동길이의 기울기도 변수변환을 한다.

7. 지금까지 사전확률 P_b과 사후확률 P_a이 일정할 때 사건 Q_1과 Q_2 사이의 관계를 조사하였다. 이번에는 베이즈를 따라서 사건 Q_1과 Q_2가 주어졌을 때 사전확률 P_b과 사후확률 P_a 사이의 관계를 조사할 차례이다. 비유하여 말하면 동일한 사건을 놓고 두 취조관의 심증 사이의 관계이다. 식 (2−35)~(2−36)에서 다음을 얻는다.

$$P_b(1-P_a)Q_1 = P_a(1-P_b)Q_2 \qquad \cdots\cdots (2-42)$$

이것은 베이즈의 정리 (2−1)의 또 다른 표현에 불과하다. 이 식을 정리하면 다음이 된다.

$$\left(P_a - \frac{Q_1}{Q_1-Q_2}\right)\left(P_b + \frac{Q_2}{Q_1-Q_2}\right) = -\frac{Q_1Q_2}{(Q_1-Q_2)^2} \qquad \cdots\cdots (2-43)$$

이것은 [그림 2−3a]의 실재좌표에서 중심의 좌표가 $[-Q_2/(Q_1-Q_2),\ Q_1/(Q_1-Q_2)]$인 직각쌍곡선 H_Z이다. [그림 2−3a]의 실재좌표에서 가로축은 사전확률 P_b을, 세로축은 사후확률 P_a을 측정하는데 $Q_1 > Q_2$인 경우를 그리고 있으며 확률은 양수이므로 양의 좌표만을 그렸다. Q_1과 Q_2는 사전확률과 사후확률에 독립

12) $\Delta\Omega = \dfrac{(1-P_a)\pi Y - P_b\hat{Y}}{P_a\pi Y-(1-P_b)\hat{Y}}\ \dfrac{(1-P_a)y - P_b\,\hat{y}\pi}{P_by-(1-P_a)\hat{y}\pi} = \dfrac{(1-P_a)Y\pi - P_b\hat{Y}}{P_aY\pi-(1-P_b)\hat{Y}}\ \dfrac{(1-P_b)\hat{Y} - P_aY\pi}{P_b\hat{Y}-(1-P_a)Y\pi} = 1.$

이므로 식 (2−43)은 성립한다. 즉 사건 Q_1과 사건 Q_2가 발생할 때 사전확률과 사후확률 사이의 관계는 식 (2−43)을 따른다. 앞서 언급했듯이 우리가 사전확률을 모르므로 사전확률을 부여하는 데에 따라 사후확률이 식 (2−43)에 의해 결정된다.

8. 한편 식 (2−32)와 식 (2−35)를 비교하면 다음을 얻는다.

$$P_b(1-P_b)=\left(\frac{\pi Y}{\hat{Y}}\right)P_a(1-P_a) \qquad \cdots\cdots (2-44)$$

이 식을 정리하면 다음이 된다.

$$\frac{\left(P_b-\frac{1}{2}\right)^2}{\frac{1}{4}\left(1-\frac{\pi Y}{\hat{Y}}\right)}-\frac{\left(P_a-\frac{1}{2}\right)^2}{\frac{1}{4}\left(\frac{\hat{Y}}{\pi Y}-1\right)}=1 \qquad \cdots\cdots (2-45)$$

이것은 [그림 2−3a]의 실재좌표에서 $Y>\hat{Y}$인 경우 직각쌍곡선 H_Y이다. $\pi Y>\hat{Y}$인 경우 쌍곡선은 중심좌표를 가운데 두고 좌우 대칭이지만 $\pi Y<\hat{Y}$인 경우에 쌍곡선은 중심좌표 $\left(\frac{1}{2}, \frac{1}{2}\right)$을 가운데 두고 상하 대칭이 된다. 직각쌍곡선 H_Y는 네 점 (0, 0), (1, 0), (0, 1), (1, 1)을 지난다. 확률은 $1>P_a>0$이고 $1>P_b>0$이므로 네

그림 2−3a 실재좌표의 확률거울

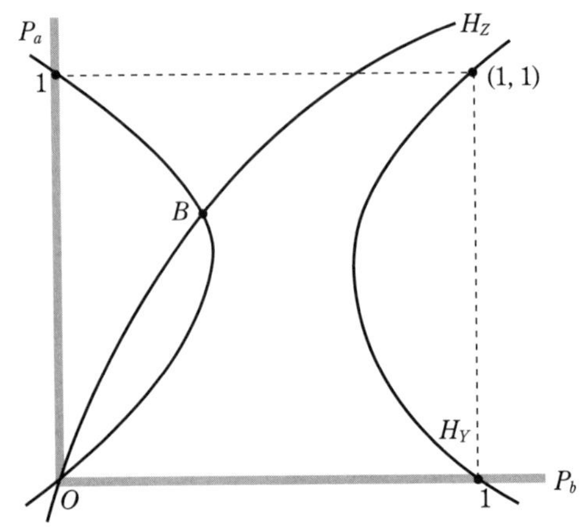

그림 2-3b 투영좌표의 확률거울

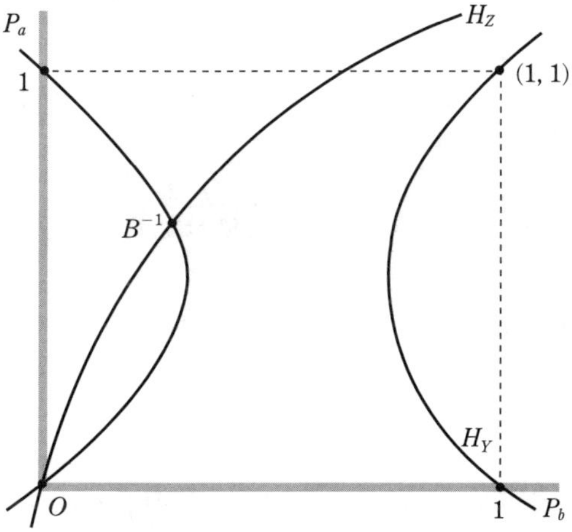

점 (0, 0), (1, 0), (0, 1), (1, 1)이 만드는 사각형 내부만 의미가 있다. 이 사각형 내부의 점 B에서 두 곡선 H_Y와 H_Z가 만나고 여기에서 사전확률과 사후확률이 동시에 결정된다. [그림 2-3a]의 직각쌍곡선이 볼록거울을 닮았으므로 확률거울이라고 부르겠다.

9. 이상의 확률거울을 [그림 2-3b]의 투영좌표에서 설명해도 마찬가지이다. 식 (2-42)~(2-45)에 변수변환을 적용하면 다음이 된다.

$$\left(P_b-\frac{q_1}{q_1-q_2}\right)\left(P_a+\frac{q_2}{q_1-q_2}\right)=-\frac{q_1q_2}{(q_1-q_2)^2} \quad \cdots\cdots (2-46)$$

$$\frac{\left(P_b-\frac{1}{2}\right)^2}{\frac{1}{4}\left(1-\frac{\pi\hat{y}}{y}\right)}-\frac{\left(P_a-\frac{1}{2}\right)^2}{\frac{1}{4}\left(\frac{y}{\pi\hat{y}}-1\right)}=1 \quad \cdots\cdots (2-47)$$

[그림 2-3b]의 투영좌표에서 직각쌍곡선 (2-46)은 $q_1<q_2(Q_1>Q_2)$의 경우에 사후확률과 사전확률 사이에 곡선 H_z을 그리고 있는데 양의 확률만을 표현하였다. 직각쌍곡선 (2-47)은 $y<\pi\hat{y}$ $(\pi Y>\hat{Y})$의 경우에 중심좌표 $\left(\frac{1}{2},\frac{1}{2}\right)$을 가운데 두고

좌우대칭인 곡선 H_y이다. 두 곡선은 점 B^{-1}에서 만나서 사전확률과 사후확률을 결정한다. [그림 2-3b]의 투영좌표의 점 B^{-1}은 [그림 2-3a]의 실재좌표의 점 B와 일치한다.

10. 결국 우리는 베이즈의 세계를 두 개의 식으로 재편성할 수 있다.

$$\left(P_a-\frac{Q_1}{Q_1-Q_2}\right)\left(P_b+\frac{Q_2}{Q_1-Q_2}\right)=-\frac{Q_1Q_2}{(Q_1-Q_2)^2} \qquad \cdots\cdots (2-48)$$

$$\frac{\left(P_b-\frac{1}{2}\right)^2}{\frac{1}{4}\left(1-\frac{\pi Y}{\hat{Y}}\right)}-\frac{\left(P_a-\frac{1}{2}\right)^2}{\frac{1}{4}\left(\frac{\hat{Y}}{\pi Y}-1\right)}=1 \qquad \cdots\cdots (2-49)$$

식 (2-48)에서 사건 Q_1과 Q_2는 사전확률 P_b이나 사후확률 P_a과 독립적이므로 식 (2-48)은 성립한다. 만일 $\pi Y/\hat{Y}$가 사전확률 P_b과 사후확률 P_a에 독립이라면 식 (2-49) 역시 성립하고 그 결과 식 (2-48)과 (2-49)는 두 개의 미지수인 사전확률 P_b과 사후확률 P_a을 결정한다. 그러나 식 (2-34)에서 $\frac{Y\hat{Y}}{\pi}$는 확률과 상관없지만 $\frac{Q_1}{Q_2}$는 확률과 상관이 있으므로 식 (2-49)는 [그림 2-3a]의 실재좌표와 [그림 2-3b]의 투영좌표에서 성립하지 않는다. 따라서 식 (2-48)만이 성립하는데 여기에는 두 개의 미지수 P_a와 P_b가 포함되어 있어서 풀어지지 않는다. 베이즈의 사전확률 P_b이 결정되려면 또 하나의 독립방정식이 필요하다. 이에 대해서는 제 7 장에서 다시 논의할 것이다.

CHAPTER 03

수량좌표와 시간좌표

1. 이 장의 목표는 앞장에서 소개한 베이즈 확률이론의 실재좌표(실체)와 투영좌표(그림자)의 개념을 확장하여 정합경제이론의 기초를 마련하는 것이다. 이 장에서 가장 중요한 개념은 수량좌표(idea 1)와 시간좌표(idea 2)이다. 여기서 수량좌표와 시간좌표는 각각 앞장의 실재좌표와 투영좌표에 비교될 수 있다. 이 개념은 정합경제이론의 〈역표본 정리〉를 증명하는데 반드시 필요한 기초개념이다. 앞서 머리말의 각주 8에서 소개한 쇼펜하우어의 문헌은 시간, 공간, 질량의 초월적 속성(predicabilia a priori)을 28가지로 분류하였는데 17번째가 수량과 시간의 역수관계이다.[1] 그 근거는 8번 목록이다.[2] 쇼펜하우어의 18

1) 시간과 공간에 대한 관계는 뉴턴(I. Newton) 이후 그의 영향을 받은 흄, 칸트, 쇼펜하우어가 이미 철학적 소견에서 관심을 나타냈다. 흄과 칸트의 견해는 반대이다. The chief objection against all abstract reasonings is derived from the ideas of space and time; idea, which, in common life and to a careless view, are very clear and intelligible … afford principles, which seem full of obscurity and contradiction. Hume, D., *An Inquiry concerning Human Understanding*, sec. 12, part 2. Time is not an empirical concept deduced from any experience, … if the representation of time were not given a priori. … Space is not an empirical concept which has been derived from external experience. … there being but one straight line between two points would be a necessity … no space has yet been found having more than three dimensions. Kant, I., *Critique of Pure Reason*, pp. 18–20, pp. 24–25. 칸트를 비판적으로 계승한 쇼펜하우어는 칸트의 시간과 공간의 초월성에 질량의 초월성을 추가하였다. 비슷한 시기에 마샬이 피셔의 유통속도를 유통시간으로 변환한 것은 우연이 아닌 듯 보인다.

2) Time makes counting possible.

번째 목록은 시간이 독립적임을 적시하고 있다. 이것은 수량좌표와 시간좌표가 별도의 좌표임을 의미한다.[3] 그 이유는 그의 14번째와 15번째 목록에 있다.[4]

2. 확률을 측정하는데 있어서 시간개념이 없이는 불가능하다. 1년의 자동차 도난확률은 1개월의 도난확률과 다르고 1주의 도난확률과도 다르다. 이것은 단위시간의 확률을 의미하는데 번스타인(Bernstein, 1996)은 다음과 같이 적고 있다.

> Time is the dominant factor in gambling. Risk and time are opposite sides of the same coin, for if there were no tomorrow there would be no risk. Time transforms risk, and the nature of risk is shaped by the time horizon: the future is the playing ground(p. 15).

그러므로 단위시간의 역수 (1−16)은 1대의 자동차가 도난 당하는 시간과 관계가 있다. 단위수량의 시간이다. 이것이 제 2 유형의 역확률의 기본단위이다.

3. 앞장의 식 (2−27)에서 $Y=P_bQ_1+(1-P_b)Q_2$의 Q_1과 Q_2는 원래 조건확률이고 Y는 주변확률이다. 베이즈 정리 (2−1)의 사후확률 P_a는 소정리 2−1에 의하면 조건확률 Q_1과 Q_2에 대하여 영차동차함수이므로 λ배를 곱하여도 변함이 없다. 앞서 공장의 4개 불량품 생산의 예를 다시 들면 두 공장의 불량품 발생의 조건확률이 $Q_1=1/4$과 $Q_2=2/4$일 때 주변확률은 $Y=1.4/4$인데 여기에 다시 $\lambda=4$을 곱하면 불량품의 수효 $Q_1=1$개와 $Q_2=2$개로 표현할 수 있고 이 경우 $Y=1.4/4$개는 두 공장의 평균 불량품 수효가 된다. 나머지 1개는 어느 공장의 불량품인지 불확실한 회색지대(inconclusive area)에 속한다. 이 예에서 보면 확률은 언제든지 수량(빈도)으로 표현될 수 있다. 엄밀하게 표현하면 1주일이나 1달 동안 주어진 시간의 불량품 생산량, 즉 단위시간의 불량품 생산량이다. 이것의 역수는 1개의 불량품을 생산하는데 걸린 시간이 된다. 이렇게 식 (2−27)을 수량으로 해석하면 그의 역수로 표현된 식 (2−29)의 $y=P_a\,q_1+(1-P_a)q_2$에서 q_1과 q_2는 각각의 공장에서 1개의 불량품을 생산하는데 걸린 시

---

3) Time is not directly measurable by means of itself but only by means of motion which takes place in both space and time.

4) Everything in time has duration. Time has no duration, but all duration is in time; time is persistence of what is permanent in contrast with its restless course.

간이 되며 y는 두 공장에서 1개의 불량품을 생산하는 평균시간이 된다. 식 (2-29)는 q_1과 q_2에 대하여 일차동차함수이므로 q_1과 q_2을 $1/\lambda$로 나누어 주면 각각 조건확률 Q_1과 Q_2의 역확률이 된다. 역확률은 어떤 조건확률로 1번 발생하는 사건을 만드는 전체 사건의 수를 가리킨다. 구체적으로 사건 Q_1이 발생할 조건확률이 1/4이라면 그의 역확률은 4이다. 이처럼 단위시간의 수량은 언제든지 단위수량의 시간으로 변환할 수 있다. 앞서 베이즈의 실재좌표는 수량좌표이고 베이즈의 투영좌표는 시간좌표이다. 다시 말하면 수량좌표에서 표현된 수량은 언제든지 시간좌표의 시간으로 표현될 수 있다.

▶▶▶ 소정리 3-1

정합경제이론에서 시간좌표는 각 경제행위에 배분되는 시간을 측정한다.

4. 머리말에서 언급했듯이 경제학의 변수는 대체로 수량좌표에서 표현된다. 이것은 베이즈의 실재좌표에 비교될 수 있다. 그러나 동일한 문제를 시간좌표에서 표현할 수 있다. 이것은 베이즈의 투영좌표에 비유될 수 있다. 그러므로 이 장에서 우리는 경제현상을 설명함에 있어서 수량좌표(idea 1)와 시간좌표(idea 2)의 독립성, 동등성, 대칭성, 상호 작용, 내적 정합을 조사할 것이다. 그 대표적인 첫 번째 예가 슬라츠키 방정식에서 소득효과의 편의(偏倚, bias)현상이다. 이 예는 가벼운 주제가 아니다. 경제학에서 가장 중요한 방정식의 발견을 꼽으라고 하면 슬라츠키 방정식(Slutsky equation)이고 이로부터 가격현상을 제대로 이해하게 되었으며 효용에서 심리적인 요소를 제거할 수 있었다.[5] 슬라츠키 방정식은 수학적 표현에 성공했을 뿐만 아니라 소득효과를 계량화할 수 있는 가능성을 열어놓았다. 그럼에도 불구하고 이렇게 중요한 소득효과에서 편의가 발생한다는 현상은 보통 문제가 아니다. 결론부터 제시하면 시간좌표의 중요성을 간과하였기 때문이다.

---

5) 힉스의 방정식과 달리 원래의 슬라츠키 방정식에서는 효용개념이 소거되어 나타나지 않는다.

제1절 소득효과의 발견

1. 소득효과는 영국의 존슨(Johnson, 1913)과 러시아의 슬라츠키(Slutsky, 1915)에 의해 독립적으로 동시에 발견되었다.[6] 이것은 수학적으로 가격효과를 대체효과와 소득효과로 분해하는 작업이었지만 아무도 관심을 보이지 않은 채 25년 후에 힉스(Hicks, 1939)가 영미권에 소개할 때까지 잊혀졌다.[7] 그 사이에 오스트리아 경제학자 쇤펠트-일리(Schonfeld-Illy, 1924)만이 슬라츠키-존슨과 비슷한 결과를 얻었지만 역시 잊혀졌다.[8]

2. 슬라츠키의 업적은 가격효과를 소득효과와 대체효과로 분할하는 수학적 공식에 있는 것이 아니라 슬라츠키 대칭(Slutsky symmetry)이라고 부르는 현상의 발견이다.[9] 가격효과의 분할은 존슨도 발견한 것이기 때문이다. 슬라츠키 대칭은 대체효과의 대칭현상으로 i재화의 가격변화로 인한 j재화의 대체는 j재화의 가격변화로 인한 i재화의 대체와 일치하는 현상이다. 이것이야말로 하나의 현상(idea 1)이 다른 현상(idea 2)과 정확히 내적 정합을 이루는 좋은 예가 되며 슬라츠키는 대칭의 정합현상의 확인으로 대체효과와 소득효과를 계량화할 수 있다고 믿었다.[10] 슬라츠키 방정식의 재발견에서 주목받은 것은 파레토(V. Pareto) 이래로 숙제가 되었던 소비자의 실제 행동에 일치하는 이론의 발견이었다. 파레토를 이은 슬라츠키는 대체효과의 대칭을 발견함으로써 대체효과의 대체성과 보완성을 새로이 정의할 수 있었다.[11] 이처럼 초기에는 대체효과 계량화의 가능성을 주목하였기에 소득효과의 계량화는 논외였다고 생각된다. 그러나 대체효과의 대칭이 사실이라고 판명된 이상 소득효과의 측정은 효

6) Samuelson(1949), Schumpeter(1954), Blaug(1968). 존슨의 중요한 업적이 무시되어 잊혀지고 대신 슬라츠키의 업적으로 알려진 이유에 대해서는 Schumpeter(1954), p. 1063n을 참조할 수 있다.
7) Chipman(2002).
8) Kauder(1965).
9) Chipman(2002).
10) Chipman(2002).
11) Chipman(2002).

용함수의 형태에 상관없이 객관적으로 가능하기 때문이다. 실제로 소득이 다른 세대의 소비행위의 횡단면 분석이 가능하다. 이때 중요한 전제는 소득이 다른 세대에게 동일한 시장가격이 적용되는 단위시간의 개념이다.

3. 힉스(J. Hicks 1934, 1939)는 슬라츠키와 쉰펠트-일리의 업적을 알고 있었고 그를 인용하였다. 그러나 힉스의 대체효과와 소득효과는 슬라츠키의 그것과 약간 다르다. 슬라츠키가 대체효과를 가격변화 전의 지출을 유지하면서 새로운 가격변화로 인한 재화 사이에 대체효과를 정의하였다면 힉스는 가격변화 전의 효용을 그대로 유지하면서 새로운 가격변화에 따른 대체효과를 정의하였다. 다만 슬라츠키의 경우가 상대적으로 쉽게 계량적으로 검정할 수 있다. 그러나 소득효과의 수학적 기본개념과 방정식은 슬라츠키와 힉스 모두 비슷하다. 재화의 가격이 일정하고 소득만이 증가할 때 재화의 수요 변화를 측정하는 것이다. 기하학적인 측면에서 보면 소득효과는 소득만의 증가로 소득제약선이 평행으로 이동하는 평행효과이다. 소득이 변할 때 재화가격을 일정하게 놓는 조건의 중요성은 소위 힉스-레온티에프 집계정리(Hicks-Leontief aggregation theorem)에서도 나타난다. 이 조건은 힉스가 여러 상품을 집계하여 하나의 합성상품(a composite good)으로 정의하는 조건으로서 힉스 이전의 학자들이 시도하였던 수많은 개별상품의 가격 수와 균형 방정식의 수를 일치시키는 작업에서 해방시켜 주었다.

4. 힉스의 업적 가운데 하나가 가격효과의 분해에서 가장 중요한 개념인 일시균형(temporary equilibrium)의 정립이다. 시간을 쪼개어 적당한 단위시간(힉스의 "the Week")을 정한 후 그 시간길이의 정보를 가지고 힉스는 그 단위시간에서 경제가 성취하는 일시균형에 정태분석 방법(static method)을 사용할 수 있음을 보여주었다. 이것은 린달(Lindahl, 1929)과 뮈르달(Myrdal, 1931)의 연구를 완성한 것으로 평가받는다. 이들은 정태균형과 동태균형을 구분하였는데 정태분석의 일시균형에 단위시간은 불가결의 개념이다. 여기에 기초하여 힉스는 일시균형의 안정성과 비교정학(comparative statics)을 규명할 수 있는 터전을 마련하였고 이 터전 위에 비교정학의 기초인 소득효과와 대체효과를 분해할 수 있었다. 여기에서 더 나아가서 힉스는 경제가 시간 축을 따라 진행하는 현상을 서로 다른 일시균형의 연속적인 움직임으로 파악하였다. 이런 시각에서 보

면 경제는 항상 일시균형에 있기 마련이지만 시간 축을 따라서는 균형에 있지 는 않는데 그 이유는 각 시간에서 가격이 예상된 가격과 다르기 때문이다.[12] 이러한 비교정학의 이론에 바탕을 둔 소득효과를 측정할 수 있는 방법의 하나가 단위시간에 소득이 서로 다른 세대에게 동일 상품의 시장가격이 동일하게 주어질 때 세대 사이에 소득탄력성을 구하는 방법이다. 이것은 횡단면 분석이다. 이에 대하여 시계열 분석에서는 소득에 대한 소비의 회귀방정식에서 소득의 계수를 이용한다.

5. 그러나 어떠한 방식을 사용하여도 중요한 조건은 수요를 측정하는 단위시간의 개념이다. 수요행위에 있어서 단위시간이 중요하다는 점을 처음 깨달은 사람은 메이어(Mayer, 1921)와 로젠스타인-로단(Rosenstein-Roden, 1936)이다.[13] 소비에 있어서 시간이 소모된다는 사실을 강조한 것이다. 메이어는 이 사실을 멩거(Menger, 1871)에게서 암시를 받았다.[14] 프리드만(Friedman, 1962)은 세 가지 의미에서 시간의 중요성을 역설하고 있다.

> Three different roles are played by "time" in the demand curve. First, the horizontal axis measures *quantity per unit of time; e.g., pairs of shoes per month or year*. This use of time enables one to draw a continuous curve even for items such as pianos or houses where purchases are made in discrete amounts. Second, the various points on the demand curve should be thought of as alternatives as of a moment of time. The demand curve is a snapshot at a moment in time and represents the maximum quantities that would be purchased at alternative prices. In this sense, "*time*" *is used as a synonym for* "*under the given conditions*." Third, there is the concept of time in the sense of the period of adjustment for in drawing the demand curve. The purpose of a demand curve is to facilitate analysis of the effects of changes in supply(p. 15－16, the italics are not original, the quotations are original).

요약하면 수요는 단위시간에 측정하는 재화의 흐름의 수량이나 서비스의 흐름의 수량이다. 특히 두 번째 의미에서 보면 내구재의 수요 역시 저량으로서가 아니라 그의 서비스의 흐름을 수량화한 의미에서 수요이다. 이것은 수요

---

12) Screpanti and Zamagni(2005), pp. 286-287.
13) Kauder(1965).
14) Kauder(1965).

곡선의 연속성을 위해서 불가피하게 부여하는 조건으로서 "일정하다는 다른 조건"(ceteris paibus)의 하나이다. 세 번째 의미는 더욱 확실해진다. 공급이 변할 때 그에 적응하는 수요의 변화는 시간의 흐름을 요구한다. 이것을 반영하는 것이 단위시간에 측정하는 수요곡선이다.

제 2 절 소득효과 편의의 발견

1. 수요곡선이 단위시간에 측정하는 수량으로 정의됨에도 불구하고 민서(Mincer, 1963)는 시간비용(cost of time)을 고려하지 않는 경우에 횡단면 자료(cross-section data)를 이용하여 추정한 수요의 소득탄력성이 편의(偏倚, bias)될 수 있음을 발견하였다.[15] 딘(Dean, 1963)과 오웬(Owen, 1964)의 연구도 마찬가지 맥락에서 시간의 중요성을 역설하고 있다.[16] 부렌스탐 린더(Burenstam Linder, 1970)는 노동시간, 개인시간, 소비시간으로 나누고 시간배분이 자원배분에 영향을 주고받는다는 사실을 밝혔다. 최근의 영국자료를 조사한 멀가트로이드와 뉴버거(Murgatroyd and Neuberger, 1997)에 의하면 시간을 노동에 35퍼센트, 수면과 휴식에 36퍼센트, 소비활동에 29퍼센트를 배분하는 것으로 나타났다. 스티드만(Steedman 1995, 2000)은 전통적인 소득제약식에 시간제약식을 추가하여 분석하였다. 이러한 연구에서 흔히 발생할 수 있는 편의는 일차적으로 동일한 상품의 동일한 시장가격을 소득이 다른 세대에게 적용하는 슬라츠키 소득효과(income effect)의 정의에서 기인한다. 그러나 세대 사이의 서로 다른 소득은 각 세대의 서로 다른 소득창출기회에 의해서 지배받게 되는데 소득창출기회가 각 세대에게 동일 상품의 소비기회에 영향을 미치고 이것이 서로 다른 가격을 형성하여 사실상 슬라츠키의 평행한 소득효과가 발생하지 않을 수 있다. 그 결과 소비와 소득 사이의 횡단면 조사에서는 순수 소득효과만 발생하지 않는다. 상대가격뿐만 아니라 소득에도 영향을 주기 때문이다. 가격효

15) Mincer, J., "Market Prices, Opportunity Costs, and Income Effects," in *Measurement in Economics: Studies in Mathematical Economics and Econometrics in Memory of Yehuda Grunfeld*, Stanford University Press, 1963.

16) 이 문헌은 베커(1965)에서 인용하였다.

과의 실증적 경험적 중요성은 아직도 평가되지 않고 있다는 현실을[17] 상기하면 민서의 관측은 그 자체로서 중요성을 갖는다.

2. 베커(Becker, 1965)는 이러한 현상을 설명함에 있어서 시간 개념을 도입하였다.[18] 단위시간 동안에 특정한 상품의 소비에는 상품의 수량뿐만 아니라 희소재화의 하나인 시간도 함께 소비한다는 사실이 반영된다. 구체적으로 가격이 각각 p_i인 상품 i과 p_j인 상품 j을 소비할 때 슬라츠키의 수량좌표 세계에서 단위시간 동안에 개별소비자의 한계효용균등의 법칙은 다음과 같다.

$$\frac{U_i}{U_j}=\frac{p_i}{p_j} \qquad \cdots\cdots (3-1)$$

슬라츠키 소득효과는 가격비율이 일정한 채 세대간의 소득이 다르면 나타나는 현상에도 적용한다. 한계효용균등의 법칙 (3－1)은 사실상 가격과 소득 Y와 단위시간 t로 설명하는 다음의 수요함수와 동일하다.

$$Q_i=D_i(p_1,\ p_2,\ \cdots,\ p_i,\ \cdots,\ p_j,\ \cdots,\ Y,\ t) \qquad \cdots\cdots (3-2)$$

여기서 다른 조건 $p_1,\ p_2,\ \cdots,\ p_{j-1},\ p_{j+1},\ \cdots,\ Y,\ t$가 일정할 때 재화 Q_i의 수요는 가격 p_i의 함수이다. 즉 가격 p_i 이외에 다른 조건 $x=(p_1,\ p_2,\ \cdots,\ p_{i-1},\ p_{i+1},\ \cdots,\ Y,\ t)$가 일정할 때 식 (3－2)는 다음과 같다.

$$Q_i=D_i(p_i \mid x) \qquad \cdots\cdots (3-3)$$

여기서 부호 | 는 다른 조건 $x=(p_1,\ p_2,\ \cdots,\ p_{i-1},\ p_{i+1},\ \cdots,\ Y,\ t)$가 일정하다는 뜻이다. 그런데 일정하다는 다른 조건 $p_1,\ p_2,\ \cdots,\ p_{i-1},\ p_{i+1},\ \cdots,\ Y,\ t$ 속에 힉스의 단위시간 t가 포함되어 있다는 것은 이 단위시간에 소비하는 수량을 측정한다는 뜻이다. 이것이 프리드만이 지적한 수요에 있어서 시간의 세 번째 역할이며 단위시간에 수량을 측정하는 근거가 된다. 그러나 베커는 소비자가 상품 Q_i을 소비할 때 단위시간 t도 함께 소비하므로 단순하게 시장가격 p_i만 지불하는 것이 아니라 각각의 상품을 소비할 때 함께 사라지는 단위시간 t의

17) Arrow and Hahn(1971), p. 129.

18) Becker, G., "A Theory of the Allocation of Time," *Economic Journal*(September 1965), pp. 493－508.

소득창출의 기회비용 c_i도 희생된 부분을 포착하였다. 다시 말하면 식 (3-3)이 성립할 수 없다. 단위시간 동안에 다른 조건이 일정할 때 소비는 식 (3-3)처럼 가격만의 함수라고 할 수 없는 것은 소비에는 시간이 소비되고 시간에는 가격이 있기 때문이다. 예를 들어 음악회라는 상품은 음악이라는 상품과 감상시간으로 구성된 복합상품인데 감상시간은 소득창출의 기회비용 c_i을 희생한 것이다. 이때 음악은 음악회라는 복합상품과 b_i라는 관계를 맺고 있다면 음악회의 입장비용은 단순하게 입장권 가격 p_i만이 아니라 $b_i(p_i+c_i)$이다. 여기에 그 시간을 소득창출에 사용될 때 기대되는 한계소득 l_i에 음악회 연주시간 t_i을 곱한 t_il_i까지 포함하여야 한다. 이러한 특성을 감안하면 다음과 같은 한계효용 균등의 법칙이 성립한다.[19]

$$\frac{U_i}{U_j}=\frac{b_i(p_i+c_i)+t_il_i}{b_j(p_j+c_j)+t_jl_j}=\frac{\pi_i}{\pi_j} \quad \cdots\cdots (3-4)$$

여기서 소득의 크기와 상관없이 사람들 사이에 동일할 수 있는 것은 시장가격 p_i와 p_j이지만 동일할 수 없는 것이 l_i와 l_j인데 이것은 각각 i상품과 j상품을 1단위 추가적으로 소비할 때 소모되는 소비시간에 희생되는 한계소득기회이다. 즉 시간의 가격이다. 소모시간을 거래하는 시장이 존재하지 않기 때문에 이 기회비용은 개인마다 다르므로 소득이 증가할 때 시장가격 p_i와 p_j의 동일성만으로는 가격비율 π_i/π_j이 고정될 수 없다. 그 결과 [그림 3-1a]에서 두 개의 제약선의 기울기는 평행하지 않다.

3. 베커가 시간가격을 발견할 즈음 폰 미제스(von Mises, 1966)는 그것이 왜 시장에서 반영되지 않는지를 다음과 같이 서술하고 있다.

> An account for “time” does not appear in the businessman’ s books. *No price is paid for it on markets.* That it is, nevertheless, taken into consideration in every exchange could not be seen from the standpoint of an objectivistic theory of value, nor could one be led to this realization by reflection on the popular precept contained in the saying, “Time is money.” (p. 132, the quotations are original, the italics are not original).

---

19) 이것이 베커 논문의 식 (19)이다.

그림 3-1a 평행이동효과 불가능

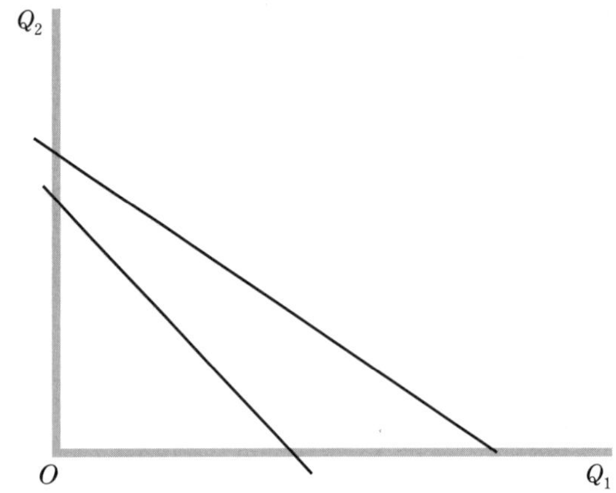

소득효과란 상대적으로 소득이 큰 세대가 그렇지 않은 세대에 비하여 동일한 가격 조건 아래에서 상품을 다르게 수요한다는 것인데 소득이 많아질수록 시간을 집중하는 정도가 상품과 소득에 따라 개인마다 다르게 평가되기 때문이다. 즉 시간비용을 감안하면 동일 상품이라도 소득 크기에 따라 개인마다

그림 3-1b 평행이동

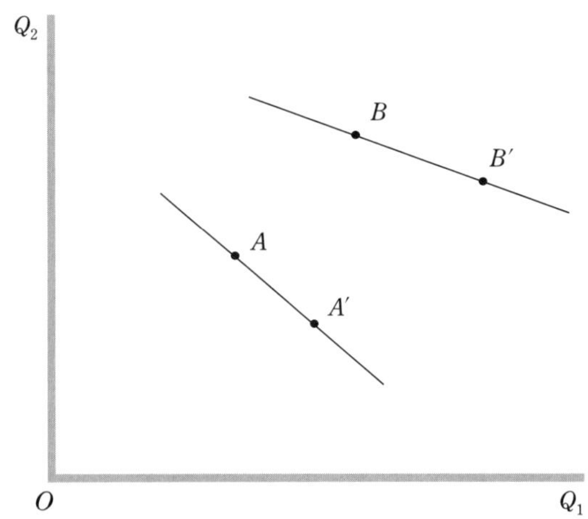

소모시간이 다르게 나타난다.

4. 베커는 시간을 포함할 때 소득수준의 차이에 따른 순수 소득효과의 측정이 불가능함을 분석하였다. 그러나 시간을 포함하였다 하여도 그의 분석은 동태분석이 아니다. 식 (3-4) '베커 1965년 논문의 식(19)'에 시간 t_i와 t_j가 포함되었어도 그것은 소비자의 정태균형을 나타낸다. 이에 대해서는 제13장이 자세히 문헌을 소개하지만 여기서는 다만 예를 들어 설명하는 것으로 족하다. 마샬의 k는 화폐가 1회전하는데 걸리는 필요한 시간(예를 들어서 주 또는 개월)이지만 캠브리지 교환방정식 $M=kY$이 정태균형의 방정식인 이유가 그것이다. 뮈르달-린달-힉스의 동태균형에 반드시 등장하는 기대(expectations)가 포함되지 않았기 때문이다. 여기서 기대라 함은 아직 발생하지 않은 미래의 변화가 경제행위에 영향을 주는 것을 의미한다.[20] 이러한 점에서 수량좌표의 현상을 시간좌표 상에 표현한다 하여도 동태균형이 아니라 식 (3-4)처럼 정태균형이다. 이때 1단위수량의 소비를 하는데 필요한 시간의 수효가 힉스의 일시균형의 단위시간 안에 들어 있다.[21] 예를 들어서 힉스의 1주에 4개의 수량을 소비한다면 1개의 수량을 소비하는데 필요한 시간은 1/4주이며 이러한 시간은 힉스의 1주에 4시간단위가 들어 있다.

5. 베커의 내용은 약간 다른 방법으로 동일한 소득 하에서도 소득효과 측정이 불가능함을 설명할 수 있다. [그림 3-1b]는 앞서 상대성원리를 설명할 때 사용한 [그림 1-1b]의 재생이다. 그림의 가로축은 재화 Q_1을 측정하고 세로축은 재화 Q_2를 측정한다. 개인 1이 좌표 A에서 좌표 B로 이동하는 길이 ΔS는 피타고라스 정리에 의하여 다음이 된다.

$$(\Delta S)^2=(\Delta Q_1)^2+(\Delta Q_2)^2 \qquad \cdots\cdots (3-5)$$

이때 개인 1의 소득제약선은 AA' 이다. 마찬가지로 개인 2가 좌표 A' 에서 좌표 B' 로 이동한 길이 $\Delta S'$는 다음이 된다.

---

20) Future changes produce effects on economic activity before they actually occur. This leads to the fact that the determination of the equilibrium variables must include expectations of future movements.

21) The theory of temporary equilibrium does not include the ultimate dynamic problems (Hicks, 1939, p. 246).

$$(\Delta S')^2 = (\Delta Q_1')^2 + (\Delta Q_2')^2 \qquad \cdots\cdots (3-6)$$

이때 개인 2의 소득제약선은 $A'A$이다. 개인 2의 소득과 개인 1의 소득이 동일하다. 다만 개인 1은 Q_1을 상대적으로 더 선호하고 개인 2는 Q_2을 상대적으로 더 선호하는 차이뿐이다. 두 사람의 소득이 동일비율로 증가하여 직선 AA'의 기울기와 직선 BB'의 기울기가 일치하는 조건은 다음과 같다.

$$(\Delta S)^2 = (\Delta S')^2 \qquad \cdots\cdots (3-7)$$

이때 개인 1의 제약선과 개인 2의 제약선도 동일하게 평행이동한다. 그러나 재화로서 시간이 추가되면 피타고라스 정리는 이들을 포함해야 한다. 재화 Q_1을 소비하는데 시간 t_{Q_1}이고 Q_2을 소비하는데 시간 t_{Q_2}이 필요하다면 식 (3-5)와 식 (3-6)은 다음이 되어야 한다.

$$(\Delta S)^2 = (\Delta(t_{Q_1}\ Q_1))^2 + (\Delta(t_{Q_2}\ Q_2))^2 + (\Delta Q_1)^2 + (\Delta Q_2)^2 \qquad \cdots\cdots (3-8)$$

$$(\Delta S')^2 = (\Delta(t'_{Q_1}\ Q_1'))^2 + (\Delta(t'_{Q_2}\ Q_2'))^2 + (\Delta Q_1')^2 + (\Delta Q_2')^2 \qquad \cdots\cdots (3-9)$$

예를 들어서 Q_1이 음악회의 수량이라면 $t_{Q_1}\ Q_1$은 음악감상에 사용한 시간이며 이것은 시간이라는 독립된 재화이다. 그 결과 직선 AA'의 기울기와 직선 BB'의 기울기가 일치하려면 식 (3-5)~(3-7)의 조건하에서 다음이 성립하여야 한다.

$$t_{Q_1} = t_{Q_1}' \qquad t_{Q_2} = t_{Q_2}'$$

이것은 개인들 사이에 재화에 상관없이 소비하는 시간이 동일할 때에만 가능하다는 뜻이다. 만일 개인 1과 개인 2 사이에 재화를 소비하는 시간에 차이가 생기면 AA'의 기울기와 BB'의 기울기가 일치하지 않으므로 이동 후에 개인 1의 소득제약선의 기울기와 개인 2의 소득제약선의 기울기가 평행하다는 보장이 없다. 개인 2의 소득제약선을 기준으로 이것이 평행이동하였다 하여도 개인 2의 소득제약선은 평행이동하지 못한다는 뜻이다.

6. 이러한 시도는 결국 재화 소비에 소모되는 시간까지 고려하면 슬라츠키 방정식에서 평행한 순수 소득효과가 정의될 수 없다는 점을 말해주고 있다. 여기에 추가하여 음악회의 예에서 보듯이 단순히 극장에서 소모하는 시간

이외에 극장까지 왕복하는 시간까지 포함한다면 한계효용균등의 법칙 (3－4)의 가격비율은 또 한번 달라진다. 시골의 부자가 서울의 음악회에 참석하는 예가 그것이다. 그의 행동에는 보통 시골사람이 드러낼 수 없는 서울 음악회에 대한 소비의 강도가 드러나 있다. 베커(Becker, 1965)는 다음과 같이 요약하였다.

> Income elasticities of demand are often estimated cross－sectionally from the behavior of families … with different incomes. … it is natural to assume that they face the same prices of goods. … All commodities prices would be higher to higher－income units because their foregone earnings would be higher …, and the prices of earnings－intensive commodities would be unusually so. Cross－sectional relations between consumption and income would not therefore measure the effect of income alone, because they would be affected by differences in relative prices as well as in incomes. The effect of income would be underestimated for earnings－intensive and overestimated for other commodities.

7. 시간을 포함할 때 평행한 소득효과가 불가능할 수밖에 없는 것은 물리적 현상에 속한다. 시간을 포함하여 생각할 때 구체(球體)에서 평행한 두 직선의 이동은 불가능하다. 예를 들어서 지구의 위도(緯度)는 서로 평행하지만 경도(經度)가 서로 평행하지 않은 것은 경도만이 시간을 측정하기 때문이다.[22] 이러한 이유로 유크리드의 평면에서 삼각형의 내각의 합은 180도이지만 시간을 측정하는 경도를 포함한 구체에서는 그렇지 않다.[23] 이 책의 중심 개념 가운데 하나인 수량좌표가 위도에 해당하고 시간좌표는 경도에 비유할 수 있다. 위도와 경도가 합쳐질 때 시간과 공간이 정의되어 자연현상이 관측되듯이 수량좌표(위도)와 시간좌표(경도)의 내적 정합을 통하여 경제현상이 제대로 이해될 수 있을 것이다.

---

22) 모든 경도는 북극과 남극에서 만나므로 평행할 수 없다. 이에 대하여 위도는 지구 어느 곳에서도 만나는 곳이 없다.

23) Gammov(1950).

제 3 절 고센의 소비시간 발견

1. 상품을 소비할 때 시간도 함께 소비된다는 사실과 동일한 시간사용에 대하여 소비와 노동이 경쟁적이라는 사실은 민서-베커가 처음 발견한 것이 아니다. 이들 보다 1백여 년 전 고센(H. Gossen, 1854)이 그의 제 1 법칙(한계효용체감의 법칙)과 제 2 법칙(한계효용균등의 법칙)을 설명할 때 상품의 수량이 아니라 상품을 소비하는 시간(time)으로 설명한 것이 시초이다.[24] 고센은 그 보다 30년 전 폰 튜넨(von Thunen, 1826)이 기회비용 개념 하에 생산의 공간(location)이론을 제시한 것과 대조적이다.

2. 소비가 포화점에 도달하지 않는 원인으로 고센은 시간, 필요의 다양성, 만족과 고통, 소득을 꼽았다. 그 가운데 시간이 모든 욕구를 완전히 만족시키지 못하는 주요 원인이라고 생각하였다. 소득이 증가할수록 소비능력은 증가하지만 시간은 절대적으로 고정되어 주어져 있고 축적이 되지 않기 때문에 여러 다양한 소비에 지장을 가져오는 것이다.

▶▶▶ **소정리 3-2**
소비능력은 위로 열려 있는 개집합(開集合)이지만 시간은 위로 닫힌 폐집합(閉集合)이다.

따라서 소득이 증가할수록 한정된 시간을 강도 높은 소비에 사용할 수밖에 없는 것은 필연적이다. 이 과정에서 한계위치에 있는 소비에 대한 시간사용의 중요성은 점차 하락하게 된다. 이것이 한계효용체감의 법칙이다. 고센은 [그림 3-2a]로 설명하였다. 여기서 시간은 가로축을 측정하고 만족이 세로축을 측정한다. 주어진 시간은 길이 AD이고 길이 ED가 가능한 만족이다. 시간 다음으로 만족을 제약하는 것은 노동이다. [그림 3-2b]에서 가로축의 시간에서 길이 AD는 가능한 노동시간이다. 고센에 의하면 노동의 초기에는 시간의

24) 고센에 관한 내용은 Kauder(1965), Ch. IV에 의존하였다.

그림 3-2a 한계효용의 체감

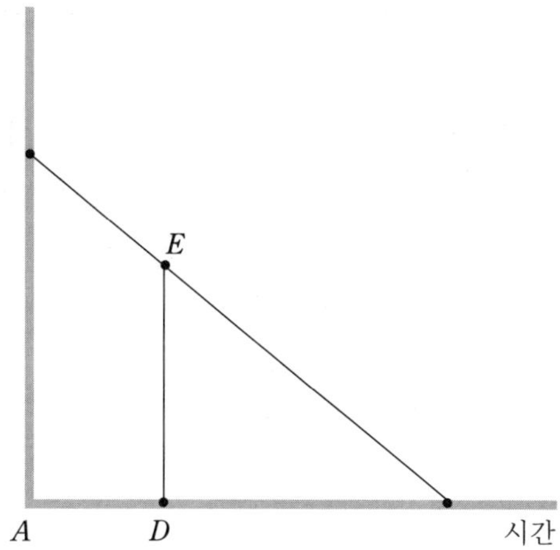

그림 3-2b 시간의 배분

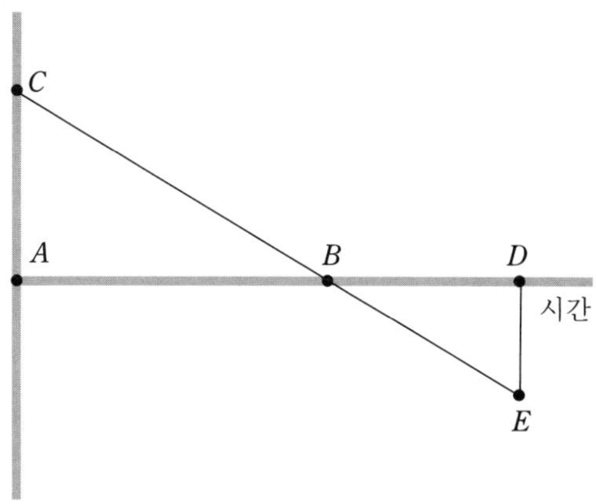

제한을 받지 않기 때문에 고통스럽지 않고 오히려 길이 AC만큼 즐겁다. 그러나 노동시간이 증가됨에 따라 즐거움은 감소하고 고통이 증가된다. 점 B에서 즐거움과 고통이 교차하는 곳이다. 점 E에서 고통은 길이 DE이다. 고센에 의하면 노동의 고통은 시간의 제한성에서 기인한다.

3. 생산과 소비의 상반되는 감정을 비교하기 위하여 고센은 [그림 3−3]을 고안하였다. 그가 [그림 3−2a]를 [그림 3−2b]에 첨가한 것이 [그림 3−3]이다. 여기서 길이 *AG*는 노동의 첫 단계가 주는 즐거움이다. 길이 *GE*는 가로축의 길이 *AD*에 해당하는 즐거움이다. 점 *F*는 즐거움과 고통이 교차하는 곳이다. 길이 *CE*는 시간길이 *AD*가 주는 소비의 즐거움이다. 시간길이 *AN*은 고통 *NP*를 가져오고 시간길이 *AN*에서 총 즐거움은 *GFPQC*이다. 최고의 즐거움은 시간길이 *AD*에서 발생하는데 그것은 삼각형 *GEC*이다. 최고의 즐거움은 시간길이 *AD*를 소비와 노동에 배분하여 얻는다.

그림 3-3 소비-노동의 최적시간배분

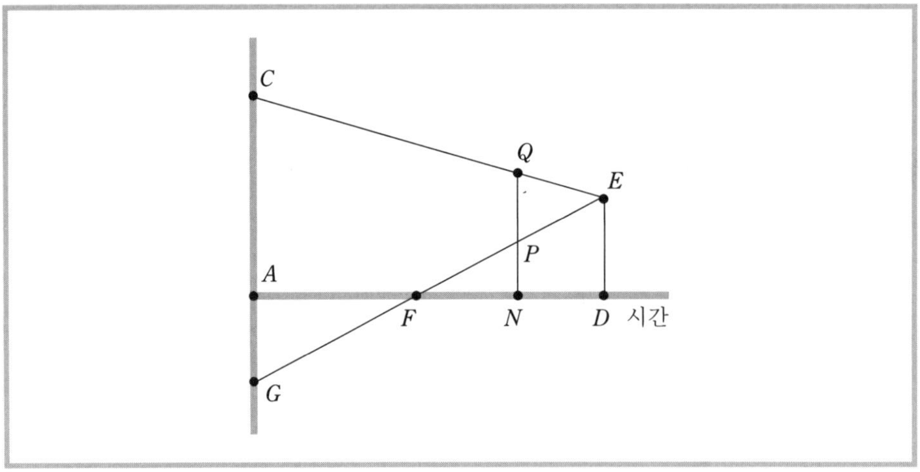

제 4 절 수량과 시간의 정합

1. 고센의 소비시간 개념은 베커의 그것과 거의 일치한다. 시간가격의 도입으로 슬라츠키 소득효과의 불가능성(impossibility of income effect)을 분석하는데 베커는 다섯 가지 중요한 개념을 사용하였다.

첫째, 수요함수 (3−2)에서 가격이 일정할 때 소득효과만 관찰할 수 없는 이유는 일정하다는 다른 조건 가운데 소비시간이 소득과 함께 반드시 변한다는 사실을 강조한 점이다.

둘째, 수요함수 (3-2)에서 실현된 소득 Y 이외에 모든 시간을 사용하여 얻어질 수 있는 전소득(全所得, full income)의 개념이다. 실현된 소득으로 소비활동에 시간을 쓰는 것은 전소득의 일부를 희생하게 된다. 그 희생은 두 가지 형태로 나타나는데 하나는 소비에 소모되는 시간의 기회비용이고 다른 하나는 소득으로 전환할 수 있는 소비로 인하여 희생되는 전소득이다.

셋째, 개인마다 시간의 가격이 다르다. 시간의 시장이 존재하지 않는다.

넷째, 한 개인에게 있어서 동일한 1시간이라도 주말의 시간비용과 주중의 시간비용이 다르다. 소득창출비용이 다르기 때문이다. 마찬가지로 극장의 오전관람과 오후관람의 시간비용도 다르다. 이것이 유람선의 여정에 왜 주말이 포함되는지를 설명해 준다.

다섯째, 베커의 가장 중요한 공헌은 고센이 발견한 1단위 상품을 소비하는데 소요되는 시간(time per unit of commodity)을 재발견한 것이다. 이것이 소득 계층에 따라 상품을 소비하는 시간의 이동을 설명해 준다. 다른 조건이 일정하다면 소득이 높아질수록 소비시간이 정구에서 골프로 이동하고 골프에서 승마로 다시 폴로로 이동하는 현상이다. 고센을 이어 베커는 경제현상을 설명하는데 단위시간 접근(per period of time approach)에서 단위수량 접근(per unit of quantity approach)으로 전환시켰다. 단위수량 접근의 예로서 주차회사는 주차 1면당 주차시간을 판매하고 호텔은 객실 1실당 투숙시간을 판매한다.

2. 단위시간 접근(idea 1)과 단위수량 접근(idea 2) 사이에는 유일한 관계가 성립한다. 단위시간에 측정한 수량을 Y로 단위수량에 측정하는 시간을 y라고 표기하면 다음과 같은 관계가 된다.

$$yY=1 \qquad \cdots\cdots (3-10)$$

이것은 변수 Y를 y로 변환하는 관계이다. 이러한 변수변환 관계의 예는 앞에서 베이즈의 확률에서 확률과 역확률 사이 (1-11)～(1-12)에서 확인된 것이지만 경제학에서도 이미 존재하고 있다.[25] 화폐이론에서 피셔(I. Fisher)가

25) Direct and inverse ratios have been applied by an ingenious author to measure human

측정한 1년의 화폐회전수 V와 마샬(A. Marshall)이 측정한 1번 회전에 걸리는 시간인 화폐회전속도 k 사이의 관계 역시 $Vk=1$이다. 후생경제학에서 사회적 후생함수의 그림자가격 λ과 네기쉬 계수 θ의 관계 $\lambda\theta=1$이다. 금융이론에서 가격심지(price kernel) 또는 가격밀도(price density) 또는 확률할인가격(stochastic discount factor) k와 조(粗)이자율 $R=1+r$ 사이 역시 $kR=1$이다. 위험이론에서 절대위험회피도 A와 절대위험인내도 T 사이의 관계도 $AT=1$이다. 비슷한 맥락에서 상대위험회피도 R과 상대위험인내도 B 사이의 관계도 $RB=1$이다. 분산 σ^2와 정도 h 사이에도 $\sigma^2 h=1$의 관계가 성립한다. 이러한 변수변환 관계 $yY=1$의 동일한 현상을 단위시간의 수량좌표(idea 1)에서 Y를 설명하든지 단위수량은 시간좌표(idea 2)에서 y를 설명하든지 그 결과가 내적 정합을 이루어야 함을 의미한다. 다시 반복하여 강조하지만 마샬의 k는 화폐가 1회전하는데 걸리는 필요한 시간(예를 들어서 주 또는 개월)이지만 캠브리지 교환방정식을 동태균형을 나타내는 방정식이라고 하지 않고 어디까지나 정태균형의 방정식이다(제13장에서 다룬다).

3. 베커는 전통적인 단위시간 접근(idea 1)에 단위수량 접근(idea 2)을 접목하여 민서의 관찰을 설명하였다. 그러나 내적 정합은 시도할 수 없었다. 단위시간 접근의 결과를 단위수량 접근으로 확인한 것이 아니라 단위시간 접근으로는 민서의 관찰을 설명하기에 부족하므로 단위수량 접근을 보조적으로 사용한 것이다. 다시 말하면 그때까지 수량을 측정하는데 기초가 되었던 단위시간의 기회비용을 무시하였던 것을 수요행위에 반영한 것뿐이다. 더욱이 베커의 접근방식은 이미 경험적으로 관찰되는 현상을 설명하기 위한 이론을 제시하는 것이었으니 일치이론에 속한다. [그림 3-4]의 가로축은 수량 Q를 측정하고 세로축은 시간 t를 측정한다. 음악이라는 수량의 좌표 Q에 표기하고 감상시간은 시간의 좌표 t에 표기하면 음악회라는 복합상품은 좌표 $B=(Q, t)$로 표기될 수 있다. 이 좌표 B는 베커의 좌표인데 세로축은 가로축의 종속이므로 베커의 좌표에서는 수량현상을 시간현상과 분리하지 못한다.

하나의 현상을 수량좌표로 설명한 결과를 시간좌표로 설명하여 확인하려

---

affections, and the moral worth of actions. Reid, T., *Essays on the Powers of the Human Mind*, vol. 2, Edinburgh, 1812, p. 408.

그림 3-4 베커의 좌표

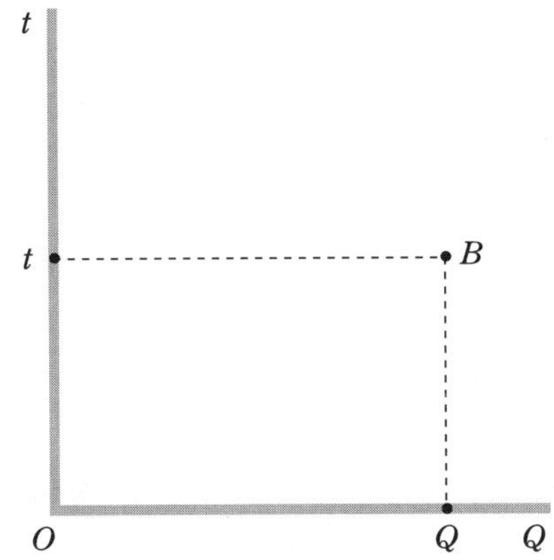

면 우선 수량좌표에서 민서의 관찰을 설명하여야 할 것이다. 이것은 베커가 사용한 일치이론의 방법과 다른 설명방법이다. 그러한 연후에 시간좌표에서 그 결과를 확인하는 것이 정합이론이다. 시간좌표는 경험과 독립된 선험의 세계이다.

4. 〈1 변수〉의 경우에 단위시간 접근(unit time approach)과 단위수량 접근(unit quantity approach)의 변수변환 (3－10)은 너무 단순하다. 변수변환 (3－10)의 Y가 단위시간의 수량좌표에서 다음과 같이 두 변수의 산술평균으로 구성된다고 하자.

$$Y = bQ_1 + (1-b)Q_2 \qquad \cdots\cdots \ (3-11)$$

종속변수 Y를 설명하는데 최소의 독립변수의 수는 2개이다. 모든 조건이 동일할 때 어떤 사항을 설명하기 위한 가설의 체계는 간결해야 한다는 오캄의 면도날(Occam's razor) 원리에 충실하다. 이러한 단순한 〈2 변수〉의 경우일지라도 분석은 별안간 복잡해진다. 모든 변수는 수량을 단위시간에 측정한 것인데 이것은 수량좌표(Q_1, Q_2)에서 산술평균의 직선이다. 이것은 베이즈의 세계의 식 (1－10)과 동일한 형태이다. 여기에 변수변환 $yY=1$과 $q_1Q_1=1$과 $q_2Q_2=1$을 이용하여 단위시간을 단위수량으로 표현하면 다음과 같다.

$$\frac{1}{y}=\frac{b}{q_1}+\frac{1-b}{q_2} \qquad \cdots\cdots (3-12)$$

이것은 조화평균이다. 수량좌표의 산술평균은 시간좌표에서 보면 조화평균이 된다. 조화평균 (3-12)는 시간좌표 (q_1, q_2)에서 중심의 좌표가 $O_y=(by, (1-b)y)$인 직각쌍곡선으로서 일종의 무차별곡선이다.

> ▶▶▶ **소정리 3-3**
> 수량좌표의 직선은 시간좌표의 직각쌍곡선이다.

그러나 단위시간의 수량좌표에도 조화평균의 무차별곡선이 존재한다. 식 (3-11)에서 Y는 두 부분으로 구성되어 있다. 하나는 bQ_1이고 다른 하나는 $(1-b)Q_2$이다. 각각은 전체 Y의 부분이므로 부분을 나타내는 비율 a를 사용하여 다음과 같이 표현할 수 있다.

$$aY=bQ_1 \qquad \text{베이즈 전환} \qquad \cdots\cdots (3-13)$$

$$(1-a)Y=(1-b)Q_2 \qquad \text{베이즈 전환} \qquad \cdots\cdots (3-14)$$

이것은 베이즈의 세계에서 베이즈 전환 (1-11)~(1-12)과 동일한 표현이다. 비교하자면 b를 사전확률이라고 해석하면 a는 사후확률이 된다. 그러면 다음이 성립한다.

$$\frac{1}{Y}=\frac{a}{Q_1}+\frac{1-a}{Q_2} \qquad \cdots\cdots (3-15)$$

이것 역시 조화평균이며 수량좌표에서 중심이 $O_Y=(aY, (1-a)Y)$인 무차별곡선이다. 이제 식 (3-15)에 변수변환 $yY=1$과 $q_1Q_1=1$과 $q_2Q_2=1$을 적용하면 또 하나의 산술평균을 얻는다.

$$y=aq_1+(1-a)q_2 \qquad \cdots\cdots (3-16)$$

또는 식 (3-11)에서 식 (3-12)가 유도되듯이 식 (3-15)에서 식 (3-16)을 얻을 수 있다. 소비재 Q_1의 1단위를 소비하는데 필요한 시간이 q_1이고 소비재 Q_2의 1단위를 소비하는데 소요되는 시간이 q_2일 때 두 소비재 Q_1과 Q_2를 소비하는 평균시간은 y이다. 이때 가중치 a는 전체 소비 가운데 Q_1의 소비가 차지하는 비중이다.

▶▶▶ **소정리 3-4**

수량좌표의 직각쌍곡선은 시간좌표의 직선이다.

소정리 3-3과 소정리 3-4가 가능한 것은 베이즈 변환과 변수변환 덕택이다. 이것이 의미하는 바를 약간 상상력을 동원하여 다음과 같이 확대할 수 있다. 하나의 좌표의 평면거울을 다른 좌표로 변환시키면 곡면거울이 된다. 평면거울에 직각으로 투영한 사물은 한 점으로 표현되지만 곡면거울에서는 곡선으로 표현된다. 이러한 특성을 이용한 것이 자동차의 후사경이다. 이처럼 평면에서 1개의 표본이 곡면에서는 수많은 표본집합으로 나타난다. 이것이 〈역표본 정리〉의 직관적 설명인데 앞으로 자세한 증명이 차츰 전개된다.

5. 식 (3-16)은 베이즈의 식 (1-20)과 동일한 형태이다. 베이즈의 세계에서 산술평균 (1-10)이 현실을 설명하는 것이고 산술평균 (1-20)이 역현실을 설명하는 것이었다. 역현실이라 함은 현실을 설명하는 변수의 역수로 설명하는 세계이다. 같은 맥락에서 비유하자면 산술평균 (3-11)이 현실을 설명하는 것이라면 산술평균 (3-16)은 역현실을 묘사하는 것이다. 현실은 단위시간의 세계이고 역현실은 단위수량의 세계이다. 다음 [표 3-1]은 식 (3-10)의 1변수 세계에서 식 (3-11)의 2변수 세계로 확대할 때 고센의 세계를 베이즈의 세계와 비교한 것이다.

표 3-1 베이즈의 세계와 고센-베커의 세계

베이즈 확률이론		고센-베커의 시간이론	
실재좌표	$Y=P_bQ_1+(1-P_b)Q_2$	수량좌표	$Y=bQ_1+(1-b)Q_2$
투영좌표	$y=P_bq_1+(1-P_a)q_2$	시간좌표	$y=aq_1+(1-a)q_2$
베이즈 변환	$P_bQ_1=P_aY$	베이즈 변환	$bQ_1=aY$
변수변환	$yY=1,\ q_1Q_1=1,\ q_2Q_2=1$	변수변환	$yY=1,\ q_1Q_1=1,\ q_2Q_2=1$

6. 식 (3－11)～(3－12)는 변수가 2개로 구성되었을 때 베이즈 변환과 변수변환의 결과인데 변수가 1개일 때와 비교하면 복잡해짐을 알 수 있다. 이것을 〈2변수변환 체계〉 또는 〈기본체계〉라고 부르자. 〈2변수체제〉의 중요성은 뒤에서 충분히 논의된다. 이제 질문은 단위수량의 시간좌표에서 직각쌍곡선 (3－12)가 평행이동할 때 그것이 단위시간의 수량좌표에서 어떻게 표현되겠는가 이다.

> **▶▶▶ 질문 3－1**
> 시간좌표의 직각쌍곡선이 평행이동할 때 수량좌표의 직각쌍곡선이 평행이동하겠는가.

질문의 핵심은 단위시간의 수량좌표에서도 직각쌍곡선 (3－15)의 평행이동이 가능하겠는가. 만일 그렇지 않다면 직각쌍곡선 상의 한 점의 접선도 평행이동하지 못할 것이며 그렇게 되면 소득효과의 평행이동이 불가능할 수 있다는 설명이 가능하다. 지구상의 한 점에서 다른 점으로 이동할 때 위도에서는 평행이동이 가능하지만 경도에서는 불가능하므로 종합하면 평행이동이 불가능한 것에 비유할 수 있다. 이것은 베커의 일치이론의 설명과 다르며 단위시간의 수량좌표의 논리(idea 1)가 단위수량의 시간좌표의 논리(idea 2)와 내적 정합을 이루어 민서의 관찰을 설명할 수 있는 길을 찾을 수 있다. 제 5 장이 그 내용이다.

CHAPTER 04

정합경제이론의 가능성

1. 앞장에서 우리는 고센-베커의 시간이론을 베이즈의 확률이론과 비교하며 문제를 조명하였다. 두 이론 사이의 유사성은 변수변환과 베이즈 변환에서 발견되었다. 고센-베커의 시간이론은 민서의 관측에 바탕을 두었기 때문에 일치이론에 속한다. 이 장의 목표는 정합경제이론의 〈역표본 정리〉를 증명하는데 반드시 필요한 수량좌표와 시간좌표의 내적 정합의 가능성을 점검해 보는 것이다. 이 과정에서 베이즈 변환과 변수변환에 추가하여 모형변환이 발견된다.

2. 민서의 관측을 베커의 일치이론과는 다르게 정합이론으로 설명하기 전에 이 장에서는 과연 정합이론이 경제학에서 이론으로서 성립할 수 있는지 그 가능성을 타진하고자 블랙-숄스의 옵션가격모형으로 정합이론을 실험해 보이겠다. 이 실험에서 블랙-숄스의 "수학적 구조"만 활용할 뿐 일체의 추가적인 가정이나 조건을 덧붙이지 않는다. 블랙-숄스(Black-Scholes, 1973)의 옵션가격모형은 수량좌표(idea 1)의 설명이다. 여기에 시간좌표(idea 2)의 설명으로 동일한 결과를 얻으면 내적 정합은 완성되는 것이다. 이 과정에서 〈2변수변환 체계〉를 사용할 것이다. 여기에 더하여 블랙-숄스 모형이 비내포모형(idea 1)과 내포모형(idea 2)의 내적 정합이라는 사실도 밝힌다. 이 장에서도 베이즈 변환, 모형변환, 변수변환은 분석의 핵심이 된다.

제 1 절 옵션가격결정 모형

1. 블랙-숄스의 유럽형 옵션가격결정 모형은 다음의 6개 방정식으로 구성되어 있다.[1])

$$C = N_1 Y - N_2 \hat{\hat{Y}} \quad \cdots\cdots (4-1)$$

$$P = (1-N_2)\hat{\hat{Y}} - (1-N_1)Y \quad \cdots\cdots (4-2)$$

$$N_1 = \int_{-\infty}^{Z_1} \frac{1}{\sqrt{2\pi}} e^{-\frac{1}{2}x_1^2} dx_1 \quad \cdots\cdots (4-3)$$

$$N_2 = \int_{-\infty}^{Z_2} \frac{1}{\sqrt{2\pi}} e^{-\frac{1}{2}x_2^2} dx_2 \quad \cdots\cdots (4-4)$$

$$Z_1 = \frac{\ln \frac{Y}{\hat{\hat{Y}}} + \frac{1}{2}\sigma^2(T-t)}{\sigma\sqrt{T-t}} \quad \cdots\cdots (4-5)$$

$$Z_2 = \frac{\ln \frac{Y}{\hat{\hat{Y}}} - \frac{1}{2}\sigma^2(T-t)}{\sigma\sqrt{T-t}} \quad \cdots\cdots (4-6)$$

여기서 C는 콜옵션가격, P는 풋옵션가격, Y는 기초자산 또는 원상품의 가격, $\hat{\hat{Y}}$는 행사가격 K의 현재가치, σ^2은 기초자산의 분산, T는 만기, Z_1과 Z_2은 0의 평균과 1의 분산을 갖는 표준정규분포의 확률변수, N_1은 Z_1의 누적확률, N_2는 Z_2의 누적확률이다. 식 (4-1)~(4-2)에서 다음의 콜-풋 등가(call-put parity)가 확인된다.

$$Y - \hat{\hat{Y}} = C - P$$

이것이 재정(arbitrary) 원리이다. 풀이하면 기초자산 Y와 풋옵션 P를 보유하나 행사가격의 현재가치 $\hat{\hat{Y}}$와 콜옵션 C를 보유하나 균형에서 동일한 가치가 된다. 부호가 복잡해지는 것을 피하기 위하여 각 변수에서 시간 t를 나타내는 부호는 생략하였지만 모든 변수는 단위시간에 측정되는 수량이다. 다시 말하면 위에 제시된

1) Black and Scholes(1973).

블랙－숄스의 6개의 식은 단위시간의 수량좌표(quantity coordinates)에서 옵션가격결정모형이다.

2. 앞서 6개의 방정식 (4－1)～(4－6)의 의미는 널리 알려져 있지만 여기에 접하지 못한 독자를 위하여 직관적 해설을 하겠다. 이에 대하여 충분한 지식을 갖고 있는 사람은 이 부분을 읽지 않아도 다음을 이해하는데 지장 없다. 그러나 앞으로 밝혀지겠지만 블랙－숄스 옵션가격 방정식은 베이즈 정리나 정합경제이론과 그 구조가 매우 흡사하다. 이 사실을 앞으로 이용할 것이므로 직관적 해설도 도움이 되며 이 과정에서 그 후 사용될 중요한 소정리 4－1, 소정리 4－2, 소정리 4－3이 도출된다.

3. 콜옵션은 미래시점에 정해진 상품을 정해진 가격으로 살 수 있는 권리이고 풋옵션은 미래시점에 정해진 상품을 정해진 가격으로 팔 수 있는 권리이다. 정해진 미래시점을 만기라고 부르고 정해진 상품을 원상품이라고 부르며 정해진 가격을 행사가격이라고 칭한다.

먼저 공매(空賣, short selling)를 설명하면 옵션을 이해하는데 도움이 된다. 공매는 현재 원자산을 소유하지 않은 개인이 그것을 빌려서 팔고 미래의 정해진 시점에 원자산을 돌려주는 행위이다. 그러나 빌리는 행위를 생략해도 공매가 성립할 수 있다. 그러나 설명의 편의상 빌리는 행위를 생각하자. 가령 어떤 개인이 현재 10만원에 거래되는 특정 주식의 가격이 1개월 후에 9만원으로 하락할 것으로 거의 확신한다고 하자. 그는 한 달 후에 돌려주기로 약속하고 주식을 빌려서 현재 팔면 10만원의 수입을 얻는다. 만일 그의 예상대로 9만원으로 하락하면 그는 시장에서 동일 주식을 9만원에 매입하여 돌려주면 이자 포함하여 1만원의 이익을 얻을 수 있다. 그러나 만일 그의 예상이 빗나가서 오히려 11만원으로 상승하면 그는 손해를 보게 된다. 11만원에 사서 돌려주어야 하기 때문이다. 이것은 위험하다. 이 위험을 막는 장치를 고안할 수 있다. 그가 1개월 후에 동일 주식을 9만원에 매입할 수 있는 권리인 콜옵션을 매입하면 된다. 사람들은 모두 미래에 대해 저마다 다른 예상을 하기 때문에 시장에는 9만원에 팔고자 하는 사람이 있게 마련이다. 만일 예상과 달리 11만원이 되면 콜옵션의 권리를 행사하여 9만원에 사서 돌려주면 된다. 반대로 8만원으로 하락하면 권리 행사를 포기하고 시장에서 직접 8만원에 매입하여 돌려주면 된다. 어느 경우이든 손해 입을 위험을 해소한다.

4. 이 공매의 예는 회사 인수의 경우도 마찬가지이다. 어느 회사를 인수하려는 개인이 인수가격을 결정하는 문제를 생각해 보자. 그는 회사의 모든 장부를 토대로 자산 Y_t과 부채 K를 평가한 다음 자산이 부채보다 많다고 단순하게 그 차이 Y_t-K만 지불하고 인수하지 않는다. 자산은 현재 가치이지만 부채는 미래시점에서 지불해야 하는 미래가치이기 때문이다. 따라서 현재 t시점에서 만기가 T시점인 부채 K에서 이자를 제하고 현재가치 $Ke^{-r(T-t)}$로 환산해야 한다. 그렇다고 현재의 자산 Y_t에서 부채의 현재가치 $Ke^{-r(T-t)}$을 제한 나머지 $Y_t-Ke^{-r(T-t)}$로 회사 인수가격으로 삼지 않는다. 현재는 자산이 부채를 초과하여 인수를 결심할 수 있지만 부채를 갚아야 하는 미래시점 T에서 이 회사의 자산가치가 하락하여 부도가 날지 모를 일이기 때문이다. 결국 현재의 자산 Y_t와 부채의 현재가치 $Ke^{-r(T-t)}$ 이외에 인수회사의 미래에 대한 전망까지 생각해야 한다. 미래에 대한 전망은 확률의 세계이므로 확률을 다음과 같이 부여해야 한다.

$$C_t=N_1Y_t-N_2Ke^{-r(T-t)}$$

이다. 이것이 식 (4-1)의 형태인데 여기서는 인수가격이 된다. 주가는 오를 수도 있고 내릴 수도 있다. 오르는 경우에도 만기 T에는 $Y_T \geq K$ 이어야 하고 더구나 내리는 경우에도 만기 T에는 $Y_T \geq K$ 이어야 손해를 입지 않는다. N_1은 오르는 경우 현재의 주식가격 Y_t가 만기에 $Y_T \geq K$가 될 누적확률이다. 이것이 식 (4-3)이다. N_2는 내리는 경우 만기에 $Y_T \geq K$가 될 누적확률이다. 이것이 식 (4-4)이다. 누적확률이므로 $1>N_1>N_2>0$이다. $N_1>N_2$인 까닭은 오르는 경우에 $Y_T \geq K$ 될 확률이 내리는 경우에 $Y_T \geq K$ 될 확률보다 크기 때문이다. 그러므로 자산가치 Y_t을 $1-N_1$ 만큼 저평가하는 크기가 부채가치 K을 $1-N_2$ 만큼 저평가하는 크기 보다 작아야 한다. 이러한 확률을 고려하여 현재의 인수가격이 결정된다. 남은 문제는 누적확률 N_1과 N_2를 결정하는 일이다.

주가 Y_t는 매 시점에서 변한다. 일정기간을 놓고 관찰할 때 이렇게 변한 주가의 평균가격과 분산을 계산할 수 있다. 말하자면 이 평균주가를 중심으로 실제주가가 변한 것으로 생각할 수 있다. 일정시점 t에서 원자산의 가격 Y_t의 실제수익률을 ρ_t로, 그의 평균수익률을 μ^2로, 그의 분산을 σ^2라고 표기하자. 그러면 세 가지를 살펴야 한다. 첫째, 수익률이 확률적으로 얼마나 변할 것인가, 둘째, 평균적으로 어떻게 되려는지, 셋째, 얼마나 변동할 것인가.

첫째, 만기의 주가는 현재의 주가보다 높아야 유리하다. 만기의 주가와 현재의 주가의 비율은 $\frac{Y_T}{Y_t}$이므로 남은 만기의 수익률은 $\ln\frac{Y_T}{Y_t}=\ln Y_T-\ln Y_t$이다. 이것은 불확실한 확률변수이므로 평균과 분산을 갖는다.

둘째, 이 주가의 수익률은 남은 만기 동안 평균적으로 $\mu(T-t)$ 만큼 변한다. 그러나 일정시점에서 원자산의 실제수익률 ρ_t은 평균 μ을 중심으로 σ^2 만큼 오를 수도 있고 σ^2 만큼 하락할 수도 있다. 따라서 평균적으로는 $\frac{\sigma^2}{2}$ 만큼 변할 수 있다. 변하는 방향은 모르지만 먼저 오르는 쪽을 선택한다. 오르는 경우라도 만기에는 $Y_T\geq K$는 되어야 하기 때문이다. 그러면 실제수익률이 매순간 평균 $\mu+\frac{\sigma^2}{2}$ 만큼 상승할 것으로 예상한다. 남은 만기 $T-t$ 동안에는 $\left(\mu+\frac{\sigma^2}{2}\right)(T-t)$ 만큼 오른다. 그러나 평균수익률은 현재까지 과거의 실제수익률에서 계산된 것이지만 앞으로도 계속 동일한 평균수익률을 기록할지는 불확실하다. 위험회피형의 개인은 보수적으로 안전수익률로 계산하는 습성이 있으므로 불확실한 평균수익률 μ을 확실한 안전자산의 수익률 r로 대체한다. 따라서 중립위험의 세계에서 $\left(\mu+\frac{\sigma^2}{2}\right)(T-t)$ 만큼 오른다. 말하자면 위험회피형의 이 개인은 마치 미시위험이 전혀 없는 인공의 세계를 상정하고 이 인공의 세계에서 회사를 인수하려 하는 것이다. 여기서 안전자산 이자율 r은 연율(年率)이므로 남은 만기 $T-t$는 남은 만기 일수(日數)를 365일로 나눈 값으로 소수이다.

셋째, 남은 만기 동안 분산은 $\sigma^2(T-t)$이다. 이것은 남은 만기의 확률적 수익률 $\ln\frac{Y_T}{Y_t}$는 평균 $\left(r+\frac{\sigma^2}{2}\right)(T-t)$과 분산 $\sigma^2(T-t)$으로 분포를 갖는다는 것을 뜻한다. 즉 부호를 사용하면 다음과 같다.

$$\ln\frac{Y_T}{Y_t}\sim \mathrm{N}\left[\left(r+\frac{\sigma^2}{2}\right)(T-t),\quad \sigma^2(T-t)\right]$$

여기서 N은 정규분포를 한다는 뜻이다. 이상 세 가지 사항을 고려한 확률변수 $\ln\frac{Y_T}{Y_t}$을 표준확률변수 d_1로 전환하면 다음과 같다.

$$d_1=\frac{\ln\frac{Y_T}{Y_t}-\left(r+\frac{\sigma^2}{2}\right)(T-t)}{\sigma\sqrt{T-t}}$$

이것(d_1)의 평균은 0이고 분산은 1이다. 만기에서 $Y_T\geq K$가 되기 위한 조건은

$$\frac{\ln\frac{Y_T}{Y_t}-\left(r+\frac{\sigma^2}{2}\right)(T-t)}{\sigma\sqrt{T-t}} \geq \frac{\ln\frac{K}{Y_t}-\left(r+\frac{\sigma^2}{2}\right)(T-t)}{\sigma\sqrt{T-t}}$$

이다. 따라서 다음이 성립한다.

$$\frac{\ln\frac{Y_t}{Y_T}+\left(r+\frac{\sigma^2}{2}\right)(T-t)}{\sigma\sqrt{T-t}} \leq \frac{\ln\frac{Y_t}{K}+\left(r+\frac{\sigma^2}{2}\right)(T-t)}{\sigma\sqrt{T-t}}$$

$$= \frac{\ln\frac{Y_t}{\hat{\hat{Y}}_t}+\frac{\sigma^2}{2}(T-t)}{\sigma\sqrt{T-t}}$$

여기서 $\hat{\hat{Y}}_t=Ke^{r(T-t)}$로서 K의 현재가치이다. 이때 Y_T가 K 보다 클 누적확률 N_1은 다음과 같다.

$$P(Z_1 \mid Y_T \geq K)=N_1\left[\frac{\ln\frac{Y_t}{\hat{\hat{Y}}_t}+\frac{\sigma^2}{2}(T-t)}{\sigma\sqrt{T-t}}\right]=N_1(Z_1)$$

괄호 속이 식 (4-5)이며 조건확률이다. 여기서 $\ln\frac{Y_t}{\hat{\hat{Y}}_t}$의 평균은 $-\frac{1}{2}\sigma^2(T-t)$이고 분산은 $\sigma\sqrt{T-t}$ 이다.

이번에는 반대로 실제수익률이 매순간 평균 $\mu-\frac{\sigma^2}{2}$ 만큼 하락하더라도 만기에는 $Y_T \geq K$가 될 것으로 예상하는 경우에는 동일한 방법을 반복하여 다음의 누적확률 N_2을 얻는다.

$$P(Z_2 \mid Y_T \geq K)=N_2\left[\frac{\ln\frac{Y_t}{\hat{\hat{Y}}_t}-\frac{\sigma^2}{2}(T-t)}{\sigma\sqrt{T-t}}\right]=N_2(Z_2)$$

괄호 속이 식 (4-6)이며 조건확률이다. 따라서 이 경우에 $\ln\frac{Y_t}{\hat{\hat{Y}}_t}$의 평균은 $\frac{1}{2}\sigma^2(T-t)$이고 분산은 $\sigma\sqrt{T-t}$ 이다.

종합하면 확률변수 $\ln\left(\frac{Y_t}{\hat{\hat{Y}}_t}\right)=\ln\left(\frac{Y_t}{K}\right)-r(T-t)$의 평균과 분산으로 설명되는 분포는 다음과 같다.

$$\ln\left(\frac{Y_t}{K}\right)\sim\left(\left(r\pm\frac{1}{2}\sigma^2\right)(T-t),\ \sigma\sqrt{T-t}\right) \quad \cdots\cdots (4-7)$$

$$\ln\left(\frac{Y_t}{\hat{\hat{Y}}_t}\right) \sim \left(\pm\frac{1}{2}\sigma^2(T-t),\ \sigma\sqrt{T-t}\right) \qquad \cdots\cdots (4-7^*)$$

▶▶▶ 소정리 4-1

1개의 확률변수 Y_t와 1개의 비확률변수 $\hat{\hat{Y}}_t$로 구성된 새로운 확률변수 $\ln\frac{Y_t}{\hat{\hat{Y}}_t}$의 평균은 2개이다.

이상의 논의를 종합한 것이 식 (4−1)~(4−6)이며 특히 평균이 2개인 것이 식 (4−5)~(4−6)에 나타나 있다.

제 2 절 옵션가격결정의 재해석

1. 식 (4−7)~(4−7*)에서 평균이 2개인 것이 인상적이다. 이것은 당연하다. 옵션가격식 (4−5)~(4−6)의 동일한 확률변수 $\ln\left(\frac{Y_t}{\hat{\hat{Y}}_t}\right)$에 대하여 표준확률변수가 2이기 때문이다. 이상은 식 (4−5)~(4−6)의 직관적 설명이다. 이 직관적 설명을 나중(제 6 장)을 생각해서 재해석할 필요가 있다. 먼저 확률변수 Y_t와 F_t는 다음과 같이 표현할 수 있다.

$$Y_t = EY_t + \varepsilon_t \qquad \varepsilon_t \sim (0,\ \sigma_\varepsilon^2) \qquad \cdots\cdots (4-8)$$

$$F_t = EF_t + \nu_t \qquad \nu_t \sim (0,\ \sigma_\nu^2) \qquad \cdots\cdots (4-9)$$

여기서 ν_t와 ε_t는 독립이라고 가정한다. 두 확률변수 Y_t과 F_t 사이에 다음을 정의한다.

$$Y_t = F_t + \mu_t, \qquad \mu_t \sim (E\mu_t,\ \sigma_\mu^2) \qquad \cdots\cdots (4-10)$$

여기서 $E\mu_t > 0$은 두 확률변수 사이의 평균의 차이를 의미한다. 식 (4−8)과 (4−9)에서 Y_t와 F_t의 자연대수에 대하여 테일러 급수로 전개하여 2차 급수까지 정리하면 $\ln\left(\frac{Y_t}{K_t}\right)$의 평균은 다음과 같이 된다.

$$E\left(\ln\frac{Y_t}{F_t}\right)=\frac{E\mu_t}{EY_t}+\frac{(EY_t)^2\sigma_v^2-(EF_t)^2\sigma_\varepsilon^2}{2(EY_t)^2(EF_t)^2} \qquad \cdots\cdots \ (4-11)$$

테일러 급수확장에서 3차 급수 이상을 생략하는 이유는 제 8 장의 식 (8−104)의 유도까지 기다려야 한다.[2] 식 (4−11)의 등호 오른쪽 두 번째 항의 분자를 새로운 분산으로 정의할 수 있는데 분자가 양수인 경우에는 양의 분산이 되지만 음수일 때에는 새로운 분산의 정의가 불가능하다. 어느 경우이든지 양의 새로운 분산이 정의되도록 식 (4−11)의 양변을 제곱하면 다음을 얻는다.

$$\left[E\left(\ln\frac{Y_t}{\hat{\hat{Y}}_t}\right)\right]^2=\frac{\left[\left(\frac{EY_t}{EF_t}\right)^2\sigma_v^2-\sigma_\varepsilon^2\right]^2}{[2(EY_t)^2]^2}>0$$

여기서 $\left(\frac{E\mu_t}{EY_t}\right)\ln\hat{\hat{Y}}_t=\ln F_t$이다. 등호 오른쪽의 분자를 다음과 같이 정의한다.

$$\sigma_x^4=\left[\left(\frac{EY_t}{EF_t}\right)^2\sigma_v^2-\sigma_\varepsilon^2\right]^2$$

그러면 다음과 같이 새로운 분산의 정의가 성립한다.

$$\sigma_x^2=\left|\left(\frac{EY_t}{EF_t}\right)^2\sigma_v^2-\sigma_\varepsilon^2\right|^2>0 \qquad \cdots\cdots \ (4-12)$$

이것이 새로운 분산이 되는 이유는 아래의 식 (4−17)에서 주어진다. 분산은 항상 양수이어야 하므로 식 (4−11)은 다음과 같다.

$$E\left(\ln\frac{Y_t}{F_t}\right)=\frac{E\mu_t}{EY_t}+\frac{(EY_t)^2\sigma_v^2-(EF_t)^2\sigma_\varepsilon^2}{2(EY_t)^2(EF_t)^2}=\frac{E\mu_t}{EY_t}\pm\frac{\sigma_x^2}{2(EY_t)^2} \qquad \cdots\cdots \ (4-13)$$

식 (4−7)처럼 식 (4−13)에서도 평균이 2개이며 둘째 등호 우측 분자의 부호를 미리 알 수 없기 때문인데 이것은 직관적으로도 당연하다.[3] 식 (4−10)에서

---

2) 이토 보조정리(Ito lemma)도 고차 급수는 생략한다.

3) 식 (4−8)~(4−9)에서 새로운 오차 ζ_t을 다음과 같이 정의한다. 식(1) $\zeta_t=(EF_t)\varepsilon_t+(EY_t)\nu_t$. 여기에 기대부호를 적용하면 새로운 오차의 평균은 0이다. ν_t와 ε_t는 독립이라고 가정하였으므로 이로부터 식(2) $\sigma_\zeta^2=(EF_t)^2\sigma_\varepsilon^2+(EY_t)^2\sigma_v^2$이 성립한다. 따라서 오차의 특성은 $\zeta_t\sim(0,\ \sigma_\zeta^2)$이다. 식(1)을 다음과 같이 표현할 수 있다. 식(3) $(EF_t)\varepsilon_t=\zeta_t-(EY_t)\nu_t$. 여기서 식(4) $\sigma_\zeta^2-2(EY_t)(E\nu_t\zeta_t)=-[(EY_t)^2\sigma_v^2-(EF_t)^2\sigma_\varepsilon^2]$이 성립한다. 식(2)에서 식(4)를 빼면 $(EY_t)\sigma_v^2=E(\nu_t\zeta_t)$이므로 식(5) $E(\nu_t\zeta_t)>0$이다. 이번에는 식(1)을 다음과 같이 표현할 수 있다. 식(6) $(EY_t)\nu_t=$

$Y_t > F_t$이면 양수가 되고 $Y_t < F_t$이면 음수가 되기 때문이다. 따라서 새로운 분산은 $\sigma_x^2 = \left| \left(\frac{EY_t}{EF_t} \right)^2 \sigma_\nu^2 - \sigma_\varepsilon^2 \right| > 0$ 이므로 $\ln\left(\frac{Y_t}{F_t}\right)$의 평균 (4-13)은 풀이가 2개이며 양수일 수도 있고 음수일 수 있다. 그 부호는 $(EY_t)^2\sigma_\nu^2$과 $(EF_t)^2\sigma_\varepsilon^2$의 상대적 크기에 달렸다.

> **▶▶▶ 소정리 4-2**
> 2개의 확률변수 Y_t와 F_t의 오차가 서로 독립일 때 새로운 확률변수 $\ln\frac{Y_t}{F_t}$의 평균은 2개이다.

2. 식 (4-13)은 다음과 같이 표현할 수 있다.

$$E\left(\ln\frac{Y_t}{\hat{\hat{Y}}_t}\right) = \pm\frac{\sigma_x^2}{2(EY_t)^2} \qquad \cdots\cdots \ (4-14)$$

여기서 $\left(\frac{E\mu_t}{EY_t}\right)\ln\hat{\hat{Y}}_t = \ln F_t$. 이제 새로운 변수에 대하여 정의한다.

$$\hat{\hat{Y}}_t = E\hat{\hat{Y}}_t + e_t \qquad e_t \sim (0,\ \sigma_e^2) \qquad \cdots\cdots \ (4-15)$$

$$Y_t = \hat{\hat{Y}}_t + \eta_t \qquad \eta_t \sim (0,\ \sigma_\eta^2)^{4)} \qquad \cdots\cdots \ (4-16)$$

지금까지 사용한 방식을 적용하면 다음이 성립한다.

$$E\left(\ln\frac{Y_t}{\hat{\hat{Y}}_t}\right) = \pm\frac{\sigma_\eta^2}{2(EY_t)^2} \qquad \cdots\cdots \ (4-17)$$

$\zeta_t - (EF_t)\varepsilon_t$. 여기서 다음이 성립한다. 식(7) $\sigma_\zeta^2 - 2(EF_t)(E\varepsilon_t\zeta_t) = (EY_t)^2\sigma_\nu^2 - (EF_t)^2\sigma_\varepsilon^2$. 식(2)에서 식(7)을 빼면 식(8) $(EF_t)\sigma_\varepsilon^2 = E(\varepsilon_t\zeta_t)$이 되므로 $E(\varepsilon_t\zeta_t) > 0$이다. 식(4)와 식(7)에서 식(9) $\sigma_\zeta^2 = (EF_t)(E\varepsilon_t\zeta_t) + (EY_t)(E\nu_t\zeta_t) > 0$이 성립한다. 한편 식(4)와 식(7)에서 $(EY_t)^2\sigma_\nu^2 > (EF_t)^2\sigma_\varepsilon^2$이면 $2(EY_t)(E\nu_t\zeta_t) > \sigma_\zeta^2 > 2(EF_t)(E\varepsilon_t\zeta_t) > 0$이고 $(EY_t)^2\sigma_\nu^2 < (EF_t)^2\sigma_\varepsilon^2$이면 $0 < 2(EY_t)(E\nu_t\zeta_t) < \sigma_\zeta^2 < 2(EF_t)(E\ \varepsilon_t\zeta_t)$이다. 이 두 가지 결과에 식(9)를 대입하면 $(EY_t)(E\nu_t\zeta_t) > (EF_t)(E\varepsilon_t\zeta_t) > 0$일 때 $(EY_t)^2\sigma_\nu^2 - (EF_t)^2\sigma_\varepsilon^2 > 0$이고 $0 < (EY_t)(E\nu_t\zeta_t) < (EF_t)(E\varepsilon_t\zeta_t)$일 때 $(EY_t)^2\sigma_\nu^2 - (EF_t)^2\sigma_\varepsilon^2 < 0$이다. 따라서 $(EY_t)^2\ \sigma_\nu^2 - (EF_t)^2\sigma_\varepsilon^2 \leqslant 0$이다. 새로운 분산 σ_x^2을 정의할 때 그 분산은 반드시 양수이어야 하므로 $\sigma_x^2 = \pm[(EY_t)^2\sigma_\nu^2 - (EF_t)^2\sigma_\varepsilon^2]/(EF_t)^2 > 0$이어야 한다. 마지막으로 양변에 쌍부호 ±을 곱하면 $\pm\sigma_x^2 = [(EY_t)^2\sigma_\nu^2 - (EF_t)^2\sigma_\varepsilon^2]/(EF_t)^2 \leqslant 0$이다. 이것이 식 (4-11)의 등호 우편의 둘째 항의 분자이다.

4) $Y_t = F_t + \mu_t = \hat{\hat{Y}}_t e^{-\frac{E\mu_t}{EY_t}} + \mu_t$에서 $EY_t = e^{-\frac{E\mu_t}{EY_t}} E\hat{\hat{Y}}_t + E\mu_t$이 성립한다. 식 (4-16)의 $EY_t = E\hat{\hat{Y}}_t + E\eta_t$을 대입하여 정리하면 $1 = \dfrac{e^{\frac{E\mu_t}{EY_t}} + \frac{E\eta_t}{EY_t}}{1 + \frac{E\mu_t}{EY_t}} = \dfrac{e^{\frac{E\mu_t}{EY_t}} + \frac{E\eta_t}{EY_t}}{e^{\frac{E\mu_t}{EY_t}}}$ 이다. 따라서 $E\eta_t = 0$이다.

식 (4－14)와 비교하면 $\sigma_{\eta}^2=\sigma_x^2$이 만족된다. 이 식의 의미를 이해하기 위하여 식 (4－14)를 이용하면 $E\left(\ln\frac{Y_t}{\hat{\hat{Y}}_t}\right)=E\left(\frac{Y_t}{EY_t}\frac{EY_t}{\hat{\hat{Y}}_t}\right)=E\left(\ln\frac{g_t}{\hat{\hat{g}}_t}\right)$이다. 증가율 $g_t>\hat{\hat{g}}_t$이면 평균은 양수이고 $g_t<\hat{\hat{g}}_t$이면 평균은 음수이다. $g_t>\hat{\hat{g}}_t$이 될 확률이 $P(Z_1)$이고 $g_t<\hat{\hat{g}}_t$이 될 확률은 $P(Z_2)$이다. 따라서 표준확률변수는 Z_1과 Z_2의 두 개다. 두 개의 표준확률변수를 구하기 위하여 분산이 필요하다.

3. 이제 $\ln\left(\frac{Y_t}{F_t}\right)$의 분산을 구할 차례이다.[5)] 분산은 다음과 같다.

$$E\left[\ln\left(\frac{Y_t}{F_t}\right)-E\ln\left(\frac{Y_t}{F_t}\right)\right]^2=E\left[\ln\left(\frac{Y_t}{\hat{\hat{Y}}_t}\right)-E\ln\left(\frac{Y_t}{\hat{\hat{Y}}_t}\right)\right]^2=\frac{\frac{\sigma_{\eta}^2}{(EY_t)^2}}{1+\frac{\sigma_e^2}{(EY_t)^2}} \quad \cdots\cdots (4-18)$$

그러므로 $\ln\left(\frac{Y_t}{\hat{\hat{Y}}_t}\right)$의 분포를 다음과 같이 정의할 수 있다.

$$\ln\left(\frac{Y_t}{\hat{\hat{Y}}_t}\right)\sim\left(\pm\frac{1}{2}\sigma_t^2,\ \frac{\sigma_t^2}{\gamma_t}\right) \quad \cdots\cdots (4-19)$$

여기서 $\sigma_t=\frac{\sigma_{\eta}}{EY_t}$와 $\gamma_t=1+\frac{\sigma_e^2}{(EY_t)^2}$이다. γ_t는 1보다 크지만 제 8 장의 식 (8－104)에 의하여 2 보다는 작으므로 $1<\gamma_t<2$이다. $\ln\left(\frac{Y_t}{\hat{\hat{Y}}_t}\right)$의 확률분포 (4－19)에 의하면

---

5) 분산의 정의는 $E\left(\ln\frac{Y_t}{\hat{\hat{Y}}_t}-E\ln\frac{Y_t}{\hat{\hat{Y}}_t}\right)^2$이고 $\ln\frac{Y_t}{\hat{\hat{Y}}_t}$의 평균은 2개이다. 양수의 평균을 사용하면 $E\left(\ln\frac{Y_t}{\hat{\hat{Y}}_t}-\frac{1}{2}\frac{\sigma_{\eta}^2}{(EY_t)^2}\right)^2=E\left(\ln\frac{Y_t}{\hat{\hat{Y}}_t}\right)^2-\frac{\sigma_{\eta}^2}{(EY_t)^2}E\ln\frac{Y_t}{\hat{\hat{Y}}_t}+\frac{1}{4}\frac{\sigma_{\eta}^4}{(EY_t)^4}=E\left(\ln\frac{Y_t}{\hat{\hat{Y}}_t}\right)^2-\frac{1}{4}\frac{\sigma_{\eta}^4}{(EY_t)^4}$이다. 음수의 평균을 분산의 정의에 대입하면 $E\left(\ln\frac{Y_t}{\hat{\hat{Y}}_t}+\frac{1}{2}\frac{\sigma_{\eta}^2}{(EY_t)^2}\right)^2=E\left(\ln\frac{Y_t}{\hat{\hat{Y}}_t}\right)^2-\frac{1}{4}\frac{\sigma_{\eta}^4}{(EY_t)^4}$이다. 두 경우 모두 일치한다. 이제 $\ln\frac{Y_t}{\hat{\hat{Y}}_t}$의 테일러 급수확장을 이용하면 $\ln\left(\frac{Y_t}{\hat{\hat{Y}}_t}\right)=\ln\left(\frac{1+\frac{\varepsilon_t}{EY_t}}{1+\frac{e_t}{EY_t}}\right)=\frac{\frac{\eta_t}{EY_t}}{1+\frac{e_t}{EY_t}}$이다. 따라서 $\left(1+\frac{e_t}{EY_t}\right)\left(\ln\frac{Y_t}{\hat{\hat{Y}}_t}\right)=\frac{\eta_t}{EY_t}$. 이것은 $E\left(1+\frac{e_t}{EY_t}\right)^2\left(\ln\frac{Y_t}{\hat{\hat{Y}}_t}\right)^2=\frac{\sigma_{\eta}^2}{(EY_t)^2}$을 의미한다. 등호 왼쪽의 두 항의 공분산의 급수가 3차와 4차로 높기 때문에 무시할 수 있으므로 $E\left(\ln\frac{Y_t}{\hat{\hat{Y}}_t}\right)^2=\frac{\frac{\sigma_{\eta}^2}{(EY_t)^2}}{1+\frac{\sigma_e^2}{EY_t}}$이 성립한다. 따라서 분산은 $E\left(\ln\frac{Y_t}{F_t}-E\left(\ln\frac{Y_t}{F_t}\right)\right)^2=E\left(\ln\frac{Y_t}{\hat{\hat{Y}}_t}\right)^2-\left(E\ln\frac{Y_t}{\hat{\hat{Y}}_t}\right)^2=\frac{\frac{\sigma_{\eta}^2}{(EY_t)^2}}{1+\frac{\sigma_e^2}{EY_t}}-\frac{1}{4}\left(\frac{\sigma_{\eta}}{(EY_t)}\right)^4=\frac{\frac{\sigma_{\eta}^2}{(EY_t)^2}}{1+\frac{\sigma_e^2}{(EY_t)^2}}$이다. 여기서 테일러 급수 4차는 생략하였다.

평균이 두 개이다. 따라서 확률변수 $\ln\frac{Y_t}{\hat{\hat{Y}}_t} \sim \left(\pm\frac{1}{2}\sigma_t^2, \frac{\sigma_t^2}{\gamma_t}\right)$의 표준확률함수도 2개이다. 하나는 식 (4−1)의 확률 N_1을 결정하는 표준확률변수 Z_1이고 다른 하나는 (4−1)의 확률 N_2를 결정하는 표준확률변수 Z_2이다.

$$Z_1 = \frac{\ln\frac{Y_t}{\hat{\hat{Y}}_t} + \frac{1}{2}\sigma_t^2}{\frac{\sigma_t}{\sqrt{\gamma_t}}} \qquad \cdots\cdots (4-20)$$

$$Z_2 = \frac{\ln\frac{Y_t}{\hat{\hat{Y}}_t} - \frac{1}{2}\sigma_t^2}{\frac{\sigma_t}{\sqrt{\gamma_t}}} \qquad \cdots\cdots (4-21)$$

식 (4−20)에서 $Y_t > \hat{\hat{Y}}_t$이 될 확률은 $P(Z_1)$이고 $Y_t < \hat{\hat{Y}}_t$이 될 확률은 $P(Z_2)$이다. 다음의 소정리가 성립한다.

▶▶▶ 소정리 4−3

2개의 확률변수 Y_t와 $\hat{\hat{Y}}_t$로 정의되는 새로운 확률변수 ln의 $\frac{Y_t}{\hat{\hat{Y}}_t}$의 평균은 2개이며 그의 표준확률변수는 $Z_1 = \left(\ln\frac{Y_t}{\hat{\hat{Y}}_t} + \frac{1}{2}\sigma_t^2\right) / \frac{\sigma_t}{\sqrt{\gamma_t}}$와 $Z_2 = \left(\ln\frac{Y_t}{\hat{\hat{Y}}_t} - \frac{1}{2}\sigma_t^2\right) / \frac{\sigma_t}{\sqrt{\gamma_t}}$이다.

이것이 일반적인 정의이다. 그러나 블랙−숄스 옵션가격이론의 식 (4−5)∼(4−6)에 의하면 일반적인 정의 (4−20)∼(4−21)에 2가지 제약이 따른다. 첫째, 행사가격 K의 현재가치 $\hat{\hat{Y}}_t$의 정의에 의하여 그의 오차 e_t의 분산은 $Ee_t^2 = 0$이므로 $\gamma_t = 1$이다. 둘째, $\sigma_t^2 = \sigma^2(T-t)$이다. 따라서 이 경우 식 (4−20)∼(4−21)은 다음과 같다.

$$Z_1 = \frac{\ln\frac{Y_t}{\hat{\hat{Y}}_t} + \frac{1}{2}\sigma^2(T-t)}{\sigma\sqrt{T-t}} \qquad \cdots\cdots (4-20^*)$$

$$Z_2 = \frac{\ln\frac{Y_t}{\hat{\hat{Y}}_t} - \frac{1}{2}\sigma^2(T-t)}{\sigma\sqrt{T-t}} \qquad \cdots\cdots (4-21^*)$$

이것이 식 (4−5)∼(4−6)이다. 이것은 $\ln\left(\frac{Y_t}{\hat{\hat{Y}}_t}\right) = \ln\left(\frac{Y_t}{K_t}\right) - r(T-t)$의 평균과 분

산이 식 (4-7)에 의해 정의될 수 있음을 의미한다. 기초자산의 가격 Y_t이 행사가격의 현재가치 $\hat{\hat{Y}}_t$보다 클 수도 있고 작을 수도 있다. 각각의 확률이 $P(Z_1)$과 $P(Z_2)$이다. 기초자산은 위험자산이고 행사자산은 안전자산이다. 기초자산가격이 안전자산가격보다 높을 수도 있고 낮을 수도 있다. 그러나 그 평균은 식 (4-17)에 의해 일치한다. 이것이 블랙-숄스 옵션가격모형의 핵심이다(부록 4A를 참조).[6)]

▶▶▶ 소정리 4-4

1개의 확률변수 Y_t와 1개의 비확률변수 $\hat{\hat{Y}}_t$로 정의되는 새로운 확률변수 $\ln\frac{Y_t}{\hat{\hat{Y}}_t}$의 평균은 2개이며 그의 표준확률변수는 $Z_1=\left(\ln\frac{Y_t}{\hat{\hat{Y}}_t}+\frac{1}{2}\sigma_t^2\right)\frac{1}{\sigma_t}$와 $Z_2=\left(\ln\frac{Y_t}{\hat{\hat{Y}}_t}-\frac{1}{2}\sigma_t^2\right)\frac{1}{\sigma_t}$이다.

4. 지금까지 식 (4-5)~(4-6)을 직관적으로 설명하였는데 이번에는 식 (4-1)~(4-2)를 직관적으로 설명할 수 있다. 더욱이 그림으로 설명하면 정합경제이론

그림 4-1 옵션가격과 원상품가격

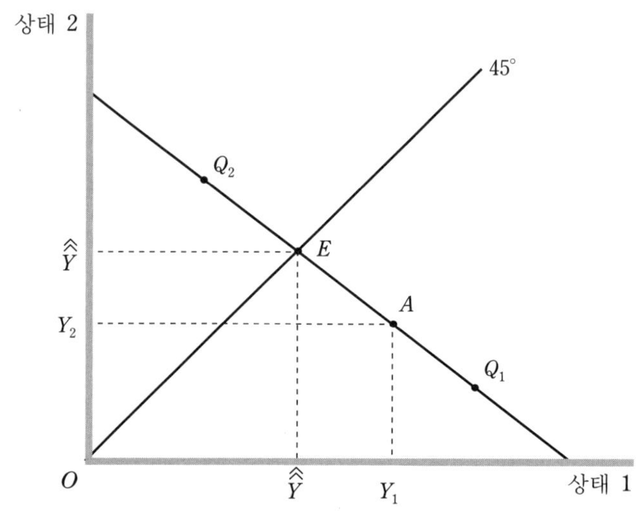

6) Neftci(2000).

과 어떻게 유사한지 알 수 있다. [그림 4-1]의 가로축은 상태 1의 소득을 측정하고 세로축은 상태 2의 소득을 측정한다.

미래의 상태가 2개뿐이라고 가정한다. 45도선은 상태 1의 소득과 상태 2의 소득이 동일한 확실선(certainty line)이고 이 선의 E점은 상태에 상관없이 소득이 일정하게 할인된 행사가격 $\hat{\hat{Y}}$을 측정한다. 점 A는 상태 1의 소득이 Y_1이고 상태 2의 소득이 Y_2이므로 위험자산, 여기서는 원상품 가격 Y를 보유할 때 소득을 측정한다. 점 Q_1은 콜옵션 C의 점이고 점 Q_2는 풋옵션의 가격 P를 측정한다. 콜옵션이나 풋옵션은 모두 원상품가격 보다 위험하기 때문에 상태에 따라 가격변동이 심하다. 모두 동일한 직선 상에 있으므로 위험자산가격 Y는 Q_1과 Q_2의 가중평균으로 표현할 수 있으며 가중치는 N_2'이고 안전자산 가격 $\hat{\hat{Y}}$ 역시 Q_1과 Q_2의 가중평균으로 표현되며 가중치는 N_1'이다. 따라서 다음 식이 성립한다.

$$Y = N_2' Q_1 + (1 - N_2') Q_2 \qquad \cdots\cdots \ (4-22)$$

$$\hat{\hat{Y}} = N_1' Q_1 + (1 - N_1') Q_2 \qquad \cdots\cdots \ (4-23)$$

이 식은 [표 3-1]의 베이즈 확률이론이나 민서-베커 이론의 방정식 형태이다. 즉 식 (4-22)는 비내포모형 (2-25)에 해당하고 식 (4-23)은 제 2 유형의 내포모형 (2-26)에 해당한다. 식 (4-22)를 식 (4-23)에 각각 Q_1과 Q_2에 대하여 대입하면 다음을 얻는다.

$$(N_1' - N_2') Q_2 = N_1' Y - N_2' \hat{\hat{Y}}$$

$$(N_1' - N_2') Q_1 = (1 - N_2') \hat{\hat{Y}} - (1 - N_1') Y$$

이것을 식 (4-1)~(4-2)와 비교하면 다음이 됨을 알 수 있다.

$$C = (N_1' - N_2') Q_2 \qquad \cdots\cdots \ (4-22^*)$$

$$P = (N_1' - N_2') Q_1 \qquad \cdots\cdots \ (4-23^*)$$

따라서 식 (4-1)~(4-2)가 식 (4-22)~(4-23)과 동일함을 알 수 있다. 여기에 추가하여 식 (4-22)~(4-23)에서 $\hat{\hat{Y}}$와 Y가 각각 두 부분으로 구성되어 있으므로 오캄의 면도날 원리에 부합하는 〈2변수 체계〉를 사용할 수 있어서 정합이론으로 발전시킬 수 있음을 보인다. 그러면 다음의 소정리가 성립한다.

▶▶▶ **소정리 4-5**

2변수체계 2개의 연립방정식에서 각 방정식의 종속변수로 구성된 새로운 확률변수는 2개의 평균을 가지며 그에 따른 2개의 표준확률변수가 각 2변수 방정식의 가중치를 설명한다.

이상의 소정리 4-1, 소정리 4-2, 소정리 4-3, 소정리 4-4, 소정리 4-5는 제 6 장에서 유용하게 사용될 것이다.

제 3 절 수량좌표

1. 옵션가격모형 (4-1)~(4-6)에 5가지 정보(Y, $\hat{\hat{Y}}$, T, r, σ)를 대입하면 콜옵션가격 C와 풋옵션가격 P가 결정된다. 그러나 이 장의 목표는 옵션가격결정을 설명하는 것이 아니라 모형을 수량좌표와 시간좌표에서 표현하고 그 내적 정합을

그림 4-2a 표준확률거울

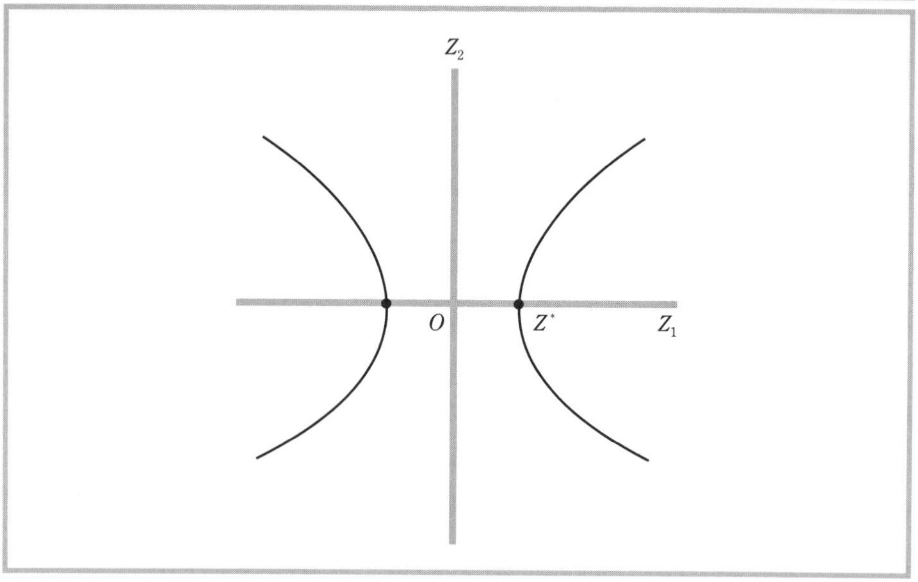

그림 4-2b 콜거울-풋거울

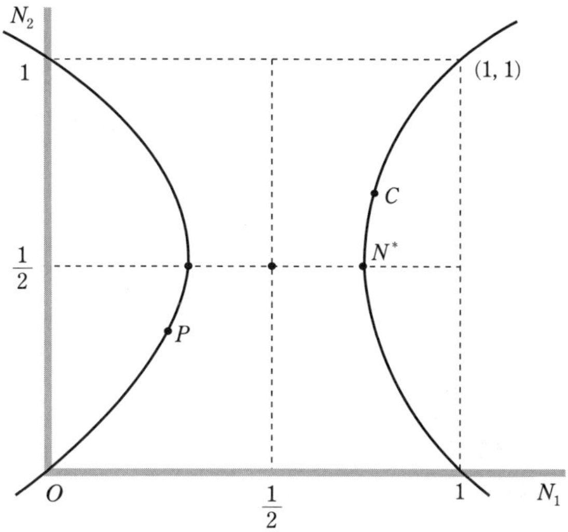

조사하는 것이다. 먼저 수량좌표부터 조사하는데 식 (4-5)와 (4-6)에서 다음이 성립한다.

$$Z_1^2 - Z_2^2 = 2\ln\frac{Y}{\hat{\hat{Y}}} \qquad \cdots\cdots (4-24)$$

이것은 좌표 $(Z_1,\ Z_2)$에서 중심(center)이 원점인 쌍곡선의 공식인데 [그림 4-2a]처럼 $Y > \hat{\hat{Y}}$인 경우에 쌍곡선이 원점을 중심으로 좌우 대칭을 이룬다. 반대로 $Y < \hat{\hat{Y}}$의 경우에는 원점을 중심으로 상하 대칭을 형성한다. 흡사 마주보는 거울처럼 생겼으므로 표준확률거울이라 부르겠다.

2. 식 (4-3)~(4-4)는 누적확률이므로 누적확률분포에서 $N_1 = N_1'$과 $N_2 = N_2'$의 크기를 가질 때 다음이 정의될 수 있다.

$$\frac{N_1' - \frac{1}{2}}{Z_1} = \lambda_1 > 0, \qquad \frac{N_2' - \frac{1}{2}}{Z_2} = \lambda_2 > 0 \qquad \cdots\cdots (4-25)$$

여기서 λ_1과 λ_2을 누적확률계수라 부르겠다. [그림 4-3a]는 식 (4-25)의 첫

그림 4-3a 누적확률과 누적확률계수

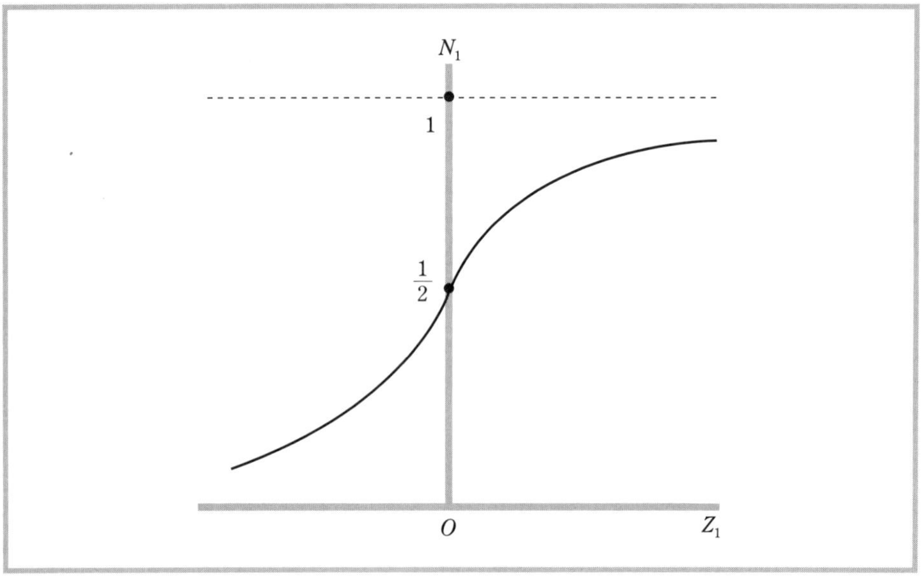

째 식이고 [그림 4-3b]는 식 (4-25)의 둘째 식이다.

그림 4-3b 누적확률과 누적확률계수

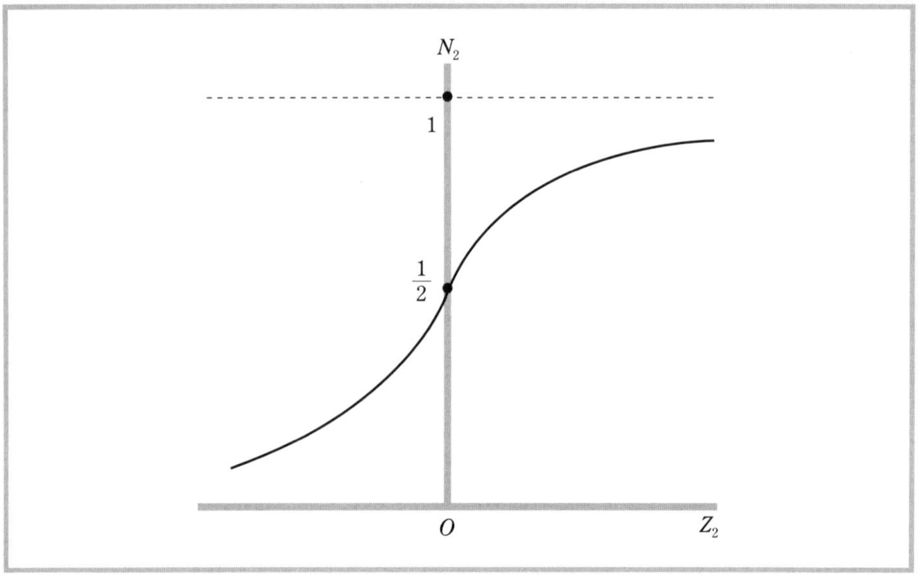

식 (4－25)에서 누적확률계수 λ_1과 λ_2는 항상 양수이다. 식 (4－25)에서 다음이 성립한다.

$$N_2' - \frac{1}{2} = \frac{\lambda_2}{\lambda_1}\frac{Z_2}{Z_1}\left(N_1' - \frac{1}{2}\right) \qquad \cdots\cdots (4-26)$$

여기서 $\lambda_2/\lambda_1 > 0$이다. 식 (4－24)에서 다음이 성립한다.

$$\frac{Z_2}{Z_1} = \frac{dZ_1}{dZ_2} \qquad \cdots\cdots (4-27)$$

한편, 누적확률 (4－4)～(4－5)에서 다음의 확률함수가 정의된다.

$$\frac{dN_1}{dZ_1} = \frac{1}{\sqrt{2\pi}}e^{-\frac{1}{2}Z_1^2} \qquad \cdots\cdots (4-28)$$

$$\frac{dN_2}{dZ_2} = \frac{1}{\sqrt{2\pi}}e^{-\frac{1}{2}Z_2^2} \qquad \cdots\cdots (4-29)$$

따라서 다음이 주어진다.

$$\frac{dZ_1}{dZ_2} = e^{\frac{1}{2}(Z_1^2 - Z_2^2)}\frac{dN_1}{dN_2} = \frac{Y}{\hat{\hat{Y}}}\frac{dN_1}{dN_2} \qquad \cdots\cdots (4-30)$$

두 번째 등호에 식 (4－24)를 사용하였다. 식 (4－30)과 식 (4－27)을 식 (4－26)에 대입하면 다음과 같이 된다.

$$\left(N_2' - \frac{1}{2}\right)dN_2 = \frac{\lambda_2}{\lambda_1}\frac{Y}{\hat{\hat{Y}}}\left(N_1' - \frac{1}{2}\right)dN_1 \qquad \cdots\cdots (4-31)$$

이것을 적분하면 다음과 같다.

$$N_2'(N_2' - 1) = \frac{\lambda_2}{\lambda_1}\frac{Y}{\hat{\hat{Y}}}N_1'(N_1' - 1) + \text{상수} \qquad \cdots\cdots (4-32)$$

식 (4－32)의 마지막에 상수는 언제든지 상수이므로 만기 $t=T$에도 적용할 수 있다. 만기조건 $t=T$를 식 (4－1)～(4－6)에 대입하면 $N_1=N_2=1$이므로 식 (4－32)에서 상수＝0이다. 따라서 식 (4－32)는 다음과 같이 된다.

$$\frac{\left(N_2'-\frac{1}{2}\right)^2}{\frac{1}{4}\left(1-\frac{\lambda_2}{\lambda_1}\frac{Y}{\hat{\hat{Y}}}\right)}-\frac{\left(N_1'-\frac{1}{2}\right)^2}{\frac{1}{4}\left(\frac{\lambda_1}{\lambda_2}\frac{\hat{\hat{Y}}}{Y}-1\right)}=1 \qquad \cdots\cdots (4-33)$$

식 (4−33)은 중심좌표가 (1/2, 1/2)인 쌍곡선이다. [그림 4−2b]의 $\lambda_2 Y>\lambda_1\hat{\hat{Y}}$이면 중심을 가운데 두고 쌍곡선이 좌우에 대칭을 형성하고 $\lambda_2 Y<\lambda_1\hat{\hat{Y}}$이면 중심을 가운데 두고 상하로 대칭을 이룬다. 점 $C=(N_1, N_2)$는 콜옵션의 좌표이고 점 $P=(1-N_1, 1-N_2)$는 풋옵션의 좌표이다. 두 점을 연결하는 직선 CP는 중심 좌표 (1/2, 1/2)를 통과하는데 이 직선이 콜옵션−풋옵션의 등가(parity)인 $C-P=Y-\hat{\hat{Y}}$을 나타낸다. 쌍곡선 (4−33)을 각각 콜거울(call mirror)과 풋거울(put mirror)이라고 부를 수 있지만 이것은 확률거울 (2−45)와 동일한 개념이다.

3. 콜거울−풋거울 (4−33)은 표준확률거울 (4−24)의 (Z_1, Z_2)좌표를 (N_1, N_2) 좌표로 변환한 것이다. 식 (4−24)와 식 (4−33)은 좌표변환으로 1대 1의 관계를 맺으며 식 (4−24)의 모든 점은 식 (4−33)의 모든 점의 정확한 투영이다. 식 (4−33)의 $\lambda_2 Y/\lambda_1\hat{\hat{Y}}$는 [그림 4−2b]의 모든 점에서 불변이므로 우리는 점 N^*을 택할 수 있는데 이 점의 좌표는 식 (4−33)에 의하면 $N_2^*=\frac{1}{2}$이고 $N_1^*=\frac{1}{2}+\frac{1}{2}\sqrt{1-\frac{\lambda_1}{\lambda_2}\frac{\hat{\hat{Y}}}{Y}}$ 이다. 이 점에 상응하는 [그림 4−2a]의 점은 Z^*이며 이 점의 좌표는 $Z_2^*=0$이고 $Z_1^*=\sqrt{2\ln(Y/\hat{\hat{Y}})}$이다. 따라서 다음이 성립한다.

$$\frac{\lambda_2}{\lambda_1}=\frac{\left(\frac{\hat{\hat{Y}}}{Y}\right)}{1-4\left(N_2^*-\frac{1}{2}\right)^2}=\frac{\left(\frac{\hat{\hat{Y}}}{Y}\right)}{1-4\left[\int_0^{\sqrt{2\ln\frac{Y}{\hat{\hat{Y}}}}}\frac{1}{\sqrt{2\pi}}e^{-\frac{1}{2}x^2}dx\right]^2}$$

이것은 누적확률계수의 비율 $\frac{\lambda_2}{\lambda_1}$이 오로지 $\frac{Y}{\hat{\hat{Y}}}$만에 의하여 그 크기가 결정됨을 의미한다. 이 결과를 식 (4−26)에 대입하면 다음을 얻는다.

$$\frac{N_2'-\frac{1}{2}}{N_1'-\frac{1}{2}}\frac{Z_1}{Z_2}=\frac{\left(\frac{\hat{\hat{Y}}}{Y}\right)}{1-4\left[\int_0^{\sqrt{2\ln\frac{Y}{\hat{\hat{Y}}}}}\frac{1}{\sqrt{2\pi}}e^{-\frac{1}{2}x^2}dx\right]^2}$$

개별 누적확률계수 λ_1과 λ_2는 각각 누적확률과 표준확률변수에 의해 결정되지만 그 비율은 이들 개별 결정이 소거되어 오로지 $\frac{Y}{\hat{\hat{Y}}}$에 의해서만 제한된다. 그러므로 [그림 4-2b]의 콜거울-풋거울은 성립한다.

> ▶▶▶ **소정리 4-6**
> 누적확률계수의 비율은 오로지 $\frac{Y}{\hat{\hat{Y}}}$에 의해서만 결정된다.

제 4 절 시간좌표

1. 이상의 수량좌표의 결과 (4-33)을 시간좌표에서 분석하여 재확인할 수 있다. 그럼으로써 수량좌표(idea 1)와 시간좌표(idea 2)가 내부 정합을 이루게 되는 모습을 보이겠다. 이 분석의 핵심은 앞서 소개한 변수변환과 베이즈 변환이다. 특히 변수변환은 수량좌표를 시간좌표로 변환시키는 역할을 한다.

2. 콜옵션가격 식 (4-1)에서 $C=C'$과 풋옵션가격 식 (4-2)에서 $P=P'$을 만족시키는 누적확률이 $N_1=N_1'$와 $N_2=N_2'$라고 하자. 이제 새로운 변수 $Q_2=C'/(N_1'-N_2')$와 $Q_1=P'/(N_1'-N_2')$을 정의한다. 그러면 식 (4-1)~(4-2)는 $N_1'Y=(N_1'-N_2')Q_2+N_2'\hat{\hat{Y}}$과 $(1-N_2')\hat{\hat{Y}}=(N_1'-N_2')Q_1+(1-N_1')Y$이 된다. $\hat{\hat{Y}}$와 Y에 대해서 서로 대입하여 다음을 얻는다.

$$\hat{\hat{Y}}=N_1'Q_1+(1-N_1')Q_2 \qquad \cdots\cdots (4-34)$$

$$Y=N_2'Q_1+(1-N_2')Q_2 \qquad \cdots\cdots (4-35)$$

이것이 식 (4-22)~(4-23)인데 여기서 $\hat{\hat{Y}}$와 Y는 각각 두 부분으로 구성되어 있으므로 2변수변환 체계를 사용할 수 있다.

3. 이제 베이즈 변환과 시간좌표를 이용할 차례이다. 식 (4-34)에서 $N_1'Q_1$과 $(1-N_1')Q_2$이 $\hat{\hat{Y}}$에서 차지하는 비율을 각각 $M_1'=N_1'Q_1/\hat{\hat{Y}}$, $1-M_1'=(1-N_1')Q_2/\hat{\hat{Y}}$이라 정의하면 이것은 마치 베이즈 변환 (1-11)~(1-12)에서 사전확률 N_1'을 사후

확률 M_1'로 변환하는 것에 비유할 수 있다. 마찬가지로 식 (4−35)에서 $N_2'Q_1$와 $(1-N_2')Q_2$이 Y에서 차지하는 비율을 각각 $M_2'=N_2'Q_1/Y$, 및 $1-M_2'=(1-N_2')Q_2/Y$이라 정의한다. 이것 역시 사실상 앞서 베이즈 변환 (1−11)~(1−12)를 이용한 것으로 다음과 같다.

$$M_1'\hat{\hat{Y}}=N_1'Q_1,\ (1-M_1')\hat{\hat{Y}}=(1-N_1')Q_2 \qquad \text{베이즈 변환} \qquad \cdots\cdots (4-36)$$

$$M_2'Y=N_2'Q_1,\ (1-M_2')Y=(1-N_2')Q_2 \qquad \text{베이즈 변환} \qquad \cdots\cdots (4-37)$$

식 (4−34)~(4−35)는 수량좌표에서 단위시간에 측정한 것인데 이것을 시간좌표에서 역수 $\hat{\hat{y}}\hat{\hat{Y}}=1$, $yY=1$, $q_1Q_1=1$, $q_2Q_2=1$인 단위수량으로 변환하고 베이즈 변환 (4−36)~(4−37)의 도움을 얻어 정리하면 다음과 같다.

$$\hat{\hat{y}}=M_1'q_1+(1-\mathrm{M}_1')q_2 \qquad \text{변수변환} \qquad \cdots\cdots (4-38)$$

$$y=M_2'q_1+(1-\mathrm{M}_2')q_2 \qquad \text{변수변환} \qquad \cdots\cdots (4-39)$$

이것을 다시 변수변환하면 다음과 같다.

$$\frac{1}{\hat{\hat{Y}}}=\frac{M_1'}{Q_1}+\frac{1-M_1'}{Q_2} \qquad \cdots\cdots (4-40)$$

$$\frac{1}{Y}=\frac{M_2'}{Q_1}+\frac{1-M_2'}{Q_2} \qquad \cdots\cdots (4-41)$$

식 (4−34)~(4−35)와 식 (4−38)~(4−39)는 오캄의 면도날 원리에 해당하는 〈2변수변환 체계〉인데 여기에서 다음이 성립한다.

$$C'=(1-M_2')Y-(1-M_1')\hat{\hat{Y}} \qquad \cdots\cdots (4-42)$$

$$P'=M_1'\hat{\hat{Y}}-M_2'Y \qquad \cdots\cdots (4-43)$$

식 (4−1)~(4−2)와 비교할 때 이것은 또 하나의 옵션가격공식이다. 유일한 옵션가격공식의 존재를 위하여 $C=C'$와 $P=P'$이 되려면 식 (4−42)와 식 (4−1)에서 $(1-M_2'-N_1')Y=(1-M_1'-N_2')\hat{\hat{Y}}$이 성립해야 한다. 여기서 만일 $1-M_1'-N_2'=0$이면 $1-M_2'-N_1'=0$이 되어 식 (4−42)는 식 (4−1)이 되고 식 (4−43)은 식 (4−2)가 된다. 그러면 다음이 성립한다.

$$Y=N_2'Q_1+(1-N_2')Q_2 \qquad \cdots\cdots (4-44)$$

$$\frac{1}{Y}=\frac{1-N_1'}{Q_1}+\frac{N_1'}{Q_2} \qquad \cdots\cdots \ (4-45)$$

$$\hat{\hat{Y}}=N_1'Q_1+(1-N_1')Q_2 \qquad \cdots\cdots \ (4-46)$$

$$\frac{1}{\hat{\hat{Y}}}=\frac{1-N_2'}{Q_1}+\frac{N_2'}{Q_2} \qquad \cdots\cdots \ (4-47)$$

베이즈 세계에 비교하면 식 (4−44)은 비내포모형에 해당하고 식 (4−46)은 내포모형에 해당한다.

4. 그러나 일반적으로 $1-M_2'-N_1'\neq 0$와 $1-M_1'-N_2'\neq 0$이 되므로, 식 (4−44)~(4−47)의 등호는 $N_1=N_1'$와 $N_2=N_2'$에 대하여 성립할 수 없다(이에 대한 증명은 부록 4B를 참조할 수 있다). 베이즈 변환을 따라 식 (4−42)에 새로운 변수 $Q_2'=C'/(M_1'-M_2')$와 (4−43)에 새로운 변수 $Q_1'=P'/(M_1'-M_2')$을 적용하여 동일한 과정을 반복하면 다음을 얻는다.

$$Y=N_2'Q_1'+(1-N_2')Q_2' \qquad \cdots\cdots \ (4-48)$$

$$\frac{1}{Y}=\frac{1-N_1'}{Q_1'}+\frac{N_1'}{Q_2'} \qquad \cdots\cdots \ (4-49)$$

$$\hat{\hat{Y}}=N_1'Q_1'+(1-N_1')Q_2' \qquad \cdots\cdots \ (4-50)$$

$$\frac{1}{\hat{\hat{Y}}}=\frac{1-N_2'}{Q_1'}+\frac{N_2'}{Q_2'} \qquad \cdots\cdots \ (4-51)$$

이렇게 되면 무한개의 옵션가격 방정식체계가 존재하게 된다. 다음의 소정리가 성립한다.

> **▶▶▶ 소정리 4−7**
> 블랙−숄스 옵션가격결정모형에서 누적확률에 제약이 없으면 동일한 Y와 $\hat{\hat{Y}}_t$에 대하여 무한개의 옵션가격 정보를 생산할 수 있다.

이 소정리가 의미하는 바는 다음과 같다.

$$C_t=N_1Y_t-N_2\hat{\hat{Y}}_t \qquad P_t=(1-N_2)\hat{\hat{Y}}_t-(1-N_1)Y_t$$

$$C_t'=N_1'Y_t-N_2'\hat{\hat{Y}}_t \qquad P_t'=(1-N_2')\hat{\hat{Y}}_t-(1-N_1')Y_t$$

$$C_t''=N_1''Y_t-N_2''\hat{\hat{Y}}_t \qquad P_t''=(1-N_2'')\hat{\hat{Y}}_t-(1-N_1'')Y_t$$

$$C_t''' = N_1'''Y_t - N_2'''\hat{\hat{Y}}_t \qquad P_t''' = (1-N_2''')\hat{\hat{Y}}_t - (1-N_1''')Y_t$$

$$\vdots \quad \vdots \qquad\qquad \vdots \quad \vdots$$

따라서 유일한 풀이를 위해서는 $N_1 \neq N_1'$, $N_2 \neq N_2'$, $1-M_2-N_1=0$, $1-M_1-N_2=0$, $C \neq C'$, $P \neq P'$을 만족시키는 제약조건 $\lambda_1 = \frac{N_2}{N_2'}$과 $\lambda_2 = \frac{N_1}{N_1'}$이 존재하여야 한다. 그 결과 다음이 성립한다.

$$Y = N_2'\lambda_1 Q_1 + (1-N_2')\lambda_1 Q_2 \qquad \cdots\cdots (4-52)$$

$$\frac{1}{Y} = \frac{1-N_1'}{\lambda_1 Q_1} + \frac{N_1'}{\lambda_1 Q_2} \qquad \cdots\cdots (4-53)$$

$$\hat{\hat{Y}} = N_1'\lambda_2 Q_1 + (1-N_1')\lambda_2 Q_2 \qquad \cdots\cdots (4-54)$$

$$\frac{1}{\hat{\hat{Y}}} = \frac{1-N_2'}{\lambda_2 Q_1} + \frac{N_2'}{\lambda_2 Q_1} \qquad \cdots\cdots (4-55)$$

여기서 λ_1과 λ_2가 제약조건이다. 식 (4-52)~(4-55)를 Q_1와 Q_2에 대하여 대입하면 콜거울-풋거울 식 (4-33)이 된다. 식 (4-52)~(4-55)를 재정리하면 다음과 같다.

$$\frac{Y}{\lambda_1} = N_2'Q_1 + (1-N_2')Q_2 \qquad \cdots\cdots (4-56)$$

$$\frac{\lambda_1}{Y} = \frac{1-N_1'}{Q_1} + \frac{N_1'}{Q_2} \qquad \cdots\cdots (4-57)$$

$$\frac{\hat{\hat{Y}}}{\lambda_2} = N_1'Q_1 + (1-N_1')Q_2 \qquad \cdots\cdots (4-58)$$

$$\frac{\lambda_2}{\hat{\hat{Y}}} = \frac{1-N_2'}{Q_1} + \frac{N_2'}{Q_2} \qquad \cdots\cdots (4-59)$$

식 (4-56)은 비내포모형 (2-25)에 속하며 식 (4-58)은 내포모형 (2-26)에 속한다. 그러면 $N_2'=b$이며 $N_1'=a$이다. 식 (4-57)과 식 (4-59)는 비내포모형과 내포모형을 시간좌표로 변환할 때 구해진다. 그러므로 식 (4-52)~(4-55)는 비내포모형(idea 1)과 내포모형(idea 2)을 수량좌표(idea 3)와 시간좌표(idea 4)에서 표현한 것이다. 모두 소정리 4-7에 의하면 누적확률에 제약을 부과하는 조건 λ을 가하지 않으면 유일의 옵션가격결정은 실패하지만 수량좌표와 시간좌표의 정합으로 새로운 정보를 생산할 수 있는 가능성을 제공한다는 점에서 더 분석할 가치가 있다. 소정리 4-7을 베이즈 확률이론에 거꾸로 적용한다면 유일의 옵션가격의 제약 λ이 부과되지 않을 때 무한개의 누적확률을 생산할 수 있는 가능성을 열어놓고 있다. 식 (4−56)~(4−59)를 서로 Q_1과 Q_2에 대하여 대입한 후 정리하면 다음이 된다.

$$\frac{\left(N_2'-\frac{1}{2}\right)^2}{\frac{1}{4}\left(1-\frac{\lambda_2}{\lambda_1}\frac{Y}{\hat{\hat{Y}}}\right)}-\frac{\left(N_1'-\frac{1}{2}\right)^2}{\frac{1}{4}\left(\frac{\lambda_1}{\lambda_2}\frac{\hat{\hat{Y}}}{Y}-1\right)}=1 \qquad \cdots\cdots (4-60)$$

식 (4−60)은 수량좌표에서 구한 식 (4−33)과 동일하게 된다. 이로서 수량좌표(idea 1)와 시간좌표(idea 2)는 내적 정합을 이루었다.

5. 수량좌표의 결과를 시간좌표에서도 동일하게 얻었다. 이제 이 내용을 베이즈의 세계에 재조명해 보자. 식 (4−48)~(4−49)는 베이즈 세계의 식 (1−10)과 (1−13)에 비교할 수 있다. 여기에 변수전환 $yY=1$, $q_1Q_1=1$, $q_2Q_2=1$을 적용하면 다음과 같다.

$$Y=N_2Q_1+(1-N_2)Q_2 \qquad \cdots\cdots (4-61)$$

$$\frac{1}{Y}=\frac{1-N_1}{Q_1}+\frac{N_1}{Q_2} \qquad \cdots\cdots (4-62)$$

그림 4-4a 수량좌표

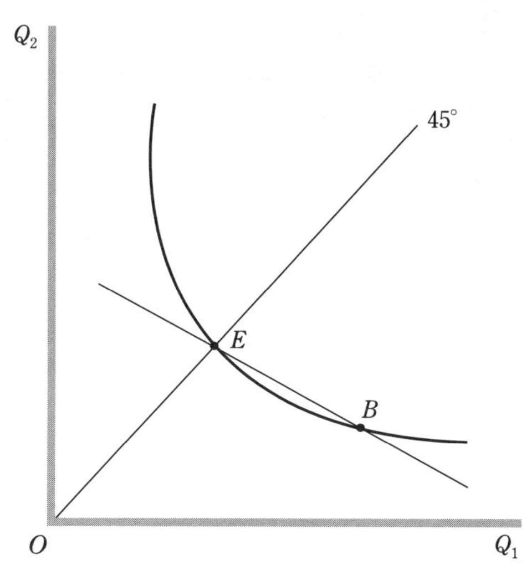

그림 4-4b 시간좌표

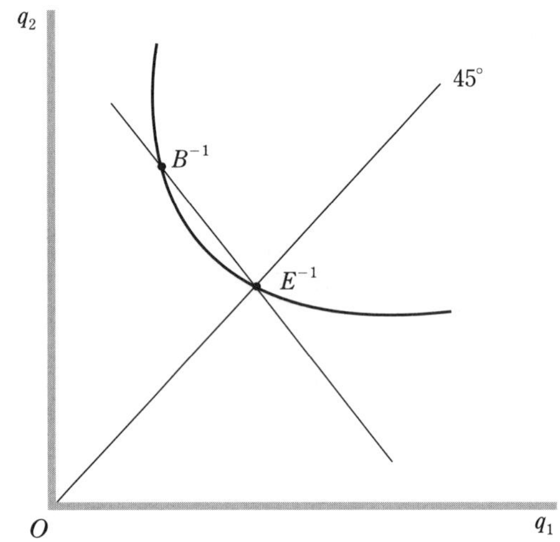

$$\frac{1}{y}=\frac{N_2}{q_1}+\frac{1-N_2}{q_2} \qquad \cdots\cdots \; (4\text{–}61^*)$$

$$y=(1-N_1)q_1+N_1q_2 \qquad \cdots\cdots \; (4\text{–}62^*)$$

[그림 4-4a]의 가로축은 Q_1을, 세로축은 Q_2을 측정하는데 수량좌표의 직선 (4-61)과 직각쌍곡선 (4-62)를 그리고 있다.

직선과 직각쌍곡선은 두 점에서 만난다. 하나는 45도선 상의 E점이고 다른 하나는 45도선 밖의 B점이다. 제 2 장에서 이 점은 실재좌표의 베이즈 점이었다. [그림 4-4b]의 가로축은 q_1을, 세로축은 q_2을 측정한다. 여기에도 1개의 직각쌍곡선 (4-61*)과 1개의 직선 (4-62*)이 함께 그려져 있다. 두 선은 두 점에서 만난다. 하나는 45도선의 E^{-1}점이고 다른 하나는 45도선 밖의 B^{-1}점이다. 제 2 장에서 이 점은 투영좌표의 베이즈 점이었다. [그림 4-4b]는 [그림4-4a]의 투영이다.

제 5 절 모형변환과 재정원리

1. 식 (4-22*)와 식 (4-23*)의 도움을 받으면 식 (4−1)과 식 (4−2)에서 다음이 성립한다.

$$\begin{aligned} Y-\hat{\hat{Y}} &= C-P \\ &= (Q_2-Q_1)(N_1-N_2) \end{aligned} \qquad \text{콜−풋의 재정원리} \qquad \cdots\cdots \ (4-63)$$

이것이 콜−풋 등가원리(call−put parity)이다. 원상품과 풋옵션을 보유하는 것과 행사가격의 현재가치와 콜옵션을 보유하는 가치가 동일하게 되는 것은 재정(arbitrary)의 원리이다. 이번에는 식 (4−56)∼(4−59)에서 N_1'과 N_2'에 대하여 대입하여 정리하면 블랙−숄스 모형에서는 다음이 성립함을 알 수 있다.

$$\begin{aligned} Y\hat{\hat{Y}} &= (\lambda_1 \ \lambda_2)Q_1Q_2 \\ &= \delta Q_1Q_2 \end{aligned} \qquad \text{모형변환} \qquad \cdots\cdots \ (4-64)$$

이것이 식 (2−34)의 모형변환의 형태로서 식 (4-56)과 식 (4−59)에서 Y가 비내포모형에 비교된다면 $\hat{\hat{Y}}$는 내포모형에 비교된다. 모형변환 (2−34)와 모형변환 (4−64)는 가정이 아니라 콜−풋의 재정원리이다. 여기에 $C=(N_1-N_2)Q_2$이고 $P=(N_1-N_2)Q_1$을 대입하면 다음이 된다.

$$\begin{aligned} Y\hat{\hat{Y}} &= \delta\frac{CP}{(N_1-N_2)^2} \\ &= (\lambda_1\lambda_2)\frac{CP}{(N_1-N_2)^2} \\ &= \frac{N_1-\frac{1}{2}}{Z_1}\frac{N_2-\frac{1}{2}}{Z_2}\frac{CP}{(N_1-N_2)^2} \end{aligned} \qquad \text{콜-풋의 재정원리} \qquad \cdots\cdots \ (4-65)$$

모형변환 (4−64)는 이처럼 블랙−숄스 옵션가격모형 (4−1)∼(4−6)의 6개의 방정식을 하나의 방정식으로 축약한 것이다. 다시 말하면 원상품가격 Y, 행사가격의 현재가치 $\hat{\hat{Y}}$, 콜옵션가격 C, 풋옵션가격 P, 2개의 누적확률 N_1, N_2, 2개의 표준확률변수 Z_1, Z_2 사이의 관계이다.

2. 모형변환 (4－64)의 중요성에 비추어 식 (4－63)과 (4－64)를 다른 방법으로 구한다. 식 (4－56)에서 식 (4－58)을 빼고, 식 (4–52)에서 식 (4–54)를 빼서 정리하면 다음과 같다.

$$\begin{aligned}\frac{Y-\hat{\hat{Y}}}{Y\hat{\hat{Y}}} &= \frac{(\lambda_2 N_1'-\lambda_1 N_2')(Q_2-Q_1)}{\lambda_1\lambda_2 Q_1 Q_2} \\ &= \frac{(N_1-N_2)(Q_2-Q_1)}{\lambda_1\lambda_2 Q_1 Q_2} \\ &= \frac{C-P}{\lambda_1\lambda_2 Q_1 Q_2}\end{aligned} \qquad \cdots\cdots (4-66)$$

등호를 중심으로 좌우의 분자는 콜–풋등가, 즉 재정원리 (4－63)을 의미하고 분모 역시 재정원리를 색다르게 표현한 모형변환 (4－64)이다. 식 (4－66)의 분자에서 콜–풋등가가 성립하면 분모에서 모형변환 (4－64)은 반드시 성립한다. 반대로 분모에서 모형변환 (4－64)가 성립하여야 분자에서 콜–풋등가가 성립할 수 있다. 다시 한번 강조하면 모형변환 (4－64)와 모형변환 (2－34)는 모두 콜–풋등가이며 재정원리의 성립배경이다. 콜–풋등가와 모형변환은 동전의 앞뒤면과 같다.

> **▶▶▶ 소정리 4－8**
> 모형변환 $Y\hat{\hat{Y}}=(\lambda_1\lambda_2)Q_1Q_2$은 콜–풋등가의 재정(arbitrary)의 원리이다.

3. 제 2 장에서 모형변환 (2–34)와 이 장에서 모형변환 (4–64)를 비교하면 다음과 같은 사실을 발견하게 된다. 또 하나의 확률변수 $\hat{Y}$을 $\hat{Y}=\frac{\hat{\hat{Y}}}{\chi}$로 정의하면 모형변환 (2–34)는 다음이 된다.

$$\begin{aligned}Y\hat{\hat{Y}} &= \chi\pi Q_1 Q_2 \\ &= \delta Q_1 Q_2\end{aligned} \qquad \cdots\cdots (4-66^*)$$

따라서 $\pi=\frac{\delta}{\chi}$이다. 이 관계는 제 6 장에서 재확인된다. 그러므로 제 2 장의 모형변환 (2–34)도 정의이다.

제 6 절 블랙-숄스 옵션이론의 좌표변환

1. 블랙－숄스 옵션이론의 2개의 방정식 (4－1)~(4－2)가 다음의 2개의 방정식으로 표현되었다.

$$Y=N_2Q_1+(1-N_2)Q_2 \quad \cdots\cdots (4-67)$$

$$\hat{\hat{Y}}=N_1Q_1+(1-N_1)Q_2 \quad \cdots\cdots (4-68)$$

이것은 원래 다음과 같았다.

$$(N_1-N_2)Q_2=N_1Y-N_2\hat{\hat{Y}} \quad \cdots\cdots (4-69)$$

$$(N_1-N_2)Q_1=(1-N_2)\hat{\hat{Y}}-(1-N_1)Y \quad \cdots\cdots (4-70)$$

다음의 회귀방정식을 정의한다.

$$Y=\hat{\beta}_0+\hat{\beta}_1X_1+\hat{\beta}_2X_2+ \ \cdots \ \hat{\beta}_KX_K+e \quad \cdots\cdots (4-71)$$

$$\hat{\hat{Y}}=\hat{\gamma}_0+\gamma_1X_1+\gamma_2X_2+ \ \cdots \ \hat{\gamma}_KX_K+\hat{\hat{e}} \quad \cdots\cdots (4-72)$$

식 (4－71)은 원상품가격 Y에 영향을 주는 변수 X_1, X_2, …, X_K로 회귀방정식을 표현한 것이다. 모두 시간을 표시하는 t가 생략되었다. [그림 4－5a]는 $K=1$일 때 식 (4－71)을 그린 것이다. 가로축은 X_1을, 세로축은 Y를 측정한다. 직선이 회귀직선이다. X_1에서 수직선을 올려서 Y와 $\hat{\hat{Y}}$가 표시되었다. 이들을 중심으로 Q_1과 Q_2도 표시되었다. 따라서 Y를 Q_1과 Q_2의 가중평균으로 나타낸 방정식이 식 (4－67)이고 $\hat{\hat{Y}}$ 역시 Q_1과 Q_2의 가중평균으로 나타낸 방정식이 식 (4－68)이다. [그림 4－5b]는 [그림 4－1]의 재생인데 여기서는 수직선 대신 기울기를 갖는 옵션가격제약식에서 Y, $\hat{\hat{Y}}$, Q_1, Q_2가 표시되었다. 이들 사이의 가중평균이 표현되었다. 이것은 동일한 내용을 [그림 4－5b]에서 [그림 4－5a]로 좌표변환하여 표현할 수 있음을 나타낸다.

2. [그림 4－5a]에서 중요한 질문은 수직선상의 두 점 Y와 $\hat{\hat{Y}}$의 위치가 정해지면 가중치 N_1 및 N_2와 함께 Q_1과 Q_2의 위치가 결정될 수 있겠는가 이다. 대답은

그림 4-5a 회귀직선

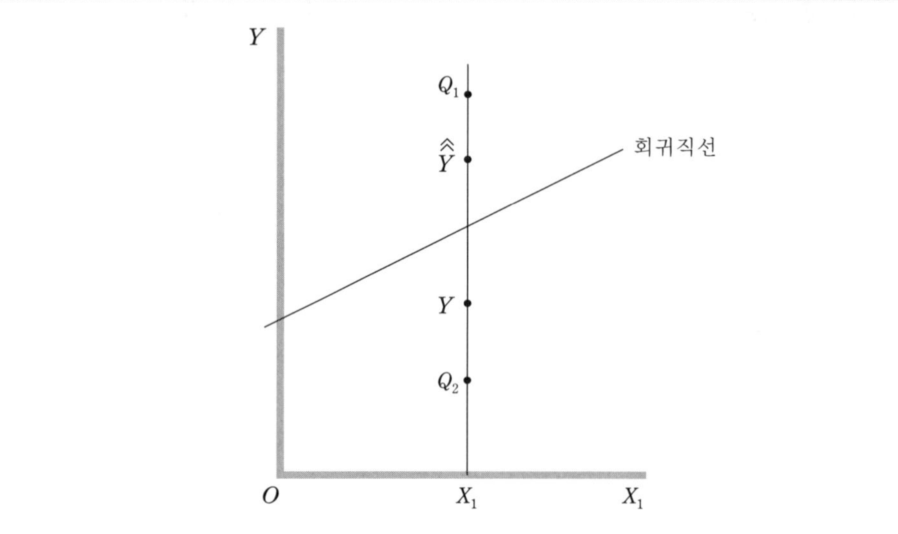

그림 4-5b 옵션가격 제약식

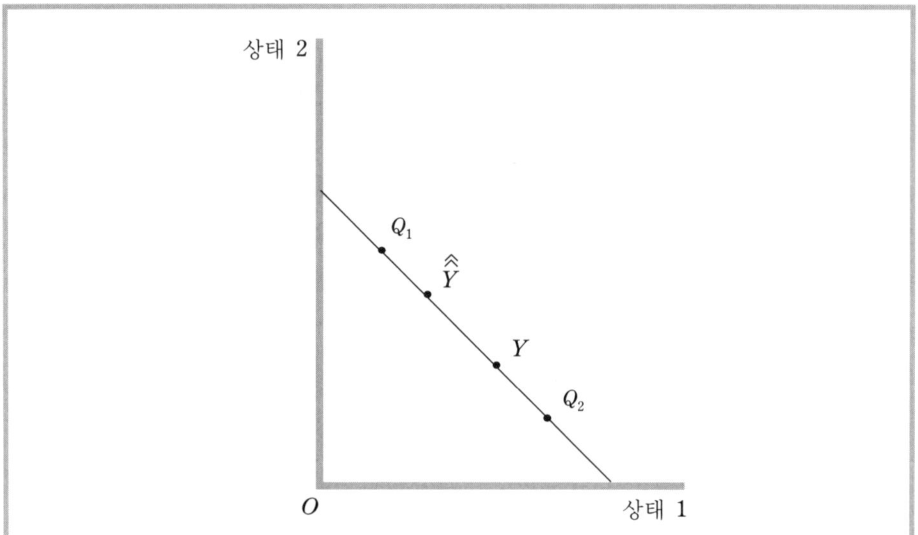

그렇다 이다. 이것이 제6장에서 소개하는 기본방정식의 존재 증명의 내용이다. 달리 표현하면 다항의 회귀방정식 $Y=\hat{\beta}_0+\hat{\beta}_1X_1+\hat{\beta}_2X_2+\ \cdots\ \hat{\beta}_KX_K+e$을 2항의 회

귀방정식 $Y=N_2Q_1+(1-N_2)Q_2+\mu$으로 좌표변환하는 것이다. 좌표변환은 앞으로 중요하게 쓰인다.

> ▶▶▶ **소정리 4-9**
> 베이지 변환, 변수변환, 모형변환, 좌표변환은 정합경제이론의 4대 변환이다.

베이지 변환은 새로운 정보를 찾아내는 역할을, 변수변환은 수량좌표를 시간좌표로 변환시키는 역할을, 모형변환은 비내포모형에서 내포모형을 찾아내는 역할을, 좌표변환은 다항의 좌표에서 2항의 좌표로 변환을 한다. 4대 변환은 모두 정의이다.

제 7 절 베이즈 확률이론과 블랙-숄스 옵션이론

1. 이제 [표 4-1]처럼 베이즈의 확률이론과 블랙-숄스 옵션가격이론을 비교할 수 있다.

표 4-1 베이즈 확률이론과 블랙-숄스 옵션가격이론의 비교

베이즈 확률이론의 기본체계		블랙-숄스 옵션가격이론의 기본체계	
비내포모형	$Y=P_bQ_1+(1-P_b)Q_2$	비내포모형	$Y=N_2Q_1+(1-N_2)Q_2$
내포모형	$\hat{Y}=(1-P_b)Q_1+P_aQ_2$	내포모형	$\hat{\hat{Y}}=(1-M_2)Q_1+M_2Q_2$
모형변환	$Y\hat{Y}=\pi Q_1Q_2$	모형변환	$Y\hat{\hat{Y}}=\delta Q_1Q_2$
베이지 변환	$P_bQ_1=P_aY$	베이지 변환	$N_2Q_1=M_2Y$
변수변환	$yY=1,\ q_1Q_1=1,\ q_2Q_2=1$	변수변환	$yY=1,\ q_1Q_1=1,\ q_2Q_2=1$
	$Y-\hat{\hat{Y}}=(1-P_b-P_a)(Q_2-Q_1)$	콜-풋등가	$Y-\hat{\hat{Y}}=(N_1-N_2)(Q_2-Q_1)$

모형변환 (4-64)와 [표 4-1]의 비교는 베이즈 확률이론(idea 1)과 블랙-숄스 옵션가격이론(idea 2)이 정합을 이룬다는 증거이다. 블랙-숄스 옵션가격이론은 베이즈 확률이론의 형태에 속한다. 특히 베이즈 확률이론은 정보가 외부에서 주어져야 사후확률을 생산할 수 있는데 대하여, 블랙-숄스 옵션가격모형은 소정리 4-2

가 가리키는 대로 수량좌표와 시간좌표의 정합으로 내부에서 추가 정보를 생산할 수 있는 가능성을 열고 있는 점이 다른 점이다.

앞으로 이 책에서 발견되는 현상도 베이즈 확률이론 및 블랙-숄스 옵션가격이론과 그 구조가 흡사하며 수량좌표와 시간좌표의 정합을 이용하여 내부에서 추가 정보를 생산하는 비결을 밝혀낼 것이다.

2. 콜거울과 풋거울 (4-33)을 유도하는데 있어서 수량좌표(idea 1)와 시간좌표(idea 2)는 그 과정이 전혀 닮지 않았다. 그러나 두 접근은 내부정합을 이루어 동일한 결론에 도달하였다. 이것은 정합이론이 성립할 수 있는 증거라고 말할 수 있다. 또 한 가지 증거는 비내포모형(idea 1)과 내포모형(idea 2)의 개념하에서 블랙-숄스 옵션가격이론의 구조(idea 1)가 베이즈 확률이론의 구조(idea 2)와 정합을 이룬다는 것이다.

부록 4A: 식 (4-16)의 의미

기하 브라운운동(geometric Brownian motion) 방정식으로 알려져 있는 기초자산가격 Y의 움직임을 설명하는 식을 다음과 같다고 가정한다.

$$\frac{dY_t}{Y_t}=adt+\sigma Z\sqrt{dt} \qquad Z\sim(0,\ 1) \qquad \cdots\cdots \text{(4A-1)}$$

여기서 $a=Y$의 수익률의 평균이고 $\sigma=$분산이다. 브라운 운동방정식의 제곱을 구해보면 다음과 같다.

$$\left(\frac{dY}{Y}\right)^2=a^2(dt)^2+2a\sigma Z(dt)^{\frac{3}{2}}+\sigma^2Z^2dt \qquad \cdots\cdots \text{(4A-2)}$$

여기서 시간의 변화 dt는 작은 크기이므로 $(dt)^2$과 $(dt)^{\frac{3}{2}}$은 무시할 정도로 작은 크기이므로 생략할 수 있다. 이 사실을 식 (4A-2)에 적용하면

$$\left(\frac{dY}{Y}\right)^2=\sigma^2Z^2dt \qquad \cdots\cdots \text{(4A-3)}$$

결국 수익률의 제곱은 그의 분산에 접근한다. 여기에 기대부호를 적용하면 $EZ^2=1$ 이므로 평균은 다음과 같다.

$$E\left(\frac{dY}{Y}\right)^2=\sigma^2 dt \qquad \cdots\cdots \text{(4A-4)}$$

분산을 구하면 다음이 된다.

$$V\left[\left(\frac{dY}{Y}\right)^2\right]=E\left[\left(\frac{dY}{Y}\right)^2-E\left(\frac{dY}{Y}\right)^2\right]^2=\sigma^4(dt)^2E[Z^2-1]^2=0 \qquad \cdots\cdots \text{(4A-5)}$$

분산이 0이라는 것은 다음을 의미한다.

$$\left(\frac{dY}{Y}\right)^2=E\left(\frac{dY}{Y}\right)^2=\sigma^2 dt \qquad \cdots\cdots \text{(4A-6)}$$

콜옵션의 가격 C는 오직 원자산의 가격 Y와 시간 t의 함수이므로 다음과 같이 표현될 수 있다.

$$C=C(Y,\ t) \qquad \cdots\cdots \text{(4A-7)}$$

이것은 일반적인 함수 형태이다. 그러므로 질문은 다음과 같다. 콜옵션 (4A－7)의 가격변화도 브라운 운동 (4A－1)의 형태를 취하여 다음과 같이 표현할 수 있다.

$$dC=\left[\frac{\partial C}{\partial t}+a\frac{\partial C}{\partial Y}Y+\frac{1}{2}\sigma^2\frac{\partial^2 C}{\partial Y^2}Y^2\right]dt+\sigma Y\frac{\partial C}{\partial Y}Z\sqrt{dt} \qquad \cdots\cdots \text{(4A-8)}$$

식 (4A－1)과 비교하면 $a_C=\left[\frac{\partial C}{\partial t}+\mu\frac{\partial C}{\partial Y}Y+\frac{1}{2}\sigma^2\frac{\partial^2 C}{\partial Y^2}Y^2\right]/C$이고 $\sigma_C=\sigma\frac{Y}{C}\frac{\partial C}{\partial Y}$임을 알 수 있다. 식 (4A－8)의 형태가 되어 위험부분 Z이 남아 있다. 이것은 콜옵션 하나만으로는 위험을 제거하지 못함을 의미한다. 사실상 콜옵션이 원상품보다 더 위험하다. 그 이유는 $\frac{\sigma_C}{\sigma}=\frac{\partial C}{\partial Y}\frac{Y}{C}=N_1\frac{Y}{C}>1$이 되어 $\sigma_C>\sigma$이기 때문이다. 그러므로 위험을 제거하기 위해서는 다른 안전자산과 함께 자산을 구성하여야 한다. 이제 개인이 공매를 목적으로 λ_1 단위의 콜옵션 C_t과 λ_2 단위의 기초자산 Y_t으로 다음과 같이 자산을 구성한다고 생각하자.

$$\hat{\hat{Y}}_t=\lambda_1 Y_t+\lambda_2 C_t \qquad \cdots\cdots \text{(4A-9)}$$

이 식을 시간에 대하여 미분하면 다음과 같다.

$$d\hat{\hat{Y}}_t = \lambda_1 dY_t + \lambda_2 dC_t \qquad \cdots\cdots \ (4A-10)$$

식 (4A-1)과 식 (4A-8)을 식 (4A-10)에 대입하면 다음이 된다.

$$d\hat{\hat{Y}}_t = \left[\left(\lambda_1 + \lambda_2 \frac{\partial C}{\partial Y}\right)Ya + \lambda_2\left(\frac{\partial C}{\partial t} + \frac{1}{2}\sigma^2 \frac{\partial^2 C}{\partial Y^2} Y^2\right)\right]dt + \left(\lambda_1 + \lambda_2 \frac{\partial C}{\partial Y}\right)Y\sigma Z\sqrt{dt} \qquad \cdots\cdots \ (4A-11)$$

여기서 $\sigma_{\hat{\hat{Y}}} = \left[\left(\lambda_1 + \lambda_2 \frac{\partial C}{\partial Y}\right)Ya + \lambda_2\left(\frac{\partial C}{\partial t} + \frac{1}{2}\sigma^2 \frac{\partial^2 C}{\partial Y^2} Y^2\right)\right] / \hat{\hat{Y}}_t$와 $\sigma_{\hat{\hat{Y}}} = \left(\lambda_1 + \lambda_2 \frac{\partial C}{\partial Y}\right)Ya$ $/\hat{\hat{Y}}_t$이다. 자산구성 $\hat{\hat{Y}}_t$ 마저도 뒤에 위험부분 Z는 여전히 남아 있다. 그러나 만일 식 (4A-10)에서 자산구성비율을 다음과 같이 구성할 수 있다.

$$\lambda_2 = -\frac{1}{N_2}, \ \lambda_1 = \frac{\partial C}{\partial Y}\frac{1}{N_2} \qquad \cdots\cdots \ (4A-12)$$

이 구성비로 식 (4A-11)에서 거시위험부분은 완전히 제거된다. 위험제거조건 (4A-12)를 자산구성 (4A-11)에 대입하면 콜옵션가격 결정식 (4-1)이 된다. 바꾸어 말하면 식 (4-1)은 위험을 완전히 제거하는 조건 (4A-12)를 만족시킨다. 이때 자산구성 (4A-11)은 다음이 된다.

$$d\hat{\hat{Y}}_t = -\frac{1}{N_2}\left(\frac{\partial C}{\partial t} + \frac{1}{2}\sigma^2 \frac{\partial^2 C}{\partial Y^2} Y^2\right)dt \qquad \cdots\cdots \ (4A-13)$$

여기서 $-\frac{1}{N_2}\left(\frac{\partial C}{\partial t} + \frac{1}{2}\sigma^2 \frac{\partial^2 C}{\partial Y^2} Y^2\right)$은 $\frac{d\hat{\hat{Y}}_t}{dt}$의 평균에 해당하므로 확실한 부분만 남는다. 위험이 제거된 자산구성 $\hat{\hat{Y}}_t$에게 적용되는 수익률은 확실하고 안전한 수익률 r^F 뿐이다. 만일 $\hat{\hat{Y}}_t$의 금액을 안전자산에 투자하면 이 수익률만 기대하여야 한다. 따라서

$$\frac{d\hat{\hat{Y}}_t}{dt} = r\hat{\hat{Y}}_t \qquad \cdots\cdots \ (4A-14)$$

이것을 식 (4A-13)에 대입하여 정리하면 다음이 된다.

$$-rC+rY\frac{\partial C}{\partial Y}+\frac{1}{2}\sigma^2Y^2\frac{\partial^2 C}{\partial Y^2}+\frac{\partial C}{\partial t}=0 \qquad \cdots\cdots \text{(4A}-15)$$

이것이 블랙-숄스의 확률미분방정식인데 이 방정식을 풀면 옵션가격방정식 (4A−1)이 된다. 자산구성의 수익률과 안전자산 수익률이 일치한다. 다시 말하면 식 (4−1)은 위험을 완전히 제거하는 조건 (4A−12)와 수익률을 일치시키는 조건 (4A−13)을 만족시킨다. 이 결과는 식 (4−16)과 사실상 일치한다.

부록 4B: $1-M_2'-N_1'\neq 0$와 $1-M_1'-N_2'\neq 0$인 이유

만일 $1-M_1'-M_2'=0$이면 $1-M_2'-N_1'=0$이 되어 식 (4−44)~(4−47)이 성립한다. 이 4개의 식에서 대입을 통하여 Q_1과 Q_2를 소거하면 다음이 된다.

$$\frac{\left(N_2'-\frac{1}{2}\right)^2}{\frac{1}{4}\left(1-\frac{Y}{\hat{\hat{Y}}}\right)}-\frac{\left(N_1'-\frac{1}{2}\right)^2}{\frac{1}{4}\left(\frac{\hat{\hat{Y}}}{Y}-1\right)}=1 \qquad \cdots\cdots \text{(4B}-1)$$

이 결과는 수량좌표의 식 (4−33)과 일치하지 않는다. 뿐만 아니라 식 (4B−1)은 누적확률함수 (4−25)와 모순된다. 따라서 $1-M_2'-N_1'\neq 0$와 $1-M_1'-N_2'\neq 0$이다.

CHAPTER 05

정합현상

1. 이제 경제현상에 대한 정합이론의 간단한 실험을 성공적으로 끝냈다. 수량좌표(idea 1)와 시간좌표(idea 2)의 내적 정합은 가능하다. 이를 이용하여 제 3 장에서 미루었던 슬라츠키 방정식의 소득탄력성 편의(偏倚)에 대한 민서의 관측을 베커의 일치이론 대신 이 책의 정합이론으로 설명할 차례가 되었다. [질문 3-1]의 대답이다. 그것은 슬라츠키 방정식에서 소득효과의 편의에 대한 정합이론이다. 이 설명은 정합경제이론의 〈역표본 정리〉를 증명하는데 반드시 필요한 수량좌표와 시간좌표의 내적 정합을 마무리하는 작업이다.

2. 제 3 장에서 밝힌 대로 베커는 소비에 시간이 사용된다는 점에 착안을 하여서 시간가격을 재화가격에 추가하였다. 말하자면 단위시간 측정과 단위수량 측정을 합성한 것이다. 이것은 그의 전소득(全所得, full income)과 시간가격 개념에 잘 나타나 있다. 여기서 우리는 단위시간으로 측정하는 수량좌표(idea 1)와 단위수량으로 측정하는 시간좌표(idea 2)를 합성하는 대신 분리하여 하나의 좌표체계의 현상이 다른 하나의 좌표체계에서 어떠한 정합현상으로 나타나는지 조사할 것이다. 이 장에서 베이즈 변환과 변수변환이 주요한 역할을 한다.

제 1 절 수량좌표

1. 여기서 모든 변수는 힉스의 일시균형의 단위시간에 측정된다. 가능한 논의를 단순하게 진행하기 위하여 효용함수를 고정대체탄력성(Constant Elasticity Substitution)의 형태로 표현하겠다.

$$\frac{1}{\widetilde{U}^{\rho}}=\frac{a}{\widetilde{Q}^{\rho}_{1}}+\frac{1-a}{\widetilde{Q}^{\rho}_{2}} \qquad \cdots\cdots (5\text{–}1)$$

여기서 $\widetilde{U}$는 효용, $\widetilde{Q}_1$는 소비재 1, $\widetilde{Q}_2$는 소비재 2, ρ는 대체탄력성과 관련있는 상수이다. 모두 단위시간에 측정하는 수량변수이다. 논의를 더 진행하기 전에 왜 이 같은 효용함수를 사용하는지에 대해 몇 가지 설명이 필요하다.

뵘바베르크(Böhm–Bawerk, 1884)는 효용에서 이기적, 이타적, 윤리적, 철학적 요소를 제거한 중립효용(neutral utility)의 개념을 주장하였다.[1] 이 개념은 미국의 어빙 피셔, 러시아의 슬라츠키, 오스트리아의 폰 미제스 등 학파를 떠나서 받아드려졌다.[2] 이렇게 함으로서 철학적이고 심리적인 요소를 제거할 수 있었다. 효용이나 유용성은 프라톤 때부터 사용되어 왔지만 효용은 유용성이나 바람직함이 아니라 소비자를 끄는 재화의 공통 특성(common characteristics)이다.[3] 그 특성을 무어라 불러도 좋으나 효용이라 부르게 된 것이다. 예를 들어서 파레토는 utility(utilite)와 ophelimity(ophelimite)를 병행하여 사용하였다. 멩거가 한계효용을 의존효용(dependent utility), 제본스가 최종효용(final utility), 왈라스는 희귀(rarete)라고 부른 것도 마찬가지이다. 한계효용이라고 처음 이름 붙인 사람은 폰 비저(von Wieser 1888)이다. 그러나 이러한 모든 개념에도 불구하고 효용함수 형태를 정의하는데 있어서 가변성과 다양성을 극복하지 못했다.[4] 힐덴브란드(Hildenbrand 1994)는 일반적

---

1) Kauder(1965), p. 128.
2) 슬라츠키의 중립효용에 대해서는 Chipman(2002).
3) Friedman(1962), p. 37.
4) 효용함수의 형태는 알려져 있지 않다. 한계효용이 체감한다는 사실을 검정하는 실증연구도 최근까지 거의 찾아보기 힘들다. 1952년 파판드로(Papandreou 1952, 1957)와 메이(May, 1952)의 연구는 이 검정이 어렵다는 점을 강조하고 있다. 파판드로는 결정적인 증거를 제시하는데 실패하였다.

인 효용함수에 미추쉬킨-폴테로비취 조건(Mitjushcin-Polterovich condition)을 부과하지 않고는 수요의 법칙을 보장하지 못한다는 사실을 발견하였다. 이 조건 하에서만 슬라츠키 방정식의 소득효과를 확인할 수 있다.[5)]

이러한 효용함수의 까다로움을 무차별곡선으로 우회하여 해결하는데 최초로 성공한 사람은 에지워스(Edgeworth, 1881)이고 이를 재빨리 받아드려서 발전시킨 사람이 힉스(1939)이다. 힉스는 효용함수 측정의 문제를 회피하고 무차별곡선의 볼록성 가정 하나만으로 수요이론을 정립하였다. 이로서 수요이론은 공리주의철학에서 벗어날 수 있었다. 힉스(Hicks, 1939)는 다음과 같이 기록하였다.

> If one is utilitarian in philosophy, one has the perfect to be utilitarian in one's economics. But if one is not, one also has the right to an economics free of utilitarian assumptions(p.18)

힉스의 업적은 슬라츠키의 소득효과와 대체효과를 재발견했을 뿐만 아니라 고센의 제 1 법칙인 한계효용체감의 법칙을 한계대체율 체감의 법칙으로 대체함으로서 공리주의의 철학적 굴레에서 벗어나는데 성공하였다는 데에 있다.

따라서 볼록성 가정만 만족하면 효용함수의 형태 (5-1)이 슬라츠키-힉스의 소득효과 불가능성을 증명하는데 결정적이지 않다는 것을 보여주기 위하여 아래 제 5 절에서는 효용함수를 사용하지 않고 제약조건만으로 증명하겠다. 다만 소득효과 불가능성을 효용함수 방식(idea 1)과 제약조건 방식(idea 2)의 내적 정합으로 증명할 수 있다는 사실을 보이는 취지에서 결론에 필요하지 않음에도 불구하고 효용함수 (5-1)을 사용하겠다. 앞으로 부호가 복잡해지는 것을 피하기 위하여 부호를 더욱 간소하게 표현할 목적으로 식 (5-1)을 다음과 같이 표현할 수 있다.

$$\frac{1}{U}=\frac{a}{Q_1}+\frac{1-a}{Q_2} \qquad \cdots\cdots (5\text{-}2)$$

여기서 $U=\widetilde{U}^{\rho}$, $Q_1=\widetilde{Q}^{\rho}{}_1$, $Q_2=\widetilde{Q}^{\rho}{}_2$이다. 이 효용함수는 수량좌표 $(Q_1,\ Q_2)$에서 중심이 $(aU,\ (1-a)U)$인 직각쌍곡선이다. [그림 5-1]의 가로축이 Q_1을, 세로축이 Q_2을 측정하면 쌍곡선 (5-2)는 무차별곡선 $U(a)$가 된다. 무차별곡선 상의 한 점 B을 선택하면 이 점에 접하는 접선의 기울기는 다음과 같다(복잡함을 피하기 위

5) Hildenbrand(1994), p. 18과 Appendix 4.

하여 [그림 5-1]에는 접선을 표시하지 않았다).

$$p = \frac{a}{1-a}\left(\frac{Q_2}{Q_1}\right)^2 \quad \cdots\cdots \text{(5-3)}$$

접선의 기울기는 재화의 상대가격을 뜻하므로 이것은 다음과 같은 한계효용균등의 법칙이 된다.

$$\frac{P_1}{P_2} = \frac{a}{1-a}\left(\frac{Q_2}{Q_1}\right)^2 \quad \cdots\cdots \text{(5-4)}$$

여기서 P_1는 재화 1의 가격이고 P_2는 재화 2의 가격이다. 등호의 오른쪽은 한계대체율이고 왼쪽은 재화의 상대가격이 된다. 등호는 한계효용균등의 법칙을 의미한다.

2. 베이즈 변환 (1-11)~(1-12)를 사용하여 효용함수 (5-2)에서 다음을 정의한다.

그림 5-1 수량좌표

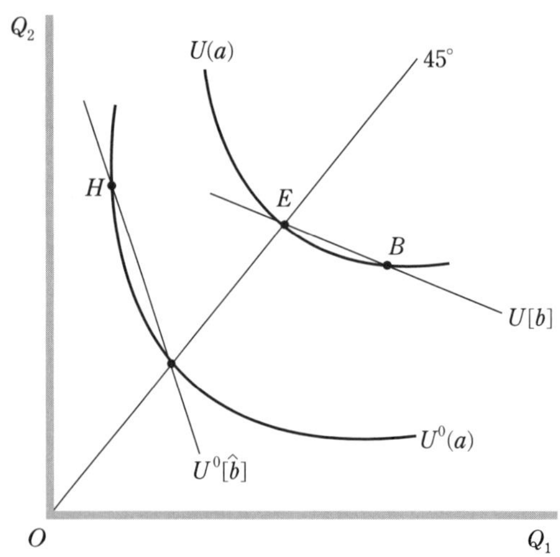

$$bQ_1 = aU \qquad \text{베이즈 변환} \qquad \cdots\cdots (5-5)$$

$$(1-b)Q_2 = (1-a)U \qquad \text{베이즈 변환} \qquad \cdots\cdots (5-6)$$

베이즈 세계의 식 (1-11)~(1-12)와 비교하면 b는 사전확률이고 a는 사후확률에 해당한다. 이로부터 다음이 성립한다.

$$U = bQ_1 + (1-b)Q_2 \qquad \cdots\cdots (5-7)$$

이것은 [그림 5-1]에서 직선 $U[b]$이다. 무차별곡선 (5-2)는 조화평균인데 직선 (5-7)은 산술평균이다. 이 직선은 무차별곡선과 두 점에서 만난다. 하나는 원점을 출발하는 45도선이 무차별곡선과 만나는 점 E이고 다른 하나는 점 B이다. 점 E는 자명한 풀이(trivial solution)이므로 제외하면 점 B의 좌표는 다음과 같다.

$$B = \left(\frac{a}{b}U,\ \frac{1-a}{1-b}U\right) \qquad \cdots\cdots (5-8)$$

이 좌표의 정의는 베이즈 변환 (5-5)~(5-6)과 일치한다. 따라서 직선 (5-7)은 반드시 점 B을 통과한다.

제 2 절 시간좌표

1. 단위시간에 측정한 변수를 단위수량으로 바꾸기 위하여 변수변환 $uU=1$, $q_1Q_1=1$, $q_2Q_2=1$을 이용하면 직선 (5-7)은 다음과 같다.

$$\frac{1}{u} = \frac{b}{q_1} + \frac{1-b}{q_2} \qquad \cdots\cdots (5-9)$$

1단위 효용을 얻는 시간 u는 1단위 소비재 1을 소비하는 시간 q_1과 1단위 소비재 2를 소비하는 시간 q_2의 조화평균이다. 이것은 시간좌표 $(q_1,\ q_2)$에서 중심이 $(bu,\ (1-b)u)$인 직각쌍곡선이다. 또는 수량좌표 상의 산술평균 (5-7)이 시간좌표에서는 조화평균 (5-9)가 된 것이다. 이 역시 [그림 5-2]에서 무차별곡선 $u(b)$이다.

▶▶▶ **소정리 5-1**

수량좌표의 직선은 시간좌표의 곡선이 된다.

이것으로 [소정리 3-3]가 재확인된다. 이 소정리를 확장하면 수량좌표의 평면거울은 시간좌표에서는 오목거울이 된다. 수량좌표의 평면거울에 비친 물체 역시 시간좌표에서는 모양이 변하지만 그 변한 모습이 오목거울에 비쳤을 때 어떠한 모습이 될 것인가. 이에 대한 대답이 제 8 장에서 주어지며 이 책의 핵심이 된다. [그림 5-2]의 가로축은 q_1을 세로축은 q_2를 측정한다. 무차별곡선 상의 한점 B^{-1}을 선택하면 이 점에 접하는 접선의 기울기는 다음과 같다(복잡함을 피하기 위하여 [그림 5-2]에는 접선을 표시하지 않았다).

$$s = \frac{b}{1-b}\left(\frac{q_2}{q_1}\right)^2 \qquad \cdots\cdots \ (5\text{-}10)$$

접선의 기울기는 재화소비시간의 상대가격을 뜻하므로 이것은 다음과 같은 한계시간균등의 법칙이 된다.

그림 5-2 시간좌표

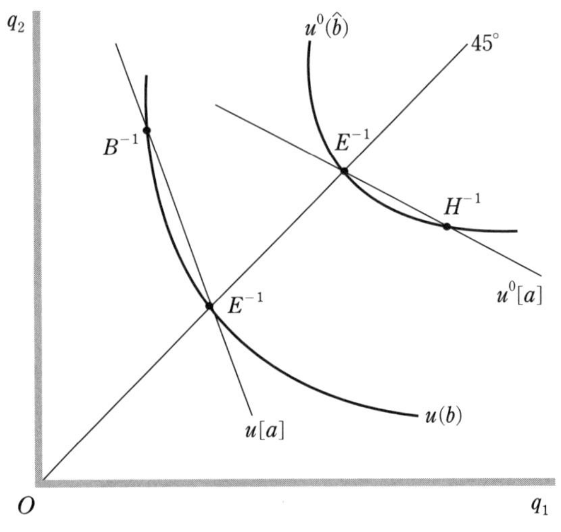

$$\frac{S_1}{S_2}=\frac{b}{1-b}\left(\frac{q_2}{q_1}\right)^2 \qquad \cdots\cdots (5-11)$$

여기서 S_1는 재화 1 소비시간의 가격이고 S_2는 재화 2 소비시간의 가격이다. 등호의 오른쪽은 시간의 한계대체율이고 왼쪽은 재화소비시간의 상대가격이 된다. 등호는 한계시간균등의 법칙을 의미한다. 재화마다 소비하는 시간의 가격이 다른 것은 앞서 설명한대로 베커의 발견이다. 주말 유람선여행시간 가격과 주중 식사시간의 가격이 다르다.

2. 이번에는 수량좌표의 무차별곡선 (5-2)를 변수변환 $uU=1$, $q_1Q_1=1$, $q_2Q_2=1$을 이용하면 다음의 직선이 된다.

$$u=aq_1+(1-a)q_2 \qquad \cdots\cdots (5-12)$$

[그림 5-2]의 시간좌표 상에서 직선 $u[a]$이다. 1단위 효용을 얻는 시간 u은 1단위 소비재 1을 소비하는 시간 q_1과 1단위 소비재 2를 소비하는 시간 q_2의 산술평균이다.

> **▶▶▶ 소정리 5-2**
> 수량좌표의 곡선은 시간좌표의 직선이다.

이것으로 소정리 3-4가 재확인된다. 이 소정리는 소정리 5-1의 반대이다. 수량좌표의 오목거울은 시간좌표에서는 평면거울이 된다. 이 직선의 함수 (5-12)에 베이즈 변환 (1-11)~(1-12)를 사용하여 다음을 정의하여 유도할 수 있다.

$$bu=aq_1 \qquad \text{베이즈 변환} \qquad \cdots\cdots (5-13)$$

$$(1-b)u=(1-a)q_2 \qquad \text{베이즈 변환} \qquad \cdots\cdots (5-14)$$

무차별곡선 (5-9)는 조화평균인데 직선 (5-12)는 산술평균이다. 이 직선은 무차별곡선 (5-9)와 두 점에서 만난다. 하나는 원점을 출발하는 45도선이 무차별곡선과 만나는 점 E^{-1}이고 다른 하나는 점 B^{-1}이다. 점 E^{-1}는 자명한 풀이(trivial solution)이므로 제외하면 점 B^{-1}의 좌표는 다음과 같다.

$$B^{-1}=\left(\frac{a}{b}u,\ \frac{1-b}{1-a}u\right) \qquad \cdots\cdots (5-15)$$

이 좌표의 정의는 베이즈 변환 (5-13)~(5-14)와 일치한다. 따라서 직선 (5-12)는 반드시 점 B^{-1}을 통과한다.

제 3 절 비교정학

1. 슬라츠키-힉스의 소득효과를 조사하기 위해서는 비교정학(comparative statics)을 시도해야 한다. 구체적으로 소비자가 소득효과에 의해서 수량좌표 상의 점 B에 있기 전에 있었던 점을 찾기 위하여 다음의 효용함수를 생각하자.

$$\frac{1}{U^0}=\frac{a}{Q_1^0}+\frac{1-a}{Q_2^0} \qquad \cdots\cdots (5-16)$$

[그림 5-1]의 수량좌표에서 중심이 $(aU^0,\ (1-a)U^0)$인 직각쌍곡선인 무차별곡선 $U^0(a)$이다. 소득효과가 발생하기 전에 소비자가 점 H에 있었다고 하자. 이 점에서 접선의 기울기는 다음과 같이 정의된다.

$$p^0=\frac{a}{1-a}\left(\frac{Q_2^0}{Q_1^0}\right)^2 \qquad \cdots\cdots (5-17)$$

만일 $p=p^0$이면 수량좌표에서 슬라츠키-힉스의 소득효과는 가능하다.

2. 베이즈 변환 (1-11)~(1-12)를 무차별곡선 (5-16)에 적용하고 앞서와 같은 과정을 거치면 다음을 얻는다.

$$\hat{b}Q_1^0=aU^0 \qquad \text{베이즈 변환} \qquad \cdots\cdots (5-18)$$

$$(1-\hat{b})Q_2^0=(1-a)U^0 \qquad \text{베이즈 변환} \qquad \cdots\cdots (5-19)$$

이로부터 다음의 직선이 성립한다.

$$U^0=\hat{b}Q_1^0+(1-\hat{b})Q_2^0 \qquad \cdots\cdots (5-20)$$

이것은 [그림 5-1]에서 직선 $U^0[\hat{b}]$이다. 무차별곡선 (5-16)은 조화평균인데 직선 (5-20)은 산술평균이다. 이 직선은 무차별곡선과 두 점에서 만난다. 하나는 원점을 출발하는 45도선이 무차별곡선과 만나는 점 E이고 다른 하나는 점 H이다. 점 E는 자명한 풀이(trivial solution)이므로 제외하면 점 H의 좌표는 다음과 같다.

$$H=\left(\frac{a}{\hat{b}}U^0,\ \frac{1-a}{1-\hat{b}}U^0\right) \qquad \cdots\cdots (5\text{-}21)$$

이 좌표의 정의는 베이즈 변환 (5-18)~(5-19)와 일치한다. 따라서 직선 (5-20)은 반드시 점 H를 통과한다.

3. 이제 변수변환 $q_1^0Q_1^0=1$, $q_2^0Q_2^0=1$, $u^2U^2=1$을 이용하여 단위시간의 좌표에서 단위수량의 좌표로 이동하자. 그러면 식 (5-20)은 다음과 같이 변환된다.

$$\frac{1}{u^0}=\frac{\hat{b}}{q_1^0}+\frac{1-\hat{b}}{q_2^0} \qquad \cdots\cdots (5\text{-}22)$$

1단위 효용을 얻는 시간 u^0는 1단위 소비재 1을 소비하는 시간 q_1^0과 1단위 소비재 2를 소비하는 시간 q_2^0의 조화평균이다. 이것은 시간좌표 상에서 중심좌표가 $(\hat{b}u^0,\ (1-\hat{b})u^0)$인 직각쌍곡선이다. 또는 수량좌표 상의 산술평균 (5-20)이 시간좌표에서는 조화평균 (5-22)가 된 것이다. 이 역시 [그림 5-2]에서 무차별곡선 $u^0(\hat{b})$이다. [그림 5-2]의 가로축은 q_1^0을 세로축은 q_2^0을 측정한다. 무차별곡선 상의 한 점 H^{-1}을 선택하면 이 점에 접하는 접선의 기울기는 다음과 같다(복잡함을 피하기 위하여 [그림 5-2]에는 접선을 표시하지 않았다).

$$s^0=\frac{\hat{b}}{1-\hat{b}}\left(\frac{q_2^0}{q_1^0}\right)^2 \qquad \cdots\cdots (5\text{-}23)$$

접선의 기울기는 재화소비시간의 상대가격을 뜻하므로 이것은 다음과 같은 한계시간균등의 법칙이 된다.

$$\frac{S_1^0}{S_2^0}=\frac{\hat{b}}{1-\hat{b}}\left(\frac{q_2^0}{q_1^0}\right)^2 \qquad \cdots\cdots (5\text{-}24)$$

여기서 S_1^0는 재화 1 소비시간의 가격이고 S_2^0는 재화 2 소비시간의 가격이다.

등호의 오른쪽은 시간의 한계대체율이고 왼쪽은 재화소비시간의 상대가격이 된다. 등호는 한계시간균등의 법칙을 의미한다.

만일 $s=s^0$이면 슬라츠키-힉스의 소득효과는 시간좌표에서 가능하다. 즉 두 소비재의 소비에 사용하는 시간가격이 일정할 때 소득이 증가하면 두 소비재의 소비에 사용하는 시간은 비례적으로 변한다.

4. 이번에는 수량좌표의 무차별곡선 (5-16)을 변수변환 $u^0U^0=1$, $q_1^0Q_1^0=1$, $q_2^0Q_2^0=1$을 이용하면 다음의 직선이 된다.

$$u^0=aq_1^0+(1-a)q_2^0 \qquad \cdots\cdots (5-25)$$

[그림 5-2]의 시간좌표 상에서 직선 $u^0[a]$이다. 1단위 효용을 얻는 시간 u^0은 1단위 소비재 1을 소비하는 시간 q_1^0과 1단위 소비재 2를 소비하는 시간 q_2^0의 산술평균이다. 이 직선은 함수 (5-22)에 베이즈 변환 (1-11)~(1-12)를 사용하여 식 (5-22)를 다음과 같이 분리할 수 있다.

$$\hat{b}u^0=aq_1^0 \qquad \text{베이즈 변환} \qquad \cdots\cdots (5-26)$$

$$(1-\hat{b})u^0=(1-a)q_2^0 \qquad \text{베이즈 변환} \qquad \cdots\cdots (5-27)$$

무차별곡선 (5-22)는 조화평균인데 직선 (5-25)는 산술평균이다. 직선 (5-25)는 무차별곡선 (5-22)와 두 점에서 만난다. 하나는 원점을 출발하는 45도선이 무차별곡선과 만나는 점 E^{-1}이고 다른 하나는 점 H^{-1}이다. 점 E^{-1}는 자명한 풀이(trivial solution)이므로 제외하면 점 H^{-1}의 좌표는 다음과 같다.

$$H^{-1}=\left(\frac{\hat{b}}{a}u^0,\ \frac{1-\hat{b}}{1-a}u^0\right) \qquad \cdots\cdots (5-28)$$

이 좌표의 정의는 베이즈 변환 (5-26)~(5-27)과 일치한다. 따라서 직선 (5-25)는 반드시 점 H^{-1}을 통과한다.

제4절 슬라츠키-힉스 소득효과의 편의 I

1. 이제 수량좌표의 비교정태와 시간좌표의 비교정태를 함께 생각할 차례가 되었다. 지금까지 유도한 방정식 가운데 독립방정식만 모아서 정리하면 소득효과를 정의하는 연립방정식 체계는 다음과 같다.

연립방정식 체계 5-1

$\dfrac{1}{U}=\dfrac{a}{Q_1}+\dfrac{1-a}{Q_2}$	$U=bQ_1+(1-b)Q_2$
$\dfrac{1}{U^0}=\dfrac{a}{Q_1^0}+\dfrac{1-a}{Q_2^0}$	$U^0=\hat{b}\,Q_1^0+(1-\hat{b})Q_2^0$
$p=\dfrac{a}{1-a}\left(\dfrac{Q_2}{Q_1}\right)^2$	$s=\dfrac{b}{1-b}\left(\dfrac{Q_1}{Q_2}\right)^2$
$p^0=\dfrac{a}{1-a}\left(\dfrac{Q_2^0}{Q_1^0}\right)^2$	$s^0=\dfrac{\hat{b}}{1-\hat{b}}\left(\dfrac{Q_1^0}{Q_2^0}\right)^2$
$p=p^0$	$s=s^0$

마지막 조건은 각각의 좌표에서 슬라츠키-힉스 소득효과의 정의이다. 이 방정식 체계의 풀이는 다음과 같다(증명은 제11장의 소정리 11-2).

$$Q_1=Q_2,\ Q_1^0=Q_2^0 \tag{5-29}$$

슬라츠키-힉스 소득효과의 결과 소비자는 반드시 45도선의 한 점에서 45도선의 다른 점으로 이동해야 한다. 두 점 가운데 하나는 대체효과가 끝나는 점이다. 그러므로 대체효과를 고려하면 비교정학의 출발점이 되는 점은 반드시 45도선 밖의 무차별곡선 상에 위치해야 한다. 45도선 밖의 무차별곡선 상의 한 점에서 대체효과에 의하여 45도선의 한 점으로 이동한 후 다시 소득효과에 의해 새로운 무차별곡선이 45도선과 만나는 점으로 최종적으로 이동한다면 그 다음 소득이 증가하는 경우 대체효과에 의해서 45도선을 벗어나야 한다는 뜻인데 이것은 (5-29)의 풀이와 모순된다. 그러므로 수량에 시간을 도입하는 경우 슬라츠키-힉스의 소득효과는 편의된다.

2. 편의의 근본 이유는 베커의 이유와 동일하다. 서로 다른 소득을 갖는 세대에게 재화의 상대가격은 동일하게 주어진다. 이것은 동일의 소비자가 소득이 증가할 때 동일의 상대가격이 주어지는 것으로 생각할 수 있다. 이런 경우 단위시간 좌표에서 슬라츠키-힉스의 소득효과는 성립한다. 그러나 소비자의 소득이 증가할 때 재화의 소비시간이 달라지고 그에 따라 소비시간의 가격이 달라진다. 그 이유는 소비시간의 가격은 시장가격이 아니라 소비자 개인의 가격이기 때문이다. 소득이 다른 사람에게 그 소득을 창출하는 시간의 가격이 저마다 다르다. 뿐만 아니라 동일한 개인에게 소득이 변할 때 재화소비시간의 상대적인 중요성도 변해진다. 소득이 낮을 때 정구와 골프에 소모하는 상대적 시간은 소득이 높을 때 그것과 다르고 그 결과 시간가격이 변한다. 이러한 시간요소를 감안하면 베커가 발견한 한계효용균등의 법칙 (3-4)가 성립하여 슬라츠키-힉스의 소득효과가 불가능해진다.

3. 만일 수량좌표에는 소득효과 $p=p^0$가 성립하고 시간좌표에서는 소득효과가 성립하지 않는 조건 $q=\lambda q^0$을 부여하면 연립방정식 체계는 다음과 같이 약간 달라진다.

연립방정식 체계 5-2

$\dfrac{1}{U}=\dfrac{a}{Q_1}+\dfrac{1-a}{Q_2}$	$U=bQ_1+(1-b)Q_2$
$\dfrac{1}{U^0}=\dfrac{a}{Q_1^0}+\dfrac{1-a}{Q_2^0}$	$U^0=\hat{b}\,Q_1^0+(1-\hat{b})Q_2^0$
$p=\dfrac{a}{1-a}\left(\dfrac{Q_2}{Q_1}\right)^2$	$s=\dfrac{b}{1-b}\left(\dfrac{Q_1}{Q_2}\right)^2$
$p^0=\dfrac{a}{1-a}\left(\dfrac{Q_2^0}{Q_1^0}\right)^2$	$s^0=\dfrac{\hat{b}}{1-\hat{b}}\left(\dfrac{Q_1^0}{Q_2^0}\right)^2$
$p=p^0$	$s=\lambda s^0$

마지막 조건에 의하면 수량좌표에서 슬라츠키-힉스 소득효과의 정의가 성립하며 시간좌표에서는 성립하지 않는다. 그러나 이 방정식 체계의 풀이 역시 여전히 다음과 같다(증명은 제11장의 소정리 11-2).

$$Q_1 = Q_2,\ Q_1^0 = Q_2^0 \qquad (5-30)$$

이 역시 풀이 (5-29)와 동일하다. 그러므로 수량에 시간을 함께 고려하는 경우 슬라츠키-힉스의 소득효과는 불가능하다.

▶▶▶ 소정리 5-3

슬라츠키 순수 소득효과는 불가능하다.

이 정리는 제11장의 소정리 11-2에서 그 증명과 함께 재확인된다.

제5절 슬라츠키-힉스 소득효과의 편의 II

1. 지금까지 효용함수 (5-1)을 이용하여 슬라츠키-힉스 소득효과 불가능성을 증명하였다. 그러나 효용함수의 형태가 결론을 이끌어내는데 필수적인지 알아보기 위하여 여기서는 제약조건만 가지고 동일한 내용을 증명하겠다. 슬라츠키-힉스 소득효과는 제약조건의 기울기를 그대로 유지한 채 평행이동하는 현상이다. 이것은 제약조건만으로도 소득효과 불가능성을 설명할 수 있는 근거를 마련해 준다. 이러한 시도는 소득효과 불가능성을 설명하는데 있어서 효용함수의 방식(idea 1)과 제약조건의 방식(idea 2)이 내적 정합을 이룬다는 사실을 설명하기 위함이다. 뿐만 아니라 정합이론은 최적화를 필요로 하지 않는다는 좋은 증거도 된다. 다음은 수량좌표의 소득제약식이다.

$$Y^* = P_1Q_1 + P_2Q_2 \qquad \text{소득제약식} \qquad \cdots\cdots (5-31)$$

양변을 $P_1 + P_2$로 나누어서 표준제약식으로 만들 수 있다.

$$Y = \pi Q_1 + (1-\pi)Q_2 \qquad \text{표준제약식} \qquad \cdots\cdots (5-32)$$

여기서 $Y = Y^*/(P_1 + P_2)$이고 $\pi = P_1/(P_1 + P_2)$이다. 식 (5-32)는 소득제약식 (5-31)에서 2개 재화의 가격 합을 1로 표준화(normalization)한 제약식이다. 여기에 다

음의 베이즈 변환을 사용할 수 있다.

$$\pi Q_1 = \lambda Y \qquad \text{베이즈 변환} \qquad \cdots\cdots (5-33)$$

$$(1-\pi)Q_2 = (1-\lambda)Y \qquad \text{베이즈 변환} \qquad \cdots\cdots (5-34)$$

식 (5-33)～(5-34)에서 다음의 직각쌍곡선이 유도된다.

$$\frac{1}{Y} = \frac{\lambda}{Q_1} + \frac{1-\lambda}{Q_2} \qquad \cdots\cdots (5-35)$$

베이즈 변환에서 생기는 좌표 $\left(\frac{\lambda}{\pi}Y,\ \frac{1-\lambda}{1-\pi}Y\right)$에 접하는 접선의 기울기 k와 직각쌍곡선 (5-35)의 기울기가 일치하는 조건은 다음과 같다.

$$k = \frac{\lambda}{1-\lambda}\left(\frac{Q_2}{Q_1}\right)^2 \qquad \cdots\cdots (5-36)$$

2. 수량좌표에 비교정태를 도입하기 위하여 소득제약식 (5-31)의 소득이 다음의 제약식에서 변했다고 하자.

$$Y^{*0} = P_1^0 Q_1^0 + P_2^0 Q_2^0 \qquad \text{소득제약식} \qquad \cdots\cdots (5-37)$$

이것을 표준제약식으로 전환하면 다음과 같다.

$$Y^0 = \pi^0 Q_1^0 + (1-\pi^0)Q_2^0 \qquad \text{표준제약식} \qquad \cdots\cdots (5-38)$$

여기서 $Y^0 = Y^{*0}/(P_1^0 + P_2^0)$이고 $\pi^0 = P_1^0/(P_1^0 + P_2^0)$이고 이다. 슬라츠키-힉스 소득효과의 정의는 다음과 같다.

$$\frac{P_1^0}{P_2^0} = \frac{P_1}{P_2} \qquad \cdots\cdots (5-39)$$

이것은 다음과 동일하다.

$$\pi^0 = \pi \qquad \text{힉스 소득효과 정의} \qquad \cdots\cdots (5-40)$$

식 (5-38)에 다음의 베이즈 변환을 사용할 수 있다.

$$\pi^0 Q_1^0 = \lambda^0 Y^0 \qquad \text{베이즈 변환} \qquad \cdots\cdots (5-41)$$

$$(1-\pi^0)Q_2^0=(1-\lambda^0)Y^0 \qquad \text{베이즈 변환} \qquad \cdots\cdots (5-42)$$

식 (5-41)~(5-42)에서 다음의 직각쌍곡선이 유도된다.

$$\frac{1}{Y^0}=\frac{\lambda^0}{Q_2^0}=\frac{1-\lambda^0}{Q_2^0} \qquad \cdots\cdots (5-43)$$

베이즈 변환에서 생기는 좌표 $\left(\frac{\lambda^0}{\pi^0}Y^0,\ \frac{1-\lambda^0}{1-\pi^0}Y^0\right)$에 접하는 접선의 기울기 k^0와 직각쌍곡선 (5-43)의 기울기가 일치하는 조건은 다음과 같다.

$$k^0=\frac{\lambda^0}{1-\lambda^0}\left(\frac{Q_2^0}{Q_1^0}\right)^2 \qquad \cdots\cdots (5-44)$$

3. 이제 시간좌표로 변수변환을 시도할 차례이다. 변수변환 $yY=1$, $q_1Q_1=1$, $q_2Q_2=1$을 직각쌍곡선 (5-35)에 적용하면 다음과 같다.

$$y=\lambda q_1+(1-\lambda)q_2 \qquad \cdots\cdots (5-45)$$

동일한 변수변환을 표준제약식 (5-32)에 적용하면 다음과 같다.

$$\frac{1}{y}=\frac{\pi}{q_1}+\frac{1-\pi}{q_2} \qquad \cdots\cdots (5-46)$$

식 (5-45)~(5-46) 사이에 베이즈 변환에서 생기는 좌표 $\left(\frac{\pi}{\lambda}y,\ \frac{1-\pi}{1-\lambda}y\right)$에 접하는 접선의 기울기 g와 직각쌍곡선 (5-46)의 기울기가 일치하는 조건은 다음과 같다.

$$g=\frac{\pi}{1-\pi}\left(\frac{q_2}{q_1}\right)^2 \qquad \cdots\cdots (5-47)$$

4. 시간좌표에 비교정태를 위하여 식 (5-43)에 변수변환을 시도하면 다음과 같다.

$$y^0=\lambda^0q_1^0+(1-\lambda^0)q_2^0 \qquad \cdots\cdots (5-48)$$

동일한 변수변환을 표준제약식 (5-38)에 적용하면 다음과 같다.

$$\frac{1}{y^0}=\frac{\pi^0}{q_1^0}+\frac{1-\pi^0}{q_2^0} \qquad \cdots\cdots \text{(5-49)}$$

식 (5-48)~(5-49) 사이에 베이즈 변환에서 생기는 좌표 $\left(\frac{\pi^0}{\lambda^0}y^0,\ \frac{1-\pi^0}{1-\lambda^0}y^0\right)$에 접하는 접선의 기울기 g^0와 직각쌍곡선 (5-49)의 기울기가 일치하는 조건은 다음과 같다.

$$g^0=\frac{\pi^0}{1-\pi^0}\left(\frac{q_2^0}{q_1^0}\right)^2 \qquad \cdots\cdots \text{(5-50)}$$

5. 이제 수량좌표의 비교정태와 시간좌표의 비교정태를 함께 생각할 차례가 되었다. 지금까지 유도한 방정식 가운데 독립방정식만 모아서 정리하면 소득효과를 정의하는 연립방정식 체계는 다음과 같다.

연립방정식 체계 5-3

$Y=\pi Q_1+(1-\pi)Q_2$	$\frac{1}{Y}=\frac{\lambda}{Q_1}+\frac{1-\lambda}{Q_2}$
$Y^0=\pi^0Q_1^0+(1-\pi^0)Q_2^0$	$\frac{1}{Y^0}=\frac{\lambda^0}{Q_1^0}+\frac{1-\lambda^0}{Q_2^0}$
$g=\frac{\pi}{1-\pi}\left(\frac{Q_1}{Q_2}\right)^2$	$k=\frac{\lambda}{1-\lambda}\left(\frac{Q_2}{Q_1}\right)^2$
$g^0=\frac{\pi^0}{1-\pi^0}\left(\frac{Q_1^0}{Q_2^0}\right)^2$	$k^0=\frac{\lambda^0}{1-\lambda^0}\left(\frac{Q_2^0}{Q_1^0}\right)^2$
$\pi^0=\pi$	$\lambda^0=\lambda$

마지막 조건은 각각의 좌표에서 슬라츠키-힉스 소득효과의 정의이다. 이 방정식 체계의 풀이는 다음과 같다(증명은 제11장 소정리 11-2).

$$Q_1=Q_2,\ \ Q_1^0=Q_2^0 \qquad \text{(5-51)}$$

이 결과는 식 (5-29)와 동일하다. 식 (5-29)는 효용함수 (5-1)을 이용한 결과이고 식 (5-51)은 효용함수를 배제하고 소득제약식 (5-31)만으로 얻은 결과이다. 수량좌표의 소득효과 $\pi^0=\pi$는 그대로 둔 채 시간좌표의 동일효과를 일반화하여 $\lambda^0 \neq \lambda$라 하여도 풀이 (5-51)은 변하지 않는다. 그러므로 수량에 시간을 도입하는 경우 슬라츠키-힉스의 소득효과에는 편의가 발생하므로 순수 소득효과는 불가능하다. 이 증명은 효용함수를 최대로 하는 최적화가정에 바탕을 두지 않은 것이라는 데 중요한 의의가 있다.

6. 베커는 수량좌표와 시간좌표를 구분하지 않았다. 이에 대하여 여기서는 수량좌표(idea 1)와 시간좌표(idea 2)의 내적 정합으로 베커와 동일한 결과를 얻었다. 정합이론이 성립할 수 있는 또 하나의 증거가 추가된 셈이다.

슬라츠키-힉스 소득효과의 불가능성의 증명으로 전통적으로 가격효과를 대체효과와 소득효과로 분리하는 작업은 불가능해졌다. 그러나 이 불가능성을 증명하는데 사용된 수량좌표와 시간좌표의 정합성은 새로운 정보를 생산하고 새 정보를 바탕으로 또 다른 분할을 가능하게 하여 관측될 수 없는 존재를 찾는다는 데에 정합경제이론의 의의가 있다. 화폐유통속도의 분할이 대표적인 예이며 이를 포함하여 그 밖의 변수의 분할을 제11장에서 전개할 것이다.

7. 수량좌표와 시간좌표에서 동시에 평행한 소득효과를 달성하려는 시도는 반드시 식 (5-51)을 초래한다는 결과는 직관적으로 이해할 수 있다. 제 3 장에서 잠깐 설명했듯이 위도와 경도에서 동시에 평행이동하려는 노력은 적도에서 한 발자국도 움직이지 못하게 만든다. 위도를 수량좌표로 경도를 시간좌표로 보면 적도는 45도선에 해당한다. 바둑에서 좌우동형(左右同形)이면 중앙이 급소라는 격언에도 비유할 수 있다.[6] 수량좌표와 시간좌표가 대칭이므로 이 경우 중앙은 45도선 밖에 없다. 물리학에서 시간을 포함하지 않으면 공간은 평평하다. 그러나 수많은 실험결과에 의하면 공간은 휘어져 있는데 이것은 시간에 의해 공간이 휘어져 있다는 증거이다. 이로서 시간은 형태를 가지게 되었다. 시간과 공간을 휘게 하는 힘이 질량이다.

8. 이것은 수량과 시간을 함께 생각하면 경제현상이 가로축과 세로축의 중심인 45도선으로 회귀하려는 강력한 힘이 작용한다는 의미로 받아드릴 수 있다. 통계학에서 모든 표본평균이 모평균으로 모이려는 중심극한정리(central limit theorem)에 비유할 수 있다. 표본평균이 무한대이면 모평균으로 완전히 수렴하는 이유가

---

6) 레이(T. Ray)는 바둑에서 영감을 얻어 처음으로 Tierra(지구)라는 인공진화 컴퓨터 프로그램을 고안하였다. Coveney and Highfield(1995), p. 253.

아마도 수량좌표와 시간좌표의 내적 정합에 기인하지 않을까 생각한다. 가로축과 세로축의 중심인 45도선을 균형으로 생각하면 양 좌표가 균형(45도선)에서 벗어나서 불균형에 있을지라도 양 좌표의 힘의 균형으로 중앙의 45도선으로 회귀하게 된다. 제13장에서 이 특성을 이용하여 시장균형의 존재와 균형으로 회귀하려는 시장의 힘을 증명할 것이다.

9. 소득의 평행효과가 불가능하다면 가격효과를 어떻게 표현하여야 하는가. 베커는 평행의 소득효과를 포기함으로써 가격효과를 소득효과와 대체효과로 분해하였다. 마찬가지로 수량좌표와 시간좌표에서 동시에 평행 소득효과를 포기하고 편의가 없는 비평행 소득효과를 인정하면 가격효과를 분해할 수 있다. 이렇게 하면 민서가 발견한 소득효과의 편의 문제를 해결할 수 있다. 이 문제는 제11장에서 강평행효과와 약평행효과의 개념으로 자세하게 설명한다. 제11장의 이 개념은 베커 접근의 단점을 해소하는데 중요한 역할을 할 것이다.

10. 베커 접근의 단점은 평행이동을 못하는 민서의 소득효과의 문제를 해결하기 위하여 시간가격을 추가하였지만 시간가격의 결정이 거의 불가능하다는 점이다. 다시 말하면 베커의 접근은 계량경제학 방법에 의한 추정 상 근사치일 수밖에 없다. 시간가격은 시장에서 결정되지 않기 때문에 소득수준마다 다른 시간가격을 암묵적으로 계산하기가 거의 불가능하다. 이에 비하면 민서가 관찰한대로 어차피 평행이동을 못한다면 이동 전의 초기가격 π^0과 이동한 후의 가격 π가 다를 것이다. 이동 전의 가격 π^0은 이미 알려져 있는데 더하여 수량좌표와 시간좌표의 내적 정합에 의한 접근은 아예 시간가격을 포함한 상품가격 π에 반영되어 있으므로 이 상품가격 π를 구하면 민서와 베커의 문제는 해결될 것이다. 이 상품가격 π는 가격효과에 의한 실제 가격이 아니다. 다만 수량좌표와 시간좌표에 의해 소득효과를 반영한 가상의 가격이다. 이 가격은 연립방정식 체계에 의하여 풀어진다(제11장에서 증명된다). 그러므로 베커의 비현실적 접근과 비교하여 정합경제이론은 현실적이다. 그러므로 민서의 발견에 대한 대답을 제공하는 방법에 있어서 베커의 접근보다 정합경제이론이 더 실용적이다.

제 6 절 정합경제이론과 표본의 정체

1. 소정리 3-3, 소정리 3-4, 소정리 5-1, 소정리 5-2는 현실에서 실현된 1개의 시계열 표본의 정체를 규명하는 열쇠가 된다. 시간좌표에 나타나는 1개의 시계열 표본이라는 것은 과연 무엇인가. 시간좌표에서 직선이 수량좌표에서 곡선이 된다는 사실을 3차원으로 확대하면 시간좌표의 평면거울에서 볼 수 없는 것들이 수량좌표의 오목거울 또는 볼록거울에서 나타난다는 뜻이 된다. 자동차의 후사거울(rear mirror)은 바로 이러한 성질을 이용한 것이다. 원을 따라서 광원의 위치를 달리하여 얻은 여러 그림자만 보고 그림자의 주인공을 유추할 수 있는 이치도 여기에 있다. 따라서 시간좌표의 1개의 표본은 수량좌표의 횡단면 표본집합으로 투영된다. 이 현상이 1시점에서 횡단면 자료로 나타나는 현상이다. 그러므로 현실에서 횡단면 자료라는 것의 정체는 사실은 시간좌표에서는 하나의 점, 즉 1개의 자료라는 사실을 깨닫게 된다.

2. 거꾸로 수량좌표의 평면거울에서 투영되는 1개의 표본 점의 물체를 시간좌표로 옮기면 오목거울의 특성으로 1개의 표본 점의 물체를 구성하는 모든 점들의 집합을 투영할 수 있다. 이렇게 보면 수량좌표의 1개의 시계열 표본이라는 것의 정체는 사실상 보이지 않는 시간좌표의 횡단면의 표본집합이 수량좌표의 평면거울에 1개의 점으로 투영한 것으로 해석할 수 있다. 구체적으로 하나의 좌표(예를 들면 수량좌표)에서 평면의 방패거울의 한 점에 직각으로 꽂힌 기다란 직선의 창을 상상해보자. [그림 5-3a]가 그것이다. 방패거울의 꽂힌 점 B와 정확하게 직각을 이루며 이 현상을 관측하는 사람에게는 방패평면에는 1개의 점만 관측될 뿐이다. 관측치가 1개뿐이다. 그것이 짧은 창인지 긴 창인지 구분할 수 없을 뿐만 아니라 창인지 칼인지도 구분할 수 없다. 아니면 애초부터 길이를 갖지 않는 단순한 1개의 점과도 구분이 되지 않는다.

3. 이제 이 전체의 모습을 이 좌표와 변수변환의 관계를 갖는 또 하나의 좌표(예를 들면 시간좌표)로 변환시키자. 소정리 3-3, 소정리 3-4, 소정리 5-1, 소정리 5-2에 의하면 이 변환으로 평면거울은 오목한 접시거울이 되고 기다란 직선의

그림 5-3a 수량좌표의 평면거울

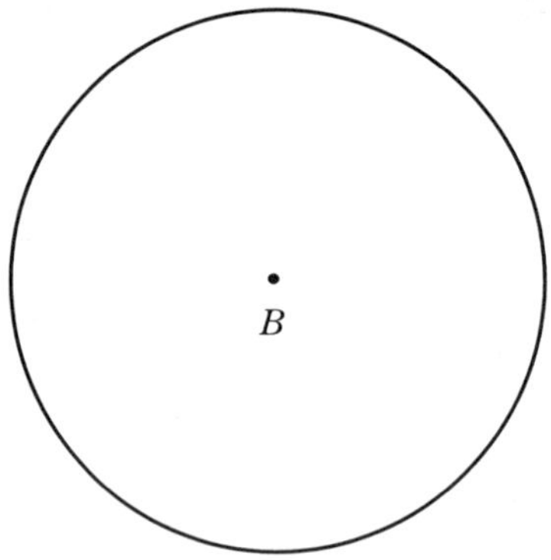

그림 5-3b 시간좌표의 오목거울

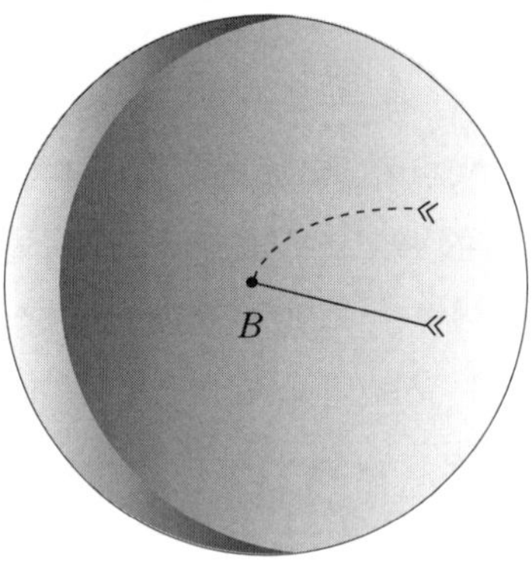

창은 기다란 곡선의 창이 된다. [그림 5-3b]가 그것이다. 그 결과 오목한 접시거울에는 점 *B*에 꽂힌 물체의 전모가 비친다. 관측치가 무한개이다. [그림 5-3b]의 점선이 그것이다. 그것이 1개의 단순한 점이 아니라는 사실은 물론 칼이 아니라 창이라는 사실과 그것이 길다는 사실까지 드러난다. 하나의 좌표에서 관측되는 1개의 점(point)이 다른 좌표에서는 수많은 점으로 구성된 1개의 선(line)으로 나타나는 것이다. 비유하자면 수량좌표에서 1개의 표본(point)은 시간좌표로 옮길 때 수많은 횡단면 표본의 모습(lime)을 드러내고 거꾸로 시간좌표에서 1개의 표본은 수량좌표에서 수많은 횡단면 표본의 모습을 드러낸다.

4. 그러므로 하나의 좌표에서 1개의 표본은 그 속에 갇혀있는 유사 자기(self-similarity)를 추출할 수 있는 잠재력을 갖고 있는데 그 좌표에서는 추출이 안되고 내적 정합을 이루는 다른 좌표에서 그 추출능력이 발휘된다.[7] 이것이 정합방정식의 정체이며 핵심이다. 여기서 횡단면 표본집단 분포의 특성이 궁금하다. 통상의 가정대로 정규분포일까. 제10장 제 5 절에서 언급하는데 그러기 위하여 먼저 정합방정식을 유도해야 한다. 수량좌표와 시간좌표의 내적 정합을 이용하면 1개의 시계열 표본에서 횡단면 표본집단을 추출하는 〈역표본 정리〉를 설명하는 정합방정식의 유도는 가능하다. 제 8 장에서 자세히 유도한다. 그 전에는 이 유도를 위하여 기본방정식이라는 필요한 개념을 소개하여야 한다. 이것이 제 6 장의 목표이다.

제 7 절 정합경제이론과 최적화가정

1. 제 4 장의 블랙-숄스 옵션이론과 제 5 장에서 슬라츠키 소득효과(평행효과)의 편의를 설명하는데 정합경제이론은 효용함수의 최적화 가정을 필요로 하지 않았다. 이것은 관측된 경제현상을 그 밑에 숨겨져 있는 원리로서 최적화를 가정으로 삼는 이론경제학과 다른 점이다. 그렇다고 최적화 가정을 부정하는 것은 아니다. 동일하게 관측된 경제현상을 설명함에 있어서 정합경제이론은 그 밑에 숨겨 있는 원리로서 최적화 가정 대신 최적화 행위를 할 수밖에 없는, 또는 최적화로 나타날 수밖에 없는, 숨겨진 배경에 관심을 갖는다. 최적화의 근본 원리를 규명하는 것이다. 이 장에서 보인 대로, 효용극대화의 결과(idea 1)가 수량좌표의 제약식을 시간좌표에 정합시킨 결과(idea 2)와 일치한다는 사실은 최적화 행위의 배경에는 사람들이 수량좌표에서 경제행위를 할 때 시간좌표가 제약한다는 사실이 숨겨져 있다. 수량의 최적화가 궁극적으로 가능한 까닭은 소득이 제약하는 것보다 더 깊은 제약인 시간이 위에서 제약하기 때문이다.

---

7) 이 현상을 설명하는 유명한 예에는 시어핀스키 삼각형(Sierpinski triangle), 만델부로 해안선(Mandelbrot coastlin), 스메일 편자(Smale horseshoe), 아놀드 고양이(Arnold cat), 스폰지(spnge), 헤논 섬(Henon island) 등이 있다.

2. 자연현상에서 움직이는 물체에서 물체를 낙하할 때 낙하 곡선이 최적화와 일치하는 것은 사실이다. 그러나 이러한 현상을 자연이 최적화 행위를 한다고 가정하지 않는다. 낙하물체가 최적 경로를 택하는 것은 원심력과 구심력의 상호작용 때문이지 최적화 가정 때문이 아니다. 자전거를 탈 때 뉴턴의 운동법칙을 몰라도 가능하고 당구를 칠 때 유클리드 기하학을 몰라도 가능한 것과 같다. 마찬가지로 경제행위가 최적경로를 택하는 것은 최적화 가정에 의해서가 아니라 수량좌표와 시간좌표의 정합 작용 때문이라고 해석할 수 있다. 이러한 의미에서 정합경제이론은 이론경제학의 가장 근본적인 가정에 대해 근거를 제공한 셈이다. 그것이 이 장에서 증명한 효용함수의 극대화의 결과와 제약식의 수량작용과 시간작용의 결과가 일치하는 것으로 나타났다.

3. 최적화 현상을 규명함에 있어서 정합경제이론이 근본으로 삼는 원리는 수량좌표와 시간좌표의 내적 정합이라고 반복하여 강조하지만 이 내적 정합을 가능하게 하는 원리는 베이즈 변환이다. 수량좌표를 시간좌표로 변환시키고 거꾸로 시간좌표를 수량좌표로 변환시키는 베이즈 변환은 〈2변수 체제〉를 형성한다. 그러므로 최적화 현상의 근본원리는 〈2변수전환〉에 있는 것이다. 오캄의 면도날(Occam's razor) 원리에도 부합한다. 현실에서 관측되는 1개 변수의 크기를 최적화에 의하여 결정하는 배경에는 1개 변수를 2변수로 표현하는 방정식에 있는데 이것을 정합경제이론의 기본방정식(fundamental equation)이라고 부를 수 있다. 베이즈 주변확률이나 블랙-숄스 옵션 방정식이나 슬라츠키 소득효과 편의의 방정식이나 모두 기본방정식의 형태이었다. 다음 장에서 기본방정식의 특성에 대하여 고찰한다.

CHAPTER 06

기본방정식

1. 시간좌표(idea 1)를 수량좌표(idea 2)와 함께 고려하는 경우 가격효과를 편의(偏倚) 없이 분할할 수 없다는 사실이 증명되었다. 이 증명은 외부에서 추가된 정보 없이 수량좌표와 시간좌표 사이의 내적 정합에만 의존하였다. 이처럼 정합경제 이론이 가격효과를 분할하는 데에는 실패하였지만 다른 한편 임의의 1개의 확률변수를 2개의 구성요소로 분할할 수 있음을 보이는 데에는 성공할 것이다. 이것이 이장의 목표인 기본방정식의 유도이다. 구체적으로 표현하면 일반적인 다항의 회귀방정식 $Y_t=\beta_0+\beta_1 X_{t1}+\beta_2 X_{t2}+ \cdots +\beta_K X_{tK}+\varepsilon_t$을 2변수체제의 2항의 회귀방정식 $Y_t=bQ_{t1}+(1-b)Q_{t2}+\mu_t$로 좌표 변환하는 것이 이 장의 목표이다. 이것은 제 4 장 제 6 절에서 던진 질문의 대답이며 [그림 4-5b]를 [그림 4-5a]로 좌표 변환하는 문제이다. 이 과정에서 알려진 정보는 Y_t와 그의 추정치 $\widehat{Y}_t$ 뿐이며 이 정보를 이용하여 좌표 변환이 가능함을 보인다. 이때 $Y_t=b_tQ_{t1}+(1-b_t)Q_{t2}$을 기본방정식이라 부른다.

2. 기본방정식은 베이즈의 주변확률 방정식 (2-2)에 비교할 수 있는데 이 비교가 의미하는 바는 베이즈의 주변확률 방정식 (2-2)가 역확률 정리를 가능하게 하는 것처럼 기본방정식은 〈역표본 정리〉를 가능하게 한다는 것이다. 제 6 장의 기본방정식은 제 8 장의 정합방정식과 함께 이 책의 2대 기둥이다. 모두 최적화의 가

정을 필요로 하지 않는다. 기본방정식을 구체적으로 분석하기에 앞서서 이 장에서 유도할 기본방정식과 앞장에서 논의한 베이즈 정리, 블랙－숄스 방정식, 슬라츠키 제약식을 비교하면 도움이 될 수 있다.

$Y_t = b_t Q_{t1} + (1-b_t)Q_{t2}$	기본방정식
$Y = P_b Q_1 + (1-P_b)Q_2$	베이즈 주변확률
$Y = N_2 Q_1 + (1-N_2)Q_2$	블랙 - 숄스 방정식
$Y = \pi Q_1 + (1-\pi)Q_2$	슬라츠키 소득제약식

기본방정식은 베이즈 주변확률 (2－2), 블랙－숄스 방정식 (4－22), 슬라츠키 제약식 (5－32)와 동일한 〈2변수 체제〉의 형태인데 이 밖에 경제학에서 대표적인 예로서 샤프－린트너의 자본자산가격결정식(capital asset pricing model)이 있다.[1)]

$$Y_t = \beta_t Q_{t1} + (1-\beta_t)Q_{t2} \qquad \text{샤프 - 린트너 자본자산가격결정식}$$

여기서 베타(β)는 위험측정치인데 이 식은 토빈의 두 기금정리(two－fund theorem)에 기초하고 있다. 애로우 불가능정리(Arrow Impossibility Theorem)도 선택집합이 2개 (Q_{t1}, Q_{t2})일 때에만 공공선택 Y_t이 가능하다고 본다. 다음과 같은 코브－다그라스 생산함수의 자연대수 형태도 〈2변수 체제〉에 속한다.

$$\ln Y_t = \beta_t \ln Q_{t1} + (1-\beta_t)\ln Q_{t2} \qquad \text{코브 - 다그라스 생산함수}$$

3. 이러한 〈2변수 체제〉의 기본방정식의 역할은 이미 앞장에서 계속 반복하여 보인 것처럼 첫째, 수량좌표에 시간좌표를 정합시킬 수 있다. 현재 수준으로 〈2변수 체제〉가 아니면 두 좌표의 정합이 곤란하다. 둘째, 수량좌표에서 1개의 확률변수를 2개의 설명변수로 분할할 수 있다. 여기서 2개의 설명변수를 풀기 위해서는 방정식이 1개 추가적으로 필요하다. 그것은 시간좌표에서 제공한다. 그러면 2개의 방정식으로 2개의 미지수를 풀 수 있다. 동일한 방식으로 각각의 설명변수는 다시 2개로 분열되고 이 같은 방식으로 무한개로 분열시킬 수 있다. 이것은 2항

---

1) 정확하게는 $Y_t = \beta Q_{t1} + (1-\beta)Q_{t2} + \mu_t$이다. 여기서 Y_t는 자본자산수익률, Q_{t1}은 시장수익률, Q_{t2}는 안전자산수익률이다.

정리와 비슷하며 세포분열에 비유할 수 있다. 이로서 시간좌표의 중요성이 대두되는데 그것은 새로운 정보를 제공하는 역할이다. 〈2변수 체제〉의 기본방정식의 역할은 제 8 장에서 드러나는데 앞서 잠깐 본대로 기본방정식은 이론경제학의 최적화 가정의 기초를 제공한다.

4. 〈2변수 체제〉는 환원주의(reductionism) 전통에 속한다. 과학자들은 복잡한 현상을 설명할 수 있는 단순한 원리를 찾는데 노력한다.[2] 오캄의 면도날(Occam's razor)에 의하면 모든 조건이 동일할 때 어떤 사항을 설명하기 위한 가설의 체계는 간결해야 한다. 예를 들어 물리학자는 모든 물리현상을 만유인력의 법칙으로 설명하려고 하고 생물학자는 모든 생물현상을 DNA로 설명하려 한다. 금융이론에서는 모든 자산가격은 안전자산가격과 시장지수로 설명한다. 이보다 더 야심찬 궁극적인 목표는 만물의 이론(theory for everything)의 발견이다. 불리언 수학(Boolean mathematics)은 모든 진술, 문장 또는 제의를 간단한 2항의 방정식으로 표현하고 이에 기초하여 컴퓨터 언어가 개발되었다. 이 책의 〈2변수 체제〉의 기본방정식은 2항 방정식이다.

5. 일반적인 회귀방정식에서 1개의 피설명변수를 설명하는 설명변수의 수는 고정되어 있지 않다. 1개의 피설명변수를 2개의 설명변수로 설명하는 선형의 회귀방정식을 내포모형이라고 부르고 어떠한 형태의 K변수 회귀방정식도 언제나 〈2변수 체제〉의 축약된 내포모형으로 표현할 수 있고 추정할 수 있음을 보이겠다. K항의 방정식을 2항의 방정식으로 축약하여 표현할 수 있으며 거꾸로 2항 방정식은 언제나 K항 방정식으로 표현할 수 있는 2항 정리에 비유할 수 있다. K변수체제를 전체론(holism)으로 보고 2변수 체제를 환원주의(reductionism)로 보면 전체론(idea 1)과 환원주의(idea 2)의 내적 정합을 시도하는 것이야말로 정합이론의 진수가 될 것이다. 그러므로 〈2변수 체제〉로 축약된 내포모형은 K변수 회귀방정식을 축약한 모형의 일종이며 제 8 장의 정합방정식의 유도에 반드시 필요하다. 이 장에서도 기본방정식의 핵심은 베이즈 변환, 변수변환, 모형변환, 좌표변환의 4대 변환이다.

---

2) [R]eductionism is a quest to explain complex phenomena in terms of something simpler. ⋯ reductionism is all too often perceived as the universal route to understanding(Coveney and Highfield, 1995, pp. 11－12).

제 1 절 기본방정식

1. K변수 회귀방정식은 일반적으로 피설명변수를 다음과 같이 K개의 설명변수와 하나의 오차의 선형으로 표현한다.

$$Y_t = \beta_0 + \beta_1 X_{t1} + \beta_2 X_{t2} + \cdots + \beta_K X_{tK} + \varepsilon_t \qquad \text{비내포모형} \qquad \cdots\cdots (6-1)$$

또는 일반화하여 비선형으로 표현한다.

$$Y_t = F(X_{t1},\ X_{t2},\ \cdots,\ X_{tK}) + \varepsilon_t \qquad \cdots\cdots (6-1^*)$$

이것은 비내포모형(non-nested model)인데 하나는 선형모형이고 또 하나는 비선형모형이다. 모든 변수는 일반적으로 수량좌표에서 단위시간에 측정되는 수량변수이다. 설명변수 $X_{tk}(k=1,\ 2,\ \cdots,\ K;\ t=1,\ 2,\ \cdots,\ T)$는 반복적으로 고정된(fixed repeated) 변수로서 다공선성이 없고(non-multicollinearity), 오차 ε_t의 평균은 영이며, 유한의 분산을 갖는다고 가정한다. 여기에 추가하여 오차의 분산은 균등할 수 있고(homoskedastic), 불균등할 수도 있다(heteroskedastic). 또한 오차는 서로 독립일 수 있고(independent), 자기상관을 가질 수도 있다(autocorrelated). 이상은 회귀분석의 통상의 가정이며 아래에서 그 이외의 가정은 필요하지 않다.

2. K변수회귀방정식 (6-1)에서 피설명변수 Y_t을 그의 최소자승추정치 $\widehat{Y}_t^X$와 최소자승추정잔차 e_t의 합으로 정의할 수 있다.

$$Y_t = \widehat{Y}_t^X + e_t, \qquad e_t \sim (0,\ \sigma_e^2), \qquad t=1,\ 2, \cdots,\ T \qquad \cdots\cdots (6-2)$$

여기서 관측치 Y_t의 추정치 $\widehat{Y}_t^X$는 식 (6-1)을 X설명변수로 추정했다는 뜻이며 다음과 같이 정의된다.

$$Y_t = \widehat{\beta}_0 + \widehat{\beta}_1 X_{t1} + \widehat{\beta}_2 X_{t2} + \cdots + \widehat{\beta}_K X_{tK} + e_t \qquad \cdots\cdots (6-3)$$

$$\widehat{Y}_t^X = \widehat{\beta}_0 + \widehat{\beta}_1 X_{t1} + \widehat{\beta}_2 X_{t2} + \cdots + \widehat{\beta}_K X_{tK} \qquad \cdots\cdots (6-3^*)$$

추정잔차의 평균은 $Ee_t=0$이며 유한한 분산 σ_e^2을 갖는다. 따라서 $EY_t = E\widehat{Y}_t^X$가

성립한다. 피설명변수 Y_t는 이미 주어진 정보이고 추정치 $\hat{Y}_t^X$는 최소자승법에 의하여 추정되므로 역시 알려진 정보이다. 아래에서 우리의 목표는 Y_t와 $\hat{Y}_t^X$의 정보만으로 다항 회귀방정식 (6−3)을 〈2변수 체제〉의 2항 회귀방정식으로 좌표 변환하고 추정하는 방법까지 제시하는 것이다.

3. K변수 회귀방정식 (6−1)은 베이즈 이론에 의하면 비내포모형이지만 내포모형으로 표현하기 위하여 피설명변수 Y_t을 다음과 같은 방법으로 2개의 모르는 설명변수 Q_{t1}과 Q_{t2}의 선형회귀 추정방정식으로 축약하여 정의할 수 있다. 먼저 식 (6−3)에 확률계수 c_t을 곱하고 식 (6−3*)에 확률계수 b_t을 곱하여 뺀 결과에 새로운 설명변수 G_{t2}을 정의하고, 식 (6−3*)에 $1-b_t$을 곱하고 식 (6−3)에 $1-c_t$을 곱하여 뺀 결과에 새로운 설명변수 G_{t1}을 정의하면 다음과 같다.

$$\begin{aligned} G_{t2} &= c_tY_t - b_t\hat{Y}_t^X \\ &= (c_t-b_t)(\hat{\beta}_0+\hat{\beta}_1X_{t1}+\hat{\beta}_2X_{t2}+\cdots+\hat{\beta}_KX_{tK})+c_te_t \\ G_{t1} &= (1-b_t)\hat{Y}_t^X-(1-c_t)Y_t \\ &= (c_t-b_t)(\hat{\beta}_0+\hat{\beta}_1X_{t1}+\hat{\beta}_2X_{t2}+\cdots+\hat{\beta}_KX_{tK})-(1-c_t)e_t \end{aligned}$$

다시 $G_{t1}=(c_t-b_t)Q_{t1}$과 $G_{t2}=(c_t-b_t)Q_{t2}$로 정의한 후 이 두 개의 식을 $\hat{Y}_t$에 대하여 대입하면 다음과 같은 기본방정식을 얻는다.

$$Y_t=b_tQ_{t1}+(1-b_t)Q_{t2}, \qquad t=1,\ 2,\ \cdots,\ T, \qquad \text{기본방정식}$$

4. 회귀방정식 (6−1)과 기본방정식 사이의 관계를 그림으로 표현할 수 있다. 2차원에서 설명하기 위하여 다항의 회귀방정식 (6−1)을 단순회귀방정식 $Y_t=\beta_0+\beta_1X_{t1}+\varepsilon_t$으로 설정할 수밖에 없다. 그러면 [그림 6−1a]의 직선이 그의 회귀직선이다. X_{t1}에서 수직선을 세우면 그 선상에 Y_t가 표시되어 있다. 여기에 더하여 이것을 중심으로 Q_{t1}과 Q_{t2}가 표시되어 있다. Q_{t1}과 Q_{t2} 사이의 길이를 1이라고 표준화하면 Y_t와 Q_{t1}의 사이의 길이가 $1-b_t$이고 Y_t와 Q_{t2} 사이의 길이가 b_t이다. [그림 6−1b]는 단순회귀방정식 $Y_t=\hat{\beta}_0+\hat{\beta}_1X_{t1}+e_t$을 3차원으로 확대한 $Y_t=\hat{\beta}_0+\hat{\beta}_1X_{t1}+\hat{\beta}_2X_{t2}+e_t$의 경우이다. 세로축은 Y_t이고 2개의 가로축은 각각 X_{t1}과 X_{t2}이다. 좌표 $(X_{t1},\ X_{t2})$에서 수직선을 올려 Y_t와 $\hat{Y}_t$을 표시하였다. 이것을 중심으로 Q_{t1}과 Q_{t2}가 표시되어 있다. 이것은 다항의 회귀방정식을 2항의 회귀방정식으로 좌표 변

그림 6-1a 회귀방정식과 기본방정식

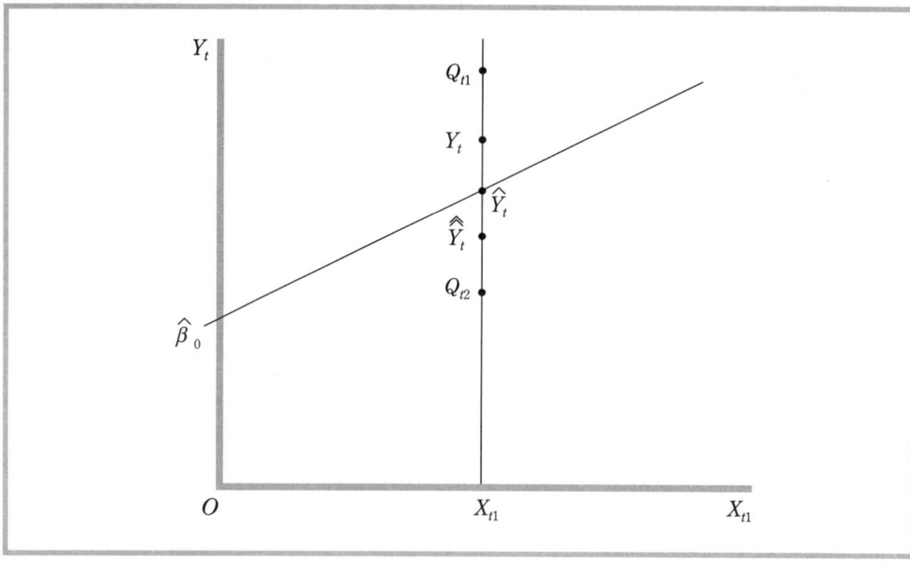

그림 6-1b 회귀방정식과 기본방정식

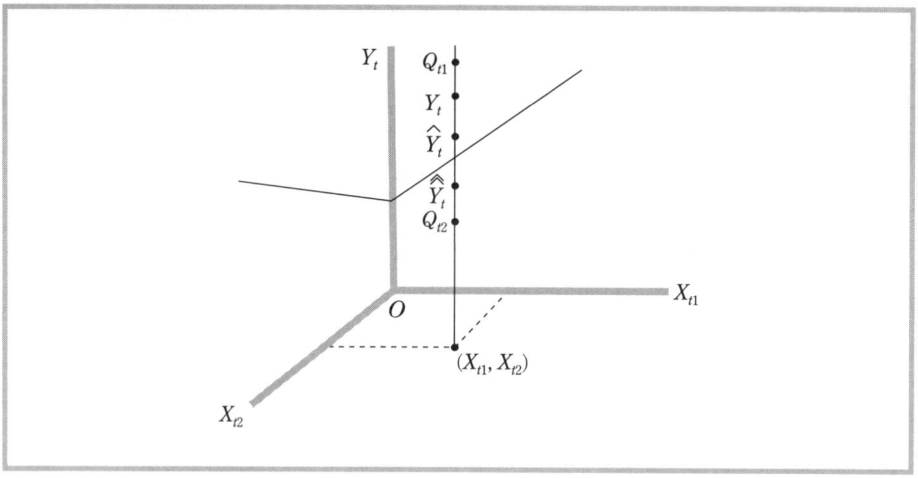

환하는 것이며 2항의 회귀방정식이 바로 기본방정식이 되는 것이다.

5. 시계열 자료는 대체로 평균의 자료인 경우가 많다. 1인당 국민소득이 대표적이다. 평균은 정의에 의하여 가장 간단하게 두 개의 요소로 구성된다고 생각

할 수 있다. 기본방정식에 의하면 Y_t는 Q_{t1}과 Q_{t2}로 구성된다. Q_{t1}은 다시 두 개의 요소로 구성되며 Q_{t2} 역시 두 개의 요소로 구성된다. 이 같은 2분법(bifurcation)은 한없이 계속되며 이론적으로 최초의 Y_t의 모든 구성요소로 표현할 수 있다.

6. 이 장의 질문은 [그림 6-1b]의 수직선상에서 관측치 $Y_t=\widehat{\beta}_0+\widehat{\beta}_1X_{t1}+\widehat{\beta}_2X_{t2}+e_t$와 그의 추정치 $\widehat{Y}_t=\widehat{\beta}_0+\widehat{\beta}_1X_{t1}+\widehat{\beta}_2X_{t2}$의 위치가 알려졌을 때 Q_{t1}과 Q_{t2}의 위치를 결정할 수 있겠는가 이다. 이 질문은 제 4 장 제 6 절의 질문이었다. 그 대답은 그렇다 이다. 이 대답을 이 장이 증명할 것이다.

7. 기본방정식을 다음과 같이 표현할 수 있다.

$$Y_t=bQ_{t1}+(1-b)Q_{t2}+\mu_t,\quad \mu_t\sim(0,\ \sigma_\mu^2),\quad t=1,\ 2,\cdots,\ T \quad \text{내포모형}^{3)} \qquad (6-4)$$

여기서 $\mu_t=(b_t-b)(Q_{t1}-Q_{t2})$이다. 식 (6-4)의 추정치는 다음과 같다.

$$\widehat{Y}_t^Q=bQ_{t1}+(1-b)Q_{t2} \qquad \cdots\cdots (6-5)$$

여기서 $\widehat{Y}_t^Q$는 식 (6-4)를 Q설명변수로 추정했다는 뜻이다. 따라서 식 (6-1)에서 K개의 X 설명변수로 추정한 추정치 $\widehat{Y}_t^X$와 식 (6-4)에서 2개의 설명변수 Q로 추정한 추정치 $\widehat{Y}_t^Q$는 일반적으로 동일하지 않으므로 $\widehat{Y}_t^X\neq\widehat{Y}_t^Q$이다. 따라서 추정 잔차도 $e_t\neq\mu_t$이다. 추정치 $\widehat{Y}_t^X$는 알려지지만 추정치 $\widehat{Y}_t^Q$는 알려지지 않은 정보이다.

8. 새로운 2개의 설명변수 $Q_{tk}(k=1,\ 2;\ t=1,\ 2,\cdots,\ T)$는 반복적으로 고정된(fixed repeated) 변수로서 다공선성이 없어야 하는데(non-multicollinearity) 이러한 특성은 가정이 아니고 아래에서 증명된다(정리 6-3과 정리 6-4). 식 (6-4)와 식 (6-1)의 관계는 2항 방정식 (6-4)를 K항 방정식 (6-1)로 확대한 것에 비유할 수 있다.[4] 식 (6-4)가 식 (6-1)을 축약한 제 1 유형의 내포모형이다.[5] 다음의 새로운 확률계수를 정의한다.

---

3) 모형 1의 설명변수가 Q_1과 Q_2이며 모형 2의 설명변수가 2개 이상인 경우 모형 1은 모형 2에서 둥지(nest)를 갖는다. 여기서 식 (6-3)은 식 (6-1)에서 둥지를 갖는다.

4) 이것은 단순한 비유이다. 정확한 관계는 물론 아니다.

5) 식 (2-23)~(2-24)를 참조.

$$b_t = \frac{Y_t - Q_{t2}}{Q_{t1} - Q_{t2}} \qquad \cdots\cdots \ (6-6)$$

확률계수 (6-6)을 이용하면 내포모형 (6-4)를 다음과 같이 기본방정식으로 표현할 수 있다.

$$Y_t = b_t Q_{t1} + (1-b_t) Q_{t2} \qquad t=1,\ 2, \cdots,\ T \quad \text{기본방정식} \qquad (6-7)$$

회귀방정식 (6-4)를 기본방정식 (6-7)로 표현하면 이것은 앞서 소개한 힐드레드-훅크(Hildreth and Houck, 1968)의 확률모수 방정식(random parameter equation)의 특별한 예에 속하게 된다. 식 (6-5)에서 b_t는 확률계수이며 그 크기에 제약을 받지 않는다. 이에 대하여 (6-5)의 회귀계수 b는 비확률계수이다. 기본방정식 (6-7)은 1개의 변수 Y_t을 2개의 구성요소 Q_{t1}과 Q_{t2}의 분할하는 형태로 표현되었다. 이 분할의 가능성을 증명하는 것이 이 장의 목표이며 이 책의 전편에서 등장하기 때문에 정합경제이론의 〈2변수 체제 기본방정식〉, 줄여서 기본방정식(fundamental equation)이라 이름하였다. 만일 임의의 확률변수를 2개의 변수로 분할할 수 있다면 동일한 방법으로 분할된 변수를 재분할할 수 있으므로 이론적으로는 무한대로 분할할 수 있다. 기본방정식을 세포분열이나 핵분열의 원리에 비유할 수 있다.

9. K항의 방정식 (6-1)을 2항의 기본방정식 (6-7)로 축약하는 이유는 앞서의 2가지 이유 이외에 추가적으로 다음과 같다. 입체의 3차원은 경험의 세계이지만 그 이상 $K>3$ 변수의 K차원은 경험할 수 없는 세계이다. 이 또한 관측할 수 없고 실험할 수 없는 현상의 세계인만큼 정합경제이론의 대상이다.

베이즈 정리 (2-16)에서 주변확률 $P(E)=\sum_{k=1}^{K} P(G_k)\times P(E \mid G_k)$은 일반적으로 K차원에서 정의된다. 이 정의에서 개별확률의 합 $\sum_{k=1}^{K} P(G_k)$을 2개의 누적확률 $P(G)$와 $1-P(G)$로 축약하여 〈2변수 체제〉의 주변확률 $P(E)=P(G)\times P(E \mid G)+(1-P(G))\times P(E \mid G^*)$로 변환하였다. 컴퓨터의 출현 이전에는 베이즈 확률이론이 널리 수용되지 못한 것은 K차원의 주변확률의 복잡성에도 일부 기인하였으므로 이러한 이유로 3차원의 주변확률로 변환할 필요도 있었다.

수학자들도 경험할 수 없는 K차원의 방정식을 경험할 수 있는 3차원의 방정식으로 변환하는데 관심을 가져왔다.[6) 7)] 3차원의 경험할 수 있는 현상으로 변환하는

6) Mathematicians who busy themselves a great deal with the formal theory of four-

그림 6-2 아놀드 고양이

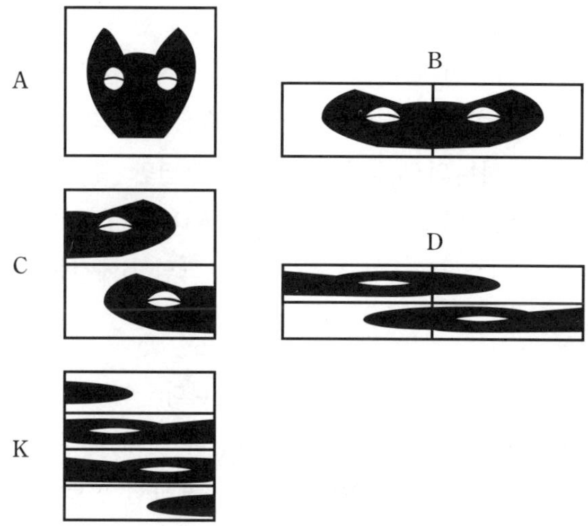

그 밖에 이유는 *K*차원 해석학의 현상을 3차원 기하학의 현상으로 설명할 수 있기 때문이다.[8) 9)]

10. 피설명변수를 설명하는데 *K*변수를 사용하는 것은 흡사 아놀드 고양이(Arnold's cat)를 여러 부분으로 나누어 설명하는 것과 같다. [그림 6-2]는 아놀드

dimensional space, seem to acquire a capacity for imagining this form as easily as the *three-dimensional form with which we are all familiar* [Ostwald, W., *Natural Philosophy*, New York, 1910, p. 77. Moritz, R., *On Mathematics*, New York: Dover, 1958, p. 361에서 재인용].

7) To master mathematical speculation, carefully learn to reduce your equation by an adequate transformation until the formulas are devoid of interpretation. [Lasswitz, K., *Der Faust-Tragodie (-n)ter Teil; Zeitschrift fur den math-naturw. Unterricht*, Bd. 14 (1888), p. 316. Moritz, R., *On Mathematics*, New York: Dover, 1958, p. 363에서 재인용].

8) Investigations concerning manifolds of any number of dimensions are considered singular … The investigations in question would indeed find immediate *geometric applications*. [Klein, F., *Mathematics Annalen*, Bd. 43, 1893, p.95. Moritz, R., *On Mathematics*, New York: Dover, 1958, p. 358에서 재인용].

9) That space conceived of as a locus of points has but three dimensions needs no argument from the mathematical point of view; but just as little can we from this point of view prevent the assertion that the space has really four or an infinite number of dimensions though we perceive only three. [Klein, F., *Mathematical Annalen*, Bd. 43(1893), p. 95, Moritz(1958), p. 358에서 재인용].

고양이이다. 그림 A의 정사각형 밀가루 반죽에 아놀드 고양이가 있다. 그림 B처럼 가로로 2배 늘리고 세로로 1/2 축소한 후 가운데를 분리한 후 왼쪽 절반을 오른쪽 절반에 올려놓으면 그림 C가 된다. 다시 정사각형 반죽에 동일한 방식을 적용하여 만든 것이 그림 D이다. 이 같은 적용을 10번 반복하면 1024의 분열이 생긴다. K번 반복하면 2^K의 분열이 생기는데 고양이 모습은 해체되어 K개의 작은 부분의 집합으로 보일 뿐이다. 하나의 부분은 고양이의 단면만 설명한다. 온전한 고양이 모습을 보려면 이번에는 거꾸로 역순을 밟으면 나타난다. 이것이 K변수를 2변수로 축소하는 작업이다. 최소한도 2부분으로 그린 그림 B에서는 고양이 모습을 알 수 있다.

11. 아놀드 고양이는 단순한 우화가 아니다. 이 우화가 제과점 변환(baker's transformation)인데 이 현상을 수학적으로 설명한 것이 베루누이 이동(Benoulli shift)이다. 베루누이 이동은 아놀드 고양이의 변환, 제과점 변환, 나아가서 행성 움직임의 불확실성까지 설명한다.[10] 그러나 오차가 없는 결정방정식이다. 미래는 현재의 반복이며 과거는 현재 속에 중첩되어 있다. 다시 말하면 미래와 현재가 현재 속에 들어 있다.[11] 다만 과거는 설명할 수 있지만 현재 속에 결정되어 있는 미래는 불확실하다.[12] 확률방정식이 불확실한 미래를 지배하는 것 같지만 결정방정식은 영국 여왕처럼 군림하되 통치하지는 않는다.[13] 통치하는 것은 마치 무질서처럼 보일 것이다. 이것이 무질서의 속성인데 1개의 시계열 표본 속에 무한개의 횡단면 표본이 무질서의 속성을 갖고 포함되어 있다는 뜻이다.

12. 경험할 수 없는 K차원은 정합경제이론의 대상이거늘 이것을 다시 경험할 수 있는 차원으로 변환하는 이유는 3차원의 기하학적 표현이 경험할 수 있어서가 아니다. 기하학은 경험의 학문이 아니다.[14] 해석학의 K차원 현상을 기하학의 3차원 현상으로 변환함으로서 해석학의 결과(idea 1)와 기하학의 결과(idea 2)의 내적

10) 베루누이 변환에 대해서는 Ekeland(1988), pp. 48-64를 참고하였다. 이 책에서는 제 10 장이 간략하게 소개한다.

11) The past and the future are entirely contained in the present. [Ekeland, I., 1988, p. 52].

12) There is no stepping twice in the same river(Heraclitus).

13) Like the queen of England, determinism reigns but does not govern. [Ekeland, I., 1988, p. 63].

14) Geometry is not an experimental science; experience forms merely the occasion for our reflecting upon the geometrical ideas which pre-exist in us. Poincare, H., *On the Foundations of Geometry*, vol. 9, Monist, 1898, p. 41.

정합을 손에 쥘 수 있는 이점을 얻게 되며 마침내 정합경제이론에 기본인 기본방정식이 성립할 수 있기 때문이다.

13. K항의 회귀방정식 (6−1)과 2항의 기본방정식 (6−7)의 차이를 비유하여 설명할 수 있다. 회귀방정식 (6−1)은 Y_t을 현실의 K변수인 X_t벡터로 설명하는 것이라면 기본방정식 (6−7)은 동일한 Y_t을 가상현실의 2개의 변수 Q_{t1}과 Q_{t2}로 설명하는 것이다. 그러나 K개의 현실변수 X_t벡터는 Y_t을 2차원 평면에서 표현하는데 대하여 2개의 가상변수 Q_{t1}과 Q_{t2}는 Y_t을 3차원 입체에서 표현할 수 있다. 그것이 가능한 것은 앞장에서 보았듯이 〈2변수 체제〉에는 수량좌표에 시간좌표를 정합시킬 수 있기 때문이다. 2개 좌표의 정합은 현재로서는 〈2변수 체제〉 아래에서만 가능하므로 현실의 K변수의 X_t벡터 체제는 시간좌표를 사용할 수 없어서 평면의 현실에 머무를 수밖에 없지만 〈2변수 체제〉는 입체의 가상현실로 변환할 수 있다. 이 문제는 제 8 장에서 정식으로 다룬다.

14. 가상현실의 3차원 입체에서 표현한다는 것은 두 가지 의미가 있다. 하나는 차원이 확대되었으므로 2개의 가상변수를 무한개로 분열할 수 있다는 것이고 또 하나는 Y_t의 3차원 횡단면 표본을 발생시킬 수 있다는 것이다. 이것이 〈역표본 정리〉의 내용이다. 따라서 비록 2개에 불과한 가상변수로 설명하지만 결국은 무한개의 가상변수로 설명하는 셈이 된다. 문제는 가상변수 Q_{t1}과 Q_{t2}을 어떻게 구축하느냐 이다.

15. 내포모형 (6−4)과 기본방정식 (6−7)을 비교하면 다음을 얻는다.

$$\begin{aligned} Y_t &= bQ_{t1} + (1-b)Q_{t2} + \mu_t \qquad \cdots\cdots (6-8) \\ &= \hat{Y}_t^Q + \mu_t \qquad t=1,\ 2, \cdots,\ T \end{aligned}$$

이때 내포모형의 추정회귀잔차 μ_t는 다음과 같다.

$$\mu_t = (b_t - b)(Q_{t1} - Q_{t2}) \qquad t=1,\ 2, \cdots,\ T \qquad \cdots\cdots (6-9)$$

잔차의 평균은 $E\mu_t=0$이므로 $Eb_t=b$이다. 이 장에서 우리의 목적은 축약된 회귀방정식 (6−8)의 새로운 변수 Q_{t1}과 Q_{t2}의 표본을 찾아내어 회귀계수 b와 새로운 잔차 μ_t을 추정하는 것이다.

16. 기본방정식 (6−7)은 베이즈 정리 (1−10)에서 주변확률 또는 사전기대에 해당하며 이때 확률모수 b_t가 사전확률에 해당하므로 사전 가중치라고 칭할 수 있다. 베이즈 변환 (1−11)~(1−12)를 식 (6−7)에 적용하면 다음이 성립한다.

$$a_tY_t = b_tQ_{t1} \qquad t=1,\ 2, \cdots,\ T \qquad \text{베이즈 변환} \quad \cdots\cdots \ (6-10)$$

$$(1-a_t)Y_t = (1-b_t)Q_{t2} \qquad t=1,\ 2, \cdots,\ T \qquad \text{베이즈 변환} \quad \cdots\cdots \ (6-11)$$

여기서 식 (6−10)은 베이즈 정리 (1−11)에 비교되어 a_t가 사후확률에 해당한다고 볼 수 있으므로 사후 가중치라고 칭할 수 있다. 베이즈 변환 (6−10)~(6−11)에서 다음의 방정식이 성립한다.

$$\frac{1}{Y_t} = \frac{a_t}{Q_{t1}} + \frac{1-a_t}{Q_{t2}} \qquad t=1,\ 2, \cdots,\ T \qquad \text{직각쌍곡선} \quad \cdots\cdots \ (6-12)$$

이것은 중심이 $O_Y=(a_tY_t,\ (1-a_t)Y_t)$인 직각쌍곡선이며 동시에 무차별곡선이다.

제 2 절 제 2 유형의 내포모형

1. 식 (6−7)은 비내포모형 (2−25)에 해당한다. 이에 대하여 제 2 유형 내포모형 (2−26)은 다음 (6−13)과 같이 정의된다.

$$Y_t = b_tQ_{t1} + (1-b_t)Q_{t2} \qquad \text{비내포모형} \quad \cdots\cdots \ (6-7)$$

$$\hat{\hat{Y}}_t = c_tQ_{t1} + (1-c_t)Q_{t2} \qquad \text{제 2 유형 내포모형} \quad \cdots\cdots \ (6-13)$$

여기서 $b_t \neq c_t$이므로 제 2 유형 내포모형의 $\hat{\hat{Y}}_t$은 비내포모형의 Y_t과 다르며 관측되지 않는다. [그림 6−1a]와 [그림 6−1b]에서 $\hat{\hat{Y}}_t$가 추가적으로 표시되어 있는데 Q_{t1}과 Q_{t2} 사이의 길이를 1이라고 할 때 Q_{t1}과 $\hat{\hat{Y}}_t$ 사이의 길이가 $1-c_t$이고 Q_{t2}과 $\hat{\hat{Y}}_t$ 사이의 길이가 c_t이다. 식 (6−7)을 식 (6−13)에 각각 Q_{t1}과 Q_{t2}에 대하여 대입하면 다음을 얻는다.

$$C_t = c_tY_t - b_t\hat{\hat{Y}}_t \quad \cdots\cdots \ (6-14)$$

$$P_t=(1-b_t)\hat{\hat{Y}}_t-(1-c_t)Y_t \qquad \cdots\cdots (6-15)$$

여기서 $C_t=(c_t-b_t)Q_{t2}$이고 $P_t=(c_t-b_t)Q_{t1}$이다. 식 (6－14)～(6－15)는 콜옵션－풋옵션 가격결정식 (4－1)～(4－2)와 동일한 형태이며 이 경우 $N_1=c_t$와 $N_2=b_t$에 해당한다(일부 시간부호 t을 생략하였다). 그러므로 누적확률을 정의할 수 있다.

$$c_t=\int_{-\infty}^{Z_c}\frac{1}{\sqrt{2\pi}}e^{-\frac{1}{2}x_1^2}dx_1 \qquad \cdots\cdots (6-16)$$

$$b_t=\int_{-\infty}^{Z_b}\frac{1}{\sqrt{2\pi}}e^{-\frac{1}{2}x_2^2}dx_2 \qquad \cdots\cdots (6-17)$$

2. 식 (4－19)에 의하면 확률변수 $\ln\left(\frac{Y_t}{\hat{\hat{Y}}_t}\right)$의 평균과 분산은 일반적으로 다음과 같다.

$$\ln\left(\frac{Y_t}{\hat{\hat{Y}}_t}\right)\sim\left(\pm\frac{1}{2}\sigma_t^2,\ \frac{\sigma_t^2}{\gamma_t}\right) \qquad \cdots\cdots (6-18)$$

이때 γ_t는 $\hat{\hat{Y}}_t$의 평균과 분산으로 구성되어 있다.

$$\gamma_t=1+\frac{\sigma^2}{(E\hat{\hat{Y}}_{\hat{\gamma}_t})^2} \qquad \cdots\cdots (6-19)$$

여기서 $\ln\left(\frac{Y_t}{\hat{\hat{Y}}_t}\right)$의 확률분포 (4－19)처럼 평균이 두 개이다. 따라서 소정리 4－1～소정리 4－4에 의하여 확률변수 $\ln\left(\frac{Y_t}{\hat{\hat{Y}}_t}\right)\sim\left(\pm\frac{1}{2}\sigma_t^2,\ \frac{\sigma_t^2}{\gamma_t}\right)$의 표준확률함수도 2개이다. 하나는 식 (6－16)의 확률 c_t을 결정하는 표준확률변수 Z_{tc}이고 다른 하나는 (6－17)의 확률 b_t을 결정하는 표준확률변수 Z_{tb}이다.

$$Z_{tc}=\frac{\ln\left(\frac{Y_t}{\hat{\hat{Y}}_t}\right)+\frac{1}{2}\sigma_t^2}{\frac{\sigma_t}{\sqrt{\gamma_t}}} \qquad \cdots\cdots (6-20)$$

$$Z_{tb}=\frac{\ln\left(\frac{Y_t}{\hat{\hat{Y}}_t}\right)-\frac{1}{2}\sigma_t^2}{\frac{\sigma_t}{\sqrt{\gamma_t}}} \qquad \cdots\cdots (6-21)$$

제 2 유형의 내포모형의 미지수 $\hat{\hat{Y}}_t$을 선택하는데 1가지 조건을 부과한다. 제 2 유형 내포모형의 미지수 $\hat{\hat{Y}}_t$와 Y_t의 추정치 $\hat{Y}_t^X$ 사이의 관계를 정의한다.

$$\hat{\hat{Y}}_t = \chi_t \hat{Y}_t^X \qquad \cdots\cdots (6-22)$$

이것이 비내포모형 (6−7)과 내포모형 (6−13) 사이의 관계인데 미지수 χ_t는 관측되지 않는다. [그림 6−1a]와 [그림 6−1b]에서 $\hat{Y}_t$와 $\hat{\hat{Y}}_t$의 비율이 χ_t이다.

제 3 절 모형변환

1. 식 (6−20)~(6−21)은 다음을 의미한다.

$$Z_{tc}^2 - Z_{tb}^2 = 2\gamma_t \ln\left(\frac{Y_t}{\hat{\hat{Y}}_t}\right) \qquad \cdots\cdots (6-23)$$

이것은 [그림 6−3a]의 표준확률거울이다. 표준확률거울의 모양과 위치는 Y_t와 $\hat{\hat{Y}}_t$ 및 γ_t의 크기에 달렸다. 이에 대해서는 제 4 장에서 충분히 설명하였다.

2. 식 (6−16)~(6−17)은 누적확률이므로 누적확률분포에서 다음이 정의될 수 있다.

$$\frac{c_t - \frac{1}{2}}{Z_{tc}} = \lambda_{tc} > 0, \qquad \frac{b_t - \frac{1}{2}}{Z_{tb}} = \lambda_{tb} > 0 \qquad \cdots\cdots (6-24)$$

식 (6−24)에서 비율 λ_{tc}과 λ_{tb}는 항상 양수이다. 식 (6−24)에서 다음이 성립한다.

$$b_t - \frac{1}{2} = \frac{\lambda_{tb}}{\lambda_{tc}} \frac{Z_{tb}}{Z_{tc}} \left(c_t - \frac{1}{2}\right) \qquad \cdots\cdots (6-25)$$

식 (6−23)에서 다음이 성립한다.

$$\frac{Z_{tb}}{Z_{tc}} = \frac{dZ_{tc}}{dZ_{tb}} \qquad \cdots\cdots (6-26)$$

한편, 누적확률 (6−16)∼(6−17)에서 다음의 확률이 성립한다.

$$\frac{dc_t}{dZ_{tc}}=\frac{1}{\sqrt{2\pi}}e^{-\frac{1}{2}Z_c^2} \qquad \cdots\cdots (6-27)$$

$$\frac{db_t}{dZ_{tb}}=\frac{1}{\sqrt{2\pi}}e^{-\frac{1}{2}Z_b^2} \qquad \cdots\cdots (6-28)$$

따라서 다음이 주어진다.

$$\frac{dZ_{tc}}{dZ_{tb}}=e^{\frac{1}{2}(Z_c^2-Z_b^2)}\frac{dc_t}{db_t}=\left(\frac{Y_t}{\hat{\hat{Y}}_t}\right)^{\gamma_t}\left(\frac{dc_t}{db_t}\right) \qquad \cdots\cdots (6-29)$$

두 번째 등호에 식 (6−23)을 사용하였다. 식 (6−29)와 식 (6−26)을 식 (6−25)에 대입하면 다음과 같이 된다.

$$\left(b_t-\frac{1}{2}\right)db_t=\frac{\lambda_{tb}}{\lambda_{tc}}\left(\frac{Y_t}{\hat{\hat{Y}}_t}\right)^{\gamma_t}\left(c_t-\frac{1}{2}\right)dc_t \qquad \cdots\cdots (6-30)$$

이것을 적분하면 다음과 같다.

$$b_t(b_t-1)=\frac{\lambda_{tb}}{\lambda_{tc}}\left(\frac{Y_t}{\hat{\hat{Y}}_t}\right)^{\gamma_t}c_t(c_t-1)+\text{상수} \qquad \cdots\cdots (6-31)$$

식 (6−31)의 마지막에 상수는 언제든지 상수이고 $c_t=b_t=1$일 때에도 성립하므로 식 (6−31)에서 상수=0 이다. 따라서 식 (6−31)은 다음과 같이 된다.

$$\frac{\left(b_t-\frac{1}{2}\right)^2}{\frac{1}{4}\left(1-\frac{\lambda_{tb}}{\lambda_{tc}}\left(\frac{Y_t}{\hat{\hat{Y}}_t}\right)^{\gamma_t}\right)}-\frac{\left(c_t-\frac{1}{2}\right)^2}{\frac{1}{4}\left(\frac{\lambda_{tc}}{\lambda_{tb}}\left(\frac{\hat{\hat{Y}}_t}{Y_t}\right)^{\gamma_t}-1\right)}=1 \qquad \cdots\cdots (6-32)$$

이것은 제 4 장의 식 (4−33)과 형태가 유사하며 특히 $\gamma_t=1$이면 동일하다. [그림 6−3b]의 확률거울이 식 (6−32)의 기하학적 표현이다.

그림 6-3a 표준확률거울

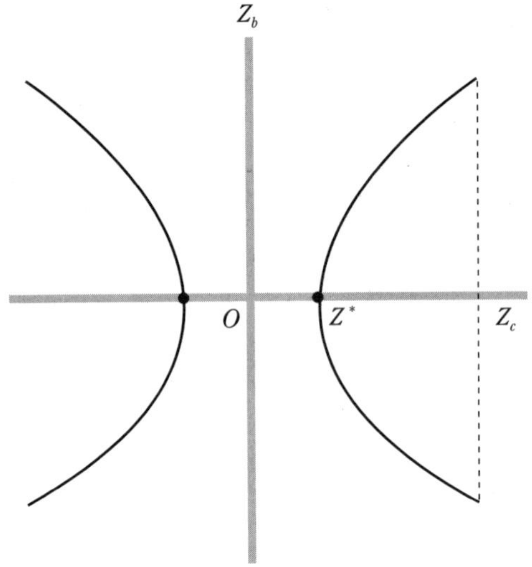

그림 6-3b 확률거울

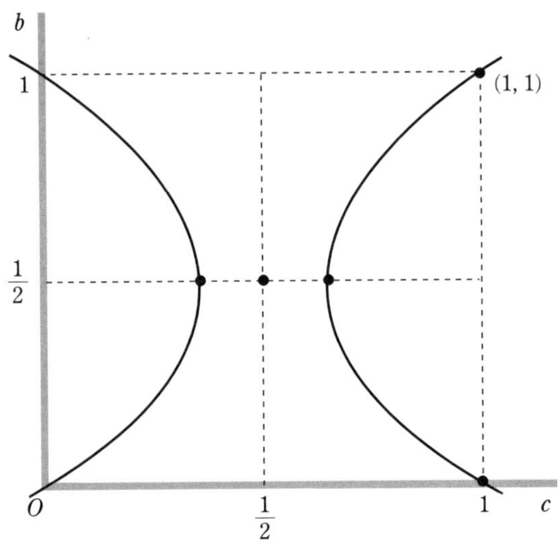

3. 이상 내포모형(idea 1)으로 식 (6-32)를 유도하였으므로 이번에는 모형변환(idea 2)을 이용하여 식 (6-32)를 확인하여 두 사고(idea 1과 idea 2)가 내적 정합을 형성함을 보이겠다. 기본방정식 (6-7)에 직각쌍곡선 (6-12)를 대입하면 $Q_{t1}=\frac{a_t}{b_t}Y_t$과 $Q_{t2}=\frac{1-a_t}{1-b_t}Y_t$을 얻지만 가중치 a_t와 b_t를 모르므로 Q_{t1}과 Q_{t2}도 아직 알 수 없다.[15] 피설명변수 Y_t와 함께 알려진 정보는 추정 피설명변수 $\hat{Y}_t^X$ 뿐이다. 기본방정식 (6-7)에서 2변수 Q_{t1}과 Q_{t2}을 어떻게 정할 것인가. 소정리 4-8에 의존하여 다음을 정의한다.

$$\begin{aligned} Y_t\hat{\hat{Y}}_t &= \delta_t Q_{t1}Q_{t2} \\ &= \lambda_{tc}\lambda_{tb}Q_{t1}Q_{t2} \end{aligned} \qquad \text{모형변환 = 재정원리} \qquad \cdots\cdots (6-33)$$

이것은 블랙-숄스 옵션가격모형의 모형변환 (4-64)와 재정원리 (4-65)의 또 다른 표현이다(소정리 4-8). 식 (4-64)에서 $\hat{\hat{Y}}_t$은 확률변수가 아니었지만 식 (6-33)에서 $\hat{\hat{Y}}_t$은 확률변수일 뿐이다. 여기서 우리는 Q_{t1}과 Q_{t2}의 정체를 파악할 수 있는데 모형변환 (4-64)가 콜옵션가격 $C=(N_1-N_2)Q_2=N_1Y-N_2\hat{\hat{Y}}$과 풋옵션가격 $P=(N_1-N_2)Q_1=(1-N_2)\hat{\hat{Y}}-(1-N_1)Y$의 정의에서 유도되었듯이 식 (6-33)은 다음의 식에서 유도된 것이다.

$$\begin{aligned} (c_t-b_t)Q_{t2} &= c_tY_t-b_t\hat{\hat{Y}}_t \\ (c_t-b_t)Q_{t1} &= (1-b_t)\hat{\hat{Y}}_t-(1-c_t)Y_t \end{aligned}$$

이것은 식 (6-14)~(6-15)와 동일한데 다시 다음과 같이 표현할 수 있다.

$$\begin{aligned} Q_{t2} &= f_tY_t+(1-f_t)\hat{\hat{Y}}_t \\ Q_{t1} &= g_tY_t+(1-g_t)\hat{\hat{Y}}_t \end{aligned}$$

여기서 $(f_t-g_t)(c_t-b_t)=1$이다. 따라서 Q_{t1}과 Q_{t2}는 Y_t와 $\hat{\hat{Y}}_t$의 가중평균이다. 우리의 목표는 가중치를 찾아내는 것이다. 식 (6-22)를 대입하면 모형변환 (6-33)은 다음이 된다.

$$Y_t\hat{Y}_t^X=\left(\frac{\delta_t}{\chi_t}\right)Q_{t1}Q_{t2} \qquad \cdots\cdots (6-33^*)$$

---

15) 이로부터 $\frac{Q_{t1}}{Q_{t2}}=\frac{a_t}{b_t}\frac{1-b_t}{1-a_t}$가 성립한다.

이것은 관측치 Y_t와 추정치 $\hat{Y}_t^X$ 사이의 정의(definition)이다. 거듭 강조하지만 이것은 모형변환 (2−34)와 마찬가지로 재정원리에서 유도한 것이다. 등호 왼쪽의 크기 $Y_t\hat{Y}_t^X$는 알려져 있지만 Q_{t1}과 Q_{t2}의 크기는 여전히 알려져 있지 않다. 그러므로 이것은 알려진 $Y_t\hat{Y}_t^X$의 크기가 주어졌을 때 Q_{t1}을 Q_{t2}로 변환하는 변수변환의 일종이므로 모형변환이라 부를 만하다. 유념해야 할 점은 비내포모형인 다변수 회귀방정식 (6−1)의 설명변수의 정체와 개수 때문에 피설명변수 Y_t의 추정치 $\hat{Y}_t^X$가 유일하지 않을 수 있다는 점이다. 이에 대해서는 후술하겠지만 추정치의 유일성 문제는 중요하지 않다. 모형변환 (6−33*)을 직각쌍곡선 (6−12)에 대입하면 다음의 내포모형을 얻는다.

$$\left(\frac{\chi_t}{\delta_t}\right)\hat{Y}_t^X=(1-a_t)Q_{t1}+a_tQ_{t2} \quad t=1,\ 2,\cdots,\ T \quad \text{내포모형} \quad \cdots\cdots\ (6-34)$$

식 (6−34)는 내포모형 (2−26)에 해당한다. 또한 베이즈 정리의 사후기대에도 비교되며 가중치 a_t가 사후적 확률에 비교될 수 있다. 기본방정식 (6−7)과 내포모형 (6−34)를 비교하면 사전적 가중치 b_t가 사후적 가중치 a_t로 바뀌었을 뿐만 아니라 가중치의 위치도 바뀌었음을 발견할 수 있다. 이것의 의미는 이미 제2장에서 충분히 설명한 바 있다.

이번에는 모형변환 (6−33*)를 기본방정식 (6−7)에 대입하면 다음을 얻는다.

$$\frac{\delta_t}{\chi_t\hat{Y}_t^X}=\frac{1-b_t}{Q_{t1}}+\frac{b_t}{Q_{t2}} \qquad t=1,\ 2,\cdots,\ T \qquad \cdots\cdots\ (6-35)$$

식 (6−34)가 산술평균인데 대하여 식 (6−35)는 조화평균이다. 내포모형 (6−34)와 식 (6−35)에서 다음의 베이즈 변환을 확인할 수 있다.

$$(1-b_t)\left(\frac{\chi_t}{\delta_t}\right)\hat{Y}_t^X=(1-a_t)Q_{t1} \quad t=1,\ 2,\cdots,\ T \quad \text{베이즈 변환} \quad \cdots\cdots\ (6-36)$$

$$b_t\left(\frac{\chi_t}{\delta_t}\right)\hat{Y}_t^X=a_tQ_{t2} \qquad t=1,\ 2,\cdots,\ T \quad \text{베이즈 변환} \quad \cdots\cdots\ (6-37)$$

이 베이즈 변환은 내포모형에 대한 변환이며 가중치가 사전적 가중치 b_t에서 사후적 가중치 a_t로 바뀐 데에 더하여 가중치의 위치가 바꾸었음이 주목된다. 그 이유는 제 2 장에서 소개한 모형변환 (2−34)의 형태 때문이다.

새로운 정보를 발생시킬 수 있는 모형변환 (6−33*)에 의하여 식 (6−10)과 식 (6−36)에서 다음이 성립한다.

$$b_t(1-b_t)=a_t(1-a_t)\left(\frac{\delta_t}{\chi_t}\frac{Y_t}{\widehat{Y}_t^X}\right) \qquad t=1,\ 2,\cdots,\ T \qquad \cdots\cdots\ (6-38)$$

이 식을 정리하면 다음의 직각쌍곡선이 정의된다.

$$\frac{\left(b_t-\frac{1}{2}\right)^2}{\frac{1}{4}\left(1-\frac{\delta_t}{\chi_t}\frac{Y_t}{\widehat{Y}_t^X}\right)}-\frac{\left(a_t-\frac{1}{2}\right)^2}{\frac{1}{4}\left(\frac{\chi_t}{\delta_t}\frac{\widehat{Y}_t^X}{Y_t}-1\right)}=1 \qquad t=1,\ 2,\cdots,\ T \qquad \cdots\cdots\ (6-39)$$

식 (6−39)는 [그림 6−4]의 (a_t, b_t)좌표에서 마주 보는 두 개의 직각쌍곡선이며 제 4 장에서 이미 살펴본 블랙−숄스 옵션가격이론의 [그림 4−2b]와 베이즈 확률이론의 [그림 2−3a]와 동일하다. $\delta_t Y_t > \chi_t \widehat{Y}_t$이면 [그림 6−4a]의 직각쌍곡선은 좌우로 마주 보며 $\delta_t Y_t < \chi_t \widehat{Y}_t$이면 [그림 6−4b]처럼 상하로 마주 보는데 이 직각쌍곡선은 확률거울이 된다.

식 (6−39)를 식 (6−32)와 비교하면 세 가지 경우를 생각할 수 있다.

그림 6−4a 확률거울

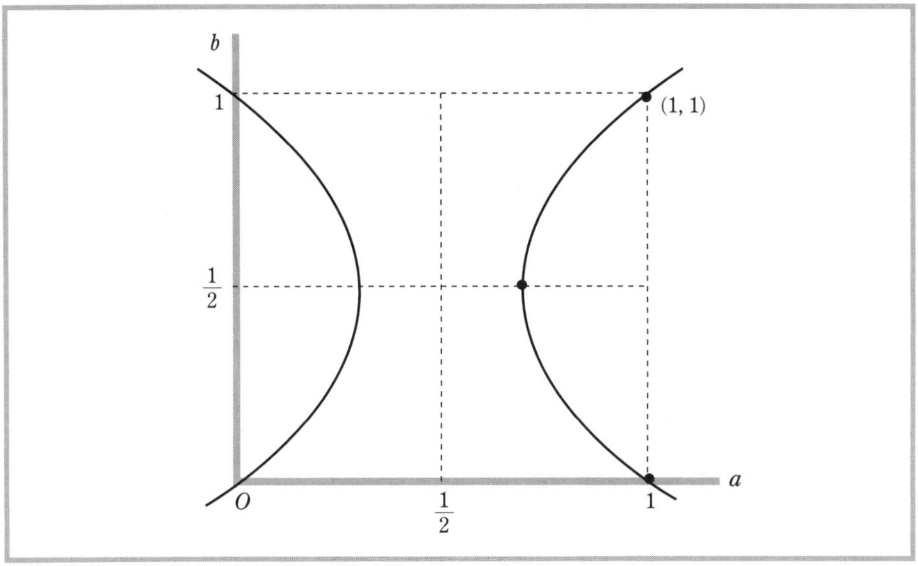

그림 6-4b 확률거울

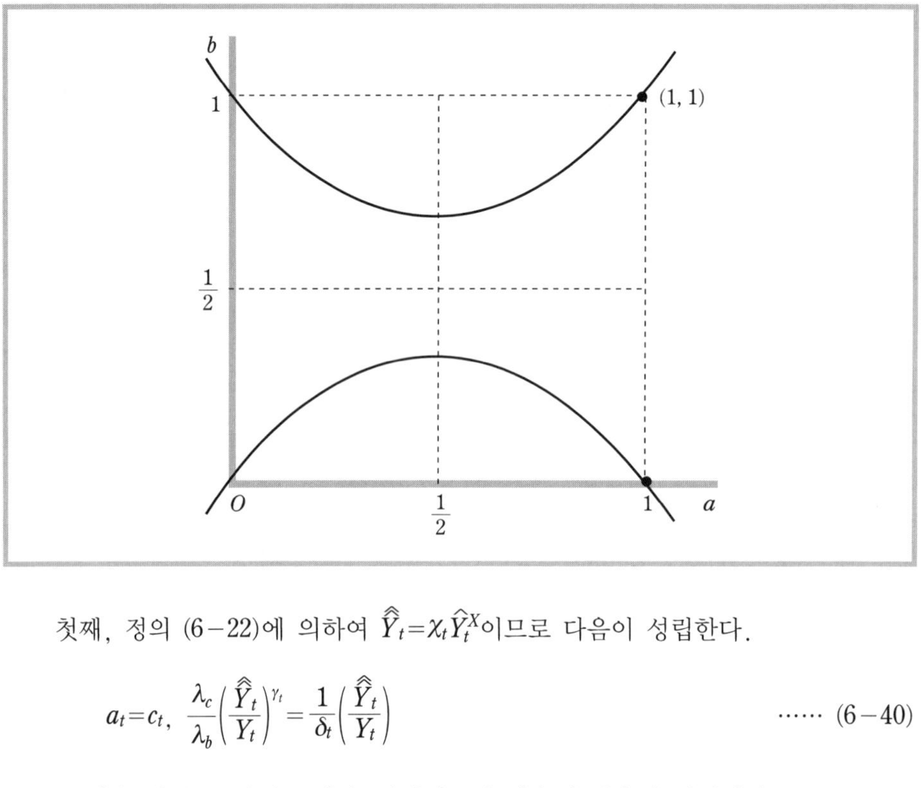

첫째, 정의 (6-22)에 의하여 $\hat{\hat{Y}}_t = \chi_t \hat{Y}_t^X$이므로 다음이 성립한다.

$$a_t = c_t,\ \ \frac{\lambda_c}{\lambda_b}\left(\frac{\hat{\hat{Y}}_t}{Y_t}\right)^{\gamma_t} = \frac{1}{\delta_t}\left(\frac{\hat{\hat{Y}}_t}{Y_t}\right) \quad \cdots\cdots (6-40)$$

오른쪽 식은 식 (6-22)의 도움을 받았다. 이 경우에 다음이 성립한다.

$$\gamma_t = 1 + \frac{\ln\left(\frac{1}{\delta_t}\frac{\lambda_{tb}}{\lambda_{tc}}\right)}{\ln\frac{\hat{\hat{Y}}_t}{Y_t}} = 1 + \frac{\ln\left(\frac{1}{\delta_t}\frac{2b_t-1}{2c_t-1}\frac{Z_{tc}}{Z_{tb}}\right)}{\ln\frac{\hat{\hat{Y}}_t}{Y_t}} \quad \cdots\cdots (6-41)$$

그러므로 다음이 성립한다.

$$\hat{Y}_t^X \neq \hat{\hat{Y}}_t,\ \ \delta_t \neq 1,\ \ \frac{1}{\delta_t}\frac{\lambda_{tb}}{\lambda_{tc}} \neq 1,\ \ \gamma_t \neq 1 \quad \cdots\cdots (6-42)$$

이 경우가 일반적인 경우이며 정합경제이론의 기본방정식의 조건이다.

둘째, 다음 조건이 성립할 수 있다.

$$a_t = c_t,\ \hat{Y}_t^X \neq \hat{\hat{Y}}_t,\ \delta_t \neq 1,\ \frac{1}{\delta_t}\frac{\lambda_{tb}}{\lambda_{tc}} \neq 1,\ \gamma_t = 1 \qquad \cdots\cdots (6-43)$$

이것이 블랙-숄스 옵션가격결정식의 조건이다. 두 개의 정보 Y_t와 $\hat{Y}_t^X$만 주어지면 식 (6-39)는 $a_t=c_t$와 b_t 사이에 직각쌍곡선을 형성한다. 이 경우 $\gamma_t=1$인 이유는 $\hat{\hat{Y}}_t$가 분산이 0인 확률변수가 아닌 안전자산의 수익률이기 때문이다. 이에 비하면 (6-41)의 경우는 일반적인 경우로서 확률변수 $\hat{\hat{Y}}_t$의 분산이 0이 아니므로 $\gamma_t \neq 1$이다. 직각쌍곡선의 중심(center)은 (1/2, 1/2)이다. 식 (6-39)는 블랙-숄스 옵션가격이론의 콜거울-풋거울 (4-33)과 베이즈 확률이론의 식 (2-45)와 동일한 형태이다.

셋째, 마지막으로 식 (6-39)를 식 (6-32)와 비교할 때 다음이 성립할 수 있다.

$$1 - a_t = c_t,\ \frac{\lambda_c}{\lambda_b}\left(\frac{\hat{\hat{Y}}_t}{Y_t}\right)^{\gamma_t} = \frac{1}{\delta_t}\left(\frac{\hat{\hat{Y}}_t}{Y_t}\right) \qquad \cdots\cdots (6-44)$$

그러나 식 (6-44)의 첫째 조건에 의하면 식 (6-13)과 식 (6-34)에서 $\hat{\hat{Y}}_t = \frac{\chi_t}{\delta_t}\hat{Y}_t^X$이므로 식 (6-22)에서 $\delta_t=1$이다. 그러므로 다음이 성립한다.

$$\frac{\chi_t}{\delta_t}\hat{Y}_t^X = \hat{\hat{Y}}_t,\ \delta_t = 1,\ \frac{1}{\delta_t}\frac{\lambda_{tb}}{\lambda_{tc}} \neq 1,\ \gamma_t \neq 1 \qquad \cdots\cdots (6-45)$$

특히 식 (6-41)은 다음이 된다.

$$\gamma_t = 1 + \frac{\ln\left(\frac{2b_t - 1}{2c_t - 1}\frac{Z_{tc}}{Z_{tb}}\right)}{\ln\frac{\hat{\hat{Y}}_t}{Y_t}} \neq 1 \qquad \cdots\cdots (6-46)$$

이 경우는 성립하지 않는다. 아래의 연립방정식 체계 6-1에서 $\delta_t=1$인 경우 방정식의 수가 미지수의 수보다 많아서 풀이가 무한하다. 이 경우를 제외하면 다음의 소정리가 주어진다.

▶▶▶ 소정리 6-1

베이즈 확률이론, 블랙/숄스 옵션이론, 정합경제이론의 기본방정식의 형태는 동일하다.

4. 모형변환을 이용하여 식 (6-23)을 재확인할 수 있다. 식 (6-39)를 미분하면 다음이 된다.

$$\frac{b_t-\frac{1}{2}}{Z_b}=\frac{a_t-\frac{1}{2}}{Z_c}\left(\delta_t\frac{Y_t}{\hat{\hat{Y}}_t}\right)\left(\frac{Z_c}{Z_b}\right)\left(\frac{da_t}{db_t}\right) \qquad \cdots\cdots (6-47)$$

식 (4-26)과 비교할 때 등호 좌측의 분자는 누적확률에서 1/2을 제한 것을 표준확률변수로 나눈 λ_b이고 마찬가지로 등호 우측의 첫째 항은 λ_c이다. 그 결과 식 (6-47)은 다음이 된다.

$$\frac{\hat{\hat{Y}}_t}{Y_t}=\left(\frac{\lambda_c}{\lambda_b}\delta_t\right)\frac{Z_c}{Z_b}\frac{dZ_c}{dZ_b}e^{-\frac{1}{2}(Z_c^2-Z_b^2)} \qquad \cdots\cdots (6-48)$$

이 과정에서 식 (6-27)~(6-28)을 사용하였다. 여기에 자연대수를 적용하면 다음이 된다.

$$Z_c^2-Z_b^2=2\ln\frac{Y_t}{\hat{\hat{Y}}_t}+2\ln\left(\frac{\lambda_c}{\lambda_b}\delta_t\right)+2\ln\frac{Z_b}{Z_c}\frac{dZ_b}{dZ_c} \qquad \cdots\cdots (6-49)$$

등호 오른쪽의 마지막 항은 (6-26)에 의해 0이다. 여기에 식 (6-40)을 대입하면 이 방정식의 마지막 모습은 다음과 같다.

$$Z_c^2-Z_b^2=2\gamma_t\ln\frac{Y_t}{\hat{\hat{Y}}_t} \qquad \cdots\cdots (6-50)$$

식 (6-50)은 식 (6-23)과 일치한다.

마지막으로 제 4 장에서 보인 것처럼 동일한 방법을 사용하면 [그림 6-3a]의 표준확률거울의 정점의 좌표 ($Z_c^*=\sqrt{2\gamma_t(\ln Y_t-\ln\hat{\hat{Y}}_t)}$, $Z_b^*=0$)과 [그림 6-3b]의 확률거울의 정점의 좌표 $\left(c_t^*=\frac{1}{2}+\frac{1}{2}\sqrt{1-\frac{\hat{\hat{Y}}_t}{\delta_t Y_t}},\ b_t^*=\frac{1}{2}\right)$에서 다음이 성립한다.

$$\frac{1}{2}\sqrt{1-\frac{\chi_t}{\delta_t}\frac{\hat{Y}_t^X}{Y_t}}=\frac{1}{\sqrt{2\pi}}\int_0^{\sqrt{2\gamma_t(\ln Y_t-\ln\hat{\hat{Y}}_t)}}e^{-\frac{1}{2}x^2}dx \qquad \cdots\cdots (6-50)$$

이제 모든 것을 종합하여 기본방정식의 구조를 조사할 수 있게 되었다.

제 4 절 기본방정식의 구조

1. 기본방정식의 구조는 다음의 연립방정식 체계 6-1에 의하여 표현될 수 있고 그 결과 기본방정식 (6-7)을 구성하는 3개의 미지수 b_t, Q_{t1}, Q_{t2}가 풀어진다.

연립방정식 체계 6-1

$$Y_t=b_tQ_{t1}+(1-b_t)Q_{t2} \quad \cdots\cdots (6-7)$$

$$\chi_t\hat{Y}_t^X=c_tQ_{t1}+(1-c_t)Q_{t2} \quad \cdots\cdots (6-13)$$

$$c_t=\int_{-\infty}^{Z_c}\frac{1}{\sqrt{2\pi}}e^{-\frac{1}{2}x_1^2}dx_1 \quad \cdots\cdots (6-16)$$

$$b_t=\int_{-\infty}^{Z_b}\frac{1}{\sqrt{2\pi}}e^{-\frac{1}{2}x_2^2}dx_2 \quad \cdots\cdots (6-17)$$

$$Z_c^2-Z_b^2=2\gamma_t\ln\frac{Y_t}{\chi_t\hat{Y}_t^X} \quad \cdots\cdots (6-23)$$

$$\frac{\left(b_t-\frac{1}{2}\right)^2}{\frac{1}{4}\left(1-\frac{\delta_t}{\chi_t}\frac{Y_t}{\hat{Y}_t^X}\right)}-\frac{\left(c_t-\frac{1}{2}\right)^2}{\frac{1}{4}\left(\frac{\chi_t}{\delta_t}\frac{\hat{Y}_t^X}{Y_t}-1\right)}=1 \quad \cdots\cdots (6-39)$$

$$\gamma_t=1+\frac{\ln\left(\frac{1}{\delta_t}\frac{2b_t-1}{2c_t-1}\frac{Z_{tc}}{Z_{tb}}\right)}{\ln\frac{\chi_t\hat{Y}_t^X}{Y_t}} \quad \cdots\cdots (6-41)$$

$$\frac{1}{2}\sqrt{1-\frac{\chi_t}{\delta_t}\frac{\hat{Y}_t^X}{Y_t}}=\frac{1}{\sqrt{2\pi}}\int_0^{\sqrt{2\gamma_t(\ln Y_t-\ln\chi_t\hat{Y}_t^X)}}e^{-\frac{1}{2}x^2}dx \quad \cdots\cdots (6-50)$$

$$\delta_t=\frac{c_t-\frac{1}{2}}{Z_c}\frac{b_t-\frac{1}{2}}{Z_b} \quad \cdots\cdots (6-52)$$

여기서 이미 $\hat{\hat{Y}}_t=\chi_t\hat{Y}_t$와 재정원리 또는 모형변환 $Y_t\hat{\hat{Y}}_t=\delta_tQ_{t1}Q_{t2}$을 사용하였다. 여기서 $\delta_t=\lambda_c\lambda_b$이므로 식 (6-52)가 성립한다. 이 연립방정식은 9개의 독립방정식에 9개의 미지수(c_t, b_t, χ_t, Z_c, Z_b, δ_t, γ_t, Q_{t1}, Q_{t2})로 구성되어 있다. 알려진 정보는 관측치 Y_t와 그의 최소자승 추정치 $\hat{Y}_t^X$이다. 모든 $t=1, 2, \cdots, T$에서 Y_t와 그의 최소자승 추정치 $\hat{Y}_t^X$가 주어지면 9개의 독립변수의 풀이가 존재한다. 풀이가 존재하는데 결정적인 정보는 식(6-41)이다. 이 정보는 내포모형(idea 1)과 모형변환(idea 2)의 내적 정합의 결과이다. 풀이가 복잡하지만 다행스러운 것은 b_t와 c_t가 누적확률에 해당하여 $1>b_t>0$이고 $1>c_t>0$의 제한되므로 컴퓨터를 이용하여 반복(iteration)하여 시행하면 된다.

▶▶▶ 소정리 6-2

일반적인 K변수 비내포모형, $Y_t = \beta_0 + \beta_1 X_{t1} + \beta_2 X_{t2} + \cdots + \beta_K X_{tK} + \varepsilon_t$, $t=1, 2, \cdots, T$은 언제나 2변수 기본방정식, $Y_t = b_t Q_{t1} + (1-b_t) Q_{t2}$, $t=1, 2, \cdots, T$으로 표현할 수 있다.

▶▶▶ 소정리 6-3

일반적인 K변수 비내포모형, $Y_t = \beta_0 + \beta_1 X_{t1} + \beta_2 X_{t2} + \cdots + \beta_K X_{tK} + \varepsilon_t$, $t=1, 2, \cdots, T$에서 피설명변수의 관측치 Y_t와 그의 추정치 $\hat{Y}_t^X$의 시계열 자료가 주어지면 언제나 2변수 기본방정식, $Y_t = b_t Q_{t1} + (1-b_t) Q_{t2}$, $t=1, 2, \cdots, T$의 시계열 표본 Q_{t1}과 Q_{t2}가 발견된다.

▶▶▶ 소정리 6-4

일반적인 K변수 비내포모형, $Y_t = \beta_0 + \beta_1 X_{t1} + \beta_2 X_{t2} + \cdots + \beta_K X_{tK} + \varepsilon_t$, $t=1, 2, \cdots, T$와 그의 2변수 기본방정식 $Y_t = b_t Q_{t1} + (1-b_t) Q_{t2}$와 $\hat{Y}_t^Q = (1-a_t) Q_{t1} + a_t Q_{t2}$, $t=1, 2, \cdots, T$은 언제나 정의된다.

▶▶▶ 소정리 6-5

일반적인 K변수 비내포모형, $Y_t = \beta_0 + \beta_1 X_{t1} + \beta_2 X_{t2} + \cdots + \beta_K X_{tK} + \varepsilon_t$, $t=1, 2, \cdots, T$에서 관측치 Y_t와 그의 추정치 $\hat{Y}_t^X$가 주어지면 방정식 $Y_t = b_t Q_{t1} + (1-b_t) Q_{t2}$과 $\hat{Y}_t^Q = (1-a_t) Q_{t1} + a_t Q_{t2}$이 정의되고 a_t와 b_t가 동시에 결정된다.

2. 연립방정식 체계 6-1에서 독립방정식의 수와 미지수의 수가 일치한다는 것은 미지수 b_t, a_t, Q_{t1}, Q_{t2}는 서로 독립이라는 뜻이다. 다시 말하면 미지수 사이에는 1차선형이 성립하지 않는다. 독립이므로 다공성이 없다.

▶▶▶ 소정리 6-6

기본방정식에서 $Y_t = b_t Q_{t1} + (1-b_t) Q_{t2}$에서 b_t, Q_{t1}, Q_{t2}는 서로 독립이며 다공선성이 없다(non-multicollinearity).

연립방정식 체계에서 9개의 독립방정식은 모든 $t=1, 2, \cdots, T$에 대해 소정리 6-3에 의해 Q_{t1}과 Q_{t2}의 표본이 주어지므로 피설명변수 Y_t에 대하여 최소자승분석을 실시할 수 있다. 그것이 회귀방정식 (6-4)이다.

$$Y_t = bQ_{t1} + (1-b)Q_{t2} + \mu_t \qquad t=1, 2, \cdots, T \qquad \cdots\cdots (6-4)$$

여기서 회귀계수 b를 최소자승법에 의해 추정하면 회귀방정식은 완성되며 이때 잔차 μ_t 역시 최소자승법에 의해 구한 잔차이므로 내포최소자승잔차라고 부르자. 이때 Q_{t1}과 Q_{t2}는 반복적으로 고정된(fixed repeated) 독립변수로서 취급할 수 있다. 피설명변수 Y_t의 확률분포는 내포최소자승 잔차 μ_t의 확률분포에서 기인한다. 따라서 다음 정리가 성립한다.

▶▶▶ 소정리 6-7

회귀방정식 $Y_t = bQ_{t1} + (1-b)Q_{t2} + \mu_t$, $t=1, 2, \cdots, T$에서 Q_{t1}과 Q_{t2}는 반복되는 고정 독립변수이고 다공선성이 없다(non-multicollinearity).

▶▶▶ 소정리 6-8

일반적인 K변수 비내포모형 $Y_t = \beta_0 + \beta_1 X_{t1} + \beta_2 X_{t2} + \cdots + \beta_K X_{tK} + \varepsilon_t$, $t=1, 2, \cdots, T$에서 피설명변수 Y_t와 그의 추정치 $\hat{Y}_t^X$의 시계열 자료가 주어지면 언제나 2변수 기본방정식 $Y_t = bQ_{t1} + (1-b)Q_{t2} + \mu_t$, $t=1, 2, \cdots, T$의 시계열 표본 Q_{t1}과 Q_{t2}가 발견되고 회귀계수 b와 함께 잔차 μ_t가 구해진다.

소정리 6-8이 이 장의 목표였으며 이 결과는 제 8 장의 정합방정식과 함께 이 책의 2대 방정식 가운데 하나가 된다. 그러나 소정리 6-8은 관측치 Y_t의 추정치 $\hat{Y}_t^X$의 신뢰도에 달려 있다. 다시 말하면 피설명변수를 설명하는 회귀방정식의 정의(specification)에 좌우된다. 동일한 관측치에 대해 서로 다른 추정치는 서로 다른 기본방정식을 만들어낸다.

▶▶▶ 소정리 6-9

피설명변수의 동일한 관측치 Y_t에 대해 서로 다른 추정치 $\hat{Y}_t^X$는 서로 다른 기본방정식 $Y_t = bQ_{t1} + (1-b)Q_{t2} + \mu_t$, $t=1, 2, \cdots, T$을 만들어낸다.

3. 식 (6−7)과 식 (6−34)의 차이가 식 (6−2)의 원래 최소자승 잔차이다.

$$\frac{\chi_t}{\delta_t}e_t=(1-a_t-\frac{\chi_t}{\delta_t}b_t)Q_{t1}+\left[a_t-(1-b_t)\frac{\chi_t}{\delta_t}\right]Q_{t2} \qquad t=1,\ 2,\cdots,\ T \qquad \cdots\cdots\ (6-52)$$

추정잔차 (6−52)는 최소자승법에 의해 구한 것으로서 힐드레드−훅크(Hildreth and Houck, 1968)의 확률모수 방정식(random parameter equation)에 의하여 정의된 추정 잔차이다. 잔차 (6−52)는 식 (6−2)에서 평균이 $Ee_t=0$이므로 $E\frac{\chi_t}{\delta_t}=1$과 함께 다음이 성립한다.

$$E(b_t+a_t-1)=b+a-1=0 \qquad \cdots\cdots\ (6-53)$$

이 결과는 식 (6−7)과 식(6−13)에 기대부호를 적용할 때 $EY_t=E\hat{Y}_t^Q$이므로 직관적으로 이해된다.

4. 식 (6−7)과 식 (6−34)에서 다음이 성립한다.

$$Y_t\hat{Y}_t^X\left(\frac{\chi_t}{\delta_t}\right)=(Q_{t1}-Q_{t2})[b_t(1-a_t)Q_{t1}-a_t(1-b_t)Q_{t2}]+Q_{t1}Q_{t2} \qquad \cdots\cdots\ (6-54)$$

이 결과를 식 (6−33*)에 대입하면 자명한 풀이를 배제하여 $Q_{t1}\neq Q_{t2}$일 때 다음을 얻는다.

$$\frac{Q_{t1}}{Q_{t2}}=\frac{a_t(1-b_t)}{b_t(1-a_t)} \qquad \cdots\cdots\ (6-55)$$

이 결과는 이 장의 각주 15에서 재확인되지만 제13장에서 유용하게 사용된다.

제 5 절 변수분열의 의미

1. 기본방정식이 Y를 Q_1과 Q_2의 2개로 분열을 일으킬 수 있다는 사실은 직관적으로 이해할 수 있다. 수량좌표에서 Y를 Q_1과 Q_2의 2개로 분열하는 것은 하나의 방정식이 2개의 미지수로 구성되었다는 것인데 2개의 미지수를 풀려면 또 하나의 방정식이 필요하다. 그것이 시간좌표에서 제공된다. 수량좌표의 분열 방정식

그림 6-5a 변수분열

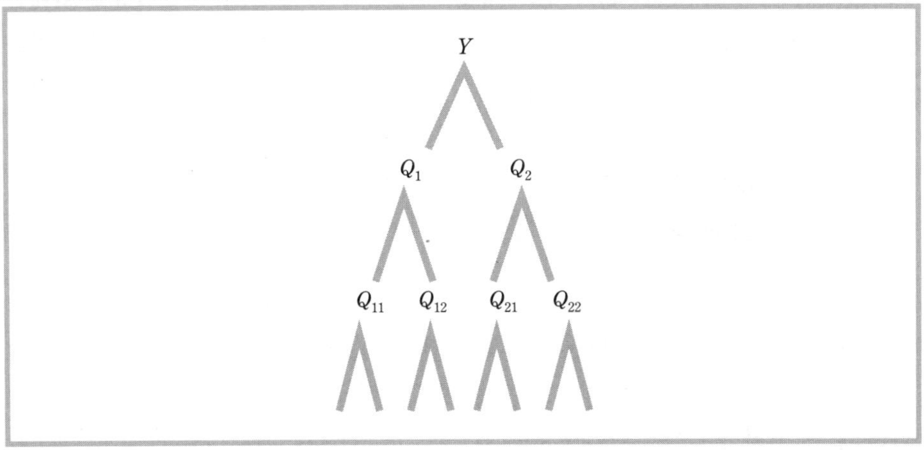

그림 6-5b 이항정리

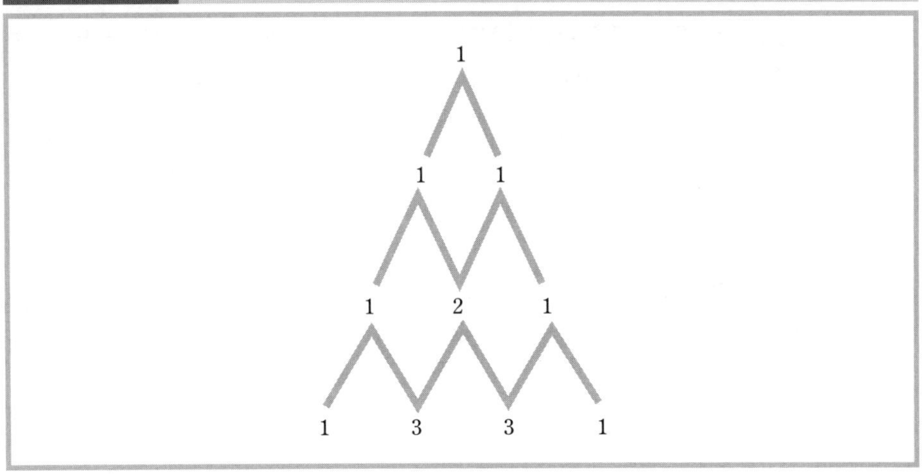

(idea 1)과 시간좌표의 분열 방정식(idea 2)으로 구성된 2개의 연립방정식에 의해 2개의 미지수 Q_1과 Q_2가 풀린다. 그리고 나면 이렇게 풀린 Q_1과 Q_2는 그 다음 단계에서 각각 동일한 방법으로 다시 2개로 분열되며 이 과정은 무한대의 분열을 일으킬 수 있다. [그림 6-5]는 변수분열과 2항 정리를 비교한 것이다.

2. 지금까지 우리가 분석한 회귀방정식은 또 다른 중요한 의미를 지닌다. 내

포회귀방정식은 내포방정식과 동일한 것인데 후자는 알려진 임의의 1개 변수 Y를 그를 구성하는 2개의 변수 Q_1과 Q_2로 분할(bifurcation)하고 그들의 크기를 알아내는 것이다. 동일한 방법을 적용하여 첫 단계에서 그 크기가 알려진 Q_1을 다시 그것을 구성하는 다른 2개의 변수로 분할할 수 있고 이것은 다음 단계로 이어져서 한없이 계속된다. 이것은 흡사 세포분열이나 핵분열에 비유할 수 있다. 어떠한 1개 거시변수(macro magnitude)도 연속 2분화 방식(bifurcation process)을 통하여 수많은 미시변수(micro magnitude)로 분할할 수 있음을 의미한다.

3. 일찍이 멩거(C. Menger)는 고전학파의 전체론(holism)을 비판하고 방법론적 개인주의(methodological individualism)를 주장하였다. 멩거 이전의 오스트리아학파는 그의 전통을 따라서 경험적이고 통계적이며 역사적인 방법을 취하는 않는 한 경제학자로 인정하지 않았다. 대체로 관측한 통계자료나 과거경험은 모두 집계된 거시자료(macro magnitude)이거나 평균적인 자료(average magnitude)에 불과하다. 그 과정에서 개인의 미시적 자료(micro magnitude)가 빠졌다. 그러나 시장에서 결정되는 가격은 개인 행동의 결과이다. 시장의 균형가격이 주어지면 개인들은 이 공통된 정보에 맞추어 주관적 한계효용균등의 법칙을 따라 행동을 하고 이 과정에서 개인 사이에는 주관적 한계대체율 균등의 법칙이 형성되는 것이다. 서로 다른 가치관을 가진 개인이 서로 다른 직업을 택하고 서로 다른 가치를 생산하여 시장에서 교환하는지를 설명할 수 있었다.[16)]

4. 이러한 면에서 축약 내포모형의 발견은 거시변수를 미시변수로 분할하는데 기여할 것이다. 예를 들어서 제11장에서 보겠지만 거시유통속도를 부문별 유통속도 또는 미시유통속도로 분할할 수 있으며 거시소득을 지역소득이나 미시소득으로 분할할 수 있다. 이 방법의 장점은 한편으로는 멩거 이후의 오스트리아학파의 방법론적 개인주의를 따르면서, 다른 한편으로는 그들이 부정한 경험적이고 통계적이며 역사적인 방법의 거시적이고 평균적인 자료를 방법론적 개인주의에 합당하게 재구성할 수 있다는 것이다.

5. 이장의 내용을 요약하면 다음과 같다.

---

16) Greaves(1996), pp. 2-5.

그림 6-6 회귀직선과 기본방정식

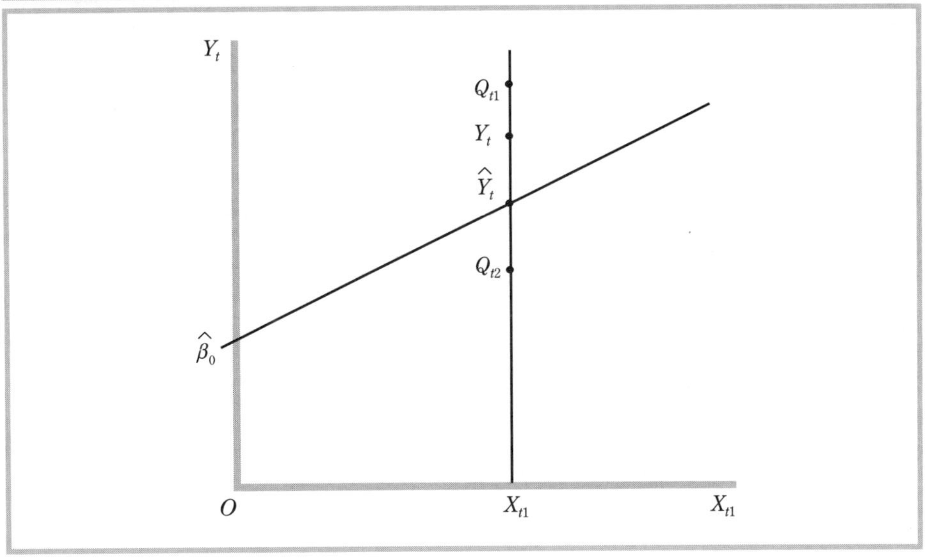

$Y_t = \beta_0 + \beta_1 X_{t1} + \beta_2 X_{t2} + \cdots + \beta_K X_{tK} + \varepsilon_t$	회귀방정식	…… (6−1)
$Y_t = bQ_{t1} + (1-b)Q_{t2} + \mu_t$	축약방정식	…… (6−4)
$Y_t = b_t Q_{t1} + (1-b_t)Q_{t2}$	기본방정식	…… (6−7)

이 세 방정식은 동일하며 식 (6−1)을 언제나 식 (6−7)로 변환시킬 수 있다. 기본방정식 (6−7)은 베이즈 확률이론과 블랙−숄스 옵션이론에서도 중요한 역할을 하였지만 그의 핵심은 Y_t을 Q_{t1}과 Q_{t2}로 분열(bifurcation)시킬 수 있다는 점이다. 이 요약을 그림으로 설명하면 이 장과 제 4 장의 제 6 절에서 제기한 최초의 질문과 대답으로 돌아간다. [그림 6−6]은 [그림 6−1]의 재생이고 K=1일 때 X_{t1}의 수직선에 Q_{t1}, Y_t, $\hat{Y}_t$, Q_{t2}가 차례대로 표시되었는데 이제 질문은 관측치 $Y_t = \hat{\beta}_0 + \hat{\beta}_1 X_{t1} + \hat{\beta}_2 X_{t2} + \cdots + \hat{\beta}_K X_{tK} + e_t$와 그의 추정치 $\hat{Y}_t = \hat{\beta}_0 + \hat{\beta}_1 X_{t1} + \hat{\beta}_2 X_{t2} + \cdots + \hat{\beta}_K X_{tK}$만이 알려졌을 때 Q_{t1}과 Q_{t2}의 위치를 발굴할 수 있겠는가 이었다. 이 장의 결론은 그렇다이며 그 근거가 연립방정식 체계 6−1이다.

6. 정합경제이론을 베이즈 확률이론, 민서−베커 시간이론, 블랙−숄스 옵션이론과 방정식의 형태로 비교하면 다음과 같다.

	비내포모형	내포모형
베이즈 확률이론(제 2 장)	$P_bQ_1=P_aY$	$Y=P_bQ_1+(1-P_b)Q_2$
민서/베커 시간이론(제 3 장)		$Y=bQ_1+(1-b)Q_2$
블랙/숄스 옵션이론(제 4 장)	$C=N_1Y-N_2\hat{\hat{Y}}$	$Y=N_2Q_1+(1-N_2)Q_2$
	$C=(N_1-N_2)Q_2$	
정합경제이론(제 6 장)	$Y_t=X_t\beta+\varepsilon_t$	$Y_t=b_tQ_{t1}+(1-b_t)Q_{t2}$

베이즈 확률이론은 주변확률방정식 $Y=P_bQ_1+(1-P_b)Q_2$의 사전확률 P_b에서 사후확률 P_a을 구하는 〈역확률 정리〉이었다. 블랙-숄스 옵션이론은 내포모형 $Y=N_2Q_1+(1-N_2)Q_2$에서 옵션가격 C를 구하는 것이었다. 반드시 동일하지 않지만 비슷한 논리로 정합경제이론은 기본방정식 $Y_t=b_tQ_{t1}+(1-b_t)Q_{t2}$에서 횡단면 표본집합을 재생하는 〈역표본 정리〉이다. 제 8 장이 그 내용이다.

CHAPTER 07

확률생산함수

1. 제 2 장에서 베이즈 세계를 조사할 때 비내포모형(idea 1)과 내포모형(idea 2) 사이의 내적 정합을 조명하였다. 그것은 베이즈 변환, 변수변환, 모형변환의 3대 변환으로 요약된다. 여기에 제 4 장에서 새로운 정보를 생산하는 수량좌표(idea 3)와 시간좌표(idea 4)의 내적 정합을 더하여 이 장에서는 베이즈의 사전확률을 결정하는 방법을 제시하겠다. 베이즈의 역확률 정리는 주변확률 (2−2)의 $Y=P_bQ_1+(1-P_b)Q_2$에서 1개의 사전확률 P_b로 사후확률 P_a을 수정함으로써 모집단의 확률을 추론하는 것인데 비슷한 논리로 제 6 장에서 구한 기본방정식 (6−7)의 $Y_t=b_tQ_{t1}+(1-b_t)Q_{t2}$이 주변확률 방정식 (2−2)와 동일한 형태이므로 1개의 표본으로 횡단면의 표본을 생산한다는 〈역표본 정리〉를 증명하는 길을 한 걸음 더 앞당겨 놓았다. 〈2변수 체제〉의 기본방정식의 역할이 바로 〈역표본 정리〉를 증명하는 것이지만 그것은 제 8 장으로 미루고 여기서는 비슷한 응용문제로서 베이즈의 확률이론에 있어서 사후확률로 사전확률을 역산하는 문제를 생각해 보자.

2. 베이즈 확률이론의 최대의 난제는 사전확률을 어떻게 결정하느냐 이다. 이 장에서 전통적인 방법과 다른 방법을 논의한다. 이것이 가능한 것은 새로운 정보가 실재좌표와 투영좌표의 상호 작용에 의해 추가되기 때문이다. 특히 제 6 장의 내포모형을 찾을 때 사용한 방법이 반복될 것이다(소정리 6−2∼소정리 6−9). 이 장

에서 베이즈의 사전확률을 결정하는 원리에는 사후확률 P_a를 생산하는 생산함수의 면모가 있다는 점을 밝히는 것이며 그것을 몇 가지 예로 설명하겠다. 그 생산함수는 제 6 장의 기본방정식과 원리가 동일하다. 베루누이의 가정이 옳다면 베이즈 정리의 형태는 변하지 않으며 표본 또는 사건 Q_1과 Q_2의 추가적인 제시로 사후확률은 베이즈 공식 (1−9)에 의해 계속 생산된다.

$$P_a = \frac{Q_1}{P_bQ_1 + (1-P_b)Q_2} P_b \qquad \cdots\cdots (1-9)$$

여기서 사건 Q_1과 Q_2가 주어지면 사후확률 P_a는 사전확률 P_b에 의해 생산된다고 해석할 수 있다. 그 관계는 보기보다 단순하지 않으므로 몇 가지 단계로 나누어서 생각해야 한다.

제 1 절 조건확률 생산함수

1. 제 2 장에서 이미 언급한 것처럼 베이즈의 세계에서 사전확률이라 함은 자연세계의 모집단의 확률이라기보다는 베이즈에 의하면 확률은 개인이 주관적으로 믿는 정도이므로 새로운 정보가 축차적으로 추가될 때 그 이전의 사후확률이 이번에는 사전확률이 되고 이 사전확률에 의존하여 새로운 정보를 추가하여 사후확률을 생산하고 다시 이 사후확률이 사전확률이 됨을 의미한다. 따라서 새로운 정보과 함께 사후확률을 생산하는 연속적인 베이즈 정리에서는 사전확률은 고정되어 있는 상수가 아니다.

2. 이것을 제 2 장에서 예를 들은 살인혐의로 잡혀온 피의자로 설명할 수 있다. 그는 범행을 완강히 부인하고 있다. 경찰은 60퍼센트의 심증으로 그가 범인이라고 생각한다. 이것이 사전확률이다. 그에게 거짓말 탐지기를 사용하였더니 그의 무죄 주장이 거짓말이라고 나왔다. 이 기계의 성능은 과거기록에 비추어보면 진범이 거짓말하는 확률이 70퍼센트이고 결백한 피의자가 사실을 말했는데도 거짓말한다고 나타내는 확률이 20퍼센트이었다. 나머지 10퍼센트는 회색지대이다. 전자의 경우가 사건 Q_1에 해당하고 후자의 경우가 사건 Q_2에 해당한다. 따라서 그가 진범

일 사후확률은 다음과 같다.

$$P_a = \frac{0.6 \times 0.7}{0.6 \times 0.7 + (1-0.6) \times 0.2} = 0.84$$

사전확률 60퍼센트에서 거짓말 탐지기의 도움으로 새로운 증거가 추가된 결과 사후확률이 84퍼센트로 증가한다. 이야기는 여기서 그치질 않고 그가 항소하였다고 하자. 항소에서는 사전확률이 84퍼센트이다. 그러나 과거에 그와 관계했던 증인들로부터 그가 평소에 거짓말할 확률이 10퍼센트에 불과하고 오히려 거짓말하지 않을 확률이 70퍼센트이라는 증언이 채택되었다고 하자. 그러한 경우 그가 진범일 사후확률은 다음과 같다.

$$P_a = \frac{0.84 \times 0.1}{0.84 \times 0.1 + (1-0.84) \times 0.7} = 0.45$$

이러한 방식으로 그가 진범일 사후확률은 0.6 → 0.84 → 0.45로 변한다. 이러한 이유로 하급법원의 판결이 상급법원에서 번복될 수 있다. 이론적으로 볼 때 만일 계속적인 증거를 제시하는 것을 무한대로 허락한다면 사후확률을 무한대로 생산할 것이다. 이러한 의미에서 베이즈 정리를 확률생산함수라고 칭할 수 있다.

3. 확률이 생산되는 또 하나의 예로서 최근에 양자물리학자 언윈(Unwin, 2003)은 베이즈 정리로 신의 존재 가능성을 독특하게 제시하였다. 그 전에는 신의 존재에 대해서는 세 가지 주장이 있었다. 존재한다(Anselm, Descartes), 존재하지 않는다(Schopenhauer, Rusell), 모르겠다(Kant).[1] 그러나 신의 존재를 확률로 설명한 것은 언윈이 처음이다. 식 (1−9)에서 P_b을 신이 존재하는 사전확률이라고 생각하자. 이것은 전혀 알려져 있지 않다. 이에 대한 인간의 인식은 완전무지이다. 칸트도 그의 유명한 이율배반으로 증명하였다. 파스칼은 사물에 대해서 완전 무지하다는 것은 확률이 50:50이라고 주장하였다. 이것은 동전던지기와 같은 것이다. 따라서 원초적인 사전확률을 $P_b = 0.5$에서 시작한다. 앞서 잠깐 소개한대로 사건 Q_1을 관측되는 증거 E가 신이 존재하는 경우 G에만 나타나는 확률 $Q_1 = P(E \mid G)$이라고 정의할 수 있다. 그러면 사건 Q_2를 동일한 증거가 신이 존재하지 않음 G^*에도 나

1) Haldane, E. and G. Ross, (eds.), *Philosophical Works of Decartes*, New York: Dover, 1934, pp. 86−93.

타날 확률 $Q_2=P(E \mid G^*)$이라고 정의할 수 있다. 그러면 베이즈 정리에 의해 신이 존재할 사후확률은 다음과 같다.

$$P_a=\frac{P_b \times P(E \mid G)}{P_b \times P(E \mid G)+(1-P_b)\times P(E \mid G^*)} = \frac{0.5 \times P(E \mid G)}{0.5 \times P(E \mid G)+(1-0.5)\times P(E \mid G^*)} \quad \cdots\cdots (7-1)$$

이 식에서 증거의 확률이 어려운 내용인데 다음과 같이 약간 다르게 표현하여 어려움을 경감할 수 있다.

$$P_a=\frac{0.5 \times P(E \mid G)}{0.5 \times P(E \mid G)+(1-0.5)\times P(E \mid G^*)}=\frac{0.5 \times B}{0.5 \times B+(1-0.5)} \quad \cdots\cdots (7-2)$$

여기서 $B=\dfrac{P(E \mid G)}{P(E \mid G^*)}$인데 베이즈 지수(Bayes Factor)이다. 지진의 강도를 리히터 지수로 표현할 때 1부터 8까지 하듯이 베이즈 지수를 숫자로 표현할 수 있다. 언윈은 증거 E를 다음과 같이 E_1=인간의 선, E_2=인간의 악, E_3=자연의 악, E_4=자연적 기적, E_5=초자연적 기적, E_6=종교적 체험으로 분류하였다. 언윈은 리히터 지진지수처럼 베이즈 지수를 주관적으로 0.1에서 10까지 나누었다.

4. 먼저 인간의 선한 행동을 보면 두 가지 점이 특징이다. 신이 인간을 자신의 형상으로 창조했다는 창세기의 내용과 너희가 대접받고자 하는 대로 남을 먼저 대접하라 라는 마태복음의 황금률(golden rule)이다. 이것이 신이 인간에게 부여한 선의 증거로서 $P(E \mid G)=1$라고 생각할 수 있다. 반대로 남에게 잘하는 것은 신의 존재와 상관없이 자신에게 선이 되돌아온다는 이기적인 생각일 수 있는데 다른 사람의 선을 보고 이렇게 생각하는 사람이 10퍼센트, 즉 $P(E \mid G^*)=0.1$이다. 그러면 베이즈 정리 (7-2)에 의해서 신이 존재하는 사후확률은 다음이다.

$$P_a=\frac{0.5 \times 10}{0.5 \times 10+(1-0.5)}=0.91 \quad \cdots\cdots (7-3)$$

이제 두 번째 증거 E_2가 나타난다고 하자. 그러면 첫 번째 사후확률 0.91은 이 경우에 사전확률이 된다. 인간의 악은 전쟁, 테러, 폭력 등이다. 신이 존재할 때 인간의 악이 나타날 확률은 그렇지 않을 경우에 비하여 작으므로 베이즈 지수는 $B=0.5$라고 하자. 그러면 새롭게 추가된 증거에 의해서 신이 존재할 사후확률은 다음과 같이 수정된다.

$$P_a = \frac{0.91 \times 0.5}{0.91 \times 0.5 + (1 - 0.91)} = 0.83 \qquad \cdots\cdots (7-4)$$

신이 존재한다면 어째서 악을 전혀 없애지 못하는가. 이 경우 $P(E \mid G) = 0$이 되어 $B = 0$이 되면 신의 존재의 확률은 1을 넘어서게 되는 모순을 가져오게 된다. 신이 존재하여도 인간의 악이 존재하는 이유는 신이 인간에게 부여한 선택의 자유 때문이다.

세 번째 증거 E_3도 제시된다고 하자. 두 번째 사후확률 0.83은 이 경우에 사전확률이 된다. 자연의 악은 지진, 홍수, 암, 한발, 각종 사고 등이다. 신이 세상을 창조하고 인간에게 살 곳을 마련하였다면 이렇게 험한 위험을 만들지 않았을 것이다. 그러므로 자연이 인간에게 저지르는 악은 아무래도 신이 존재하지 않기 때문일 수 있다 라고 믿는 사람이 많을 것이다. 그 베이즈 지수가 $B = 0.1$이라고 하자. 그 결과 이러한 사람들에게 신이 존재할 사후확률은 다시 수정된다.

$$P_a = \frac{0.83 \times 0.1}{0.83 \times 0.1 + (1 - 0.83)} = 0.33 \qquad \cdots\cdots (7-5)$$

인간의 악과 자연의 악이 신의 존재 가능성을 감소시키고 있다. 네 번째 증거 E_4을 추가하자. 자연적 기적은 자연의 법칙에 어긋나지 않지만 설명하기 어려운 사건들이다. 난치병이 치유되는 일이나, 고장난 비행기가 안착하는 경험 등이다. 공부 못하는 학생이 어려운 시험에 합격하는 일도 속한다. 보통 신의 도움이라고 설명하는 이러한 증거는 신이 존재하지 않으면 일어나기 어려운 일이므로 신의 존재의 사후확률을 높일 것이다. 이런 경우 베이즈 지수를 $B = 2$라고 부여하자. 그러면 신이 존재할 사후확률은 또다시 수정된다.

$$P_a = \frac{0.33 \times 2}{0.33 \times 2 + (1 - 0.33)} = 0.5 \qquad \cdots\cdots (7-6)$$

거듭되는 증거의 축적으로 결국 원점으로 돌아왔다. 이제 다섯째 증거 E_5의 역할을 볼 수 있다. 초자연적 기적은 인간이 알고 있는 자연의 법칙과 어긋난다. 동정녀 탄생이나 죽은 이의 부활이 대표적이다.[2] 그리고 승천도 여기에 속한다.

2) Garza-Valdes, L. A., *The DNA of God?* New York: Berkley, 1999.

그러나 이것은 모든 사람이 믿는 기적이 아니다. 따라서 베이즈 지수가 $B=1$이라고 하자. 그러면 신의 존재의 확률은 다음과 같다.

$$P_a = \frac{0.5\times 1}{0.5\times 1+(1-0.5)} = 0.5 \qquad \cdots\cdots (7-7)$$

마지막으로 종교적 체험 E_6을 들 수 있다. 신이 존재하지 않으면 종교적 체험을 하기가 더 어려울 것이다. 신이 존재하므로 종교적 체험을 하는 사건지수가 2배 더 높다고 하자. 그러면 최종적으로 신이 존재할 확률은 다음과 같이 향상된다.

$$P_a = \frac{0.5\times 2}{0.5\times 2+(1-0.5)} = 0.67 \qquad \cdots\cdots (7-8)$$

최종적으로 신이 존재할 확률이 0.67이고 그렇지 않을 확률은 0.33이므로 대체로 2대 1로 신이 존재할 가능성이 2배 높다.

5. 물론 베이즈 지수 B의 숫자는 개인마다 다를 수 있고 따라서 결과도 다를 수 있다. 베이즈 확률이 개인의 주관적인 믿는 정도로 정의되기 때문이다. 그러나 이 예가 보여주는 것은 첫째, 베이즈 지수가 정해지지 않고, 둘째, 사후확률이 새로운 증거에 의해 수정된다는 점이다. 특히 둘째와 관련하여 위의 예에서 식 (7−3)에서 식 (7−8)에 이르기까지 사후확률이 0.91 → 0.83 → 0.33 → 0.5 → 0.5 → 0.67로 생산된다. 이때 투입하는 정보는 베이즈 지수이다. 따라서 베이즈 정리를 확률생산함수라고 부를 수 있다.[3)]

6. 베이즈 정리가 아무리 확률을 주관적 믿음의 정도로 정의하여도 동일한 개인에 있어서도 사건지수의 불연속성이 동일 베이즈 지수에 대하여 다른 사후확률을 생산하게 된다. 예를 들면 앞서 신의 존재의 예에서 두 번째 증거 E_2와 세 번째 증거 E_3 사이에 증거 E_{23}가 존재하고 이때 베이즈 지수가 $B=0.4$이라면 계산 (7−4)는 다음과 같이 수정된다.

$$P_a = \frac{0.83\times 0.4}{0.83\times 0.4+(1-0.83)} = 0.66 \qquad \cdots\cdots (7-9)$$

---

3) 확률변수가 연속적(continuous)이면 밀도함수(desity function)이고 이산적(disctrete)이면 확률함수(probability function)이다.

이제 베이즈 지수 $B=0.5$인 세 번째 증거 E_3가 나타났다고 하자. 이때 계산 (7－5)에서 사전확률은 0.83에서 0.66으로 바뀌며 사후확률은 다음과 같다.

$$P_a=\frac{0.66\times0.1}{0.66\times0.1+(1-0.66)}=0.15 \qquad \cdots\cdots (7-10)$$

증거 E_{23}이 없을 때의 확률 0.33에 비하여 낮은 확률이다. 이것은 동일 개인에게 있어서 동일 베이즈 지수가 다른 사후확률을 생산할 수 있음을 의미한다. 그 이유는 베이즈 지수가 불연속이기 때문이다. 앞서 베이즈 지수가 10 → 0.5 → 0.1 → 2 → 1 → 1 → 2로 변할 때의 사후확률과 10 → 0.5 → 0.4 → 0.1 → 2 → 1 → 1 → 2로 변할 때 동일 베이즈 지수 0.1에 대하여 다른 사후확률을 생산한다. 이렇게 되면 베이즈 지수가 불연속일 때 동일한 베이즈 지수에 대하여 사후확률은 유일하지 않으며 이것이 다음 생산과정에서 사전확률이 될 때 그것도 유일하지 않게 된다. 여기에 더하여 최초에 투입하는 초기 사전확률의 크기에 따라 결과가 달라진다. 초기조건의 임의성이다. 불확실성 세계에서 확률이 하나가 아니라는 점의 발견은 베이즈의 또 하나의 업적이다. 수학자 스미스(M. Smith, 1984)는 이에 대하여 다음과 같이 기술하고 있다.

> Any approach to scientific inference which seeks to legitimize *an* answer in response to complex uncertainty is, for me, a totalitarian parody of a would-be rational learning process [the italic is original].[4)]

확률을 주관적 믿는 정도라는 베이즈 정리에 동의하는 케인즈(Keynes, 1933)도 이와 비슷한 견해를 피력하였다.

> We are faced at every turn with the problems … of discreteness, of discontinuity … small changes produce large effects, and the assumptions of a uniform and homogeneous continuum are not satisfied.[5)]

케인즈는 이 같은 사고 아래 사람들이 불확실한 미래에 대하여 평균적인 계산에 따라 움직인다는 제본스(S. Jevons)의 믿음을 일거에 부정하고 사람들을 움직이는 것은 동물적 본성(animal spirits)이라고 주장하였다. 이러한 점에서 케인즈는 확

4) Smith(1984).
5) Keynes(1933), p. 362.

률이 믿음의 정도라는 베이즈의 정리에 동조하면서도 확률을 주관적 제안(proposition)이라고 해석하였다.

7. 이러한 맥락에서 보면 베이즈 지수가 불연속일 때에 사람들을 움직이게 하는 것이 평균이라는 제본스의 주장과 동물적 본성이라는 케인즈의 주장은 베이즈의 시각에서 보면 모두 베이즈 지수가 단속적이며 사전확률을 모르고 확률이 복수이기 때문에 제기된 것이라고 해석할 수 있다. 두 주장이 해결되려면 동일 단속적인(discrete and discontinuity) 베이즈 지수마다 사전확률과 사후확률이 동시에 결정되면 된다. 다음절에서 사전확률 계산하는 공식을 제시한다.

제 2 절 사전확률의 풀이

1. 제 2 장에서 이미 논의했듯이 베이즈의 세계는 베이즈 변환과 모형변환으로 구성된다.

$Y=P_bQ_1+(1-P_b)Q_2$	기본방정식	…… (2-27)
$P_aY=P_bQ_1$	베이즈 변환	…… (2-31)
$Y\hat{Y}=\pi Q_1Q_2$	모형변환	…… (2-34)

그런데 식 (4-66*)에 의하면 $\pi=\dfrac{\delta}{\chi}$이다. 식 (2-2)와 식 (2-34)에서 다음이 유도되었다.

$$\frac{1}{Y}=\frac{P_a}{Q_1}+\frac{1-P_a}{Q_2} \qquad \cdots\cdots (2-28)$$

$$\frac{\chi}{\delta}\hat{Y}=(1-P_a)Q_1+P_aQ_2 \qquad \cdots\cdots (2-37)$$

$$\frac{\delta}{\chi}\frac{1}{\hat{Y}}=\frac{1-P_b}{Q_1}+\frac{P_b}{Q_2} \qquad \cdots\cdots (2-38)$$

$$P_a(1-P_b)=\left(\frac{Q_1}{Q_2}\right)P_b(1-P_a) \qquad \cdots\cdots (2-42)$$

$$P_b(1-P_b)=\left(\frac{\delta}{\chi}\frac{Y}{\hat{Y}}\right)P_a(1-P_a) \qquad \cdots\cdots (2-44)$$

식 (2−45)는 다음의 확률거울이 되었다.

$$\frac{\left(P_b-\frac{1}{2}\right)^2}{\frac{1}{4}\left(1-\frac{\delta}{\chi}\frac{Y}{\hat{Y}}\right)}-\frac{\left(P_a-\frac{1}{2}\right)^2}{\frac{1}{4}\left(\frac{\chi}{\delta}\frac{\hat{Y}}{Y}-1\right)}=1 \qquad \text{확률거울} \qquad \cdots\cdots (2-45)$$

여기서 소정리 2−2에 의하여 베이즈 사전확률 P_b와 사후확률 P_a는 누적확률이므로 제 6 장에서 다음이 성립함을 보았다.

$$P_b=\int_{-\infty}^{Z_b}\frac{1}{\sqrt{2\pi}}e^{-\frac{1}{2}x^2}dx \qquad \text{누적확률} \qquad \cdots\cdots (6-17)$$

$$P_a=\int_{-\infty}^{Z_a}\frac{1}{\sqrt{2\pi}}e^{-\frac{1}{2}x^2}dx \qquad \text{누적확률} \qquad \cdots\cdots (6-16)$$

이제 제 6 장의 기본방정식 구조와 동일하므로 소정리 6−1에 의하여 제 6 장의 연립방정식 체계 6−1을 이용할 수 있다. 이때 식 (6−40)∼(6−42)가 적용되며 $P_a=c$로 표기하였다.

연립방정식 체계 7-1

$Y=P_bQ_1+(1-P_b)Q_2$ …… (6−7)	$\frac{\left(P_b-\frac{1}{2}\right)^2}{\frac{1}{4}\left(1-\frac{\delta}{\chi}\frac{Y}{\hat{Y}}\right)}-\frac{\left(c-\frac{1}{2}\right)^2}{\frac{1}{4}\left(\frac{\chi}{\delta}\frac{\hat{Y}}{Y}-1\right)}=1$ …… (6−39)
$\chi\hat{Y}_t^X=cQ_1+(1-c)Q_2$ …… (6−13)	$\gamma=1+\frac{\ln\left(\frac{1}{\delta}\frac{2P_b-1}{2c-1}\frac{Z_c}{Z_b}\right)}{\ln\frac{\chi\hat{Y}}{Y}}$ …… (6−41)
$c=\int_{-\infty}^{Z_c}\frac{1}{\sqrt{2\pi}}e^{-\frac{1}{2}x^2}dx$ …… (6−16)	$\frac{1}{2}\sqrt{1-\frac{\chi}{\delta}\frac{\hat{Y}}{Y}}=\frac{1}{\sqrt{2\pi}}\int_0^{\sqrt{2\gamma(\ln Y-\ln\chi\hat{Y})^3}}e^{-\frac{1}{2}x^2}dx$ (6−50)
$P_b=\int_{-\infty}^{Z_b}\frac{1}{\sqrt{2\pi}}e^{-\frac{1}{2}x^2}dx$ …… (6−17)	$\delta=\frac{c-\frac{1}{2}}{Z_c}\frac{P_b-\frac{1}{2}}{Z_b}$ …… (6−52)
$Z_c^2-Z_b^2=2\gamma\ln\left(\frac{Y}{\chi\hat{Y}}\right)$ …… (6−23)	

이 연립방정식은 8개의 독립방정식에 8개의 미지수(c, P_b, Z_a, Z_b, χ, γ, Y, $\hat{Y}$)로 구성되어 있다. 이제 새로운 증거 E가 나타나는 조건확률 Q_1과 Q_2가 주어지면 미지수를 풀 수 있다. 풀이는 복잡하지만 컴퓨터의 도움으로 해결할 수 있다.[6)]

2. 이 연립방정식 체계는 9개의 독립방정식에 9개의 미지수(c, P_b, Z_a, Z_b, χ, δ, γ, Y, $\hat{Y}$)로 구성되어 있으며 동일한 조건확률 Q_1과 Q_2에 대하여 사전확률 P_b이 결정된다. 그러면 베이즈 정리 (2-31)에 의하여 사후확률 P_a이 결정된다. 그 결과에 의하여 주변확률 (2-27)도 결정된다. 식 (2-37)은 모형변환 (2-34)를 베이즈 변환 (2-31)에 대입한 결과이다. 사전확률 P_b과 사후확률 P_a이 쌍으로 결정된 다음 단계에서 베이즈 지수 B가 다시 변하면 그 이전 베이즈 지수에 의하여 결정된 사후확률이 이번에 사전확률이 된 것이 아니라 새로운 베이즈 지수에 상응하는 사전확률과 사후확률의 한 쌍이 다시 결정된다. 그 이유는 앞서 제1절에서 보인 것처럼 베이즈 지수라는 것이 불연속이기 때문이다. 베이즈 지수의 연속성이란 존재하지 않는다. 그러한 개념이 존재한다면 초기조건으로 설정한 베이즈 지수에 의해서 사전확률과 함께 결정된 사후확률을 식 (1-9)에 사전확률로 대입하여 다음 사후확률을 계산한 뒤 이 결과를 다시 식 (1-9)에 대입하여 구한 베이즈 지수가 연속성을 갖는다. 그러나 현실에서 그러한 조건을 갖춘 베이즈 지수는 발생하지 않는다. 더욱이 초기조건의 설정도 인위적인 것이므로 연속성의 베이즈 지수란 존재하지 않으며 초기조건에 따라 연속성을 갖는 무한개의 확률집합이 존재하게 된다는 모순에 처한다. 결국 베이즈 지수의 불연속성으로 독립된 베이즈 지수마다 사전확률과 사후확률의 쌍이 동시에 결정될 뿐이다.

제 3 절 주변확률 생산함수와 유사성의 원리

1. 베이즈 정리 (1-9)를 보면 베이즈 지수가 변화를 일으킬 때마다 사후확률이 생산되는 것을 보았다. 여기에 추가하여 빈도확률학자(frequentist)들은 사전확

6) 베이즈 확률 이론은 컴퓨터의 발달로 현실적용의 폭이 커졌다. 풀이에 있어서 다행스러운 점은 확률의 범위가 0과 1 사이로 제한되었다는 것이다. 이 특성이 풀이의 복잡성을 경감해 준다.

그림 7-1 베이즈 확률분포

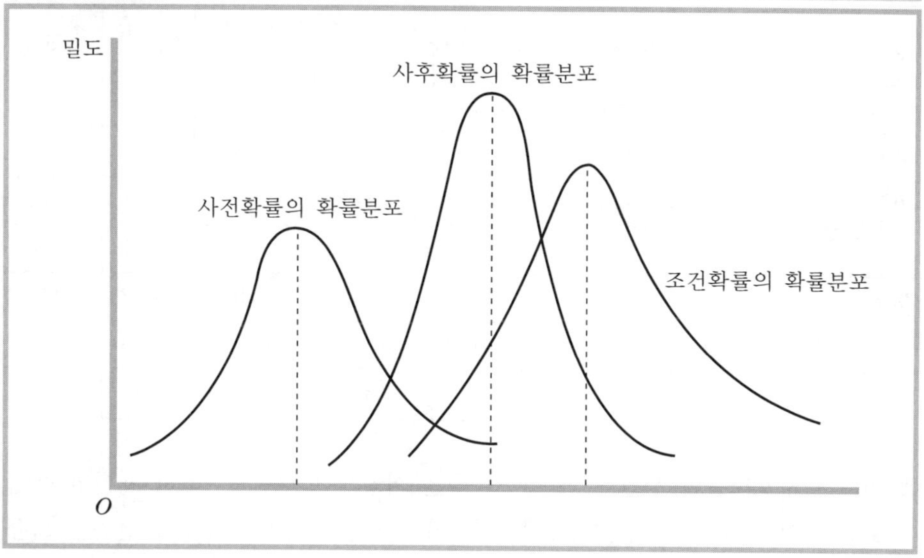

률이 확률변수가 아니라고 주장하는데 대하여 베이즈 확률학자(Bayesian)들은 사전확률을 확률변수로 정의한다.[7] [그림 7-1]은 [그림 2-1]의 재생인데 사후확률이 사전확률과 조건확률의 가중평균으로 표현되어 있다. 이것을 보면 사전확률, 사후확률, 조건확률 모두가 확률변수이며 베이즈의 확률이론은 점 추정이 아니라 구간 추정이라는 것을 알 수 있다.

[그림 7-1]의 베이즈 확률분포를 앞서 신의 존재확률의 예에 적용하면 사후확률이 0.91 → 0.83 → 0.33 → 0.5 → 0.5 → 0.67처럼 계속적으로 변한 이면에는 베이즈 지수 B가 계속하여 10 → 0.5 → 0.1 → 2 → 1 → 2로 변하였기 때문인데 이것은 사건의 조건확률 Q_1과 Q_2가 변했다는 의미이고 그 결과 비내포모형의 주변확률 Y와 내포모형의 주변확률 $\hat{Y}$도 변했다는 뜻이다. 이 예에서 조건확률이 변한 것을 보면 [표 7-1]과 같다.

여기서 두 조건확률의 합을 0.7이라고 가정하였다. 나머지 0.3은 회색(inconclusive)지대이다. 이제 우리의 관심은 베이즈 지수 $B=\dfrac{Q_1}{Q_2}$가 변할 때 주변확률 $Y=P_bQ_1+(1-P_b)Q_2$이 어떠한 규칙으로 변하는가 이다. 다시 말하면 사전확률

7) Koop(2005), p. 2.

표 7-1 베이즈 지수와 조건확률의 가상 변화

B	Q_1사건	Q_2사건	Q_1조건확률	Q_2조건확률	Q_1조건확률의 평균	Q_2조건확률의 평균	$\tilde{\tilde{Q}}_1$잔차	$\tilde{\tilde{Q}}_2$잔차
			($\tilde{\tilde{Q}}_1$)	($\tilde{\tilde{Q}}_2$)	(Q_1)	(Q_2)	(μ_1)	(μ_2)
10.0	10.0	1.0	0.65	0.06	0.65	0.06	0.00	0.00
0.5	1.0	2.0	0.23	0.47	0.44	0.27	−0.21	0.20
0.1	1.0	10.0	0.06	0.65	0.47	0.39	−0.41	0.26
2.0	2.0	1.0	0.47	0.23	0.35	0.35	0.12	−0.12
1.0	1.0	1.0	0.35	0.35	0.35	0.35	0.00	0.00
2.0	2.0	1.0	0.47	0.23	0.37	0.33	0.10	−0.10

에 의해서 사후확률이 생산될 때 주변확률은 어떻게 변하는가. 앞서 재판의 예에서 보면 조건확률(증거)이 나타날 때 피의자가 범인인 주변확률 Y가 변하는 모습을 보았지만 그 변화에는 어떠한 규칙이 있을 것이다. 다시 말하면 베이즈의 정리는 조건확률 생산함수이며 동시에 비내포모형 Y와 내포모형 $\hat{Y}$의 주변확률 생산함수인데 조건확률이 새로이 변할 때 주변확률이 어떠한 규칙으로 변하는가. 이에 대한 대답으로서 이 절에서 베이즈 지수 B와 주변확률 Y의 관계를 나타내는 생산함수를 제시한다. 비내포모형 (2−2)는 다음과 같았다.

$$Y = P_bQ_1 + (1-P_b)Q_2 \qquad \text{기본방정식} \qquad \cdots\cdots (2-2)$$

베이즈 확률이론에서 사건 Q_1과 Q_2는 조건확률이며 그 자체가 확률변수이다.[8] 베이즈 확률이론의 이 특징은 확률을 자연에 숨겨져 있는 상수라고 가정하는 빈도확률이론(frequency theory)과 다른 점이라 함은 앞서 거듭하여 밝힌 대로이다. 앞서 살인피의자의 예에 새롭게 나타나는 증인과 증언들이 정해져서 반복적으로 나타나는 것이 아니다. 또한 두 공장의 회사의 예에서 공장 1의 불량품과 공장 2의 불량품의 비율이 1대 2인 것은 평균일 뿐 항상 그렇게 정해진 것이 아니라 확률적으로 바뀔 수 있는 것이다. 앞서 신의 존재의 예에서도 증거 E_1, E_2, E_3, E_4, E_5, E_6는 분명히 확률변수이다. 이것을 [표 7−1]에서 조건확률이 변하는 모습으로 정리하였

8) Koop(2005), p. 2.

다. 정식으로 표현하면 Q_1과 Q_2는 우도함수(likelihood function)이다. 그러므로 식 (2−2)의 우도함수 Q_1과 Q_2를 [표 7−1]처럼 조건확률변수 $\tilde{\tilde{Q}}_1$과 $\tilde{\tilde{Q}}_2$로 표현할 수 있다.

$$Y = P_b\tilde{\tilde{Q}}_1 + (1-P_b)\tilde{\tilde{Q}}_2 \qquad \text{기본방정식} \qquad \cdots\cdots (7-12)$$

사건 $\tilde{\tilde{Q}}_1$과 $\tilde{\tilde{Q}}_2$은 확률변수이므로 고정되어 반복적으로 나타나는 평균부분 Q_1과 Q_2 및 오차 μ_1와 μ_2의 부분으로 구성된다.[9]

$$\tilde{\tilde{Q}}_1 = Q_1 + \mu_1, \qquad \tilde{\tilde{Q}}_2 = Q_2 + \mu_2 \qquad \cdots\cdots (7-13)$$

[표 7−1]의 예에서 7열과 8열이 평균을 나타내고 9열과 10열이 잔차를 나타낸다.[10] 다시 비유하자면 두 공장의 회사에서 불량품 비율 Q_1대 Q_2=1대 2는 과거 경험의 평균에 불과하고 정보가 축적될 때마다 이 평균비율은 변한다. 구체적으로 신의 존재확률의 예에서 베이즈 지수가 새로이 추가될 때마다 평균은 [표 7−1]이 보이는 것처럼 이동한다. 사건의 확률변수의 정의 (7−13)을 베이즈 정리에 대입하면 다음과 같은 회귀방정식이 된다.

$$Y = P_bQ_1 + (1-P_b)Q_2 + \mu \qquad \cdots\cdots (7-14)$$

여기서 $\mu = P_b \times \mu_1 + (1-P_b) \times \mu_2$이다. 여기에 시간을 두고 반복되는 이동평균 Q_1과 Q_2가 알려져 있다면 회귀분석을 할 수 있다.[11] 식 (7−14)를 다음과 같이 표현할 수 있다.

$$Y = P_b\tilde{Q}_1 + (1-P_b)\tilde{Q}_2 \qquad \text{비내포모형} \qquad \cdots\cdots (7-15)$$

이것은 비내포모형 (2−2)의 내포모형이지만 여기서는 이것을 비내포모형으로 삼자. 여기서 다음이 정의된다.

$$\tilde{Q}_1 = Q_1 + \mu, \qquad \tilde{Q}_2 = Q_2 + \mu \qquad \cdots\cdots (7-16)$$

식 (7−14)에서 서로 다른 오차 μ_1와 μ_2을 식 (7−16)에서는 동일한 오차 μ으

9) 여기서 확률변수의 표기가 전통적인 표기와 약간 다른 것은 순전히 편의 때문이다.
10) 잔차의 합계가 0이 아닌 것은 표본의 임의성 때문이다.
11) 이 문장의 정확한 의미는 다음 제 8 장에서 확실해진다.

로 전환하였다. 이때 식 (7−13)과 식 (7−15)에서 $0=P_b(\tilde{Q}_1-\tilde{\tilde{Q}}_1)+(1-P_b)(\tilde{Q}_2-\tilde{\tilde{Q}}_2)$이 성립하므로 식 (7−14)와 식 (7−16)의 도움으로 $0=P_b(Q_1+\mu-Q_1-\mu_1)+(1-P_b)(Q_2+\mu-Q_2-\mu_2)$과 $\mu=P_b\times\mu_1+(1-P_b)\times\mu_2$이 된다. 식 (7−14)는 베이즈 정리의 또 다른 표현인데 이 회귀방정식에서 Y, Q_1, Q_2가 주어지면 다음의 계수를 정의할 수 있다.

$$\tilde{b}=\frac{Y-Q_2}{Q_1-Q_2} \qquad \cdots\cdots (7-17)$$

그러면 다음이 성립한다.

$$Y=\tilde{b}Q_1+(1-\tilde{b})\tilde{Q}_2 \qquad \text{내포모형} \qquad \cdots\cdots (7-18)$$

이것 역시 비내포모형 (7−15)의 내포모형이다. 이 내포모형은 앞서 소개한 힐드레드−훅크(Hildreth−Houck)의 확률모수방정식(random parameter equation)의 일종이며 여기서 $\tilde{b}$는 비확률모수 P_b에 확률오차를 반영한 확률모수(random parameter)이다. 그러면 식 (7−14)의 오차는 $\mu=(P_b-\tilde{b})(Q_1-Q_2)$로 정의된다. 확률모수방정식 (7−18)에 베이즈 변환을 적용하면 다음과 같다.

$$\tilde{b}Q_1=\tilde{a}Y \qquad \text{베이즈 변환} \qquad \cdots\cdots (7-19)$$

여기서 Y는 사전기대이므로 $\tilde{a}$는 반드시 확률변수이어야 한다. 베이즈 변환 (7−19)를 확률모수방정식 (7−18)에 대입하여 정리하면 다음이 된다.

$$\frac{1}{Y}=\frac{\tilde{a}}{Q_1}+\frac{1-\tilde{a}}{Q_2} \qquad \cdots\cdots (7-20)$$

이러한 변환은 지금까지 우리가 계속 사용해온 방법에 불과하다.

2. 이제 베이즈의 실체좌표의 직각쌍곡선 (7−20)을 투영좌표에서 표현할 차례이다. 이를 위하여 변수변환 $yY=1$, $q_1Q_1=1$, $q_2Q_2=1$을 직각쌍곡선 (7−20)에 적용하면 다음이 된다.

$$y=\tilde{a}q_1+(1-\tilde{a})q_2 \qquad \cdots\cdots (7-21)$$

이것 역시 또 하나의 확률모수방정식이므로 다음과 같이 회귀방정식으로 변환할 수 있다.

$$y = aq_1 + (1-a)q_2 + \varepsilon \qquad \cdots\cdots (7-22)$$

여기서 $\varepsilon = (\tilde{a} - a)(q_1 - q_2)$이고 회귀방정식에서 y를 반복적인 q_1과 q_2에 회귀할 때 회귀계수가 a이다.

3. 이번에는 베이즈 변환을 비내포모형 (7-15)에 적용하면 다음이 된다.

$$P_b\tilde{Q}_1 = \tilde{a}'Y \qquad \text{베이즈 변환} \qquad \cdots\cdots (7-23)$$

베이즈 변환 (7-19)와 비교할 때 $\tilde{a}' \neq \tilde{a}$이다. 이것을 비내포모형 (7-15)에 대입하면 다음과 같이 또 하나의 직각쌍곡선이 된다.

$$\frac{1}{Y} = \frac{\tilde{a}'}{\tilde{Q}_1} + \frac{1-\tilde{a}'}{\tilde{Q}_2} \qquad \cdots\cdots (7-24)$$

여기에 확률사건의 정의 (7-16)를 대입하여 정리하면 다음을 얻는다.

$$y[1 + (P_bq_1 + (1-P_b)q_2)\mu] = \tilde{a}'q_1 + (1-\tilde{a}')q_2 \qquad \cdots\cdots (7-25)$$

식 (7-21)과 비교할 때 $\tilde{a}' \neq \tilde{a}$이므로 $1 + (P_bq_1 + (1-P_b)q_2)\mu] \neq 1$이다. 식 (7-21)과 식 (7-25)를 비교하면 동일한 설명변수 q_1과 q_2에 대하여 서로 다른 피설명변수이므로 식 (7-25) 등호의 왼쪽을 다음과 같이 정의할 수 있다.

$$\begin{aligned} y' &= y[1 + (P_bq_1 + (1-P_b)q_2)\mu] \qquad \cdots\cdots (7-26) \\ &= \tilde{a}'q_1 + (1-\tilde{a}')q_2 \end{aligned}$$

식 (7-26)과 식 (7-21)을 비교하면 다음이 성립한다.

$$y' - y = (\tilde{a}' - \tilde{a})(q_1 - q_2) \qquad \cdots\cdots (7-27)$$

따라서 $\tilde{a}' \neq \tilde{a}$일 때 다음이 성립한다.

$$y' \neq y \qquad \cdots\cdots (7-28)$$

식 (7-26)에 다시 변수변환 $yY=1$, $y'Y'=1$, $q_1Q_1=1$, $q_2Q_2=1$을 적용하면 다

음이 된다.

$$Y' = \frac{Q_1}{Q_1 + (P_b + (1-P_b)B)\mu} Y \qquad \cdots\cdots (7-29)$$

제 2 절에서 우리는 사전확률 P_b의 결정을 알고 있고 사건 $\tilde{\tilde{Q}}_1$과 $\tilde{\tilde{Q}}_2$을 알고 있으므로 만일 반복되는 베이즈 지수 $B = \frac{Q_1}{Q_2}$가 알려져 있다면 이것이 주변확률 Y가 새로운 주변확률 Y'을 생산하는 주변확률 생산함수이다. 이 함수는 다음과 같이 표현할 수 있다.

$$\begin{aligned} Y' &= \frac{1}{1 + (P_b q_1 + (1-P_b) q_2)\mu} Y \qquad \cdots\cdots (7-30) \\ &= \frac{1}{1+\theta\mu} Y \\ &= \frac{1}{1+r} Y \end{aligned}$$

여기서 $\theta = P_b q_1 + (1-P_b) q_2 > 0$이다. 주목해야 할 사항은 주변확률 생산함수 (7−30)에서 새로 생산되는 주변확률 Y'는 그를 생산한 주변확률 Y와 시점이 다르다는 점이다. 정보가 외부에서 축차적으로 추가된다는 것은 시간상에 순서를 정하지 않으면 불가능하기 때문이다. 과거경험의 이동평균인 조건확률 Q_1과 Q_2가 사건이 자료가 축적됨에 따라 변하고 그에 의해 주변확률 생산은 계속될 수 있다. 그러므로 주변확률 생산함수 (7−30)은 시간에 따라 할인 또는 할증하는 과정을 나타내고 있다. 이때 할인율은 $\theta\mu = r$이며 양수나 음수가 된다. 앞서 재판의 예를 들면 피의자가 범인일 주변확률은 범인에게 유리한 증거로 해석되면 감소하고 불리한 증거로 해석되면 증가하기도 한다. 또 하나 간과해서는 안될 점은 주변확률 생산함수 (7−30)을 유도하는데 있어서 모형변환 (2−34)를 전혀 사용하지 않았다는 점이다. 다시 말하면 주변확률 생산함수 (7−30)은 모형변환 (2−34)와 독립이다.

4. 주변확률생산함수 (7−30)은 다음과 같이 표현할 수 있다.

$$Q_1 + (P_b + (1-P_b)B)\mu = \frac{Q_1 Y}{Y'} \qquad \cdots\cdots (7-31)$$

식 (1−8)과 식 (1−9)를 비교하면 $Q_1 = P(E \mid G)$이고 $P_b = P(G)$이다. 따라서 식

(7－31)은 다음과 같다.

$$P(E \mid G)+\eta(G,\ B)=\frac{P(E \mid G)\times Y}{Y'} \qquad \cdots\cdots\ (7-32)$$

이 과정에서 식 (2－11)을 이용하였는데 오차는 $\eta=(P(G)+P(G^*)B)\mu$이다. 이것은 변형된 베이즈 정리인데 (7－32)에서 새로운 정보 η을 이용하여 정리하면 다음과 같이 표현할 수 있다.

$$P(E \mid G')=\frac{P(E \mid G)\times Y}{Y'} \qquad \cdots\cdots\ (7-33)$$

결국 주변확률생산함수 (7－30)은 베이즈 정리 (7－33)과 동일하며, 새 주변확률 Y'는 새로운 정보 $\eta(G,\ B)$에 기초하여 수정된 사후확률 $P(E \mid G')$은 수정되기 전의 사전확률 $P(E \mid G)$에 주변확률 Y를 곱한 것에 비례한다. 이때 비례배수이며 주변확률인 $Y'=P(E \mid G)Y+P(E^* \mid G))Y^*$가 성립하는 Y^*가 존재한다. 그런데 식 (1－8) ～ (1－9)를 비교하면 $Y=P(E)$이고 비례배수는 $Y'=P(E \mid G)P(E)+(1-P(E \mid G))P(E^*)$이다.

5. 베이즈 정리를 확장하여 조사한 결과 사전확률이 사후확률만 생산하는 것이 아니라 하나의 주변확률을 이용하여 새로운 주변확률을 생산한다는 사실이 밝혀졌다. 이 과정에서 어떠한 가정도 사용하지 않고 순수한 수학적인 유도에만 의존하였다. 이러한 사실은 제 2 장의 역확률 정리의 연장이다. 역확률 정리에 의하면 1개의 사전확률이 사후확률의 수정을 통하여 모집단의 확률을 추론한다는 것인데 그 속에는 주변확률이 연속적으로 생산된다는 사실 (7－30)이 숨어 있었다. 자기유사성의 원리(principle of self-similarity)이다. 주변확률의 연속적인 생산은 모집단의 확률을 구성하게 된다.

▶▶▶ 정리(역주변확률 정리)

1개의 사전확률이 사후확률을 수정함으로써 자기유사성의 모집단 주변확률을 연속적으로 추출한다.

6. 베이즈 정리 (2－1)의 핵심은 사전확률로서 사후 조건확률을 생산하는 역

확률 정리에 있었다. 이 장에서 추가한 것은 주변확률을 생산하는 역주변확률 정리를 발견한 것이다. 주변확률이 연속적으로 주변확률을 스스로 복제하는 현상에 가장 적절한 비유는 만델브로 집합(Mandelbrot set)이라고 알려진 분절기하학(fractal theory)의 무질서일 것이다.[12] 하나의 형태를 갖는 자연현상을 세분하면 세분할수록 그 속에 갇혀 있는 형태를 추출하지만 그들은 최초의 형태와 유사하며 마지막에는 거의 동일한 형태를 추출하는 점의 집합이다. 이것이 자기유사성의 원리(principle of self-similarity)이다. 만델부로 집합 속에 모든 유사한 형태가 숨겨져 있는데 최초의 형태와 최후의 형태가 거의 흡사하며 무한대로 계속된다.[13]

7. 이를 일반화하면 기본방정식 (2－2)의 형태로 표현된 변수는 모두 (7－30)을 낳는데 이에 대한 자세한 분석은 제 8 장에서 제시되고 경제학의 구체적인 예는 제12장을 기다려야 한다. 추가적인 개념과 분석이 필요하기 때문이다. 다만 제10장에서 무질서의 분열현상(bifurcation)이 그에 대한 대답을 제공하지만 그에 대한 실마리가 기본방정식이 이미 Y를 Q_1과 Q_2의 2개로 분열을 일으킨다는 사실이다. 실재좌표에서 Y를 Q_1과 Q_2의 2개로 분열하는 것은 하나의 방정식이 2개의 미지수로 구성되었다는 것인데 2개의 미지수를 풀려면 또 하나의 방정식이 필요하다. 그것이 투영좌표에서 제공된다. 결국 실재좌표의 분열방정식과 투영좌표의 분열방정식에 의해 2개의 미지수가 풀린다. 그리고 나면 그 다음 단계에서 Q_1과 Q_2는 각각 동일한 방법으로 다시 2개로 분열되며 이 과정은 무한대의 분열을 일으킬 수 있다. 기본방정식과 2개의 좌표가 이론상으로는 무한개의 조건확률을 추출할 수 있는 것이다.

8. 이상의 주변확률 추출현상은 이미 제 4 장에서 논한 블랙－숄스 옵션가격 결정모형에서 누적확률에 제약 λ이 없으면 동일한 원상품가격 Y와 할인된 행사가격 $\hat{\hat{Y}}$에 대하여 무한개의 옵션가격 정보를 생산할 수 있다는 소정리 4－7에서 그 가능성을 보였다. 이 정리에 의하면 최초의 블랙－숄스 콜옵션 가격 결정식

$$C_t = N_1 Y_t - N_2 \hat{\hat{Y}}_t$$

---

12) Mandelbrot, B., *Fractal Geometry of Nature*, 1982.

13) If the image is complicated, the rules will be complicated, … On the other hand, *if the object has a hidden fractal order to it* …, *then it will be possible with a few rules to decode it*(the italic is not original)[Gleick, J., *Chaos*, New York: Penguin, 1987, p. 238].

에서 무한개의 콜옵션 가격이 다음과 같이 존재할 수 있다.

$$C_t'=N_1'Y_t-N_2'\hat{\hat{Y}}_t$$
$$C_t''=N_1''Y_t-N_2''\hat{\hat{Y}}_t$$
$$C_t'''=N_1'''Y_t-N_2'''\hat{\hat{Y}}_t$$

동일한 시점 t에서 동일한 원상품가격 Y_t와 행사가격의 현재가치 $\hat{\hat{Y}}_t$에 대하여 무수히 많은 콜옵션가격이 추출된다. 그러나 이와 같은 현상이 일어나지 않은 것은 제약 λ_1과 λ_2을 부과하기 때문이라고 밝혔고 이 부과가 누적확률함수의 정의에 부합한다는 점도 확인하였다. 그러나 제약을 부과하여도 식 (4－56)과 식 (4－58)처럼 동일한 Q_1과 Q_2에 대하여 서로 다른 Y/λ_1과 $\hat{\hat{Y}}/\lambda_2$가 발생한다.

$$\frac{Y}{\lambda_1}=N_2Q_1+(1-N_2)Q_2 \qquad \cdots\cdots (4-56^*)$$

$$\frac{\hat{\hat{Y}}}{\lambda_2}=N_1Q_1+(1-N_1)Q_2 \qquad \cdots\cdots (4-58^*)$$

여기서 $Q_1=P/(N_1-N_2)$이고 $Q_2=C/(N_1-N_2)$인데 콜옵션가격 C와 풋옵션가격 P가 모두 확률변수이다. 그러므로 식 (4－56)에서 확률변수 $\tilde{\tilde{Q}}_1$과 $\tilde{\tilde{Q}}_2$로 표기하면 다음이 된다.

$$\frac{Y}{\lambda_1}=N_2\tilde{\tilde{Q}}_1+(1-N_2)\tilde{\tilde{Q}}_2 \qquad \cdots\cdots (4-56^{**})$$

확률변수를 $\tilde{\tilde{Q}}_1=Q_1+\mu_1$와 $\tilde{\tilde{Q}}_2=Q_2+\mu_2$로 표기할 수 있다. 이것이 식 (7－13)이다. 그러면 식 (7－12)에 적용하였던 동일한 과정을 거치면 식 (7－30)에 도달할 수 있다.

$$\left(\frac{Y}{\lambda_1}\right)'=\frac{1}{1+(N_2q_1+(1-N_2)q_2)\mu}\left(\frac{Y}{\lambda_1}\right) \qquad \cdots\cdots (7-34)$$

동일한 무수히 많은 원상품가격을 생산할 수 있다.

9. 이와 같은 추출현상은 다음 장(제 8 장)에서 자세히 설명하겠지만 여기서는 가상현실에 비유할 수 있다. 이 예가 여기서 논하는 추출현상과 반드시 일치하

지 않겠으나 직관은 전달할 수 있다고 믿는다. 오른쪽 눈과 왼쪽 눈은 사물을 약간 다르게 인식한다. 이러한 차이는 두뇌가 조절하여서 그림이나 사진을 평면으로 인식할 수 있다. 그러나 이 차이를 거꾸로 이용하여 특별한 안경을 만들면 그림이나 사진을 입체로 볼 수 있다. 이것이 가상현실이다. 다시 말하면 2차원의 평면을 3차원의 깊이 있는 입체로 만들어 3차원 공간에서 물체를 횡단면에 도열시킨 것처럼 인식하는 기술이다. 가상현실 안경이 별도로 필요 없이 맨 눈으로도 특별하게 고안된 2차원의 평면 그림인 스민 그물(percolation network)에서 3차원의 입체 현상을 생산하여 입체적으로 볼 수 있다.[14] 이것이 가능한 것은 오른쪽 눈의 인식(idea 1)과 왼쪽 눈의 인식(idea 2)의 내적 정합을 이용하기 때문이고 추가적인 장치나 정보 없이도 가능한 것이다. 마치 추가적인 정보 없이 수량좌표(idea 1)와 시간좌표(idea 2)의 내적 정합으로 식 (7-30)이 주변확률을 계속 추출하는 것에 비유할 수 있다.

생물학의 세포분열이 또 하나의 예가 될 수 있을 것이다. 하나의 표본(sample)에서 그 표본이 속한 모집단(population)을 발생시킬 수 있다는 발상은 단일의 배아세포(胚芽細胞, embryonic cell)에서 그 세포가 속한 전체 개체(whole body)를 복제할 수 있는 생물학적 복제기술에 비유할 수 있다. 초기에 대표적인 실험대상이 히드라(hydra)였다. 하나의 조각에서 전체가 자라는 모습을 관찰한 튜링(Turing, 1952)은 이 현상을 수학적 모형으로 설명하였다. 이것이 형태발생(morphogenesis)의 현상이다. 하나의 배아세포 속에는 전체의 정보가 모두 포함되어 있기 때문이다. 특히 DNA의 이중나선(double helix)의 2가닥은 나선계단의 발판처럼 한 쌍의 핵산에 의해서 연결되어 있다. 각각의 가닥에 2개의 핵산이 들어 있어 모두 네 종류의 핵산이 나선계단을 따라서 나타나는 순서 속에 유전정보가 담겨 있고 이 정보를 이용해서 DNA 분자는 유기체를 조합하고 스스로를 복제한다. 이 책에서 수량좌표의 두 개의 정보(직각쌍곡선과 직선)와 시간좌표의 2개의 정보(직각쌍곡선과 직선)가 들어 있어 모두 네 개의 정보가 확률적 이중나선(stochastic double helix)처럼 서로 엇물리면서 하나의 표본이 스스로 새로운 정보를 창출하고 모집단을 복제하는 것을 보일 것이다.

생물학에서 하나의 세포 속에 두 개의 가닥이 유기체를 복제하듯이 물리학에

14) 스민 그물(percolation network)은 외국의 일부 일간신문의 오락면에 연재되는데 스민 그물 속에 입체적으로 숨은 그림 찾는데 이용된다.

서 빛의 파동의 간섭으로 나타나는 홀로그래피도 1개의 레이저에서 나온 빛이 2개의 광선으로 갈라지면서 생성된다. 1개의 광선은 물체에 반사하여 감광판에 투사되고, 다른 하나의 광선은 렌즈를 통과하여 이미 물체에 투사된 첫 번째 빔과 충돌하면서 감광판 위에 간섭 패턴을 만들어낸다. 현상판을 통해서 레이저를 비추면 원래 물체의 완전한 3차원 영상이 나타난다. 현상판은 2차원 면에 불과하지만 이렇게 하여 3차원의 전체 영상을 재구성하는데 필요한 모든 정보를 갖고 있다. 이 사실은 3차원 세계 속에서 일어나는 모든 현상과 연관된 정보가 2차원에 저장될 수 있음을 뜻한다. 뒤집어 말하면 2차원의 정보로 3차원의 물체를 복제할 수 있다는 뜻이다.

1950년대에 물리학자 휴 에버레트(Hugh Everett)는 하나의 우주(universe)가 아니라 평행하는 다수의 우주(parallel multiverse)의 개념 하에서 빛의 간섭 같은 현상은 각 평행 우주에서 광자가 다른 경로 사이에 일으키는 상호작용으로 설명될 수 있다고 주장하였다. 이 이론은 현재 양자역학의 이상한 현상을 설명하는데 물리학자들의 지지를 받고 있는 추세이다. 물리학자 파인만(Feynman)도 우주의 역사가 하나가 아니라 여러 개일 수 있다고 주장하였고 호킹스(Hawkings)도 여기에 동조하고 있다. 이 비유에 적합할지 모르나 이 책이 주장하는 대로 하나의 좌표가 아니라 다수의 좌표 즉 수량좌표와 시간좌표 또는 실재좌표와 투영좌표 사이의 상호작용이 새로운 정보를 생산하고 앞서 본 것처럼 소득효과의 이상한 편의(偏倚) 같은 현상을 설명하는데 기여할 수 있다.

이 같은 사실은 음악에서도 쉽게 찾아볼 수 있다. 동양음악에서는 임의의 한 시점에서 하나의 음밖에 발생시키지 못한다. 여러 사람이 혹은 여러 악기가 동시에 연주하여도 한 시점에서 하나의 음밖에 내지 않는다. 다시 말하면 화음(harmony)이 없다. 이 현상은 널리 알려진 사실이라서 새삼스러울 수 없겠으나 서양의 화음이 도입된 현재에도 화음이 없는 틀을 벗어나지 못하는 실정이다. 동양음악에서 한 시점에서 여러 가지 음을 발생할 수 있다는 발상은 일찍이 하지 못했다. 이 같은 발상은 동양음악에서는 불가능하다고 여기는 것이 당연할 것이다.

이와 대조적으로 서양음악에서는 대체로 10세기 이후 화음의 발견으로 동일 시점에서 여러 사람이 혹은 여러 악기가 이론적으로는 무한개의 음을 동시에 연주할 수 있게 되었다. 피아노 같은 하나의 악기에서는 동시에 10개의 음을 발생시킬 수 있다. 이것은 10개의 횡단면 표본에 비유할 수 있다. 음과 음 사이의 조화를 발견한 것이다. 가령 G음은 그 존재 자체가 이미 그의 화음에 합당한 C음이나 E음을 발생시킬 수 있다는 가능성을 암시한다. 여기에 더하여 2개의 음자리(clef)의 발견이 화음을 거의 무한대로 발생시킬 수 있다. 높은 음자리(treble clef)가 미리부터 알려진 실재좌표나 수량좌표라면 낮은 음자리(low clef)는 10세기까지 알려지지 않은 새로운 투영좌표나 시간좌표에 비유할 수 있다. 하나의 음은 그것이 속한 화음의 집합을 모두 복제해낼 수 있는 배아(embryo)를 품고 있음을 뜻한다. 수많은 변주곡은 바로 음의 동시 발생의 가능성을 갖고 있는 배아에 바탕을 두고 있다. 작곡가는 한 시점에서 하나의 음이 떠오르면 동시에 실현되지 않은 음을 발생시킬 수 있기 때문이다.[15] 그러나 동일한 음에 기초를 한다고 하여도 작곡자에 따라 변주곡은 다르므로 실현된 음에서 실현되지 않은 화음을 발생시킬 수 있는 가능성은 확률에 의존한다고 말할 수 있다. 여기서도 우리는 실현된 정보에서 실현되지 않은 정보를 확률적으로 발생시킨다. 이러한 점에서 현재의 회귀분석은 화음을 발견하지 못한 동양음악에 비유할 수 있고 여기서 제시하는 정보발생함수는 화음을 발견한 서양음악에 비유할 수 있다고 생각한다.

여기서 논의하는 베이즈의 확률이론이 반드시 생물학적, 물리학적, 또는 음악적 현상과 일치하는 것은 아니겠으나 확률적 현상에 자연현상의 조화(harmony)가 잠재적으로 숨어 있다면, 실현된 단일의 사상(event)에서 그와 조화를 이루는 숨겨진 모집단의 사상을 모두 복제해낼 수 있을 것이다. 이것이 제 8 장 제 2 절에서 설명하는 정합방정식인데 그것은 수량좌표의 표본에서 시간좌표의 표본을 발생시키고, 다시 시간좌표의 표본에서 수량좌표의 표본을 발생시키는 역할을 한다. 여기서 소개하는 2개의 좌표(실재좌표와 투영좌표)는 DNA의 2개의 핵산 가닥, 홀로그래피의 2개의 광선, 가상현실의 왼쪽 눈의 인식과 오른쪽 눈의 인식, 음악의 2개의 음자리에 비유할 수 있다.

---

15) 음악가 바하(J. S. Bach)는 베이스 성부를 직접 작곡한 다음에 제자들로 하여금 알토와 테너 성부를 완성하게 하였다. 이것은 제자들 측면에서 보면 베이스 성부라는 알려진 정보에서 알토와 테너 성부라는 숨겨진 정보를 발생시키는 것으로 이해할 수 있다.

CHAPTER 8

정합방정식[1)]

1. 이 책의 핵심이 되는 이 장의 목표는 소정리 3-3, 소정리 3-4, 소정리 5-1, 소정리 5-2의 내용을 확장하여 〈역표본 정리〉를 증명하는 것이다. 그 수단이 제 6 장의 연립방정식 체계 6-1에서 그 존재를 증명한 기본방정식 $Y_t = bQ_{t1} + (1-b)Q_{t2} + \mu_t$이다.

2. 앞장에서 본대로 베이즈 정리가 외부에서 계속적으로 추가되는 표본으로 조건확률을 생산하고[식 (7-1)], 자기유사성 원리에 의하여 주변확률을 추출하는 것[식 (7-30)과 역주변확률 정리]이라면 처음으로 이 장에서 논의하는 정합방정식은 외부에서 추가되는 표본이 없이 최초에 알려진 1개의 시계열 표본에서 동일 시점의 실현되지 않은 자기유사성의 횡단면 표본분포를 추출하는 식이다. 다시 반복하지만 2차원의 그림자에서 3차원의 실체를 추론하는 것이나 2차원의 평면 그림에서 3차원의 가상현실이나 홀로그래피를 재생하는 것과 흡사하다. 여기서 지금까지

> **▶▶▶ 정리(역확률 정리)**
> 베이즈 확률이론의 세계는 관측되는 1개의 확률에서 관측되지 않는 모집단의 확률을 역추론하는 역확률의 세계이다.

1) 이 장의 본문은 길고 자세하기 때문에 이 장의 마지막 제13절의 요약을 먼저 읽으면 도움이 된다.

▶▶▶ **정리(역주변확률 정리)**

1개의 사전확률이 사후확률을 수정함으로서 자기유사성의 모집단 주변확률을 연속적으로 역추출한다.

▶▶▶ **정리(역표본 정리)**

정합경제이론의 세계는 관측되는 1개의 시계열 표본에서 동일 시점에서 관측되지 않는 횡단면의 표본을 역추출하는 세계이다.

정리들을 다시 상기할 필요가 있다.

3. 역확률 정리는 이미 널리 인정받는 정리이고 역주변확률 정리는 앞장에서 증명하였으므로 이 장의 목표는 지금까지 진행해온 내용을 토대로 〈역표본 정리〉를 증명하는 것이다. 그러나 정합경제이론과 베이즈 확률이론의 차이가 생긴다. 외부에서 계속적으로 추가적인 정보가 주어진다는 것은 베이즈 확률이 시간(time)의 함수가 된다는 뜻이다. 그러나 외부에서 추가되는 정보 없이 시점 t에서 이미 가지고 있는 정보만으로 새로운 정보를 추출하는 정합경제이론은 동일시간에서 일어나는 사건이므로 각 사건은 동일시간에서 상태(state)의 함수가 된다. 다시 말하면 하나의 시점 t에서 1개의 시계열 표본에서 실현되지 않은 동일 시점 t의 횡단면 표본의 분포를 복제하여 가상현실처럼 시간의 단면(traverse)에 입체로 도열시키는 것이다. 이것은 믿기 어렵지만 가상현실처럼 가능하다는 것을 이 장이 보여줄 것이다.

4. 이 가능성은 사물의 그림자에서 그 사물의 실체를 추론할 수 있다는 사실에 비유할 수 있다. 한 점의 광원(idea 1)이 만드는 그림자와 또 다른 광원(idea 2)이 만드는 그림자를 합성할 때 광원이 많을수록 합성된 그림자 집합은 사물의 실체에 가깝게 된다. 마찬가지로 수량좌표(idea 1=광원 1)가 만드는 그림자와 시간좌표(idea 2=광원 2)가 만드는 그림자를 합성하여 횡단면의 실체를 파악할 수 있다. 동일시점에서 하나의 기하학적 형태가 그 속에 숨겨진 자기유사의 형태를 스스로 찾아내는 만델브로의 분절기하학의 방정식이 이미 존재한다. 이것이 경제학에서도 가능한 것은 앞장에서 이미 여러 차례 소개한 수량좌표(idea 1)와 시간좌표(idea 2)의 내적

정합과 비내포모형(idea 3)과 내포모형(idea 4)의 내적 정합이 생산하는 기본방정식을 이용할 수 있기 때문이다. 직관적으로 설명하면 하나의 시점 t에서 실현된 1개의 시계열 표본은 엄밀한 의미에서 평균이다.[2] 이 평균을 구성하는 횡단면 표본은 평균 속에 교묘하게 숨어 있는데 추가적인 정보 없이는 그 모습을 드러내지 않는다. 다시 말하면 시점 t에서 실현된 1개의 시계열 표본을 구성하는 횡단면 표본이 2개라면 이것은 2개의 미지수이므로 풀이를 위해서는 2개의 방정식이 필요하다. 1개의 방정식은 수량좌표의 방정식이고 여기에 추가하여 시간좌표의 방정식을 도입하면 도합 2개의 방정식이 2개의 횡단면 표본을 찾아낼 수 있다. 2개의 횡단면 표본에 각각 동일한 방법을 반복하여 계속 적용하면 무한개의 횡단면 표본을 찾아낼 수 있다. 이것이 횡단면 표본의 분열(bifurcation)이며 앞서 비유한대로 이미 가지고 있는 정보가 배아세포에 해당하고 이 배아세포의 2중 나선의 2개의 가닥이 세포분열(bifurcation)을 일으켜 복제가 일어나는 현상과 같다고 말할 수 있다. 이것이 가능한 것은 수량좌표에 시간좌표를 추가하기 때문이다.

5. 구태여 또 비유하자면 논리에는 연역법과 귀납법이 있지만 여기에 헤겔(Hegel)이 추가한 것이 변증법이다. 변증법은 정반합(正反合)으로 요약되는데 여기에 비유하자면 수량좌표(정)에 시간좌표(반)가 정합하여 새로운 정보(합)를 만들어 내는 것이다. 또 비유하자면 작용(정)을 일으키면 반작용(반)이 반응하여 핵분열(합)이 일어난다.

6. 일반적으로 시계열 회귀분석을 할 때 한 시점 t에서 피설명변수의 시계열 표본은 1개이다. 그 이유는 하나의 시점 t에서는 하나의 상태만 발생하기 때문이다. 나머지 상태를 나타내는 피설명변수의 표본들은 시간좌표에서 실현되지 않고 묻혀버린다. 이것은 흡사 허수가 현실에서 떠오르지 않고 계속 묻혀버리는 것에 비유할 수 있다. 그러나 묻혀 버린 허수를 데카르트나 베셀이 기하학적으로 발굴해내었다. 베셀은 제 1 장에서 설명하였으니 여기서는 데카르트가 묻혀버린 허수를 어떻게 시각적으로 발굴해냈는지를 보자.

데카르트는 $z^2=az-b^2$의 2차 방정식을 생각하였다. 만일 $a^2-4b^2>0$이면 풀이가 실수이지만 $a^2-4b^2<0$이면 풀이는 허수이다. 데카르트는 기하학적으로 [그림

---

2) 특히 실현된 모든 거시변수는 평균이다. 미시변수라 할지라도 더욱 세분할 수 있으므로 그 역시 평균이다.

그림 8-1a 허수의 데카르트 원

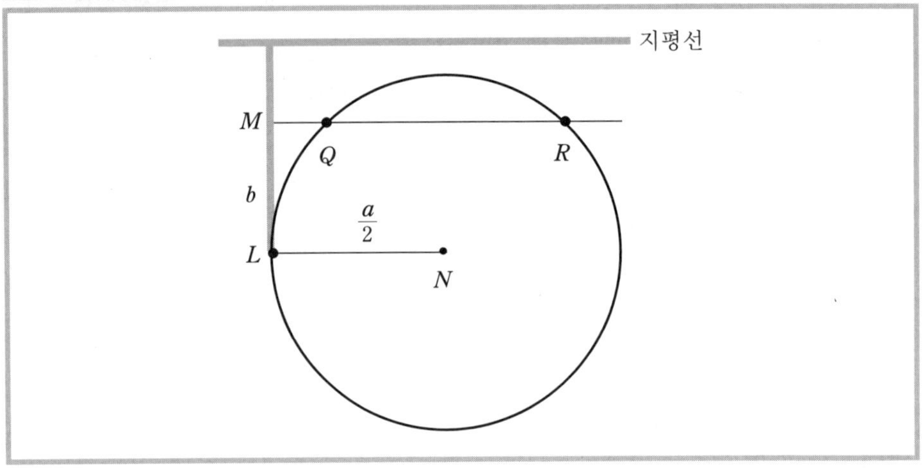

그림 8-1b 베셀의 허수좌표

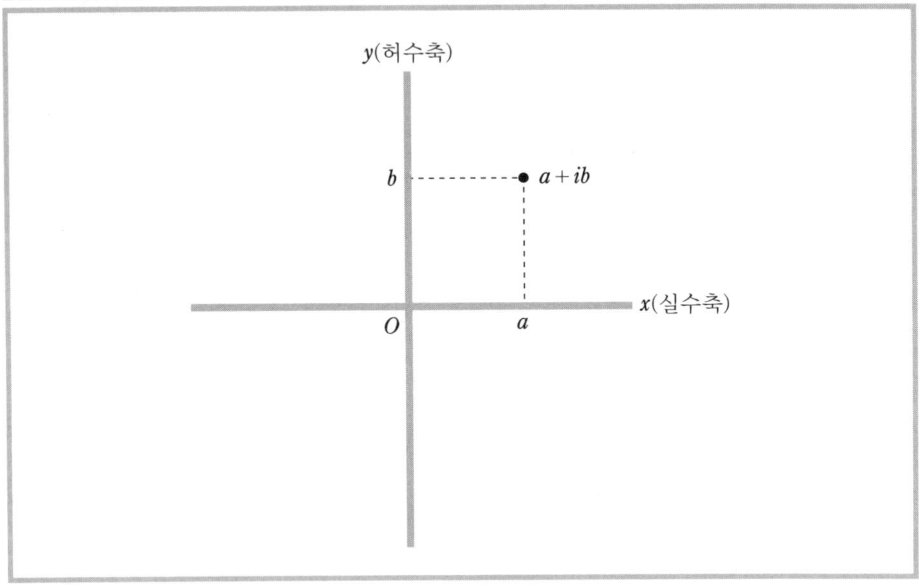

8-1a]를 준비하였다. 그림에서 반지름 $LN=a/2$이고 $LM=b$이다. 점 M에서 지평선을 그려서 원과 만나는 두 점의 좌표 R과 Q를 정한다. 그러면 길이 MR과 MQ가 2차 방정식의 2개의 풀이가 된다. 이때 $a^2-4b^2>0$이다. 만일 $R=Q$이면 a^2-

$4b^2=0$으로 풀이는 하나이다. $a^2-4b^2<0$이면 원은 지평선과 만나지 못한다. $a/2<b$이면 $LN<LM$이 되기 때문이다. 이때 허수의 원은 항상 현실의 지평선에 떠오르지 못하고 북극의 겨울 해처럼 묻혀버리고 만다.

이에 대하여 베셀의 기하학적 [그림 8-1b]([그림 1-1a]의 재생)는 허수생산 방정식 $y=a+bi$에 초기조건으로 실수가 주어지면 허수를 생산하고 그 허수가 다시 실수를 생산하는 구조이다. 이처럼 실수좌표(idea 1)와 허수좌표(idea 2)의 내적 정합에서 새로운 정보인 허수가 계속적으로 발견된다.

7. 이 장의 목표는 1개의 피설명변수 시계열 표본에서 시간좌표라는 지평선에 묻혀버려 실현되는데 실패한 나머지 피설명변수의 횡단면 표본집단을 생산하는 정합방정식을 제시한다. 이것이 이 책의 목표인 〈역표본 정리〉의 증명이다. 이 증명과정에서 제 6 장이 찾아낸 〈2변수 체제〉의 기본방정식 (6-7)이 절대적으로 필요하다(소정리 6-2에서 소정리 6-9까지). 이를 위하여 제 7 장 제 2 절의 주변확률생산함수 (7-30)을 유도한 적 있는 동일한 방법을 사용할 것인바, 1개 표본에서 횡단면 표본집단의 정보를 발생시키는 데에 수량좌표(idea 1)와 시간좌표(idea 2)의 내적 정합을 이용하는 방법이다. 1개의 시계열 표본에서 횡단면 표본집합을 추론하는 베이즈 정리가 역확률을 생산하고 이것이 다시 확률을 생산하는 방법에 비유할 수 있다. 또는 실수좌표(idea 1)와 허수좌표(idea 2)의 내적 정합이 허수를 생산하는 것에 비유할 수도 있다. 만일 [그림 8-1b]에서 가로축을 수량좌표, 세로축을 시간좌표로 대체한다면 소비재 수량 Q를 소비할 때 소요되는 시간 t의 좌표는 $B=(Q,\ t)$로 표현될 수 있다. 이것은 [그림 3-4]의 베커의 좌표이다.

8. 수량좌표와 시간좌표의 내적 정합으로 〈역표본 정리〉를 정식으로 증명하기 전에 직관적으로 예를 들어 설명할 수 있다. 어떠한 사물이든지 2차원 그림자로서 그의 3차원 실체를 추론할 수 있다. 소정리 3-3, 소정리 3-4, 소정리 5-1, 소정리 5-2에 의하면 2차원의 수량좌표의 직선은 2차원의 시간좌표의 곡선이 되며 역도 성립한다. 이제 2차원의 수량좌표의 1개의 직선에 대하여 직각을 이루는 1개의 직선을 생각하자. 이 직선은 수량좌표의 직선에서 1개의 점으로 투영된다. 이제 서로 직각을 이루는 2개의 직선을 시간좌표로 변환시키면 각각 곡선이 된다. 2차원의 시간좌표의 곡선에 대하여 또 하나의 곡선 직각으로 맞닿는 점에서는 1개의 점으로 투영되지만 그 점 이외의 영역에서는 직선으로 투영됨을 볼 수 있다. 이

정리를 확대하면 3차원의 수량좌표의 평면은 3차원의 시간좌표의 곡면이 되며 그 역도 성립한다. 따라서 3차원 수량좌표의 평면거울에 대하여 직각을 이루는 평면 피사체는 평면거울에 직선으로 투영되지만 3차원의 시간좌표로 변환하였을 때 곡면피사체로 변하여 거울곡면에 대하여 직각으로 맞닿는 면에서는 직선으로 투영되지만 그 이외의 거울곡면에서는 평면으로 투영된다.[3] 이것은 수량좌표에서 1개의 점이 시간좌표에서는 점의 집합인 횡단면의 직선으로 나타난다는 뜻이다. 반대로 시간좌표의 1개의 점이 수량좌표에서는 횡단면의 직선으로 나타난다. 수량좌표와 시간좌표를 합치면 1개의 표본점이 횡단면의 표본집단을 생산하는 것이다. 비유하자면 평면거울이 비추지 못하는 모습을 오목거울은 찾아낸다. 자동차의 후사경의 원리가 바로 그것이다. 이 장에서 증명하고자 하는 정합방정식이 바로 후사경이다. 소정리 5-1과 소정리 5-2가 평면거울을 오목거울로 변환시키는 방법인데 이 현상에 의존하여 정합방정식을 찾아낸다. 이것이 〈역표본 정리〉의 내용이며 아래에서 정식으로 증명한다.

제 1 절 정합방정식과 횡단면 표본

1. 시계열 자료(time series data)를 이용하여 회귀분석을 하는 경우 "이론적인 측면"에서 보면 임의의 한 시점 t에서 반복되는 1개의 설명변수 관측치에 대하여 무한개의 피설명변수의 횡단면 확률분포와 그에 대응하는 무한개의 오차의 확률분포가 존재한다고 가정한다. 그러나 현실에서는 이론적인 확률분포 가운데 시점 t에서 실현된 하나의 상태(state)를 표현하는 피설명변수의 시계열 표본은 1개의 관측치 뿐이므로 실험자 혹은 연구자에게는 한 시점에서 1개의 설명변수 관측치에 대하여 1개의 피설명변수 시계열 표본만이 주어질 수밖에 없다. 추가적인 정보가 없는 상태에서 실현된 1개의 시계열 관측치만으로는 실현되지 않은 나머지 횡단면 표본을 파악할 수 없다는 것은 당연하게 생각할 수 있다.

---

3) 하나의 좌표에서 평면거울에 직각을 이루며 꽂힌 창의 모습을 상상하고 이 전체의 모습이 이 좌표와 역이 되는 좌표에서 어떻게 반영되는가를 상상하면 된다(제 5 장 제 6 절).

2. 이 장에서 시점 t에서 실현된 1개의 피설명변수 시계열 표본에서 실현되지 않은 나머지 피설명변수의 횡단면 표본을 복제할 수 있는 정합방정식을 제시한다. 결론부터 말하면 여기서 제시하는 횡단면 표본을 발생시키는 확률함수로서 정합방정식은 다음과 같다.

$$Y_{tn+1}=\frac{1}{1+\theta_n\mu_{tn}}Y_{tn} \qquad \text{정합방정식} \qquad \cdots\cdots (8-1)$$

이것은 제 7 장 제 3 절의 주변확률생산함수 (7-30)의 구조와 동일한 형태이며 이미 보였듯이 정합방정식을 유도하는데 어떠한 가정이나 앞장의 결과도 필요하지 않다. 특히 4대 변환 가운데 베이지 변환과 변수변환은 사용되지만 모형변환 (4-64)나 재정원리 (4-63)은 필요하지 않으며 더욱이 효용극대화나 이윤극대화 등의 최적화의 가정도 필요하지 않았다. 이 장은 다른 장과 별도로 그 자체 완전히 독립적이다. 다만 ⟨2변수 체제⟩의 기본방정식 (6-7)의 정의만 필요하다. 이 장에서 그 내용을 자세하게 증명할 차례이다. t시점의 n번째 관측표본 Y_{tn}은 동일 시점 t의 $n+1$번째 표본 Y_{tn+1}을 발생시킨다. 이때 단계 또는 상태 $n=1, 2, \cdots, N$은 발생순서를 가리키며 모두 합쳐서 동일 시점 t의 횡단면 표본집합을 구성한다. 여기서 θ_n은 n번째 정보이며 알려져 있고 μ_{tn}은 n번째 추정잔차이다. 따라서 $\theta_n\mu_{tn}$은 확률변수이며 양수 또는 음수의 값을 취하는 할인율이다.

3. 그러나 확률할인율 $\theta_n\mu_{tn}$은 시간이 아니라 단계 또는 상태 사이의 할인율로 해석할 수 있다. 다르게 표현하여 Y_{tn+1}을 $n+1$상태의 상태가격 P_{tn+1}으로, Y_{tn}을 n상태의 상태가격 P_{tn}으로 생각하면 $\frac{P_{tn}}{P_{tn+1}}=1+\theta_n\mu_{tn}$이므로 할인율은 상태가격의 비율로서 시간의 이자율과 비슷한 개념이 된다. 시간에 따르는 할인율은 이자율 r_t인데 $t+1$기의 가격을 P_{t+1}, t기의 가격을 P_t로 표기하면 $\frac{P_t}{P_{t+1}}=1+r_t$이다. 다른 점은 시간의 이자율 r_t은 보통 양수이지만 상태의 할인율 $\theta_n\mu_{tn}$은 양수뿐만 아니라 음수도 될 수 있다. n상태가 발생할 확률오차 μ_{tn}에 달려 있다. 그 밖에 이자율 r_t은 다른 시점인 t와 $t+1$ 사이의 상대가격인데 상태할인율 $\theta_n\mu_{tn}$은 동일 시점 t의 다른 상태인 n과 $n+1$ 사이의 상대가격이다. [그림 8-2]의 가로축이 상태 1을 측정하고 세로축은 상태 2를 측정하면 제약선의 기울기가 상태가격의 음수비율 $-\frac{P_{tn}}{P_{tn+1}}=-(1+\theta_n\mu_n)$이다. 임의의 시간 t에서 알려진 정보 기울기 $1+\theta_n\mu_n>0$과

그림 8-2 상태 사이의 자원배분

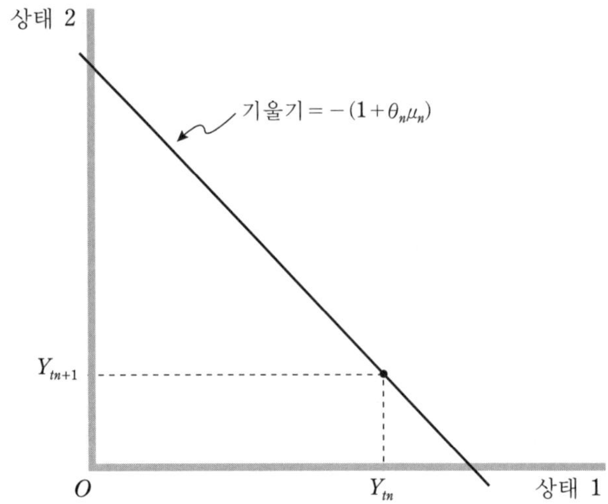

함께 가로축의 Y_{tn}이 주어지면 세로축에서 Y_{tn+1}이 생산된다. 제약선이 생산함수의 역할을 한다. 그것이 식 (8−1)의 기하학적 설명이다.

4. 정합방정식 (8−1)의 할인율은 확률변수이므로 정합방정식 (8−1)은 확률함수가 된다. 다시 말하면 Y_{tn}이 식 (8−1)에 의하여 Y_{tn+1}을 생산하지만 잔차 μ_{tn}이 정의에 의하여 독립적인 확률변수이므로 Y_{tn}과 Y_{tn+1}은 독립이다. 이 방법은 실현된 표본 속에 모집단이 감추어져 있다는 점에 착안한 것으로 모의실험으로 확률변수를 발생시키는 몬테 칼로 방법(the Monte Carlo study)과 전혀 다르다. 횡단면 표본의 생산함수의 형태 (8−1)가 불변이라면 Y_{tn}의 계속적인 대입으로 다음이 된다.

$$Y_{tn+1} = \frac{1}{(1+\theta_1\mu_{t1})(1+\theta_2\mu_{t2})\ \cdots\ (1+\theta_n\mu_{tn})} Y_{t1} \qquad \cdots\cdots \ (8\text{−}2)$$

동일 시점 t에서 상태 1과 상태 $n+1$ 사이에 복리로 할인하는 형태이다. [그림 8−3a]는 추정잔차가 양수와 음수로 번갈아 주어질 때 Y_{tn+i}의 가상적인 횡단면 표본분포이고 [그림 8−3b]는 동일한 내용을 회귀직선 상에 표현한 것이다.

5. [그림 8−3a]와 [그림 8−3b]는 잔차의 분포가 정규분포라고 가정하였다.

그림 8-3a 가상적인 횡단면 표본분포

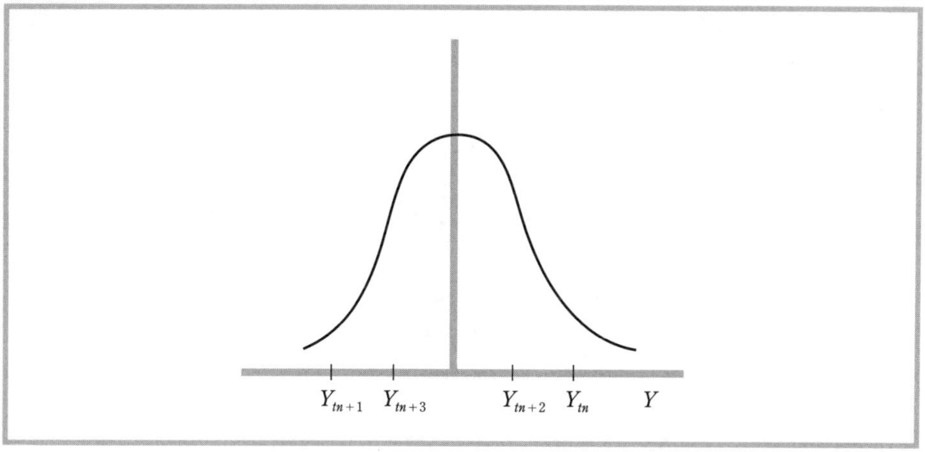

그림 8-3b 가상적인 횡단면 표본분포

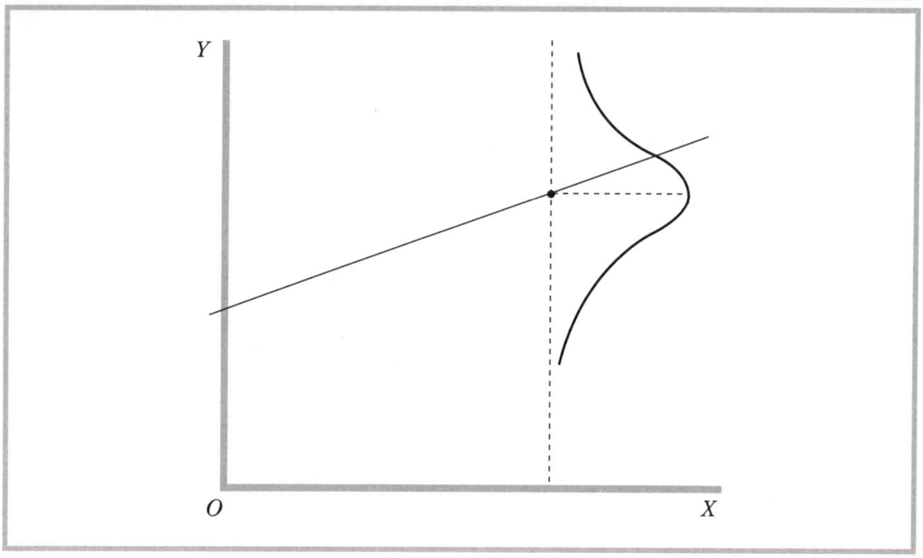

그러나 정합방정식 (8-1) 또는 (8-2)에서 추정잔차 μ_{tn}는 그 특성상 n에 대하여 양수와 음수를 반복하는지 알려지지 않는다. 그러므로 분포가 연속적인지, 종의 형태(bell-shaped)인지, 사전적으로 정해지지 않는다. 보통 회귀분석에서 중심극한정리에 의하여 [그림 8-3b]의 정규분포를 가정하지만, 만일 잔차가 무질서(chaos)를

그림 8-3c 가상적인 횡단면 표본분포

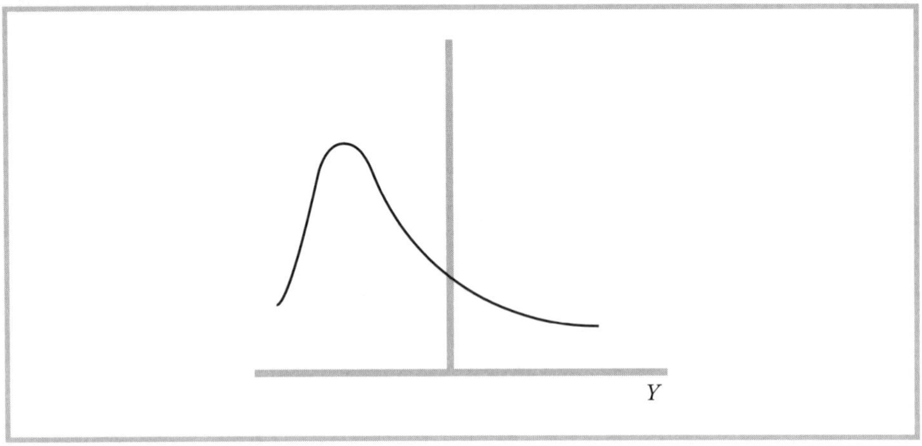

그림 8-3d 가상적인 횡단면 표본분포

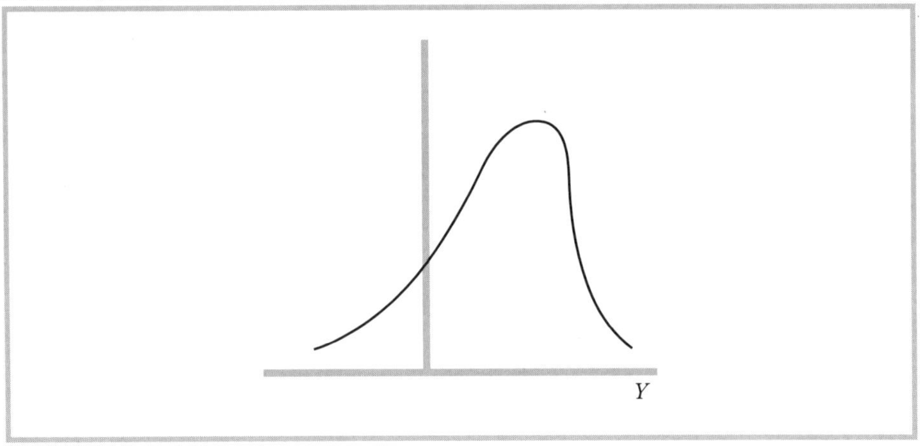

따른다면 잔차는 노아효과(Noah effect)와 요셉효과(Joseph effect)로 인하여 불규칙적이고 단절적일 수 있다. [그림 8-3c]와 [그림 8-3d]처럼 잔차가 어느 구간에 모여 있거나 다른 구간에는 희박한 단절의 모습을 보일 수도 있다.

6. 그러나 잔차가 그의 분포의 형태와 상관없이 동일시간 t의 각 단계 n에서 정보가 계속적으로 생산을 반복하여 $n \to \infty$이 되면 수렴과 확산을 예상할 수 있다. 수렴일 경우 다음이 된다.

$$\lim_{n\to\infty} Y_{tn+1} = \lim_{n\to\infty} \frac{Y_{t1}}{(1+\theta_1\mu_{t1})(1+\theta_2\mu_{t2})\ \cdots\ (1+\theta_n\mu_{tn})} = Y^* \qquad \cdots\cdots (8\text{-}3)$$

정합방정식 (8-1)을 선호, 기술, 자원이 일정할 때 수요와 공급이 일치하지 않은 불균형에서 정태균형 Y^*을 찾아가는 공식으로 해석한다면 식 (8-3)은 정태균형이 안정적으로 존재함을 보이는 증거가 된다. 제13장에서 식 (8-3)을 증명하여 보이지 않는 손의 존재와 안정성을 보일 것이다. 그 전에 이 장의 목표는 정합방정식 (8-1)의 존재를 증명하는 것이다.

7. 정합방정식 (8-1)의 존재의 핵심은 지금까지 숨겨져 있던 새로운 정보공간의 발견에 있다. 제 6 장에서 이 정보공간을 이용하여 축약회귀방정식을 유도하였으며 제 7 장에서 베이즈의 사전확률과 확률생산함수를 정의할 수 있었다. 그러나 베이즈 정리에 기초하여 구한 확률생산함수의 문제는 외부에서 베이즈 지수 같은 새로운 정보의 공급에 있지만 이 장의 목표는 새로운 정보가 외부에서 주어짐이 없이 내부 정합에 의해 계속적으로 새로운 정보가 생산됨을 보이는 것이다. 이 점이 다르다. 정보공간의 이름은 어떻게 칭하든 아무 상관없지만 여기서도 계속해서 편의상 이미 실현되어 알려진 정보공간을 수량좌표(idea 1)라 칭하고 그가 투영되는 정보공간을 시간좌표(idea 2)라고 칭하겠다.

이 시점에서 강조해야 할 점이 하나 있다. 확률적 현상의 상호작용을 밝히고, 횡단면 표본집합을 복제하는 과정에서 우리는 선형회귀분석에서 사용하는 통상의 기본 가정 이외에 어떠한 가정도 추가하지 않는다. 다만 수량좌표와 시간좌표 사이의 수학적 관계만 이용할 뿐이다. 이러한 면에서 이 장에서 우리는 기술적 면에서 순수 수학적 절차만을 따른다.

8. 정합방정식 (8-1)이 아무리 수학적인 결과물이라고 하지만 직관적으로 받아드리기 어렵다. 그것을 [그림 8-2]처럼 상태가격 비율로 설명하여도 그것은 추상적인 개념이지 현실에서 관측되지 않기 때문이다. 이것이 도대체 어떻게 가능하겠는가. 직관적으로 설명할 수 있다. 제 6 장에서 소개한 기본방정식 $Y_{tn} = b_{tn}Q_{t1} + (1-b_{tn})Q_{t2}$은 Q_{t1}과 Q_{t2}의 2차원에 표현된다. 시점 t에서 2차원의 평면현상 Y_{tn}은 3차원의 가상현실에서 Y_{tn+1}을 생산하고 이것은 다시 Y_{tn+2}, Y_{tn+3}, … 을 생산한다. 모두 동일한 시간 t의 2차원의 평면에서 1개의 평면현상 Y_{tn}뒤에 숨어 있던 것들이 3차원의 가상현실에서는 입체의 횡단면을 보여주는 것이다. 정합방정식 (8-1)이

가상현실을 보여주는 특수안경이라 할 수 있다. 2차원 평면의 기본방정식 (6-7)이 어떻게 3차원 입체의 정합방정식 (8-1)로 변하는가를 이 장이 자세히 분석한다.

9. 또 한 가지. 정합방정식 (8-1)에서 두 가지 특징을 찾아볼 수 있는데 이 특징을 이용하면 정합방정식의 근원을 직관적으로 받아드릴 수 있다. 하나는 불규칙성(irregularity)이고 다른 하나는 불가역성(irreversibility)이다. 이 가운데 불가역성은 보통 시간의 고유한 특성으로 취급되지만 정합방정식 (8-1)에 의하면 발생 순서 n도 불가역적이다. 만델부로의 분절기하학 방정식 $Y_{tn+1}=Y_{tn}^2-(a+bi)$도 시간의 함수가 아니라 단계 n의 함수이다.[4] 그렇다면 정합방정식 (8-1)의 이 두 가지 특징도 무질서의 특징을 나타낸다. 정합방정식 (8-1)은 앞에서 보인 대로 확률방정식(stochastic equation)인 회귀방정식 (6-1)의 산물이며 추정잔차 μ_{tn}가 그 흔적으로 남아 있다. 그러나 수량좌표와 시간좌표의 내적 정합을 이용하면 수량좌표의 잔차와 시간좌표의 잔차가 상쇄되어 확률방정식인 정합방정식 (8-1)을 무질서의 분열현상(bifurcation)을 설명하는 다음과 같은 결정방정식(deterministic equation)으로 전환될 수 있다(제10장에서 설명).

$$y_{tn+1}-(q_{t1}+q_{t2})=(Q_{t1}Q_{t2})y_{tn}^2[y_{tn}-(q_{t1}+q_{t2})] \qquad \cdots\cdots \ (8-4)$$

여기서는 확률변수가 보이지 않지만 결정방정식 (8-4)는 확률방정식 (8-1)과 동일한 것이다. 식 (8-4)는 전형적인 무질서 방정식이며 확률현상이 아닌 결정현상을 설명하는 결정방정식이다. 결정방정식이지만 확률방정식처럼 불규칙적이고 불가역적인 무질서를 설명한다는 점이 공통점이다. 이렇게 보면 정합방정식은 무질서 방정식과 근본적으로 동일하다는 사실을 깨닫게 되므로 이에 기초하여 무질서 방정식을 받아드리면 정합방정식도 이해할 수 있을 것이다. 더욱이 정합방정식이 무질서의 분열현상처럼 주어진 표본을 세포분열하여 관측되지 않은 횡단면 표본을 재생할 수 있음을 보이면 정합방정식의 분열현상을 이해할 수 있을 것이다. 자세한 내용은 제10장에서 만나게 되며 이 장에서는 정합방정식만 유도하고 정합방정식이 무질서의 결정방정식과 동등함의 증명은 제10장으로 미룬다.

---

4) 제10장에 소개된다.

제 2 절 회귀직선

1. 정합방정식의 존재 증명은 하나의 확률변수에서 시작한다. 그 확률변수를 Y_t이라고 표기하자. 제 4 장에서 이미 제시한대로 다음을 확인하자.

$$Y_t = EY_t + \varepsilon_t \qquad \varepsilon_t \sim (0,\ \sigma_\varepsilon^2) \qquad \cdots\cdots (8\text{–}4)$$

경제학에서 이 확률변수는 생산, 소비, 투자 등이 될 수 있다. 보통 다음과 같이 경제이론에 의해 선정된 다수의 설명변수와 하나의 오차로 표현한다.

$$Y_t = \beta_0 + \beta_1 X_{t1} + \beta_2 X_{t2} + \cdots + \beta_K X_{tK} + \varepsilon_t \quad \text{비내포모형} \qquad \cdots\cdots (8\text{–}5)$$

설명변수 $X_{tk}(k=1,\ 2,\cdots,\ K;\ t=1,\ 2,\ \cdots,\ T)$는 반복적으로 고정된(fixed repeated) 변수로서 다공선성이 없고(non-multicollinearity), 오차 ε_t의 평균은 영이며, 유한의 분산을 갖는다고 가정한다. 여기에 추가하여 오차의 분산은 균등할 수 있고(homoskedastic), 불균등할 수도 있다(heteroskedastic). 또한 오차는 서로 독립일 수 있고 (independent), 자기상관을 가질 수도 있다(autocorrelated). 이상은 선형회귀분석의 통상의 가정이며 아래에서 그 이외의 가정은 필요하지 않다. 회귀방정식 (8–5)는 선형이다. 비선형인 경우에는 다음과 같다.

$$Y_t = F(X_{t1},\ X_{t2},\ \cdots,\ X_{tK}) + \varepsilon_t \quad \text{비선형 비내포모형} \qquad \cdots\cdots (8\text{–}5^*)$$

식 (8–5)를 추정한 결과는 다음과 같다.

$$Y_t = \hat{Y}_t^X + e_t \qquad \cdots\cdots (8\text{–}6)$$

여기서 $\hat{Y}_t^X$는 식 (5)를 X_t 설명변수로 Y_t을 추정했다는 뜻이다. 이것이 식 (6–2)이다.

2. 회귀방정식 (8–5)~(8–6)은 현실의 다변수 X_t벡터의 함수이다. 현재로서는 다변수 선형회귀방정식 (8–5)나 비선형 방정식 (8–5*)의 형태로는 피설명변수의 횡단면 표본을 복제할 수 없으므로 복제할 수 있는 회귀방정식의 '기본형태'를

찾아야 하는데 그것이 제 6 장에서 소개한 〈2변수 체제〉의 기본방정식 (6-7)이며 (정리 6-2에서 정리 6-9까지) 이것은 가상현실의 2변수 Q_{t1}과 Q_{t2}로 표현된다. 다항의 회귀방정식과 2항의 기본방정식 사이의 관계는 이미 [그림 6-1]이 보인 바 있다. 이에 기초하여 현실의 선형방정식 (8-5)이나 비선형방정식 (8-6)은 다수의 설명변수인 다변수 회귀방정식(multiple regression equation)인데 식 (6-5)처럼 등호 왼쪽의 피설명변수 Y_t을 설명변수 부분 $\hat{Y}_t^Q$과 추정잔차 μ_t로 다음과 같이 구성하여 기본방정식을 만들 수 있다.

$$\begin{aligned} Y_t &= \hat{Y}_t^Q + \mu_t \\ &= bQ_{t1} + (1-b)Q_{t2} + \mu_t, \qquad t=1,\ 2, \cdots,\ T, \qquad \text{기본방정식} \quad \cdots\cdots \ (8\text{-}7) \end{aligned}$$

여기서 설명부분 $\hat{Y}_t^Q$은 식 (8-7)을 Q 설명변수로 Y_t을 추정했다는 뜻이다. 이것이 식 (6-5)이다. 제 6 장에서 제시한 바대로 다변수 원형모형 (8-5)나 (8-5*)의 피설명변수 Y_t은 언제나 내포모형 (8-7)로 전환할 수 있다(정리 6-2～정리 6-9).

3. 내포모형 (8-7)이 일반적인 다변수 선형회귀방정식 (8-5)나 비선형방정식 (8-5*)의 '기본형태'이다. 여기서 오차에 대한 가정은 식 (8-5)나 (8-5*)의 그것과 동일하다. 반복되는 비확률 설명변수 Q_{tk}와 잔차 μ_t 사이에 직교(orthogonality)가 성립하므로 새로운 설명변수 Q_t와 잔차 μ_t 사이에도 직교가 성립한다. 비확률 설명변수 Q_{t1}과 Q_{t2}의 시계열 자료는 제 6 장의 기본방정식 구조에서 밝힌 대로 피설명변수 Y_t와 그 추정치 $\hat{Y}_t^X$의 시계열 자료에서 유도된다(소정리 6-2～소정리 6-9).

식 (8-7)은 추정오차 μ_t을 제외하면 비확률변수 Q_{1t}와 Q_{2t}의 '산술평균'의 형태로 표현되어 있다. 산술평균 형태의 내포모형 (8-7)은 비내포모형 (8-5)나 (8-5*)과 수학적으로 동일(mathematically equivalent)하지만 아래에서 숨겨진 정보공간을 찾아 모집단을 복제하는데 '기초형태'임이 드러나므로 식 (8-7)의 산술평균 형태는 배아세포(胚芽細胞)에 해당한다. 설명변수의 정보는 반복되는 비확률 열벡타(column vector)로 다음과 같다.

$$Q_1 = \begin{pmatrix} Q_{11} \\ Q_{21} \\ \vdots \\ Q_{T1} \end{pmatrix} \qquad\qquad Q_2 = \begin{pmatrix} Q_{12} \\ Q_{22} \\ \vdots \\ Q_{T2} \end{pmatrix}$$

이에 대한 피설명변수의 정보는 '현실적으로는' 보통 다음의 열벡타(column vector)뿐이다.

$$Y. = \begin{pmatrix} Q_{1}. \\ Q_{2}. \\ \vdots \\ Q_{T}. \end{pmatrix}$$

여기서 $Y_{t}.$역시 스칼라이다. 그러나 '이론적 또는 개념적으로는' 피설명변수의 정보는 자료가 이산적인(discrete) 경우에 다음과 같은 행렬(matrix)이라고 가정하는 것이 보통이다.

$$Y = \begin{pmatrix} Y_{11}, Y_{12}, & \cdots, & Y_{1N} \\ Y_{21}, Y_{22}, & \cdots, & Y_{2N} \\ \vdots \quad \vdots & & \vdots \\ Y_{T1}, Y_{T2}, & \cdots, & Y_{TN} \end{pmatrix} = (Y_1, Y_2, \cdots, Y_N) \qquad \cdots\cdots (8-8)$$

행렬 (8–8)의 정보 $Y_{tn}(t=1, 2, \cdots, T, \; n=1, 2, \cdots, \infty)$가 모두 주어지는 경우 이론적인 회귀계수는 말할 것도 없이 다음과 같다.

$$b = \frac{\sum_{n=1}^{\infty}\sum_{t=1}^{T}(Y_{tn} - \bar{Y})(Q_{t1} - \bar{Q}_{t1})}{\sum_{n=1}^{\infty}\sum_{t=1}^{T}(Q_{t1} - \bar{Q}_{t1})^2} \qquad \cdots\cdots (8-9)$$

4. 그러나 현실에서 실현된 피설명변수의 정보는 행렬 (8–8) 가운데 하나의 열벡타의 정보뿐이므로 그것을 편의상 다음과 같이 행렬 (8–8)의 첫째 열(the first column)이라고 하자.

$$Y_1 = \begin{pmatrix} Y_{11} \\ Y_{21} \\ \vdots \\ Y_{T1} \end{pmatrix} \qquad \cdots\cdots (8-10)$$

다른 열(another column)이어도 상관없다. 우리는 아래에서 피설명변수 행렬 (8–8)의 실현된 첫째 열벡타 Y_1에서 행렬 (8–8) 가운데 실현되지 않은 나머지 열벡타 Y_2, $Y_3, \cdots$, Y_∞을 찾아내고 열벡타 Y_n과 열벡타 Y_{n+1} 사이의 관계가 확률적인 관계라는 특성까지 밝혀낸다. 앞서 언급한 대로 행렬 (8–8)의 각 행벡타(row vector)는 독립적이고 동일한 분포를 가질 수도 있고 그렇지 않을 수도 있다. 말을 바꾸면 각 행(row)의 오차 벡타가 독립적이고 동일한 분포를 가질 수도 있고 그렇지 않을 수도 있다.[5)] 이에 대하여 선형회귀분석에서 각 열벡타(column vector) 사이에 확률적 특성은 추정에 전혀 영향을 미치지 않기 때문에 현시적으로나 암묵적으로 어떠한 가정도 하지 않고 있는 실정이다.[6)] 과문한 탓인지 열벡타 사이의 확률적 특성에 대해서는 문헌조차 없는 실정이다. 따라서 행렬 (8-8)의 각 열벡타도 서로 독립적이고 동일한 분포를 가질 수도 있고 그렇지 않을 수도 있으며 다만 확률적인 관계이면 족하다.

먼저 우리의 출발점으로써 다음과 같이 고정적으로 반복되는 설명변수 Q_{t1}와 Q_{t2}에 대하여 실현된 첫째 열 Y_1의 피설명변수의 회귀방정식을 추정하는 것으로 시작한다.

$$Q_1=\begin{pmatrix} Q_{11} \\ Q_{21} \\ \vdots \\ Q_{T1} \end{pmatrix},\ Q_2=\begin{pmatrix} Q_{12} \\ Q_{22} \\ \vdots \\ Q_{T2} \end{pmatrix},\ Y_1=\begin{pmatrix} Y_{11} \\ Y_{21} \\ \vdots \\ Y_{T1} \end{pmatrix} \qquad \cdots\cdots \ (8-11)$$

이상의 세 개의 열벡타 정보만으로 회귀방정식을 추정하면 다음과 같다.

$$Y_{t1}=b_1Q_{t1}+(1-b_1)Q_{t2}+\mu_{t1},\ E\mu_{t1}=0,\ t=1,\ 2,\cdots,\ T \qquad \cdots\cdots \ (8-12)$$

모형 (8-12)의 회귀계수는 다음과 같다.

$$b_1=\frac{\sum_{t=1}^{T}(Y_{t1}-\overline{Y}_1)(Q_{t1}-\overline{Q}_{t1})}{\sum_{t=1}^{T}(Q_{t1}-\overline{Q}_{t1})} \qquad \text{파생회귀계수} \qquad \cdots\cdots \ (8-13)$$

회귀계수 b_1은 모수 β의 여러 추정치 가운데 하나이다. [그림 8-4]에 각각의 관측치의 좌표가 검정 삼각점으로 표시되어 있는데 이 가운데 문제의 Y_{t1}의 좌표는 점 $C=(Q_{t1},\ Y_{t1})$이다. 축약회귀방정식 (8-12)는 3차원에서 표현해야 하는데 [그림 8-4]의 2차원에서 표현하기 위하여 Q_{t2}을 고정시키고 Y_{t1}을 Q_{t1}에 대하여 표현하였다. 그림은 시각적 이해를 돕는 보조일 뿐 그림 없이도 설명은 가능하다.

5. 파생회귀방정식 (8-12)에서 표본과 오차의 차이를 추정치 $\widehat{Y}_{t1}=Y_{t1}-\mu_{t1}$로 정의하면 식 (8-12)는 기울기가 b_1이고 절편이 $(1-b_1)Q_{t2}$인 회귀직선으로 표현될

---

5) 사실상 자본자산가격모형은 오차의 독립적이고 동일한 분포를 가정하지 않는다.
6) 선형회귀분석의 5가지 가정에 오차 열벡타의 독립성에 대해서는 아무 언급이 없다.

그림 8-4 수량좌표의 회귀직선

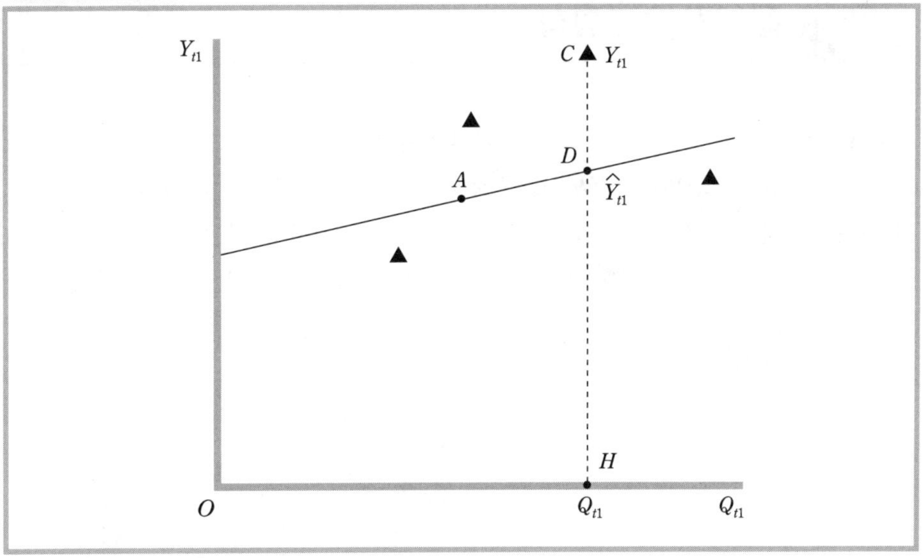

수 있다.

$$\hat{Y}^Q_{t1} = b_1 Q_{t1} + (1-b_1)Q_{t2},\ t=1,\ 2, \cdots,\ T \qquad \cdots\cdots (8\text{-}14)$$

이것은 선형모형 (8-5)나 비선형모형 (8-5*)의 또 하나의 내포모형이다. [그림 8-4]에서 회귀직선이 45도선과 교차하는 점의 좌표는 $A=(Q_{t2},\ Q_{t2})$인데 이 좌표 역시 주어져 있다. 가로축 상에 점 H의 좌표는 $H=(Q_{t1},\ 0)$이다. 점 H에서 수직으로 세운 직선이 회귀직선과 만나는 곳이 점 D이고 이 점의 좌표는 $D=(Q_{t1},\ \hat{Y}_{t1})$이다. [그림 8-4]에서 편의상 $Q_{t1} > Q_{t2}$을 상정하였다. 회귀직선 (8-14)에서 계수 b_1은 평균치 $\hat{Y}^Q_{t1}$와 절편 $(1-b_1)Q_{t2}$을 통과하는 회귀직선의 기울기이다.

$$b_1 = \frac{\hat{Y}^Q_{t1} - Q_{t2}}{Q_{t1} - Q_{t2}},\ t=1,\ 2, \cdots,\ T \qquad \cdots\cdots (8\text{-}15)$$

이다. 기울기 식 (8-15)는 회귀직선 (8-14)의 또 하나의 표현에 불과하다.

제 3 절 기본방정식

1. [그림 8-5]는 [그림 8-4]의 재생이지만 추가적인 정보를 포함하고 있다. [그림 8-5]에서 설명변수가 $Q_1 = Q_{t1}$으로 주어져서 관측치 크기가 Y_{t1}일 때 추정오차 μ_{t1}은 선분길이 $CD = \| Y_{t1}\hat{Y}^Q_{t1} \|$로 측정된다. 여기서 실제 관측치 Y_{t1}의 좌표 $C = (Q_{t1}, Y_{t1})$와 좌표 $A = (Q_{t2}, Q_{t2})$을 통과하는 직선의 기울기는 다음과 같다.

$$\begin{aligned} b_{t1} &= \frac{Y_{t1} - Q_{t2}}{Q_{t1} - Q_{t2}} \\ &= \frac{\mu_{t1} + \hat{Y}^Q_{t1} - Q_{t2}}{Q_{t1} - Q_{t2}} \\ &= b_1 + \frac{\mu_{t1}}{Q_{t1} - Q_{t2}} \qquad t = 1, 2, \cdots, T \qquad \cdots\cdots (8\text{-}16) \end{aligned}$$

이 기울기는 확률변수인데 매기 알려진 관측치 (Q_{t1}, Q_{t2}, Y_{t1})에서 구할 수 있으므로 이미 우리에게 알려져 있다. 확률변수 (8-16)을 재정리하면 다음과 같다.

$$Y_{t1} = b_{t1}Q_{t1} + (1 - b_{t1})Q_{t2}, \qquad t = 1, 2, \cdots, T \qquad \text{기본방정식} \quad \cdots\cdots (8\text{-}17)$$

이것이 기본방정식 (6-7)이다. 기본방정식 (8-17)을 식 (8-14)의 회귀직선과 비교하기 위하여 편의상 관측직선이라고 부르겠다. 계수 b_{t1}는 관측직선의 기울기이므로 확률계수이다. 하나의 회귀직선 (8-14)에 대하여 T개의 관측직선이 존재한다. 각각의 관측치 $Y_{t1}(t = 1, 2, \cdots, T)$에 대하여 각각 하나씩 확률기울기 b_{t1}가 존재하고 각각 하나씩 확률절편 $(1 - b_{t1})Q_{t1}$이 존재하기 때문이다. 즉 b_{t1}는 확률계수이고 따라서 관측직선 (8-17)은 회귀방정식 (8-7)의 동일한 내용을 다른 형태로 표현한 힐드레드-훅크(Hildreth and Houck, 1968)의 확률모수 방정식(random parameter equation)의 특별한 예에 속한다(제 2 장의 각주 9 참조).

2. 회귀계수 (8-15)와 확률계수 (8-16)의 중요한 차이는 $Q_{t1} = Q_{t2}$인 좌표 $A = (Q_{t1}, Q_{t2})$에서 드러난다. 임의의 시점이 $t = t'$일 때 $Q_{t'2} = Q_{t'1}$이면 $Q_{t'2} = Q_{t'1} =$

그림 8-5 수량좌표의 관측직선

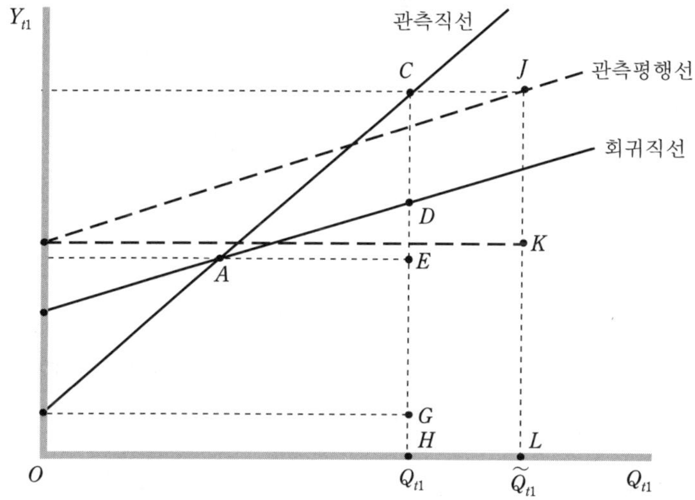

$\hat{Y}^{Q}_{t'1}$이지만 그렇더라도 좌표 A에서 식 (8–15)에 의하면 b_1은 회귀계수로서 불변이다. 그러나 좌표 A에서 $Q_{t'2}=Q_{t'1}\neq Y_{t'1}$이므로 식 (8–16)에 의하면 확률계수 $b_{t'1}$은 무한대가 된다. 다시 말하면 확률계수의 크기에는 제약이 없다.

▶▶▶ 소정리 8-1

시점 $t=t'$일 때 $Q_{t'2}=Q_{t'1}\neq Y_{t'1}$이 되면 확률계수 $b_{t'1}$은 무한대가 된다.

제 4 절 기 울 기

1. 회귀직선의 비확률 기울기 (8–15)와 관측직선의 확률 기울기 (8–16)을 비교하면 $\hat{Y}^{Q}_{t1}\neq Y_{t1}$이므로 다음이 된다.

$$b_{t1}\neq b_1 \qquad \cdots\cdots \text{(8–18)}$$

[그림 8-5]를 보면 식 (8-16)은 새로운 절편 $(1-b_{t1})Q_{t2}$에서 시작하여 좌표 A을 거쳐 실제 관찰치 Y_{t1}의 좌표 $C=(Q_{t1},\ Y_{t1})$을 통과하는 관측직선의 기울기 b_{t1}을 의미한다. 가로축 상의 Q_{t1}의 좌표 $H=(Q_{t1},\ 0)$에서 수직으로 세운 직선이 세로축 상의 새로운 절편 $(1-b_{t1})Q_{t2}$에서 수평으로 연결한 직선과 만나는 좌표를 $G=[Q_{t1},\ (1-b_{t1})Q_{t2}]$라고 표기하면 관측직선의 확률 기울기 b_{t1}는 기하학적으로 선분길이 $CG=Y_{t1}G$와 선분길이 $OH=OQ_{t1}$의 비율이다. 즉 관측직선의 확률 기울기 (8-16)은 확률계수로서 기하학적으로는 다음과 같이 정의할 수 있다.

$$b_{t1}=\frac{CG}{OH} \qquad \cdots\cdots \ (8\text{-}19)$$

2. 관측치 Y_{t1}의 관측직선의 식 (8-17)을 이용하면 Y_{t1}의 회귀방정식 (8-12)는 다음과 같이 수학적으로 동등하게(mathematically equivalent) 표현될 수 있다.

$$Y_{t1}=b_1Q_{t1}+(1-b_1)Q_{t2}+(b_{t1}-b_1)(Q_{t1}-Q_{t2}), \qquad t=1,\ 2, \cdots,\ T$$

회귀방정식 $\cdots\cdots$ (8-20)

이것이 식 (6-8)이다. 식 (8-20)을 식 (8-12)와 비교하면 추정잔차의 길이 $\mu_{t1}=CD=\| Y_{t1}\hat{Y}_{t1} \|$을 '사후적으로' 다음과 같이 정의할 수 있다.[7)]

$$\mu_{t1}=(b_{t1}-b_1)(Q_{t1}-Q_{t2}), \quad t=1,\ 2, \cdots,\ T \qquad \text{추정오차} \qquad \cdots\cdots \ (8\text{-}21)$$

이것이 식 (6-9)이다. 따라서 다음의 소정리가 성립한다.

> ▶▶▶ **소정리 8-2**
> 추정잔차는 관측직선의 확률 기울기와 회귀직선의 비확률 추정기울기의 차이와 두 개 설명변수의 차이의 곱으로 정의된다.

소정리 8-2는 앞으로 계속 중요한 역할을 하므로 추정잔차 (8-21)이 기하학적 표현과도 일치한다는 사실을 추가적으로 설명하겠다. [그림 8-5]에 새로운 좌표 $E=(Q_{t1},\ Q_{t2})$을 추가하면 추정잔차 μ_{t1}는 $CD=\| Y_{t1}\hat{Y}^{Q}_{t1} \|$의 선분길이인데 이것

---

7) 오차항의 정의 (8-21)은 제 2 장의 각주 9에서 유도한 결과와 일치한다.

을 다시 두 개의 선분길이의 차이 $CD=CE-DE$, 즉 $\|Y_{t1}\hat{Y}^{Q}_{t1}\|=\|Y_{t1}E\|-\|\hat{Y}^{Q}_{t1}E\|$로 나눌 수 있다. 구성요소 가운데 $\|Y_{t1}E\|=b_{t1}(Q_{t1}-Q_{t2})$이고 $\|\hat{Y}^{Q}_{t1}E\|=b_1(Q_{t1}-Q_{t2})$이므로 잔차 μ_{t1}는 $CD=(b_{t1}-b_1)(Q_{t1}-Q_{t2})$이 되므로 소정리 8-2는 기하학적으로도 성립한다.

식 (8-21)은 추정잔차가 설명변수와 기울기의 차이에 의해서 결정되는 것으로 표현되었지만 이론적인 측면에서 "사전적으로는" 잔차가 무엇에 의해 결정되는지에 대해서는 알려진 바가 없다. 식 (8-21)이 의미하는 것은 다만 "사후적인" 정의뿐이다. 마치 회귀분석에서 최소자승법에 의해 기울기의 계수가 추정되면 추정잔차를 "사후적으로" 설명변수와 추정계수에 의해 추정하여 정의하는 것과 같은 이치이다. 특히 식 (8-21)은 기울기의 차이로 잔차를 정의하고 있다. 또는 식 (8-20)의 피설명변수에서 잔차를 제외한 나머지는 피설명변수의 평균이다. 따라서 피설명변수에서 평균을 뺀 것을 두 설명변수의 차이로 나눈 것이 확률기울기와 비확률 기울기의 차이이다.

제 5 절 파생기울기

1. 피설명변수 관측치 Y_{t1}의 관측직선의 확률 기울기 (8-16)에서 다음의 계수를 파생적으로 정의한다.

$$a_{t1}=b_{t1}\frac{Q_{t1}}{Y_{t1}},\ t=1,\ 2,\cdots,\ T \qquad \text{베이즈 정리} \qquad \cdots\cdots \ (8\text{-}22)$$

이것은 앞서 베이즈 정리 (1-11)와 동일한 형태이며 b_{t1}은 사전확률이고 a_{t1}은 사후확률에 해당한다. 이 계수의 대수적 의미는 다음과 같다. 관측직선의 식 (8-17)에서 관측치 Y_{t1}는 두 부분으로 구성되어 있다. 첫째 부분 $b_{t1}Q_{t1}$과 둘째 부분 $(1-b_{t1})Q_{t2}$이다. 관측치 Y_{t1}에 대한 첫째 부분 $b_{t1}Q_{t1}$의 비율이 a_{t1}이고 둘째 부분 $(1-b_{t1})Q_{t2}$의 비율은 $1-a_{t1}$이다. 즉 관측직선 (8-17)의 양변을 관측치 Y_{t1}로 나눈 결과는 다음과 같다.

$$1 = b_{t1}\frac{Q_{t1}}{Y_{t1}} + (1-b_{t1})\frac{Q_{t2}}{Y_{t1}} \qquad \cdots\cdots (8\text{-}23)$$
$$= a_{t1} + (1-a_{t1})$$

따라서 a_{t1}을 식 (8-22)처럼 정의할 수 있다. 이 계수의 기하학적 의미도 [그림 8-5]를 빌려 설명할 수 있다. 먼저 [그림 8-5]에서 원점을 출발하여 관측치 Y_{t1}을 통과하는 직선(그림의 복잡성으로 그리지는 않았음)의 기울기의 정의는 다음과 같다.

$$\Gamma_{t1} = \frac{CH}{OH} = \frac{Y_{t1}}{Q_{t1}} \qquad \cdots\cdots (8\text{-}24)$$

이것 역시 확률변수이다. 따라서 정의 (8-22)는 다음이 된다.

$$a_{t1} = b_{t1}\frac{Q_{t1}}{Y_{t1}} = \frac{b_{t1}}{\Gamma_{t1}} = \frac{CG}{OH}\frac{OH}{CH} = \frac{CG}{CH} \qquad \cdots\cdots (8\text{-}25)$$

사후확률 계수 a_{t1}는 대수적으로는 두 개의 기울기 b_{t1}와 Γ_{t1}의 비율이며, 기하학적으로는 선분길이 CH에 대한 선분길이 CG의 비율이지만, 기울기 b_{t1}에서 파생되었으므로 b_{t1}의 파생기울기라고 부르자. 기울기 b_{t1}가 확률변수이므로 파생기울기 a_{t1} 역시 확률변수이다.

2. 이 파생기울기를 사용하여 식 (8-22)를 재정리하면 다음이 된다.

$$\frac{b_{t1}}{Y_{t1}} = \frac{a_{t1}}{Q_{t1}} \qquad \cdots\cdots (8\text{-}26)$$

이번에는 식 (8-22)를 식 (8-17)에 대입한 결과를 정리하면 다음을 얻는다.

$$\frac{1-b_{t1}}{Y_{t1}} = \frac{1-a_{t1}}{Q_{t2}} \qquad \cdots\cdots (8\text{-}27)$$

식 (8-26)에 식 (8-27)을 더하면 다음의 직각쌍곡선을 얻는다.

$$\frac{1}{Y_{t1}} = \frac{a_{t1}}{Q_{t1}} + \frac{1-a_{t1}}{Q_{t2}}, \qquad t=1,\ 2, \cdots,\ T \qquad \cdots\cdots (8\text{-}28)$$

직각쌍곡선 (8-28)에서 Y_{t1}은 Q_{t1}과 Q_{t2}의 '조화평균'이고 그 가중치가 파생기울기 a_{t1}이다. 관측직선 (8–17)에서 Y_{t1}이 Q_{t1}과 Q_{t2}의 '산술평균' 이며 그 가중치가 기울기 b_{t1}인 것과 대조적이다.

제 6 절 수량좌표와 시간좌표

1. 실현된 한 개의 표본에서 실현되지 않은 나머지 표본을 확률적으로 드러나게 할 수 있는 이치는 수량좌표와 함께 시간좌표의 활용에 있다. 여기서 추가적인 정보를 얻을 수 있기 때문이다. 이것은 제 7 장의 비유에서 밝혔듯이 두 개의 핵산 가닥, 두 개의 레이저 광선, 두 개의 음자리의 발견이 추가적인 정보를 제공하여 복제를 가능하게 만든 것에 비유할 수 있다.

2. 이제 변수전환 방식 $y_{t1}Y_{t1}=1$, $q_{t1}Q_{t1}=1$, $q_{t2}Q_{t2}=1$에 의해 새로운 소문자 변수 y_{t1}, q_{t1}, q_{t2}을 정의할 수 있다. 즉 수량변수와 시간변수는 서로 역수의 관계이다. 변수전환은 단순한 수학적 개념일 수 있다. 허수(imaginary number)는 경제학적으로 의미가 부여되지 않지만 경기변동을 설명하는 수학적 도구(mathematical instrumental)로 사용되듯이 변수변환도 그와 같은 차원에서 단지 수학적 도구로만 생각할 수 있다. 그러나 다행스러운 것은 역의 변수변환은 단순한 수학적 도구에 그치지 않고 경제학적으로도 의미가 있다는 점이다. 대표적인 예가 피셔(Fisher)의 유통속도 V와 마샬(Marshall)의 k 사이의 관계 $Vk=1$이다. 사회적 후생함수의 네기시(Negishi) 구매력 계수 θ와 개인소득의 그림자가격 λ 사이에도 $\theta\lambda=1$의 관계가 성립한다. 레온티에프(Leontief)의 생산함수 $Q=\sigma K$에서는 자본의 평균생산 σ은 가속도 v의 역수이므로 $\sigma v=1$이다. 자본자산가격이론에서는 자산의 수익 Y는 자산의 가격 P에 수익률 R을 곱한 것이므로 수익률 R은 자산의 수익 Y(자본이득+배당금)을 가격 P로 나눈 것이다. 즉 $Y=P\times R$이므로 $\dfrac{P}{Y}\times R=1$이다. 여기서 $r=\dfrac{P}{Y}$로 표기하면 $rR=1$이 된다. 변수전환 $y_{t1}Y_{t1}=1$, $q_{t1}Q_{t1}=1$, $q_{t2}Q_{t2}=1$을 직각쌍곡선 (8–28)에 적용하면 다음이 된다.

$$y_{t1}=a_{t1}q_{t1}+(1-a_{t1})q_{t2}, \qquad t=1, 2, \cdots, T \qquad \cdots\cdots (8\text{–}29)$$

이것을 재정리하면 다음의 회귀방정식이 된다.

$$y_{t1}=a_1q_{t1}+(1-a_1)q_{t2}+\eta_{t1}, \qquad t=1,\ 2,\cdots,\ T \qquad \cdots\cdots\ (8-30)$$

여기서 오차의 정의는 다음과 같다.

$$\eta_{t1}=(a_{t1}-a_1)(q_{t1}-q_{t2}), \qquad t=1,\ 2,\cdots,\ T \qquad \cdots\cdots\ (8-31)$$

식 (8-30)은 수량좌표의 직각쌍곡선 (8-28)과 수학적으로 동일(mathemat-ically equivalent)하고 시간좌표에서 표현한 것에 지나지 않지만, 시간좌표의 회귀방정식의 형태를 갖추고 있다. 이 같은 변수전환의 몇 가지 중요한 특성을 지적할 수 있다.

첫째, 수량좌표의 식 (8-22)와 시간좌표의 식 (8-30)~(8-31)에 공통적으로 나타나는 확률계수 a_{t1}의 정체를 규명하기 위하여 식 (8-30)~(8-31)을 다음과 같은 형태로 고쳐 쓸 수 있다.

$$a_{t1}=\frac{y_{t1}-q_{t2}}{q_{t1}-q_{t2}} \qquad \cdots\cdots\ (8-32)$$

식 (8-32)는 [그림 8-6]의 시간좌표 $(y_1,\ q_1)$에서 새로운 절편 $(1-a_{t1})q_{t2}$과 y_{t1}을 통과하는 시간좌표 관측직선의 확률기울기 a_{t1}을 의미한다. 이 경우 음수의 기울기이다. 특기할 점은 확률계수 a_{t1}이 시간좌표에서 (8-32)에 의해 기울기로 정의되지만 수량좌표에서는 식 (8-23)에 의해 파생기울기로 정의된다는 것이다.

둘째, 시간좌표의 추정잔차 식 (8-31)은 수량좌표의 추정잔차 식 (8-21)과 동일한 형태이므로 소정리 8-2에 부합한다. 즉 기울기의 차이와 설명변수의 차이의 곱으로 되어 있다.

셋째, 오차 (8-31)에서 a_{t1}은 확률계수이고 a_1은 비확률 회귀계수이므로 식 (8-18)처럼 다음이 성립한다.

$$a_{t1}\neq a_1 \qquad \cdots\cdots\ (8-33)$$

따라서 다음도 성립한다.

$$\eta_{t1}\neq 0 \qquad \cdots\cdots\ (8-34)$$

거꾸로 시간좌표의 회귀방정식 (8-30)의 추정잔차가 영이 아니므로 식 (8-34)가

그림 8-6 시간좌표의 회귀직선과 관측직선

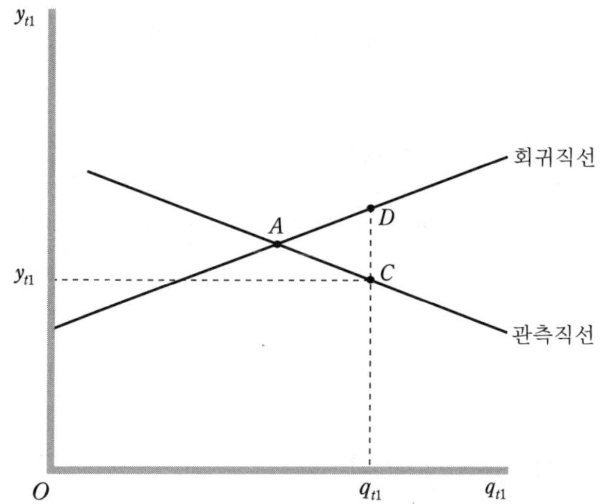

성립한다.

넷째, 수량좌표의 잔차 (8-21)이 기하학적으로 표현되듯이 [그림 8-6]의 시간좌표의 좌표 (y_1, q_1)에서 잔차 (8-31) 역시 기하학적으로 $\eta_{t1}=CD$이며 그 부호는 μ_{t1}의 부호와 반대이다(이것은 아래 식 (8-92)에서 대수적으로 증명된다).

다섯째, 수량좌표의 직각쌍곡선 (8-28)은 시간좌표에서는 회귀방정식 (8-30)으로 역할이 바뀐다.

여섯째, [그림 8-6]의 시간좌표에서 원점과 관측치 y_{t1}의 좌표를 연결하는 직선(그림의 복잡성으로 생략하였음)의 기울기를 γ_{t1}라고 표기하면 다음이 된다.

$$\gamma_{t1}=\frac{y_{t1}}{q_{t1}}=\frac{Q_{t1}}{Y_{t1}}=\frac{a_{t1}}{b_{t1}}=\frac{1}{\Gamma_{t1}} \qquad \cdots\cdots (8\text{-}35)$$

따라서 식 (8-35)에서 다음이 성립한다.

$$\gamma_{t1}\Gamma_{t1}=1 \qquad \cdots\cdots (8\text{-}36)$$

이것은 수량좌표와 시간좌표 사이에 또 하나의 변수전환의 역관계를 의미한다.

일곱째, 식 (8-35)에 의하여 시간좌표에서 다음이 성립한다.

$$b_{t1} = \frac{a_{t1}}{\gamma_{t1}} \qquad \cdots\cdots \ (8\text{–}37)$$

즉 수량좌표의 기울기는 시간좌표에서는 파생기울기가 된다. 소정리 8–3이 성립한다.

> **▶▶▶ 소정리 8–3**
> 수량좌표의 파생기울기는 시간좌표에서 기울기로 역할이 바뀌고, 수량좌표의 기울기는 시간좌표의 파생기울기로 전환된다.

제 7 절 관측평행직선

1. [그림 8–5]의 수량좌표의 추정잔차 $\mu_{t1}=CD$을 다시 생각한다. 이것은 선분길이 CD로 측정되는데 이 길이는 좌표 C에서 좌표 D까지 수직길이이다. 점 D의 좌표는 $D=(Q_{t1},\ Y_{t1}-\mu_{t1})$이다. 이번에는 좌표 C에서 수직 대신 수평으로 수직길이와 동일한 수평길이 $CJ=CD=\mu_{t1}$에 해당하는 새로운 좌표 J을 선택한다. 새로운 좌표는 $J=(Q_{t1}+\mu_{t1},\ Y_{t1})$이다. 즉 좌표 D는 좌표 C에서 Q_{t1}는 그대로 둔 채 Y_{t1}에서 잔차 μ_{t1}을 뺀 좌표이고, 좌표 J는 좌표 C에서 Y_{t1}을 그대로 둔 채 Q_{t1}에서 잔차 μ_{t1}을 더한 좌표이다. 그러면 회귀직선 (8–14)를 기울기 b_1는 그대로 둔 채 평행이동시켜 새로운 $(1-b_1)(Q_{t2}+\mu_{t1})$절편과 새로운 좌표 $J=(Q_{t1}+\mu_{t1},\ Y_{t1})$을 통과하는 점선으로 만들 수 있다. 이 점선의 식은 다음과 같다.

$$\begin{aligned} Y_{t1} &= b_1Q_{t1}+(1-b_1)Q_{t2}+\mu_{t1} \\ &= b_1Q_{t1}+(1-b_1)Q_{t2}+[b_1\mu_{t1}+(1-b_1)\mu_{t1}] && \text{회귀방정식} \quad \cdots\cdots \ (8\text{–}12) \\ &= b_1(Q_{t1}+\mu_{t1})+(1-b_{t1})(Q_{t2}+\mu_{t1}) \\ &= b_1\widetilde{Q}_{t1}+(1-b_1)\widetilde{Q}_{t2}, \quad t=1,\ 2,\cdots,\ T && \text{관측평행직선} \quad \cdots\cdots \ (8\text{–}38) \end{aligned}$$

여기서 $\widetilde{Q}_{t1}=Q_{t1}+\mu_{t1}$이고 $\widetilde{Q}_{t2}=Q_{t2}+\mu_{t1}$인 새로운 확률변수이다. 회귀방정식 (8–12)에서 피설명변수 Y_{t1}의 확률부분은 추정잔차 μ_{t1}에서 기인한다.

2. 이 추정잔차 μ_{t1}을 두 부분으로 분리할 수 있다. 즉 $\mu_{t1}=b_1\mu_{t1}+(1-b_1)\mu_{t1}$이다. 각 부분을 각 설명변수에 더해 주면 각 설명변수는 확률변수가 되어 식 (8-38)이 된다. 식 (8-38)에서 피설명변수의 확률부분은 설명변수의 확률부분에서 기인한다. 따라서 직선의 식 (8-38)은 회귀방정식 (8-12)와 수학적으로 동일(mathematically equivalent)하지만 피설명변수의 추정치 $\hat{Y}_{t1}^{Q}$ 대신 실제 관측치 표본 Y_{t1}을 통과하고 회귀직선과 평행을 이루므로 Y_{t1}의 관측평행직선(observed parallel line)이라고 부르겠다. 그러면 하나의 회귀직선 (8-14)에 대하여 T개의 관측평행직선이 존재한다. 가로축의 점 L의 좌표 $L(\widetilde{Q}_{t1},\ 0)$에서 새로운 수직길이 $JL=\|Y_{t1}\widetilde{Q}_{t1}\|$을 그릴 수 있다. 이 새로운 수직길이 JL는 앞서의 수직길이 $CH=\|Y_{t1}Q_{t1}\|$와 나란하며 $CH=JL$이다.

제 8 절 횡단면 표본 추출에 있어서 두 단계 수학적 동등

1. 관측평행직선 (8-38)은 두 부분으로 구성되어 있다. 첫째 부분은 $b_1\widetilde{Q}_{t1}$이고 둘째 부분은 $(1-b_1)\widetilde{Q}_{t2}$이다. 첫째 부분은 관측치 Y_{t1}의 일부분을 이루고 둘째 부분은 관측치 Y_{t1}의 나머지 부분을 이룬다. 관측치 Y_{t1}에 대한 첫째 부분 $b_1\widetilde{Q}_{t1}$의 비율이 a_{t2}이고 둘째 부분 $(1-b_1)\widetilde{Q}_{t2}$의 비율은 $(1-a_{t2})$이다. 즉 관측평행직선 (8-38)의 양변을 Y_{t1}으로 나누면 다음이 된다.

$$\begin{aligned} 1 &= \frac{b_1\widetilde{Q}_{t1}}{Y_{t1}} + \frac{(1-b_1)\widetilde{Q}_{t2}}{Y_{t1}} \\ &= a_{t2} + (1-a_{t2}) \end{aligned} \qquad \cdots\cdots \ (8\text{-}39)$$

그 결과 수량좌표의 식 (8-15)의 기울기 b_1에서 다음의 새로운 파생기울기를 정의할 수 있다.

$$a_{t2} = b_1\frac{\widetilde{Q}_{t1}}{Y_{t1}} \qquad \text{베이즈 정리} \qquad \cdots\cdots \ (8\text{-}40)$$

이것은 또 하나의 베이즈 정리 (1-11)의 형태이다. 식 (8-40)을 식 (8-22)와 비교하면 $(a_{t1}-a_{t2})Y_{t1}=(b_{t1}-b_1)[(1-b_1)Q_{t1}+b_1Q_{t2}]$이므로 다음이 성립한다.

$$a_{t2} \neq a_{t1} \qquad \text{수정된 사후확률} \qquad \cdots\cdots (8\text{-}41)$$

따라서 a_{t2}는 a_{t1}와 전혀 다른 새로운 확률계수인데 그 이유는 식 (8-40)의 분자와 분모가 모두 확률변수이기 때문이다. 이것은 베이즈의 사후확률이 수정됨을 의미한다. 그러나 이 수정은 외부로부터 새로운 정보가 투입됨이 없이 생산된다는 점에서 베이즈 확률이론과 다르다. 식 (8-40)의 의미를 설명하기 위하여 [그림 8-5]의 절편 $(1-b_1)\widetilde{Q}_{t2}$에서 수평으로 연결한 수평길이와 가로축의 점 $\widetilde{Q}_{t1}$에서 수직으로 세운 수직길이가 만난 좌표를 $K=(\widetilde{Q}_{t1},\ (1-b_1)\widetilde{Q}_{t2})$라 정의한다. 식 (8-40)은 수량좌표의 가로축의 한 점 $\widetilde{Q}_{t1}$에서 수직길이 JL에 대한 길이 JK의 비율로서 기울기 부분 JK가 전체길이 JL에서 차지하는 비율을 의미한다. 즉 식 (8-40)은 $\frac{b_1}{a_{t2}}=\frac{JL}{OL}$인데 이것은 다시 $a_{t2}=\frac{JK}{JL}$이다. 그러므로 식 (8-40)은 수량좌표의 기울기 b_1을 수량좌표의 파생기울기 a_{t2}로 전환시키는 식이다. 뿐만 아니라 식 (8-40)은 다음이 된다.

$$\frac{a_{t2}}{\widetilde{Q}_{t1}}=\frac{b_1}{Y_{t1}}$$

이것을 식 (8-38)에 대입하여 정리하면 다음이 된다.

$$\frac{1-a_{t2}}{\widetilde{Q}_{t2}}=\frac{1-b_1}{Y_{t1}}$$

이 두 결과를 더하여 수량좌표에서 새로운 직각쌍곡선을 얻을 수 있다.

$$\begin{aligned}\frac{1}{Y_{t1}}&=\frac{a_{t2}}{\widetilde{Q}_{t1}}+\frac{1-a_{t2}}{\widetilde{Q}_{t2}}\\&=\frac{a_{t2}}{Q_{t1}+\mu_{t1}}+\frac{1-a_{t2}}{Q_{t2}+\mu_{t1}}, \qquad t=1,\ 2,\ \cdots,\ T, \qquad \cdots\cdots (8\text{-}42)\end{aligned}$$

식 (8-42)에 변수전환 $y_{t1}Y_{t1}=1$, $q_{t1}Q_{t1}=1$, $q_{t2}Q_{t2}=1$을 적용하여 시간좌표에서 재정리하면 다음을 얻는다.

$$y_{t1}\{1+[b_1q_{t1}+(1-b_1)q_{t2}]\mu_{t1}\}=a_{t2}q_{t1}+(1-a_{t2})q_{t2} \qquad \cdots\cdots (8\text{-}43)$$

식 (8–43)을 식 (8–29)와 비교하면 동일한 q_{t1}과 q_{t2}에 대하여 식 (8–41)과 $\mu_{t1} \neq 0$ 때문에 $y_{t1}\{1+[b_1q_{t1}+(1-b_1)q_{t2}]\mu_{t1}\} \neq y_{t1}$임이 드러난다. 따라서 식 (8–43)에서 등호의 왼쪽은 y_{t1}과 다른 크기의 피설명변수 y_{t2}를 정의할 수 있다.

$$y_{t2}=y_{t1}\{1+[b_1q_{t1}+(1-b_1)q_{t2}]\mu_{t1}\} \qquad \cdots\cdots (8\text{–}44)$$

식 (8–44)에 의하면 시점 t에서 알려진 유일한 정보 y_{t1}는 동일시점의 다른 정보 y_{t2}을 생산한다. 이때 $[b_1q_{t1}+(1-b_1)q_{t2}]>0$ 이므로 잔차 μ_{t1}의 부호에 의하여 생산의 할인율 $[b_1q_{t1}+(1-b_1)q_{t2}]\mu_{t1}$의 부호가 결정된다.

> ▶▶▶ **소정리 8–4**
> 시간좌표에서 정보생산의 과정은 할인 또는 할증의 과정이다.

2. 이때 식 (8–43)은 다음과 같이 새로운 방정식이 된다.

$$y_{t2}=a_{t2}q_{t1}+(1-a_{t2})q_{t2} \qquad \cdots\cdots (8\text{–}45)$$

식 (8–45)에 의하면 a_{t2}는 설명변수 q_{t1}과 q_{t2}에 대한 피설명변수 y_{t2}의 확률계수가 되므로 식 (8–45)는 관측직선이다. 따라서 식 (8–45)를 다음과 같이 수학적으로 동등하게 표현할 수 있도록 하는 비확률계수 a_2가 존재한다.

$$y_{t2}=a_2q_{t1}+(1-a_2)q_{t2}+(a_{t2}-a_2)(q_{t1}-q_{t2}) \qquad \cdots\cdots (8\text{–}46)$$

확률계수 a_{t2}는 확률변수이므로 비확률 기울기 a_2와 다르고, 또 하나의 비확률 기울기 a_1과 다르다.[8)]

$$a_{t2} \neq a_2, \qquad a_{t2} \neq a_1 \qquad \cdots\cdots (8\text{–}47)$$

더욱이 중요한 사실은 다음의 조건이다.[9)]

$$a_{t2} \neq a_1, \qquad \cdots\cdots (8\text{–}48)$$

---

8) 식 (8–40)에 식(8–26), 식 (8–21), 식 (8–31)을 대입하여 정리하면 $a_{t2}=a_1+a_1\frac{\mu_{t1}}{Q_{t1}}+\frac{Q_{t2}Q_{t1}\varepsilon_{t1}+Q_{t2}\varepsilon_{t1}\mu_{t1}+\mu_{t1}}{Q_{t2}-Q_{t1}}$ 이므로 $a_{t2} \neq a_1$이다.

9) 식 (8–45)를 정리하면 $y_{t1}[b_1q_{t1}+(1-b_1)q_{t2}]\mu_{t1}=\eta_{t2}-\eta_{t1}+(a_1-a_2)(q_{t1}-q_{t2})$인데 여기에 식

식 (8-46)의 등호의 마지막 항은 정리 8-2에 의하여 새로운 잔차 η_{t2}이 되어야 한다.

$$\eta_{t2} = (a_{t2} - a_2)(q_{t1} - q_{t2}) \qquad \cdots\cdots \ (8\text{-}49)$$

따라서 식 (8-46)은 다음의 회귀방정식이 된다.

$$y_{t2} = a_2 q_{t1} + (1 - a_2) q_{t2} + \eta_{t2}$$
$$a_{t2} \neq a_2,\ a_{t2} \neq a_1,\ a_2 \neq a_1,\ a_{t1} \neq a_{t2},\ t = 1,\ 2, \cdots,\ T \qquad \cdots\cdots \ (8\text{-}50)$$

식 (8-45)의 y_{t2}는 식 (8-30)의 y_{t1}과 전혀 다른 새로운 표본이다. 이 표본은 추정치가 아니다. 회귀방정식 (8-50)에서 추정치 $a_2 q_{t1} + (1 - a_2) q_{t2}$와 잔차 η_{t2}의 합이기 때문이다.

3. 식 (8-50)은 시간좌표에서 동일 시점 t에 q_{t1}과 q_{t2}에 대한 y_{t2}의 새로운 회귀방정식이다. 이 회귀방정식의 회귀계수는 a_2이고 이에 대한 확률계수는 a_{t2}이며 잔차는 η_{t2}이다. 이때 다음이 성립한다.

$$\eta_{t2} \neq 0 \qquad \cdots\cdots \ (8\text{-}54)$$

확률계수 a_{t2}는 수량좌표에서는 파생기울기였는데 시간좌표에서 어떠한 역할을 하는지 규명하기 위하여 식 (8-45)를 다음과 같이 표현할 수 있다.

$$a_{t2} = \frac{y_{t2} - q_{t2}}{q_{t1} - q_{t2}} \qquad \cdots\cdots \ (8\text{-}55)$$

식 (8-55)는 시간좌표 $(y_1,\ q_1)$에서 절편 $(1 - a_{t2}) q_{t2}$과 y_{t2}을 통과하는 관측직선의 기울기 a_{t2}을 의미한다. 수량좌표에서는 식 (8-40)에 의해서 가로축의 점 $\widetilde{Q}_{t1}$에서 전체 수직길이 Y_{t1}에 대한 부분 수직길이 JK의 비율로서 기울기부분이 전체 길이에서 차지하는 파생기울기를 의미하였지만 시간좌표에서는 식 (8-55)에 의해서 기울기 그 자체가 된다.

(8-30)을 대입하면 $A\mu_{t1} + B\mu_{t1}^2 = \eta_{t2} - \eta_{t1} + (a_1 - a_2)(q_{t1} - q_{t2})$이다. 이때 $A = b_1^2 + b_1(1 - b_1) Q_{t1} q_{t2} + b_1(1 - b_1) q_{t1} Q_{t2} + (1 - b_1)^2$와 $B = b_1 q_{t1} + (1 - b_1) q_{t2}$이다. 여기에 수학적 기대부호 E를 적용하면 $E(\mu_{t1}) = E(\eta_{t1}) = E(\eta_{t2}) = 0$ 이므로 $BE(\mu_{t1}^2) = (a_1 - a_2)(q_{t1} - q_{t2}) \neq 0$. 따라서 $a_1 \neq a_2$이다.

4. 결국 새로운 표본이 발생하는 핵심은 수량좌표의 회귀방정식 (8-12)는 관측평행직선 (8-38)과 수학적으로 동등하고, 다시 관측평행직선 (8-38)은 변수 전환하여 시간좌표에서 회귀방정식 (8-50)과 수학적으로 동등하다는 점이다.

수량좌표회귀방정식 (8-12) = 수량좌표관측평행직선 (8-38)
= 시간좌표회귀방정식 (8-50)

이 두 단계의 수학적 동등 과정에서 수량좌표회귀방정식 (8-12)의 Y_{t1}이 시간좌표회귀방정식 (8-50)의 y_{t2}을 발생시켰다. 소정리 8-5가 성립한다.

> **▶▶▶ 소정리 8-5**
> 수량좌표에서 축약방정식 형태의 회귀방정식은 수량좌표의 관측평행직선과 수학적으로 동등하며, 수량좌표의 관측평행직선은 시간좌표에서 축약방정식 형태의 회귀방정식과 수학적으로 동등하다. 두 단계 수학적 동등에서 새로운 표본이 생산된다.

제 9 절 확률적 이중나선

1. 소정리 8-5가 이 장의 핵심이다. 소정리 8-5의 동일한 수학적 동등단계를 시간좌표의 y_{t2}에 적용하면 수량좌표에서 Y_{t3}을 발생시키고 이 과정은 계속되며 다음과 같다.

이랑	Y_{t1}		Y_{t3}		⋯
	↘	↗	↘		
고랑		y_{t2}		y_{t4}	⋯

하나의 표본이 다른 표본을 발생할 때 그 발생순서는 두 가지 특성치로 정의된다. 하나는 위상이고 다른 하나는 진폭이다. 위상은 이랑(Y_{tn})인가 고랑(y_{tn})인가를 결정하고 진폭은 위상의 크기를 확률적으로 결정한다. 이랑은 수량좌표를 가리키고 고랑은 시간좌표를 가리킨다. 이 구조는 흡사 나선의 홈처럼 생겼다. 따라서

다음의 소정리가 성립한다.

> **▶▶▶ 소정리 8-6**
> 수량좌표의 Y_{t1}이 시간좌표의 y_{t2}을 낳고, 시간좌표의 y_{t2}는 수량좌표의 Y_{t3}을 낳으며, 수량좌표의 Y_{t3}은 시간좌표의 y_{t4}을 낳고, 이 나선의 과정은 한없이 계속된다.

소정리 8-6에 의하면 수량좌표의 Y_{t1}에서 시작하면 시간좌표의 정합으로 발생하는 수량좌표의 표본은 홀수 표본이다. 반대로 시간좌표의 y_{t1}에서 시작하면 발생순서는 다음과 같다.

이랑		Y_{t2}		Y_{t4}	…
	↗		↘	↗	
고랑	y_{t1}		y_{t3}		…

이다. 이 현상 역시 나선의 홈처럼 생겼다. 또 하나의 정리가 성립한다.

> **▶▶▶ 소정리 8-7**
> 시간좌표의 y_{t1}이 수량좌표의 Y_{t2}을 낳고 수량좌표의 Y_{t2}는 시간좌표의 y_{t3}을 낳으며 시간좌표의 y_{t3}은 수량좌표의 Y_{t4}을 낳고 이 나선의 과정은 계속된다.

소정리 8-7에 의하면 시간좌표의 y_{t1}에서 시작하면 수량좌표의 도움을 받아서 발생하는 수량좌표의 표본은 짝수이다. 홀수와 짝수의 표본을 합하여 수량좌표의 표본과 시간좌표의 표본의 발생이 완성된다.

2. 수량좌표와 시간좌표는 역의 관계 $y_{t1}Y_{t1}=1$이므로 직각쌍곡선을 이룬다. 그러므로 수량좌표의 홀수 표본에서 시간좌표의 짝수 표본으로 이동하는 과정(정리 8-6)은 두 좌표 사이에서 나선의 모습을 형성한다. 즉 식 (8-44)는 $y_{t2}Y_{t1}=1+[b_1q_{t1}+(1-b_1)q_{t2}]\mu_{t1}$인데 $\mu_{t1}=0$ 이면 직각쌍곡선 $y_{t2}Y_{t1}=1$이 되지만 일반적으로 $\mu_{t1}\neq0$이므로 Y_{t1}와 y_{t2} 사이는 확률적인 직각쌍곡선이고 확률적 나선이다. 반대로 시간좌표의 홀수 표본에서 수량좌표의 짝수 표본으로 이동하는 과정(소정리 8-7)에서 또 하나의 확률적 직각쌍곡선 $y_{t1}Y_{t2}=1+[a_1Q_{t1}+(1-a_1)Q_{t2}]\eta_{t1}$이 성립하므로 y_{t1}과

Y_{t2}사이에서 또 하나의 확률적 나선을 형성한다. 두 개의 확률적 나선이 엉켜서 모집단을 만들어낸다. 확률적 이중나선(stochastic double helix)이라고 부를 수 있다. 즉

$$\begin{matrix} Y_{t1} & & Y_{t2} & & Y_{t3} & \cdots \\ & \times & & \times & & \\ y_{t1} & & y_{t2} & & y_{t3} & \cdots \end{matrix} \qquad \cdots\cdots (8\text{–}56)$$

수량좌표의 표본계열과 시간좌표의 표본계열 사이에 두 개의 홈이 파진 나선 모양이 형성되며 홈의 크기는 확률적으로 결정된다. 두 개의 나선은 각각 수량나선과 시간나선이다. [그림 8–7]에 $Y_{tn}\, y_{tn+1} = (1+\theta_n \mu_{tn})$의 곡선과 $Y_{tn+1} y_{tn} = \dfrac{1}{1+\theta_n \mu_{tn}}$의 곡선이 함께 엉켜있다. 이것이 3차원에서 정합방정식의 이중나선의 모습이다.

3. 이러한 복제현상을 앞서 비유한 광원, 그림자, 실체의 관계를 이용하여 설명할 수 있다. 최초의 수량좌표($Q_{t1}+\mu_{t1}$, $Q_{t2}+\mu_{t1}$)를 최초의 광원 1이라 하면 이 광원에 의해 형성되는 그림자 1이 최초의 표본 Y_{t1}이다. 여기에 시간좌표($q_{t1}+\eta_{t2}$, $q_{t2}+\eta_{t2}$)를 사용하면 이것이 또 하나의 새로운 광원인 광원 2의 역할을 하여 새로운 그림자 2를 형성하는데 이것이 표본 y_{t2}이다. 여기에 새로운 수량좌표($Q_{t1}+\mu_{t3}$,

그림 8–7 이중나선

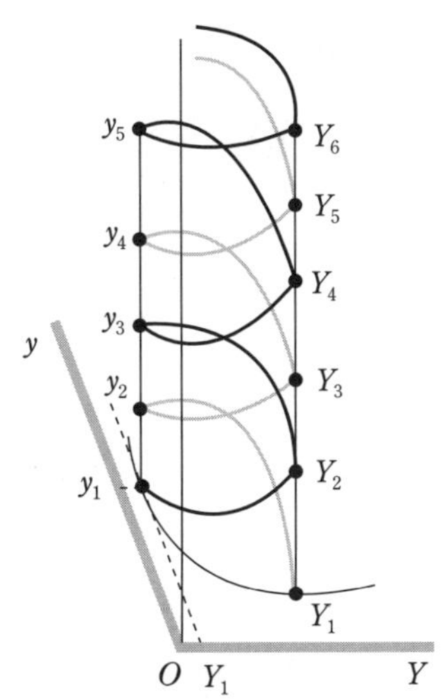

$Q_{t2}+\mu_{t3}$)인 광원 3을 도입하면 그림자 3을 형성하는데 이것이 표본 Y_{t3}이다. 다시 여기에 다시 새로운 시간좌표($q_{t1}+\eta_{t4}$, $q_{t2}+\eta_{t4}$)인 광원을 비추면 그림자 4가 만들어지는데 이것이 표본 Y_{t4}이다. 이러한 방식으로 무한대의 광원이 만드는 무한대의 그림자를 합치면 3차원의 실체가 정체를 드러낸다. 다시 말하면 2차원의 그림자 하나에서 홀로그래피처럼 3차원의 형상을 투영할 수 있다.

제10절 정합방정식

1. 수량좌표의 표본은 반드시 시간좌표를 거쳐 수량좌표의 또 다른 표본을 발생하는 구조가 시간좌표의 표본을 낳고 이를 매개로 다시 수량좌표의 표본을 낳는 하나의 확률적 나선현상과 그 반대의 확률적 나선현상은 서로 소거되어 이랑과 고랑이 없는 단일의 확률적 직선현상처럼 보인다. 즉 Y_{t1}에서 y_{t2}을 거치지 않고 직접 Y_{t2}을 발생하는 것처럼 보인다. 이 내용을 식 (8-44)에서 확인할 수 있다. 식 (8-44)는 y_{t1}와 y_{t2}의 관계를 나타내는데 여기에 변수 사이의 역관계 $y_{t1}Y_{t1}=1$, $y_{t2}Y_{t2}=1$을 적용하면[10] 식 (8-44)는 다음과 동등하다.

$$Y_{t2}=\frac{1}{1+[b_1q_{t1}+(1-b_1)q_{t2}]\mu_{t1}}Y_{t1},\qquad t=1,\ 2,\cdots,\ T, \qquad \cdots\cdots\ (8\text{-}57)$$

이것이 정합방정식 (8-1)이다. 정합방정식 (8-57)에서 $\mu_{t1}\neq 0$이므로 다음이 성립한다.

$$Y_{t2}\neq Y_{t1} \qquad \cdots\cdots\ (8\text{-}58)$$

동일 시점에서 전혀 새로운 피설명변수의 크기이다. 즉 동일 시점 t에서 피설명변수의 새로운 표본 Y_{t2}가 정합방정식 (8-57)에 의해 이미 실현된 피설명변수의 표본 Y_{t1}에서 발생한다. 이 발생은 μ_{t1}의 존재 때문에 확률적이다. 식 (8-58)은 다음과 같이 요약된다.

---

10) $y_{t1}Y_{t1}=1$은 정의식이지만 $y_{t1}Y_{t1}=1$일 때 $y_{t2}Y_{t2}=1$이 성립하는 증명은 부록 8A에 있다.

$$Y_{t2} = \frac{1}{1+\theta_1\mu_{t1}} Y_{t1} \qquad \cdots\cdots \text{(8-59)}$$

여기서 $\theta_1 = b_1 q_{t1} + (1-b_1)q_{t2} > 0$이다. 따라서 Y_{t2}와 Y_{t1}의 관계는 오차가 양수이면 할인(discount)의 관계이고 오차가 음수이면 할증(premium)의 관계이다. 다시 말하면 동일 시점 t에서 상태(state) 1의 Y_{t1}과 상태(state) 2의 Y_{t2} 사이의 할증 또는 할인의 관계이다.

▶▶▶ 소정리 8-8

수량좌표에서 정보생산의 과정은 할인 또는 할증의 과정이다.

2. 정합방정식은 퇴보하지 않는다(non-degeneration). 그 이유를 살펴보기 위하여 식 (8-59)의 Y_{t1}에서 생산된 Y_{t2}가 Y_{t1}의 회귀직선 상의 추정치 $\hat{Y}^Q_{t1} = Y_{t1} - \mu_{t1}$와 일치하여 퇴보한다고 가정하자. 그러려면 식 (8-59)에 $Y_{t2} = Y_{t1} - \mu_{t1}$을 대입할 수 있다. 그러면 $\theta_1 \hat{Y}^Q_{t1} = 1$이 되어야 하는데 $\theta_1 \hat{Y}^Q_{t1} = [bq_{t1} + (1-b)q_{t2}][bQ_{t1} + (1-b)Q_{t2}] \neq 1$이다.

▶▶▶ 소정리 8-9

정보생산은 퇴보하지 않는다.

3. 정합방정식 (8-59)는 시간좌표를 점검함으로써 재확인할 수 있다. 이를 위하여 이상의 동일한 방식을 이번에는 시간좌표에 적용하여 시간좌표의 식 (8-30)을 다음과 같이 표현한다.

$$\begin{aligned} y_{t1} &= a_1 q_{t1} + (1-a_1) q_{t2} + \eta_{t1} \\ &= a_1 \widetilde{q_{t1}} + (1-a_1)\widetilde{q_{t2}} \qquad t=1,\ 2,\ \cdots,\ T \quad \text{시간좌표 관측직선} \end{aligned} \qquad \cdots\cdots \text{(8-60)}$$

여기서 $\widetilde{q_{t1}} = q_{t1} + \eta_{t1}$이고 $\widetilde{q_{t2}} = q_{t2} + \eta_{t1}$이다. 식 (8-60)을 y_{t1}로 나누면 다음이 된다.

$$1 = \frac{a_1\widetilde{q_{t1}}}{y_{t1}} + \frac{(1-a_1)\widetilde{q_{t2}}}{y_{t1}} \qquad t=1,\ 2, \cdots,\ T$$

이것을 다시 구성비율로 표현하면 다음과 같다.

$$1=\frac{a_1\widetilde{q}_{t1}}{y_{t1}}+\frac{(1-a_1)\widetilde{q}_{t2}}{y_{t1}}=b_{t2}+(1-b_{t2})$$

따라서 다음의 새로운 확률계수를 정의할 수 있다.

$$b_{t2}=a_1\frac{q_{t1}+\eta_{t1}}{y_{t1}}=a_1\frac{\widetilde{q}_{t1}}{y_{t1}}, \qquad b_{t2}\neq b_1,\ b_{t2}\neq b_{t1} \qquad \cdots\cdots (8\text{-}61)$$

식 (8-61)의 두 개의 조건은 수량좌표의 두 개의 조건 (8-47)~(8-48)에 상응한다. 이것으로 b_{t2}가 시간좌표에서 파생기울기를 뜻하는데 수량좌표로 전환되면 기울기 자체가 되는 것을 알 수 있다. 결국 식 (8-60)~(8-61)에서 다음이 성립한다.

$$\frac{a_1}{y_{t1}}=\frac{b_{t2}}{\widetilde{q}_{t1}}, \qquad \frac{1-a_1}{y_{t1}}=\frac{1-b_{t2}}{\widetilde{q}_{t2}} \qquad \cdots\cdots (8\text{-}62)$$

이 둘을 더하면 다음의 직각쌍곡선이 된다.

$$\frac{1}{y_{t1}}=\frac{b_{t2}}{\widetilde{q}_{t1}}+\frac{1-b_{t2}}{\widetilde{q}_{t2}}, \qquad t=1,\ 2,\ \cdots,\ T \qquad \cdots\cdots (8\text{-}63)$$

식 (8-63)은 y_{t1}을 $\widetilde{q}_{t1}$과 $\widetilde{q}_{t2}$의 '조화평균'으로 정의하고 있으며 가중치는 확률계수 b_{t2}이다. 이와 대조적으로 식 (8-60)은 y_{t1}을 $\widetilde{q}_{t1}$과 $\widetilde{q}_{t2}$의 '산술평균'으로 정의하고 있고 가중치는 비확률계수 a_1이다. 식 (8-63)에 변수전환을 적용하여 정리하면 수량좌표에서 다음의 회귀방정식이 된다.

$$Y_{t2}=b_2Q_{t1}+(1-b_2)Q_{t2}+\mu_{t2}, \qquad t=1,\ 2,\ \cdots,\ T \qquad \text{회귀방정식} \qquad \cdots\cdots (8\text{-}64)$$

이때 다음이 성립한다.

$$Y_{t2}=Y_{t1}\{1+[a_1Q_{t1}+(1-a_1)Q_{t2}]\eta_{t1}\} \qquad \cdots\cdots (8\text{-}65)$$

$$\mu_{t2}=(b_{t2}-b_2)(Q_{t1}-Q_{t2}) \qquad \cdots\cdots (8\text{-}66)$$

오차 (8-66) 역시 전과 동일한 형태로서 기울기의 차이로 정의되었음은 변함이 없고 소정리 8-2에 부합한다. 식 (8-34)가 성립하므로 식 (8-65)에서 다음이 성립한다.

$$Y_{t2}\neq Y_{t1} \qquad \cdots\cdots (8\text{-}67)$$

따라서 식 (8-67)에 의해 동일 시점 t에서 피설명변수의 전혀 새로운 정보 Y_{t2}가 이미 실현된 피설명변수 Y_{t1}에서 발생한다. 식 (8-61)의 도움으로 식 (8-66)에서 다음이 성립한다.

$$\mu_{t2} \neq 0 \qquad \cdots\cdots \text{(8-68)}$$

시간좌표의 식 (8-44)에 수량좌표의 식 (8-65)를 곱하여 변수전환 $y_{t1}Y_{t1}=1$과 $y_{t2}Y_{t2}=1$을 대입하여 정리하면 다음이 된다.[11)]

$$1=\{1+[a_1Q_{t1}+(1-a_1)Q_{t2}]\eta_{t1}\}\{1+[b_1q_{t1}+(1-b_1)q_{t2}]\mu_{t1}\} \qquad \cdots\cdots \text{(8-69)}$$

4. 식 (8-69)를 식 (8-65)에 대입하여 정리하면 다음이 된다.

$$Y_{t2}=\frac{1}{1+[b_1q_{t1}+(1-b_1)q_{t2}]\mu_{t1}}Y_{t1}, \qquad t=1,\ 2, \cdots,\ T \qquad \cdots\cdots \text{(8-70)}$$

이 결과는 정합방정식 (8-57)과 일치한다. 따라서 임의의 시점 t에서 설명변수 Q_{t1}과 Q_{t2}(따라서 각각의 역수 q_{t1}와 q_{t2})가 일정한 크기로 주어지고 추정기울기 b_1가 주어질 때 한 개의 수익률의 관측치 Y_{t1}에서 또 하나의 수익률 Y_{t2}가 도출된다. 즉 피설명변수의 행렬 (8-8)의 첫째 열 Y_{t1}에서 동일 시점 t의 둘째 열 Y_{t2}의 정체가 드러난다. Y_{t2}는 Y_{t1}에서 발생하지만, 식 (8-70)의 등호의 오른쪽 항의 분모에 등장하는 잔차 μ_{t1} 때문에 '확률적인 관계'이다. 이 사실은 아래에서 발생정보의 확률적 특성을 조사할 때 더욱 분명해진다. 뿐만 아니라 회귀방정식 (8-64)를 보면 Y_{t2}는 추정치가 아니라 표본의 형태가 되어 있음을 알 수 있다. 말을 바꾸면 Y_{t2}는 실현되지 않고 숨겨진 표본이다.

5. 정합방정식 (8-70)은 회귀방정식 $Y_1=b_1Q_1+(1-b_1)Q_2+\mu_{t1}$에서 설명변수가 Q_1과 Q_2이고 피설명변수가 $Y_1=Y_{t1}$일 때 Y_{t2}을 발생시키는 식이다. 결과적으로 피설명변수의 행렬 (8-8)의 실현된 첫째 열은 다음과 같다.

$$Y_1=\begin{pmatrix} Y_{11} \\ Y_{21} \\ \vdots \\ Y_{T1} \end{pmatrix}$$

11) 식 (8-69)에 대한 또 다른 증명이 부록 8A이다.

여기에서 둘째 열이 확률적으로 생산되었다.

$$Y_2=\begin{pmatrix} Y_{12} \\ Y_{22} \\ \vdots \\ Y_{T2} \end{pmatrix}$$

이제 동일한 방식을 둘째 열에 적용하기 위하여 정보생산확률함수 (8–70)에 의해 구한 둘째 열 Y_2와 첫째 열 Y_1을 합친 표본을 고정적으로 반복되는 설명변수 Q_1과 Q_2에 대하여 회귀방정식을 추정할 수 있으므로 두 개의 열벡타 사이에 다음을 구할 수 있다.

$$Y_{t2}=b_2Q_{t1}+(1-b_2)Q_{t2}+\mu_{t2}, \qquad t=1,\ 2, \cdots,\ T \qquad \text{회귀방정식} \qquad \cdots\cdots \ (8\text{–}71)$$

둘째 열의 회귀방정식 (8–71)의 추정 회귀계수는 b_2이고 $b_2 \neq b_1$이며 추정잔차는 μ_{t2}이고 $\mu_{t2} \neq \mu_{t1}$이다.

첫째 열의 회귀방정식 (8–12)에 적용하여 둘째 열의 정보 (8–70)을 구한 것과 동일한 방법을 둘째 회귀방정식 (8–71)에 대하여 적용하면 셋째 열의 정보생산은 다음 단계의 정합방정식에 의해 '확률적'이다.

$$Y_{t3}=\frac{1}{1+[b_2q_{t1}+(1-b_2)q_{t2}]\mu_{t2}}Y_{t2}, \qquad t=1,\ 2, \cdots,\ T \qquad \cdots\cdots \ (8\text{–}72)$$

식 (8–72)에 의해 피설명변수의 행렬 (8–8)의 첫째 열과 둘째 열은 다음과 같다.

$$Y_2=\begin{Bmatrix} Y_{11} \\ Y_{21} \\ \vdots \\ Y_{T1} \\ Y_{11} \\ Y_{22} \\ \vdots \\ Y_{T2} \end{Bmatrix}$$

여기에서 셋째 열이 확률적으로 발생하였다.

$$Y_3=\begin{pmatrix} Y_{13} \\ Y_{23} \\ \vdots \\ Y_{T3} \end{pmatrix}$$

6. 이상의 분석을 일반화할 수 있다. 첫째, 알려진 첫째 열 Y_1의 실현된 회귀방정식이 다음과 같이 주어졌다.

$$Y_{t1}=b_1Q_{t1}+(1-b_1)Q_{t2}+\mu_{t1},\quad E\mu_{t1}=0,\quad t=1,\ 2,\cdots,\ T \qquad \cdots\cdots (8\text{–}73)$$

둘째, 실현되지 않은 $n+1$번째 열의 피설명변수의 횡단면 정보는 다음의 공식에 의해 '확률적'으로 연속 생산된다.

$$Y_{tn+1}=\frac{1}{1+[b_nq_{t1}+(1-b_n)q_{t2}]\mu_{tn}}Y_{tn}, \qquad \cdots\cdots (8\text{–}74)$$

$$Y_{tn}=b_nQ_{t1}+(1-b_n)Q_{t2}+\mu_{tn},\quad E\mu_{tn}=0, \qquad \cdots\cdots (8\text{–}75)$$

$$t=1,\ 2,\cdots,\ T \qquad \cdots\cdots (8\text{–}76)$$

$$n=1,\ 2,\cdots,\ \infty \qquad \cdots\cdots (8\text{–}77)$$

식 (8–74)가 정합방정식이며 이것이 실현되지 않은 횡단면 표본을 생산한다. 정합방정식 (8–74)를 유도하는데 어떠한 가정도 필요하지 않았다. 특히 모형변환 (2–34)의 가정도 사용하지 않았다. 다음과 같이 정리할 수 있다.

▶▶▶ 소정리 8–10

정합방정식은 기본방정식을 2개의 좌표(수량좌표와 시간좌표)의 내적 정합에 반영한 순수 수학적 유도의 결과이다.

▶▶▶ 소정리 8–11

정합방정식은 모형변환의 도움 없이 독립적으로 성립한다.

참고로 정합방정식 (8–74)에 연속적으로 Y_{tn}을 대입하여 식 (8–59)의 축소형으로 표현하면 정리 8–8에 의하여 다음이 된다.

$$Y_{tn+1}=\frac{1}{(1+\theta_1\mu_{t1})(1+\theta_2\mu_{t2})\cdots(1+\theta_n\mu_{tn})}Y_{t1}$$

여기서 $\theta_n=b_nq_{t1}+(1-b_n)q_{t2}>0$이다. 정보발생의 과정은 서로 다른 상태(state) 사이의 복리할인 또는 복리할증의 과정이다. 다음의 소정리가 성립한다.

▶▶▶ 소정리 8-12

임의의 시간 t에서 실현된 n번째 확률변수 Y_{tn}와 그 추정치 $\hat{Y}^{Q}_{tn}$가 주어지면 축약회귀방정식 $Y_{tn}=bQ_{1t}+(1-b)Q_{2t}+\mu_{tn}$의 회귀직선 $\hat{Y}^{Q}_{tn}=b_nQ_{t1}+(1-b_n)Q_2$의 추정이 가능하며 정합방정식 $Y_{tn+1}=\dfrac{1}{1+(b_nq_{t1}+(1-b_n)q_{t2})\mu_{tn}}Y_{tn}$도 언제나 성립한다.

7. 정합방정식 (8-74)는 다음과 같이 표현할 수 있다.

$$Y_{tn+1}=\frac{Q_{t1}\times Y_{tn}}{Q_{t1}+E_n} \qquad \cdots\cdots \text{(8-78)}$$

$$E_n=[b_n+(1-b_n)B_n]\mu_{tn} \qquad \cdots\cdots \text{(8-79)}$$

여기서 B_n은 베이즈 지수이다. 기본방정식 (8-7)의 Y_{tn}은 Q_{t1}과 Q_{t2}와 μ_{tn}에 대하여 1차 동차이므로 정합방정식 (8-78)의 Y_{tn+1}은 Q_{t1}과 E_n에 대하여 0차 동차함수이다. 따라서 모든 변수를 0보다 크고 1보다 작은 확률로 변환할 수 있다. 그러면 새로운 확률변수를 정의할 수 있다.

$$Z_{tn}=\frac{1-(Q_{t1}+E_n)}{(1-Q_{t1})(1+\theta_n\mu_{tn})}Y_{tn} \qquad \cdots\cdots \text{(8-80)}$$

그러면 정합방정식 (8-78)은 다음과 같이 표현할 수 있다.

$$Y_{tn+1}=Q_{t1}Y_{tn}+(1-Q_{t1})Z_{tn} \qquad \cdots\cdots \text{(8-81)}$$

이것은 기본방정식 (6-7)의 또 다른 형태이다.

8. 앞서 제 7 장의 주변확률생산함수 (7-30)과 이 장의 정합방정식 (8-74)는 동일한 형태이다. 그러나 확률생산함수 (7-30)은 추가적인 정보가 외부에서 공급되어야 하는데 대하여 정합방정식 (8-74)는 외부정보의 추가적 주입 없이 성립할 수 있다. 이것은 확률생산함수 (7-30)은 시간(time)의 함수이지만 정합방정식 (8-74)는 상태(state)의 함수임을 의미한다고 밝힌 바 있다. 그러므로 확률생산함수 (7-30)을 생물학의 복제, 물리학의 홀로그래피, 음악의 화음에 비유한 것은 오히려 정합방정식 (8-74)에 더욱 어울리는 비유가 될 것이다. 그러나 정합방정식 (8-74)의 구체적인 경제학의 예는 아직 남아 있다. 그것은 제12장과 제13장에서 별도

로 분석할 것이다.

9. 정합방정식에 의해 1개의 시계열 표본에서 횡단면 표본을 추출할 수 있는 직관적인 설명이 [그림 8-8a]이다. 이 그림은 [그림 6-1a]의 일부 재생이다. 이 그림의 방정식은 $Y_{tn}=b_n\widetilde{Q}_{t1}+(1-b_n)\widetilde{Q}_{t2}$이고 산술평균이므로 직선 상에 표현된다. 이 방정식은 베이즈 변환과 변수변환을 이용하면 $\frac{1}{Y_{tn}}=\frac{a_n}{\widetilde{Q}_{t1}}+\frac{1-a_n}{\widetilde{Q}_{t2}}$으로 변환된다. 이것은 조화평균이다. 그러므로 [그림 8-8b]는 직선이 되지 못하고 오목거울이 된다. [그림 8-8a]에서 Y_{tn}이 평면거울에 꽂힌 막대라면 한 점으로 표현되지만 [그림 8-8b]의 오목거울에는 막대의 전체 모습을 곡선처럼 비친다. 그러므로 1개의 시계열 표본은 좌표를 달리하면 횡단면 표본집합을 투영할 수 있는 것이다.

그림 8-8 평면거울과 오목거울

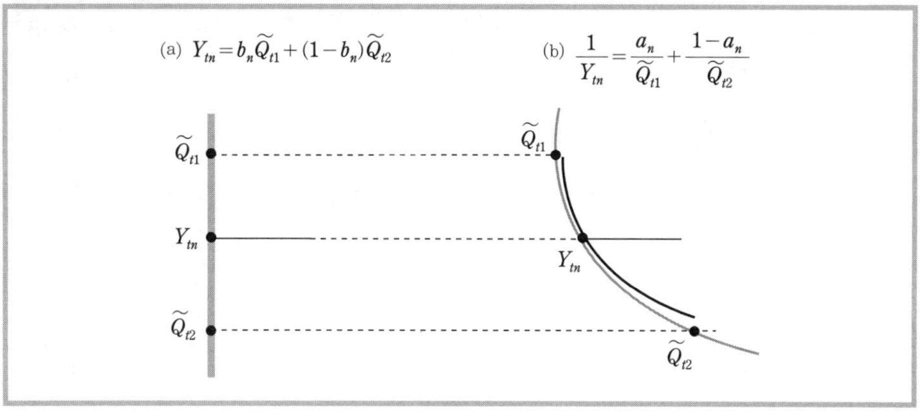

제11절 정합방정식과 베이즈 정리

1. 정합방정식 (8-74)를 변수변환을 이용하여 다음과 같이 표현할 수 있다.

$$Q_{t1}+E_n=\frac{Q_{t1}Y_{tn}}{Y_{tn+1}} \quad \cdots\cdots (8\text{-}82)$$

또는

$$Q'_{t1} = \frac{Q_{t1}Y_{tn}}{Y_{tn+1}} \qquad \cdots\cdots (8-83)$$

여기서 Q'_{t1}은 Q_{t1}에 새로운 정보 E_n을 추가하여 수정한 것이다. 이것은 베이즈 정리의 식 (2-11)의 형태이다. 구체적으로 소정리 2-1에 의하면 베이즈 정리 2-1은 Q_{t1}과 Q_{t2}에 대하여 0차 동차함수이므로 Q_{t1}과 Q_{t2}을 확률로 변환할 수 있었다. 기본방정식 (8-7)의 Y_{tn}은 Q_{t1}과 Q_{t2}와 μ_{tn}에 대하여 1차 동차이고 그 결과 정합방정식 (8-74) 역시 Q_{t1}과 Q_{t2}와 μ_{tn}에 대하여 0차 동차함수이므로 이들을 모두 다음과 같이 확률로 변환할 수 있다.

$$P(G) = Q_{t1} \qquad \cdots\cdots (8-84)$$

$$Y_{tn+1} = P(G)Y_{tn} + (1-P(G))Z_{tn} \qquad \cdots\cdots (8-85)$$

$$Y_{tn} = P(E \mid G) \qquad \cdots\cdots (8-86)$$

$$Z_{tn} = P(E \mid G^*) \qquad \cdots\cdots (8-87)$$

$$Y_{tn+1} = P(E) \qquad \cdots\cdots (8-88)$$

정합방정식 (8-74)에서 Y_{tn+1}은 새로운 정보 E의 함수이므로 식 (8-88)이 성립하고 Y_{tn}의 함수이므로 식 (8-85)도 성립한다. 그러면 정합방정식 (8-74)는 다음이 된다.

$$P(G \mid E) = \frac{P(G)Y_{tn}}{P(G)Y_{tn} + (1-P(G))Z_{tn}} \qquad \cdots\cdots (8-89)$$

결국 정합방정식 (8-74)는 베이즈 정리 (2-8)과 형태상 일치한다.

▶▶▶ 소정리 8-13

정합방정식은 베이즈 정리와 형태상 동일하다.

2. 소정리 8-13의 의미는 베이즈의 역확률 정리가 성립하므로 정합방정식의 〈역표본 정리〉가 성립한다는 것이다. 그것이 정합방정식 (8-74)이다. 역표본 정리에 의하여 1개의 시계열 표본에서 횡단면 표본집합이 추출되는 길이 열렸다. 성공

적인 발명품 1개를 만들기 위해서는 수많은 설계도가 그려지고 견본이 만들어진다. 1개의 발명품과 그것이 탄생하는데 밑받침이 되었던 설계도는 일정한 관계를 맺고 있어서 1개의 발명품을 보면 그것이 만들어지기까지 시행착오를 거친 설계도를 역추적할 수 있다. 이것이 시장에 등장하지 않은 횡단면 표본집합이다. 때로는 실패한 설계도를 찾아내어 새로운 발명에 성공하는 적도 허다하다. 진화과정에서 1개 개체가 적자생존으로 살아남았지만 사라진 수많은 유사종들을 역추적할 수 있는 것에도 비유할 수 있다. 수학적으로 설명하면 정합방정식의 연립방정식 체계에서 고유치(eigen value)의 크기가 결정한다. 제10장에서 다룬다.

제12절 잔차생산함수

1. 수량좌표의 축약회귀방정식 (8−12)를 시간좌표의 축약방정식 (8−30)으로 변환할 때 잔차변수만 제외하고 모든 변수는 변수변환을 하였다. 잔차 μ_{tn}가 독립이고 평균이 $E\mu_{tn}=0$이므로 다음이 성립한다.[11)]

$$\begin{aligned} EY_{tn} &= E[Y_{tn+1}(1+[b_n q_{t1}+(1-b_n)q_{t2}]\mu_{tn})] \\ &= E[Y_{tn+1}]E(1+[b_n q_{t1}+(1-b_n)q_{t2}]\mu_{tn}) \\ &= E[Y_{tn+1}] \end{aligned} \quad \cdots\cdots (8-90)$$

이제 수량좌표의 오차와 시간좌표의 잔차 사이의 변수변환을 살펴볼 차례이다. 그 목적은 잔차가 어떻게 생산되는지를 규명하는 것이다. 식 (8−12)를 식 (8−30)에 곱하여 정리하면 다음이 된다.

$$\mu_{t1} = \frac{(Q_{t2}-Q_{t1})[(1-a_1)b_1Q_{t1}-(1-b_1)a_1Q_{t2}]}{a_1Q_{t2}+(1-a_1)Q_{t1}} - \frac{Y_{t1}Q_{t1}Q_{t2}}{a_1Q_{t2}+(1-a_1)Q_{t1}}\eta_{t1} \quad \cdots\cdots (8-91)$$

한편 식 (8−69)를 정리하면 다음이 성립한다.

$$\eta_{t1} = -\frac{[b_1Q_{t2}+(1-b_1)Q_{t1}]\mu_{t1}}{[a_1Q_{t1}+(1-a_1)Q_{t2}][(b_1Q_{t2}+(1-b_1)Q_{t1})\mu_{t1}+Q_{t2}Q_{t1}]} \quad \cdots\cdots (8-92)$$

11) 증명은 Kim(2006).

이 된다. 식 (8-91)~(8-92)는 두 개의 식에 두 개의 미지수(μ_{t1}, η_{t1})로 구성된다. 이 가운데 식 (8-91)은 [그림 8-9a]에서 직선이지만 식 (8-92)는 식 (8-69)와 동일한 것이므로 [그림 8-9a]에서 중심이 $\left(-\frac{1}{a_1Q_{t1}+(1-a_1)Q_{t2}},\ -\frac{1}{b_1q_{t1}+(1-b_1)q_{t2}}\right)$인 직각쌍곡선이다.

이제 직선 (8-91)을 곡선 (8-92)에 대입하면 다음의 2차 방정식을 얻는다.

$$\eta_{t1}^2+\Lambda\eta_{t1}+\Sigma=0 \qquad \cdots\cdots (8-93)$$

부호의 정의는 생략해도 결론에 지장이 없다. 풀이는 두 개다. 기하학적으로는 [그림 8-9a]에서 식 (8-91)은 직선이고 식 (8-92)는 쌍곡선이므로 두 점에서 만난 것이 풀이이다. 풀이가 다음을 만족시킨다.

$$0\gtrless\frac{\mu_{tn}}{\eta_{tn}} \qquad \cdots\cdots (8-94)$$

따라서 식 (8-91)의 절편이 양수이거나 음수이다. 수량좌표의 축약회귀방정식 (8-12)에서 구한 잔차 μ_{t1}을 대입하면 두 개의 풀이 가운데 하나의 풀이가 선택된다. [그림 8-9a]의 점 E이거나 점 E'이다. 다음의 소정리가 성립한다.

▶▶▶ 소정리 8-14
수량좌표의 잔차가 양수이면 시간좌표의 잔차는 음수이거나 그 반대도 성립한다.

2. [그림 8-9b]는 [그림 8-9a]의 재생인데 풀이 E점과 원점을 통과하는 직선을 추가하였다. 이 직선은 절편이 0이고 기울기가 j_{t1}인데 그 식은 다음과 같다.

$$\eta_{t1}=-j_{t1}\mu_{t1} \qquad \cdots\cdots (8-95)$$

여기서 $\mu_{t1}\eta_{t1}<0$ 이므로 j_{t1}은 양수이다. 이 식을 식 (8-91)에 대입하여 정리하면 다음의 3차 방정식이 된다.

$$\mu_{t1}^3+g_{t1}\mu_{t1}^2+g_{t2}\mu_{t1}+g_{t3}=0 \qquad \cdots\cdots (8-96)$$

계수의 정의는 생략되어도 결론에 지장이 없다. 한편 식 (8-95)를 식 (8-92)

그림 8-9a 오차의 좌표

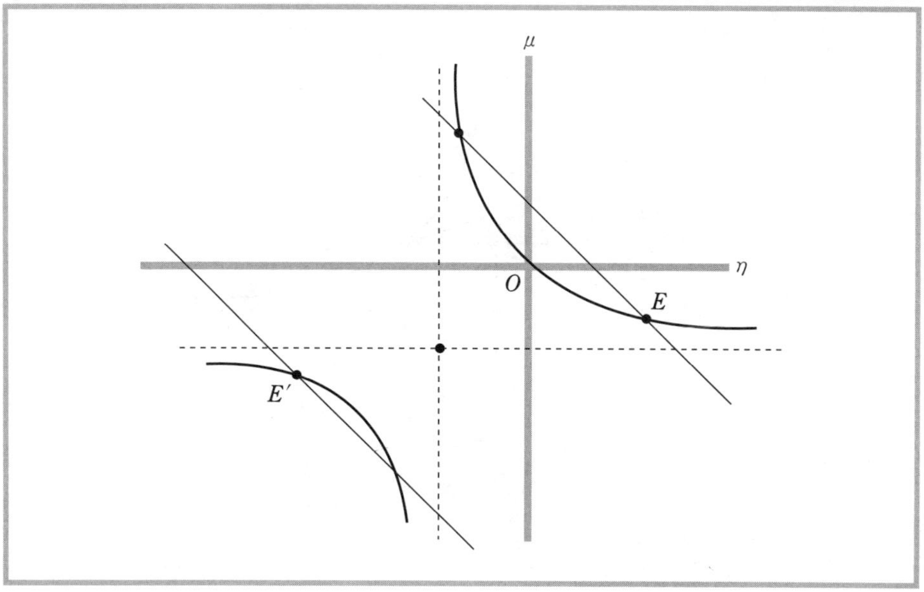

에 대입하면 다음의 2차 방정식을 얻는다.

$$\mu_{t1}^2 + h_{t1}\mu_{t1} + h_{t2} = 0 \qquad \cdots\cdots \text{(8–97)}$$

계수의 정의는 생략한다. 식 (8–96)~(8–97)에서 다음을 얻는다.

$$\mu_{t1}^2 + k_{t1}\mu_{t1} + \frac{1}{j_{t1}} = 0 \qquad \cdots\cdots \text{(8–98)}$$

역시 계수의 정의는 생략한다. 동일한 방법을 시간좌표의 잔차에 적용하면 다음이 된다.

$$\eta_{t1}^2 + f_{t1}\eta_{t1} + j_{t1} = 0 \qquad \cdots\cdots \text{(8–99)}$$

여기서도 계수의 정의는 생략한다. 식 (8–95)의 도움으로 식 (8–98)~(8–99)에서 다음이 성립한다.

$$\mu_{t1}[\eta_{t1} + f_{t1}] = 1 \qquad \cdots\cdots \text{(8–100)}$$

$$\eta_{t1}[\mu_{t1} + k_{t1}] = 1 \qquad \cdots\cdots \text{(8–101)}$$

그림 8-9b 오차의 좌표

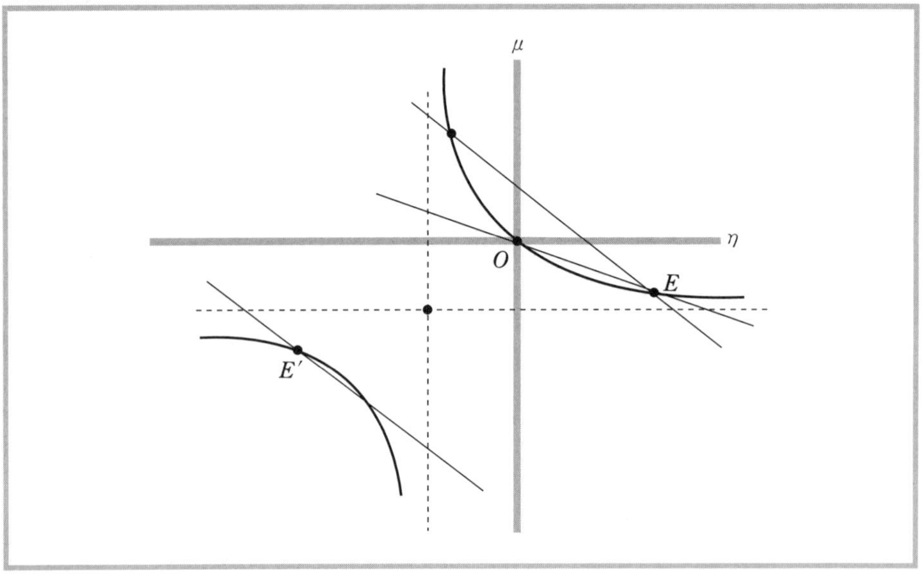

이로부터 다음이 성립한다.

$$1 > \mu_{t1}\eta_{t1} > -1 \qquad \cdots\cdots \ (8\text{–}102)$$

부등호는 증명을 참조할 수 있다.[12] 식 (8–102)는 $\mu_{t1}\eta_{t1} \neq 1$ 또는 $\mu_{t1}\eta_{t1} \neq -1$ 이므로 수량좌표의 잔차와 시간좌표의 잔차는 변수변환 $y_t Y_t = 1$에서 예외이다. 식 (8–102)는 어째서 잔차가 하나의 부호만을 갖지 못하는 이유를 말하고 있다. 즉 하나의 좌표에서 양수의 잔차만 발생한다면 다른 좌표에서는 음수의 잔차만을 발생한다는 뜻인데 이것은 잔차의 특성상 불가능하다.

---

12) 식 (8–100)을 (8–101)에 대입하여 정리하면 $\mu_{t1}^2 + k_{t1}\mu_{t1} - \frac{k_{t1}}{f_{t1}} = 0$이므로 여기에 (8–101)을 대입하면 $\frac{\mu_{t1}}{\eta_{t1}} = \frac{k_{t1}}{f_{t1}}$이다. 식 (8–98)에 이 결과를 대입하여 방정식을 풀면 $k_{t1} > 0$과 $f_{t1} < 0$일 때 $0 > \mu_{t1} > -\frac{k_{t1}}{2}$이고 $0 < \eta_{t1} < -\frac{f_{t1}}{2}$이다. 반대 부호의 경우는 반대가 성립된다. $\frac{\mu_{t1}}{\eta_{t1}} = \frac{k_{t1}}{f_{t1}}$이므로 $\mu_{t1} = \delta_{t1}k_{t1}$과 $\eta_{t1} = \delta_{t1}f_{t1}$로 정의할 수 있다. 이것을 식 (8–100)~(8–101)에 대입하면 $\delta_{t1}(1+\delta_{t1})f_{t1}k_{t1} = 1$을 얻는다. 그런데 식 (8–98)~(8–99)에서 풀이가 존재하려면 $\frac{k_{t1}}{2}\frac{f_{t1}}{2} \leq -1$이거나 $1 \leq \frac{k_{t1}}{2}\frac{f_{t1}}{2}$이어야 한다. 그 결과 $f_{t1}k_{t1} > 4$이거나 $f_{t1}k_{t1} < -4$ 이므로 $0.25 > \delta_{t1}(1+\delta_{t1}) > -0.25$이다. 따라서 δ_{t1}의 최소값은 -0.5이고 최대값은 0.5이다. 이 정보를 이용하면 $0.5k_{t1} > \mu_{t1} > -0.5k_{t1}$이고 $0.5f_{t1} > \eta_{t1} > -0.5f_{t1}$이다. 두 결과를 이용하면 $1 > \mu_{t1}\eta_{t1} > -1$이다.

▶▶▶ 소정리 8-15
잔차의 변수변환은 1보다 작으며 -1보다 크다.

3. 마지막으로 식 (8-94)와 식 (8-102)에서 다음이 성립한다.

$$Y_{tn}\hat{Y}^{Q}_{tn} > \mu^2_{tn} \qquad \cdots\cdots \ (8-103)$$

이것은 기본방정식 (8-75)에서 피설명변수 Y_{tn}을 설명하는 2개의 설명변수 Q_{t1}과 Q_{t2}의 설명능력이 높다는 것을 의미한다. 식 (8-103)의 의미는 결정계수 R^2가 최소한도 0.5를 넘어선다는 것을 의미한다. [그림 8-10a]에서 삼각형 ABC의 밑변이 Y_{tn}이고 높이가 $\hat{Y}^{Q}_{tn}$이다. 이 경우 $Y_{tn} > \hat{Y}^{Q}_{tn}$이다. 삼각형 ABC의 면적은 $\frac{Y_{tn}\hat{Y}^{Q}_{tn}}{2}$이다. 이제 잔차 μ_{tn}가 높이 $\hat{Y}^{Q}_{tn}$와 동일하다고 하자. 이것은 결정계수가 0.5임을 의미하는데 이 경우 높이의 길이와 동일한 길이를 밑변에서 취하면 작은 삼각형 DBC의 면적은 $\frac{\mu^2_{tn}}{2}$이다. 삼각형 ABC>삼각형 BCD이므로 식 (8-103)이 성립한다. [그림 8-10b]는 $Y_{tn} < \hat{Y}^{Q}_{tn}$의 경우이다. 이 경우에도 식 (8-103)은 성립한다.

그림 8-10 삼 각 형

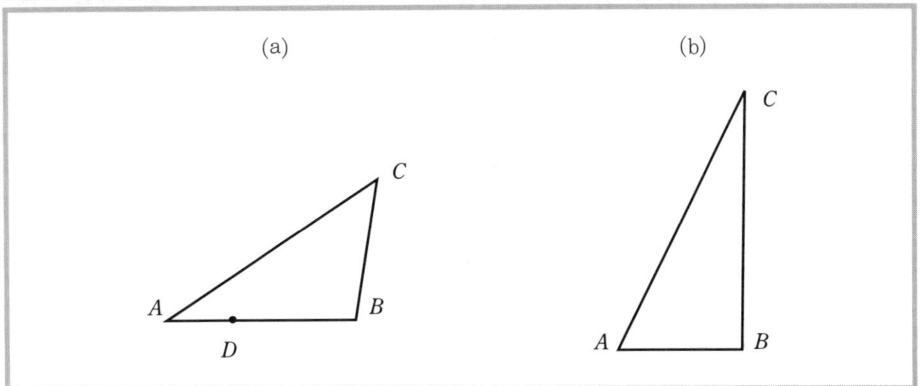

식 (8-103)이 의미하는 바를 다른 식으로 설명할 수 있다. 모형변환 $Y_{tn}\hat{Y}^{Q}_{tn} = Q_{t1}Q_{t2}$에 의하여 도출된 기본방정식에서 추정 피설명변수의 설명력이 높고 잔차의 설명력이 작다는 뜻인데 식 (8-103)의 양변에 기대부호를 적용하면 $E(Y_{tn}\hat{Y}^{Q}_{tn}) > \sigma^2_{\mu}$이다. 여기에 $\hat{Y}^{Q}_{tn} = Y_{tn} - \mu_{tn}$을 대입하여 정리하면 다음이 된다.

$$\left(\frac{\sigma_{\mu t}}{EY_{tn}}\right)^2 < 1 \quad \text{또는} \quad \frac{\sigma_{\mu t}}{EY_{tn}} < 1 \qquad \cdots\cdots (8-104)$$

기본방정식에서 잔차의 설명력이 작다는 것을 알 수 있다. 이 결과는 식 (4-14)에서 $1\mathrm{n}\frac{Y_t}{\hat{\hat{Y}}_t}$의 평균 (4-11)과 분산 (4-13)을 구할 때 사용한 테일러 급수 확장에서 3차 급수 이상을 생략한 근거가 되었다.

4. 풀이 (8-93)을 새로운 잔차 λ_{t1}을 이용하여 두 개로 다음과 같이 분할할 수 있다.

$$\lambda_{t1} = \frac{D_{t1}\frac{\mu_{t1}}{Y_{t1}}}{D_{t1}\frac{\mu_{t1}}{Y_{t1}} + \left(1 - \frac{\mu_{t1}}{Y_{t1}}\right)} \qquad \text{베이즈 정리} \qquad \cdots\cdots (8-105)$$

$$\lambda_{t1} = \frac{A\eta_{t1}^2 + B\eta_{t1} + \Phi}{\Pi\eta_{t1} + \Psi} \qquad \cdots\cdots (8-106)$$

여기서 $D_{t1} = 1 + b_1Q_{t2} + (1-b_1)Q_{t1}$이다. 나머지 부호의 정의는 생략해도 결론에 지장이 없다. 이 과정에서 모형변환 $Q_{t1}Q_{t2} = Y_{t1}\hat{Y}_{tn}^{Q}$을 사용하였다. 식 (8-106)의 λ_{t1}은 시간좌표의 잔차 η_{t1}의 함수이므로 그 자체가 새로운 잔차이다. 이 잔차는 (8-105)의 베이즈 정리에 의해 수량좌표의 잔차 μ_{t1}에 의해 생산된다. 다시 말하면 수량좌표의 잔차 μ_{t1}가 베이즈 정리에 의해 새로운 잔차 λ_{t1}을 생산하고 이 새로운 잔차가 시간좌표의 잔차 η_{t1}을 생산한다. 다만 이때 베이즈 정리에서 분모의 괄호 속의 잔차는 음수가 될 수 있다.

5. 이장의 내용을 다음과 같이 요약할 수 있다.

$$Y_t = \beta_0 + \beta_1X_{t1} + \beta_2X_{t2} + \cdots + \beta_KX_{tK} + \varepsilon_t \quad \text{또는} \qquad \cdots\cdots (8-5)$$

$$Y_t = F(X_{t1},\ X_{t2}, \cdots X_{tK}) + \varepsilon_t \qquad \cdots\cdots (8-5^*)$$

$$Y_t = bQ_{t1} + (1-b)Q_{t2} + \mu_t \qquad \cdots\cdots (8-7)$$

$$Y_{tn+1} = \frac{1}{1 + [b_nq_{t1} + (1-b_n)q_{t2}]\mu_{tn}}Y_{tn} \qquad \cdots\cdots (8-74)$$

$$Y_t = b_tQ_{t1} + (1-b_t)Q_{t2} \qquad \cdots\cdots (6-7)$$

이상의 4개의 방정식은 동일하다. 모두 식 (8-5)나 (8-5*)에서 유도되었다. 그러나 식 (8-5)~(8-5*)은 현실변수의 방정식이고 식 (8-7)은 가상현실변수의 방정식이다. 정합방정식 (8-74)에서 동일 시점 t에서 관측되는 실현된 표본 Y_{tn}이 관측되지 않은 미실현 표본 Y_{tn+1}을 생산한다. 한편 식 (8-7)은 기본방정식 (6-7)과 동일하다. 베이즈 확률이론과 블랙-숄스 옵션이론에서도 기본방정식이었다. 도표로 정리하면 다음과 같다.

$$Y_t = F(X_{t1},\ X_{t2},\ \cdots\ X_{tK}) + \varepsilon_t \quad \rightarrow\ Y_t = bQ_{t1} + (1-b)Q_{t2} + \mu_t$$

$$\rightarrow\ Y_t = bQ_{t1} + (1-b_t)Q_{t2}$$

$$\rightarrow\ Y_{tn+1} = \frac{1}{1 + [b_n q_{t1} + (1-b_n)q_{t2}]\mu_{tn}} Y_{tn}$$

반복하여 강조하지만 지금까지 보았듯이 정합방정식 (8-74)의 유도에는 최적화를 비롯한 어떠한 가정도 필요하지 않았다. 다만 식 (8-5)나 식 (8-7)에 기초한 기본방정식으로부터 수량좌표와 시간좌표의 내적 정합을 이용한 수학적인 유도이었다. 베이즈 확률이론과 정합경제이론을 비교하면 다음과 같다.

	베이즈 확률이론	정합경제이론
방정식	$P_a = \frac{P_b Q_1}{Y}$	$Q'_{t1} = \frac{Q_{t1} Y_{tn}}{Y_{tn+1}}$
베이즈 변환	$P_a Y = P_b Q_1$ $(1-P_a)Y = (1-P_b)Q_2$	$Q'_{t1} Y_{tn+1} = Q_{t1} Y_{tn}$ $(1-Q'_{t1})Y_{tn+1} = (1-Q_{t1})Z_{tn}$

베이즈 확률이론에서 사전확률 P_b는 새로운 정보가 입수되면 사후확률 P_a을 수정한다. 그 이면에는 베이즈 변환이 숨어 있다. 정합경제이론에서는 확률 Q_{t1}는 새로운 정보로 확률 Q'_{t1}을 수정한다. 그 이면에는 베이즈 변환이 숨어 있다.

제13절 요 약

이 장은 이 책의 핵심이므로 지나칠 정도로 자세하게 분석하여 독자가 길을 잃을 염려가 있었으므로 요약을 제공하는 것이 좋겠다. 우리는 먼저 다음의 제약된 회귀방정식에서 출발하였다.

$$Y_t = \beta Q_{t1} + (1-\beta)Q_{t2} + \varepsilon_t, \qquad \varepsilon_t \sim (0,\ \sigma_\varepsilon^2) \qquad \cdots\cdots \ (8\text{-}107)$$

이것의 추정방정식은 다음과 같다.

$$Y_t = bQ_{t1} + (1-b)Q_{t2} + \mu_t, \qquad \mu_t \sim (0,\ \sigma_\mu^2) \qquad \cdots\cdots \ (8\text{-}108)$$

여기서 b는 파라메타 β의 제약된 회귀계수이고 μ_t는 오차 ε_t의 추정잔차이다. 특히 2개의 설명변수 Q_{t1}과 Q_{t2}는 고정되어 반복적인 독립변수이다. 여기서 Y_t의 추정치는 다음과 같다.

$$\hat{Y}_t = bQ_{t1} + (1-b)Q_{t2} \qquad \cdots\cdots \ (8\text{-}109)$$

1개의 시계열 표본 Y_t에서 횡단면 표본집합을 추출하는 방정식을 유도하기 위하여 세 가지 단계를 밟는다.

첫째, 힐드레드-훅크(Hildreth-Houck, 1968)를 따라서 식 (8-108)을 확률회귀계수방정식으로 표현할 수 있다.

$$Y_t = \widetilde{b}_t Q_{t1} + (1-\widetilde{b}_t)Q_{t2} \qquad \cdots\cdots \ (8\text{-}110)$$

여기서 확률회귀계수는 $\widetilde{b}_t = b + e_t = b + \dfrac{\mu_t}{Q_{t1} - Q_{t2}}$이며 회귀계수는 b이다. 이제 식 (8-110)에서 새로운 확률계수 $\widetilde{a}_t$을 정의한다.

$$\widetilde{a}_t Y_t = \widetilde{b}_t Q_{t1}, \qquad (1-\widetilde{a}_t)Y_t = (1-\widetilde{b}_t)Q_{t2} \qquad \cdots\cdots \ (8\text{-}111)$$

식 (8-111)의 2개로 나누어진 표현을 합치면 식 (8-110)이 된다. 식 (8-111)은 베이즈 정리를 닮았는데 이로부터 다음의 또 하나의 확률회귀계수방정식을 유도할 수 있다.

$$y_t = \widetilde{a}_t q_{t1} + (1-\widetilde{a}_t) q_{t2} \qquad \text{또는} \qquad \frac{1}{Y_t} = \frac{\widetilde{a}_t}{Q_{t1}} + \frac{1-\widetilde{a}_t}{Q_{t2}} \qquad \cdots\cdots \ (8\text{-}112)$$

여기서 변수변환 $y_t Y_t = 1$, $q_{t1}Q_{t1} = 1$, $q_{t2}Q_{t2} = 1$을 사용하였다.

둘째, 식 (8-108)을 다음과 같이 표현할 수도 있다.

$$Y_t = b_t \widetilde{Q}_{t1} + (1-b)\widetilde{Q}_{t2} \qquad \cdots\cdots \ (8\text{-}113)$$

여기서 $\widetilde{Q}_{t1} = Q_{t1} + \mu_t$과 $\widetilde{Q}_{t2} = Q_{t2} + \mu_t$이다. 식 (8-113)에 베이즈 정리를 적용하면 새로운 확률계수 $\widetilde{a}_t'$을 다음과 같이 정의할 수 있다.

$$\widetilde{a}_t' Y_t = b\widetilde{Q}_{t1} \qquad (1-\widetilde{a}_t')Y_t = (1-b)\widetilde{Q}_{t2} \qquad \cdots\cdots \ (8\text{-}114)$$

물론 식 (8-114)의 2개로 분리된 표현을 합치면 도로 식 (8-113)이 된다. 식 (8-114)과 식 (8-111)을 비교하면 $\widetilde{a}_t' \neq \widetilde{a}_t$이 됨을 확인할 수 있다. 베이즈 정리 (8-114)를 이용하면 식 (8-113)은 다음과 같은 형태가 된다.

$$\begin{aligned} \frac{1}{Y_t} &= \frac{\widetilde{a}_t'}{\widetilde{Q}_{t1}} + \frac{1-\widetilde{a}_t'}{\widetilde{Q}_{t2}} \\ &= \frac{\widetilde{a}_t'}{Q_{t1}+\mu_t} + \frac{1-\widetilde{a}_t'}{Q_{t2}+\mu_t} \end{aligned} \qquad \cdots\cdots \ (8\text{-}115)$$

식 (8-115)를 정리하면 다음의 식을 얻는다.

$$y_t = [1 + (bq_{t1} + (1-b)q_{t2})\mu_t] = \widetilde{a}_t' q_{t1} + (1-\widetilde{a}_t')q_{t2} \qquad \cdots\cdots \ (8\text{-}116)$$

식 (8-116)에서 $\mu_t = 0$의 경우가 아닌 한 $\widetilde{a}_t' \neq \widetilde{a}_t$이 분명하고 새로운 $y_t' \neq y_t$가 생성된다. 또한 μ_t와 y_t가 확률변수이므로 $\widetilde{a}_t'$는 반드시 확률변수이어야 한다. 가장 눈에 띄는 점은 동일한 설명변수 q_{t1}과 q_{t2}(또는 Q_{t1}과 Q_{t2})에 대하여 새로운 표본 $y_t' \neq y_t$이 등장했다는 점이다. 따라서 다음이 성립한다.

$$y_t' = \widetilde{a}_t' q_{t1} + (1-\widetilde{a}_t')q_{t2} \qquad \cdots\cdots \ (8\text{-}117)$$

식 (8-117)을 식 (8-116)과 비교하면 다음의 결과를 얻는다.

$$y_t' = y_t[1 + (bq_{t1} + (1-b)q_{t2})\mu_t] \qquad \cdots\cdots \ (8\text{-}118)$$

또는

$$Y_t' = \frac{1}{1+(bq_{t1}+(1-b)q_{t2})\mu_t} Y_t \qquad \cdots\cdots \ (8\text{–}119)$$

여기서 변수변환 $y_t' Y_t' = 1$을 사용하였다. 이것이 정합방정식 (8–74)이다.

부록 8A: $y_{t1}Y_{t1}=1$일 때 $y_{t2}Y_{t2}=1$의 증명

시간좌표의 식 (8–44)~(8–45)에서 다음이 성립한다.

$$y_{t2}=y_{t1}(1+\theta_{t1}\mu_{t1})=a_{t2}q_{t1}+(1-a_{t2})q_{t2} \qquad \cdots\cdots \ (8A\text{–}1)$$

다시 다음과 같이 표현할 수 있다.

$$y_{t1}=a_{t2}q_{t1}'+(1-a_{t2})q_{t2}' \qquad \cdots\cdots \ (8A\text{–}2)$$

여기서 $q_{t1}' = \dfrac{q_{t1}}{1+\theta_{t1}\mu_{tn}}$이다. 동일한 형식을 수량좌표에 적용하면 다음을 얻는다.

$$Y_{t2}=Y_{t1}(1+\Phi_{t1}\eta_{t1})=b_{t2}Q_{t1}+(1-b_{t2})Q_{t2} \qquad \cdots\cdots \ (8A\text{–}3)$$

다시 다음과 같이 표현할 수 있다.

$$Y_{t1}=b_{t2}Q_{t1}'+(1-b_{t2})Q_{t2}' \qquad \cdots\cdots \ (8A\text{–}4)$$

여기서 $Q_{t1}' = \dfrac{Q_{t1}}{1+\Phi_{t1}\eta_{t1}}$이다. 식 (8A–2)와 식 (8A–4)에서 다음이 성립한다.

$$\left[\frac{y_{t1}}{q_{t2}'}-(1-a_{t2})\right]\left[\frac{Y_{t1}}{Q_{t2}'}-(1-b_{t2})\right]=a_{t2}b_{t2} \qquad \cdots\cdots \ (8A\text{–}5)$$

여기서 한 개의 자명한 풀이를 얻는다.

$$\frac{y_{t1}}{q_{t2}'}=1 \qquad \frac{Y_{t1}}{Q_{t2}'}=1 \qquad \text{자명한 풀이} \qquad \cdots\cdots \ (8A\text{–}6)$$

식 (8A-5)를 전개하여 정리하면 다음이 된다.

$$\left(\frac{y_{t1}}{q'_{t2}}\right)^2-\left(\frac{1+\lambda-a_{t2}-b_{t2}}{1-b_{t2}}\right)\left(\frac{y_{t1}}{q'_{t2}}\right)+\frac{1-a_{t2}}{1-b_{t2}}\lambda=0 \qquad \cdots\cdots \text{(8A-7)}$$

여기서 $\lambda=(1+\theta_{t1}\mu_{t1})(1+\Phi_{t1}\eta_{t1})$이다. 식 (8A-7)에는 2개의 풀이가 존재하는데 그 가운데 하나는 자명한 풀이 (8A-6)이다. 따라서 다음처럼 표현할 수 있다.

$$\left(\frac{y_{t1}}{q'_{t2}}-1\right)\left(\frac{y_{t1}}{q'_{t2}}-x\right)=0 \qquad \cdots\cdots \text{(8A-8)}$$

식 (8A-8)을 식 (8A-7)과 비교하면 다음이 된다.

$$(1+\theta_{t1}\mu_{t1})(1+\Phi_{t1}\eta_{t1})=\lambda=1 \qquad \cdots\cdots \text{(8A-9)}$$

따라서 식 (8A-1)과 식 (8A-3)에서 $y_{t1}Y_{t1}=1$일 때 다음이 증명된다.

$$y_{t2}Y_{t2}=1 \qquad \text{증명 끝.} \qquad \cdots\cdots \text{(8A-10)}$$

제 2 편

응용부분

CHAPTER 09

정합과 자동복제

1. 제 8 장에서 우리는 t시점에서 실현된 1개의 시계열 표본에서 동일 시점 t에서 실현되지 않고 사라진 횡단면 표본집단을 가상현실이나 홀로그래피처럼 재생하는 정합방정식 (8-74)를 제시하였다. 〈역표본 정리〉의 증명이었다. 정합방정식 (8-74)가 형태상 베이즈 정리 (2-1)와 동일하다는 사실도 확인하였다 (소정리 8-13). 따라서 베이즈 확률이론의 역확률 정리가 성립한 것처럼 정합경제이론의 〈역표본 정리〉가 성립한다. 베이즈 확률이론과 정합경제이론의 구조가 동일한 것은 우연이 아니다. 정합방정식 (8-74)가 기본방정식 (6-7)에서 유도되어 〈역표본 정리〉가 성립할 수 있었던 것은 수량좌표(idea 1)와 시간좌표(idea 2)의 내적 정합 덕택이었다.[1)]

2. 이러한 횡단면 표본 추출은 제 7 장의 확률생산함수 (7-30)에서도 이미 1차로 확인한 바 있었다. 그 배경은 수량좌표(idea 1)와 시간좌표(idea 2) 사이의 내적 정합의 도움으로 숨겨진 정보를 발견하고 그 활용하는데 있었다. 수량좌표와 시간좌표는 서로 내적 정합을 통하여 긴밀한 관계를 맺으며 흡사 확률적 이중나선(stochastic double helix)의 역할을 하며 새로운 정보를 창출한다. 왼쪽 눈의 인식과 오른쪽 눈의 인식의 차이를 거꾸로 이용한 가상현실의 안경이 2차원

1) 비유하자면 찰스 디킨슨의 소설 두 도시의 한 이야기(A Tale of Two Cities)가 성립한다.

평면에 또 하나의 차원을 만들어 3차원 입체의 횡단면으로 인식하는 현상이다. 이처럼 각각 고유의 정보를 갖고 있는 수량좌표(idea 1)와 시간좌표(idea 2)가 서로 엇물리면서 새로운 정보를 창출하는 과정을 통하여 2차원 평면의 1개의 시계열 표본에 또 하나의 차원을 횡단한(traverse) 횡단면에서 표본의 확률분포를 가상현실처럼 복제할 수 있는 것이다. 1개의 시계열 표본을 그림자라고 하면 횡단면 표본집합은 그 그림자를 만든 그의 실체이다. 현실에서 광원의 위치를 이동시키며 만든 수많은 그림자를 합성하면 실체를 얻을 수 있다. 그 실체에는 그림자에는 없는 횡단면의 깊이가 있다. 이 깊이가 횡단면이 갖고 있는 순간분산이다.

3. 이 현상을 앞서 제5장 제6절의 예로 반복하여 설명할 수 있다. 하나의 좌표(수량좌표)에서 평면의 방패거울의 한 점에 직각으로 관통(traverse)하여 꽂힌 기다란 직선의 화살을 상상해보자. [그림 9-1a]가 그것이다. 평면의 방패거울의 꽂힌 점 B와 정확하게 직각을 이루며 이 현상을 관측하는 사람에게는 방패평면에는 1개의 점만 관측될 뿐이다. 관측치가 1개뿐이다. 그것이 짧은 화살인지 긴 화살인지 구분할 수 없을 뿐만 아니라 화살인지 창인지도 구분할 수 없다. 아니면 애초부터 길이를 갖지 않는 단순한 1개의 점과도 구분이 되지 않는다.

이제 이 전체의 모습을 이 좌표와 변수변환의 관계를 갖는 또 하나의 좌표(시간좌표)로 변환시키자. 소정리 3-3, 소정리 3-4, 소정리 5-1, 소정리 5-2에 의하면 이 변환으로 평면거울은 오목한 접시거울이 되고 기다란 직선의 창은 기다란 곡선의 창이 된다. [그림 9-1b]가 그것이다. 그 결과 오목한 접시거울에는 거울에 꽂힌 물체의 전모가 비친다. 더 이상 하나의 점 B만 보이는 것이 아니라 무한개의 관측치가 나타난다. [그림 9-1b]의 점선 BC가 그것이다. 그것이 1개의 단순한 점이 아니라는 사실은 물론 창이 아니라 화살이라는 사실과 그것이 길다는 사실까지 드러난다. 하나의 좌표에서 관측되는 1개의 점(point)이 다른 좌표에서는 수많은 점으로 구성된 1개의 선(line)으로 나타나는 것이다. 수량좌표의 1개 표본(point)은 시간좌표로 옮길 때 수많은 횡단면 표본의 모습(line)을 드러내고 거꾸로 시간좌표의 1개 표본은 수량좌표에서 수많은 횡단면 표본의 모습을 드러낸다. 이것이 정합방정식의 정체이며 핵심이다. 수량좌표(idea 1)와 시간좌표(idea 2)의 내적 정합을 이용하면 1개의 시계열 표본에서 횡단면 표본집합을 재생하는 것은 가능하다.

그림 9-1a 평면거울

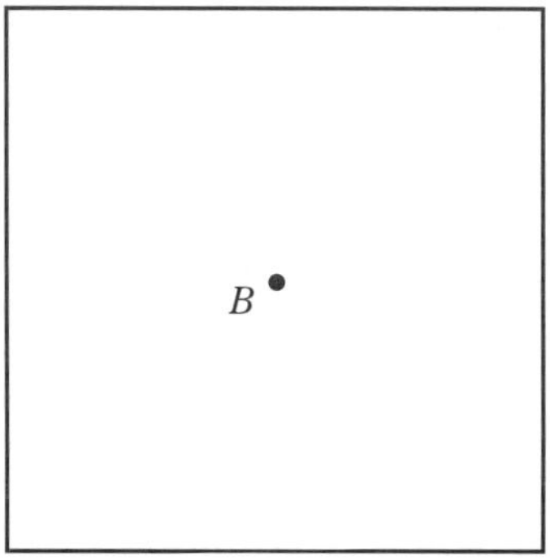

그림 9-1b 오목거울

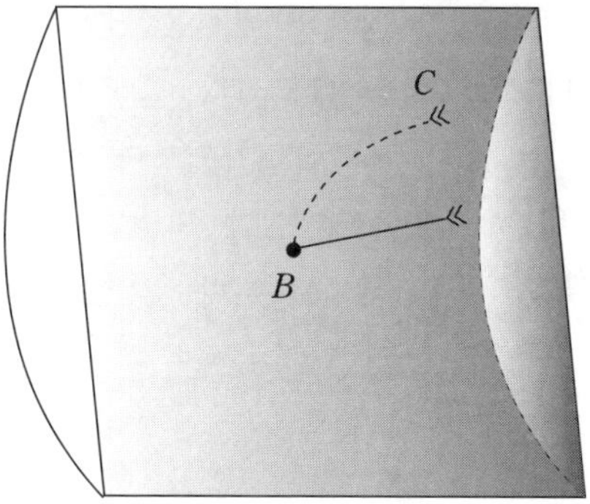

4. 이러한 현상을 분절기하학(fractal geometry)에서는 조금 다른 예로 설명한다. 실뭉치가 멀리 놓여 있으면 0차원의 점이다. 그러나 근접해 올수록 3차원의 모습을 보인다. 그러나 아주 가까운 미시거리에서 2차원으로 보인다.[2] 그렇다면 1개의 시계열 표본은 관측자에 따라 차원이 0일 수 있고 3일 수 있고 2일 수 있다는 주장이다. 유클리드 기하학의 개념으로 보았을 때 동일한 물체가 멀

2) 만델부로는 the notion that a numerical result should depend upon the relation of object to observer is in the spirit of physics in this century and is even as exemplary illustration of it라고 주장한다. Gleicker(1987), p. 97.

리 있으면 차원이 0이고 근접해 있으면 차원이 3이고 아주 근접하면 차원이 2가 된다는 주장은 받아드릴 수 없다는 비판에 대하여 만델부로는 새로운 차원의 개념을 제시하였는데 일정한 면적을 둘러싸는 길이의 비율로 측정하는 것이다. 유클리드 기하학의 개념으로는 이 기준에 의하면 차원은 0, 1, 2, 3 등 정수일 수 밖에 없다. 그러나 일정한 면적이라도 그를 둘러싼 길이가 무한대가 되거나 길이는 유한한데 그것이 둘러싼 면적이 없어지는 현상이 생겼다. 이것이 칸토르 먼지(Cantor dust), 코흐 눈송이(Koch snowflake), 시어핀스키 삼각형(Sierpinski triangle), 멩거 스폰지(Menger sponge), 만델부로 해안선(Mandelbrot coastline)이다. 코흐의 눈송이의 차원은 1.2618이고 시어핀스키 삼각형의 차원은 1.58이다. [그림 9-2a]의 코흐 눈송이를 보면 길이가 3인 삼각형에서 시작하여 증가한다. 그것은 다음과 같다.

$$3 \times 4/3 \times 4/3 \times 4/3 \times \cdots$$

결과적으로 길이는 무한대가 되지만 면적은 원의 면적을 채우지 못한다. 여기서 길이는 직선이 아니므로 1차원보다 크다. 그러나 면적은 원으로 계속 접근하지만 그 면적을 채울 수 없기 때문에 2차원보다 작다. 이러한 현상에 대해서는 유클리드 차원의 개념을 적용할 수 없게 되었다. 분절기하학에서 보면 동일한 형태가 차원을 달리하는 것은 이 때문이다. 분절기하학의 특징은 첫째, 유클

그림 9-2a 코흐 눈송이

그림 9-2b 시어핀스키 삼각형

리드 기하학과 달리 멀리 있으면 0차원의 점에 불과하고 근접해 오면 3차원의 입체이지만 미시거리에서는 분수차원이 된다. 둘째, 하나의 형태가 그 속에 갇혀 있는 자신과 동일한 형태를 무한하게 추출할 수 있는 자기유사성의 원리(principle of self-similarity)이다. 무한하게 추출하여 길이가 무한하지만 추출된 면적은 유한하다. 코흐의 눈송이는 1개의 삼각형에서 시작하지만 [그림 9-2a]가 보이는 대로 무한개의 삼각형으로 구성되며 면적은 원의 면적을 넘어설 수 없지만 면적을 둘러싼 길이는 무한대이다. 이와 반대로 [그림 9-2b]의 시어핀스키 삼각형은 1개의 삼각형 속에 무한개의 삼각형이 갇혀 있다. 삼각형을 모두 걷어내면 길이만 남고 면적이 없어진다.

5. 코흐 삼각형이나 시어핀스키 삼각형은 모두 자기복제 또는 자기유사가 가능하다. 이러한 현상에 비추어보면 1개의 시계열 표본에서 무한개의 횡단면 표본을 추출할 수 있다는 주장은 성립한다. 1개의 시계열 표본이 상징적으로 시어핀스키 삼각형이라고 하자. 그러면 이 삼각형 속에 갇혀 있는 동일하고 크기가 작은 삼각형, 즉 횡단면 표본을 일정한 공식에 따라 추출할 수 있다. 그 공식이 정합방정식 (8-74)이다. 또는 시어핀스키 삼각형과 그 속에 갇혀 있는 크기가 다른 수많은 삼각형을 커다란 공 속에 들어 있는 크기가 다른 공으로 바꾸어 생각할 수 있다. 모든 공을 내포하고 있는 공이 1개의 시계열 표본이고 그 속(횡단면)에 무한개의 공들이 들어 있다. 추출하는 공식이 정합방정식 (8-74)이다. 이 비유는 정합방정식이 횡단면 표본을 추출할 때 시어핀스키 삼각형이

작아져서 마침내 무한대에 접근하듯이 추출하는 횡단면 표본의 크기도 작아져서 어느 한 점으로 수렴할 것을 암시한다.[3] 이 수렴현상은 제12장에서 증명할 것이다.

6. 정합방정식 (8−74)에 의해 횡단면 표본집합이 추출되면 그 확률분포의 특성을 조사할 수 있다. 그 가운데 하나가 t시점에서 횡단면 표본의 분산이다. 다시 그림자와 실체의 예를 들면 2차원의 그림자에는 깊이가 없지만 3차원의 실체에는 깊이가 있다. 이 깊이가 횡단면 분산이다. 이 장의 목표는 두 가지이다. 첫째, 정합방정식 (8−74)의 가상적인 예를 들어서 2차원의 1개의 실현된 시계열 표본에서 3차원의 실현되지 않은 횡단면 표본집합의 확률분포를 재생하여 그 특성을 조사해 보며, 둘째, t시점에서 횡단면 표본의 분산의 유일성을 증명하는 것이다.

제 1 절 횡단면 표본의 추출

1. 하나의 시점 t에서 표본이 하나만 실현되기 때문에 횡단면 표본집합의 분산은 알지 못하고 시계열 자료의 분산으로 대신하는 것이 보통이다. 그러나 하나의 시점에서 실현되지 않은 횡단면 표본집합을 추출할 수 있다면 t 시점에서 횡단면 표본의 평균과 분산을 구할 수 있다. 이것은 믿기 어려운 일이지만 정합방정식 (8−74)에 의하면 그것이 가능하다는 점을 숫자의 예를 들어서 규명하겠다. 앞장에서 구한 방식의 정합방정식은 다음과 같았다 (소정리 8−10).

$$Y_{tn+1}=\frac{Y_{tn}}{1+[b_nq_{t1}+(1-b_n)q_{t2}]\mu_{tn}} \qquad \text{정합방정식} \qquad \cdots\cdots (8-74)$$

$$Y_{tn}=b_nQ_{t1}+(1-b_n)Q_{t2}+\mu_{tn} \qquad E\mu_{tn}=0 \qquad \cdots\cdots (8-75)$$

반복하여 강조하지만 새로운 정보 Y_{tn+1}는 소정리 8−9에 의하여 추정치 $\widehat{Y}_t$로 퇴보하지 않으므로 횡단면 표본의 분포를 추출할 수 있다. 또한 정합방정식

3) 러시아의 나무 인형 matriochka도 동일한 형태이다. 인형 속에 인형이 들어 있는 현상이 반복된다.

(8−74)는 모형변환 없이도 성립한다(소정리 8−11). 횡단면 표본을 추출함에 있어서 다음이 만족된다.[4)]

$$1+\theta_n\mu_{tn}=1+[b_n q_{t1}+(1-b_n)q_{t2}]\mu_{tn}>0 \qquad \cdots\cdots (9-1)$$

이것은 다음을 의미한다.[5)]

$$\frac{1}{2}>\theta_n\mu_{tn}>-\frac{1}{3} \qquad \cdots\cdots (9-2)$$

식 (9−2)는 정합방정식에 의해 추출되는 횡단면의 모든 표본의 부호는 동일함을 의미한다.

2. [표 9−1]과 [표 9−2]에서 2가지 예를 들어서 설명하는데 모든 n에 대하여 가상현실의 설명변수 Q_{t1}과 Q_{t2}는 반복적으로 고정된(fixed repeated) 변수로서 다공선성이 없고(non−multicollinearity), 잔차 μ_{t1}의 평균은 영이며, 유한의 분산을 갖는다. 제12장이 2가지 예를 일반화할 것이다. 첫 번째 예로서 현실의 피설명변수와 가상현실의 설명변수의 시계열 자료가 [표 9−1]과 같이 미리 주어졌다고 하고 이를 이용하여 회귀분석을 하자.

첫 번째 현실의 피설명변수의 시계열 표본 Y_{t1}과 가상현실의 반복적인 설명변수 Q_{t1} 및 Q_{t2}을 이용하여 구한 첫 번째 회귀계수가 $b_1=0.444$이고 이에 근거한 첫 번째 회귀방정식은 다음과 같다.

---

4) 식 (8A−2)의 $y_{t1}=a_{t2}q'_{t1}+(1-a_{t2})q'_{t2}$에서 $q'_{t1}=\frac{q_{t1}}{1+\theta_n\mu_{tn}}$와 $q'_{t2}=\frac{q_{t2}}{1+\theta_n\mu_{tn}}$인 까닭에 $y_{t1}>0$과 $q_{t1}>0$이므로 식 (9−1)이 성립한다.

5) 식 (8A−9)의 $(1+\theta_n\mu_{tn})(1+\phi_n\eta_{tn})=1$에 식 (9−1)을 대입하면 $1+\phi_n\eta_{tn}>0$이 성립한다. 이것은 η_{tn}의 부호에 상관없이 성립하므로 $(1-\phi_n\eta_{tn})(1+\phi_n\eta_{tn})>0$과 식 (8−A9)에서 $\phi_n\eta_{tn}=-\frac{\theta_n\mu_{tn}}{1+\theta_n\mu_{tn}}>-1$이 됨을 의미한다. 따라서 $(1-\phi_n\eta_{tn})(1+\phi_n\eta_{tn})=\frac{1+2\theta_n\mu_{tn}}{(1+\theta_n\mu_{tn})^2}>0$이어야 하므로 $1>\phi_n\eta_{tn}$과 $1+2\theta_n\mu_{tn}>0$이 성립한다. 동일한 방법을 식 (8−A9)에 순서를 바꾸어 적용하면 $1>\theta_n\mu_{tn}$과 $1+2\phi_n\eta_{tn}>0$도 성립한다. 따라서 이 모든 것을 만족시키는 조건은 $1/2>\theta_n\mu_{tn}>-1/2$와 $1/2>2\phi_n\eta_{tn}>-1/2$이다. 그런데 $\theta_n\mu_{tn}\phi_n\eta_{tn}<0$이므로 $0>\theta_n\mu_{tn}>-1/2$이면 $1/2>\phi_n\eta_{tn}>0$이고 $0<\theta_n\mu_{tn}<1/2$이면 $-1/2<\phi_n\eta_{tn}<0$이다. $1/2>\phi_n\eta_{tn}=-\frac{\theta_n\mu_{tn}}{1+\theta_n\mu_{tn}}>-1/2$를 정리하면 $1>\theta_n\mu_{tn}>-1/3$이다. 이때 식 (8A−9)의 $(1+\theta_n\mu_{tn})(1+\phi_n\eta_{tn})=1$을 만족하는 조건은 $1/2>\phi_n\eta_{tn}>-1/2$이다. 마찬가지로 $1/2>\theta_n\mu_{tn}=-\frac{\phi_n\eta_{tn}}{1+\phi_n\eta_{tn}}>-1/2$를 정리하면 $1>\phi_n\eta_{tn}>-1/3$이고 이때 식 (8A−9)의 $(1+\theta_n\mu_{tn})(1+\phi_n\eta_{tn})=1$을 만족하는 조건은 $1/2>\theta_n\mu_{tn}>-1/2$이다. 따라서 두 조건이 겹치는 조건은 식 (9−2)이다. 여기에 더하여 $\theta^2_n\mu^2_{tn}<1/9$가 성립한다.

표 9-1 현실의 피설명변수와 가상현실의 설명변수의 시계열 표본

	Y_{t1}	Q_{t1}	Q_{t2}
$t=1$	16	10	20
$t=2$	18	12	22
$t=3$	20	12	25
$t=4$	21	14	26
$t=5$	23	16	28
$t=6$	22	20	29
평균	$\bar{Y}_{t1}=20$	$\bar{Q}_1=14$	$\bar{Q}_2=25$

$$\begin{aligned} Y_{t1} &= b_1 Q_{t1} + (1-b_1) Q_{t2} + \mu_{t1} \\ &= 0.444 Q_{t1} + 0.556 Q_{t2} + \mu_{t1} \\ & \quad (8.44) \qquad\qquad \hat{R}^2 = 0.92 \end{aligned} \qquad \cdots\cdots \ (9-3)$$

이것이 식 (8-12)의 형태이다. 그러나 이 예에서는 회귀분석을 하지만 Y_{tn} $\hat{Y}_{tn} \neq Q_1 Q_2$이므로 모형변환 (2-34)는 만족되지 않는다. 모형변환 (2-34)는 정합방정식 (8-74)를 유도하는데 반드시 필요한 것은 아니기 때문이다(정리 8-11). 2개의 설명변수가 미리 주어지는 예로서 자본자산가격모형(capm: capital asset pricing model)을 들 수 있다. 이 경우에는 모형변환이 필요 없다. 모형변환 (2-34)가 필요한 경우는 현실의 다변수 회귀방정식을 2개의 가상현실의 설명변수로 축약할 때 그 가상현실의 설명변수를 모르기 때문에 가상현실의 2개 설명변수를 구하기 위하여 제 6 장 제 4 절의 기본방정식 연립방정식체계가 필요한 것이었다(소정리 6-5에서 소정리 6-7까지).

식 (9-3)의 첫 번째 추정잔차 μ_{t1}는 [표 9-2]에 기록되었다. 추정잔차의 합은 0이다.[6] 첫 번째 추정오차 μ_{t1}을 식 (8-70)에 대입하여 생산한 피설명변수의 두 번째 표본 Y_{t2}가 [표 9-2]에 기록되어 있다.

생산된 피설명변수의 두 번째 표본 Y_{t2}과 반복적인 설명변수 Q_{t1}과 Q_{t2} 사이의 회귀계수는 $b_2=0.451$이고 그의 회귀방정식은 다음과 같다.

6) 무시할 정도의 작은 차이는 반올림에서 생긴 것이다.

표 9-2 추정오차 μ_{tn}와 피설명변수 Y_{tn}의 횡단면 표본 생산

	μ_{t1}	μ_{t2}	μ_{t3}	Yt_1	Yt_2	Yt_3
$t=1$	0.51	−0.110	0.0793	16	15.38	15.49
$t=2$	0.51	−0.090	0.0003	18	17.40	17.49
$t=3$	0.86	−0.160	0.0003	20	18.97	19.16
$t=4$	0.41	−0.082	0.0234	21	20.50	20.60
$t=5$	0.41	−0.082	0.0124	23	22.50	22.60
$t=6$	−2.94	0.083	0.0093	22	25.02	24.95

$$\begin{aligned} Y_{t2} &= b_2 Q_{t1} + (1-b_2) Q_{t2} + \mu_{t2} \\ &= 0.451 Q_{t1} + 0.549 Q_{t2} + \mu_{t2} \\ &\quad (17.905) \qquad\qquad R^2 = 0.967 \qquad \cdots\cdots (9-4) \end{aligned}$$

[표 9-2]에 두 번째 추정잔차 μ_{t2}가 기록되었고 그의 합은 0이다. 두 번째 추정잔차를 식 (8-74)에 대입하여 생산한 피설명변수의 세 번째 표본 Y_{t3}이 [표 9-2]에 기록되었다.

3. 동일한 방식을 반복하여 생산한 피설명변수의 횡단면 표본과 그에 근거가 된 추정오차의 표본이 [표 9-2]에 차례대로 기록되었다. 표에서는 3개만 생산하였지만 계속 반복하여 무한대를 생산할 수 있다. 다만 지나치게 빠르게 수렴하므로 3개에서 멈추었다. 3개의 피설명변수 $Y_{tn}(n=1,\ 2,\ 3)$의 표본만으로 구한 t시점(t=1, 2, 3, 4, 5, 6)에서 그의 순간평균 EY_t과 순간분산 $\sigma^2(Y_t)$도 구할 수 있지만 횡단면 표본의 크기가 너무 작아 생략하였다. 그 이유는 [표 9-2]의 실험의 세 가지 특징으로 첫째, 매기 하나의 점으로 수렴하고, 둘째, 수렴의 속도가 매우 빠르기 때문이다.

4. 이러한 내용을 그림으로 설명할 수 있다. [그림 9-3a]의 가로축은 Y_{tn}을 측정하고 세로축은 Y_{tn+1}을 측정한다. 정합방정식 (8-74)는 원점을 출발하는 직선 C_{tn}이다. 잔차가 $\mu_{tn}>0$이면 직선 C_{tn}는 45도선의 아래에 위치한다. 점 A의 가로축의 Y_{tn}가 세로축의 Y_{tn+1}을 만들어낸다. [그림 9-3b]는 [그림 9-3a]의 다음 단계를 설명한다. 다음 단계에서 $\mu_{tn+1}<0$이 되면 직선 C_{tn}는 45도선 위로 올

그림 9-3a 정합방정식

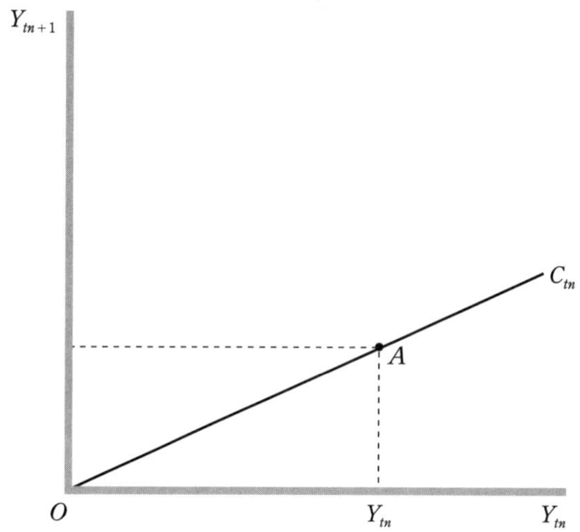

그림 9-3b 정합방정식의 수렴

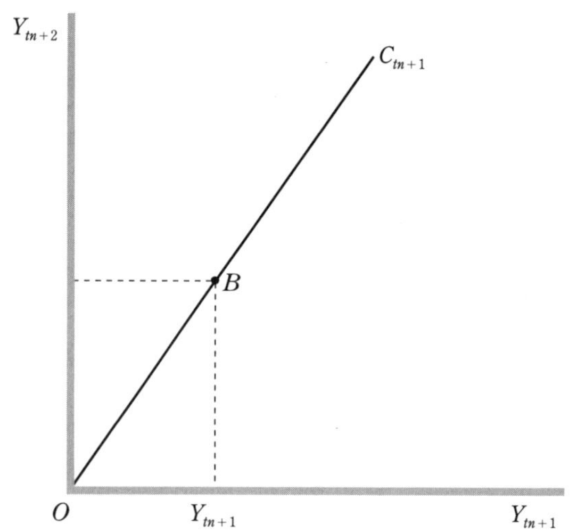

라가서 C_{tn+1}이 된다. 45도선은 세로축의 Y_{tn+1}을 가로축으로 이동시키고 가로축의 Y_{tn+1}이 점 B에서 세로축의 Y_{tn+2}을 생산한다. 정합방정식은 45도선을 중심으로 자리를 바꾸며 실현되지 않은 횡단면 표본을 생산한다. 이 과정이 수렴한다면 정합방정식은 마침내 45도선과 일치하게 된다.

5. 둘째 예로서 다음과 같은 소비함수를 생각할 수 있다.

$$C_{tn}=(1-b_n)Q_{tn}+b_nY_{tn}+\mu_{tn} \qquad \cdots\cdots (9-5)$$

$$\widehat{C}_{tn}=(1-b_n)Q_{tn}+b_nY_{tn} \qquad \cdots\cdots (9-6)$$

$$C_{tn}\widehat{C}_{tn}=Q_{tn}Y_{tn} \qquad \cdots\cdots (9-7)$$

$$C_{tn+1}=\frac{1}{1+\theta_n\mu_{tn}}C_{tn} \qquad \cdots\cdots (8-74)$$

여기서 C_{tn}은 현실의 소비지출, Y_{tn}은 현실의 소득이다. 첫째 식은 회귀방정식이고 둘째 식은 추정식이고 셋째 식은 모형변환이며 넷째 식이 정합방정식이다. 정리 8-11에 의하면 정합방정식 (8-74)에는 모형변환 (9-7)이 필요 없지만 여기서는 모형변환의 역할을 보기 위하여 삽입하였다. 특별히 논의가 단순하도록 (6-33*)에서 $\chi=\delta$을 가정하였다. 이들을 얻기 위하여 연립방정식 체계 6-1을 풀기에 적당하지 않다.여기서 Y_{tn}과 Q_{tn}이 가상현실의 2개의 설명변수 역할을 하지만 특히 그 가운데 Q_{tn}은 현실에서 소비 C_{tn}을 설명하는 다항의 설명변수 X_{tn}벡터를 반영하는 가상현실의 변수이다. 이에 대하여 현실의 피설명변수는 C_{tn}이다.

표 9-3 실현되지 않은 소비지출의 횡단면 표본

순 서	C_{tn}	μ_{tn}	$(C_{tn}-\overline{C}_{tn})^2$
$n=1$	90.0	−6.0	7.34
$n=2$	95.7	5.8	9.00
$n=3$	90.5	−4.5	4.88
$n=4$	94.8	4.1	4.45
$n=5$	90.7	−4.1	4.04
$n=6$	94.5	3.5	3.20
$n=7$	91.0	−3.5	2.92
$n=8$	94.4	3.3	2.86
$n=9$	91.2	−3.1	2.28
$n=10$	94.3	3.1	2.22
순간평균 92.7		순간분산 4.35	

먼저 $b_n=0.7$, $C_{tn}=90$, $Y_{tn}=100$이라고 설정한다. 그러면 4개의 식에서 미지수 4개($\hat{C}_{tn}$, Q_{tn}, μ_{tn}, C_{tn+1})가 결정된다. 이 간단한 예의 풀이가 존재하도록 하는 것이 모형변환 (2-34)의 역할이다(소정리 6-2에서 소정리 6-7까지). 여기서 회귀계수 $b_n=0.7$는 추정된 것이지만 회귀분석 과정은 생략하기로 한다(소정리 6-2에서 소정리 6-7에 의하면 기본방정식의 회귀분석은 언제나 가능하다). 이 결과를 정합방정식 (8-74)에 대입하면 동일 시점 t에서 실현되지 않은 소비지출 C_{tn+1}의 횡단면 표본이 생산된다. [표 9-3]이 그 기록이다.

[표 9-3]은 동일시점 t에서 소비지출의 실현되지 않은 횡단면 표본의 분포이다. 정합방정식 (8-74)의 개가이다. 특히 횡단면 분산의 계산이 가능함이 확인된다. 다시 말하면 동일 시점 t의 관측되지 않은 횡단면 자료를 얻을 수 있는 것이다. 따라서 평균은 횡단면 평균이며 분산은 횡단면 분산이다. 물론 횡단면 표본의 크기를 무한대로 확장하면 횡단면 분산의 크기가 달라질 것이다. 그러나 소정리 6-7에 의하면 식 (9-4)의 추정치 $\hat{C}_{tn}$가 복수일 수 있으므로 횡단면 분산 역시 복수로 존재하지만 1개의 추정치에 대해서는 1개의 횡단면 분산만이 존재한다. 이것은 아래에서 증명할 것이다.

[그림 9-4]는 [표 9-3]의 분포를 그린 것이다. 분포에서 점선은 생략된 부분이다. 동일한 방법을 10회 이상으로 확대하면 채워질 부분이다. [표 9-3]의 특징은 잔차 μ_{tn}의 크기가 부호를 교대하며 감소한다는 사실인데 [표 9-2]에서

그림 9-4 실현되지 않은 횡단면 표본의 분포

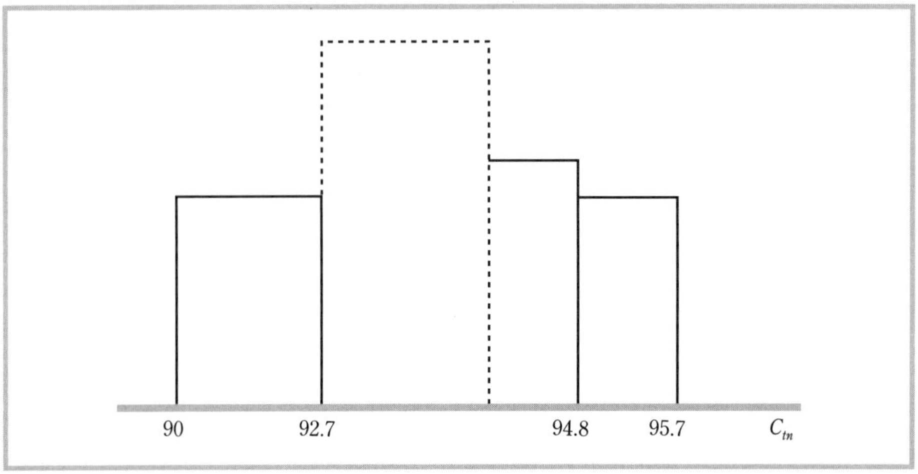

는 부호를 교대하지 않았다. 따라서 10개의 표본만 계산했으나 계속 동일 방식을 적용하면 표본의 분포는 하나의 수치로 수렴할 것으로 기대될지 모르지만 이 같은 작은 횡단면 표본에서 표본이 골고루 분포되지 않고 어느 구간에서 집중되어 나타나고 어느 구간에서는 희박하다. 만델부로의 분절기하학의 무질서에서 표본의 분포가 단절되는 현상은 노아효과(Noah effect)이고 집중되는 현상은 요셉효과(Joseph effect)이다. 이러한 특징은 특수한 것인가 아니면 일반적인 현상인가. 제12장에서 이론적으로 증명된다.

6. [그림 9−4]에는 10개의 분포가 그려져 있는데 여기에서 절편을 일정하게 고정시키고 C_{tn}을 Y_{tn}에 대하여 설명한 회귀직선에 재생한 것이 [그림 9−5]이다. 회귀직선을 중심으로 10개의 분포를 보이고 있다.

그림 9−5 회귀직선과 횡단면 표본의 분포

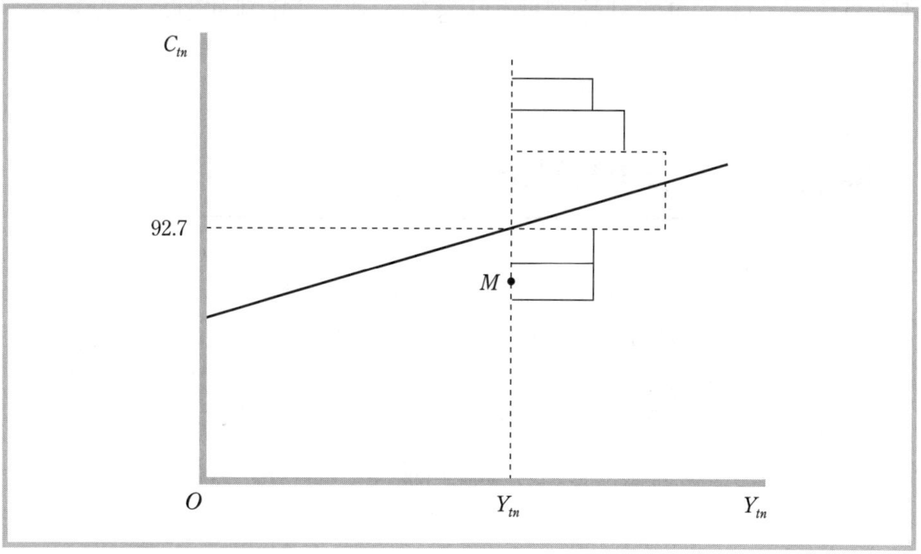

7. [표 9−3]의 예를 보면 또 하나의 특징이 있다. 소비함수를 추정할 때 소득 Y_{tn} 이외의 변수를 모아 절편으로 표현하고 그 절편을 추정한 한계소비성향 b_n으로 나누어 하나의 변수 Q_{tn}을 구하였는데 그렇게 하여 얻은 소비의 추정치 $\hat{C}_{tn}$와 실제치 C_{tn}의 곱이 두 설명변수의 곱 $Y_{tn}Q_{tn}$으로 표현되는 모형변환 (9−7)

이 반드시 성립하지 않는다는 것이다. 그 까닭은 기본방정식을 구하려면 제 6 장 제 4 절의 기본방정식의 연립방정식 체계를 풀어야 하는데 그 과정을 생략하고 간단한 예를 들었기 때문이다. 단순화를 위하여 그 과정을 희생하였다. 그러나 핵심에는 영향이 없다. 다시 말하면 모형변환 (9-7)은 만족되지만 회귀분석과정이 생략되었다.

8. [표 9-2]의 예와 [표 9-3]의 예를 비교하면 첫째, [표 9-2]의 잔차는 부호를 정확하게 교대하지 않았으나 [표 9-3]에서는 교대한다. 둘째, [표 9-2]의 잔차의 크기는 급속히 감소하지만 [표 9-3]의 잔차는 그보다 덜 급속히 감소한다. 셋째, 횡단면 표본의 분포가 노아효과와 요셉효과를 일부 나타낸다. 이 특징이 단지 이 예에만 국한될까. 아니면 일반적인 특성일까. 둘째 특성에서 차이를 보이는 것은 [표 9-3]의 예는 회귀분석이 생략되었고 [표 9-2]의 예는 모형변환이 생략되었기 때문일 것이다. 아니면 추정치의 반올림이 누적되었기 때문일지도 모른다.[7] 이에 대한 일반적인 증명은 제12장이 제시한다.

제 2 절 정합방정식과 모형변환

1. 앞서 첫 번째 예에서 정합방정식 (8-74)만 사용하였고 두 번째 예에서 비로소 정합방정식 (8-74)에 모형변환 (6-33*)의 역할을 추가하였다. 정합방정식과 모형변환은 상호 독립이다. [그림 9-6a]의 가로축은 실제 관측치 Y_{tn}을 측정하고 세로축은 그의 추정치 $\widehat{Y}_{tn}$을 측정한다. 그러면 모형변환 (6-33*)은 직각쌍곡선 H가 된다. 가령 측정치가 Y_{tn}' 일 때 추정치는 $\widehat{Y}_{tn}'$ 이다. 이것은 너무 낮지만 [그림 9-5]의 횡단면 분포의 점 M에 해당한다. 측정치가 클수록 추정치는 작아지고 그 반대가 성립한다. 그 차이는 χ_t와 δ_t의 크기에 좌우된다. 이것은 추정치 $\widehat{Y}_{tn}$의 분포 역시 관측치 Y_{tn}처럼 이론적으로는 $-\infty$에서 $+\infty$에 걸치므로 [그림 9-6a]의 직각쌍곡선의 어느 점도 가능하다는 뜻이다. 다시 말하면 모형변환은 횡단면 표본의 분포를 $-\infty$에 서 $+\infty$까지 골고루 퍼지게 해주는 역할을 한다.

---

7) 무질서에서는 추정치의 정확도가 중요하다.

2. [그림 9−6b]는 [그림 9−6a]의 재생인데 세로축이 추정치 $\hat{Y}_{tn}$ 이외에 Y_{tn+1}도 측정한다. 다시 말하면 [그림 9−3a]를 덮은 것이다. 그러면 원점을 출발하는 직선 C가 정합방정식 (8−74)의 기하학적 표현이다. 이것은 정합방정식 (8−74)와 모형변환 (6−33*)이 상호 독립임을 의미한다. 이제 t시점에서 유일의 관측치가 Y_{tn}' 이라고 하자. 그러면 쌍곡선 H의 A점에서 그의 추정치는 $\hat{Y}_{tn}'$이며 $Y_{tn}>\hat{Y}_{tn}$이므로 잔차는 $\mu_{tn}>0$이다. 그 결과를 정합방정식 (8−74)에 대입하면 $Y_{tn+1}<Y_{tn}$이므로 직선 C의 기울기는 1보다 작다. 이 직선 상의 B점에서 Y_{tn+1}'이 결정된다. 그러면 45도선은 이것을 가로축으로 전환시키고 모형변환에 의해서 쌍곡선 상의 D점에서 $\hat{Y}_{tn+1}'$이 결정되는데 $Y_{tn+1}'<\hat{Y}_{tn+1}'$이므로 잔차는 $\mu_{tn+1}<0$ 이다. 이러한 변화는 45도선의 점 E에 도달할 때까지 계속되는데 그 과정에서 잔차 μ_{tn}의 부호는 양수와 음수를 교대하며 점 E로 수렴하고 점 E에서는 잔차가 사라진다. 수렴의 증명은 제12장이 제시한다.

그림 9−6a 모형변환 $Y_{tn}\hat{Y}_{tn}=\pi_t Q_{t1}Q_{t2}$

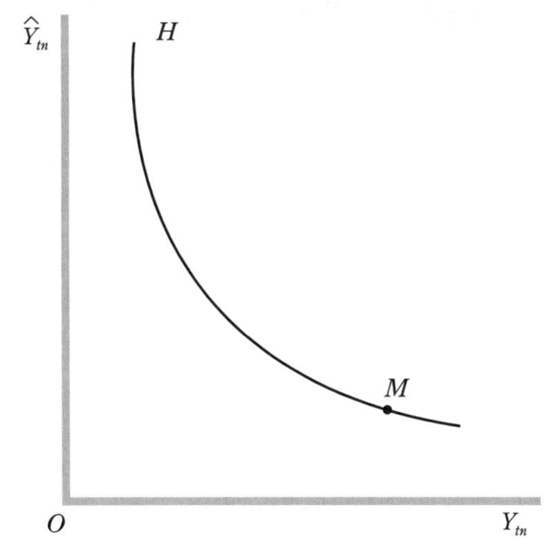

그림 9-6b 모형변환과 정합방정식

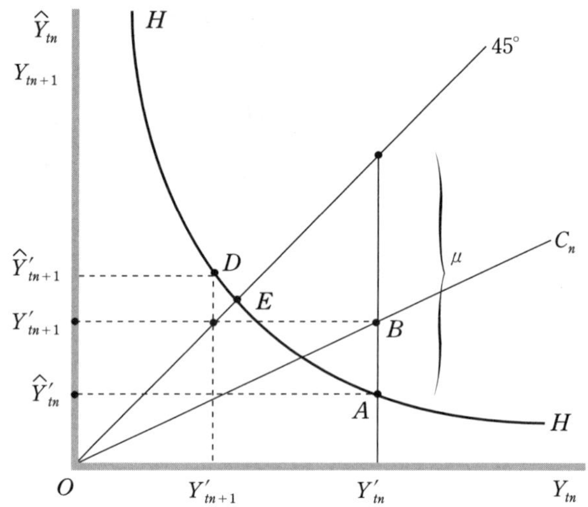

3. 정합방정식과 모형변환의 역할을 도표로 정리해 보자.

$$Y_{tn}=b_nQ_{t1}+(1-b_n)Q_{t2} \quad \rightarrow \quad Y_{tn+1}=\frac{1}{1+\theta_n\mu_{tn}}Y_{tn}$$

$$\left(\frac{\chi_t}{\delta_t}\right)\widehat{Y}_{tn}=(1-a_n)Q_{t1}+a_nQ_{t2} \quad \rightarrow \quad Y_{tn}\widehat{Y}_{tn}=\left(\frac{\delta_t}{\chi_t}\right)Q_{t1}Q_{t2}$$

정합방정식은 제 1 유형의 내포모형인 기본방정식에서 유래하였고 모형변환은 제 2 유형의 내포모형에서 유래하였다. 정합방정식은 관측되는 유일의 표본에서 관측되지 않는 횡단면 표본을 생산하는 역할을 하며, 모형변환은 그렇게 생산되는 횡단면 표본이 $-\infty$에서 $+\infty$까지 골고루 분포되도록 하는 역할을 한다. 각 역할은 독립적이다.

제 3 절 정합방정식의 자동복제 체계

1. 정합방정식 (8−74)를 이용하여 횡단면 표본을 재생하는 작업은 식 (9−3)과 식 (9−4)가 보인 것처럼 각 단계마다 일일이 회귀분석을 해야하는 번거로움이 있다. 초기조건만 입력하면 그 후에는 자동적으로 스스로 재생하는 방법을 강구할 필요가 있다. 먼저 연립방정식 체계 6−1을 다음과 같이 재현하자.

연립방정식 체계 9−1

$$Y_t = b_t Q_{t1} + (1-b_t) Q_{t2} \quad \cdots\cdots (6-7)$$

$$\chi_t \hat{Y}_t = c_t Q_{t1} + (1-c_t) Q_{t2} \quad \cdots\cdots (6-13)$$

$$c_t = \int_{-\infty}^{Z_c} \frac{1}{\sqrt{2\pi}} e^{-\frac{1}{2}x_1^2} dx_1 \quad \cdots\cdots (6-16)$$

$$b_t = \int_{-\infty}^{Z_b} \frac{1}{\sqrt{2\pi}} e^{-\frac{1}{2}x_2^2} dx_2 \quad \cdots\cdots (6-17)$$

$$Z_c^2 - Z_b^2 = 2\gamma_t \ln\left(\frac{Y_t}{\chi_t \hat{Y}_t}\right) \quad \cdots\cdots (6-23)$$

$$\frac{\left(b_t - \frac{1}{2}\right)^2}{\frac{1}{4}\left(1 - \frac{\delta_t}{\chi_t}\frac{Y_t}{\hat{Y}_t}\right)} - \frac{\left(c_t - \frac{1}{2}\right)^2}{\frac{1}{4}\left(\frac{\chi_t}{\delta_t}\frac{\hat{Y}_t}{Y_t} - 1\right)} = 1 \quad \cdots\cdots (6-39)$$

$$\gamma_t = 1 + \frac{\ln\left(\frac{1}{\delta_t}\frac{2b_t - 1}{2c_t - 1}\frac{Z_{tc}}{Z_{tb}}\right)}{\ln\frac{\chi_t \hat{Y}_t}{Y_t}} \quad \cdots\cdots (6-41)$$

$$\frac{1}{2}\sqrt{1 - \frac{\chi_t}{\delta_t}\frac{\hat{Y}_t}{Y_t}} = \frac{1}{\sqrt{2\pi}} \int_0^{\sqrt{2\gamma_t(\ln Y_t - \ln \chi_t \hat{Y}_t)}} e^{-\frac{1}{2}x^2} dx \quad \cdots\cdots (6-51)$$

$$\delta_t = \frac{c_t - \frac{1}{2}}{Z_c} \frac{b_t - \frac{1}{2}}{Z_b} \quad \cdots\cdots (6-52)$$

이 연립방정식 체계 9−1은 9개의 식과 9개의 미지수(b_t, c_t, χ_t, Z_c, Z_b, δ_t, γ_t, Q_{t1}, Q_{t2})로 구성되어 있어서 실현된 표본 Y_t와 그의 추정치 $\hat{Y}_t$가 주어지면 모든 미지수가 풀어진다. 여기서 추정치 $\hat{Y}_t$는 기본방정식으로 표현하기 전의 회귀방정식 (6−3)의 추정치이므로 다음과 같다.

$$\hat{Y}_t = \hat{\beta}_0 + \hat{\beta}_1 X_{t1} + \hat{\beta}_2 X_{t2} + \cdots + \hat{\beta}_K X_{tK}$$

이에 대하여 관측된 표본은 다음이다.

$$Y_t = \hat{\beta}_0 + \hat{\beta}_1 X_{t1} + \hat{\beta}_2 X_{t2} + \cdots + \hat{\beta}_K X_{tK} + e_t$$

그러나 이에 기초한 연립방정식 체계 9－1의 풀이도 번거롭기는 마찬가지이다. 다만 회귀분석에 비하면 정확도는 상대적으로 높다. 이 번거로움을 피하고 정확도도 유지하며 자동적으로 횡단면 표본집합을 재생하는 방법을 고안할 수 있다.

2. 먼저 관측치에 확률계수 c_t을 곱하고 추정치에 확률계수 $\tilde{c}_t$을 곱하여 뺀 결과에 새로운 설명변수 G_{t2}을 정의하고, 추정치에 $1-\tilde{c}_t$을 곱하고 관측치에 $1-c_t$을 곱하여 뺀 결과에 새로운 설명변수 G_{t1}을 정의하면 다음과 같다.

$$G_{t2} = c_t Y_t - \tilde{c}_t \hat{Y}_t = (c_t - \tilde{c}_t)(\hat{\beta}_0 + \hat{\beta}_1 X_{t1} + \hat{\beta}_2 X_{t2} + \cdots + \hat{\beta}_K X_{tK}) + c_t e_t$$
$$G_{t1} = (1-\tilde{c}_t)\hat{Y}_t - (1-c_t)Y_t = (c_t - \tilde{c}_t)(\hat{\beta}_0 + \hat{\beta}_1 X_{t1} + \hat{\beta}_2 X_{t2} + \cdots + \hat{\beta}_K X_{tK}) - (1-c_t)e_t$$

다시 $G_{t1} = (c_t - \tilde{c}_t)\hat{Q}_{t1}$과 $G_{t2} = (c_t - \tilde{c}_t)\hat{Q}_{t2}$로 정의한 후 이 두 개의 식을 각각 $\hat{Y}_t$와 Y_t에 대하여 차례대로 대입하면 다음과 같은 방정식을 얻는다.

$$Y_t = \tilde{c}_t \hat{Q}_{t1} + (1-\tilde{c}_t)\hat{Q}_{t2}$$
$$\hat{Y}_t = c_t \hat{Q}_{t1} + (1-c_t)\hat{Q}_{t2}$$

3. 회귀방정식 (6－1)과 기본방정식 사이의 관계를 그림으로 표현할 수 있다. 이 두 식을 [그림 9－7a]로 설명할 수 있다. 이 그림은 [그림 6－1a]의 재생인데 가로축은 X_{t1}을 측정하고 세로축은 Y_t을 측정한다. 직선은 원래의 회귀방정식 $Y_t = \hat{\beta}_0 + \hat{\beta}_1 X_{t1} + e_t$의 회귀직선이다. X_{t1}에서 수직선을 올리면 Y_t가 표시되어 있으며 수직선과 회귀직선이 만나는 점이 $\hat{Y}_t$이다. 이들을 중심으로 아래와 위에 $\hat{Q}_{t1}$과 $\hat{Q}_{t2}$가 표시되어 있다. 그 가운데 $\hat{Y}_t$을 $\hat{Q}_{t1}$과 $\hat{Q}_{t2}$의 가중평균으로 표현한 것이 추정치 $\hat{Y}_t$의 식이며 가중치는 c_t이다. Y_t을 $\hat{Q}_{t1}$과 $\hat{Q}_{t2}$의 가중평균으로 표현한 것이 관측치 Y_t의 식이며 가중치는 $\tilde{c}_t$이다.

이상은 2차원의 그림으로 표현하기 위하여 단순회귀직선으로 표현한 것으로 다항의 회귀분석 $Y_t = \hat{\beta}_0 + \hat{\beta}_1 X_{t1} + \hat{\beta}_2 X_{t2} + \cdots + \hat{\beta}_K X_{tK} + e_t$으로 확대하여도 본질적인 차이는 없다. [그림 9－7b]는 그 가운데 3차원의 회귀방정식 $Y_t = \hat{\beta}_0 + \hat{\beta}_1 X_{t1} + \hat{\beta}_2 X_{t2} + e_t$의 경우이다. 세로축이 Y_t이고 2개의 가로축이 X_{t1}과 X_{t2}이다. 좌표 (X_{t1}, X_{t2})에서 수직선을 올리면 관측치 Y_t와 추정치 $\hat{Y}_t$을 표시할 수 있다. 이들

그림 9-7a 회귀직선과 기본방정식

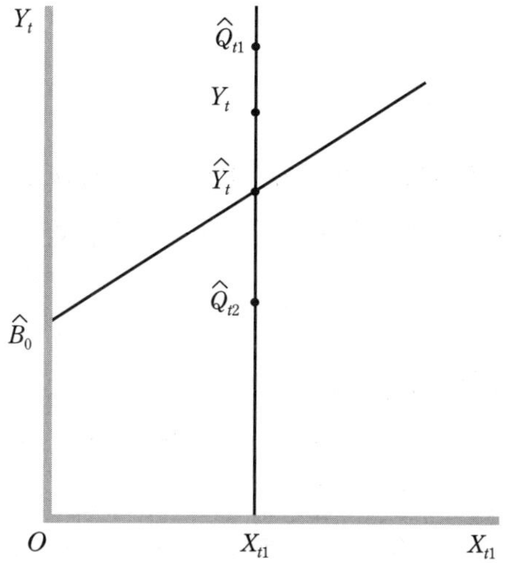

그림 9-7b 회귀직선과 기본방정식

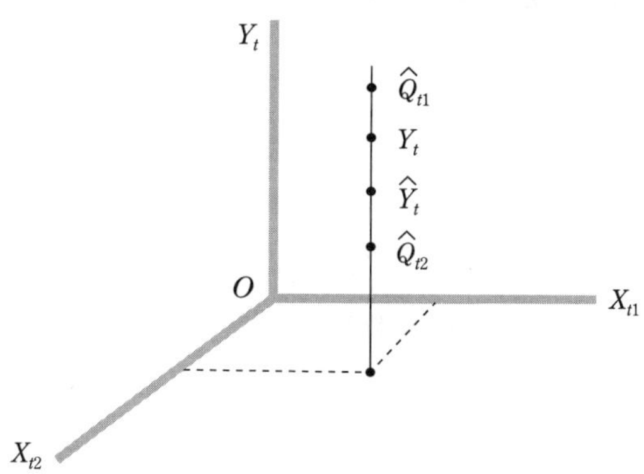

을 중심으로 아래위로 $\hat{Q}_{t1}$과 $\hat{Q}_{t2}$도 표시되었다. 따라서 가중평균 $Y_t = \tilde{c}_t \hat{Q}_{t1} + (1 - \tilde{c}_t)\hat{Q}_{t2}$과 $\hat{Y}_t = c_t \hat{Q}_{t1} + (1 - c_t)\hat{Q}_{t2}$이 성립한다.

4. 동일한 내용을 연립방정식 체계 9-1에서 구할 수 있다. 방정식 (6-13)의 $\hat{\hat{Y}}_t=\chi_t\hat{Y}_t$가 미지수로 결정된다. 방정식 (6-13)은 다음과 같이 재정의할 수 있다.

$$\hat{Y}_t=c_t\hat{Q}_{t1}+(1-c_t)\hat{Q}_{t2} \qquad \cdots\cdots (9-8)$$

여기서 새로운 설명변수는 $\hat{Q}_{t1}=Q_{t1}/\chi_t$와 $\hat{Q}_{t2}=Q_{t2}/\chi_t$인데 연립방정식 체계 9-1에서 결정된다. 식 (9-8)은 확률계수 방정식인데 다음을 의미한다.

$$\hat{Y}_t=c\hat{Q}_{t1}+(1-c)\hat{Q}_{t2}+v_t \qquad \cdots\cdots (9-9)$$

여기서 $v_t=(c_t-c)(\hat{Q}_{t1}-\hat{Q}_{t2})$이다. 식 (9-9)에 의하면 추정변수 $\hat{Y}_t$도 확률변수이므로 회귀방정식으로 표현할 수 있다. 이때 설명변수는 잔차가 없는 추정방정식 $\hat{Y}_t=bQ_{t1}+(1-b)Q_{t2}$과 다르게 $\hat{Q}_{t1}$과 $\hat{Q}_{t2}$이다. 다시 말하면 전혀 다른 설명변수로 설명하는 것이다. 따라서 추정치 $\hat{Y}_t$는 설명변수 Q_{t1}와 Q_{t2}와 선형이지만 새로운 설명변수 $\hat{Q}_{t1}$와 $\hat{Q}_{t2}$와는 선형이 아니다. 이 식을 이용하고 식 (6-2)~(6-3)에서 $Y_t=\hat{Y}_t+e_t$이므로 식 (6-7)을 다음과 같이 재정의할 수 있다.

$$Y_t=c\hat{Q}_{t1}+(1-c)\hat{Q}_{t2}+\omega_t \qquad \cdots\cdots (9-10)$$

또는

$$Y_t=\tilde{c}_t\hat{Q}_{t1}+(1-\tilde{c}_t)\hat{Q}_{t2} \qquad \cdots\cdots (9-11)$$

여기서 $\omega_t=v_t+e_t=(\tilde{c}_t-c)(\tilde{Q}_{t1}-\tilde{Q}_{t2})$이며 $\tilde{c}_t\neq c_t$이다. 방정식 (9-10)에서 Y_t의 추정치 $\hat{Y}_t^0=c\hat{Q}_{t1}+(1-c)\hat{Q}_{t2}$는 방정식 (6-7)에서 Y_t의 추정치 $\hat{Y}_t^Q=bQ_{t1}+(1-b)Q_{t2}$와 다르며 원래의 회귀방정식 (6-3)의 추정치 $\hat{Y}_t$와도 다르다. 설명변수가 다르기 때문이다. 식 (9-11)은 식 (2-25)처럼 비내포모형에 해당하고 식 (9-9)는 식 (2-26)처럼 제 2 유형의 내포모형에 해당한다. 연립방정식 체계 9-1에서 풀어낸 결과 $\hat{Q}_{t1}$와 $\hat{Q}_{t2}$을 이용하여 식 (9-10)을 회귀분석하면 회귀계수 c와 잔차 ω_t가 결정되고 이 결과를 식 (9-9)에 대입하면 잔차 v_t가 구해진다. 이렇게 하면 식 (9-9)는 회귀분석을 할 필요가 없다. 다시 강조하면 식 (9-9)~(9-10)의 모든 회귀계수 c와 잔차 v_t, ω_t가 결정된다.

5. 이제 식 (9－9)～(9－10)에 수량좌표와 시간좌표의 내적 정합을 적용하여 정합방정식을 구하면 다음과 같다.

$$Y_{tn+1}=\frac{\hat{Q}_{t1}\hat{Q}_{t2}}{\hat{Q}_{t1}\hat{Q}_{t2}+(\hat{Q}_{t1}+\hat{Q}_{t2}+v_{tn}-Y_{tn})\omega_{tn}}Y_{tn} \quad \cdots\cdots (9-11)$$

$$\hat{Y}_{tn+1}=\frac{\hat{Q}_{t1}\hat{Q}_{t2}}{\hat{Q}_{t1}\hat{Q}_{t2}+(\hat{Q}_{t1}+\hat{Q}_{t2}+\omega_{tn}-Y_{tn})v_{tn}}\hat{Y}_{tn} \quad \cdots\cdots (9-12)$$

이때 다음이 성립한다.

$$(\hat{Q}_{t1}+\hat{Q}_{t2}+v_{tn}-Y_{tn})/\hat{Q}_{t1}\hat{Q}_{t2}=c_n\hat{q}_{t1}+(1-c_n)\hat{q}_{t2}=\hat{\theta}_{tn} \quad \cdots\cdots (9-13)$$

여기에 추가하여 다음의 정의가 주어진다.

$$\omega_{tn+1}=Y_{tn+1}-\hat{Y}_{tn+1} \quad \cdots\cdots (9-14)$$

$$v_{tn+1}=(\hat{Y}_{tn+1}-\hat{Q}_{t2})\left[1+\left(\frac{\hat{Q}_{t1}-\hat{Q}_{t2}}{\hat{Y}_{tn}-\hat{Q}_{t2}}\right)\left(\frac{\hat{Y}_{tn}-\hat{Q}_{t2}-v_{tn}}{\hat{Q}_{t1}\hat{Q}_{t2}}\right)\right] \quad \cdots\cdots (9-15)$$

식 (9－15)의 유도는 부록 9A를 참조할 수 있다. 식 (9－11)은 정합방정식 (8－74)와 사실상 동일한 것이다. 그러면 다음과 같은 정합방정식의 연립방정식 체계 9－2를 구성할 수 있다.

연립방정식 체계 9-2

$$Y_{tn+1}=\frac{\hat{Q}_{t1}\hat{Q}_{t2}}{\hat{Q}_{t1}\hat{Q}_{t2}+(\hat{Q}_{t1}+\hat{Q}_{t2}+v_{tn}-Y_{tn})\omega_{tn}}Y_{tn} \quad \cdots\cdots (9-11)$$

$$\hat{Y}_{tn+1}=\frac{\hat{Q}_{t1}\hat{Q}_{t2}}{\hat{Q}_{t1}\hat{Q}_{t2}+(\hat{Q}_{t1}+\hat{Q}_{t2}+\omega_{tn}-Y_{tn})v_{tn}}\hat{Y}_{tn} \quad \cdots\cdots (9-12)$$

$$\omega_{tn+1}=Y_{tn+1}-\hat{Y}_{tn+1} \quad \cdots\cdots (9-14)$$

$$v_{tn+1}=(\hat{Y}_{tn+1}-\hat{Q}_{t2})\left[1+\left(\frac{\hat{Q}_{t1}-\hat{Q}_{t2}}{\hat{Y}_{tn}-\hat{Q}_{t2}}\right)\left(\frac{\hat{Y}_{tn}-\hat{Q}_{t2}-v_{tn}}{\hat{Q}_{t1}\hat{Q}_{t2}}\right)\right] \quad \cdots\cdots (9-15)$$

최초에 시계열 관측치 Y_{tn}가 그의 추정치 $\hat{Y}_{tn}$와 함께 주어지면 연립방정식 체계 9－1에 의하여 $\hat{Q}_{t1}$와 $\hat{Q}_{t2}$가 구해지고 회귀분석 (9－10)에 의하여 c_n와 ω_{tn}이 추정되며 이것을 (9−9)에 대입하여 ν_{tn}을 얻는다. 이 결과를 연립방정식 체계 9−2에 대입하면 미지수 Y_{tn+1}, $\hat{Y}_{tn+1}$, ω_{tn+1}, ν_{tn+1}이 구해진다. 이 결과를 다시 같은 방식으로 연립방정식 체계 9−2에 대입하면 Y_{tn+2}, $\hat{Y}_{tn+2}$, ω_{tn+2}, ν_{tn+2}가 구해진다. 이 과정은 계속된다. 이 과정에서 회귀분석은 최초에 한번만 필요하고 그 후에는 연립방정식 체계 9−2에 의하여 구해진다. 다시 말하면 정합방정식 체계 9−2는 초기조건(Y_{tn}, $\hat{Y}_{tn}$, $\hat{Q}_{t1}$, $\hat{Q}_{t2}$, c_n, ω_{tn}, ν_{tn})에만 의존하며 각 단계에서 일일이 회귀분석할 필요가 없이 자동적으로 반복된다. 이것이 정합방정식의 자동장치(automaton)인 자동복제기능이다.

제 4 절 정합방정식과 횡단면분산

1. 이제 우리는 하나의 t시점에서 횡단면 표본집합을 자동적으로 재생하는 방법을 검토하였다. 이 결과를 기초로 하여 횡단면 평균과 횡단면 분산을 구하는 이론과 실제를 모두 검토할 차례이다. 즉 연립방정식 체계 9−1에서 구한 미지수 가운데 Z_1, Z_2, $\hat{\hat{Y}}_t$, γ_t을 다음 식에 대입하면 t시점의 순간분산 σ_t을 구할 수 있다.

$$\sigma_t = \sqrt{\gamma_t}\ \frac{\ln\dfrac{Y_t}{\hat{\hat{Y}}_t} + \dfrac{1}{2}\sigma_t^2}{Z_1} \qquad \cdots\cdots (9-16)$$

이것이 가능한 이유는 수량좌표(idea 1), 시간좌표(idea 2), 비내포모형(idea 3)과 내포모형(idea 4)의 내적 정합으로 정보가 외부에서 주어지는 것이 아니라 내부에서 생산되기 때문이다. 이 장에서 우리는 또 하나의 방법으로 횡단면 분산을 찾는 방법을 제시할 것이다. 앞서 제 6 장에서 우리는 정합이론이 경제학에 성립할 수 있는지를 검토할 때 여기서 2가지 문제가 발생한다. 첫째, 소정리 6−9에 의하면 추정치 $\hat{Y}$가 복수일 수 있으므로 횡단면 분산도 복수일 수 있다. 둘째, 식 (6−13)의 $\hat{\hat{Y}}$에 대하여 횡단면 분산이 유일한가 이다.

▶▶▶ 소정리 9-1
무한개의 횡단면 표본 가운데 관측되는 1개의 확률변수 Y_t의 횡단면분산은 $\hat{\hat{Y}}_t$에 대하여 유일하다.

2. 증명을 해 보자. 우선 식 (6-20)에서 식 (6-21)을 제하여 전미분하면 다음이 성립한다.

$$dZ_a - dZ_b = \frac{\gamma}{\sqrt{\gamma}}d\sigma + \frac{1}{2}\frac{\sigma}{\sqrt{\gamma}}d\gamma \qquad \cdots\cdots (9-17)$$

이번에는 식 (6-20)~(6-21)를 $\ln Y$에 대하여 편미분하여 정리하면 다음을 얻는다.

$$(d\hat{Z}_a - d\hat{Z}_b)\left((Z_a d\hat{Z}_a - Z_b d\hat{Z}_b - \gamma - \frac{\sigma(Z_a+Z_b)}{2\sqrt{\gamma}}\frac{d\gamma}{d\ln Y}\right) = 0 \qquad \cdots\cdots (9-18)$$

여기서 $d\hat{Z}_a = \frac{dZ_a}{d\ln Y}$와 $d\hat{Z}_b = \frac{dZ_b}{d\ln Y}$이다. 여기에 (9-17)를 대입하면 다음이 된다.

$$\left(\frac{\gamma}{\sqrt{\gamma}}\frac{d\sigma}{d\ln Y}\right)\left(Z_a d\hat{Z}_a - Z_b d\hat{Z}_b - \gamma - \frac{\sigma(Z_a+Z_b)}{2\sqrt{\gamma}} - \frac{d\gamma}{d\ln Y}\right) = 0 \qquad \cdots\cdots (9-19)$$

여기서 $\frac{d\gamma}{d\ln Y} = 0$이다.[8] 식 (6-20)~(6-21)을 $\ln\hat{\hat{Y}}$로 편미분하면 다음을 얻는다.

$$\frac{d\ln\hat{\hat{Y}}}{d\ln Y}\left(\frac{1}{2}\frac{\sigma}{\sqrt{\gamma}}\frac{d\gamma}{d\ln\hat{\hat{Y}}}\right)\left(Z_a d\hat{\hat{Z}}_a - Z_b d\hat{\hat{Z}}_b + \gamma - \frac{\sigma(Z_a+Z_b)}{2\sqrt{\gamma}}\frac{d\gamma}{d\ln\hat{\hat{Y}}}\right) = 0 \qquad \cdots\cdots (9-20)$$

여기서 $d\hat{\hat{Z}}_a = \frac{dZ_a}{d\ln\hat{\hat{Y}}}$와 $d\hat{\hat{Z}}_b = \frac{dZ_b}{d\ln\hat{\hat{Y}}}$이고 $\frac{d\sigma}{d\ln\hat{\hat{Y}}} = 0$이다.[9] 맨 앞에 $\frac{d\ln\hat{\hat{Y}}}{d\ln Y}$는 등호 성립에 지장이 없다. 마지막으로 식 (6-20)~(6-21)를 $\ln Y/\hat{\hat{Y}}$에 대하여 미

---

8) Y와 $\gamma = 1 + \frac{\sigma_v^2}{(EY)^2}$은 아무 관계가 없다. 여기서 σ_v는 $\hat{\hat{Y}} = E\hat{\hat{Y}} + v$에서 v의 분산이고 $\hat{\hat{Y}}$는 Y와 아무 상관이 없기 때문이다.

9) $\hat{\hat{Y}}$와 σ는 아무 관계가 없다. 식 (4-15)을 참조할 수 있다.

분을 하여 정리하면 다음과 같다.

$$\frac{d\ln Y}{d\ln(Y/\hat{\hat{Y}})}\left(\frac{\gamma}{\sqrt{\gamma}}\frac{d\sigma}{d\ln Y}+\frac{1}{2}\frac{d\ln\hat{\hat{Y}}}{d\ln Y}\frac{\sigma}{\sqrt{\gamma}}\frac{d\gamma}{d\ln\hat{\hat{Y}}}\right)\times$$

$$\left(Z_a dZ_a'-Z_b dZ_b'-\gamma-\frac{\sigma(Z_a+Z_b)}{2\sqrt{\gamma}}\frac{d\gamma}{d\ln(Y/\hat{\hat{Y}})}\right)=0 \qquad \cdots\cdots \text{(9-21)}$$

여기서 $dZ_a'=\frac{dZ_a}{d\ln(Y/\hat{\hat{Y}})}$와 $dZ_b'=\frac{dZ_b}{d\ln(Y/\hat{\hat{Y}})}$이다. 맨 앞에 $\frac{d\ln Y}{d\ln(Y/\hat{\hat{Y}})}$는 등호 성립에 지장이 없다. 식 (9-19)를 식 (9-20)에 더하면 다음이 된다.

$$\left(\frac{\gamma}{\sqrt{\gamma}}\frac{d\sigma}{d\ln Y}+\frac{1}{2}\frac{d\ln\hat{\hat{Y}}}{d\ln Y}\frac{\sigma}{\sqrt{\gamma}}\frac{d\gamma}{d\ln\hat{\hat{Y}}}\right)\times\left(Z_a dZ_a'-Z_b dZ_b'-\gamma-\right.$$

$$\left.\frac{\sigma(Z_a+Z_b)}{2\sqrt{\gamma}}\frac{d\gamma}{d\ln Y/\hat{\hat{Y}}}\right)=-\left(\frac{\gamma}{\sqrt{\gamma}}\frac{d\sigma}{d\ln Y}\right)\left(d\ln\frac{Y}{\hat{\hat{Y}}}\right) \qquad \cdots\cdots \text{(9-22)}$$

따라서 식 (9-22)와 식 (9-21)을 비교하면 다음이 성립한다.

$$0=\frac{d\sigma}{d\ln Y},\qquad 0\neq\frac{d\gamma}{d\ln\hat{\hat{Y}}} \qquad \cdots\cdots \text{(9-23)}$$

이것은 γ_t의 크기에 상관없이 성립한다. 이것은 Y의 횡단면 표본에 대하여 분산이 유일하다는 증거이다. 식 (9-23)을 식 (9-17)에 대입하면 식 (9-18)은 다음이 된다.

$$dZ_a-dZ_b\neq 0,\qquad \left(Z_a dZ_a-Z_b dZ_b-\gamma-\frac{\sigma(Z_a+Z_b)}{2\sqrt{\gamma}}d\gamma\right)=0 \qquad \cdots\cdots \text{(9-24)}$$

두 번째 결과를 식 (9-22)에 대입하면 식 (9-23)이 재확인된다.

제 5 절 횡단면 분산과 옵션

1. 횡단면 표본에 대한 유일한 분산을 블랙-숄스의 옵션이론에 적용해보자. 블랙-숄스 방정식의 문제점은 원상품가격의 순간분산을 모른다는 점이다. 이때 순간분산은 횡단면 분산이다. 일반적으로 두 가지 방식을 이용하는데 하나는 역사적인 분산(historical volatility)과 계산한 분산(implied volatility)을 이용하는 방법이다. 여기서는 앞절의 내용을 이어받아 옵션의 원상품가격의 순간분산을 구하는 방법을 제시한다.

2. 제 4 장에서 소개한 블랙-숄스 방정식은 식 (4-1)~(4-6)의 6개의 식으로 구성되었는데 여기서 확률변수거울이 유도되었다.

$$Z_1^2 - Z_2^2 = 2\ln\frac{S}{F} \qquad \cdots\cdots (9-25)$$

여기서 식 (4-1)~(4-6)과 비교할 때 $S=Y$는 원상품의 가격이고 $F=\hat{\hat{Y}}_t$는 행사가격의 현재가치이다. [그림 4-1]의 (Z_1, Z_2)좌표 상에서 S/F가 주어지면 쌍곡선의 중심은 $O=(0, 0)$이다. 여기에 순간분산 σ^2이 나타나지 않음을 주목할 수 있다.

3. 이에 대하여 확률거울이 유도되었다.

$$\frac{\left(N_1-\frac{1}{2}\right)^2}{\frac{1}{4}\left(1-\frac{F}{\lambda S}\right)} - \frac{\left(N_2-\frac{1}{2}\right)^2}{\frac{1}{4}\left(\frac{\lambda S}{F}-1\right)} = 1 \qquad \cdots\cdots (9-26)$$

여기서 λ의 정체가 곧 드러날 것이다. 이것은 이미 소정리 4-6에서 설명한 것이다. [그림 4-2b]의 (N_1, N_2)좌표 상에서 $\lambda S/F$이 주어지면 이것은 중심이 $H=(1/2, 1/2)$인 확률거울인데 확률변수거울 (9-25)를 다른 좌표로 변환하여 표현한 것이다. 그러나 이 둘은 서로 독립이다. 식 (9-26)은 $\lambda S/F$이 일정하게 주어지는 한 쌍곡선의 형태를 유지한다. 이것은 쌍곡선의 모든 점에서 $\lambda S/F$이 동일한 크기로 주어졌음을 의미한다. 만일 λ이 변하면 식 (9−26)은 더 이상 쌍곡선이 아니고 두 개의 쌍곡선의 변환관계는 깨진다. 쌍곡선 (9−26)은 두 개의 볼록거울처럼 생겼는데 점 C는 콜옵션 점이고 점 P는 풋옵션 점이다. 하나는 콜거울이고 다른 하나는 풋거울이며 풋−콜 등가를 나타낸다. 구체적으로 두 점 C와 P를 연결하는 직선은 반드시 중심 $H=(1/2,\ 1/2)$을 통과하여 C의 좌표는 $(N_1,\ N_2)$로 P의 좌표는 $(1-N_2,\ 1-N_1)$로 만든다.

4. 블랙−숄스의 6개의 방정식 (4−1)~(4−6)을 네 개의 방정식 (9−25), (9−26), (4−3), (4−4)로 축소하였다. 미지수는 5개$[N_1,\ N_2,\ Z_1,\ Z_2,\ \lambda]$이므로 1개가 모자란다. 그러나 식 (9−25)와 식 (9−26)은 좌표변환으로 1대 1의 관계를 맺으며 식 (9−25)의 모든 점은 식 (9−26)의 모든 점의 정확한 투영이라는 사실을 이용할 수 있다. 식 (9−26)의 $\lambda S/F$는 [그림 4−2b]의 모든 점에서 불변이므로 우리는 점 N^*을 택할 수 있는데 이 점의 좌표는 식 (9−26)에 의하면 $N_2^*=\frac{1}{2}$이고 $N_1^*=\frac{1}{2}+\frac{1}{2}\sqrt{1-\frac{F}{\lambda S}}$이다. 이 점에 상응하는 [그림 4−2a]의 점은 Z_1^*이며 이 점의 좌표는 $Z_2^*=0$이고 $Z_1^*=\sqrt{2\ln(\lambda S/F)}$이다. 따라서 다음이 성립한다.

$$\lambda=\frac{\left(\frac{F}{S}\right)}{1-4\left(N_1^*-\frac{1}{2}\right)^2}=\frac{\left(\frac{F}{S}\right)}{1-4\left[\int_0^{\sqrt{2\ln\frac{S}{F}}}\frac{1}{\sqrt{2\pi}}e^{-\frac{1}{2}x^2}dx\right]^2} \quad \cdots\cdots (9-27)$$

여기서 $\lambda\neq 1$이며 크기는 S/F에 달려 있다. S/F의 변화는 두 효과를 가져온다. 첫 번째 효과는 식 (9−27)에 의한 λ의 변화이며 이것이 [그림 4−2b]의 쌍곡선 (9−26)을 이동시킨다. 두 번째 효과는 S/F의 변화 그 자체가 [그림 4−2b]의 쌍곡선 (9−26)을 더 이동시키는 효과이다. 이것은 [그림 4−2a]의 쌍곡선 (9−23)을 함께 이동시킨다. 방정식 (9−27)이 숨어 있던 여분의 정보이다. 이것은 하나의 좌표(idea 1)와 다른 좌표(idea 2)의 내적 정합으로 찾아낸 것이다. 이제 5개의 독립방정식 [(9−25), (9−26), (9−27), (4−3), (4−4)]가 5개의 미지수 $[N_1,\ N_2,\ Z_1,\ Z_2,\ \lambda]$를 풀 수 있게 되었다.

5. 그러나 우리는 대입을 통하여 방정식의 수효를 더 줄일 수 있다. 식

(9−25)~(9−26)과 식 (4−4)에서 다음이 성립한다.

$$\frac{1-\dfrac{F}{\lambda S}}{4\left(1-\dfrac{\lambda F}{S}\right)}\left(\frac{1}{N_1-\dfrac{1}{2}}\right)^2-\frac{2\lambda\dfrac{F}{S}\ln\dfrac{S}{F}}{1-\lambda\dfrac{F}{S}}\left(\frac{1}{Z_1}\right)^2=1 \qquad \cdots\cdots (9-28)$$

이제 원래의 블랙-숄츠의 6개의 방정식은 3개의 독립방정식 [(9−28), (9−27), (4−3)]과 3개의 미지수 [N_1, Z_1, λ]로 구성된다. [그림 9−8]의 $\left(\dfrac{1}{N_1-\frac{1}{2}}, \dfrac{1}{Z_1}\right)$좌표 상에서 식 (9−28)은 점선의 쌍곡선이고 누적확률분포 (4−3)은 S자 모양의 실선이다. 두 곡선은 제 1 상한과 제 3 상한에서 만나서 N_1과 Z_1을 결정한다. 숫자의 예를 들면 $S=42$, $K=40$, $r=0.1$, $T=0.5$일 때 풀이는 $\lambda=1.027$, $N_1=0.7805$, $N_2=0.7361$, $Z_1=0.773$, $Z_2=0.631$, $C=4.77$, $P=0.82$이다. 풋-콜 등가 $C-P=S-F=S-Ke^{-rT}=3.95$가 확인된다.

그림 9-8 쌍 곡 선

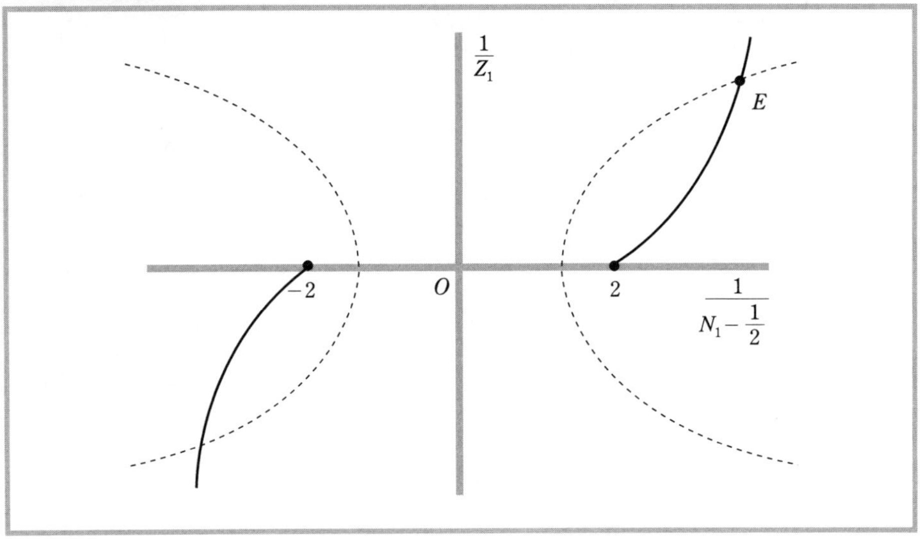

6. 이상의 결과는 원상품가격의 순간분산을 사용하지 않고 옵션가격을 결정한 것이다. 이제 이 결과를 거꾸로 이용하여 원상품가격의 순간분산을 구할

수 있다. 식 (4-5)에서 식 (4-6)을 빼면 다음이 된다.

$$\sigma = \frac{Z_1 - Z_2}{\sqrt{T}} = \frac{0.773 - 0.631}{\sqrt{0.5}} = 0.20082 \qquad \cdots\cdots (9-27)$$

이것이 옵션가격을 이용하여 원상품가격의 순간분산을 구하는 방법이다. 여기서도 기본방정식을 2개의 좌표(수량좌표와 시간좌표)의 내적 정합에 반영하였기에 가능하였다. 이것은 하나의 숫자의 예에 불과하다.

7. 이제 이렇게 구한 원상품가격의 순간분산이 유일한가를 일반적으로 점검해 보자. 블랙-숄스 모형을 재생하면 다음과 같다.

연립방정식 체계 9-3

$S = N_2 Q_1 + (1 - N_2) Q_2$ $F = N_1 Q_1 + (1 - N_1) Q_2$ $\dfrac{\left(N_1 - \frac{1}{2}\right)^2}{\frac{1}{4}\left(1 - \frac{F}{\lambda S}\right)} - \dfrac{\left(N_2 - \frac{1}{2}\right)^2}{\frac{1}{4}\left(\frac{\lambda S}{F} - 1\right)} = 1$ $N_1 = \int_{-\infty}^{Z_1} \frac{1}{\sqrt{2\pi}} e^{-\frac{1}{2}x^2} dx$ $N_2 = \int_{-\infty}^{Z_2} \frac{1}{\sqrt{2\pi}} e^{-\frac{1}{2}x^2} dx$	$Z_1 = \dfrac{\ln \frac{S}{F} + \frac{1}{2}\sigma_t^2 T}{\sigma_t \sqrt{T}}$ $Z_2 = \dfrac{\ln \frac{S}{F} - \frac{1}{2}\sigma_t^2 T}{\sigma_t \sqrt{T}}$ $\lambda = \dfrac{\left(\frac{F}{S}\right)}{1 - 4\left(N_1^* - \frac{1}{2}\right)^2} = \dfrac{\left(\frac{F}{S}\right)}{1 - 4\left[\int_{-\infty}^{\sqrt{2\ln\left(\frac{S}{F}\right)}} \frac{1}{\sqrt{2\pi}} e^{-\frac{1}{2}x^2} dx\right]^2}$

블랙-숄스 모형은 원상품가격 S와 행사가격의 현재가치 F와 만기 T가 주어지므로 8개의 식에 8개의 미지수(Q_1, Q_2, N_1, N_2 , Z_1, Z_2, λ, σ)로 구성되어 풀이가 존재한다. 이제 질문은 원상품가격 S의 순간분산 σ이 유일한가 이다. 우선 블랙-숄스 모형의 연립방정식 체계 I 는 앞서 연립방정식 체계 II 와 유사하지만 동일하게 만들기 위하여 원상품가격 S의 추정치 $\widehat{S}$을 생각하자(앞서 Y는 S에 해당하고 앞서 $\widehat{Y}$는 $\widehat{S}$에 해당한다). 그러면 제 6 장의 방법을 기준으로 적용하면 그의 방정식은 다음과 같다.

연립방정식 체계 9-4

$$Z_1' = \frac{\ln\frac{S}{\hat{S}} + \frac{1}{2}(\sigma_t')^2}{\frac{\sigma_t'}{\sqrt{\gamma}}}$$

$$Z_2' = \frac{\ln\frac{S}{\hat{S}} - \frac{1}{2}(\sigma_t')^2}{\frac{\sigma_t'}{\sqrt{\gamma}}}$$

$$\frac{1}{2}\sqrt{1-\frac{\hat{S}t}{St}} = \int_{-\infty}^{\sqrt{2r_t\ln\left(\frac{S_t}{\hat{S}_t}\right)}} \frac{1}{\sqrt{2\pi}} e^{-\frac{1}{2}x^2} dx$$

연립방정식 체계 9-3에서 F는 변함이 없는 변수이므로 $\gamma=1$이지만 연립방정식 체계 9-4에서는 $\hat{S}$는 확률변수이므로 $\gamma\neq1$이다. Z_1'과 Z_2'에 상응하는 누적확률 N_1'과 N_2'의 정의는 다음과 같으며 그와 관련된 다른 변수도 바뀐다.

$$N_1' = \int_{-\infty}^{Z_1'} \frac{1}{\sqrt{2\pi}} e^{-\frac{1}{2}x^2} dx$$

$$N_2' = \int_{-\infty}^{Z_1'} \frac{1}{\sqrt{2\pi}} e^{-\frac{1}{2}x^2} dx$$

$$\frac{\left(N_1' - \frac{1}{2}\right)^2}{\frac{1}{4}\left(1-\frac{\hat{S}}{S}\right)} \quad \frac{\left(N_2' - \frac{1}{2}\right)^2}{\frac{1}{4}\left(\frac{S}{\hat{S}}-1\right)} = 1$$

$$S = N_2' Q_1' + (1-N_2')Q_2'$$

$$\hat{S} = N_1' Q_1' + (1-N_1')Q_2'$$

여기서 문제는 원상품가격의 추정치 $\hat{S}$을 모르므로 추정치 $\hat{S}$의 연립방정식은 8개의 방정식에 9개의 미지수 (Q_1', Q_2', N_1', N_2', Z_1', Z_2', γ, σ', $\hat{S}$)로 구성되어 풀이가 존재하지 않는다. 연립방정식 체계 9-3과 연립방정식 체계 9-4를 비교하면 원상품가격과 그의 순간분산만 제외하고 나머지는 블랙-숄스 모형의 미지수와 동일하지 않다. 연립방정식 체계 9-3은 연립방정식 체계 9-1과 동일하므로 같은 방법을 적용하면 유일의 순간분산을 증명할 수 있다.

8. 다른 방법으로 증명할 수도 있다. 두 연립방정식 체계를 합쳐 생각하자. 정의에 의하여 하나의 원상품 가격 S에 대하여 그의 순간분산은 $\sigma=\sigma'$이다. 그러면 연립방정식 체계 9-3과 연립방정식 체계 9-4를 합치면 16개의 방정식에 18개의 미지수(Q_1, Q_2, N_1, N_2, Z_1, Z_2, λ, σ, S, F, Q_1', Q_2', N_1', N_2', Z_1', Z_2', γ, $\hat{S}$)로 구성된다. 이 가운데 순간분산 σ만이 주어졌다고 하자. 그러면 나머지 17개 미지수의 풀이는 무한대이다. 이것은 동일 시점 t에서 유일의 순간분산 σ에 무한대의 횡단면 표본이 존재한다는 것을 의미한다. 말을 바꾸면 무한개의 횡단면 표본에 유일의 순간분산이 존재한다.

부록 9A: 식 (9-15)의 증명

식 (9-13)에 의하면 $\hat{\theta}_n=c_n\hat{q}_{t1}+(1-c_n)\hat{q}_{t2}=\dfrac{\hat{Q}_{t1}+\hat{Q}_{t2}-\hat{Y}_{tn}+v_{tn}}{\hat{Q}_{t1}\hat{Q}_{t2}}$이다. 마찬가지로 $\hat{\theta}_{n+1}=c_{n+1}\hat{q}_{t1}+(1-c_{n+1})\hat{q}_{t2}$도 성립한다. 이 두 식을 정리하면 하나의 방정식 $\hat{\theta}_{n+1}-\hat{q}_{t2}=\dfrac{c_{n+1}}{c_n}(\hat{\theta}_n-\hat{q}_{t2})=\dfrac{\hat{Y}_{tn+1}-\hat{Q}_{t2}}{\hat{Y}_{tn}-\hat{Q}_{t2}}(\hat{\theta}_n-\hat{q}_{t2})$이 된다. 여기서 $\hat{q}_{t1}\hat{Q}_{t1}=1$이고 $\hat{q}_{t2}\hat{Q}_{t2}=1$이다. 이 결과를 다시 정의 $c_{n+1}=\dfrac{\hat{\theta}_{n+1}-\hat{q}_{t2}}{\hat{q}_{t1}-\hat{q}_{t2}}$에 대입하면 $c_{n+1}=\dfrac{\hat{Y}_{tn+1}-\hat{Q}_{t2}}{\hat{Y}_{tn}-\hat{Q}_{t2}}\dfrac{\hat{\theta}_n-\hat{q}_2}{\hat{q}_1-\hat{q}_2}$가 된다. 이 결과와 식 (9-13)의 $\hat{\theta}_n-\hat{q}_{t2}=c_n(\hat{q}_{t1}-\hat{q}_{t2})=\dfrac{\hat{Y}_{tn}-\hat{Q}_{t2}-v_{tn}}{\hat{Q}_{t1}-\hat{Q}_{t2}}(\hat{q}_{t1}-\hat{q}_{t2})$을 함께 $v_{n+1}=\hat{Y}_{tn+1}-c_{n+1}\hat{Q}_{t1}-(1-c_{n+1})\hat{Q}_{t2}$에 대입하여 정리하면 식 (9-15)가 된다.

CHAPTER 10

정합과 무질서

1. 제 8 장에서 발견한 정합방정식 (8-74)의 존재를 제 9 장에서 불완전하나마 2개의 예를 들어 검정을 시도하였고 이를 일반화하여 초기조건에만 의존하여 횡단면 표본이 자동복제되는 정합방정식의 연립방정식 체계 9-2를 제시하였다. 〈역표본 정리〉의 증명과 검정이었다. 초기조건에만 의존하며 횡단면 표본집합을 재생한다는 사실은 무질서의 특성을 연상시킨다. 사실상 이장의 목표는 정합방정식 (8-74)의 뿌리가 되는 확률방정식 (8-7)가 언제나 결정방정식으로 전환될 수 있다는 사실을 증명함으로써 무질서의 분열현상을 설명하는 결정방정식 $Y_{tn+1}=Y_{tn}(\zeta-\theta Y_{tn})$과 불확실성을 설명하는 정합방정식 $Y_{tn+1}=\dfrac{1}{1+\theta_n\mu_{tn}}Y_{tn}$이 같은 뿌리인 회귀방정식 (8-7)에서 유래하였다는 사실을 밝히는 것이다. 이러한 추가적 증거가 정합방정식의 존재와 〈역표본 정리〉를 이해하는데 도움이 될 것이다.

2. 불확실성을 설명하는 데에는 2가지 방법이 있다. 하나는 확률방정식(stochastic equation)에 의해 설명하는 방법과 무질서의 결정방정식(deterministic equation)으로 설명하는 방법이다. 회귀방정식 (8-7)은 확률방정식이다. 이 장의 목표는 이 두 방법이 사실상 동일하다는 증명을 제시하는 것이다. 여기서 동일성을 증명하는 대표적인 무질서의 결정방정식으로 헤논(M. Henon)의 무질서 공식, 화이겐바움(M. Feigenbaum)의 무질서 방정식, 만델브로(B. Mandelbrot)의 분절기하학의

방정식을 예로 들겠다. 앞서 확률방정식 (8-7)에서 유도한 정합방정식 (8-74)에는 확률오차가 포함되어 있다. 그러나 수량좌표와 시간좌표의 내적 정합으로 확률오차가 상쇄되어 확률방정식이 결정방정식이 됨을 보일 수 있다. 먼저 분명히 할 점은 무질서(chaos)라고 균형이 없는 것은 아니다. 무질서라 함은 방정식은 결정적이지만 예측할 수 없다뿐이지 불규칙성을 나타내는 결정방정식이 어떠한 양식을 보이면 무질서는 균형 또는 주기궤적(attractor)의 안정성을 가질 수 있다. 이러한 점에서 무질서(chaos)는 완벽하게 정의된 수학 용어로 우리가 생각하는 일상적 질서가 없는 무질서가 아니다. 자유주의 시장경제는 수학적 무질서일 수 있으나 일상적 무질서인 혼동상태와 거리가 멀다. 이를 무질서의 질서(chaotic cosmos)라고 표현한다. 정합방정식이 무질서와 어떠한 관계를 맺으며 무질서의 균형에 어떻게 도달하는지 조사할 필요가 있다.

3. 제 7 장과 제 8 장에서 실현되지 않은 횡단면 표본이 재생될 수 있는 현상을 전자공학의 가상현실, 생물학의 복제, 물리학의 홀로그램, 음악의 화성에 비유하였다. 다시 말하면 이 책의 기둥이 되는 수량좌표와 시간좌표의 2개의 좌표는 좌우의 2개의 눈, DNA의 2개의 핵산 가닥, 홀로그램의 2개의 광선, 음악의 2개의 음자리에 비유할 수 있었다. 이 비유 목록에 무질서의 분열현상을 추가할 수 있다. 생물학의 세포분열처럼 무질서 방정식은 자체의 힘으로 2개씩 분열하는 능력을 갖고 있다. 제 8 장에서 유도한 정합방정식 (8-74)가 무질서 방정식으로 전환될 수 있다면 어째서 정합방정식이 세포분열하듯이 실현되지 않은 횡단면 표본을 가상현실처럼 재생할 수 있는지가 설명될 수 있을 것이다. 이에 대한 규명이 이 장의 목표이다.

제 1 절 횡단면의 무질서

1. 이 절의 내용은 이미 알려져 있다. 다만 이 책이 제시하는 횡단면 표본의 모습을 새롭게 이해하기 위하여 재설명한다. 앞에서 횡단면을 여러 가지 비유를 동원하여 설명하였는데 여기서는 다른 예를 들겠다. 맨눈으로 보면 밤하늘의 은하수는 평면에 흩어진 별무리이다. 이것은 흡사 횡단면의 점의 집합이다. [그림 10-

그림 10-1 궤적과 횡단면[1]

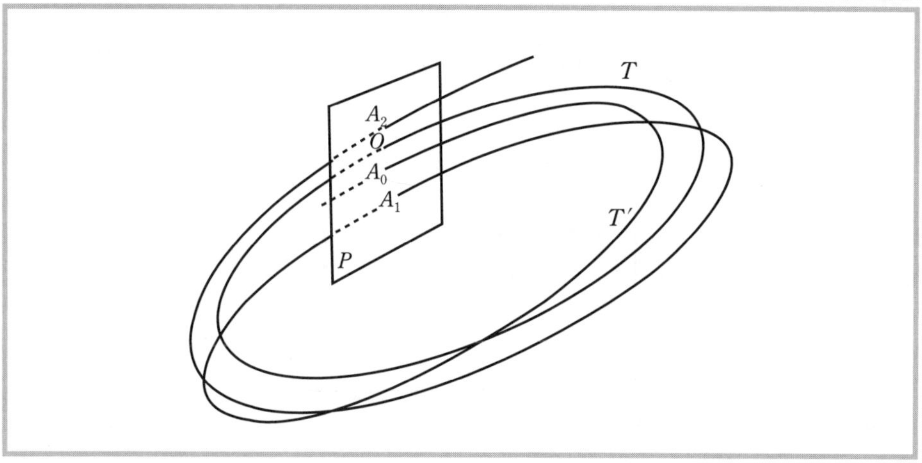

1]에 궤적 T를 횡단면으로 자른 평면이 P이다. 궤적 T는 횡단면 평면의 O점만 유일하게 반복하여 통과한다. 그러나 O점의 가까운 이웃 A_0점을 통과하는 궤적 T' 는 궤도를 한바퀴 돌고 횡단면 평면 P의 A_1을 통과하며 다시 돌아와 횡단면 평면 A_2를 통과한다. 이런 식으로 동일한 궤적이 횡단면 평면 P를 통과하는 점은 A_0, A_1, A_2, … 등으로 무수히 많다. 이것이 1개의 시계열 표본이 무수히 많은 횡단면 표본을 생산하는 모습이다. 만일 n번째에서 $A_n=A_0$이면 이 궤도는 안정적 주기 n을 갖는다.

2. 이러한 현상을 간단한 베루누이 이동(Bernoulli shift)으로 설명할 수 있다. [그림 10-2a]는 [그림 10-1]의 횡단면 P만 그린 것이다. 초기점 A_0의 좌표는 (0.840675437…, 0.840675437…)이다. 베루누이 이동에 의하면 다음 점의 좌표는 A_1=(0.40675437…, 0.8840675437…)이고, 그 다음 점의 좌표는 A_2=(0.0675437…, 0.48840675437…)이다. 베루누이 이동이란 x좌표의 소수점 첫째 자리 숫자를 y좌표의 소수점 첫째 자리로 이동시키는 하나의 결정적 규칙(deterministic rule)이다. 확률적 규칙이 아니다. 베루누이 이동을 계속 따르면 A_3=(0.675437…, 0.048840675437…)이고, A_4=(0.75437…, 0.6048840675437…)이며, A_5=(0.5437…, 0.76048840675437…)이다. [그림 10-2b]는 [그림 10-2a]와 동일하지만 초기점의 위치가 약간 다르게 A_0=(0.840651876…, 0.840651876…)이다. 소수점 아래 다섯

1) 이 그림은 Ekeland(1988)에서 인용한 것이다.

그림 10-2a 베루누이 이동

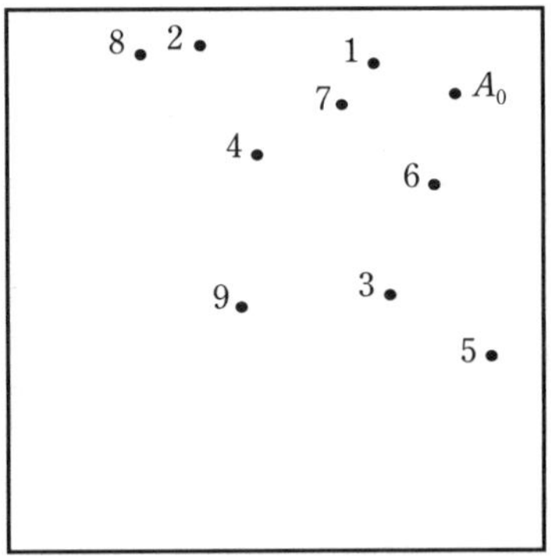

그림 10-2b 베루누이 이동

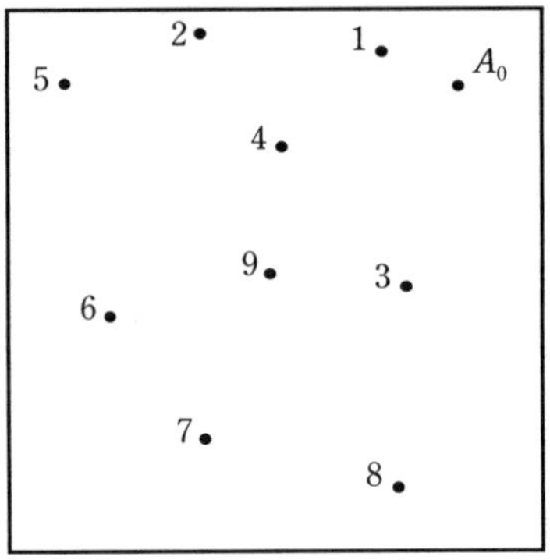

자리에서 약간 다른 초기점의 위치가 전혀 다른 횡단면을 만든다. 이처럼 간단하면서 결정적인 베루누이 규칙이 예측할 수 없는 불확실성을 만들어낸다.

3. 베루누이 이동을 헤논(M. Henon, 1969)은 하나의 방정식으로 표현하였다. [그림 10-1]의 횡단면 P의 가로축을 x축으로, 세로축을 y축으로 이름하면 그의 방정식은 다음과 같다.[2)]

2) 이하 수식과 그림은 Henon(1969), Ekeland(1988), p. 43에서 재인용.

그림 10-2c 베루누이 이동

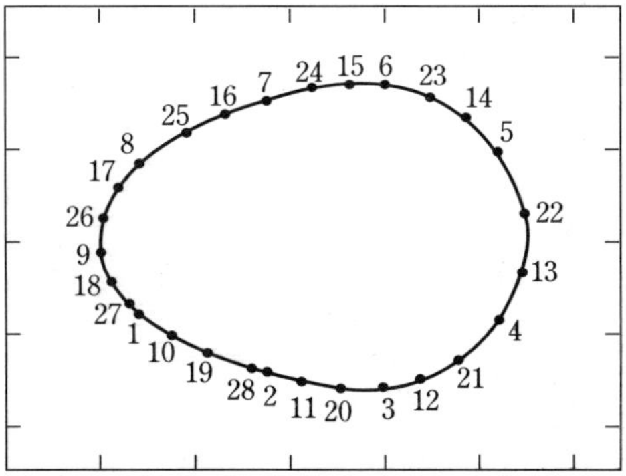

$$x_{n+1}=x_n\cos\omega-(y_n-x_n^2)\sin\omega \qquad \cdots\cdots (10\text{-}1)$$

$$y_{n+1}=x_n\sin\omega+(y_n-x_n^2)\cos\omega \qquad \cdots\cdots (10\text{-}2)$$

헤논의 방정식에는 오차가 없다. 거듭 강조하지만 확률방정식(stochastic equation)이 아니라 결정방정식(deterministic equation)이다. 그러나 상수 ω의 크기에 따라 궤적이 사뭇 달라진다. [그림 10-2c]에서 특별한 ω의 크기인 경우 횡단면이

그림 10-3a 무 질 서

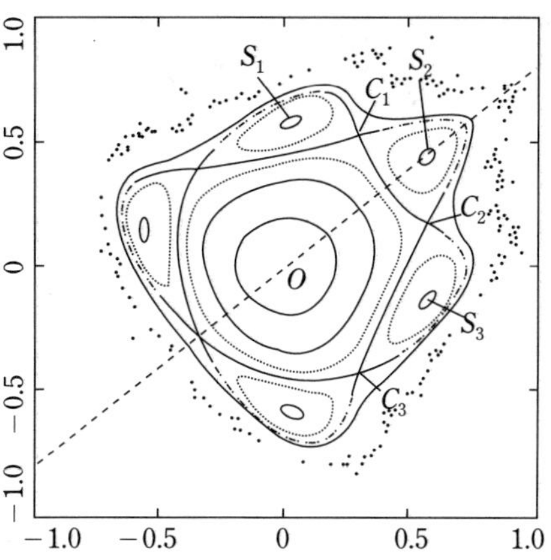

그림 10-3b 무 질 서

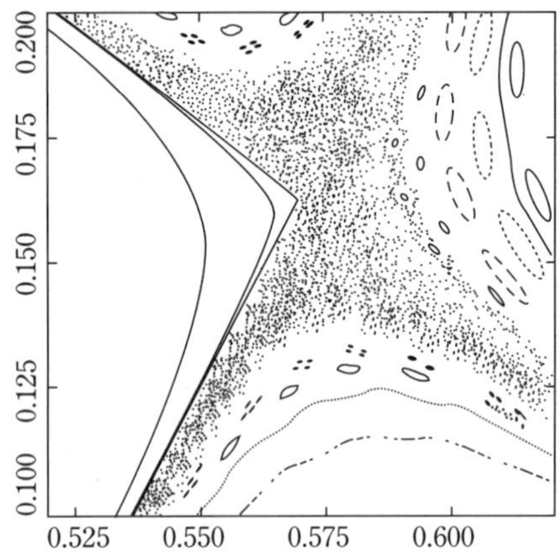

그림 10-3c 무 질 서

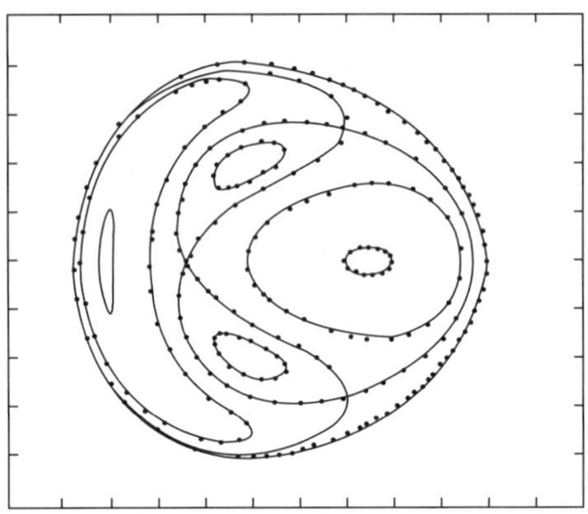

계란형임을 보인다. 그러나 ω =76.11일 때는 [그림 10-3a]처럼 점 O 부근에서 서로 다른 초기점 A_0의 선택에 따라 여러 가지 궤적을 보여준다. 점 O 를 둘러싼 3개의 계란형 횡단면을 벗어나면 별 모양의 횡단면으로 발전한다. 이 과정에서 5개의 고립된 섬 같은 계란형 횡단면이 복제된다. 별 모양의 궤적은 스스로와 교차되는 점을 5개나 만든다. 그 가운데 하나의 교차점을 확대한 것이 [그림 10-3b]이다. 이 확대된 미시세계에서 무수히 많은 계란형 횡단면이 복제된다. 이것이 거시적으로는 은하수(galaxy)의 횡단면 모습이며 미시적으로는 스폰지(sponge)의 횡단면 모습이다.

4. 헤논은 더욱 간단한 방정식으로 [그림 10-3a]와 [그림 10-3b]를 합친 은하수 좌표를 설명하고 있다.[3)]

$$x_{n+1}=y_n+1-1.4x_n^2 \quad \cdots\cdots (10-3)$$

$$y_{n+1}=0.3x_n \quad \cdots\cdots (10-4)$$

은하수를 횡단면에서 보았을 때 그 좌표는 평면의 (x, y)로 표현된다. [그림 10-3c]는 최초의 (x_0, y_0)의 크기가 주어졌을 때의 그림으로 은하계의 중심을 궤도를 그린다. 그러나 최초의 좌표를 변경하면 [그림 10-4a]가 된다. 더욱 증가시키면 마침내 [그림 10-4b]가 되어 밤하늘의 별자리가 된다.

[그림 10-4b]는 지구에서 보는 별자리 모형이다. 그러나 만일 우주를 벗어나서 지구에서 보는 방향과 직각의 각도에서 본다면 [그림 10-4c]처럼 별들이 거의 1직선에 놓이게 된다. [그림 10-4c]의 직선을 회귀직선이라고 보면 [그림 10-4b]는 그것과 직각을 이루는 제 3 의 차원에서 내려다 본 횡단면 표본의 집합이다. 따라서 [그림 10-4c]의 1개의 점 A에 상응하는 횡단면 P에는 무수히 많은 횡단면

그림 10-4a 타원궤도

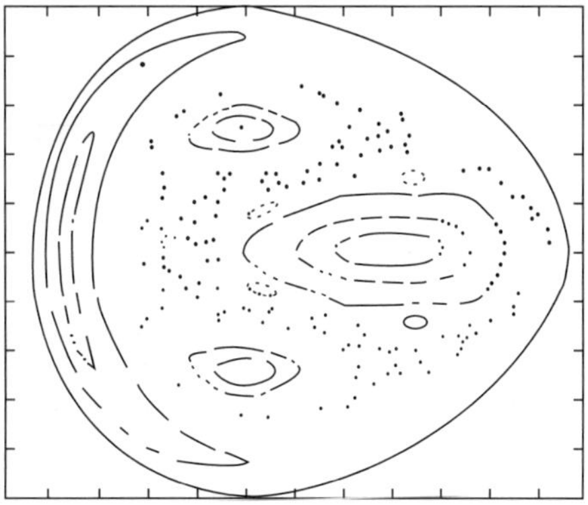

3) Gleick(1987), p. 149에서 재인용.

그림 10-4b 무질서 궤도

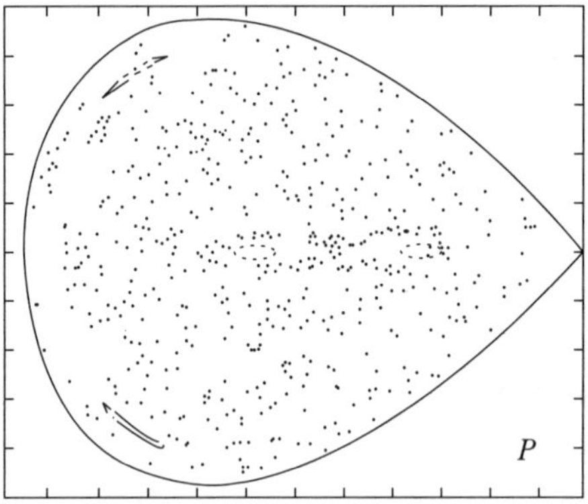

그림 10-4c 무 질 서

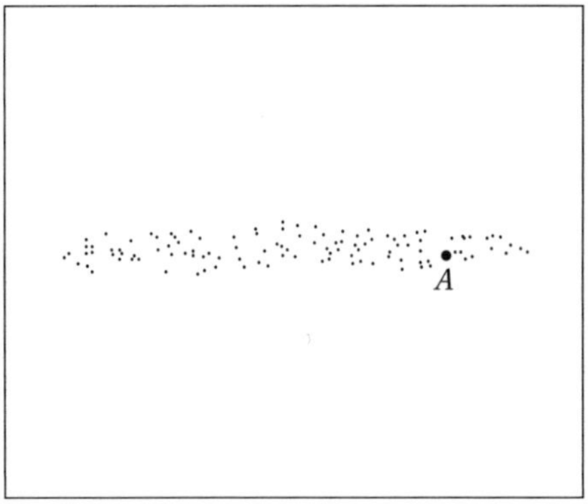

표본이 존재한다.

5. 정합방정식 (8-74) 역시 초기점만 주어지면 베루누이 이동처럼 평면에 횡단면 표본집합을 만들어낸다. [그림 10-5]의 횡단면의 가로축이 q_1이고 세로축이 q_2이다. 최초의 점이 A_0이다. 그 다음의 횡단면 표본점들은 정합방정식 (8-74)를 따라 결정된다. 베루누이 이동과 다른 점이 있다면 정합방정식 (8-74)에는 오차가 포함되어 있다는 점이다.

그림 10-5 정합방정식

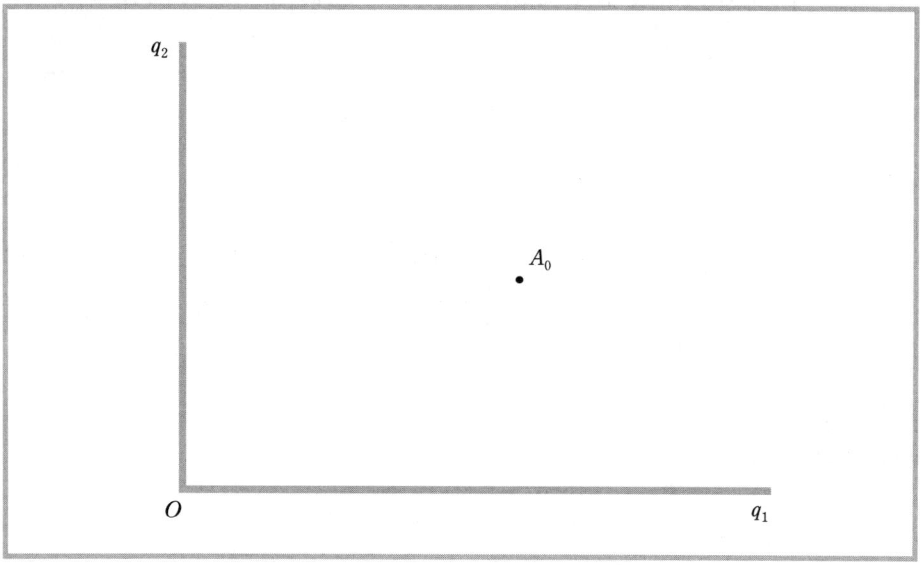

제 2 절 확률방정식과 무질서

1. 앞절에서 베루누이 이동은 확률의 임의성(randomness)을 결정적 규칙으로 설명하고 있다. 베루누이는 확률, 불확실성, 임의성의 정체에 대해 근본적인 질문을 제기한 것이다. 불확실성을 배제하고 간단하고 확실한 규칙으로 무질서 결정방정식의 특성인 불규칙성(irregularity)과 불가역성(irreversibility)을 설명하고 있다. 이 가운데 무질서의 불가역성은 보통 시간(time)의 고유한 특성으로 취급되지만 베루누이 이동, 헤논 방정식에 의하면 발생순서(step)도 불가역적이다. 다시 말하면 전통적인 무질서는 시간(time)의 함수이지만 베루누이 이동의 무질서, 헤논 방정식, 만델부로의 분절기하학의 무질서의 특징은 시간의 함수가 아니고 동시성이다.[4] 정합방정식 (8-74)에도 하나의 특성이 숨겨져 있으니 무질서의 특성이다. 그것은 시간(time)의 함수가 아니라 동시성의 일시균형 단계(step)의 함수로 취급한다. 이렇게

4) Mandelbrot, B., *Fractal Geometry of Nature,* 1982.

하여도 무질서의 고유한 두 가지 특성을 잃어버리지 않기 때문이다. 정합방정식 (8-74)는 기본방정식 (6-7)에서 유도되었다. 다시 재생하여 생각해 보자.

$$Y_{tn} = b_n Q_{t1} + (1 - b_n) Q_{t2} + \mu_{tn} \qquad \text{회귀방정식} \qquad \cdots\cdots \text{(6-4)}$$

$$Q_{t1} > Y_t > Q_{t2} > 0 \ \text{또는} \ Q_{t2} > Y_t > Q_{t1} > 0$$

$$Y_{tn} = b_{tn} Q_{t1} + (1 - b_{tn}) Q_{t2} \qquad \text{기본방정식} \qquad \cdots\cdots \text{(6-7)}$$

여기서 Y_{tn}는 Q_{t1}과 Q_{t2}의 가중평균이므로 양수이다. Y_{tn}이 0이면 조건에 위배된다. 예를 들어서 Y_{tn}가 환율이라고 하고 이것이 물가상승률 Q_{t1}과 화폐공급 Q_{t2}에 달렸다고 하자. 각 변수의 영향도가 가중치로 측정된다. 이때 가중치가 상수라면

그림 10-6 기본방정식의 예

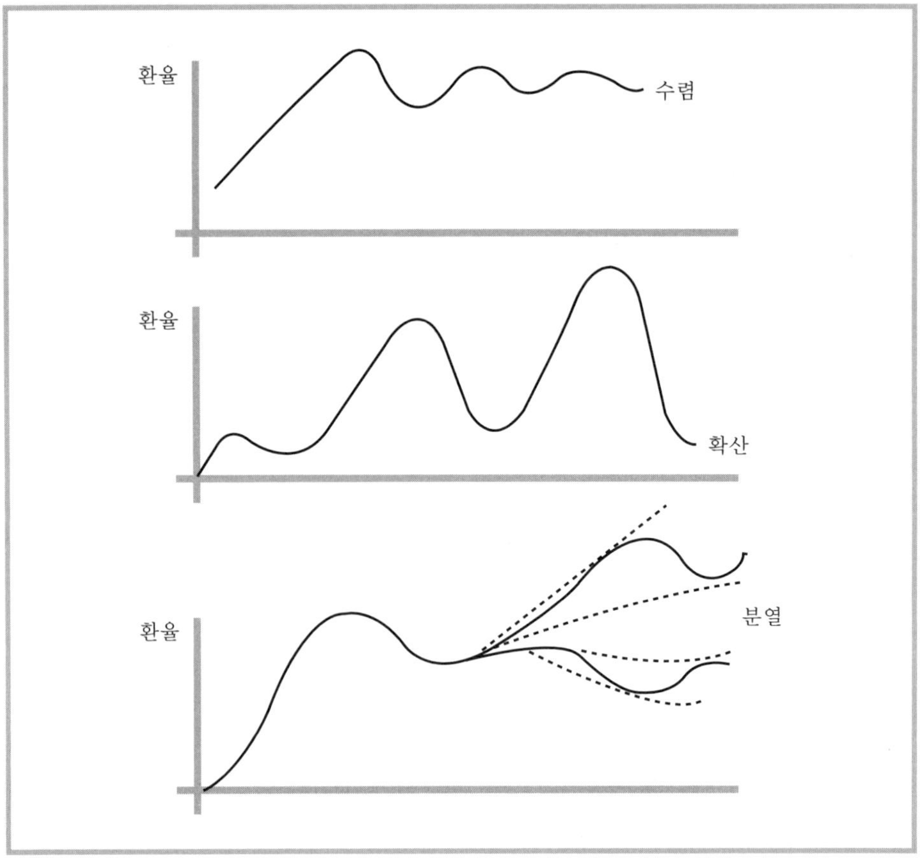

환율에 미치는 시장심리 같은 다른 변수가 생략된 것이다. 그런데 가중치는 상수가 아니라 확률오차가 포함된 확률모수이다. 이러한 경우 [그림 10-6]처럼 수렴하던가, 확산하던가, 분열하던가, 3가지 형태가 될 것이다. 수렴한 경우의 예는 1992년 10월 프랑/마르크의 환율이었고, 확산의 경우는 1992년 10월 파운드/리라의 환율이었으며, 분열한 경우는 1980년대에 벨기에 프랑/다른 외환의 환율이었다.[5] 이 가운데 분열(bifurcation)이 무질서의 특징이다. 어떻게 기본방정식 (6-7)이 분열을 설명할 수 있는지 조사해보자.

2. 기본방정식 (6-7)에서 우리가 수량좌표와 시간좌표의 내적 정합으로 유도한 정합방정식은 (8-74)이었다.

$$Y_{tn+1} = \frac{1}{1+\theta_n\mu_{tn}} Y_{tn} \qquad \text{정합방정식} \qquad \cdots\cdots \text{(8-74)}$$

여기서 다음이 성립한다.

$$1+\theta_n\mu_{tn} > 0 \qquad \cdots\cdots \text{(10-5)}$$

그림 10-7a 무 질 서

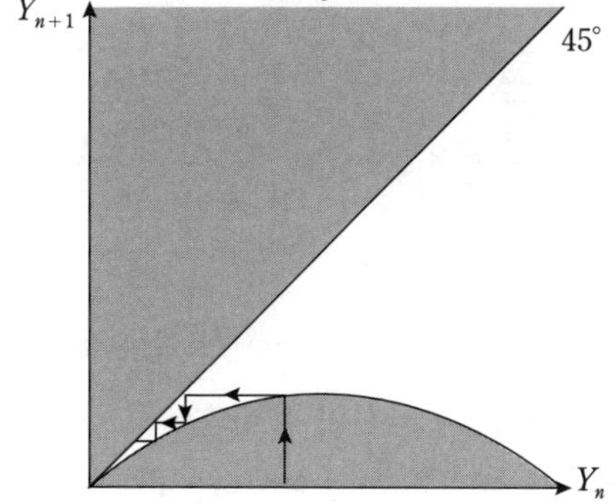

5) Chorafas(1994), p. 93.

그림 10-7b 무 질 서

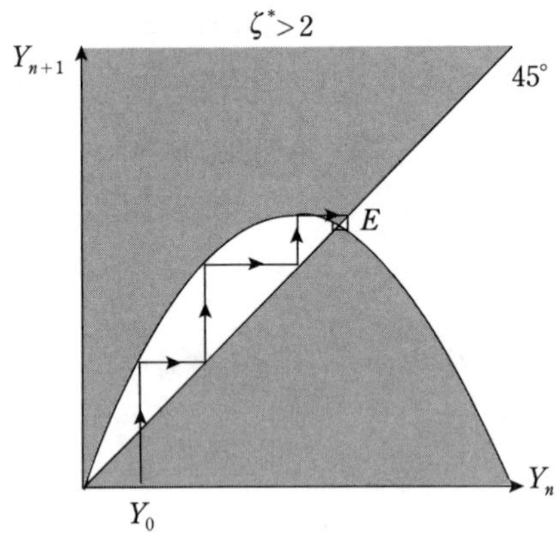

그림 10-7c 무 질 서

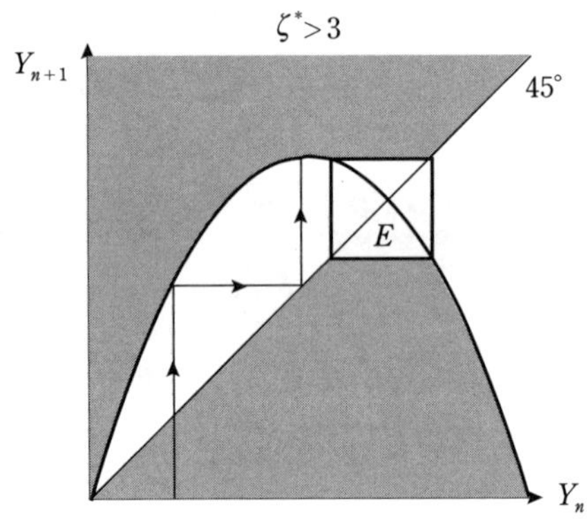

이제 정합방정식 (8-74)를 무질서 방정식과 비교해 보자. 정합방정식 (8-74)를 기하학적으로는 [그림 10-7]의 곡선이 된다. 세로축은 Y_{tn+1}을 측정하고 가로축은 Y_{tn}을 측정한다. 여기서 $n=1, 2, \cdots, \infty$이다. 45도선과 곡선이 만나는 한 점 E가 균형이다. 이 균형을 중심으로 좌우상하에서 Y가 생산되며 균형이 안정적이면 균형 이외의 점에서 균형으로 수렴한다. 정합방정식 (8-74)를 기하학적으로 설명한 [그림 10-7]의 이유를 규명한다.

그림 10-7d 무 질 서

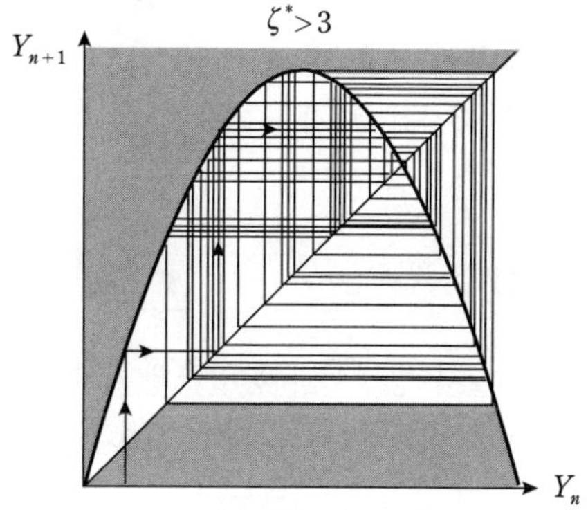

3. 정합방정식 (8–74)에 적당한 상수 ζ^*와 θ^*을 도입하여 정리하면 다음과 같이 표현할 수 있다.

$$Y_{tn+1}=Y_{tn}(\zeta^*-\theta^*Y_{tn})+\Phi Y_{tn}[\{\zeta_{tn}-\zeta^*(1-\theta_n^2\mu_{tn}^2)\} \\ -\{\theta_n-\theta^*(1-\theta_n^2\mu_{tn}^2)\}Y_{tn}] \qquad \cdots\cdots (10\text{–}6)$$

여기서 $\zeta_{tn}=1+\theta_n\hat{Y}_{tn}$이고 $E\zeta_{tn}=\zeta^*$이며 $E\theta_n=\theta^*$이다. 또 $\Phi=1+\theta_n^2\mu_{tn}^2+\cdots$이다. 식 (10–6)의 풀이가 존재하는 첫째 조건이 $1>\theta_n\mu_{tn}>-1$이어야 한다. 이 조건이 성립함을 이미 식 (10–5)에서 확인하였다. 그러면 풀이는 ζ_{tn}과 θ_n에 달려 있다. 이 가운데 θ_n은 확률변수가 아니지만 ζ_{tn}은 확률변수이다. 정합방정식 (10–6)을 다음과 같이 표현할 수 있다.

$$Y_{tn+1}=Y_{tn}(\zeta^*-\theta^*Y_{tn})+v_{tn} \qquad \cdots\cdots (10\text{–}7)$$

여기서 마지막 항은 새로운 오차이다.

$$v_{tn}=\Phi Y_{tn}[\{\zeta_{tn}-\zeta^*(1-\theta_n^2\mu_{tn}^2)\}-\{\theta_n-\theta^*(1-\theta_n^2\mu_{tn}^2)\}Y_{tn}] \\ =\Phi Y_{tn}[\zeta^{**}_{tn}-\theta^{**}_nY_{tn}] \qquad \cdots\cdots (10\text{–}8)$$

오차 v_{tn}의 크기는 작은데 그 이유는 첫째, 조건 (9–2)과 제 9 장 각주 5에 의하여 $1.125>\Phi>1$의 범위이고, 둘째, $E\zeta_{tn}=\zeta^*$이며, 셋째, $E\theta_n=\theta^*$이기 때문이

다. 정합방정식 (10−7)은 2가지로 구성되어 있다. 하나는 확실한 부분 $Y_{tn}(\zeta^*-\theta^* Y_{tn})$이고 다른 하나는 오차 v_{tn}이다. 식 (10−7)이 찬(Chan, 1994)의 확률무질서이다.

4. 찬의 확률무질서 (10−7)에서 오차 v_{tn}을 잠시 보류하고 첫째 항의 확실한 부분 $Y_{tn}(\zeta^*-\theta^* Y_{tn})$만 먼저 조사해 보자. 첫째 항은 확률변수가 없는 결정방정식이다.

$$Y_{tn+1}=Y_{tn}(\zeta^*-\theta^* Y_{tn}) \qquad \cdots\cdots (10-9)$$

이것은 화이겐바움의 무질서 방정식과 동일한데 상수의 범위에 대해 화이겐바움은 별로 의미가 없다는 점을 보여주었다. 중요한 것은 분열을 일으키는 봉우리이다. [그림 10−7a]와 [그림 10−7b]에 식 (10−9)가 표현되어 있는데 식 (10−9)는 2차 방정식이므로 Y_{tn+1}과 Y_{tn}의 좌표 상에서 봉우리가 하나인 역U자 모습이 된다. Y_{tn}의 최대치는 $\frac{\zeta^*}{\theta^*}$이다. 식 (10−7)이 45도선과 만나는 E점에서 $Y_{tn+1}=Y_{tn}=Y^*$이 성립하므로 E점에서 $Y^*=\frac{\zeta^*-1}{\theta^*}$이 만족된다. 방정식 (10−9)는 (0, ζ^*/θ^*)의 구간에서 자기를 재귀 상응하는 방정식이다. 이 E점에서 곡선의 기울기는 $\frac{dY_{tn+1}}{dY_{tn}}=-(\zeta^*-2\theta^*)$이다. 분열을 일으키는 데에는 기울기만이 중요한데 그것을 좌우하는 것이 $\frac{\zeta^*}{\theta^*}$뿐이다. 몇 가지 경우로 나누어 설명할 수 있다. 첫째, 만일 $0<\frac{\zeta^*}{\theta^*}<1$인 경우에는 [그림 10−7a]처럼 곡선은 45도선과 만나지 않고 원점으로 회귀한다. 인구의 법칙이 이런 식이라면 인구는 멸종될 것이다. 둘째, 만일 $2>\frac{\zeta^*}{\theta^*}>1$인 경우에는 E점에서 곡선의 기울기는 양수이고 45도선과 만나는 E점의 풀이는 확산한다. 셋째, $\frac{\zeta^*}{\theta^*}>2$일 때의 모습이 [그림 10−7b]이며 Y_0에서 출발하여 수렴하는 경로를 보이고 있다. E점에서 기울기가 음수이다. 먼저 가로축의 Y_0는 곡선의 도움으로 세로축의 Y_1이 되는데 이것은 다시 45도선의 도움으로 가로축의 Y_1으로 내려온다. 다시 가로축의 Y_1은 곡선의 도움으로 세로축의 Y_2로 올라가고 45도선은 이것을 가로축으로 내려놓는다. 이 과정은 계속되고 풀이가 안정적이면 E점으로 수렴한다. 넷째, [그림 10−7c]와 [그림10−7d]가 $\frac{\zeta^*}{\theta^*}>3$인 경우인데 무질서를 보여준다. 이상에서 본 것처럼 식 (10−9)에게는 외부의 도움 없이 자기복제를 일으키는 능력이 있다.

5. 간단한 정합방정식 (10−9)의 풀이가 $\frac{\zeta^*}{\theta^*}$의 값에 대하여 서로 다른 모습을 보임을 보였다. 대체로 $\frac{\zeta^*}{\theta^*}$이 클수록 풀이는 확산의 기미가 보인다. 동일한 현상

을 약간 다르게 설명하자. 세 가지 경우만 다시 생각하자. 첫째, $\frac{\zeta^*}{\theta^*}$이 2보다 약간 큰 경우이다. 이 경우 곡선의 기울기의 절대값이 1보다 작으므로 풀이는 수렴한다. [그림 10-8a]가 보이고 있는데 동일한 내용을 [그림 10-8b]처럼 표현할 수

그림 10-8a 무 질 서

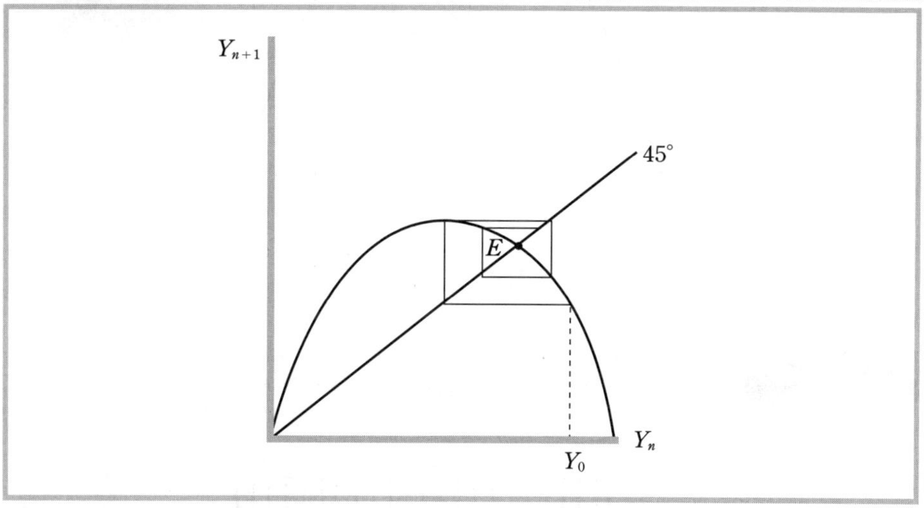

그림 10-8a 무 질 서

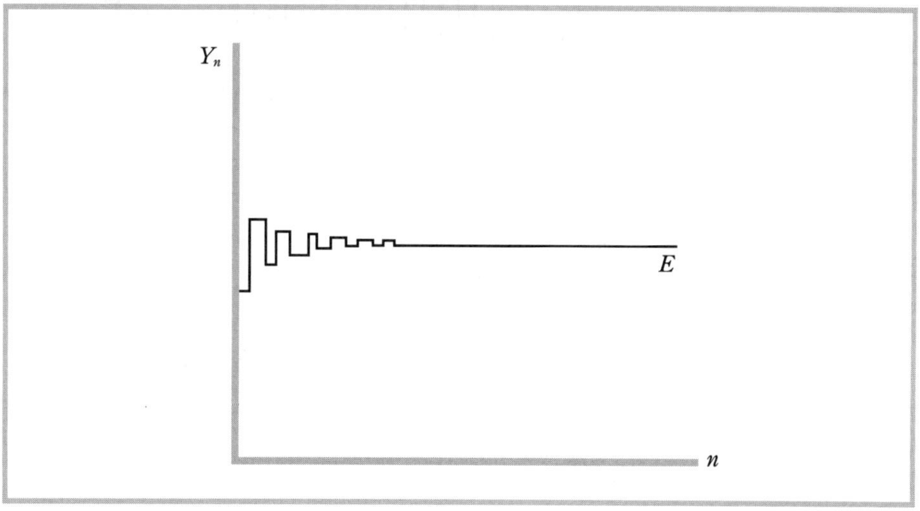

그림 10-8c 무 질 서

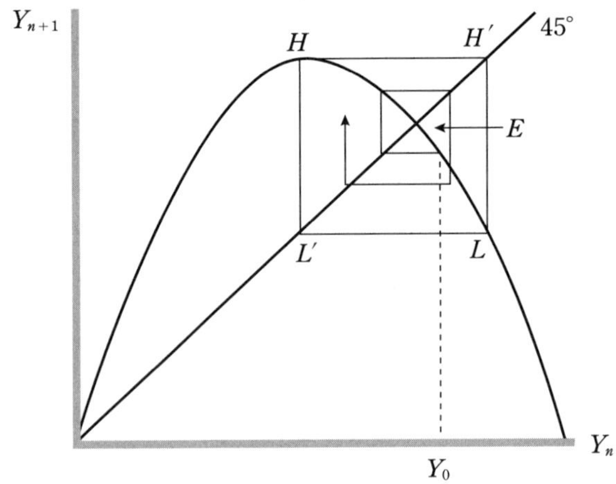

그림 10-8d 무 질 서

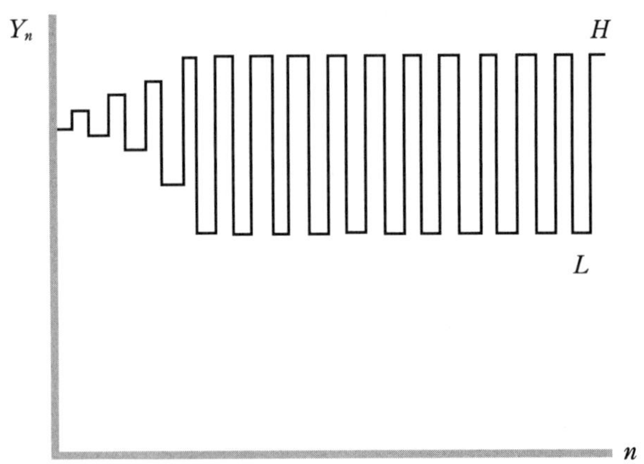

있다. 둘째, $\frac{\zeta^*}{\theta^*}$의 크기가 3을 살짝 넘어서면 [그림 10-8c]와 [그림 10-8d]가 보이는 것처럼 풀이는 수렴하지도 확산하지도 않으며 평균을 중심으로 상하로 2단계 동일한 움직임을 보인다. 셋째, $\frac{\zeta^*}{\theta^*}$의 크기가 더욱 증가하면 풀이는 [그림 10-

그림 10-9a 무 질 서

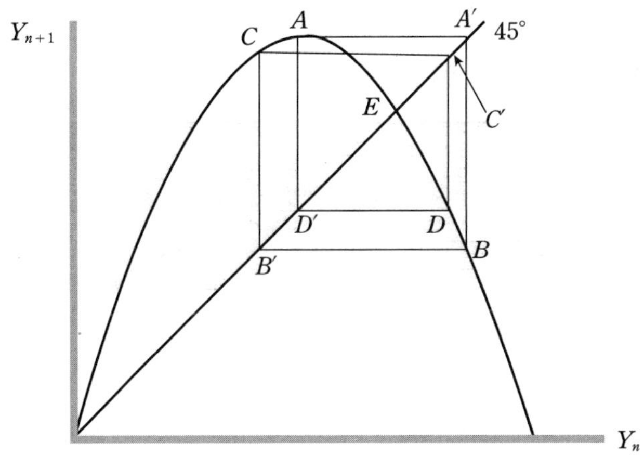

그림 10-9b 무 질 서

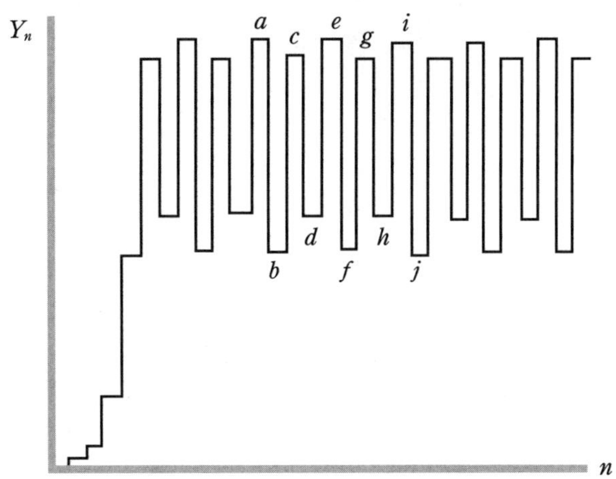

9a]와 [그림 10-9b]처럼 평균을 중심으로 수렴하지도 확산하지도 않고 평균을 중심으로 안정적인 움직임을 하되 상하로 4단계 동일한 움직임을 보인다. 넷째, $\frac{\zeta^*}{\theta^*}$의 크기가 더욱 커지면 4단계에서 8단계의 상하 움직임을 교대한다. 같은 방식으

로 8단계는 16단계로 계속하여 무한대로 확대된다.

제 3 절 분열과 무질서

1. 동일한 내용을 분열로 설명할 수 있다. 무한대로 확장되는 이유를 규명하기 위하여 정합방정식 (10-9)를 Y_{tn+2}에 대하여 확장하면 다음과 같다.

$$Y_{tn+2}=Y_{tn}(\zeta^*-\theta^* Y_{tn})[\zeta^*-\theta^* Y_{tn}(\zeta^*-\theta^* Y_{tn})] \qquad \cdots\cdots (10-10)$$

이것은 4차 방정식이며 $Y_{tn+2}=Y_{tn}=Y^*$을 만족하는 풀이는 최대 4개가 존재하며 그 풀이들을 찾아가는 경로 역시 $\frac{\zeta^*}{\theta^*}$의 크기에 달렸다. 정합방정식 (10-10)은 [그림 10-10a]처럼 봉우리가 2개이다. 봉우리가 1개인 원래의 정합방정식 (10-9)에서 2개의 봉우리로 분열(bifurcation)이 발생한 것이다. 봉우리의 분열 결과 [그림 10-10b]처럼 45도선과 만나는 점이 원점을 포함하여 4개인데 그 가운데 *E*점은 여전히 풀이이다. *E*점에서는 분열 전의 곡선, 분열 후의 곡선, 45도선이 모두 만나기 때문이다. 동일한 방법으로 Y_{tn+3}을 구하면 제 2 차 분열이 일어나서 봉우리가 4개로 분열되며 그 결과 45도선과 8번 교차한다.

2. 같은 방식을 되풀이하면 [그림 10-11]처럼 분열이 계속 일어나서 무한대의 봉우리가 탄생하고 그 결과 무한대의 풀이가 존재하는데 $\frac{\zeta^*}{\theta^*}$의 미세한 차이에도 진행 모습은 처음에는 비슷하지만 뒤로 갈수록 크게 달라진다([그림 10-11a]와 [그림 10-11b]의 비교). 이것이 무질서의 모습인데 확률변수가 없는 상태를 나타내는 결정방정식 (10-9)에서 흡사 확률변수가 포함된 회귀방정식 (6-1)의 결과처럼 무질서를 보이는 것이 특징이다. 다시 강조하면 무질서 방정식 (10-9)의 특징은 불확실성을 나타내는 오차가 없다는 점이다. 그러나 흡사 평균을 중심으로 오차가 좌우로 퍼져 있는 모습과 흡사하다. 불확실성에 의해 예측 불가능한 변화를 설명하는 확률방정식이 아니라 확실성에 의해 예측불가능을 설명하는 결정방정식이다.

3. 회귀방정식 (6-1)과 결정방정식 (10-9)의 다른 또 하나의 차이는 회귀방정식 (6-1)에서는 피설명변수를 복제하려면 오차가 주어져야 하는데 오차 역시 한

그림 10-10a 무질서와 분열

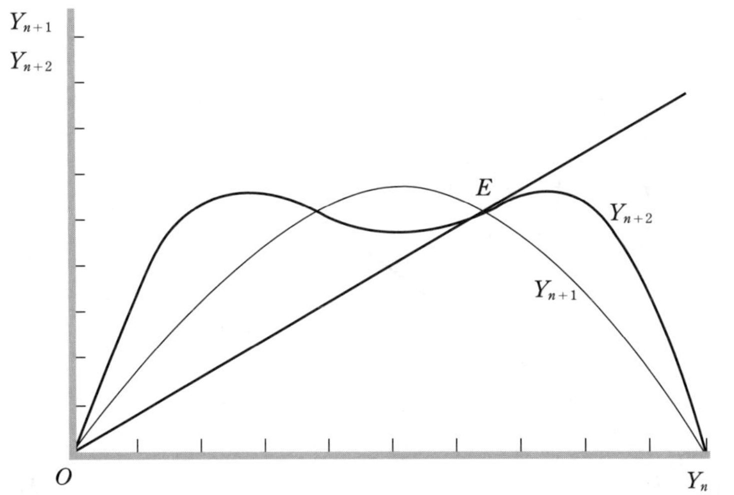

그림 10-10b 무질서와 분열

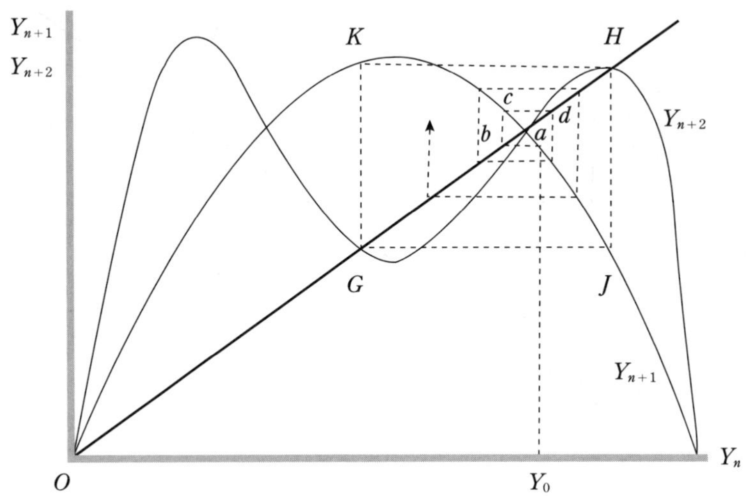

그림 10-11a 무질서와 분열

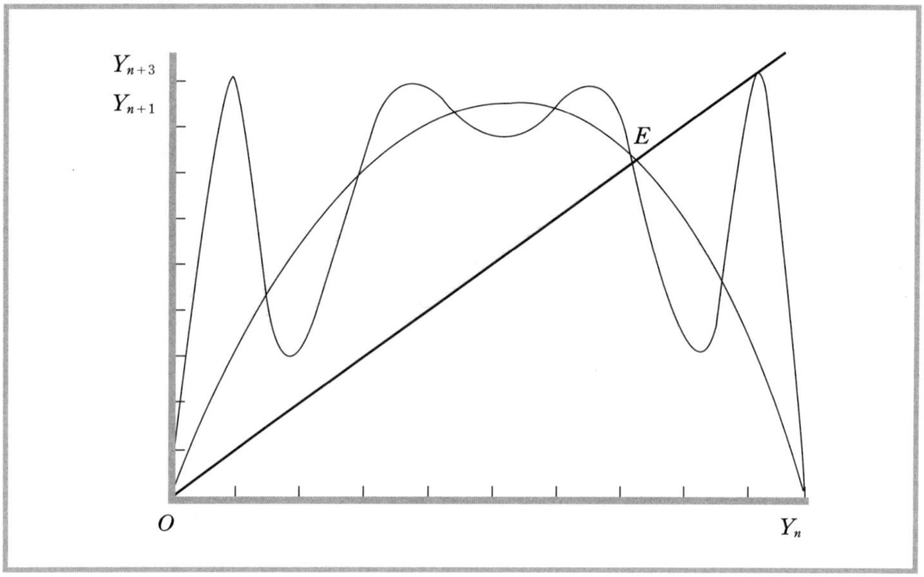

그림 10-11b 무질서와 분열

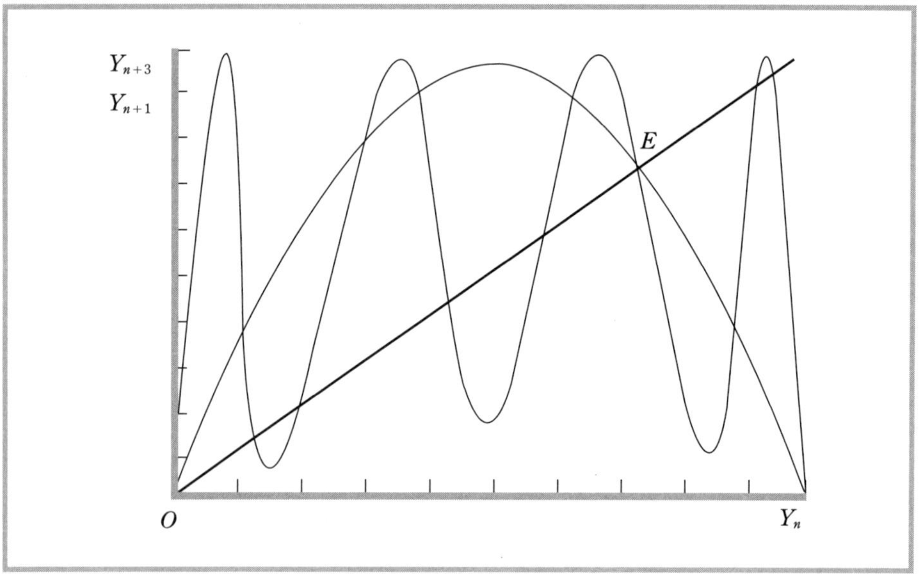

시점에서 1개만이 주어져 있으므로 이것은 불가능하다. 이에 대하여 결정방정식 (10-9)는 오차가 없을 뿐만 아니라 외부의 어떠한 도움 없이도 스스로 피설명변수를 복제한다는 점이다. 자동기계(automaton)에 비유할 수 있다.

제 4 절 정합방정식과 결정방정식

1. 이제 정합방정식 (10-6)의 등호의 첫 번째 확실한 부분 $Y_{tn}(\zeta^* - \theta^* Y_{tn})$에 두 번째의 불확실한 부분 v_{tn}까지 포함하여 확장하면 다음과 같이 무한급수로 전개할 수 있다.

$$\begin{aligned} Y_{tn+1} &= Y_{tn}(\zeta^* - \theta^* Y_{tn}) + \Phi Y_{tn}(\zeta^{**} - \theta^{**} Y_{tn}) \\ &\quad + \Phi Y_{tn}[(\zeta^{**}_{tn} - \zeta^{**}) - (\theta^*_n - \theta^{**}) Y_{tn}] \end{aligned} \qquad \cdots\cdots \text{(10-11)}$$

등호 우측의 세 번째 괄호에 새로운 상수를 도입하여 전개하면 다음과 같다.

$$\begin{aligned} Y_{tn+1} &= Y_{tn}(\zeta^* - \theta^* Y_{tn}) \\ &\quad + \Phi Y_{tn}(\zeta^{**} - \theta^{**} Y_{tn}) + \Phi Y_{tn}[(\zeta^{***} - \theta^{***} Y_{tn}) + \cdots \\ &= Y_{tn}(\zeta^* - \theta^* Y_{tn}) + \Phi Y_{tn}(\zeta^0 - \theta^0 Y_{tn}) \end{aligned} \qquad \cdots\cdots \text{(10-12)}$$

이것은 다시 다음과 같이 축약하여 표현할 수 있다.

$$Y_{tn+1} = Y_{tn}(\zeta - \theta Y_{tn}) \qquad \cdots\cdots \text{(10-13)}$$

이때 $\Phi = 1 + \theta_n^2 \mu_{tn}^2 + \cdots = 1/(1 - \theta_n^2 \mu_{tn}^2)$이며 $\zeta^0 = \zeta^{**} + \zeta^{***} + \cdots$이고 $\theta^0 = \theta^{**} + \theta^{***} + \cdots$이다. 마찬가지로 $\zeta = \zeta^* + \Phi\zeta^0$이고 $\theta = \theta^* + \Phi\theta^0$이다. 조건 (9-2)와 제 9 장 각주 5에 의하여 $1 < \Phi < 1.125$이며 새로운 상수는 $\zeta^* > \zeta^{**} > \zeta^{***} > \cdots$이고 $\theta^* > \theta^{**} > \theta^{***} > \cdots$이다. 식 (10-13)에 의하면 정합방정식 (10-7)은 무질서 방정식의 무한급수의 합으로 정의된다. 다시 말하면 무수히 많은 무질서의 총합이다. 거꾸로 말하면 간단한 무질서 방정식 (10-9)의 분열에 의해서 무질서가 무한하게 생성된 것이 모두 애초부터 정합방정식 (10-13)에 숨겨 있었던 셈이다. 그러나 여기서 다른

것은 모두 결정적인데 Φ만이 확률변수이다. Φ의 범위가 $1 < \Phi < 1.125$로 작으므로 확률부분의 영향이 그리 크지 않겠으나 여하튼 정합방정식 (10–13)은 진정한 무질서 방정식이 아니다.[6)]

2. 확률변수 Φ을 보류하고 정합방정식 (10–7)에서 첫째 항만 생각하여 정합방정식이 무질서의 방정식이 됨을 보여주었다. 둘째 항을 추가하고 정합방정식 (10–7)을 (10–13)으로 확장하여도 확률변수는 없어지지 않았다. 그러나 정합방정식 (10–7)에 둘째 항의 오차 v_n의 확률효과를 추가하거나 정합방정식 (10–13)에 Φ의 확률효과를 고려하더라도 수량좌표와 시간좌표의 내적 정합을 이용하면 모든 확률효과를 상쇄하여 사라지게 할 수 있다. 그 결과 확률변수의 정합방정식이 진정한 무질서의 결정방정식이 됨을 보일 수 있다. 그 상쇄효과를 반영하기 위하여 모형변환 (2–34)를 정합방정식 (8–74)에 대입하여 정리하면 다음이 된다(증명은 부록 10A).

$$y_{tn+1} = (Q_{t1}Q_{t2})y^3_{tn} - (Q_{t1} + Q_{t2})y^2_{tn} + (q_{t1} + q_{t2}) \qquad \text{정합방정식} \qquad \cdots\cdots (10\text{–}14)$$

여기서는 식 (10–7)과 달리 등호가 성립할 뿐만 아니라 잔차조차 보이지 않는다.[7)] $Q_{t1} > Y_{tn} > Q_{t2} > 0$ 또는 $Q_{t2} > Y_{tn} > Q_{t1} > 0$ 이므로 $Q_{t1} > Y_{tn+1} > Q_{t2} > 0$ 또는 $Q_{t2} > Y_{tn+1} > Q_{t1} > 0$ 이다. 이것은 무질서 방정식인데 다음과 동일하다.

$$y_{n+1} - (q_1 + q_2) = Q_1Q_2y_n^2[y_n - (q_1 + q_2)] \qquad \cdots\cdots (10\text{–}15)$$

회귀방정식의 확률방정식 (8–74)가 무질서의 결정방정식 (10–15)로 전환된다. 그러나 확률현상 (8–74)와 결정현상 (10–15)의 공통점은 모두 불규칙하고 불가역적이며 무질서하다는 점이다. 결정방정식 (10–15)의 균형조건은 $y_{tn+1} = y_{tn} = y^*$이다. 이 조건을 대입하면 (10–15)에 다음의 3차 방정식이 된다.

$$(Q_{t1} + Q_{t2})y^{*3} - (Q_{t1} + Q_{t2})y^{*2} - y^* + (q_1 + q_2) = 0 \qquad \cdots\cdots (10\text{–}16)$$

여기에는 1개의 음수 풀이와 2개의 양수 풀이가 반드시 존재하는데 이 가운데 진짜 풀이는 다음과 같다.

---

6) 그러나 예외도 있다. Gleick(1987), pp. 236–239.

7) 모형변환 (2–34)에서 $\pi = 1$인 경우를 선택하였다. 그것은 논의를 단순하게 만들기 위함인데 $\pi \neq 1$인 일반적인 경우에는 식 (10–14)가 조금 복잡해지지만 잔차는 여전히 사라져서 결정방정식이 되는 현상에는 변함이 없다.

$$y^* = \sqrt{q_1 q_2} \qquad \cdots\cdots \ (10\text{–}17)$$

이 결과는 모형변환 $Y_{tn}\hat{Y}_{tn} = Q_{t1}Q_{t2}$과 일치한다. 균형조건 $Y_{tn+1} = Y_{tn} = Y^*$은 정합방정식 (8–74)에서 잔차가 $\mu_{tn} = 0$을 의미하는데 이 경우에는 식 (6–4)) 및 식 (6–33*)에서 $\hat{Y}_{tn} = Y_{tn} = Y^*$가 된다. 따라서 모형변환은 식 (10–17)이 된다. 이 결과가 의미하는 바는 균형에서 모형변환이 결정방정식과 일치하며 다시 결정방정식은 정합방정식과 일치함을 강조하여 정리 10–1을 재확인하는 것이다. [그림 10–12]의 곡선이 식 (10–15)인데 45도선과 만나는 E점이 균형이고 이 점에서 곡선의 기울기는 –1보다 작다.

$$\frac{dy_{tn+1}}{dy_{tn}} = 3 - 2\frac{q_1 + q_2}{\sqrt{q_1 q_2}} < -1 \qquad \cdots\cdots \ (10-18)$$

따라서 무질서의 분열을 만들어낸다. 문제는 이 무질서의 분열이 안정적인 주기를 갖느냐 하는 것이다. 이 문제는 뒤로 미룬다.

3. 무질서의 분열을 내포한 정합방정식 (10–11)을 기하학적으로 설명하기 위하여 다음과 같이 표현한다.

그림 10–12 무 질 서

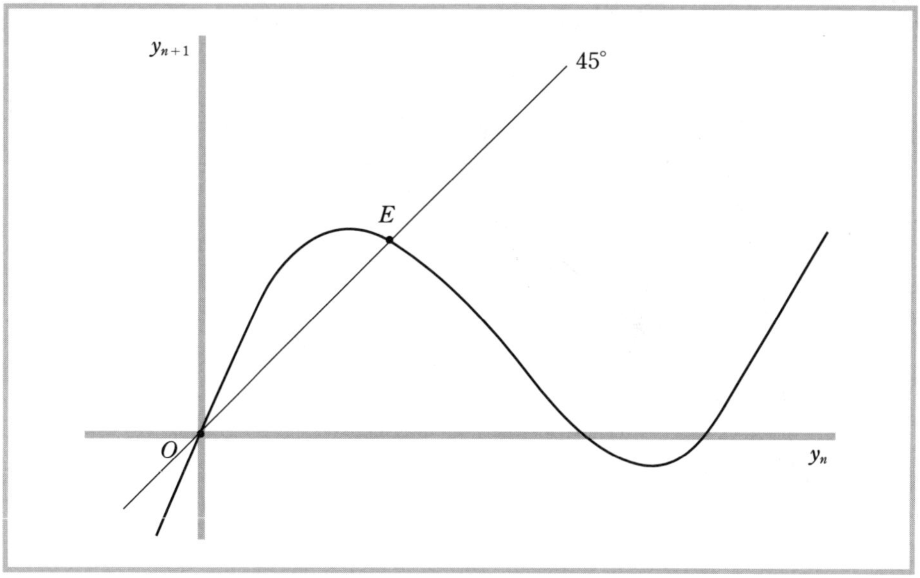

그림 10-13 정합방정식과 무질서

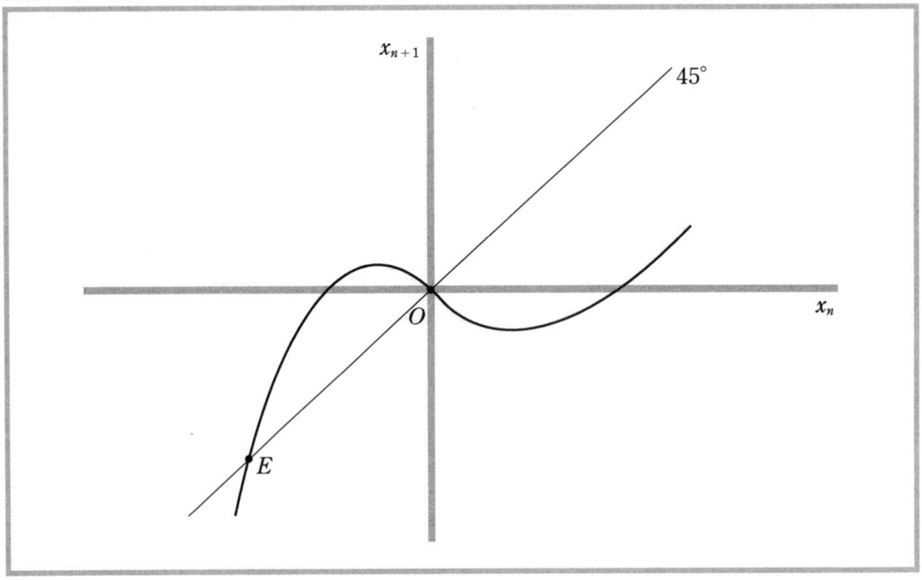

그림 10-14 정합방정식과 무질서

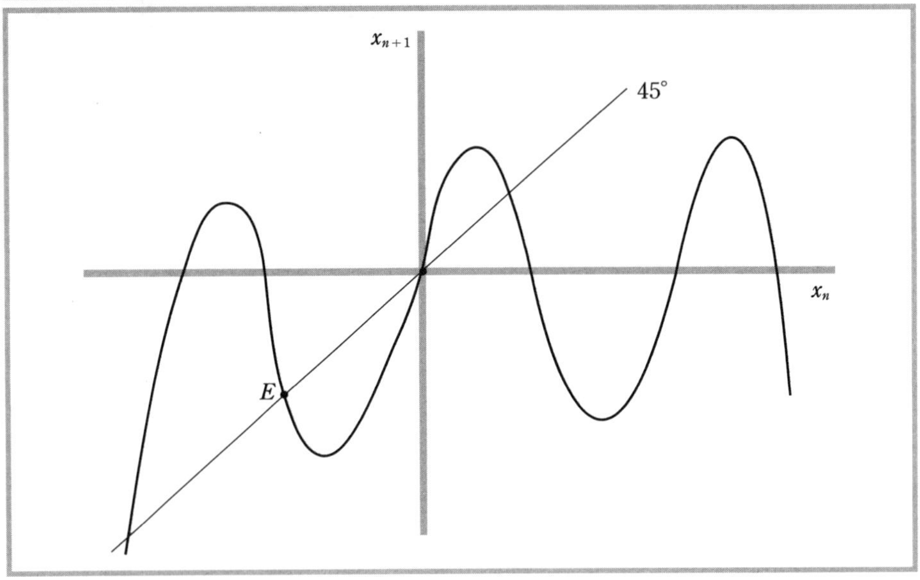

$$x_{tn+1} = Q_1 Q_2 x_{tn}[x_{tn} + (q_1 + q_2)]^2 \quad \cdots\cdots \text{(10–19)}$$

여기서 $x = y - (q_1 + q_2)$이다. 이 식 역시 3차 방정식인데 [그림 10–13]의 곡선처럼 가로축과 3번 만나며 45도선과 만나는 E점이 균형이다. 균형에서 $x = \sqrt{q_1 q_2} - (q_1 + q_2) < 0$이며 $y = \sqrt{q_1 q_2}$이다.

4. 동일한 방식을 사용하여 식 (10–19)에 x_{tn+2}을 대입하면 다음이 된다.

$$x_{tn+2} = (Q_1 Q_2)^2 x_{tn}[x_{tn} + (q_1 + q_2)]^2 [Q_1 Q_2 x_{tn}(x_{tn} + (q_1 + q_2))^2 + (q_1 + q_2)] \quad \cdots\cdots \text{(10–20)}$$

이것은 6차 방정식인데 [그림 10–14]에서 봉우리가 5개인 곡선이 된다. 이 곡선은 3차 방정식의 곡선과 E점에서 만난다. 이러한 분열은 무한대까지 계속되어 예측불허의 무질서가 형성된다. 그러나 아무리 분열을 하여도 모든 곡선은 최초의 균형 E점을 통과한다.

5. 결정방정식 형태의 정합방정식 (10–14)는 확률방정식 형태의 정합방정식 (8–74)에 모형변환을 추가한 것이다. 도표로 정리하면 다음과 같다.

제 1 유형의 내포모형	제 2 유형의 내포모형
$Y_{tn} = b_{tn} Q_{t1} + (1 - b_{tn}) Q_{t2}$	$Y_{tn} = (1 - a_{tn}) Q_{t1} + a_{tn} Q_{t2}$
↓	↓
$Y_{tn+1} = \dfrac{1}{1 + \theta_n \mu_{tn}} Y_{tn}$	$Y_{tn} \hat{Y}_{tn} = Q_{t1} Q_{t2}$
↓	↓
$Y_{tn+1} = Y_{tn}(\zeta - \theta Y_{tn})$	
↘	↙

$$y_{n+1} - (q_1 + q_2) = Q_1 Q_2 y_n^2 [y_n - (q_1 + q_2)]$$

정합방정식은 다음과 같이 3가지 형태로 표현될 수 있다.

$$Y_{tn+1} = \frac{1}{1 + \theta_n \mu_{tn}} Y_{tn} \qquad \text{정합방정식} \quad \cdots\cdots \text{(8–74)}$$

$$Y_{tn+1} = Y_{tn}(\zeta - \theta Y_{tn}) \qquad \text{정합방정식(무질서)} \quad \cdots\cdots \text{(10–13)}$$

$$y_{tn+1}-(q_1+q_2)=Q_1Q_2y_n^2[y_n-(q_1+q_2)] \quad \text{정합방정식(무질서)} \quad \cdots\cdots (10-15)$$

정합방정식 (8-74)는 Y_{tn}이 Y_{tn+1}을 생산하지만 역으로 Y_{tn+1}이 Y_{tn}을 생산하지 못하는데 Y_{tn+1}을 알 때 그 전의 잔차 μ_{tn}을 모르기 때문이다. 그러나 정합방정식 (10-15)는 Y_{tn}을 대입하면 Y_{tn+1}을 생산하며 거꾸로 Y_{tn+1}이 Y_{tn}을 생산하기도 한다. Y_{tn+1}을 대입하여 Y_{tn}에 대한 3차 방정식을 풀면 되기 때문이다. 따라서 정합방정식 (10-15)를 이용하면 더 많은 횡단면 표본을 생산할 수 있다.

제 5 절 정합방정식과 분절기하학

1. 정합방정식 (10-15)는 3차 방정식인데 그 풀이는 일반적으로 허수를 포함하므로 다음과 같이 표현할 수 있다.

$$y_{n+1}=(y_n+c)[y_n+(a+bi)][y_n+(a-bi)] \quad \text{정합방정식} \quad \cdots\cdots (10-21)$$

여기서 a, b, c는 식 (10-15)와 비교하여 결정된다. 앞서 정합방정식이 추가적인 정보 없이 횡단면 표본을 연속적으로 재생하는 것은 무질서의 분열에 비유했다. 여기에 대하여 만델부로 집합(the Mandelbrot set)을 묘사하는 분절기하학(fractal geometry)의 무질서는 다음의 방정식에 의하여 분열이 설명된다.

$$\begin{aligned} y_{n+1} &= y_n^2-(a+bi) \\ &= [y_n+(a+bi)^{1/2}][y_n-(a+bi)^{1/2}] \quad \text{분절기하학의 무질서 방정식} \quad \cdots\cdots (10-22) \end{aligned}$$

하나의 복소수를 선택하여 제곱을 만들어 여기서 원래의 복소수를 빼면 새로운 복소수를 얻고, 다시 여기에 제곱을 만들고 빼서 새로운 복소수를 만드는 과정을 계속하여 무한개의 자기유사(self-similarity)를 복제해 나가며 만델부로 집합을 형성한다. 이것이 유사성의 원리(principle of similarity)이다. 이에 대하여 화이겐바움(Feigenbaum)이 소개한 무질서 방정식 (10-9) 이외에 가장 간단한 무질서 방정식은 다음과 같다.

$$y_{n+1}=a-by_n^2 \quad \text{정합방정식} \quad \cdots\cdots (10-23)$$

여기에는 복소수가 보이지 않는다. 그러나 이 역시 무질서의 분열을 보인다. 분절기하학 (10-22)나 화이겐바움 무질서 (10-23)과 비교할 때 정합방정식 (10-21)은 여기에 약간의 변경이 추가되었다. 정합방정식 (10-21)은 기본적으로 봉우리가 3개에서 분열이 일어나고 분절기하학 (10-22)와 화이겐바움 무질서 (10-23)은 기본적으로 봉우리가 2개에서 분열이 일어난다. 공통점은 두 개의 식이 모두 유사성의 원리에 의하여 분열을 일으키며 식 속에 숨어 있는 자기 자신을 찾는다는 것이다.[8] 예를 들어 눈송이는 멘델부로 집합인데 그 형태를 형성하는 무한개의 자기유사 복제는 식 (10-22)에 의하여 설명된다. 이에 비하면 정합방정식 (10-21)은 횡단면 표본을 구성하는 무한개의 자기유사 복제를 설명한다.

2. 무질서의 자기 유사성의 다른 예는 무한개의 거울 한 복판에 서있는 사람을 들 수 있다. 하나의 거울이 사람을 복제하여 둘째 거울에 투사하고 그것의 영상이 셋째 거울에 투사하는 무한개의 투영이 만델부로 집합을 형성한다. 만델부로 집합은 폐집합이므로 식 (10-22)에 의하여 복제되는 자기유사가 이 집합 안에 있으라는 보장이 없다. 여기에 만델부로 제약이 주어진다. 이것은 정합방정식 (8-74)에 모형변환 (2-34)의 제약을 가한 것에 비유할 수 있다.

3. 제 5 장 제 7 절에서 이론경제학의 최적화 가정의 배경을 정합방정식으로 설명하였다. 여기서는 무질서의 분열 현상의 배경을 정합방정식으로 설명한 셈이다. 이론경제학의 최적화 가정이나 무질서의 분열현상은 모두 하나의 좌표에서만 고찰한 것이다. 그러므로 왜 그와 같은 현상이 일어나는가 하는 궁극적인 질문에 대한 대답은 주어지지 않는다. 정합방정식은 이 같은 질문에 대해 대답을 제시하고 있다고 생각되는데 그 이유는 수량좌표 현상에 시간좌표를 추가하여 설명하기 때문이다.

제 6 절 정합방정식의 자동복제의 자동장치 구조

1. 정합방정식 (8-74)에서 잔차가 없는 무질서 방정식 (10-15)를 유도하는

8) If the object has a hidden fractal order to it, then it will be possible with a few rules to decode it. Gleick, J., *Chaos*, Penguin, 1987, p. 238.

데 모형변환 (2–34)를 사용하였다. 모형변환의 제약을 제거하고 정합방정식 (8–74)가 외부의 아무 도움 없이 스스로 무질서 방정식이 되는 현상을 설명할 수 있다. 이것이 정합방정식의 자기복제 자동장치(self–reproducing automaton) 기능이다.

2. 헤논의 무질서 방정식 (10–1)~(10–2)나 식 (10–3)~(10–4)는 2차원의 횡단면을 설명하는데 있어서 2개의 방정식으로 구성되어 있다. 정합방정식도 2차원의 횡단면 표본을 설명하려면 4개의 방정식으로 구성될 수 있다. 이때 정합방정식 (8–74)의 형태로는 단계마다 반복하여 추정하는 번거로움이 있으므로 정합방정식 (9–11)의 형태를 이용하도록 한다. 정합방정식의 연립방정식 체계 10–1은 다음과 같았다.

연립방정식 체계 10–1

$$Y_{tn+1}=\frac{\hat{Q}_{t1}\hat{Q}_{t2}}{\hat{Q}_{t1}\hat{Q}_{t2}+(\hat{Q}_{t1}+\hat{Q}_{t2}+v_{tn}-Y_{tn})\omega_{tn}}Y_{tn} \quad (10\text{–}24)$$

$$\hat{Y}_{tn+1}=\frac{\hat{Q}_{t1}\hat{Q}_{t2}}{\hat{Q}_{t1}\hat{Q}_{t2}+(\hat{Q}_{t1}+\hat{Q}_{t2}+\omega_{tn}-Y_{tn})v_{tn}}\hat{Y}_{tn} \quad (10\text{–}25)$$

$$\omega_{tn+1}=Y_{tn+1}-\hat{Y}_{tn+1} \quad (10\text{–}26)$$

$$v_{tn+1}=(\hat{Y}_{tn+1}-\hat{Q}_{t2})\left[1+\left(\frac{\hat{Q}_{t1}-\hat{Q}_{t2}}{\hat{Y}_{tn}-\hat{Q}_{t2}}\right)\left(\frac{\hat{Y}_{tn}-\hat{Q}_{t2}-v_{tn}}{\hat{Q}_{t1}\hat{Q}_{t2}}\right)\right] \quad (10\text{–}27)$$

이것이 무질서의 연립방정식인데 앞서 연립방정식 체계 9–2와 동일하다. 연립방정식 체계 9–1에 의하여 초기의 $\hat{Q}_{t1}$, $\hat{Q}_{t2}$, ω_{tn}, v_{tn}, Y_{tn}, $\hat{Y}_{tn}$이 주어지면 식 (10–24)~(10–25)가 Y_{tn+1}와 $\hat{Y}_{tn+1}$을 결정하고 이 결과를 식 (10–26)~(10–27)에 대입하면 ω_{n+1}와 v_{n+1}이 결정되어 1단계가 마무리된다. 동일한 방법을 2단계에 계속 적용하면 Y_{tn+1}과 ω_{n+1}의 무질서의 횡단면 표본집합을 생산할 수 있다. 이러한 과정은 무한하게 계속될 수 있다. 전 과정을 통하여 초기 $\hat{Q}_{t1}$, $\hat{Q}_{t2}$는 고정되어 반복하는 설명변수이다. 그 이유로 과정을 나타내는 지수 n이 나타나지 않았다.

3. [그림 10–15]처럼 2차원 횡단면의 가로축이 μ_{tn}이고 세로축이 Y_{tn}인 횡단면 궤적의 흔적을 만들 수 있다. 헤논의 방정식 (10–1)~(10–4)나 만델부로의 방정식 (10–22)는 현실과 비슷한 가상의 세계를 만드는 방정식이다. 예를 들면 식 (10–3)~(10–4)는 [그림 10–4b]의 별자리를 설명하지만 현실의 별자리는 아니다.

그림 10-15 정합방정식의 횡단면

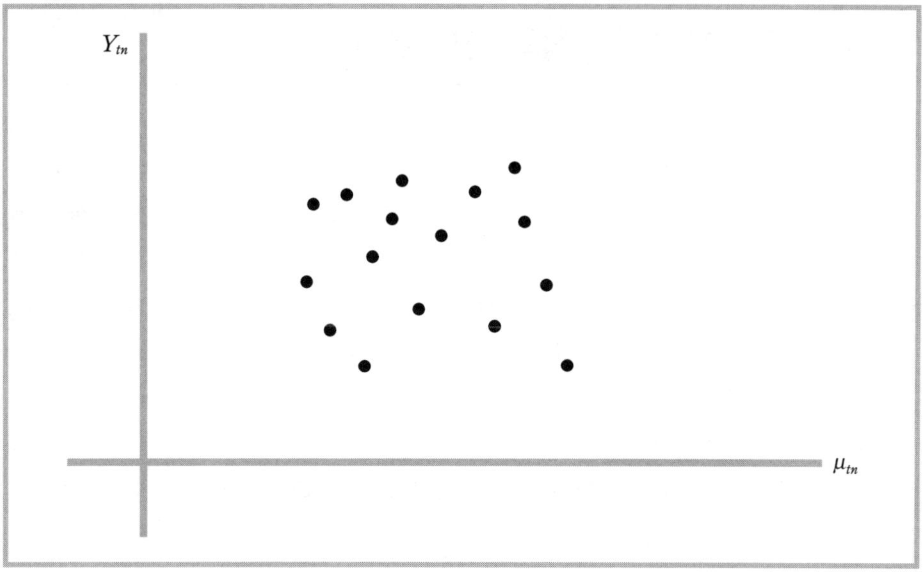

만델부로의 방정식 (10-22)도 해안선을 그리지만 현실의 해안선은 아니다. 다시 말하면 이들 방정식은 이론적인 근거가 없이 컴퓨터의 도움으로 무질서의 가상 예를 창조한 것이다. 이와 대조적으로 정합방정식 (8-74)는 회귀방정식의 이론적인 근거 (8-5)나 (8-7)에서 출발하여 무질서를 설명하고 있다. 다시 말하면 무질서의 연립방정식 체계 10-1의 근거는 회귀방정식 (8-7)에 두고 있다.

4. 정합방정식 (10-24)~(10-27)에서 최초의 Y_{t0}, $\hat{Y}_{t0}$, ω_{t0}, v_{t0}의 표본이 주어지면 스스로 나머지 횡단면 표본을 찾아내는데 그 모습은 초기 조건에 달려 있다. 이것이 정합방정식의 자동복제 기능이다. 생물학의 형태발생(morphogenesis)에 비유할 수 있다.[9] 이것이 어떠한 무질서의 횡단면을 나타낼지는 컴퓨터에 의존할 수밖에 없다. 이 문제는 미래의 과제이다.

9) Turing(1952).

제 7 절 정합방정식과 정규분포

1. 식 (10-24)는 확률변수 Y_{tn}의 횡단면 표본이다. 식 (10-26)은 확률변수 잔차 ω_{tn}의 횡단면 표본이다. 2개의 확률변수의 결정방정식인 셈이다. 특히 식 (10-24)~(10-27)은 잔차가 잔차를 생산하는 방식을 설명한다. 통상 잔차의 특성을 조사할 때 잔차를 설명하는 또 하나의 잔차를 도입하여 $\omega_{tn}=\gamma+\delta\xi_{tn}$로 표현한다. 이것과 비교하면 식 (10-24)~(10-27)은 오차가 없는 결정방정식이다. 다시 말하면 확률현상을 결정방정식으로 설명하고 있는데 이것은 결정적 규칙인 베루누이 이동으로 확률의 임의성을 설명하는 것과 같은 이치이다. 이러한 차원에서 보면 확률변수는 더 이상 확률변수가 아니라 불규칙적이고 불확실한 결정변수이다. 무질서 변수로 변환된 것이다. 다음의 소정리가 성립한다.

> **▶▶▶ 소정리 10-1**
> 확률방정식은 언제나 결정방정식으로 전환할 수 있다.

2. 호타커(H. Houthakker)는 뉴잉글란드의 직물산업의 부침을 설명하려고 자료를 수집하였다. 그러나 자료를 아무리 검토하여도 정규분포는 보이지 않았다. 만델브로는 1900년 이후의 모든 자료를 모아서 노아효과와 요셉효과를 확인하였다.[10)] 만델브로에 의해서 시계열 자료가 어째서 정규분포를 보이지 않는지가 설명되었지만 지금까지 보인 대로 정합방정식에 의해 재생되는 횡단면 표본이 무질서의 특성을 보이는 한 정규분포는 보이지 않는다.

3. 현재까지 만델부로, 헤논, 화이겐바움 등이 제시한 무질서 방정식은 모두 시험관 속의 실험(evolution in a test tube)에 불과하였다. 자연이 나타내는 불규칙성을 설명하는 인위적인 무질서의 창조이다. 주로 컴퓨터의 도움으로 시행착오를 거쳐 자연현상에 가장 근접하는 결정방정식을 찾아낸 결과이다. 그러나 이 책에서

10) Gleick(1987), p. 83에서 재인용.

제시하는 정합방정식은 자연적인 무질서의 방정식이다. 불규칙한 확률변수를 2변수로 정의하는 것으로 시작하여 그의 수학적 특성을 유도한 것이 정합방정식이고 이것이 비확률 결정방정식과 일치하는 현상을 확인하였다.

제 8 절 정합방정식과 진화경제학

1. 무질서 이론은 자연스럽게 진화이론과 연결된다. 진화경제학의 계보는 베블린(T. Veblen)과 슘페터의 고전주의에서 게임이론과 무질서이론으로 진화해 왔다.[11] 그러나 진화경제학의 정의는 아직 확실하게 정립되어 있지 않다. 다만 새로움, 개체발생, 계통발생을 다룬다는 점이 공통점이다.[12] 이 절의 목표는 정합방정식이 세 가지 특성을 만족시키며 다양성과 엔사르피(enthalpy) 법칙을 설명하는 것을 1차 시도한다.

2. 기본방정식 (6-7)을 다음과 같이 표현할 수 있다.

$$Y_{t+1,\,n}=b_nM_t+(1-b_n)F_t \qquad \cdots\cdots\ (10\text{-}29)$$

여기서 M_t과 F_t은 t세대의 대조적인 특성을 가리킨다. 새로운 상품과 기존의 상품, 새로운 시장과 기존의 시장, 남자와 여자, 양과 음, 정과 반, 개체와 전체, 진보와 보수, 여와 야, 자유와 평등 등이다. 애로우 가능정리에 의하면 선택집합이 2개일 때 공공선택이 성립한다. $Y_{t+1,\,n}$은 $t+1$세대 가운데 n번째 개체이다. 두 세대가 동일 시점 t에 공존하는 중첩세대 모형이다. b_{tn}은 t세대의 M_t이 $t+1$세대의 n번째 개체에게 미치는 영향을 가리키는데 확률변수이다. 예를 들어서 남자 M_t와 여자 F_t의 특성의 크기 b_{tn}과 $1-b_{tn}$을 다음 세대 $Y_{t+1,\,n+1}$가 얼마나 물려받느냐는 것은 아직 정확하게 밝혀지지 않고 있다. 식 (10-29)를 다음과 같이 표현할 수 있다.

$$Y_{t+1,\,n}=b_nM_t+(1-b_n)F_t+\mu_{tn} \qquad \cdots\cdots\ (10\text{-}30)$$

---

11) Hodgson(2001), pp.23-40.
12) Hudgson(2001), pp.23-40.

여기서 μ_{tn}은 b_{tn}가운데 불확실한 영향을 나타낸다.

3. 모든 자연현상은 엔트로피(entropy)가 증가하여 개체가 소멸하는 법칙을 따르지만 진화현상은 그와 반대로 엔사르피(enthalpy)가 증가하여 하나의 개체는 소멸하지만 생식을 통하여 다양하게 번성하는 법칙을 따른다.[13] 그것이 기본방정식의 의미이다. 기본방정식에서 정합방정식이 유도된다.

$$Y_{t+1,\ n+1}=\frac{1}{1+\theta_n\mu_{tn}}[b_nM_t+(1-b_n)F_t+\mu_{tn}] \quad \cdots\cdots \ (10\text{–}31)$$

$$Y_{t+1,\ n+2}=\frac{1}{(1+\theta_n\mu_{tn})(1+\theta_{n+1}\mu_{tn+1})}[b_nM_t+(1-b_n)F_t+\mu_{tn}] \quad \cdots\cdots \ (10\text{–}32)$$

$$\vdots \qquad\qquad \vdots \qquad\qquad \vdots$$

여기서 $\theta_n=b_nm_t+(1-b_n)f_t$이고 $m_t=1/M_t$이며 $f_t=1/F_t$이다. 모두 M_t와 F_t와 μ_{tn}의 후손들이다. t시점의 개체 n이 진화하여 다음 세대를 $n+1$, $n+2$, $\cdots$, $n+j_t$을 생산한다. $t+1$시점에는 j_t개의 개체가 각각 j_{t+1}개의 개체를 생산하여 다양성, 개체발생, 계통발생을 계승해 나간다.

4. 모든 후손이 번성하는 것은 아니다. 이 가운데 더욱 번성하는 것이 있고 소멸하는 것도 있다. 이 현상을 설명하려면 정합방정식의 고유치(eigen value)를 구하면 된다. 정합방정식의 연립방정식 구조 10-2는 다음과 같다.

연립방정식 체계 10-2

$$Y_{tn+1}=\frac{\hat{M}_t\hat{F}_t}{\hat{M}_t\hat{F}_t+(\hat{M}_t+\hat{F}_t+\nu_{tn}-Y_{tn})\omega_{tn}}Y_{tn} \quad (10\text{–}33)$$

$$\hat{Y}_{tn+1}=\frac{\hat{M}_t\hat{F}_t}{\hat{M}_t\hat{F}_t+(\hat{M}_t+\hat{F}_t+\omega_{tn}-Y_{tn})\nu_{tn}}\hat{Y}_{tn} \quad (10\text{–}34)$$

$$\omega_{tn+1}=Y_{tn+1}-\hat{Y}_{tn+1} \quad (10\text{–}35)$$

$$\nu_{tn+1}=(\hat{Y}_{tn+1}-\hat{F}_t)\left[1+\left(\frac{\hat{M}_t-\hat{F}_t}{\hat{Y}_{tn}-\hat{F}_t}\right)\left(\frac{\hat{Y}_{tn}-\hat{F}_t-\nu_{tn}}{\hat{M}_t\hat{F}_t}\right)\right] \quad (10\text{–}36)$$

이 연립방정식에서 고유치를 구하여 음수인 개체는 번성하고 양수인 개체는

13) Puu(2001), pp. 59–72.

소멸한다. 양수이면서 영에 가까운 고유치가 무질서를 창조한다.[14] 이것은 다음 연구의 과제이다.

5. 그러나 개체가 적자생존의 자연현상이 아니라 시장이라면 고유치에 영향을 미치는 추가적인 변수를 지적해야 한다. 그것은 이기심과 공존하는 공감이다. 공감이라는 변수가 시장, 상품, 제도의 번성과 소멸에 중요한 역할을 한다. 제14장에서 논의한다.

6. 이 장의 내용을 요약을 하면 다음과 같다.

$$Y_{tn}=\beta_0+\beta_1X_{t1}+\beta_2X_{t2}+\cdots+\beta_KX_{tK}+\varepsilon_{tn} \quad \cdots\cdots \text{(6–1)}$$

$$Y_{tn}=b_nQ_{t1}+(1-b_n)Q_{t2}+\mu_{tn} \quad \cdots\cdots \text{(6–4)}$$

$$Y_{tn+1}=\frac{1}{1+\theta_n\mu_{tn}}Y_{tn} \quad \cdots\cdots \text{(8–74)}$$

그림 10–16a 횡 단 면

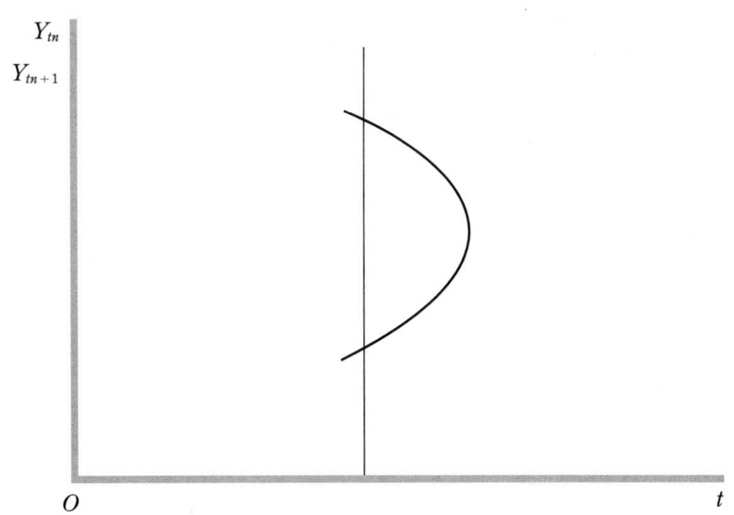

14) Puu(2000)

그림 10-16b 횡단면 표본

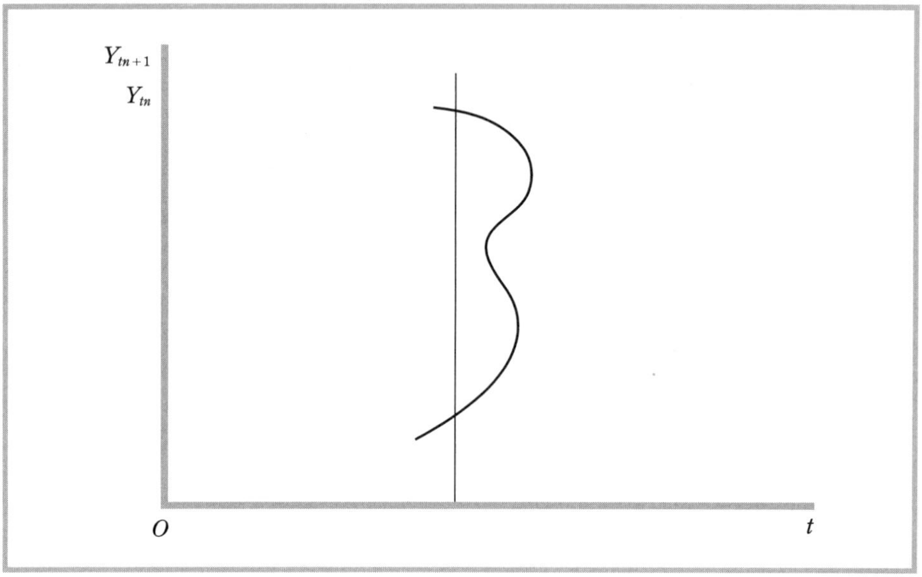

$$Y_{tn+1} = \sum_{i=1}^{\infty} \Phi_i Y_{tn}(\zeta_i - \theta_i Y_{tn}) \qquad \cdots\cdots (10\text{-}12)$$

$$y_{tn+1} = (y_{tn} + c)[y_{tn} + (a + b_i)][y_{tn} + (a - b_i)] \qquad \cdots\cdots (10\text{-}21)$$

이상의 5개의 방정식은 모두 동일하다. 모두 식 (6-1)에서 수량좌표와 시간좌표의 내적 정합으로 유도되었다. 동일 시점 t에서 관측되지 않는 비실현 횡단면 표본은 평균을 중심으로 무질서하게 분포되어 있다. 무질서한 횡단면 분포를 결정방정식 (10-24)~(10-28)로 설명할 수도 있고 확률방정식 (6-1)로도 설명할 수 있다. [그림 10-16a]의 가로축은 시간을, 세로축은 Y_{tn}과 Y_{tn+1}을 측정한다. 가로축의 임의의 시점 t에서 수직선이 시간의 횡단면을 나타낸다. 그리고 이 횡단면 상에 무질서의 봉우리가 그려져 있다. [그림 10-16b]에는 1개의 봉우리가 수많은 봉우리를 복제하여 무질서의 횡단면 표본을 만들어내는 모습을 그리고 있다.

7. 정합방정식 (8-74)이 실현되지 않은 횡단면 표본을 재생할 수 있는 이유가 바로 무질서의 분열현상에 있었던 것이 밝혀졌다. 문제는 무질서의 분열이 균형에 안정적으로 회귀하는가 이다. 앞서 [표 9-2]의 예에서 균형으로 빠르고 매끈

하게 수렴하였다. 그러나 이 결과를 일반화할 필요가 있다. 제13장과 제14장에서 다룬다.

부록 10A: 정합방정식 (10-14)의 증명

정합방정식 (8-74)는 $y_{n+1}=[1+(bq_1+(1-b)q_2)\mu_n]y_n$이다. 여기에 Y_n의 정의를 이용하면 $y_{n+1}=[1+(q_1+q_2-y_n)(Y_n-\hat{Y}_n)]y_n$이 된다. 이것을 다시 정리하면 $y_{n+1}-(q_1+q_2)=\hat{Y}_n y_n[y_n-(q_1+q_2)]$이 되는데 여기에 모형변환 $Y_n\hat{Y}_n=Q_1Q_2$을 대입하면 $y_{n+1}-(q_1+q_2)=Q_1Q_2 y_n^2[y_n-(q_1+q_2)]$이 성립한다. 이것이 식 (10-14)이다.

CHAPTER 11

정합과 분할[1)]

1. 지금까지 정합이론의 〈역표본 정리〉를 증명하고 응용하였다. 이제 방향을 바꾸어 정합을 시도할 수 있다면 그와 반대과정인 분할도 가능하다는 사실을 보일 때가 되었다. 이미 제10장에서 정합방정식으로 분열과 진화를 설명하였다. [그림 9-2]의 코흐 눈송이는 정합의 결과이고 이것을 분할하면 삼각형이 되는 이치이다. 정합과 분할은 동전의 앞뒤인데 이 방법은 다음의 제12장에서 보이지 않는 손의 존재를 증명하는데 필요하다. 수량좌표(idea 1)와 시간좌표(idea 2)가 비내포모형(idea 3)과 내포모형(idea 4)의 도움으로 내적 정합을 이루어 새로운 정보를 생산하고 이 새로운 정보에 기초하여 관측되지 않는 현상을 설명하는 적당한 예로서 블랙-숄스의 옵션가격이론에 이어 화폐유통속도의 분할을 들겠다.[2)] 다른 예도 많으나 화폐유통속도야 말로 수량좌표와 시간좌표의 내적 정합의 적합한 예가 될 것이다. 이름 그대로 유통속도는 1번 회전하는 시간을 측정하는 크기이고 그의 역수는 1시간 동안의 회전수를 측정하여 우리는 수량좌표와 시간좌표가 모두 필요하기 때문이다. 수량좌표와 시간좌표 사이의 정합이론이 제 5 장에서 가격효과의 분할을 어렵게 만들었지만 유통속도의 분할을 가능하게 만드는 것을 보여준다.

---

1) 이 장은 생략하여도 전체의 흐름에 지장이 없다.

2) 이 부분은 화폐유통속도의 수학적 분할이라는 제목으로 「경제학연구」(2001)에 발표되었다. 그러나 그 후 재검토에서 몇 가지 오류를 발견하여 수정하였다.

2. 유통속도 분할의 부산물로 제 5 장에서 생략된 슬라츠키-힉스 소득효과의 편의현상과 가격효과의 분할의 불가능성 증명이 여기서 엄격하게 제시된다. 이 분할의 형태가 앞으로 보면 알겠지만 베이즈 정리의 형태와 동일하여 비내포모형과 내포모형을 사용할 수 있기 때문이다. 그러므로 유통속도뿐만 아니라 베이즈의 형태를 취하는 모든 변수는 정합을 통하여 분할할 수 있다.

제 1 절 머 리 말

1. 이 장의 목적은 경제전체에서 사용하는 화폐의 평균 유통속도를 부문별로 분할하고, 경제전체의 화폐 총량을 부문 화폐수량으로 분할하는 공식을 제시하는 데에 수량좌표와 시간좌표 사이에 내적 정합방식을 사용할 수 있음을 보이는 것이다. 최근에 와서 화폐정책이 이자율 중심으로 바뀌면서 화폐수량에 관한 관심이 적어진 것은 사실이다. 그럼에도 화폐총량을 부문별로 분할하려는 이유는 세 가지 이유 때문이다.

첫째, 한편에서 수량좌표와 시간좌표의 내적 정합이 슬라츠키 가격효과의 분할을 불가능하게 만들지만 다른 한편으로 내적 정합이 유통속도의 분할을 보임으로써 정합이론의 가능성을 다시 보이기 위함이다. 둘째, 앞으로 보겠지만 유통속도의 분할은 베이즈 정리 (1-9)와 동일한 형태이므로 완벽한 예가 될 수 있다. 셋째, 유통속도 분할은 그 자체로 오래된 난제이고 앞으로 화폐정책이 이자율 중심에서 화폐수량 중심으로 바뀔 수도 있으므로 이 난제는 여전히 경제학의 과제 가운데 하나이다.

부문별 화폐수량과 부문별 유통속도는 다른 경제변수와 마찬가지로 일반균형체계에서 결정되는 것은 틀림없는 사실이지만 이 같은 방법으로 분할은 불가능한 것처럼 보인다. 단적인 이유 가운데 하나로서 부문별 화폐공급함수가 알려져 있지 않다는 점을 들 수 있다. 따라서 여기서는 일반균형 방법보다는 유통속도에 숨겨진 내적 정합성을 이용하여 수학적으로 분할하고자 한다. 이 분할은 경제학적 가정, 공리 그리고 전제에 의존하지 않는 순수한 수학적 분할이다. 그럼에도 불구하고 경제학적 의미는 크고 깊다.

2. 우리가 관찰할 수 있는 것은 경제전체의 평균 유통속도와 화폐총량뿐이다. 케인즈(Keynes, 1930)가 일찍이 지적했듯이 평균 유통속도의 분할은 중요하다. 부문별 유통속도가 안정적이라 하더라도 평균 유통속도는 불안정할 수 있고 거꾸로 부문별 유통속도가 불안정하여도 평균 유통속도는 안정을 보일 수 있어서 평균 유통속도만을 관찰하여 정책적인 판단을 내리는 것은 경제현상을 오도할 수 있기 때문이다.

부문별 유통속도를 관찰할 수 있다면 부문의 자금사정을 파악하기가 훨씬 용이할 것이다. 경제전체를 실물부문과 금융부문으로 나누어 생각할 때 각 부문에서 자금의 유통속도를 알 수 없기 때문에 이자율과 물가결정에 대한 우리의 깊이 있는 이해에 장애가 되고 있다. 1980년대에 구미(歐美)에서 경험한 유통속도의 대하락이 수수께끼로 남아 있는 것도 유통속도를 거시적으로만 파악할 수 있을 뿐이지 미시적으로 분석할 도구가 없는 데에 부분적으로 기인한다고 볼 수 있다. 이 같은 중요성에도 불구하고 클래머(Cramer, 1989)의 관찰에 의하면 1940년대에 일부 경제학자들이 관심을 보였을 뿐 현대 경제학에서 오랫동안 소외되어 왔다. 그러나 이 주제는 몇 가지 이유에서 다시 부활할 필요가 있다.

첫째, 최근에 급속히 성장하는 전자기술로 인해 결제제도에 혁신이 일고 있음을 관찰할 수 있다. 이 혁신은 지역과 부문에 따라 유통속도에 다르게 영향을 주고 있다. 와인버그(Weinberg, 1994)는 기술진보가 국가수준뿐만 아니라 지역수준의 결제제도를 바꾸어 가고 있음을 관찰하고 있다. 금융거래의 유통속도가 빨라지고 있는 것이다. 토빈(Tobin, 1984)에 의하면 미국의 경우 국민소득에 대한 화폐의 유통속도가 6−7인데 금융거래가 포함되면 유통속도가 20−30으로 증가한다. 요구불예금의 유통속도는 500이고 뉴욕시 소재 은행의 경우 2,500이다. 국제결제은행 보고서(Bank for International Settlements, 1996)에 의하면 미국에서 매일 현금 없이 2억 번의 거래가 일어나고 금액으로 환산하면 1조 6천억 달러이다. 컴퓨터의 발달과 전자화폐의 등장으로 유통속도는 빠르게 변하고 있다. 이 같은 관찰은 유통속도가 부문별, 지역별, 산업별, 상품별로 다르고 그 변동이 심해 감을 의미한다.

둘째, 결제제도의 기술혁신은 국내뿐만 아니라 국가 사이에도 변화를 일으키고 있다. 자본이동의 자유화와 함께 국가간 자금의 이동을 빠르게 만들어 금융불안을 심화시키는데 일조하는 듯하다. 한 국가의 자금시장에서 다른 국가의 자금시장으로 빠르게 이동하는 단기자금의 유통속도는 작게는 한 나라, 크게는 전 세계의 금융불안을 불러올 수 있다. 이 같은 현상의 한 복판에는 자금의 유통속도의 급격한 변화가 자리잡고 있다(Bank for International Settlements, 1999; Davidson, 1997; Eichengreen and Wyplosz, 1993). 자금회전수, 특히 국제금융시장의 자금의 유통속도에 대한 연구의 필요성이 여기에 있다. 이를 위해서는 자금의 유통속도를 부문 사이에 분할하는 연구가 선행되어야 한다.

셋째, 이론적인 면에서 볼 때 대부분의 경제학 문헌은 미시 변수를 집계하여 거시변수가 되는 과정에서 발생하는 집계문제를 논하고 있다(Hicks, 1939). 이와 대조적으로 유통속도의 분할은 거시변수를 미시적으로 분할하는 예를 제공하게 된다. 이 방법은 다른 거시변수에도 적용하여 거시변수를 분할하는 방법을 제공할 수 있다는데 유통속도 분할의 또 하나의 의의가 있다. 계량경제모형의 추정에 있어서 관측치가 부족한 경우가 허다하다. 이런 경우에도 변수의 분할로 관측치를 증가시킬 있다면 추정에 도움이 될 것이다. 또한 변수를 매기 목적별로 분할할 수 있다면 계량경제학적 분석보다 더 우월한 분석을 시도할 수 있을 것이다.

넷째, 응용면에서 보면 유로 화폐의 출범이 회원국의 유통속도를 알 수 없도록 만들었다. 회원국의 화폐가 사라지면서 각 국에서 유통되는 유로의 크기뿐만 아니라 유통속도를 알 수 없게 되었다. 전통적으로 각국이 독자적으로 실시하던 국가단위 화폐정책에 준하는 유로정책의 국별 효과를 알 길도 없게 되었다. 미국의 화폐정책이 12개 지역 화폐수량에 어떻게 영향을 주느냐에 관한 밀러(Miller, 1979)의 연구는 유통속도를 동일하다고 가정하고 있는데 이 가정을 실제 동일하지 않은 유통속도로 대체하면 결과는 달라질 수 있을 것이다.

다섯째, 유통속도 분할의 핵심에는 피셔(Fisher, 1911)의 교환방정식 $MV=T$이 자리잡고 있다. 여기서 M은 경제전체의 명목화폐수량이고 V는 경제전체의 평균 유통속도이다. 명목총거래액 T를 명목실물거래액 T_1와 명목금융거래액 T_2로 분리할 때 교환방정식은 다음과 같이 표현할 수 있다.

$$MV=T_1+T_2$$

교환방정식의 등호의 우측에서 금융거래액의 중요성을 생략한 채 실물거래액 가운데 국민소득만을 강조하고 그에 상응하는 소득속도를 등호의 좌측에서 매개변수로 삼아 화폐총량과 국민소득을 연결한 것이 현대 화폐수량설의 기본 방정식이다. 이때 중요한 것이 소득속도의 안정성이다. 소득속도의 안정성은 생략된 금융거래의 유통속도에 달려 있는데 이것이 최근에 심한 변동을 보이고 있으므로 소득속도만을 조사하는데 한계가 있을 것이다. 금융거래를 생략하고 실물거래에서도 국민소득만 강조한 교환방정식의 유용성의 문제는 여전히 살아 있다.

여섯째, 이와 대조적으로 화폐총량과 국민소득의 안정적인 관계를 받아드리지 않은 케인즈는 교환방정식의 우항의 거래액을 분리하는 대신, 에사르(des Essars, 1895), 피셔(Fisher, 1911), 스나이더(Snyder, 1924)의 연구를 계승하여 좌항의 화폐총량과 평균 유통속도를 분리하는 것에 대해 연구하였다. 그는 이 분할의 중요성을 다음과 같이 서술하고 있다.

> It is important, therefore, to distinguish between the average velocity of money in a variety uses and the 'true' velocity of money in a particular use – meaning by the latter the ratio of the volume of a particular type of transactions to the quantity of money employed in them; for fluctuations in 'average' velocities may be due, not to fluctuations in 'true' velocities, but to fluctuations in the relative importance of different types of transactions. (Keynes 1930, vol. II, p. 38, quotations in original).

이 서술을 교환방정식에 적용하면 부문별 '진짜' 유통속도 V_1과 V_2를 각각 T_1/M_1와 T_2/M_2로 정의할 수 있다. 따라서 교환방정식의 좌항을 다음과 같이 분할할 수 있다.

$$MV = M_1V_1 + M_2V_2$$

양변을 M으로 나누면 다음과 같이 표현된다.

$$V = mV_1 + (1-m)V_2$$

여기서 $m = M_1/M$이다. 여기서 $M = M_1 + M_2$이다. 이렇게 하여 케인즈는 '평균' 유통속도 V를 부문별 '진짜' 유통속도 V_1와 V_2의 '산술평균'으로 정의하였다.

3. 문제는 '진짜' 유통속도를 어떻게 분할하느냐이다. 분할에 대한 케인즈의 관심은 후에 일반이론(Keynes, 1936)에서 교환방정식의 첫째 항을 거래적·예비적 동기의 화폐수요로, 둘째 항을 투기적 동기에 의한 화폐수요로 분할하는 방향으로 발전하였다. 이러한 분할은 이후 표준이 되었지만 계량경제학적으로 이 분할은 표본기간의 길이에 상관없이 한번의 분할로 그치는데 불과하고 매기 분할은 아직 아

무도 하지 못하고 있다. 다시 말하면 계량경제학적으로 추정한 방정식에서 추정계수들은 표본기간의 평균치에 불과하고 '매기'의 '진짜' 계수는 여전히 알 수 없는 것이다. '매기별 진짜계수'를 알 수 있다면 구태여 처음부터 계량경제학적 방법으로 '표본기간의 평균계수'를 추정할 필요가 없을 것이다. 그럼에도 불구하고 제한된 범위에서 현금통화의 유통속도를 연구한 논문(Fisher, 1909; Snyder, 1924; Laurent, 1970; Cramer and Reekers, 1976; Cramer, 1981; Boeschoten and Fase, 1984)이 있으며 클래머(Cramer, 1989)는 분할의 어려움을 논하고 있다.

4. 아래에서 우리는 평균 유통속도를 분할하는 일반적인 방법을 제시한다. 유통속도는 양면성의 특성을 갖고 있다. 피셔형의 교환방정식에서 나타나는 유통속도 V와 캠브리지형의 교환방정식에 나타나는 마샬의 k이다. 피셔의 V와 마샬의 k 사이의 관계는 $Vk=1$이다. 이것은 지금까지 우리가 보아온 변수변환의 관계이다. 변수변환의 관계는 우리에게 피셔형의 방정식을 수량좌표(idea 1)에 제공하고 마샬형의 방정식을 시간좌표(idea 2)에 제공한다. 이 두 측면(idea 1과 idea 2)이 빚어내는 내적 정합을 이용하여 유통속도를 분할할 수 있다. 특히 수량좌표와 시간좌표 사이에서 발생하는 현상 가운데 하나가 앞서 설명한 소득효과 불가능성이며 여기에 추가하여 대체효과 불가능성까지 규명하고 이 두 현상을 이용하여 유통속도를 분할한다.

제 2 절 내포모형

1. 첫째, 제 2 장과 제 6 장의 방식을 제 9 장의 방식에 적용하자. 유통속도분할의 정의 (11−1)은 하나의 시점 t에서 정의이다. 여기에 시간을 나타내는 부호 t를 부여하면 다음처럼 된다.

$$V_t = m_t V_{1t} + (1-m_t) V_{2t} \qquad \text{내포모형} \qquad \cdots\cdots (11-1)$$

이것은 기본적으로 비내포모형 (2−25)이다. 여기에서 베이즈 정리가 성립한다.

$$a_tV_t = m_tV_{1t} \qquad \text{베이즈 변환} \qquad \cdots\cdots (11-2)$$

$$(1-a_t)V_t = (1-m_t)V_{2t} \qquad \text{베이즈 변환} \qquad \cdots\cdots (11-3)$$

마찬가지로 제 2 장과 제 6 장에서 발견한 모형변환의 비내포모형과 내포모형을 이용하기 위하여 식 (2-34)의 모형변환 $\hat{V}_tV_t = \pi V_{1t}V_{2t}$을 정의한 다음 식 (11-2)~(11-3)에 대입하면 또 한 쌍의 베이즈 변환을 얻을 수 있다.

$$m_t\frac{\hat{V}_t}{\pi} = a_tV_{2t} \qquad \text{베이즈 변환} \qquad \cdots\cdots (11-4)$$

$$(1-m_t)\frac{\hat{V}_t}{\pi} = (1-a_t)V_{1t} \qquad \text{베이즈 변환} \qquad \cdots\cdots (11-5)$$

베이즈 변환 (11-2)~(11-5)에서 a_t을 사후확률, m_t을 사전확률로 취급할 수 있으므로 다음이 성립한다.

$$a_t = \int_{-\infty}^{Z_a} \frac{1}{\sqrt{2\pi}} e^{-\frac{1}{2}x^2} dx \qquad \cdots\cdots (11-6)$$

$$1-m_t = \int_{-\infty}^{Z_b} \frac{1}{\sqrt{2\pi}} e^{-\frac{1}{2}x^2} dx \qquad \cdots\cdots (11-7)$$

식 (11-2)~(11-5)에서 다음의 확률거울이 구해진다.

$$\frac{\left(m_t - \frac{1}{2}\right)^2}{\frac{1}{4}\left(1 - \frac{\pi V_t}{\hat{V}_t}\right)} - \frac{\left(a_t - \frac{1}{2}\right)^2}{\frac{1}{4}\left(\frac{\hat{V}_t}{\pi V_t} - 1\right)} = 1 \qquad \cdots\cdots (11-8)$$

2. 제 2 장과 제 6 장에서 유도한대로 다음의 확률변수거울도 존재한다.

$$Z_a^2 - Z_b^2 = 2\ln\frac{V_t}{\lambda\hat{V}_t} \qquad \cdots\cdots (11-9)$$

여기에 대하여 제약조건 (6-50)이 주어진다.

$$\frac{1}{2}\sqrt{1 - \frac{\hat{V}_t}{\pi V_t}} = \int_{-\infty}^{\sqrt{2(\ln V_t - \text{In}\lambda\hat{V}_t)}} \frac{1}{\sqrt{2\pi}} e^{-\frac{1}{2}x^2} dx \qquad \cdots\cdots (11-10)$$

식 (11-4)~(11-10)은 7개의 방정식인데 8개의 미지수(V_{1t}, V_{2t}, π, a_t, m_t,

Z_a, Z_b, λ, $\hat{V}_t$)가 들어 있어서 유일한 풀이가 존재하지 않는다.

3. 제8장의 내용과 달리 $\hat{V}_t$을 모르는 이유는 내포모형 (11－1)의 다변수 비내포모형을 모르는 상태에서 $\hat{V}_t$을 추정할 수 없기 때문이다. 제5장에서 소개한 비교정학을 도입하여 풀이를 찾아내겠다. 그리고 거꾸로 이 풀이를 (11－4)에 대입하면 $\hat{V}_t$의 풀이를 구할 수 있다. 그러나 이 풀이가 비내포모형에 제약을 가한 회귀직선의 피설명변수를 반드시 만족시킨다는 보장은 없다. V_{t1}과 V_{t2}는 제약 없이 독립적으로 결정되기 때문이다. 다시 말하면 사전에 일반균형에 의해서 독립적으로 결정되는 V_{t1}과 V_{t2} 및 V_t 사이를 연결시키는 제약 $V_t\hat{V}_t = V_{t1}V_{t2}$의 $\hat{V}_t$는 비내포모형의 회귀직선의 피설명변수가 되지 않을 수 있다는 뜻이다. 그러나 이러한 제약을 가한 $\hat{V}_t$는 내포모형을 형성하여 정합방정식을 추정하는 데에는 이용될 수 있다.

제3절 수량좌표의 교환방정식

1. 기본정의식

하나의 경제를 부문 1과 부문 2로 나눈다. 유량변수 측면에서 관찰할 때 경제 전체의 명목거래총액은 A이고 부문 1의 명목거래액은 A_1이며 부문 2의 명목거래총액은 A_2이다. 이들 사이에서 다음의 거래액 정의식이 성립한다.

$$A \equiv A_1 + A_2 \qquad \cdots\cdots (11-11)$$

모든 변수는 단위시간에 측정하는 수량이지만 부호가 단순하도록 시간을 나타내는 무릎글자 t는 생략하였다. 이 수량을 거래하기 위하여 화폐량이 필요하다. 그러므로 저량변수 측면에서 볼 때 부문 1의 명목화폐수량을 M_1으로 표기하고 부문 2의 명목화폐수량을 M_2로 표기하면 화폐수량 정의는 다음과 같다.

$$M \equiv M_1 + M_2 \qquad \cdots\cdots (11-12)$$

정의식 (11－11)은 유량변수 사이의 관계이고 정의식 (11－12)는 저량변수 사이의 관계이다. 서로 독립이다. 케인즈(Keyes 1930, vol. II, p. 38)가 제시한대로 유량변수인 부문별 거래량과 저량변수인 부문별 화폐수량 사이의 관계는 다음과 같이 정의된다.

$$A \equiv \frac{A}{M}, \quad V_1 \equiv \frac{A_1}{M_1}, \quad V_2 \equiv \frac{A_2}{M_2} \qquad \cdots\cdots \ (11-13)$$

표현 (11－13)은 유량/저량 관계식이라고 부를 수 있는데 유량변수를 저량변수와 연결시키는 V_1은 부문 1의 '진짜' 유통속도, V_2는 부문 2의 '진짜' 유통속도, V는 경제전체의 '평균' 유통속도이다. 교환방정식을 정의식 (11－13)처럼 표현한 것을 수량문제라고 칭하자. 이 정의식들은 서로 독립이다. 이때 부문 1의 화폐비율 $m = \frac{M_1}{M}$과 거래비율 $a = \frac{A_1}{A}$은 내생변수로서 일반균형체계 속에서 상호작용에 의하여 결정되지만 이 가운데 거래비율 a만 알려져 있고 화폐비율 m은 모르는 상태이다. 일반적으로 $a \neq m$이며 $1 \neq a + m$이다.

2. 유통속도의 등속도 직선

피셔형 교환방정식 (11－13)을 유량변수인 거래액 정의 (11－11)에 대입하면 다음의 직선을 얻을 수 있다.

그림 11-1 수량좌표

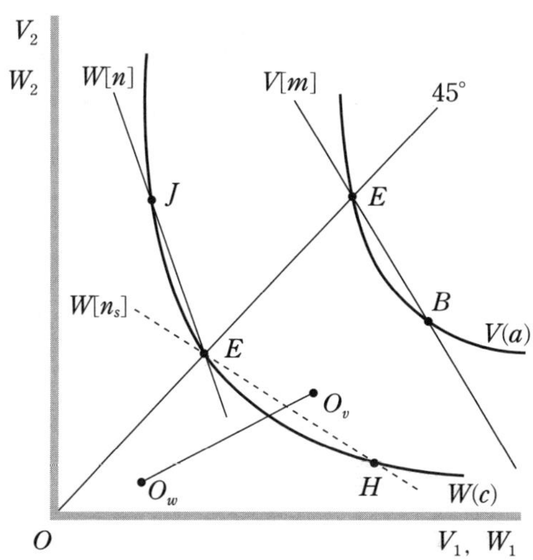

$$V = mV_1 + (1-m)V_2 \qquad \cdots\cdots (11-14)$$

식 (11−14)는 케인즈(Keynes, 1930)가 제시하였던 식과 동일한 형태로서 경제 전체의 '평균' 유통속도 V는 각 부문 '진짜' 유통속도 V_1과 V_2의 '신술평균'이다. 이때 화폐총량에 대한 부문의 화폐수량 비율인 가중치 m은 정의에 의하여 다음의 조건을 지켜야 한다.

$$1 > m > 0 \qquad \cdots\cdots (11-15)$$

식 (11−14)에서 V만이 알려져 있고 m은 알려져 있지 않다. 우리의 목표는 m과 V_1과 V_2를 구하는 것이다. [그림 11−1]의 수량좌표는 수량문제를 기하학적으로 표현한 좌표로 편의상 수량좌표라고 부를 수 있다. [그림 11−1]에서 직선 (11−14)의 기울기와 위치는 V와 m에 달려 있는데 하나의 모든 점에서 V와 m이 일정하게 주어져 있으므로 $V[m]$으로 표기하고 등속도 직선이라고 부를 수 있다.

3. 유통속도의 무차별곡선

이번에는 피셔의 교환방정식 (11−13)을 저량변수인 화폐수량의 정의 (11−12)에 대입하여 정리하면 다음과 같은 직각쌍곡선을 얻을 수 있다.

$$\frac{1}{V} = \frac{a}{V_1} + \frac{1-a}{V_2} \qquad \cdots\cdots (11-16)$$

직각쌍곡선 (11−16)은 등속도 직선 (11−14)와 달리 '평균' 유통속도 V를 각 부문의 '진짜' 유통속도 V_1과 V_2의 '조화평균'으로 나타내고 있는데 가중치가 a와 $1-a$이다. [그림 11−1]의 수량좌표에서 직각쌍곡선 (11−16)의 중심의 좌표는 $O_V = (aV,\ (1-a)V)$이어서 직각쌍곡선의 위치와 모습은 가중치 a와 평균치 V에 달려 있으므로 직각쌍곡선 (11−16)의 이름을 $V(a)$로 표기하도록 한다. [그림 11−1]의 곡선 $V(a)$가 직각쌍곡선 (11−16)의 기하학적 표현인데 동일한 V을 구성하는 V_1과 V_2의 무수한 조합의 집합으로 유통속도의 무차별곡선이라고 부를 수 있다.

[그림 11−1]의 무차별곡선 $V(a)$와 등속도직선 $V[m]$은 두 점에서 만난다. 점 B와 E점이다. 이 결과는 대수적으로는 산술평균인 등속도직선 (11−14)을 조화평균인 무차별곡선 (11−16)에 대입하여 얻은 다음 두 개의 풀이와 동일하다.

$$E(V,\ V), \qquad B=\left(\frac{a}{m}V,\ \frac{1-a}{1-m}V\right) \qquad \cdots\cdots (11-17)$$

일반적으로 $a \neq m$이므로 자명한 풀이 E를 배제하면 점 B가 '진짜' 풀이가 된다. 점 B에서 부문의 '진짜' 유통속도는 다음의 조건을 유지한다.

$$V_1 \neq V_2 \qquad \cdots\cdots (11-18)$$

표현 (11－17) 가운데 '진짜' 풀이 B의 좌표에서 다음이 성립함을 주목할 필요가 있다.

$$aV = mV_1 \qquad \text{베이즈 변환} \qquad \cdots\cdots (11-19)$$

$$(1-a)V = (1-m)V_2 \qquad \text{베이즈 변환} \qquad \cdots\cdots (11-20)$$

이것은 베이즈 변환 (1－11)～(1－12)와 동일한 형태이다. 이로서 화폐 유통속도의 분할은 베이즈 정리의 응용문제가 되는 셈이다. 그러므로 '진짜' 풀이 B점은 베이즈 정리에 해당하므로 베이즈 점이라고 부르도록 한다. 현재 경제가 베이즈 점 B에 있다고 설정하고 유통속도를 분할한다는 것은 그 위치를 찾는 것인데 그 목적을 위하여 베이즈 점 B의 특성을 조사하도록 한다.

4. 한계유통속도 균등의 법칙

무차별곡선 $V(a)$상의 '진짜' 풀이인 베이즈 점 B에서 접하는 접선(그림에서는 생략)의 기울기를 p라고 정의하자. 그러면 베이즈 점 B에서 p는 무차별곡선 $V(a)$의 기울기 $\left(-\dfrac{dV_2}{dV_1}\right)_{V(a)}$ 와 일치하므로 다음이 성립한다.

$$p=\left(-\frac{\partial V_2}{\partial V_1}\right)_B = \frac{a}{1-a}\left(\frac{V_2}{V_1}\right)^2 \Bigg|_B \qquad \cdots\cdots (11-21)$$

기하학적으로는 [그림 11－1]에서 무차별곡선 $V(a)$상의 '진짜' 풀이인 베이즈 점 B에 접하는 직선의 기울기가 p이므로 그 점의 특징을 나타내기 위하여 이 점을 $B(p)$로 표현하겠다. 유통속도의 미분을 한계유통속도라고 이름할 때 식 (11－21)의 오른쪽 항의 분자와 분모는 각 부문의 한계유통속도를 나타낸다. 한계유통속도의 다른 이름은 가속도이다. 베이즈 점 $B(p)$에서 무차별곡선에 접하는 접선의 기울기

p을 '진짜' 유통속도 V_1과 V_2의 거래비용 P_1과 P_2의 비율인 상대가격 $p=\frac{P_2}{P_1}$으로 정의하면 식 (11−21)은 베이즈 점 $B(p)$에서 유통속도의 한계대체율과 상대가격이 동일해짐을 나타내므로 베이즈 점 $B(p)$에서 두 부문 사이에 한계유통속도 균등의 법칙이 성립한다고 볼 수 있다. 그러나 이것은 식 (11−21)의 성립이 반드시 최적화의 가정을 요구하는 것이 아니고 최적화의 가정 없이도 식 (11−21)은 정의로서 성립한다. 우리의 목적은 베이즈 점 $B(p)$의 위치를 찾아서 '진짜' 유통속도 V_1과 V_2를 구하는 것이다.

지금까지의 논의를 거꾸로 설명하면 진행에 도움이 된다. 우리가 찾고자 하는 것은 베이즈 점 $B(p)$의 위치이다. 이 점이 알려졌다고 하자. 그러면 조화평균 (11−16)으로 표현되는 무차별곡선 $V(a)$상의 베이즈 점 $B(p)$에서 한계유통속도 균등의 법칙 (11−21)이 성립한다. 이제 베이즈 점 $B(p)$와 점 E을 연결하는 직선은 반드시 존재하는데 그것이 등속도직선 (11−14)이다. 따라서 베이즈 점 $B(p)$은 등속도직선 (11−14), 무차별곡선 (11−16), 한계유통속도 균등의 법칙 (11−21)로 묘사된다. 베이즈 점 $B(p)$의 위치를 찾기 위하여 비교정학을 도입한다. 식 (11−14)가 비내포모형이라면 여기서 도입하는 비교정학은 내포모형에 해당한다.

5. 대체효과

비교정학에 의하면 베이즈 점 $B(p)$는 가격효과가 끝나는 종착점이다. 베이즈 점에 이동하기 중간단계에 평행효과가 시작하고 대체효과가 끝나는 점이 동일 무차별곡선에 존재한다. 전통적으로 비교정학에 의하면 베이즈 점 $B(p)$으로 이동한 경로를 대체효과와 평행효과로 나누어 생각할 수 있다. 비교정학을 위하여 거래액 (C, C_1, C_2)의 경제에서 거래액 (A, A_1, A_2)의 경제로 이동한 현상을 설정할 필요가 있다. 여기서 명목거래 총액이 C이고 부문별 명목거래액이 각각 C_1과 C_2이다. 유량변수인 거래액 정의는 다음과 같다.

$$C=C_1+C_2 \qquad \cdots\cdots (11-22)$$

명목거래액 (C, C_1, C_2)을 거래하는데 필요한 명목 화폐총량은 N이고 부문별 명목화폐수량은 각각 N_1과 N_2이다. 저량변수인 화폐수량 정의는 다음과 같다.

$$N=N_1+N_2 \qquad \cdots\cdots (11-23)$$

유량변수인 명목거래액과 저량변수인 명목화폐수량 사이의 관계는 다음과 같은 피셔형 교환방정식으로 표현할 수 있다.

$$W=\frac{C}{N}, \quad W_1=\frac{C_1}{N_1}, \quad W_2=\frac{C_2}{N_2} \qquad \cdots\cdots (11-24)$$

여기서 W, W_1, W_2는 각각 해당 유통속도를 나타낸다. W의 크기만 알려졌을 뿐 W_1과 W_2의 크기는 알려져 있지 않다. 이상 세 개의 표현인 거래액 정의 (11-22), 화폐수량 정의 (11-23), 피셔의 교환방정식 (11-24)는 비교정학에 필요하다. 세 개의 식에서 부문 1의 화폐비율 $n=\frac{N_1}{N}$과 부문 1의 거래비율 $c=\frac{C_1}{C}$은 내생변수로서 일반균형 체계에서 상호작용에 의해 결정된다.

피셔형 교환방정식 (11-24)를 거래액 정의 (11-22)에 대입하면 다음의 직선이 성립한다.

$$W=nW_1+(1-n)W_2 \qquad \cdots\cdots (11-25)$$

식 (11-25)는 또 하나의 등속도 직선인데 식 (11-14)를 비내포모형이라고 할 때 여기에 피설명변수와 설명변수 모두에 제약을 가한 내포모형이다. 일반적으로 $c \neq n$이고 $1 \neq c+n$이다. 경제전체의 평균유통속도 W는 부문 진짜 유통속도 W_1과 W_2의 산술평균이다. 등속도직선 (11-25)의 기울기와 위치는 n과 W에 달려 있는데 하나의 등속도직선 상의 모든 점에서 n과 W는 일정하므로 등속도직선 (11-25)를 $W[n]$으로 표기하겠다. [그림 11-1]에서 직선 $W[n]$이 그것이다.

이번에는 피셔형 교환방정식 (11-24)를 화폐수량 정의 (11-23)에 대입하면 수량좌표에서 또 하나의 무차별곡선이 주어진다.

$$\frac{1}{W}=\frac{c}{W_1}+\frac{1-c}{W_2} \qquad \cdots\cdots (11-26)$$

무차별곡선 (11-26) 역시 직각쌍곡선으로 중심의 좌표는 $O_W=(cW, (1-c)W)$이다. 무차별곡선 W을 W_1과 W_2의 조화평균으로 나타낸 식으로 가중치는 c와 $1-c$이다. 하나의 무차별곡선 상의 모든 점에서 평균 W와 가중치 c는 일정하므로 무차별곡선 (11-26)을 $W(c)$로 표기한다.

[그림 11-1]에서 무차별곡선 $W(c)$와 등속도직선 $W[n]$은 J점과 E점 두 점에서

만난다. 이 결과는 대수적으로는 산술평균의 식 (11－25)를 조화평균의 식 (11－26)에 대입하여 얻은 다음의 두 개의 풀이와 동일하다.

$$E(W,\ W),\qquad J=\left(\frac{c}{n}W,\ \frac{1-c}{1-n}W\right) \qquad \cdots\cdots\ (11-27)$$

점 E는 자명한 풀이이므로 일반적으로 배제한다. 점 J가 진짜 풀이이다. 즉 점 J에서 다음이 만족된다.

$$W_1 \neq W_2 \qquad \cdots\cdots\ (11-28)$$

[그림 11－1]의 수량좌표에 $(V_1,\ V_2)$와 $(W_1,\ W_2)$가 공통으로 그려져 있다. 무차별곡선 $W(c)$ 상에서 진짜 풀이 (11－27)을 만족하는 한 점 J를 선택하고 이 점에서 접하는 직선(그림에서는 생략)의 기울기가 이라고 하자. 그러면 점 J에서 한계유통속도 균등의 법칙은 다음과 같다.

$$p_0=\frac{c}{1-c}\left(\frac{W_2}{W_1}\right)^2\Bigg|_J \qquad \cdots\cdots\ (11-29)$$

진짜 풀이인 점 J에서 기울기가 p_0이므로 이 점의 특징을 나타내기 의하여 $J[p_0]$로 표기한다. 점 $J(p_0)$는 경제가 애초에 있었던 위치이며 대체효과가 시작되는 출발점이다.

출발점 $J(p_0)$이 위치하는 동일한 무차별곡선 $W(c)$에서 또 하나의 점 $H(p_H)$을 선택한다. 출발점 $J(p_0)$에서 동일 무차별곡선 $W(c)$상의 중간점 $H(p_H)$로 이동하는 현상이 대체효과이다. 그런데 출발점과 중간점에서 평균 W와 가중치 c는 동일하다. 그러나 점의 위치가 다르므로 W_1의 크기도 달라지는데 식 (11－27)의 점 $J(p_0)$에서 $nW_1=cW$이므로 점 $H(p_H)$의 화폐비율 $n_S \neq n$하에서는 $n_S W_1^S=cW$이어야 한다. 그 결과 점 $H(p_H)$과 점 E를 연결하는 또 하나의 새로운 등속도직선 $W[n_S]$은 다음과 같다.

$$W=n_S W_1^S+(1-n_S)W_2^S \qquad \cdots\cdots\ (11-30)$$

여기서 W_1^S와 W_2^S는 대체효과가 일어난 크기를 가리킨다. [그림 11－1]의 점선 $W[n_S]$이 그것이다. 따라서 식 (11－26)의 무차별곡선 $W(c)$에는 서로 다른 두 개의 등속도직선 $W[n]$과 $W[n_S]$가 지나간다. 이 가운데 식 (11－30)의 새로운 등속도직선 $W[n_S]$은 무차별곡선 $W(c)$과 두 점에서 만난다. 점 E와 점 $H(p_H)$이다. 대수적으로는 식 (11-30)을 식 (11-26)에 대입하면 무차별곡선 $W(c)$에서 두 점의 좌표가 구해진다.

$$E(W,\ W),\qquad H=\left(\frac{c}{n_S}V,\ \frac{1-c}{1-n_S}W\right) \qquad \cdots\cdots (11-31)$$

그러면 중간점 H에서 한계유통속도 균등의 법칙은 다음과 같다.

$$p_H=\frac{c}{1-c}\left(\frac{W_2^S}{W_1^S}\right)^2\Bigg|_H \qquad \cdots\cdots (11-32)$$

진짜 풀이인 점 H에서 기울기가 p_H이므로 이 점의 특징을 나타내기 의하여 $H[p_H]$로 표기한다.

6. 평행효과

[그림 11-1]에서 경제가 무차별곡선 $V(a)$ 상의 종착점 $B(p)$로 이동하기 직전에 무차별곡선 $W(c)$ 상의 점 $H(p_H)$에 있었다. 중간점 $H(p_H)$와 점 $B(p)$가 동일한 기울기를 가질 조건은 $p=p_H$이다. 이것이 평행효과의 정의이며 이 조건이 유지되면 수량좌표에서 슬라츠키의 평행효과는 가능하다.

지금까지 논의를 정리하자. 수량좌표의 총효과는 기울기가 p_0에서 p로 변동할 때 경제가 대체효과에 의해서 무차별곡선 $W(c)$의 출발점 $J(p_0)=\left(\frac{c}{n}W,\ \frac{1-c}{1-n}W\right)$에서 동일 무차별곡선 $W(c)$의 중간점 $H(p_H)=\left(\frac{c}{n_S}W,\ \frac{1-c}{1-n_S}W\right)$으로 이동하고, 다시 평행효과에 의해서 무차별곡선 $W(c)$의 중간점 $H(p_H)=\left(\frac{c}{n_S}W,\ \frac{1-c}{1-n_S}W\right)$에서 다른 무차별곡선 $V(a)$ 상의 점 $B(p)=\left(\frac{a}{m}V,\ \frac{1-a}{1-m}V\right)$으로 이동한 현상이다. 점 $J(p_0)$을 수량출발점, $H(p_H)$을 수량중간점, $B(p)$을 수량종착점이라고 부르자.

제 4 절 시간좌표의 교환방정식

화폐수량설을 설명하는 방법에는 두 가지가 있다. 피셔형 교환방정식과 캠브리지형 교환방정식이다. 앞서 우리는 피셔형 교환방정식 (11－13)과 (11－24)를 수량좌표 상에서 분할의 기초로 삼았다. 여기서는 동일한 문제를 시간좌표 상에서 캠브리지형 교환방정식으로 설명할 것이다. 이제 경제가 수량좌표에서 대체효과 정의에 의해 수량출발점 $J(p_0)$에서 다른 무차별곡선 상의 수량중간점 $H(p_H)$으로 이동하고 다시 평행효과 정의 $p_H=p$에 의해 동일 무차별곡선 상의 수량종착점 $B(p)$으로 이동하는 수량좌표의 현상이 시간좌표에서는 어떻게 나타나는지 살펴보자.

1. 유통시간의 등시간 직선

피셔 교환방정식에서 V가 단위시간에 유통하는 화폐수량의 회전수 곧 유통속도이므로 그의 역수 $k=\frac{1}{V}$는 화폐가 단위회전하는데 걸리는 시간이 되는데 주 또는 개월이 대표적이다. 이것이 마샬의 k인데 편의상 유통시간이라고 부르고 그의 미분을 한계유통시간이라고 부르자. 그러면 피셔의 교환방정식 (11－26)을 $kV=1$, $k_1V_1=1$, $k_2V_2=1$의 변수변환을 이용하여 다음과 같은 캠브리지 방정식으로 전환시킬 수 있다.

$$k=\frac{M}{A}, \quad k_1=\frac{M_1}{A_1}, \quad k_2=\frac{M_2}{A_2} \qquad \cdots\cdots (11-33)$$

이 캠브리지 방정식을 저량변수 화폐 정의식 (11－12)에 대입하면 다음을 얻는다.

$$k=ak_1+(1-a)k_2 \qquad \cdots\cdots (11-34)$$

식 (11－34)에 의하면 평균 유통시간 k은 부문 1의 유통시간 k_1과 부문 2의 유통시간의 '산술평균'인데 가중치는 각각 a와 $1-a$이다. 가중치 a가 일정하게 주어져 있으므로 식 (11－34)를 등시간 직선이라고 부를 수 있는데 '산술평균'의 등시간 직선 (11－34)를 변수변환하면 '조화평균'의 무차별곡선 (11－16)과 대수적으로 동일하다. 이처럼 수량좌표와 시간좌표의 관계는 조화평균과 산술평균의 표리관계이고 기하학적으로는 곡선과 직선의 표리관계이다. 등시간 직선 (11－34)는 [그림 11－2]의 시간좌표에서 그 특징이 k와 a로 규정되므로 $k[a]$로 표기한다. [그림 11－2]의 시간좌표에서 등시간직선 $k[a]$는 [그림 11－1]의 무차별곡선 $V(a)$의 투영이다.

2. 유통시간의 무차별곡선

이번에는 캠브리지 방정식 (11－33)을 유량변수인 거래액 정의 (11－11)에 대입하면 다음이 된다.

$$\frac{1}{k}=\frac{m}{k_1}+\frac{1-m}{k_2} \qquad \cdots\cdots (11-35)$$

이 식은 [그림 11－2]의 시간좌표 $(k_1,\ k_2)$에서 중심이 $O_k=(mk,\ (1-m)k)$인 직각쌍곡선인데 이것을 변수변환한 것이 식 (11－14)이며 [그림 11－1]의 수량좌표 $(V_1,\ V_2)$ 상에서 등속도직선이 된다. 이 경우는 시간좌표의 '조화평균'이 수량좌표에서 '산술평균'이 된 경우이다. 조화평균 (11－35)를 유통시간 무차별곡선이라고 부를 수 있다. [그림 11－2]에서 조화평균 (11－35)는 k와 m으로 특징지워지므로 무차별곡선의 이름을 $k(m)$로 표기한다.

[그림 11－2]에서 무차별곡선 $k(m)$와 등시간 직선 $k[a]$는 두 점 B^{-1}와 E^{-1}에서 만난다. 이 결과는 대수적으로는 산술평균 (11－34)을 조화평균 (11－35)에 대입하여 얻은 다음의 두 개의 풀이와 일치한다.

그림 11－2 시간좌표

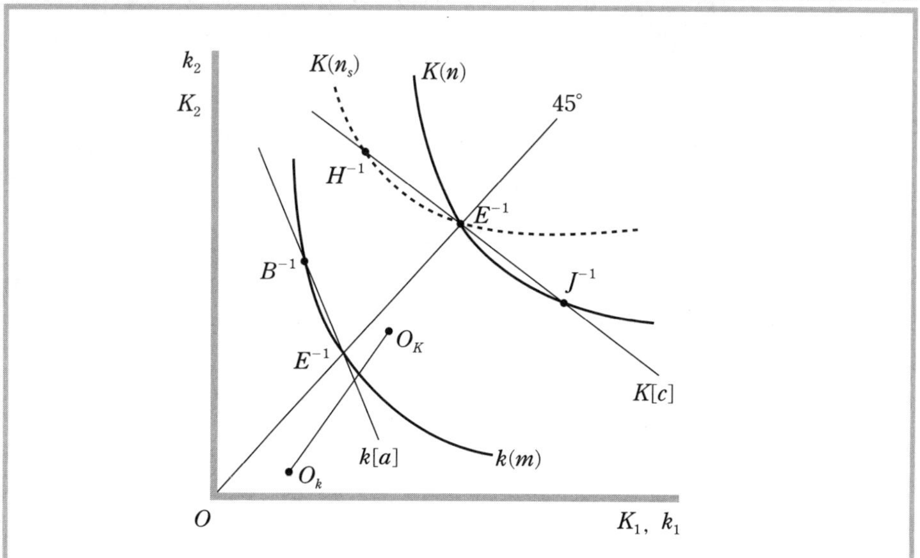

$$E^{-1}=(k,\ k), \qquad B^{-1}=\left(\frac{m}{a}k,\ \frac{1-m}{1-a}k\right) \qquad \cdots\cdots \ (11-36)$$

$E^{-1}E=I$과 $B^{-1}B=I$이므로 시간좌표의 풀이 (11−36)은 수량좌표의 풀이 (11−17)과 정확하게 일치하고 수량좌표에서 베이즈 점 B가 '진짜' 풀이이듯이 시간좌표에서 점 B^{-1}이 '진짜' 풀이이다.

3. 한계유통시간 균등의 법칙

[그림 11−2]의 무차별곡선 $k(m)$ 상의 '진짜' 풀이인 점 B^{-1}을 생각하자. 이 점에서 접선의 기울기를 q로 정의하면 식 (11−34)에서 다음과 같은 한계유통시간 균등의 법칙이 성립한다.

$$q=\left(-\frac{\partial k_2}{\partial k_1}\right)_{B^{-1}}=\frac{m}{1-m}\left(\frac{k_2}{k_1}\right)^2\Bigg|_{B^{-1}} \qquad \cdots\cdots \ (11-37)$$

여기서 q는 접선의 기울기로서 유통시간의 상대가격이다. 일반적으로 $1\neq a+m$이므로 식 (11−21)과 식 (11−37)에서 $pq\neq 1$이다. 따라서 두 개의 유통속도(유통시간) 균등의 법칙인 식 (11−21)과 식 (11−37)은 독립이다. '진짜' 풀이 점 B^{-1}의 특징은 q로 나타낼 수 있으므로 $B^{-1}(q)$로 표기한다. 시간좌표의 풀이 (11−36)과 수량좌표의 풀이 (11−17)을 비교하면 두 결과가 일치하는 것이 그 증거이다.

4. 평행효과

앞서 우리는 [그림 11−1]의 수량종착점 $B(p)$에 대한 [그림 11−2]의 시간종착점 $B^{-1}(q)$의 특성을 살펴보았다. 이제 같은 방식으로 [그림 11−1]의 수량중간점 $H(p_H)$에 대한 [그림 11−2]의 시간중간점 $H^{-1}(q_H)$의 특성을 살펴볼 차례이다. 수량중간점에서 유통속도는 식 (11−30)에 의하면 W_1^S와 W_2^S이다. 따라서 피셔 교환방정식 (11−24)는 $K_1^S W_1^S=1$, $K_2^S W_2^S=1$, $KW=1$의 변수변환을 이용하여 다음과 같이 캠브리지 교환방정식으로 전환할 수 있다.

$$K=\frac{N}{C}, \quad K_1^S=\frac{N_1^S}{C_1}, \quad K_2^S=\frac{N_2^S}{C_2} \qquad \cdots\cdots \ (11-38)$$

이 변수변환에 기초하여 캠브리지 교환방정식 (11−38)을 화폐수량 정의

(11−23)에 대입하면 다음을 얻을 수 있다.

$$K=cK_1^S+(1-c)K_2^S \qquad \cdots\cdots (11-39)$$

이것은 또 하나의 등시간직선이다. 이 등시간직선을 $K[c]$라고 표기한다. 이번에는 캠브리지 교환방정식 (11−38)을 거래량 정의 (11−22)에 대입하면 다음을 얻는다.

$$\frac{1}{K}=\frac{n_S}{K_1^S}+\frac{1-n_S}{K_2^S} \qquad \cdots\cdots (11-40)$$

이것은 또 하나의 무차별곡선이다. [그림 11−2]에 시간좌표에서 중심이 $O_K=(n_SK,\ (1-n_S)K)$인 점선의 무차별곡선이다. 이 곡선을 $K(n_S)$이라고 표기한다. [그림 11−1]에서 $W<V$라고 설정하였으므로 [그림 11−2]에서 $k<K$이다. 따라서 $K(n_S)$은 $k(m)$보다 원점에 가깝다.

산술평균의 등시간직선 (11−39)를 조화평균의 무차별곡선 (11−40)에 대입하면 다음과 같은 두 개의 풀이를 얻는다.

$$E^{-1}=(K,\ K), \qquad H^{-1}=\left(\frac{n_S}{c}K,\ \frac{1-n_S}{1-c}K\right) \qquad \cdots\cdots (11-41)$$

[그림 11−2]의 시간좌표에서 무차별곡선 $K(n_S)$과 등속도직선 $K[c]$는 점 H^{-1}과 E^{-1}에서 만난다. $EE^{-1}=1$이고 $HH^{-1}=1$이므로 수량풀이 (11−31)과 시간풀이 (11−41)는 정확하게 일치한다. $n_S\neq c$이므로 수량좌표에서 점 H가 진짜 풀이이듯이 시간풀이에서 점 H^{-1}이 진짜 풀이이다.

[그림 11−2]의 시간좌표에서 무차별곡선 $K(n_S)$ 상의 진짜 풀이인 점 H^{-1}을 생각하자. 이 점에서 기울기를 q_H로 정의하면 다음과 같이 한계유통시간 균등의 법칙이 성립한다.

$$q_H=\frac{n_S}{1-n_S}\left(\frac{K_2^S}{K_1^S}\right)^2\Bigg|_{H^{-1}} \qquad \cdots\cdots (11-42)$$

일반적으로 $1\neq c+n_S$이므로 식 (11−42)와 식 (11−32)에서 $1\neq c+n_S$이므로 $1\neq q_Hp_H$이다. 따라서 두 개의 한계유통속도(유통시간) 균등의 법칙인 식 (11−42)와 식 (11−32)는 서로 독립이다. 진짜 풀이 점 H^{-1}의 특징은 q_H로 나타낼 수 있으므로 이 점을 $H^{-1}(q_H)$로 표기한다. [그림 11－2]의 점 $H^{-1}(q_H)$는 [그림 11－1]의 수량좌표의 등속도직선 $W[n_S]$과 무차별곡선 $W(c)$가 만나는 수량중간점 $H(p_H)$에 대응하는 시간중간점이다. 두 점은 변수변환에 의하여 정확하게 일치한다.

[그림 11－2]에서 경제가 무차별곡선 $k(m)$ 상의 종착점 $B^{-1}(q)$로 이동하기 직전에 무차별곡선 $K(n_S)$ 상의 점 $H^{-1}(q_H)$에 있었다. 중간점 $H^{-1}(q_H)$와 종착점 $B^{-1}(q)$가 동일한 기울기를 가질 조건은 $q=q_H$이다. 이것이 시간좌표에서 평행효과의 정의이며 이 조건이 유지되면 시간좌표에서도 슬라츠키 평행효과가 성립할 수 있다.

5. 대체효과

마지막으로 시간좌표의 대체효과를 살펴볼 차례이다. 수량출발점 정의 (11－27)의 $J(p_0)$에 대응하는 시간출발점 $J^{-1}(p_0)$의 위치를 조사해야 한다. 수량출발점 $J(p_0)$은 수량좌표에서 무차별곡선 $W(c)$와 식 (11－25)의 등속도직선 $W[n]$이 만나는 점이다. 따라서 시간출발점 $J^{-1}(p_0)$은 반드시 식 (11－25)의 수량등속도직선 $W[n]$을 변수변환한 다음의 무차별곡선 $W(n)$ 상에 위치해야 한다.

$$\frac{1}{K}=\frac{n}{K_1}+\frac{1-n}{K_2} \qquad \cdots\cdots(11-43)$$

그러나 이것은 식 (11－40)에서 논의한 시간무차별곡선 $K(n_S)$과 전혀 다른 또 하나의 무차별곡선으로 [그림 11－2]의 실선 $K(n)$이다. 가중치 n과 평균유통시간 K로 구성되는 무차별곡선은 $K(n)$만이 유일한데 $K(n_S)\neq K(n)$이 되기 때문이다. 즉 무차별곡선 $K(n)$을 무차별곡선 $K(n_S)$과 비교할 때 평균유통시간 K는 같으므로 45도선 상의 E^{-1}점에서 교차하지만 가중치는 $n_S\neq n$이므로 모든 점에서 기울기가 다른 곡선이다. 따라서 시간출발점 $J^{-1}(p_0)$의 위치는 시간중간점 $H^{-1}(q_H)$이 위치하는 동일 무차별곡선 $K(n_S)$ 상에 존재하지 못하고 이와 다른 새로운 시간무차별곡선 $K(n)$에 홀로 떨어져서 위치한다.

무차별곡선 (11－43)에 해당하는 다음의 등시간직선이 존재한다.

$$K=nK_1+(1-n)K_2 \qquad \cdots\cdots\ (11-44)$$

새로운 무차별곡선 $K(n)$과 등시간직선 $K[c]$이 만나는 점을 선택하여 점 $J^{-1}(p_0)$을 정의하고 그 점에서 접선의 기울기를 q_0로 표기할 수 있다.

$$q_0 = \frac{n}{1-n}\left(\frac{K_2}{K_1}\right)^2 \Big|_{J^{-1}(q_0)} \qquad \cdots\cdots (11-45)$$

실제로 [그림 11-2]에 실선으로 표시한 새 무차별곡선 $K(n)$이 공통의 등시간 직선 $K[c]$과 만나는 점을 $J^{-1}(q_0)$로 표기하였다. 그러면 점 $J^{-1}(q_0)$을 시간출발점, 점 $H^{-1}(q_H)$을 시간중간점, 점 $B^{-1}(q)$을 시간종착점이라고 부를 수 있다.

이렇게 볼 때 시간좌표에서 출발점 $J^{-1}(q_0)$과 중간점 $H^{-1}(q_H)$ 사이의 이동은 수량좌표에서 출발점 $J(p_0)$과 중간점 $H(q_H)$ 사이의 이동과 대수적으로나 기하학적으로나 정확하게 일치한다. 그러나 중요한 차이가 있다. 수량좌표에서 다른 무차별곡선 상의 출발점 $J(p_0)$과 중간점 $H(q_H)$ 사이의 이동이 시간좌표에서는 동일 등시간직선 상의 출발점 $J^{-1}(q_0)$과 중간점 $H^{-1}(q_H)$ 사이의 이동이 된다는 사실이다. 따라서 시간출발점 $J^{-1}(q_0)$과 시간중간점 $H^{-1}(q_H)$은 동일 무차별곡선에 위치할 수 없으므로 시간좌표에서 대체효과를 정의할 수 없다. 이것은 다음과 같은 두 가지 의미에서 중요한 차이이다.

첫째, 우리가 수량좌표의 현상에서 논의를 시작하여 그에 대응하여 시간좌표의 현상을 대칭적으로 설명하였다. 그 결과가 수량좌표에서는 동일 무차별곡선 상의 이동으로 대체효과를 설명할 수 있겠지만 시간좌표에서는 동일 등시간직선 상의 이동으로 설명할 수밖에 없었다. 만일 우리가 논의의 순서를 바꾸어서 시간좌표의 캠브리지 현상을 먼저 설명하고 그에 대응하여 수량좌표의 피셔 현상을 대칭적으로 설명하면 시간좌표에서는 동일 무차별곡선 상의 이동으로 대체효과를 설명할 수 있지만 수량좌표에서는 동일 등속도 직선 상의 이동으로 설명할 수밖에 없을 것이다. 다시 말하면 [그림 11-1]의 수량좌표 상의 현상과 [그림 11-2]의 시간좌표 상의 현상이 정확하게 대칭적이지 못하다. 우리는 사전적으로 어떤 좌표의 현상이 먼저 일어나는지 모르며 사실상 동시에 일어나므로 두 좌표가 정확하게 대칭적으로 일치하려면 두 좌표 모두에서 동일 무차별곡선 상의 이동으로 정의되는 대체효과는 불가능하여야 한다. 즉 수량좌표 상의 제 2 의 무차별곡선과 시간좌표 상의 제 2 의 등시간직선이 존재하여야 두 좌표 상의 이동현상이 대칭적으로 일치할 수 있다. [그림 11-3]은 [그림 11-1]의 수량좌표를 재생한 것이지만 가중치가 $c_S \neq c$인 제 2 의 무차별곡선 $W(c_S)$가 그려져 있고 그의 방정식은 다음과 같다.

$$\frac{1}{W}=\frac{c_S}{W_1^S}+\frac{1-c_S}{W_2^S} \qquad \cdots\cdots (11-46)$$

새로운 무차별곡선 (11−46)과 등속도직선 (11−30)이 만나는 점의 풀이는 다음과 같다.

$$E=(W,\ W), \qquad S=\left(\frac{c_S}{n_S}W,\ \frac{1-c_S}{1-n_S}W\right) \qquad \cdots\cdots (11-47)$$

이 새로운 무차별곡선 상의 점 $S(p_S)$가 수정된 중간점이며 이 점에서 무차별곡선 (11−46)에 접하는 기울기는 다음과 같다.

$$p_S=\frac{c_S}{1-c_S}\left(\frac{W_2^S}{W_1^S}\right)^2\Bigg|_{S(p_S)} \qquad \cdots\cdots (11-48)$$

여기서 일반적으로 $p_S \neq p_H$이다.

마찬가지로 [그림 11−4]는 [그림 11−2]의 시간좌표의 재생인데 가중치가 $c_S \neq c$인 수정된 등속도직선 $K[c_S]$이 그려져 있다.

그림 11-3 수량좌표

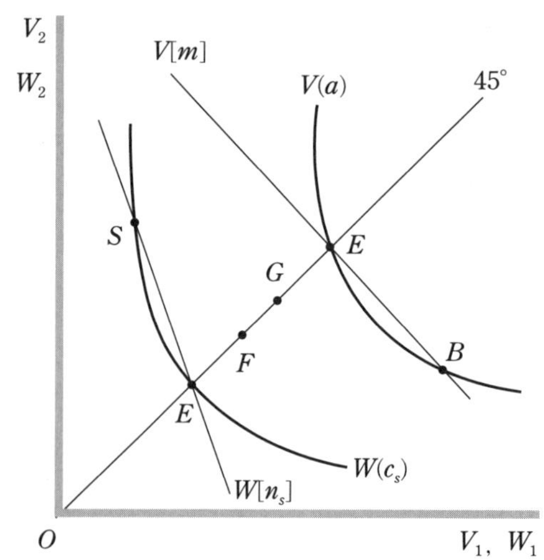

$$K = c_S K_1^S + (1 - c_S) K_2^S \qquad \cdots\cdots \ (11-49)$$

다시 말하면 [그림 11-3]에 두 개의 무차별곡선과 두 개의 등속도직선은 [그림 11-4]의 두 개의 등시간직선과 두 개의 무차별곡선에 각각 대칭적으로 일치한다. 결과적으로 수량좌표와 시간좌표에서 모두 동일 무차별곡선에서 이동하는 대체효과는 불가능함이 표현되었다. 새로운 등시간직선 (11-49)가 무차별곡선 (11-40)과 만나는 두 점의 풀이는 다음과 같다.

$$E^{-1} = (K,\ K), \qquad S^{-1} = \left(\frac{n_S}{c_S} K,\ \frac{1-n_S}{1-c_S} K \right) \qquad \cdots\cdots \ (11-50)$$

이 새로운 무차별곡선 상의 점 $S^{-1}(q_S)$가 수정된 중간점이며 이 점에서 무차별곡선 (11-40)에 접하는 기울기는 다음과 같다.

$$q_S = \frac{n_S}{1-n_S} \left(\frac{K_2^S}{K_1^S} \right)^2 \Bigg|_{S^{-1}(q_S)} \qquad \cdots\cdots \ (11-51)$$

여기서 일반적으로 $q_S \neq q_H$이다.

그림 11-4 시간좌표

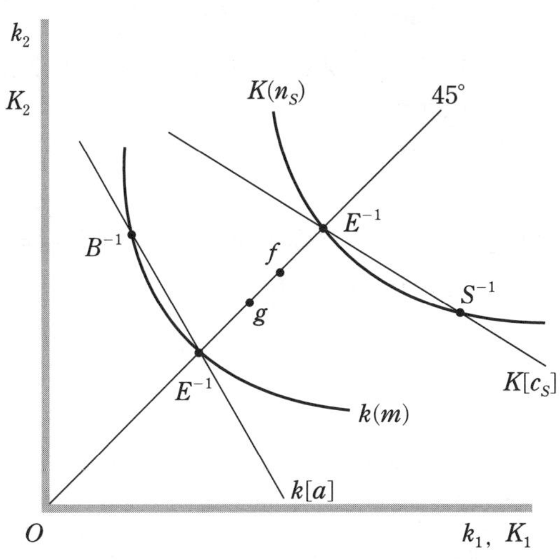

요약하면 시간좌표에서 출발점 $J^{-1}(q_0)$과 새 중간점 $S^{-1}(q_S)$ 사이의 이동은 수량좌표에서 출발점 $J(q_0)$과 새 중간점 $S(q_S)$ 사이의 이동과 대수적으로 기하학적으로 정확하게 일치한다. 또한 시간좌표의 새 중간점 $S^{-1}(q_S)$에서 종착점 $B^{-1}(q)$의 이동은 수량좌표의 새 중간점 $S(q_S)$에서 종착점 $B(p)$의 이동과 대수적으로 기하학적으로 정확하게 일치한다. 마지막으로 수량좌표의 이동과 시간좌표의 이동은 정확하게 대칭적이다.

둘째, 힉스 대체효과는 동일 무차별곡선 상의 이동인데 수량좌표에서 대체효과가 성립하면 시간좌표에서 성립할 수 없고 시간좌표에서 대체효과가 성립하면 수량좌표에서 성립할 수 없다. 두 좌표에서 동일한 현상이 동시에 대칭적으로 발생하여야 하므로 양 좌표에서 힉스 대체효과는 불가능하다. 양 공간에서 통상의 힉스 대체효과를 정의할 수 없는 이유 가운데 하나가 무차별곡선의 크기(조화평균치)뿐만 아니라 조화가중치(파라메타)의 크기도 동일하기 때문이다. 다음을 정의한다.

▶▶▶ 정의 11－1(힉스 강대체효과)

무차별곡선을 정의하는 가중치(파라메타)가 일정하고 크기(평균치)도 동일한 무차별곡선 상의 이동이다.

▶▶▶ 정의 11－2(힉스 약대체효과)

무차별곡선을 정의하는 가중치(파라메타)는 일정하지 않지만 크기(평균치)는 동일한 무차별곡선 사이의 이동 현상이다.

여기서 강이라는 표현은 동일 무차별곡선 $W(c)$의 위치를 나타내는 평균치 W의 크기뿐만 아니라 가중치 c의 크기도 일정하다는 뜻이다.[3] 불가능의 원인은 수량좌표의 산술평균이 시간공간에서는 조화평균으로 전환되고 그 역도 성립하는 변수의 변환성 때문이다.

---

3) 힉스의 대체효과는 파라메타가 일정한 하나의 동일 무차별곡선 상에서 일어나는 이동을 말한다. 이 정의를 무차별곡선 $V(a)$에 적용하면 가중치 a가 일정하고 하나의 동일 무차별곡선에서 평균치 V가 일정하여야 한다. 이 같은 강한 조건을 갖춘 이동을 강대체효과라고 부르자. 이에 대하여 조건을 완화하여 가중치 a는 변하더라도 평균치 V만 일정하게 유지하는 이동을 약대체효과라고 부를 수 있다.

제 5 절 힉스 강대체효과와 강평행효과의 불가능성

1. 힉스 강대체효과 불가능성

이상에서 수량좌표의 현상을 시간좌표에서 동일하게 대칭적으로 재현하였다. 이 과정에서 확인된 흥미로운 사실은 수량좌표 출발점 $J(p_0)$과 수량좌표 원래의 중간점 $H(p_H)$이 '동일' 무차별곡선 $W(c)$에 위치할 때 시간좌표 출발점 $J^{-1}(q_0)$과 시간좌표 원래의 중간점 $H^{-1}(p_H)$이 '다른' 무차별곡선에 위치하였다는 점이다. 이것은 수량좌표에서 성립하는 힉스 강대체효과의 정의가 시간좌표에서는 불가능함을 뜻하는데 그 역도 성립하였다.

> **▶▶▶ 소정리 11-1(힉스 강대체효과 불가능성)**
> 수량좌표에서 평균치 W와 가중치 c가 일정하게 주어진 무차별곡선 $W(c)$ 상의 출발점 $J(p_0)$에서 동일 무차별곡선 상의 원래의 중간점 $H(p_H)$으로 이동하는 슬라츠키의 수량좌표 강대체효과는 시간좌표에서 평균치가 일정하게 주어진 '동일' 무차별곡선 $K(n)$ 상의 이동현상인 시간좌표 강대체효과로 정의할 수 없다. 그 역도 성립한다.

증명은 부록 11A-1에 제시되었다. 소정리 11-1에 의하면 수량좌표와 시간좌표에서 동시에 강대체효과를 정의할 수 없으므로 세 가지 경우를 생각할 수 있다. 첫째, 두 좌표에서 모두 약대체효과만이 정의될 수 있는 경우, 둘째, 수량좌표에서 강대체효과를 정의할 수 있지만 시간좌표에서는 약대체효과만이 정의되는 경우, 셋째, 역으로 시간좌표에서 강대체효과를 정의할 수 있지만 수량좌표에서는 약대체효과만이 정의될 수 있는 경우이다. 첫째 경우가 일반적이므로 우리가 이미 수량좌표와 시간좌표에서 원래의 중간점 $H(p_H)$와 $H^{-1}(p_H)$을 각각의 해당 좌표에서 수정된 중간점 $S(p_S)$와 $S^{-1}(p_S)$으로 대체하였다.

2. 슬라츠키 강평행효과 불가능성

우리는 앞서 제 5 장에서 이미 슬라츠키 소득효과 불가능성을 증명은 생략한 채 정합이론으로 설명하였다. 여기서 증명을 제시한다. 소득효과는 평행효과이다. 수량좌표와 시간좌표에서 대수적으로 결과가 일치하도록 힉스 강대체효과의 정의가 불가능하면 슬라츠키 강평행효과도 정의할 수 없다. 여기서 강이라는 표현은 두 무차별곡선의 접선의 기울기가 평행하다는 뜻이다.[4] 따라서 다음을 정의한다.

> **▶▶▶ 정의 11－3(슬라츠키 강평행효과)**
> 하나의 무차별곡선의 한 점에서 이 점의 접선의 기울기와 동일한 기울기를 가진 다른 하나의 무차별곡선 상의 한 점으로 이동하는 현상이다.

> **▶▶▶ 정의 11－4(슬라츠키 약평행효과)**
> 하나의 무차별곡선의 한 점에서 이 점과 유일하게 1대 1의 관계를 갖는 다른 무차별곡선 상의 한 점으로 이동하는 현상이다.

슬라츠키 강평행효과가 불가능한 것은 앞서 제 5 장에서 소득효과 불가능성에서 소개한 대로이지만 여기서는 시간좌표를 이용하여 직관적으로 설명할 수 있다. 수량좌표에서 무차별곡선이 $W(c_S)$에서 $V(a)$로 이동할 때 시간좌표에서는 변수변환에 의하여 등시간직선이 $K[c_S]$에서 $k[a]$로 이동한다. 등시간직선 $K[c_S]$의 기울기는 $-\dfrac{c_S}{1-c_S}$이고 등시간직선 $k[a]$의 기울기는 $-\dfrac{a}{1-a}$인데 $a \neq c_S$이므로 두 기울기는 동일하지 않다. 따라서 시간좌표에서는 동일한 기울기를 갖고 이동할 수 없다. 수량좌표의 슬라츠키 강평행효과를 시간좌표에서 정의할 수 없고 그 역도 성립한다는 것은 기울기 p 및 q를 각각 기울기 p_S와 q_S와 비교해 보면 확실해 진다.

> **▶▶▶ 소정리 11－2(슬라츠키 강평행효과 불가능성)**
> 수량좌표와 시간좌표에서 일반적으로 $a \neq c_S$와 $m \neq n_S$이고 평균유통속도 $W[K]$가 $V[k]$로 변할 때 하나의 무차별곡선 상의 수정된 중간점 $S(p_S)[S^{-1}(q_S)]$에서 $W_1^S \neq W_2^S[K_1^S \neq K_2^S]$이고 동시에 다른 무차별곡선의 종착점 $B(p)[B^{-1}(q)]$에서 $V_1 \neq V_2[k_1 \neq k_2]$가 되도록 힉스의 강평행효과를 성립시키는 동일 기울기 $p = p_S$와 $q = q_S$는 양 좌표에서 각각의 두 무차별곡선 상에 존재하지 않는다.

4) 힉스의 평행효과는 두 개의 다른 무차별곡선 사이에서 기울기를 일정하게 유지한 채 일어

증 명 증명을 위해 지금까지 논의하였던 방정식 가운데 경제가 수량좌표에서 $p=p_S$ 하의 $H(p_S)\rightarrow B(p)$로, 시간좌표에서 $q=q_S$ 하의 $S^{-1}(q_S)\rightarrow B^{-1}(q)$로 이동하는 강평행효과를 나타내는 독립방정식만 택한다. 증명을 위한 연립방정식 체계 11−1은 다음과 같다.

연립방정식 체계 11-1

$\frac{1}{V}=\frac{a}{V_1}+\frac{1-a}{V_2}$	(11−16)	$V=mV_1+(1-m)V_2$	(11−14)
$p=\frac{a}{1-a}\left(\frac{V_2}{V_1}\right)^2\Big\vert_{B(p)}$	(11−21)	$q=\frac{m}{1-m}\left(\frac{V_1}{V_2}\right)^2\Big\vert_{B^{-1}(q)}$	(11−37)
$\frac{1}{W}=\frac{c_S}{W_1^S}+\frac{1-c_S}{W_2^S}$	(11−46)	$W=n_SW_1^S+(1-n_S)W_2^S$	(11−30)
$p_S=\frac{c_S}{1-c_S}\left(\frac{W_2^S}{W_1^S}\right)^2\Big\vert_{S(p_S)}$	(11−48)	$p_S=\frac{n_S}{1-n_S}\left(\frac{W_1^S}{W_2^S}\right)^2\Big\vert_{S^{-1}(q_S)}$	(11−51)

왼쪽 네 개의 식은 수량좌표의 식들이고 오른쪽 네 개의 식은 시간좌표의 식들인데 식 (11−14), 식 (11−37), 식 (11−30), 식 (11−51)에서 수량좌표와 시간좌표 사이에 변수변환 관계를 나타내는 $k_1V_1=1$, $k_2V_2=1$, $K_1^SW_1^S=1$, $K_2^SW_2^S=1$을 이미 사용하였다. 연립방정식 체계 I에 두 개의 힉스 강평행효과의 정의를 추가한다.

$$p_S=p,\ q_S=q \qquad \cdots\cdots\ (11-52)$$

독립방정식의 수는 10개이고 미지수의 수는 14개이다. 이 가운데 10개의 미지수를 나머지 4개의 미지수의 함수로 표현할 수 있다. 풀이는 다음과 같다.

$$\begin{aligned} V_1&=a\left[1+\left(\frac{1-a}{a}\frac{1}{p}\right)^{\frac{1}{2}}\right]V,\\ V_2&=(1-a)\left[1+\left(\frac{a}{1-a}p\right)^{\frac{1}{2}}\right]V,\\ W_1^S&=W_2^S \end{aligned} \qquad \cdots\cdots\ (11-53)$$

나는 이동을 가리킨다. 이 같은 강한 조건을 요구하는 이동을 강평행효과라고 부르자. 무차별곡선의 한 점에서 접선의 기울기는 유일하므로 두 무차별곡선에서 기울기가 동일한 점은 각각 유일하다. 따라서 하나의 무차별곡선의 한 점과 강평행효과로 대응할 수 있는 점은 다른 하나의 무차별곡선 마다 유일하게 존재한다.

또는

$$W_1^S = c_S\left[1+\left(\frac{1-c_S}{c_S}\frac{1}{p_S}\right)^{\frac{1}{2}}\right]W,$$

$$W_2^S = (1-c_S)\left[1+\left(\frac{c_S}{1-c_S}p_S\right)^{\frac{1}{2}}\right]W,$$

$$V_1 = V_2 \qquad \cdots\cdots (11-54)$$

풀이 (11－53)～(11－54)에 의하면 수량좌표와 시간좌표에서 평행효과가 성립하려면 풀이 가운데 하나는 반드시 자명한 풀이가 되어야 한다. 이것은 자명한 풀이를 배제한다고 설정한 전제에 모순이 된다.

제 6 절 슬라츠키 약평행효과의 가능성

수량좌표와 시간좌표를 동시에 만족시키는 슬라츠키 강평행효과의 정의가 일반적으로 불가능하므로 수량좌표 중간점 $S(p_S)$에서 수량좌표 종착점 $B(p)$으로 이동할 때 $p_S \neq p$이고 동시에 시간좌표 중간점 $S^{-1}(q_S)$에서 종착점 $B^{-1}(q)$으로 이동할 때 $q_S \neq q$이다. 이때 수량좌표에서 하나의 무차별곡선 상의 중간점 $S(p_S)$의 접선의 기울기 p_S와 또 하나의 다른 무차별곡선 상의 종착점 $B(p)$의 접선의 기울기 p가 유일한 관계를 갖고 이동하는 현상이 수량좌표의 약평행효과이고 시간좌표에서 하나의 무차별곡선 상의 중간점 $S^{-1}(q_S)$의 접선의 기울기 q_S와 또 하나의 다른 무차별곡선 상의 종착점 $B^{-1}(q)$의 접선의 기울기 q가 유일한 관계를 갖고 이동하는 현상이 시간좌표의 약평행효과이다. 여기서 약이라는 의미는 $p \neq p_S$와 $q \neq q_S$ 조건 하에서 경제가 각각의 좌표에서 하나의 무차별곡선 상의 각각 p와 q로 특징지워지는 한 점에서 다른 무차별곡선 상의 각각 p_S와 q_S로 특징지워지는 각각의 유일한 대응점으로 이동한다는 뜻이다. 무차별곡선 상의 임의의 한 점에서 기울기는 유일하다. 따라서 서로 다른 무차별곡선 사이에서 동일한 기울기를 갖는 점의 이동 역시 유일하다. 이 같은 유일한 이동을 강평행효과라고 부를 수 있다. 그러나 강평행효과는 불가능하므로 조건을 완화하여 기울기는 다르되 하나의 무차별곡선의 임의의 한 점에서 이 점에 대응하는 점으로서 또 하나의 무차별곡선 상에 유일한 점이 존재한다면 이 두 유일한 점 사이의 유일한 이동을 약평행효과라고 부를 수 있다. 이것이 정의 11-4의 내용이다.

약평행효과의 정의를 사용하면 연립방정식 체계 11-1에 불가능한 2개의 강평행효과 정의 $p=p_S$와 $q=q_S$ 대신, $p \neq p_S$을 나타내는 p와 p_S 사이의 수량좌표 약평행효과와 $q \neq q_S$을 나타내는 q와 q_S 사이의 시간좌표 약평행효과를 정의하는 2개의 독립방정식으로 대체할 수 있다. 이들 방정식의 구체적인 함수형태를 밝히기 위하여 두 개의 양수를 정의한다.

$$\Delta=\frac{(1-a)V-(1-c_S)W}{aV-c_SW}>0, \quad \Omega=\frac{(1-m)k-(1-n_S)K}{mk-n_SK}>0 \quad \cdots\cdots \ (11-55)$$

여기서 Δ와 Ω는 항상 양수로 정의한다는 제약은 이들이 절대값이라는 뜻이다. 그 이유는 소정리 11-4에서 제시된다. 정의 (11-55)는 각각 [그림 11-3]의 수량좌표에서 중심의 이동거리 O_WO_V의 기울기 Δ와 [그림 11-4]의 시간좌표에서 중심의 이동거리 O_kO_K의 기울기 Ω을 나타낸다.

▶▶▶ 소정리 11-3(슬라츠키 약평행효과 가능성)

수량좌표의 무차별곡선 $V(a)$ 상에 수량좌표 종착점 $B(p)$이 주어져 있다. 이 점의 접선의 기울기는 p이다. 수량좌표의 무차별곡선 $W(c_S)$ 상에 수량좌표 중간점 $S(p_S)$의 위치를 생각하자. 이 점의 접선의 기울기는 p_S이다. 그러면 수량좌표의 두 개의 점 $B(p)$과 $S(p_S)$ 사이에는 다음과 같은 수량좌표 약평행효과의 방정식이 유일하게 성립한다.

$$p=\frac{1}{p_S}\ \frac{a}{1-a}\ \frac{c_S}{1-c_S}\ \Delta^2 \quad \cdots\cdots \ (11-56)$$

수량좌표 중간점 $S(p_S)$에 대수적으로 일치하는 시간좌표 중간점 $S^{-1}(q_S)$이 시간좌표의 무차별곡선 $K(n_S)$에 존재한다. 이 점의 접선의 기울기는 q_S이다. 수량좌표 종착점 $B(p)$에 대수적으로 일치하는 시간좌표 종착점 $B^{-1}(q)$이 시간좌표의 무차별곡선 $k(m)$에 존재한다. 이 점의 접선의 기울기는 q이다. 그러면 시간좌표의 두 개의 점 $B^{-1}1(q)$와 $S^{-1}(q_S)$ 사이에는 다음과 같은 시간좌표 약평행효과의 방정식이 유일하게 성립한다.

$$p=\frac{1}{q_S}\ \frac{m}{1-m}\ \frac{n_S}{1-n_S}\ \Omega^2 \quad \cdots\cdots \ (11-56)$$

증명은 부록 11A−2에 제시되었지만 부록 11A−3은 전혀 다른 증명으로 동일한 결과를 보이고 있다. 소정리 11−3의 의미는 다음과 같다. 수량좌표에서 두 개의 무차별곡선이 주어져 있다고 하자. 그러면 하나의 무차별곡선의 임의의 한 점에 대응하는 유일한 점이 무차별곡선에 존재한다. 약평행효과는 강평행효과보다 일반적인 현상이다. 거꾸로 말하면 강평행효과는 약평행효과의 특수한 경우이다. 이 사실을 증명하기 위하여 무차별곡선의 중심의 전환을 먼저 증명해야 한다. 소정리 11−3에 의해서 힉스 약평행효과가 발생할 때 수량좌표와 시간좌표에서 무차별곡선의 중심이 이동한다. 양 좌표에서 서로 일치하는 힉스 약평행효과가 각각 유일하므로 양 좌표에서 무차별곡선의 중심의 이동 사이에는 다음과 같은 중심의 변환 정리가 성립한다.

▶▶▶ 소정리 11−4(무차별곡선의 중심변환)

무차별곡선 중심의 이동은 양 좌표에서 변수변환의 정의를 만족시킨다. 다른 말로 표현하면 수량좌표에서 무차별곡선의 중심의 이동거리의 기울기는 시간좌표에서 무차별곡선의 중심의 이동거리의 기울기의 역수이다.

$$\Delta\Omega=1 \qquad \text{중심변환} \qquad \cdots\cdots\ (11-58)$$

증 명 식 (11−56)과 식 (11−57)에서 $pp_Sqq_S=\frac{a}{1-a}\ \frac{c_S}{1-c_S}\ \frac{m}{1-m}\ \frac{n_S}{1-n_S}\Delta^2\Omega^2$이다. 식 (11−21), 식 (11−37), 식 (11−48), 식 (11−51)에서 $pp_Sqq_S=\frac{a}{1-a}\ \frac{c_S}{1-c_S}\frac{m}{1-m}\ \frac{n_S}{1-n_S}$이다. 따라서 $(\Delta\Omega)^2=1$인데 이것은 2개의 풀이로 구성되어 있다. $\Delta\Omega=1$과 $\Delta\Omega=-1$이다. 이 가운데 Δ와 Ω는 수량좌표와 시간좌표의 대칭성에 의해 동일한 부호를 가져야 하므로 식 (11−58)을 택한다. 혹은 $|\Delta\Omega|=1$이다. 식 (11−58)이 성립한다. 증명 끝.

그러나 부호의 간편함을 위하여 절대값 부호를 생략하고 (11−55)처럼 $\Delta>0$과 $\Omega>0$으로 사용하겠다. 무차별곡선의 중심변환 (11−58)의 증명이 제 2 장의 식 (2−41)에서 이미 다른 방법으로 제시되었다. 제 2 장에서는 변수변환과 좌표변환이 직각쌍곡선의 중심의 기울기에도 나타난다는 점을 강조하기 위함이었다.

제 7 절 비교정학의 체계

1. 연립방정식 체계

슬라츠키 강평행효과의 불가능성으로 그를 대신하는 슬라츠키의 약평행효과를 정의하는 식 (11－56)과 식 (11－57)이 새로운 정보이다. 이들은 각각 독립방정식이므로 이제 우리는 유통속도를 분할하는데 필요한 모든 독립방정식을 유도하였다. 강평행효과 정의 (11－52) 대신 약평행효과 정의 (11－56)~(11－57)을 연립방정식 체계 11-1에 추가하면 분할을 위한 연립방정식 체계 11－2는 일단 완성된다.

연립방정식 체계 11-2

$\frac{1}{V}=\frac{a}{V_1}+\frac{1-a}{V_2}$	(11－16)	$V=mV_1+(1-m)V_2$	(11－14)
$p=\frac{a}{1-a}\left(\frac{V_2}{V_1}\right)^2\Big\vert_{B(p)}$	(11－21)	$q=\frac{m}{1-m}\left(\frac{V_1}{V_2}\right)^2\Big\vert_{B^{-1}(q)}$	(11－37)
$\frac{1}{W}=\frac{c_S}{W_1^S}+\frac{1-c_S}{W_2^S}$	(11－46)	$W=n_SW_1^S+(1-n_S)W_2^S$	(11－30)
$p_S=\frac{c_S}{1-c_S}\left(\frac{W_2^S}{W_1^S}\right)^2\Big\vert_{S(p_S)}$	(11－48)	$q_S=\frac{n_S}{1-n_S}\left(\frac{W_1^S}{W_2^S}\right)^2\Big\vert_{S^{-1}(q_S)}$	(11－51)
$pp_S=\frac{a}{1-a}\,\frac{c_S}{1-c_S}\Delta^2$	(11－56)	$qq_S=\frac{m}{1-m}\,\frac{n_S}{1-n_S}\,\Omega^2$	(11－57)

2. 풀 이

연립방정식 체계 11－2 역시 10개의 독립방정식과 14개의 미지수(V_1, V_2, W_1^S, W_2^S, m, n_S, p, p_S, q, q_S, a, c_S, V, W)로 구성된다. 모든 변수는 일반균형체계에서 결정되지만 모두가 관측되는 것은 아니다. 이 가운데 3개(a, V, W)만이 관측된다. 미지수의 숫자가 방정식의 숫자보다 1개 더 많아서 완전히 풀어지지 않는다. 10개의 방정식은 2개의 방정식으로 요약할 수 있다.

$$\Delta\Omega=1 \qquad \cdots\cdots (11-60)$$

$$\frac{m}{1-m}\;\frac{n_S}{1-n_S}=\frac{a}{1-a}\;\frac{c_S}{1-c_S}\Delta \qquad \cdots\cdots (11-61)$$

식 (11−60)은 제 2 장의 식 (2−41)과 같으며 식 (11−61)은 식 (11−21), 식 (11−48), 식 (11−56)에서 구했다. 식 (11−60)을 식 (11−61)에 n_S에 대하여 대입하면 다음이 된다.

$$Bm^2+2\Gamma m+\Phi=0 \qquad \cdots\cdots (11-62)$$

여기서 B, Γ, Φ는 각각 (a, c_S, V, W)의 함수이다.[5] $\Gamma^2-B\Phi>0$이기 때문에 2차 방정식 (11−62)의 실수 풀이는 2개이지만 그 가운데 $1>m>0$의 조건을 만족하는 풀이는 1개이다[증명생략]. 따라서 베이즈 점이며 종착점인 $B(p)$에서 풀이는 다음과 같다.

$$m=\frac{\left(\frac{a}{1-a}\;\frac{c_S}{1-c_S}\Delta\right)^{\frac{1}{2}}}{1+\left(\frac{a}{1-a}\;\frac{c_S}{1-c_S}\Delta\right)^{\frac{1}{2}}}-G \qquad \cdots\cdots (11-63)$$

$$\frac{V_1}{V}=\frac{a\left[1+\left(\frac{a}{1-a}\;\frac{c_S}{1-c_S}\Delta\right)^{\frac{1}{2}}\right]}{(1-G)\left[\frac{a}{1-a}\;\frac{c_S}{1-c_S}\Delta\right]^{\frac{1}{2}}-G} \qquad \cdots\cdots (11-64)$$

$$\frac{V_2}{V}=\frac{(1-a)\left[1+\left(\frac{a}{1-a}\;\frac{c_S}{1-c_S}\Delta\right)^{\frac{1}{2}}\right]}{1+G\left[1+\frac{a}{1-a}\;\frac{c_S}{1-c_S}\Delta\right]^{\frac{1}{2}}} \qquad \cdots\cdots (11-65)$$

여기서

5) $B=\left(1-\frac{a}{1-a}\frac{c_S}{1-c_S}\Delta\right)(1+\Delta)$, $\Phi=-\left(\frac{V}{Z}+\Delta\right)\frac{a}{1-a}\frac{c_S}{1-c_S}\Delta$,

$\Gamma=\frac{1}{2}\left[\frac{a}{1-a}\frac{c_S}{1-c_S}\left(\frac{V}{Z}+\Delta\right)-\left(1-\frac{a}{1-a}\frac{c_S}{1-c_S}\Delta\right)+\left(\frac{V}{Z}+\frac{a}{1-a}\frac{c_S}{1-c_S}\right)\right]\Delta$

$$G=\frac{\left(\frac{a}{1-a}\frac{c_S}{1-c_S}\Delta\right)^{\frac{1}{2}}\left[(1-D^{\frac{1}{2}})+\left(D-\frac{V}{W}\right)^{\frac{1}{2}}\right]}{1-\frac{a}{1-a}\frac{c_S}{1-c_S}\Delta} \quad \cdots\cdots (11-66)$$

$$D=\frac{1-a}{a}\frac{1-c_S}{c_S}\frac{1}{\Delta}\left[\frac{1}{2}\frac{\Delta}{1+\Delta}\left(\frac{V}{W}-1\right)\left(1+\frac{a}{1-a}\frac{c_S}{1-c_S}\right)\right]^2+\frac{V}{W} \quad (11-67)$$

화폐비율 m과 (a, c_S, V, W) 사이의 관계는 알려지지 않는다.

제 8 절 유통속도의 분할

1. 지금까지 우리는 비교정학을 이용하여 유통속도 분리를 시도하였다. 그러나 미지수가 1개 더 많은 연립방정식 체제는 풀리지 않는다. 다만 이 과정에서 우리는 여러 가지 정리를 구할 수 있었다. 그 가운데 하나가 슬라츠키 대체효과와 평행효과의 불가능을 재확인하여 제 3 장과 제 5 장에서 소개한 민서의 소득효과 편의를 다시 설명할 수 있었다.

2. 이제 부족한 방정식을 추가할 차례이다. 식 (11－16)과 식 (11－46)은 1차 동차함수이므로 무차별곡선의 위치를 옮겨도 식 (11－21), 식 (11－48), 식 (11－56)의 관계는 변함이 없다. 여기서 a와 V가 주어졌으므로 우리가 규명하려는 베이즈 점의 위치는 부동점에 해당한다. 다시 말하면 비교정학의 비교대상에 상관없이 부동한 위치가 되어야 한다. 비교대상의 정의를 λ로 규정하면 풀이 (11－63)이 다음과 같이 되어야 한다.

$$m=\frac{\left(\frac{a}{1-a}\frac{c_S}{1-c_S}\Delta(\lambda)\right)^{\frac{1}{2}}}{1+\left(\frac{a}{1-a}\frac{c_S}{1-c_S}\Delta(\lambda)\right)^{\frac{1}{2}}}-G(\lambda) \quad (11-66)$$

식 (11－64)의 G와 Δ가 λ의 함수이다. λ=1이면 식 (11－66)은 식 (11－63)이

다. 그러나 베이즈 점이 비교대상과 독립적인 부동점이 되려면 m과 a가 유일해야 한다. 이것은 λ의 크기에 따라 c_S의 크기가 변한다는 뜻이다. 즉 1차 동차함수 (11－46)의 좌우에 λ을 곱해도 식 (11－48)은 변함이 없어야 하는데 식 (11－46)의 우측이 λW이므로 Δ의 크기는 변한다. 만일 λ을 곱할 때 c_S가 변하지 않는다면 식(11－21)에 식 (11－48)을 곱한 결과와 식 (11－56)이 모순을 일으킨다. 이것은 베이즈 점의 기울기 p와 가중치 a가 변함이 없고 1차 동차의 정의에 의해 p_S가 일정하면 부동인 약평행효과 (11－56)에서 $\frac{c_S}{1-c_S}\Delta=$고정이며 λ의 크기에 c_S의 크기가 변한다는 뜻이다. 수식으로는 $\frac{c_S}{1-c_S}\Delta^2=pp_S\frac{1-a}{a}$가 고정이다. 따라서 일반화하여 $\lambda=\frac{V}{W}$일 때의 c_S을 c_λ라고 하면 연립방정식 체계 11－3은 다음과 같이 된다.

연립방정식 체계 11-3

$\frac{1}{V}=\frac{a}{V_1}+\frac{1-a}{V_2}$	(11－16)	$V=mV_1+(1-m)V_2$	(11－14)
$p=\frac{a}{1-a}\left(\frac{V_2}{V_1}\right)^2\Big\vert_{B(p)}$	(11－21)	$q=\frac{m}{1-m}\left(\frac{V_1}{V_2}\right)^2\Big\vert_{B^{-1}(q)}$	(11－37)
$\frac{1}{\lambda W}=\frac{c_\lambda}{W_1^\lambda}+\frac{1-c_\lambda}{W_2^\lambda}$	(11－46)	$\lambda W=n_\lambda W_1^\lambda+(1-n_\lambda)W_2^\lambda$	(11－30)
$p_S=\frac{c_\lambda}{1-c_\lambda}\left(\frac{W_2^\lambda}{W_1^\lambda}\right)^2\Big\vert_{\lambda(p_S)}$	(11－48)	$q_S=\frac{n_\lambda}{1-n_\lambda}\left(\frac{W_1^\lambda}{W_2^\lambda}\right)^2\Big\vert_{\lambda^{-1}(q_S)}$	(11－51)
$pp_S=\frac{a}{1-a}\,\frac{c_\lambda}{1-c_\lambda}\Delta_\lambda^2$	(11－56)	$qq_S=\frac{m}{1-m}\,\frac{n_\lambda}{1-n_\lambda}\Omega_\lambda^2$	(11－57)

여기서 $\lambda=1$일 때의 풀이가 식 (11－63)이다. 마찬가지로 $\lambda=\frac{V}{W}$이면 정의 (11－55)에서 $\Delta_\lambda=1>0$이 되어 연립방정식 체계 11-2의 식 (11－56)과 연립방정식 체계 11-3의 식 (11－56)을 비교할 때 다음이 성립한다.

$$\frac{c_S}{1-c_S}\Delta^2=\frac{c_\lambda}{1-c_\lambda}\Delta_\lambda^2=\frac{c_\lambda}{1-c_\lambda} \qquad \cdots\cdots (11-67)$$

이 과정에서 (11－55)의 절대값의 부호를 사용하였다. 이제 $\lambda=\frac{V}{W}$을 식 (11－46)에 대입하면 다음 무차별곡선이 존재한다.

$$\frac{1}{V}=\frac{c_\lambda}{W_1^\lambda}+\frac{1-c_\lambda}{W_2^\lambda} \qquad \cdots\cdots (11-68)$$

이 무차별곡선은 45도선 상의 공통의 점 V를 통과한다. 연립방정식 체계 11-2를 식 (11－16)과 식 (11－68)에 대하여 대입하면 풀이 (11－63)은 다음이 된다.

$$\left(\frac{m}{1-m}\right)^2=\frac{a}{1-a}\frac{c_\lambda}{1-c_\lambda}=\frac{a}{1-a}\frac{c_S}{1-c_S}\Delta^2 \qquad \cdots\cdots (11-69)$$

마지막 등호는 식 (11－67)을 사용하였다. 이것이 추가적인 방정식이다. 정리하면 우리는 식 (11－63)과 식 (11－69)의 2개의 식에서 (a, V, W)이 알려진 상태에서 2개의 미지수 (m, c_S)를 구할 수 있으므로 화폐의 분할비율 m의 풀이가 존재한다. 이 결과를 베이즈 변환식 (11－19)～(11－20)에 대입하면 유통속도 V_1과 V_2가 구해진다. 풀이가 복잡하지만 컴퓨터의 도움으로 해결할 수 있다.

3. 지금까지 우리는 경제전체의 평균 유통속도를 2개의 부문별 유통속도로 분할하는 방법을 제시하였다. 여기서 분할된 유통속도는 동일한 방법으로 계속 분할될 수 있다. 예를 들어서 앞에서 구한 부문 1의 유통속도를 다시 세분하여 다음과 같이 정의할 수 있다.

$$V_1=m_1V_{11}+(1-m_1)V_{12} \qquad \cdots\cdots (11-70)$$

이 식에 동일한 분석과정을 거치면 다음과 같이 베이즈 변환과 정합방정식을 얻을 수 있다. 여기서도 방정식의 수와 미지수의 수가 일치하여 풀이가 존재한다. 이러한 분할은 무한대로 계속될 수 있다.

부록 11A-1: 힉스 강대체효과 불가능성의 증명

수량좌표에서 동일 무차별곡선 $W(c_S)$ 상의 임의의 두 점 $R=[W_1, W_2]$과 $R'=[W_1', W_2']$ 사이의 이동을 생각하자. 시간좌표의 동일 무차별곡선 $K(n_S)$ 상에서 이와 대응하는 두 점 $R^{-1}=[K_1, K_2]$과 $(R')^{-1}=[K_1', K_2']$ 사이의 이동을 생각하자. 우리의 목적은 $R=R'$과 $R^{-1}=(R')^{-1}$을 증명하는 것이다. 다음을 정의한다.

$$\frac{W_2'}{W_1'}=(\lambda')\left(\frac{W_2^S}{W_1^S}\right), \quad \lambda'=\frac{n_S'}{1-n_S'}\frac{1-n_S}{n_S}\frac{1-c_S'}{c_S'}\frac{c_S}{1-c_S} \qquad \cdots\cdots (11A-1)$$

첫째, 수량좌표부터 조사한다. 수량좌표에서 무차별곡선이 동일하면 $c_S=c_S'$ 이라는 조건을 알고 있다. 그 결과, 조건 $c_S=c_S'$ 하에서 두 점 R과 R' 사이에서 다음의 한계유통속도 균등의 법칙이 성립한다.

$$p_S'=\frac{c_S}{1-c_S}\left(\frac{W_2'}{W_1'}\right)^2\Big|_{R'},\quad p_S=\frac{c_S}{1-c_S}\left(\frac{W_2^S}{W_1^S}\right)^2\Big|_{R} \qquad \cdots\cdots (11A-2)$$

만일 수량좌표의 동일 무차별곡선 상에서 두 점 $R=[W_1,\ W_2]$과 $R'=[W_1',\ W_2']$이 다르다면 두 점의 화폐비율도 다르고 따라서 $n_S'\neq n_S$과 $c_S=c_S'$이다. 그 결과 시간좌표에서 동일 조건 $n_S'\neq n_S$과 $c_S=c_S'$을 만족시키며 식 (11A−2)에 대응하는 한계유통시간 균등의 법칙은 다음과 같다.

$$q_S'=\frac{n_S'}{1-n_S'}\left(\frac{K_2'}{K_1'}\right)^2,\quad q_S=\frac{n_S}{1-n_S}\left(\frac{K_2^S}{K_1^S}\right)^2 \qquad \cdots\cdots (11A-3)$$

그러나 이것은 두 점이 동일 무차별곡선 $K(n_S)$에 위치하지 못함을 의미한다. 정의에 의하여 시간좌표에서 동일 무차별곡선 $K(n_S)$이 되려면 조건 $n_S=n_S'$이 만족되어야 하기 때문이다. 따라서 두 점 R^{-1}과 $(R')^{-1}$의 화폐비율은 $n_S=n_S'$이 되어야 한다. 그러므로 두 좌표에서 모두 동일 무차별곡선 상의 이동이 되려면 식 (11A−3)은 다음이 되어야 한다.

$$\left(\frac{1}{\lambda'}\right)q_S'=\frac{n_S}{1-n_S}\left(\frac{K_2'}{K_1'}\right)^2\Big|_{(R')^{-1}},\quad q_S=\frac{n_S}{1-n_S}\left(\frac{K_2^S}{K_1^S}\right)^2\Big|_{R^{-1}} \qquad \cdots\cdots (11A-4)$$

이 과정에서 정의 (11A−1)를 이용하였다. 그 결과 식 (11A−1)∼(11A−4)에서 다음을 얻는다.

$$\frac{p_S'}{q_S'}=(\lambda')^3\frac{p_S}{q_S},\quad p_S'=(\lambda')^2p_S,\quad q_S'=\left(\frac{1}{\lambda'}\right)q_S \qquad \cdots\cdots (11A-5)$$

둘째, 시간좌표를 조사하자. 동일 무차별곡선 $K(n_S)$ 상의 모든 점에서 $n_S=n_S'$이므로, 두 점 R^{-1}과 $(R')^{-1}$ 사이에서 한계유통시간 균등의 법칙이 성립한다.

$$q_S'=\frac{n_S}{1-n_S}\left(\frac{K_2'}{K_1'}\right)^2\Big|_{(R')^{-1}},\quad q_S=\frac{n_S}{1-n_S}\left(\frac{K_2^S}{K_1^S}\right)^2\Big|_{R^{-1}} \qquad \cdots\cdots (11A-6)$$

점 $R^{-1}=[K_1, K_2]$이 점 $(R')^{-1}=[K_1', K_2']$과 다르기 위해서는 두 점이 동일 무차별곡선 상에 있다 할지라도 부문별 거래비율이 달라야 하므로 $c_S' \neq c_S$과 $n_S=n_S'$이다. 따라서 수량좌표에서 동일 조건 $c_S' \neq c_S$과 $n_S=n_S'$ 하의 식 (11A−6)의 대응조건은 다음과 같다.

$$p_S' = \frac{c_S'}{1-c_S'}\left(\frac{W_2'}{W_1'}\right)^2, \quad p_S = \frac{c_S}{1-c_S}\left(\frac{W_2^S}{W_1^S}\right)^2 \qquad \cdots\cdots \text{(11A−7)}$$

그러나 이것은 수량좌표에서 두 점이 동일 무차별곡선 $W(c_S)$에 있을 조건이 아니다. 정의에 의하여 동일 무차별곡선 $W(c_S)$에 있어야 할 조건은 $c_S=c_S'$이기 때문이다. 결국 두 점 R과 R'에서 $c_S=c_S'$이 만족되어야 한다. 두 좌표에서 모두 동일 무차별곡선 상에서 이동하려면 식 (11A−7)은 다음이 되어야 한다.

$$(\lambda')(p_S') = \frac{c_S}{1-c_S}\left(\frac{W_2'}{W_1'}\right)^2\Big|_{R'}, \quad p_S = \frac{c_S}{1-c_S}\left(\frac{W_2^S}{W_1^S}\right)^2\Big|_{R} \qquad \cdots\cdots \text{(11A−8)}$$

이 과정에서 식 (11A−1)을 이용하였다. 그 결과 식 (11A−6)~(11A−7)에서 다음을 얻는다.

$$\frac{p_S'}{q_S'} = (\lambda')^3\frac{p_S}{q_S}, \quad p_S' = (\lambda')p_S, \quad q_S' = \left(\frac{1}{\lambda'}\right)^2 q_S \qquad \cdots\cdots \text{(11A−9)}$$

종합하면 식 (11A−5)와 식 (11A−9)는 다음을 의미한다.

$$\lambda' = 1, \quad p_S' = p_S, \quad q_S' = q_S \qquad \cdots\cdots \text{(11A−10)}$$

그 결과, 식 (11A−1)~(11A−31)과 식 (11A−10)에서 $R=R'$과 $R^{-1}=(R')^{-1}$이다. 증명 끝.

부록 11A-2: 힉스 약평행효과 가능성의 증명 I

실수좌표에서 두 개의 실수 $\hat{\Delta}=\dfrac{\left(\frac{k}{1-a}\right)-\left(\frac{K}{1-c_S}\right)}{\left(\frac{k}{a}\right)-\left(\frac{K}{c_S}\right)}$과 $\hat{\Omega}=\dfrac{\left(\frac{V}{1-m}\right)-\left(\frac{W}{1-n_S}\right)}{\left(\frac{V}{m}\right)-\left(\frac{W}{n_S}\right)}$ 선택하면 다음의 정의가 성립한다.

$$\Delta^2=\left(\frac{1-a}{a}\ \frac{1-c_S}{c_S}\right)^2\hat{\Delta}^2,\quad \Omega^2=\left(\frac{1-m}{m}\ \frac{1-n_S}{n_S}\right)^2\hat{\Omega}^2 \qquad \cdots\cdots (11A-11)$$

동일한 실수좌표 상에서 두 개의 실수 $\dfrac{V_2'}{V_1'}$와 $\dfrac{k_2''}{k_1''}$을 선택하면 다음의 정의가 성립한다.

$$\Delta^2=\left(\frac{V_2'}{V_1'}\right)^2\left(\frac{W_2^S}{W_1^S}\right)^2,\quad \Omega^2=\left(\frac{k_2''}{k_1''}\right)^2\left(\frac{W_2^S}{W_1^S}\right)^2 \qquad \cdots\cdots (11A-12)$$

이 과정에서 (11-21), (11-48), (11-37), (11-51)을 (11A-11)에 대입하였다. 이때 각각의 정의는 다음과 같다.

$$\left(\frac{V_2'}{V_1'}\right)=(\mu')\frac{V_2}{V_1},\quad \frac{k_2''}{k_1''}=\left(\frac{1}{\mu''}\right)\frac{k_2}{k_1} \qquad \cdots\cdots (11A-13)$$

$$\mu'=\frac{V_2}{V_1}\frac{W_2^S}{W_1^S}\frac{\hat{\Delta}}{pp_S},\quad \frac{1}{\mu''}=\frac{k_2}{k_1}\frac{K_2^S}{K_1^S}\frac{\hat{\Omega}}{qq_S} \qquad \cdots\cdots (11A-14)$$

식 (11A-11)~(11A-14)을 재정리하면 다음을 얻는다.

$$pp_S=\frac{a}{1-a}\ \frac{c_S}{1-c_S}\left(\frac{1}{\mu'}\frac{V_2'}{V_1'}\frac{W_2^S}{W_1^S}\right)^2,\ qq_S=\frac{m}{1-m}\ \frac{n_S}{1-n_S}\left(\mu''\frac{k_2''}{k_1''}\frac{K_2^S}{K_1^S}\right)^2 \quad (11A-15)$$

식 (11A-13)의 첫째 식은 수량좌표의 동일 무차별곡선 상의 두 점 $S=[V_1, V_2]$과 $S'=[V_1', V_2']$ 사이의 관계이다. 이에 대해 대응하는 시간좌표 상의 관계는 두 점 $S^{-1}=[k_1, k_2]$과 $(S')^{-1}=[k_1', k_2']$ 사이에 성립한다. 시간좌표 상의 이 두 점은 동일 무차별곡선 상에 있어야 하므로 식 (11A-10)에 의하여 $\mu'=1$이다. 동일한 방식을 식 (11A-13)의 두 번째 식에 적용할 수 있는데 이 식은 두 점 $S^{-1}=[k_1,$

k_2]과 $(S'')^{-1}=[k_1'', k_2'']$ 사이의 관계를 나타낸다. 동일 현상을 수량좌표에서 표현하면 두 점 $S=[V_1, V_2]$과 $(S'')=[V_1'', V_2'']$ 사이의 관계가 된다. 두 점이 수량좌표에서 동일 무차별곡선 상에 있을 조건은 식 (11A–10)에 의하여 $\mu''=1$이다. 조건 $\mu'=1$과 $\mu''=1$을 (11A–12)~(11A–13)과 (11A–15)에 대입하면 다음이 된다.

$$pp_S=\frac{a}{1-a}\ \frac{c_S}{1-c_S}\Delta^2,\quad qq_S=\frac{m}{1-m}\ \frac{n_S}{1-n_S}\Omega^2 \qquad \cdots\cdots \text{(11A–16)}$$

이것이 식 (11–56)~(11–57). 증명 끝.

부록 11A–3: 힉스 약평행효과의 가능성 증명 II

이 증명은 부록 11A–2와 다른 방식의 증명이며 소정리 11–2의 슬라츠키 강평행효과 불가능성의 결과를 이용한다. 그럼으로써 강평행효과 불가능성(idea 1)과 약평행효과 가능성(idea 2)의 내적 정합을 확인한다.

단계 1 우리의 주된 관심은 수량좌표에서 식 (11–21)으로 표현되는 점 $B[p]$의 기울기 p와 점 $S[p_S]$의 기울기 p_S 사이의 관계이다. 시간좌표의 정확한 그림자인 이 관계는 시간좌표에서는 점 $B^{-1}[q]$의 기울기 q와 점 $S^{-1}[q_S]$의 기울기 q_S 사이의 관계를 표현하는 식 (11A–16)에 기술되어 있다. [그림 11–3]의 수량좌표에서 점 $B[p]$과 $S[p_S]$을 연결하는 직선 BS가 45도선과 만나는 점 $G=(G, G)$을 선택한다. 그러면 직선의 BS의 기울기는 다음처럼 정의된다.

$$BS\text{의 기울기}=\frac{V_2-W_2^S}{V_1-W_1^S}=\frac{V_2-G}{V_1-G}\ \text{또는}\ \frac{V_2-W_2^S}{V_1-W_1^S}=\frac{W_2^S-G}{W_1^S-G} \qquad \text{(11A–17)}$$

동시에 [그림 11–4]의 시간좌표에서 점 $B^{-1}[q]$과 점 $S^{-1}[q_S]$을 연결하는 직선 $B^{-1}S^{-1}$이 45도선과 만나는 점 $f=(f, f)$을 선택한다. 그러면 직선 $B^{-1}S^{-1}$의 기울기는 다음처럼 정의된다.

$$B^{-1}S^{-1}\text{의 의 기울기}=\frac{k_2-K_2^S}{k_1-K_1^S}=\frac{k_2-f}{k_1-f}\ \text{또는}\ \frac{k_2-K_2^S}{k_1-K_1^S}=\frac{K_2^S-f}{K_1^S-f} \quad (11A-18)$$

단계 2 소정리 11-2에 의하면 조건 $p=p_S$와 $q=q_S$ 하에서는 풀이 가운데 하나는 반드시 45도선에 있다는 풀이는 식 (11-53) 또는 (11-54)이다. 자명한 풀이를 이용하기 위하여 우리는 45도선의 점 $G=(G,\ G)$을 통과하는 무차별곡선 $G(c_G)$을 [그림 11-3]의 수량좌표에서 정의한다.

$$\frac{1}{G}=\frac{c_G}{G_1}+\frac{1-c_G}{G_1} \quad \cdots\cdots (11A-19)$$

이 보조적 무차별곡선(instrumental indifference curve) $G(c_G)$의 한 점 $G=(G,\ G)$에서 기울기를 p_G로 정의한다. 그러면 다음의 한계유통속도 균등의 법칙이 성립한다.

$$p_G=\frac{c_G}{1-c_G}\left(\frac{G_2}{G_1}\right)^2 \quad \cdots\cdots (11A-20)$$

[그림 11-4]의 시간좌표에서 수량좌표의 보조적 무차별곡선 $G(c_G)$에 해당하는 보조적 무차별곡선 $g(n_g)$을 추가한다.

$$\frac{1}{g}=\frac{n_g}{g_1}+\frac{1-n_g}{g_2} \quad \cdots\cdots (11A-21)$$

여기서 $gG=1$, $g_1G_1=1$, $g_2G_2=1$이다. 보조적 무차별곡선 $g(n_g)$ 상의 한 점 $g=(g,\ g)$에서 기울기 q_g을 정의한다. 그러면 다음의 한계유통시간 균등의 법칙이 성립한다.

$$q_g=\frac{n_g}{1-n_g}\left(\frac{g_2}{g_1}\right)^2 \quad \cdots\cdots (11A-22)$$

이상의 방정식들은 수량좌표의 무차별곡선 $G(c_G)$의 점 $G=(G,\ G)$과 무차별곡선 $W(c_S)$의 점 $S[p_S]=(W_1^S,\ W_2^S)$ 사이의 관계와 시간좌표의 무차별곡선 $g(n_g)$의 점 $g=(g,\ g)$과 무차별곡선 $k(n_s)$의 점 $S^{-1}[q_S]$ 사이의 관계를 나타내는 연립방정식 체계를 형성한다.

$$\frac{1}{W}=\frac{c_S}{W_1^S}+\frac{1-c_S}{W_2^S} \qquad W=n_S W_1^S+(1-n_S)W_2^S$$

$$p_S=\frac{c_S}{1-c_S}\left(\frac{W_2^S}{W_1^S}\right)^2 \qquad q_S=\frac{n_S}{1-n_S}\left(\frac{W_1^S}{W_2^S}\right)^2$$

$$\frac{1}{G}=\frac{c_G}{G_1}+\frac{1-c_G}{G_2} \qquad G=n_g G_1+(1-n_g)G_2$$

$$p_G=\frac{c_G}{1-c_G}\left(\frac{G_2}{G_1}\right)^2 \qquad q_g=\frac{n_g}{1-n_g}\left(\frac{G_1}{G_2}\right)^2$$

여기에 다음의 평행효과를 추가한다.

$$p_S=p_G, \quad q_S=q_g \qquad \cdots\cdots \text{(11A−23)}$$

이 연립방정식의 풀이는 소정리 11−2에 의하여 다음과 같다.

$$G_1=G_2=G \qquad g_1=g_2=g \qquad \cdots\cdots \text{(11A−24)}$$

$$W_1^S=c_S\left[1+\left(\frac{1-c_S}{c_S}\frac{1}{p_S}\right)^{\frac{1}{2}}\right]W, \quad K_1^S=n_S\left[1+\left(\frac{1-n_S}{n_S}\frac{1}{q_S}\right)^{\frac{1}{2}}\right]K \qquad \cdots\cdots \text{(11A−25)}$$

$$W_2^S=(1-c_S)\left[1+\left(\frac{c_S}{1-c_S}p_S\right)^{\frac{1}{2}}\right]W, \quad K_2^S=(1-n_S)\left[1+\left(\frac{n_S}{1-n_S}q_S\right)^{\frac{1}{2}}\right]K \qquad \cdots\cdots \text{(11A−26)}$$

이 풀이는 본문에서 (11−53)~(11−54)이다.

단계 3 동일한 과정을 [그림 11−3]의 수량좌표의 무차별곡선에 적용할 수 있다. 45도선 상에서 점 E와 점 G 사이의 점 $F=(F, F)$을 선택하고 이 점을 통과하는 또 하나의 보조적 무차별곡선 $F(a_F)$을 정의한다.

$$\frac{1}{F}=\frac{a_F}{F_1}+\frac{1-a_F}{F_2} \qquad \cdots\cdots \text{(11A−27)}$$

점 $F=(F, F)$에서 무차별곡선 $F(a_F)$의 기울기를 p_F로 정의한다. 그러면 이 점에서 한계유통속도 균등의 법칙은 다음과 같다.

$$p_F=\frac{a_F}{1-a_F}\left(\frac{F_2}{F_1}\right)^2 \qquad \cdots\cdots \text{(11A−28)}$$

이번에는 수량좌표의 무차별곡선 $F(a_F)$에 상응하는 시간좌표의 무차별곡선 $f(m_f)$을 정의한다.

$$\frac{1}{f}=\frac{m_f}{f_1}+\frac{1-m_f}{f_2} \qquad \cdots\cdots \text{(11A-29)}$$

여기서 $fF=1$, $f_1F_1=1$, $f_2F_2=1$이다. 점 $f=(f, f)$에서 무차별곡선 $f(m_f)$의 기울기를 q_f로 정의한다. 그러면 점 $f=(f, f)$에서 한계유통시간 균등의 법칙이 성립한다.

$$q_f=\frac{m_f}{1-m_f}\left(\frac{f_1}{f_2}\right)^2 \qquad \cdots\cdots \text{(11A-30)}$$

이상의 방정식들은 수량좌표의 무차별곡선 $F(a_F)$의 점 $F=(F, F)$과 무차별곡선 $V(a)$의 점 $B[p]=(V_1, V_2)$ 사이의 관계와 시간좌표의 무차별곡선 $f(m_f)$의 점 $f=(f, f)$과 무차별곡선 $k(m)$의 점 $S^{-1}[q]$ 사이의 관계를 나타내는 연립방정식 체계를 형성한다.

$$\frac{1}{V}=\frac{a}{V_1}+\frac{1-a}{V_2} \qquad V=mV_1+(1-m)V_2$$

$$p=\frac{a}{1-a}\left(\frac{V_2}{V_1}\right)^2 \qquad q=\frac{m}{1-m}\left(\frac{V_1}{V_2}\right)^2$$

$$\frac{1}{F}=\frac{a_F}{F_1}+\frac{1-a_F}{F_2} \qquad F=m_fF_1+(1-m_f)F_2$$

$$p_F=\frac{a_F}{1-a_F}\left(\frac{F_2}{F_1}\right)^2 \qquad q_f=\frac{m_f}{1-m_f}\left(\frac{F_1}{F_2}\right)^2$$

여기에 다음의 평행효과를 추가한다.

$$p=p_F, \quad q=q_f \qquad \cdots\cdots \text{(11A-31)}$$

이 연립방정식의 풀이는 정리 11-2에 의하여 다음과 같다.

$$F_1=F_2=F \qquad f_1=f_2=f \qquad \cdots\cdots \text{(11A-32)}$$

$$V_1 = a\left[1+\left(\frac{1-a}{a}\frac{1}{p}\right)^{\frac{1}{2}}\right]V, \quad k_1 = m\left[1+\left(\frac{1-m}{m}\frac{1}{q}\right)^{\frac{1}{2}}\right]k \quad \cdots\cdots \text{(11A-33)}$$

$$V_2 = (1-a)\left[1+\left(\frac{a}{1-a}p\right)^{\frac{1}{2}}\right]V, \; k_2 = (1-m)\left[1+\left(\frac{m}{1-m}q\right)^{\frac{1}{2}}\right]k \quad \cdots\cdots \text{(11A-34)}$$

이 풀이는 본문에서 (11－53)～(11－54)이다.

단계 4 이제 수량좌표의 직선 BS의 식(11A－17)을 시간좌표로 변환시키면 다음과 같다.

$$\frac{k_2-g}{k_1-g} = \left(\frac{K_1^S}{K_2^S}\right)\left(\frac{k_2-K_2^S}{k_1-K_1^S}\right) \text{ 또는 } \frac{K_2^S-g}{K_1^S-g} = \left(\frac{k_1}{k_2}\right)\left(\frac{k_2-K_2^S}{k_1-K_1^S}\right) \quad \text{(11A-35)}$$

이 결과는 시간좌표의 직선 $B^{-1}S^{-1}$의 기울기 (11A－18)과 다르다. 먼저 $K_1 > K_2$이기 때문에 점 $B^{-1}[q]$과 점 g 사이의 기울기인 식 (11A－35)의 첫째 식은 점 $B^{-1}[q]$과 점 $S^{-1}[qs]$ 사이의 기울기인 식 (11A－18)의 첫째 식의 기울기보다 크다. 마찬가지로 $k_1 < k_2$이므로 점 $S^{-1}[qs]$과 점 g 사이의 기울기인 식 (11A－35)의 둘째 식은 점 $S^{-1}[qs]$과 점 $B^{-1}[q]$ 사이의 기울기인 식 (11A－18)의 둘째 식의 기울기보다 작다. 이것은 점 G를 점 g로 변환할 때 수량좌표의 직선 BS이 시간좌표에서는 굴절직선 $B^{-1}gS^{-1}$이 됨을 의미한다. 이 같은 변환에서 점 g가 중심축 역할을 한다.

동일한 방식으로 시간좌표의 직선 $B^{-1}S^{-1}$의 기울기를 수량좌표로 변환시키면 다음과 같다.

$$\frac{V_2-F}{V_1-F} = \left(\frac{W_1^S}{W_2^S}\right)\left(\frac{V_2-W_2^S}{V_1-W_1^S}\right) \text{ 또는 } \frac{W_2^S-F}{W_1^S-F} = \left(\frac{V_1}{V_2}\right)\left(\frac{V_2-W_2^S}{V_1-W_1^S}\right) \quad \text{(11A-34)}$$

이것은 수량좌표의 직선 BS의 기울기인 (11A－17)과 다르다. 우선 $W_1 < W_2$이므로 점 $B[p]$과 점 F 사이의 식 (11A－34)의 첫째 식의 기울기는 점 $B[p]$과 점 $S[ps]$ 사이의 식 (11A－17)의 첫째 식의 기울기보다 작다. 반면 $V_1 > V_2$이므로 점 $S[ps]$과 점 B 사이의 식 (11A－34)의 둘째 식의 기울기는 점 $S[ps]$과 점 $B[p]$ 사이의 식 (11A－17)의 둘째 식의 기울기보다 크다. 이 결과는 시간좌표의 직선 $B^{-1}S^{-1}$은 수량좌표에서는 변환을 통하여 굴절곡선 BFS이 됨을 의미하므로 점 F는 점 G와 다르다. 점 F가 중심축 역할을 한다.

이상의 분석은 양 좌표에서 동시에 직선상의 이동이 불가능함을 의미한다. 수량좌표의 직선 BS은 변환을 통하여 시간좌표에서 굴절직선 $B^{-1}gS^{-1}$이 되며, 시간좌표의 직선 $B^{-1}S^{-1}$은 변환을 통하여 수량좌표에서 굴절직선 BFS이 된다.

그러나 수량좌표의 굴절직선 $SGFB$은 두 점 F와 G에서 굴절되는데 이것은 시간좌표에서 두 점 f와 g에서 두 번 굴절하는 굴절직선 $B^{-1}gfS^{-1}$의 투영이다. 수량좌표의 굴절직선 $SGFB$은 다음의 두 기울기로 표현된다.

$$\frac{V_2-F}{V_1-F}=\left(\frac{W_1^S}{W_2^S}\right)\left(\frac{V_2-W_2^S}{V_1-W_1^S}\right), \qquad \frac{W_2^S-G}{W_1^S-G}=\frac{V_2-W_2^S}{V_1-W_1^S} \tag{11A-35}$$

첫째 식은 선분 BF의 기울기이고 둘째 식은 선분 SG의 기울기이다. 동일한 방식으로 시간좌표의 굴절직선 $S^{-1}gfB^{-1}$은 다음의 두 기울기로 표현된다.

$$\frac{k_2-f}{k_1-f}=\frac{k_2-K_2^S}{k_1-K_1^S}, \qquad \frac{K_2^S-g}{K_1^S-g}=\left(\frac{k_1}{k_2}\right)\left(\frac{k_2-K_2^S}{k_1-K_1^S}\right) \tag{11A-36}$$

첫째 식은 선분 $B^{-1}f$의 기울기이고 둘째 식은 선분 $S^{-1}g$의 기울기이다. 식 (11A−36)의 첫째 식이 식 (11A−35)의 첫째 식이 되고 식 (11A−35)의 둘째 식이 식 (11A−36)의 둘째 식이 된다.

단계 5 수량방정식의 방정식 (11A−9), (11A−10), (11A−17), (11A−18), (11A−21)은 변환의 굴절현상에 대하여 다음의 연립방정식을 형성한다.

$$V_1=a\left[1+\left(\frac{1-a}{a}\frac{1}{p}\right)^{\frac{1}{2}}\right]V \qquad W_1^S=c\left[1+\left(\frac{1-c}{c}\frac{1}{p_S}\right)^{\frac{1}{2}}\right]W$$

$$V_2=(1-a)\left[1+\left(\frac{a}{1-a}p\right)^{\frac{1}{2}}\right]V \qquad W_2^S=(1-c_S)\left[1+\left(\frac{c_S}{1-c_S}p_S\right)^{\frac{1}{2}}\right]W$$

$$\frac{V_2-F}{V_1-F}=\left(\frac{W_1^S}{W_2^S}\right)\left(\frac{V_2-W_2^S}{V_1-W_1^S}\right) \qquad \frac{W_2^S-G}{W_1^S-G}=\frac{V_2-W_2^S}{V_1-W_1^S}$$

처음 네 개의 방정식을 선분 BF의 굴절 기울기에 대입하여 정리하면 다음이 된다.

$$(pp_S)^{\frac{1}{2}}=\frac{\theta}{aV-cW}(p)^{\frac{1}{2}}+\left(\frac{a}{1-a}\frac{c_S}{1-c_S}\right)^{\frac{1}{2}}\Delta \qquad \cdots\cdots \tag{11A-37}$$

여기서 다음이 정의된다.

$$\theta=\left[(1-a)\left(\frac{a}{1-a}\right)^{\frac{1}{2}}-a\left(\frac{c_S}{1-c_S}\right)^{\frac{1}{2}}\left(\frac{p}{p_S}\right)^{\frac{1}{2}}\right]V$$
$$+\left[c_S\left(\frac{a}{1-a}\right)^{\frac{1}{2}}-(1-c_S)\left(\frac{c_S}{1-c_S}\right)^{\frac{1}{2}}\left(\frac{p}{p_S}\right)^{\frac{1}{2}}\right]F-\left[\left(\frac{a}{1-a}\right)^{\frac{1}{2}}-\left(\frac{c_S}{1-c_S}\right)^{\frac{1}{2}}\left(\frac{p}{p_S}\right)^{\frac{1}{2}}\right]F$$

식 (11A−37)은 수량좌표의 두 점 $B[p]$과 $S[p_S]$ 사이의 굴절 관계이다.

동일한 방법을 시간좌표에 적용하고 굴절 현상을 나타내는 식 (11A−9), (11A−10), (11A−17), (11A−18), (11A−22)의 도움을 받아서 다음의 연립방정식 체계를 얻는다.

$$k_1=m\left[1+\left(\frac{1-m}{m}\frac{1}{q}\right)^{\frac{1}{2}}\right]k \qquad K_1^S=n_S\left[1+\left(\frac{1-n_S}{n_S}\frac{1}{q_S}\right)^{\frac{1}{2}}\right]K$$

$$k_2=(1-m)\left[1+\left(\frac{m}{1-m}q\right)^{\frac{1}{2}}\right]k \qquad K_2^S=(1-n_S)\left[1+\left(\frac{n_S}{1-n_S}q_S\right)^{\frac{1}{2}}\right]K$$

$$\frac{K_2^S-g}{K_1^S-g}=\left(\frac{k_1^S}{k_2^S}\right)\left(\frac{k_2-K_2^S}{k_1-K_1^S}\right) \qquad \frac{k_2-f}{k_1-f}=\frac{k_2-K_2^S}{k_1-K_1^S}$$

처음의 네 개의 방정식을 선분 gS^{-1}의 굴절 기울기에 대입하여 정리하면 다음이 된다.

$$(qq_S)^{\frac{1}{2}}=\frac{\Phi}{mk-n_SK}(q)^{\frac{1}{2}}+\left(\frac{m}{1-m}\frac{n_S}{1-n_S}\right)^{\frac{1}{2}}\Omega \qquad \cdots\cdots \text{(11A−38)}$$

여기서 다음이 정의된다.

$$\Phi=\left[(1-m)\left(\frac{m}{1-m}\right)^{\frac{1}{2}}-m\left(\frac{n_S}{1-n_S}\right)^{\frac{1}{2}}\left(\frac{q}{q_S}\right)^{\frac{1}{2}}\right]k$$
$$+\left[n\left(\frac{m}{1-m}\right)^{\frac{1}{2}}-(1-n_S)\left(\frac{n_S}{1-n_S}\right)^{\frac{1}{2}}\left(\frac{q}{q_S}\right)^{\frac{1}{2}}\right]K-\left[\left(\frac{m}{1-m}\right)^{\frac{1}{2}}-\left(\frac{n_S}{1-n_S}\right)^{\frac{1}{2}}\left(\frac{q}{q_S}\right)^{\frac{1}{2}}\right]g$$

식 (11A−38)은 시간좌표의 두 점 $B^{-1}[q]$과 $S^{-1}[q_S]$ 사이의 굴절 관계이다.

굴절현상은 양 좌표에서 일치해야 한다. 식 (11A−37)을 식 (11A−38)에 곱하면 다음이 된다.

$$(pp_Sq q_S)^{\frac{1}{2}} = \frac{\theta}{aV-c_SW} \frac{\Phi}{mk-n_SK}(p_Sq_S)^{\frac{1}{2}} + \frac{\theta}{aV-c_SW}(p_S)^{\frac{1}{2}}\left(\frac{n_S}{1-n_S}\frac{m}{1-m}\right)^{\frac{1}{2}}\Omega$$

$$+\frac{\Phi}{mk-n_SK}(q_S)^{\frac{1}{2}}\left(\frac{a}{1-a}\frac{c_S}{1-c_S}\right)^{2}\Delta + \left(\frac{a}{1-a}\frac{c_S}{1-c_S}\frac{m}{1-m}\frac{n_S}{1-n_S}\right)^{\frac{1}{2}}\Delta\Omega$$

…… (11A−39)

그러나 식 (11−11), (11−26), (11−34), (11−36)에서 다음이 된다.

$$pp_Sq q_S = \frac{a}{1-a}\ \frac{c_S}{1-c_S}\ \frac{m}{1-m}\ \frac{n_S}{1-n_S}$$ …… (11A−40)

식 (11A−39)와 식 (11A−40)을 비교하면 다음이 확인된다.

$$\theta=0, \quad \Phi=0$$ …… (11A−41)

$$\Delta\Omega=1$$ …… (11A−42)

식 (11A−42)는 다른 방법을 사용했지만 식 (11−58)과 일치한다.

마지막으로 식 (11A−41)과 식 (11A−42)를 식 (11A−37)과 식 (11A−38)에 대입하면 다음이 된다.

$$pp_S = \frac{a}{1-a}\ \frac{c_S}{1-c_S}\Delta^2, \quad qq_S = \frac{m}{1-m}\ \frac{n_S}{1-n_S}\Omega^2$$

이 결과가 식 (11−56)~(11−57)이다. 증명 끝.

CHAPTER 12

정합과 분배[1]

1. 제 5장에서 효용함수에 기초한 슬라츠키 소득효과 편의현상을 설명하였다. 제11장에서는 정합경제이론을 화폐유통속도의 분할에 응용하였다. 이 장에서 또 하나의 응용으로서 소득분배문제를 다루겠다. 생산함수는 효용함수와 함께 경제학의 2대 기둥 가운데 하나이다. 효용함수가 측정의 문제에서 헤어나지 못하고 있을 때 생산함수는 일찍부터 관측과 더불어 측정이 가능하였다.[1] 그러나 모든 생산함수는 수량좌표에서만 측정한다. 그 결과 생산함수를 결정하는 상수 또는 계수가 표본기간 동안 일정하다는 가정 하에 생산요소의 가격을 한계생산과 일치시킨다. 이것이 한계생산이론에 의한 소득분배이론이다.

2. 소득분배를 좌우하는 계수는 2가지이다. 하나는 분배계수이고 또 하나는 대체계수이다. 분배이론은 분배계수와 대체계수가 표본기간 동안 일정하다고 가정하고 소득분배율을 결정한다. 다시 말하면 분배계수가 소득분배율을 결정한다. 그러나 분배계수와 소득분배율 가운데 어느 것이 어느 것을 결정하는지에 대해서는 이렇다할 이론이 없다. 시계열 자료나 횡단면 자료를 검토하

1) 이 부분을 생략하여도 전체 흐름에 장애가 되지 않는다.
2) Humphrey(1997).

고 분배계수의 분산이 소득분배율의 분산이 작다는 경험적 사실에 의존하는 정도이다.[3] 그러나 시계열 자료나 횡단면 자료는 이미 어떤 기준 하에 분배가 결정된 사후적 자료이다. 만일 분배에 의해서 생산이 결정된다면 생산함수가 달라질 것이고 그에 준하여 측정되는 분배 또한 달라질 것이다. 이 장의 목표는 수량좌표와 시간좌표의 내적 정합으로 분배계수와 분배비율이 동시에 결정될 수 있다는 사실을 규명한다.

제 1 절 생산함수와 분배함수

1. 구체적으로 고정대체탄력성(CES=constant elasticity of substitution) 생산함수를 생각해 보자.

$$\frac{1}{Y^{\rho}}=\frac{a}{K^{\rho}}+\frac{1-a}{L^{\rho}} \qquad \cdots\cdots (12-1)$$

기술지수는 1로 가정하였다. 여기서 a가 분배계수(distribution parameter)이고 ρ는 대체계수(substitution parameter)이다.[4] 소득분배율은 한계생산에 의하여 다음과 같이 결정된다.

$$s=\frac{\partial Y}{\partial K}\frac{K}{Y}=a\left(\frac{Y}{K}\right)^{\rho} \qquad \cdots\cdots (12-2)$$

$$1-s=\frac{\partial Y}{\partial L}\frac{L}{Y}=(1-a)\left(\frac{Y}{L}\right)^{\rho} \qquad \cdots\cdots (12-3)$$

한계생산은 체감하고 소득분배비율 s은 분배계수 a와 대체계수 ρ에 의해 결정된다. 이로부터 한계생산균등의 법칙은 다음과 같다.

$$p=\frac{a}{1-a}\left(\frac{L}{K}\right)^{1+\rho} \qquad \cdots\cdots (12-4)$$

---

3) Cobb and Douglas(1928).

4) Arrow et. al.(1961).

여기서 p는 생산요소의 상대가격이다. 식 (12−2)~(12−3)을 다음과 같이 베이즈 변환처럼 표현할 수 있다.

$$sK^{\rho}=aY^{\rho} \qquad \text{베이즈 전환} \qquad \cdots\cdots (12-5)$$

$$(1-s)L^{\rho}=(1-a)Y^{p} \qquad \text{베이즈 변환} \qquad \cdots\cdots (12-6)$$

그 결과 다음을 얻는다.

$$Y^{p}=sK^{p}+(1-s)L^{\rho} \qquad \cdots\cdots (12-7)$$

이것을 분배함수라고 부를 수 있다. 여기서 다음이 성립한다.

$$\frac{\partial^2 Y}{\partial K^2}<0 \qquad \rho<1 \text{ 일때} \qquad \cdots\cdots (12-8)$$

$$\frac{\partial^2 Y}{\partial L^2}<0 \qquad \rho<1 \text{ 일때} \qquad \cdots\cdots (12-9)$$

고정대체탄력성 생산함수를 제시한 애로우 등(Arrow et. al., 1961)은 대체계수가 대체로 0 보다 크다고 보고하고 있다. 식 (12−8)~(12−9)가 성립하면 한계생산시간은 체감한다. 한계생산시간균등의 법칙은 다음과 같다.

$$q=\frac{s}{1-s}\left(\frac{K}{L}\right)^{1+\rho} \qquad \cdots\cdots (12-10)$$

여기서 q는 생산요소 투입시간의 상대가격이다.

2. 분배함수 (12−7)은 대체계수만 제외하면 기본방정식 (6−7)과 동일한 형태이며 변수변환을 통하여 수량좌표에서 시간좌표로 표현할 수 있다. 지금까지 분석한 방법을 동원하면 정합방정식 (8−74)와 동일한 형태의 방정식을 구할 수 있다.

$$Y^{p}_{n+1}=\frac{K^{\rho}L^{\rho}}{K^{\rho}L^{\rho}+[s_nL^{\rho}+(1-s_n)L^{\rho}]\mu_n}Y^{p}_{n} \qquad \cdots\cdots (12-11)$$

동일한 시점에서 동일한 자본 K와 동일한 노동 L의 투입으로 생산 Y_n의 횡단면 표본집합이 추출된다. 이때 분배비율 s_n의 횡단면 표본집합도 추출된다. 다시 말하면 동일 시점에서 동일한 투입 하에 분배비율 s_n이 달라질 수 있다는 뜻이다.

3. 이번에는 생산함수 (12−1)을 변수변환 $yY=1$, $kK=1$, $lL=1$으로 시간좌표에 표현한 후 정합방정식을 구하면 다음과 같다.

$$y_{n+1}^{\rho}=\frac{k^{\rho}l^{\rho}}{k^{\rho}l^{\rho}+[a_n l^{\rho}+(1-a_n)K^{\rho}]\phi_n}y_n^{\rho} \qquad \cdots\cdots (12-12)$$

동일한 시점에서 동일한 자본 K와 동일한 노동 L의 투입으로 생산 Y의 횡단면 표본집합이 추출된다. 이때 분배계수 a_n의 횡단면 표본집합도 추출된다. 다시 말하면 동일 시점에서 동일한 투입 하에 분배계수 a_n가 달라질 수 있다는 뜻이다.

4. 식 (12−11)~(12−12)는 동시에 결정된다. 따라서 분배계수와 분배비율은 동시에 결정되어야 한다. 수량좌표의 생산함수 (12−1)과 분배함수 (12−6)에서 분배계수 a와 대체계수 ρ가 주어지면 분배비율 s가 결정된다. 이것이 베이즈 변환 (12−4)~(12−5)의 역할이다. 그러나 분배계수 a와 대체계수 ρ는 상수가 아니다. 이 계수들도 무엇에 의하여 결정된다. 그러나 그 정체를 모르기 때문에 적어도 표본기간 동안에는 고정인 것처럼 가정하고 분배비율 s를 결정한다. 이것이 한계생산이론에 의한 분배이론이다. 분배계수 a는 무엇에 의해 결정되는가. 이 장에서 분배계수 a와 분배비율 s가 동시에 결정됨을 보인다. 그 배경에는 수량좌표와 시간좌표의 내적 정합에 있다.

5. 분배함수 (12−7)이 정의되었는데 이것은 제 6 장의 기본방정식에 해당한다. 여기에 제 2 유형의 내포모형을 다음과 같이 정의할 수 있다.

$$\hat{\hat{Y}}^{\rho}=cK^{\rho}+(1-c)N^{\rho} \qquad \cdots\cdots (12-13)$$

식 (12−7)과 식 (12−13)에 소정리 6−4와 소정리 6−5를 적용하려면 대체계수 ρ가 주어져야 한다. 그러면 분배계수 a와 분배비율 s와 함께 K와 L도 결정된다. 그러나 K와 L은 이렇게 결정되는 것이 아니다. 따라서 K와 L 및 대체계수 ρ가 주어질 때, 분배계수 a, 분배비율 s가 동시에 결정되는 것을 증명한다.

제 2 절 분배비율과 분배계수

1. 제 6 장에서 식 (6−7)과 식 (6−25)가 정의될 때 연립방정식 체계 6−1이 구성된 것처럼 식 (12−7)과 식 (12−13)이 정의될 때 동일한 과정을 거쳐 연립방정식 체계 12−1을 구성할 수 있다.

연립방정식 체계 12-1

$$\frac{1}{Y^{\rho}}=\frac{a}{K^{\rho}}+\frac{1-a}{N^{\rho}}$$
$$Y^{\rho}=sK^{\rho}+(1-s)N^{\rho}$$
$$\hat{\hat{Y}}^{\rho}=cK^{\rho}+(1-c)N^{\rho}$$
$$c=\int_{-\infty}^{Z_1}\frac{1}{\sqrt{2\pi}}e^{-\frac{1}{2}x_1^2}dx_1$$
$$s=\int_{-\infty}^{Z_1}\frac{1}{\sqrt{2\pi}}e^{-\frac{1}{2}x_2^2}dx_2$$
$$Z_1^2-Z_2^2=2\gamma ln\left(\frac{Y^{\rho}}{\hat{\hat{Y}}^{\rho}}\right)$$
$$\frac{\left(s-\frac{1}{2}\right)^2}{\frac{1}{4}\left(1-\frac{\lambda Y^{\rho}}{\hat{\hat{Y}}^{\rho}}\right)}-\frac{\left(c-\frac{1}{2}\right)^2}{\frac{1}{4}\left(\frac{\hat{\hat{Y}}^{\rho}}{\lambda Y^{\rho}}-1\right)}=1$$
$$\frac{1}{2}\sqrt{1-\frac{\hat{\hat{Y}}^{\rho}}{\lambda Y^{\rho}}}=\frac{1}{\sqrt{2\pi}}\int_0^{\sqrt{2\gamma(lnY^{\rho}-ln\hat{\hat{Y}}^{\rho})}}e^{-\frac{1}{2}x^2}dx$$

이 연립방정식 체계는 Y, K, L 및 대체계수 ρ가 주어질 때 8개의 방정식과 8개의 미지수(a, s, c, Z_1, Z_2, $\hat{\hat{Y}}$, λ, γ)로 구성된다.

2. 이상과 같이 수량좌표에 시간좌표를 적용하면 매기 분배계수 a와 분배비율 s가 동시에 결정된다. 이 결과는 전통적인 방법과 다르다. 고정탄력성 생산함수를 제시한 애로우 등(Arrow et al., 1961)은 다음과 같은 문제의식을 갖

고 있었다.

> In analyzing the relative shares of income received by the factors of production, it is tempting to assume unit elasticity of substitution to agree with the supposed constancy of the labor share in the United States. Recent work has called into question both the observed constancy and the necessity of the assumption.

이것은 분배계수, 분배비율, 대체계수가 모두 일정하다는 가정이다. 이 가정을 완화하는 것을 목표로 하였던 애로우 등의 연구결과는 분배계수와 대체계수는 여전히 일정하다는 가정은 완화하지 못하였다. 애로우 등은 관측에서 출발하였지만 2가지 선형모형과 자연대수모형 가운데 관측치에 더 잘 부합한다는 이유로 자연대수 모형을 택하였고 그 결과가 고정탄력성 생산함수이다.

> The regression analysis provides an important basis for the derivation of a more general production function : the finding that a linear logarithmic function provides a good fit to the observations of wages and labor inputs. The theoretical analysis will therefore start from this assumption.

이 가정은 코브-다그라스 생산함수를 유도할 때의 근거이기도 하다. 그러나 관측치는 이미 분배계수를 고정으로 보고 그에 의존하여 한계생산을 도출한 결과이다. 그것이 식 (12-4)에 잘 드러내고 있는데 a에 의해서 s가 결정되는 것은 여전하다. 이 장에서 우리는 분배계수와 분배비율과 대체계수가 동시에 결정되는 가능성을 분석하였다. 이 가능성은 수량좌표에 시간좌표를 정합시켰기 때문이다.

CHAPTER 13

보이지 않는 손

1. 지금까지 〈역표본 정리〉를 증명하였고 그 응용을 제시하였는데 그 정리를 설명하는 정합방정식 (8－74)는 1개의 시계열 표본 속에 갇혀서 숨어 있는 자기 유사성의 횡단면 표본집단을 스스로 추출하는 자동기구 (9－11)～(9－15)가 되었다. 보이지 않는 손에 의해 스스로가 움직이는 자동기구(automaton)이다. 자동기구에 대한 관심은 모든 학문분야에 걸쳐 있다. 수정이 스스로 자라는 현상을 보고 영감을 얻은 울람(S. Ulam)의 자동기구 tessera에서 시작하여, 콘웨이(J. Conway)의 the God game, 사이몬(H. Simon)의 인공지능, 타이슨(J. Tyson)의 Brusselator, 쵸드리 등(A. Chaudry et. al.)의 crosscatalator 등이다. 시어핀스키의 삼각형이나 러시아의 인형 matriochka처럼 그 속에 갇혀 있는 작은 삼각형이나 인형들을 꺼내는 자동기구이다. 꺼낼 때마다 삼각형의 크기는 작아진다. 이것은 추출되는 삼각형의 크기가 어느 한 점으로 수렴하는 현상이다. 추출되는 횡단면 표본평균이 중심으로 모이는 중심극한정리에 비유할 수 있다. 만일 시장의 보이지 않는 손이 시어핀스키 삼각형, 스메일 편자, 러시아의 matriochka 인형을 닮았다면 동일한 원리를 따를 것이다.

2. 이 장의 목표는 지금까지 사용한 모든 분석방법과 〈역표본 정리〉를 동원하여 아담 스미스의 "보이지 않는 손"의 존재와 그 손이 일시균형을 찾아가는 자동

기구(automaton)를 설명하는 방정식을 제시하는 것이다. 이 방정식은 통상 문헌에서 균형과정을 설명하는 시간의 미분방정식과 다르다. 이 방정식은 수량좌표와 시간좌표의 내적 정합에 의해 유도된 정합방정식 (8-74)인데 다음과 같이 상태의 미분방정식으로 표현할 수 있다.

$$\frac{dY_n}{dn}=\frac{\theta_n\mu_n}{1+\theta_n\mu_n}Y_n \qquad \cdots\cdots (8-74^*)$$

정합방정식 (8-74)와 무질서방정식 (10-13)은 동일한 뿌리를 갖고 있다는 것이 밝혀졌다. 그 뿌리가 회귀방정식 (8-7)이다. 뿐만 아니라 정합방정식이 관측되지 않은 횡단면 표본을 재생할 수 있었던 것은 바로 무질서의 분열현상으로 설명되었다. 현실에서 관측되지 않는 현상 가운데 또 하나가 보이지 않는 손의 작용이다. 이것을 정합방정식과 무질서의 분열로 설명하는 것이 이 장의 목표이다.

3. 수량좌표는 아래에서 제약되고 위로 열려져 있는 집합이다. 이와 대조적으로 시간좌표의 중요성은 그것이 위에서 제약된다는 점이다. 이 사실은 일찍이 소정리 3-2에서 밝혔다. 경제학에서 일시균형의 존재를 증명할 때 음(陰)의 상한은 제외하지만 양(陽)의 상한은 무한대로 열려져 있다. 선호에 대해서 포화점이 없다는 가정과 기술에 대해서 집합이 볼록하다는 가정이 모두 이러한 제약을 의미한다. 그러나 시간은 모두에게 24시간으로 주어지고 축적이 되지 않으므로 위에서 제약되어 있으며 동시에 음(陰)의 시간은 존재하지 않으므로 아래에서도 제약되어 있다. 상하로 제한된다. 무한대로 열려 있는 소비 집합에서 무한대의 소비가 가능하지 않은 것은 소비에는 시간이 사용되기 때문이다. 무한대로 열려져 있는 생산 집합에서 무한대의 생산이 가능하지 않은 이유 역시 노동이 소비와 시간사용에 경쟁적이기 때문이다. 그러므로 아래에서 제약된 수량좌표와 위에서 제약된 시간좌표 중간에 일시균형이 존재한다고 추측하는 것은 직관적으로 옳다. 그리고 위에서 제약하는 시간의 힘과 아래에서 제약하는 수량의 힘이 일시균형을 안정하게 만든다고 추측하는 것도 직관으로 옳다. 수량좌표와 시간좌표 사이의 상호작용과 내적 정합이 일시균형을 찾아가는 시장의 힘의 원천이 된다. 내적 정합이 시장의 특성이며 시장에 자연적으로 설치된 자동장치이다.

4. 제 7 장의 식 (7-30)과 제 8 장의 식 (8-74)를 전자공학의 가상현실, 생

물학의 배아세포, 물리학의 홀로그램, 음악의 화음을 비유로 제시하였지만 그 보다 더 적절한 경제학의 예가 아담 스미스의 "보이지 않는 손"이다. 보이지 않는 손의 기능은 경제를 일시균형에 유지시킬 정도로 강력한가. 제 5 장에서 수량좌표와 시간좌표의 내적 정합이 경제를 45도선에 머물게 하는 힘이 된다고 결론 내렸을 때 그것을 위도와 경도 상의 평행이동이 불가능한 현상에 비유하였다. 보이지 않는 손의 기능 역시 마찬가지로 비유할 수 있다. 위로 무한대 열려 있는 수량좌표에서 기능하는 보이지 않는 손과 위에서 닫혀 있는 시간좌표에서 기능하는 보이지 않는 손은 그 중간에서 타협하지 않을 수 없다. 수량좌표와 시간좌표가 정확하게 대칭되기 때문이다. 위도에 해당하는 수량좌표를 지배하는 보이지 않는 손과 경도에 해당하는 시간좌표를 지배하는 보이지 않는 손이 적도에서 머물 수밖에 없다. 그것이 일시균형이다. 일시균형에서 벗어나도 빠르고 매끈하게(quickly and smoothly)[1] 보이지 않는 손이 일시균형을 회복시킨다.

5. 제 7 장과 제 8 장의 차이는 제 7 장의 확률생산함수 (7−30)은 추가적인 정보의 입력으로 새로운 정보가 생산되는 것인데 대하여 제 8 장의 정합방정식 (8−74)는 추가적인 정보의 입력이 없이 이미 존재하는 정보가 새로운 정보를 생산한다는 점이다. 다시 말하면 제 7 장의 확률생산함수 (7−30)은 시간의 함수이고 제 8 장의 정합방정식 (8−74)는 동일 시간의 상태의 함수이다. 이것의 경제학적 의미를 규명할 차례이다.

6. 아담 스미스가 "보이지 않는 손"을 은유적으로 표현한 이후 일시균형의 존재를 증명하는데 200여 년이 지났다. 그러나 그 일시균형을 찾아가는 과정에 대해서는 아직 명확하게 규명된 바가 없다.[2] 왈라스(Walras, 1871)는 탐색과정(par tatonnement; groping process)으로 설명하였고 에지워스(Edgeworth, 1881)는 협상과정(bargaining process)으로 설명하였다. 그라몽과 힐데브란트(Grandmont and Hildebrand)는 통계적으로 접근하였고, 컬만(Kirman)은 방법론적 개인주의를 포기해야만 균형이 유지될 수 있다고 보았다. 애로우와 한(Arrow and Hahn 1971)은 경사법(gradient mehtod)을 예로 들었다.

---

1) Hicks(1939), p. 123.

2) Screpanti and Zamagni(2005), p. 391.

7. 이와 대조적으로 이 장에서 우리는 수량좌표(idea 1)와 시간좌표(idea 2)의 상호작용과 내적 정합이 시장으로 하여금 스스로 자동적으로 일시균형을 찾아가도록 하는 힘의 원천이 된다는 사실을 보인다. 이것은 시장의 안정적인 힘의 원천을 규명하여 보이지 않는 손의 존재를 증명하는 것이다. 또 다시 비유하자면 물체가 균형궤도에서 이탈하지 않는 이유가 원심력과 구심력의 두 가지 힘의 상호작용이듯이 경제가 균형에 도달하는 힘의 원천의 하나는 수량좌표라는 원심력이고 또 하나는 시간좌표라는 구심력이다. 원심력과 구심력의 곱이 일정하듯이 수량좌표와 시간좌표의 곱도 일정하다.

제 1 절 탐색과 협상

1. 일시균형이 존재하고 안정적이라는 특성은 시장의 매우 중요한 특성이다. 만일 시장경제가 불안정하다면 이것은 곧 다른 경제체제를 대안으로 제시하는 이념과 연결되기 때문이다. 일시균형이 존재한다는 증명은 균형의 안정성과 밀접한 관계를 갖는다. 선호, 기술, 자원 등 경제의 기본(fundamental) 자료가 일정하고 변하지 않을 때 양(陽)의 좌표상의 임의의 한 점에서 동일한 좌표상의 어떤 특정한 점으로 수렴하여 드디어 움직이지 않는다면 그것은 일시균형이 존재한다는 뜻이다. 균형의 안정성에는 두 가지 종류가 있다. 하나는 정태안정성이고 또 하나는 동태안정성이다. 정태안정성이 일시균형의 안정성이다. 왈라스의 탐색과정이나 에지워스의 협상과정은 모두 정태세계에서 일어나는 현상이다. 다르게 표현하면 기본자료가 일정하게 주어졌을 때 수요와 공급이 일치하는 일시균형으로 찾아가는 과정이다. 힉스에 의하면 일시균형이론은 동태이론이 아니다(The theory of temporary equilibrium does not include the ultimate dynamic problems).[3] 일시균형의 단위시간인 힉스의 주(the Week)의 월요일(the Monday)에만 시장이 개장되어 모든 사람들은 완전예상 하에 모든 계약을 완료하고 나머지 화요일부터 토요일까지는 계약을 이행한다. 이것이 힉스의 단위시간의 일시균형이다. 시장이 개장된 월요일에는 시장

---

3) Hicks(1939), p.246.

은 수요와 공급이 일치할 때까지 가격변화가 정태적으로 일어난다(… on the Monday, …the market is open and dealers have to fix market prices by higgling and bargaining, trial and error).[4] 여기에는 몇 가지 사항이 필요하다. 첫째, 시장조정자(dealer, market maker, auctioneer)가 존재한다. 둘째, 월요일에 모든 가격변화가 일어나는데 이 변화는 동태적 변화가 아니다. 셋째, 시행착오를 반복하며 균형가격을 빠르게 찾아간다. 넷째, 균형가격 하에서만 교환계약이 성립한다. 아마도 이러한 일시균형의 과정은 왈라스에게만 적용된다. 그러나 여기서 의문이 일어난다. 왈라스의 탐색에서 시장조정자는 어떠한 규칙(rules)을 갖고 가격을 조정하는가. 크렙스(Kreps, 1990, p. 196)의 말을 들어보자.

> One can pose various rules that the auctioneer might employ in determining what prices p' to quote if p doesn't work. … We may wonder whether this scheme of price adjustment will lead to an equilibrium. … Walrasian auctioneers are not usually found in real economies. … It is more realistic to think of institutions and mechanisms where either market operates separately or trades are made between

그림 13-1 왈라스의 탐색

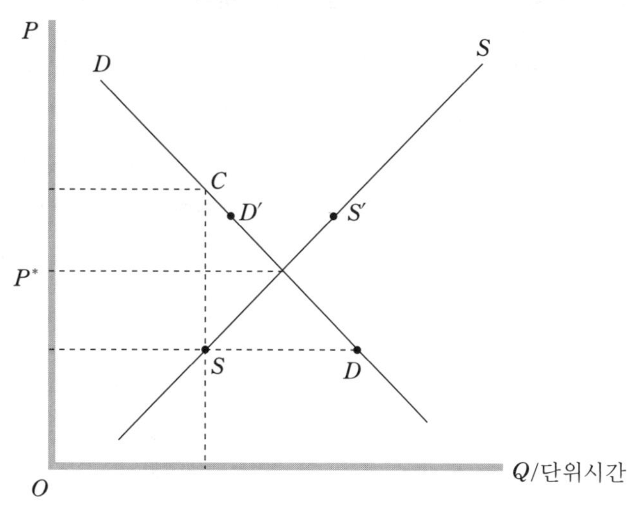

4) Hicks(1939), p. 123.

pairs of individuals.

[그림 13-1]은 통상의 수요곡선과 공급곡선을 그리고 있다. 가로축은 일정시간의 수요와 공급을 측정하므로 정태의 세계이다. 선호, 기술, 자원이 주어진 상태에서 하나의 수요곡선은 하나의 공급곡선과 일시균형에서 만난다. 만약 처음에 제시된 가격이 일시균형가격보다 크면 가격은 시장의 힘에 의하여 하락하게 된다. 이 경우 가격의 움직임은 시간의 함수가 아니다. 힉스의 단위시간인 주 내의 월요일에 모두 일어나는 정태의 현상이다.

2. 왈라스의 경매인으로 대표되는 탐색이론은 가격이 수량을 조절해서 일시균형에 도달한다. 이때 경쟁시장의 참여자 하나 하나는 자신의 소득과 선호에는 제한을 받지만 자신은 수많은 사람 가운데 하나이므로 다른 사람의 소득과 선호를 무제한으로 생각하며 자신의 효용만을 극대화하려고 한다. 다시 말하면 가격에 유인되어 움직이는 시장 전체의 수량에 대하여 제한을 두지 않는다.[5] 개인이 시장에 미치는 영향을 거의 무시하는 것이다. 그러므로 무한대의 수량을 설정한 경쟁시장에서 가격이 과연 일시균형을 찾아가는 힘을 충분히 발휘할 수 있느냐의 문제가 중요하지 않을 수 없다. 만일 가격이 일시균형을 찾지 못한다면 무한대로 확산될 수 있는 모순에 빠질 수 있기 때문이다. 시장은 무한대의 확산을 막는 힘이 있는가.

3. 왈라스의 탐색과정(groping)과 대조적으로 에즈워스의 협상과정(bargaining)은 처음부터 가격기능과 경매인을 배제하고 수량의 교환을 협상한다. 그러므로 여기서 개인은 상대방의 수량(소득)이 제한되어 있다고 생각하며 협상에 임한다. 그렇지 않고 왈라스 탐색이론처럼 전체의 소득이 무한대라고 생각하면 개인은 처음부터 무제한의 대상과 흥정할 수 없다. 협상을 위하여 개인 사이에 제휴(coalition)와 연합이 허락되지만 원칙은 수량을 교환한 후 아무도 손해를 입지 않는다는 것뿐이다. 유명한 에지워스 상자(Edgeworth box)는 수량이 제한되어 있음을 나타낸다. 수량이 제한되었으므로 간단한 원칙 하에 협상만으로 일시균형을 찾아갈 수 있음은 물론이다. 에지워스의 협상과정은 가격의 안내 없이도 처음부터 아무도 손해를 입지 않는 파레토 균형을 안정적으로 찾아갈 수 있음을 예견할 수 있다.

이렇듯 에지워스 협상이론은 파레토최적이 시장균형인가를 묻는 것이다. 다시

---

5) Arrow and Hahn(1971), ch. 11.

말하면 수량의 흥정으로 찾아간 일시균형이 가격에 의해 안내된 시장의 경쟁균형과 일치하느냐 이다. 이에 대하여 왈라스 탐색이론은 경쟁균형이 파레토최적인가를 묻는 것이다. 말을 바꾸면 가격에 의해 안내된 시장의 경쟁균형이 파레토최적인가를 묻는 것이다. 대답은 물론 잘 알려진 대로 긍정적이다.

4. 긍정적인 대답의 근거가 시간의 미분방정식이다. 애로우와 한(Arrow and Hahn 1971) 역시 탐색과정에 시간에 기초하는 미분방정식을 사용하였는데 그렇다고 동태과정이 아닌 것은 편의 때문이라고 설명하고 있다. 이에 대한 그들의 기술은 다음과 같다.

> although the process is pictured as taking place in *time*, this is simply a device to aid understanding, and ⋯ the calculations of the auctioneer may be taken as *steps* in a computer program designed, by a process of iteration, to calculate the equilibrium prices for an economy(p.265, the italics are not original).

수학적으로 표현하면 통상의 왈라스 탐색과정은 다음과 같이 시간의 미분방정식이다.

$$\frac{dY_t}{dt}=f(Y_t)$$

균형의 존재 문제는 1900년 수학자 힐버트(D. Hilbert)가 제시한 18개의 난제의 수학문제 가운데 하나이었다. 애로우(K. Arrow)와 드브루(G. Debreu)가 시간의 미분방정식으로 이 문제를 해결하였지만 1972년 쇼넨샤인(H. Sonnenschein)이 일반화하여 다시 도전하였을 때 균형의 수렴을 보장할 수 없다는 결과를 얻었다.

앞서 정합방정식의 특성인 상태의 미분방정식 (8−74*)와 차이가 보인다(p. 364를 참조). 탐색과정이 아닌 사무엘슨의 일치원리(correspondence principle) 하에서는 시간의 미분방정식은 정당한 방법이다. 그러나 이 경우를 제외하고 시간(time)에 대한 미분방정식을 편의상 사용하는 이유는 동일한 단위시간 내에서 단계(step)를 반영하는 적당한 미분방정식을 모르기 때문일 수 있다. 이러한 이유로 균형의 안정성을 증명하는데 리아푸노프 방정식(Lyapunov equation)을 자주 사용한다. 그럼에도 불구하고 시간에 대한 미분방정식은 조정과정을 지나치게 수학적이며 기계적으

---

6) Screpanti and Zamagni(2005).

로 설명하는 것이 흠이다. 시장조정자나 경매인이 시간의 미분방정식을 규칙으로 삼아 가격을 조정한다는 것은 비현실적이다. 슘페터는 왈라스의 탐색과정을 높이 평가하면서도 비현실성이라고 비판하였다.[6] 이러한 점을 충분히 인식한 애로우-한(Arrow and Hahn 1971)은 그 비현실성을 다음과 같이 변호한다.

> Not too much can be made of this point because, on the one hand, the rules we shall impose on the auctioneer do, however, remotely, mimic what we believe goes on in actual markets(p. 265, the italics are not original).

폰 미제스(von Mises 1966)는 다른 각도에서 이 문제를 바라본다.

> The economist is often prone to look to mechanics as a model for his own work. Instead of treating the problems posed by his science with the means appropriate to them, he fetches a metaphor from mechanics, which he puts in place of a solution(p.133).

5. 왈라스나 에지워스의 빛나는 업적에도 불구하고 그들이 제시한 일시균형의 과정은 시험관 속의 실험(experiment in a test tube)이라고 평가한다. 이와 대조적으로 이 장에서는 그 규칙(rule)이라는 것이 탐색이나 협상 단계(step)를 반영하는 정합방정식 (8-74)와 무질서 방정식 (10-13)이라는 점을 밝힌다. 제10장에서 보인 것처럼 정합방정식은 무질서의 분열현상을 설명한다. 무질서의 특징인 불규칙성과 불가역성의 예를 찾을 수 있는 것이 시장의 가격현상이다. 가격이 일시균형을 찾아가는 현상은 미분방정식처럼 예측 가능한 것도 아니고 그렇다고 일시균형의 특성상 확률현상으로 보기도 어렵다. 차라리 무질서의 특징일 수 있다. 더욱이 무질서의 분열현상은 하나의 움직임이 그 다음 움직임을 세포분열 하듯 무질서하게 분열 생산한다. 이러한 면에서 정합방정식 (8-74)의 무질서의 분열 특성이 보이지 않는 손의 움직임을 설명할 수 있다. 폰 미제스(1966)는 이에 대하여 비관적으로 전망하였다.

> From the very outset no way was seen in which these resistance could be exactly measured or, indeed, fully comprehended even qualitatively(p. 133).

이와 대조적으로 아래에서 우리는 그것이 가능한 이유를 설명하겠다.

제 2 절 시장의 힘

1. 제 8 장의 정합방정식 (8－74)에서 우리가 도달한 결론은 동일시간 t에서 일시균형의 정보가 실현되지 않은 여러 상태 또는 여러 단계의 정보를 가상현실처럼 재생할 수 있다는 것이었고 제 9 장의 [표 9－1]에서는 숫자의 예를 제시하였다. 이 예에서 세 가지 특징을 드러냈다. 하나는 일시균형으로 수렴한다는 사실이고 다른 하나는 수렴이 매우 빠르다는 사실이다. 마지막으로 잔차가 양수와 음수를 교대한다는 점이다. 이 세 가지 결론을 시간이 아닌 에지워스의 협상단계에 이론적으로 적용할 수 있다는 사실을 밝히기 위하여 가장 간단한 경쟁균형의 존재 정리부터 시작한다. 여기에서는 가격기능은 고려하지 않고 제한된 수량을 협상만으로 시장균형을 찾아가는 에지워스의 생각에 적용할 것이다. 그러나 에즈워스 협상이론의 약점은 사람들이 제휴하며 협상하는데 비용이 발생한다는 점이다. 만일 제휴비용이 높다면 왈라스의 경매인 체제에 의존할 수밖에 없다. 그러나 아담 스미스는 동업자들끼리 제휴하는 것은 그리 어려운 일이 아니라고 제의하였다. 이에 대해서는 연구가 전무하다.[7] 여기서 우리는 왈라스 경매인도 없고 에지워스의 제휴비용에도 상관없는 모형을 제시한다. 지금까지 우리가 주목한 비내포모형은 다음과 같았다.

$$Y_n = \hat{Y}_n + \mu_n \qquad \cdots\cdots (13-1)$$

이것은 비내포모형 (8－5)～(8－6)의 응용문제로서 협상이나 제휴의 n단계에서 Y_n을 수요나 혹은 공급으로 생각하면 $\hat{Y}_n$는 그의 추정치이다. 수요나 혹은 공급 (13－1)에 다음의 균형존재의 가정을 부여할 수 있다. 이 가정은 협상비용이 무시할 정도로 작다는 가정을 포함하여 지금까지 암묵적으로 지켜왔다.

임의의 소비자 $i(i=1, 2, \cdots, I)$에 대하여

가정 13－1: Y_n는 볼록한 폐집합이며 아래로 유한을 갖는다.

가정 13－2: Y_n는 포화점을 갖지 않는다.

---

7) Arrow and Hahn(1971), p. 186.

가정 13-3: 어떤 $y_n' \in Y_n$에 대한 집합 $y_n \in Y_n \mid y_n' R y_n$과 $y_n \in Y_n \mid y_n R y_n'$은 Y_n에 닫혀 있다.

가정 13-4: 만일 $y_n^0 P y_n^1$이라면 임의의 실수 $0 < b_n < 1$에 대하여 $b_n y_n^0 + (1-b_n) y_n^1 P y_n^1$이다.

가정 13-5: $\bar{y}_n \in \text{int } Y_n$

임의 생산자 $j(j=1,\ 2,\ \cdots,\ J)$에 대하여

가정 13-6: Y_n는 볼록한 폐집합이며 원점을 포함한다.

가정 13-7: $Y_n \cap (-Y_n) = \{0\}$

가정 13-8: $Y_n \supset R^m$

이상을 만족하는 경제에는 경쟁균형이 존재한다. 이것은 잘 알려진 정리이므로 증명은 생략하고 다만 이 증명에는 선호, 기술, 자원이 아래로부터 유한하다는 가정만 필요하지 위로부터 제한된다는 가정이 없다는 점이 주목된다. 이것이 왈라스 균형의 존재증명에 필요한 가정이다. 수량좌표의 특징을 그대로 드러내고 있다. 이제 여기에 위에서 제약하는 시간좌표를 추가해야 한다. 그러기 위하여 이상의 가정을 만족시키는 식 (13-1)을 수요함수와 공급함수는 다음과 같다.

$$Y^D = D(P) + \varepsilon^D \qquad \cdots\cdots \ (13-2)$$

$$Y^S = S(P) + \varepsilon^S \qquad \cdots\cdots \ (13-3)$$

여기서 P는 가격벡터이다. 이 함수는 식 (8-6)~(8-7)에 의하여 다음과 같이 표현될 수 있다.

$$Y_n^D = b_n^D Q_1 + (1-b_n^D) Q_2 = b^D Q_1 + (1-b^D) Q_2 + \mu_n^D \qquad \cdots\cdots \ (13-4)$$

$$Y_n^S = b_n^S Q_1 + (1-b_n^S) Q_2 = b^S Q_1 + (1-b^S) Q_2 + \mu_n^S \qquad \cdots\cdots \ (13-5)$$

이것은 기본방정식 (6-7)의 형태이다. 이에 대하여 식 (6-13)에 의하여 다음이 성립한다.

$$\hat{Y}_n^D = (1-a_n^D) Q_1 + a_n^D Q_2 \qquad \cdots\cdots \ (13-6)$$

$$\hat{Y}_n^S = (1-a_n^S) Q_1 + a_n^S Q_2 \qquad \cdots\cdots \ (13-7)$$

2. 여기서 Y_n는 제 1 유형 내포모형이고 $\hat{Y}_n$는 제 2 유형 내포모형이다. 모두

가정 13－1에서 가정 13－8까지 만족하며 가정 13－4에 의하여 기본방정식으로 표현할 수 있었다. 이것은 우리가 제 1 장에서 지금까지 사용한 기본방정식의 형태이다. 식 (13－4)～(13－5)는 식 (6－7)이고 식 (13－6)～(13－7)은 식 (6－13)이다. 따라서 식 (13－4)～(13－5)와 식 (13－6)～(13－7) 사이의 관계는 제 8 장이 보인 대로 위에서 제약하는 시간좌표의 특성이 이미 가미되었으므로 제 7 장과 제 8 장의 방식은 정합방정식 (8－74)의 존재를 보장한다.

$$Y_{n+1}^D = \frac{1}{1+[b_n^D q_1 + (1-b_n^D)q_2]\mu_n^D} Y_n^D \quad \text{수요의 정합방정식} \qquad \cdots\cdots (13-8)$$

$$Y_{n+1}^S = \frac{1}{1+[b_n^S q_1 + (1-b_n^S)q_2]\mu_n^S} Y_n^S \quad \text{공급의 정합방정식} \qquad \cdots\cdots (13-9)$$

여기서 $b_n q_1 + (1-b_n)q_2 > 0$이다. 그러므로 정합방정식 (13－8)～(13－9)는 위로 열려 있는 수량좌표의 가정뿐만 아니라 위에서 닫혀 있는 시간좌표 사이의 내적 정합이다. 여기서 $\mu_n^D=0$이면 $Y_{n+1}^D=Y_n^D=Y^{*D}$이 되고 $\mu_n^S=0$이면 $Y_{n+1}^S=Y_n^S=Y^{*S}$이 된다. 남은 문제는 두 가지이다. 하나는 일시균형 $Y^{*D}=Y^{*S}=Y^*$에 수렴하는가. 다른 하나는 수렴속도는 어떠한가. 정합방정이 바로 이 두 가지 질문에 대해 에지워스의 협상과정을 묘사하는 규칙(rule)인데 이 협상규칙이 어떻게 시장이 불균형에서 일시균형으로 회귀하는지 규명할 필요가 있다.

3. 첫째 질문은 일시균형의 존재에 대한 것이다. 임의의 n단계에서 $Y_{n+1}^D=Y_n^D=Y^{*D}$이 되면 $\mu_n^D=0$이고 $Y_{n+1}^S=Y_n^S=Y^{*S}$이 되면 $\mu_n^S=0$이다. 그러면 수요에서 $b_n^D=b^D$와 $a_n^D=a^D$가 되고 공급에서 $b_n^S=b^S$와 $a_n^S=a^S$가 된다. 그 결과 식 (6－53)에서 $1=a^D+b^D$과 $1=a^S+b^S$이다. 따라서 식 (6－55)에서 $\frac{Q_1}{Q_2}=\left(\frac{a^D}{b^D}\right)^2\left(\frac{1-b^D}{1-a^D}\right)^2=\left(\frac{a^S}{b^S}\right)^2\left(\frac{1-b^S}{1-a^S}\right)^2$이다. 이것은 $a^D=a^S$와 $b^D=b^S$을 의미한다. 따라서 식 (13－4)～(13－7)에서 $Y_n^D=Y_n^S=Y^{*S}$이 된다. 수요의 정합방정식 (13－8)과 공급의 정합방정식 (13－9)는 일치하여 일시균형이 존재한다.

> ▶▶▶ **소정리 13－1**
> 일시균형은 존재한다.

그림 13-2a 에지워스의 협상

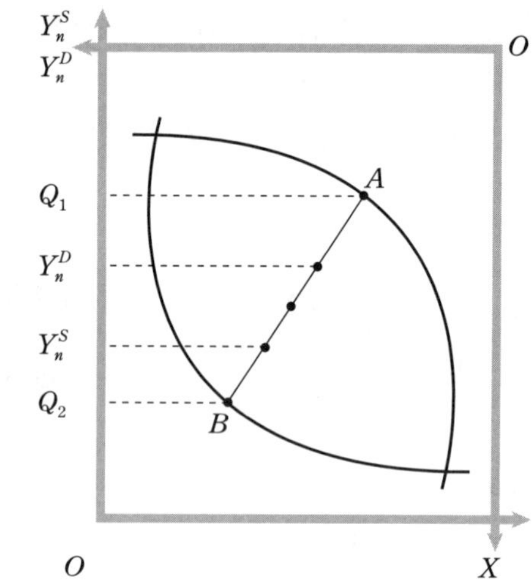

식 (13-4)~(13-5)를 에지워스 상자에서 표현할 수 있다. [그림 13-2a]에 에지워스 상자에서 세로축이 하나의 재화의 공급 Y_n^S과 수요 Y_n^D의 수량을 동시에

그림 13-2b 에지워스의 협상

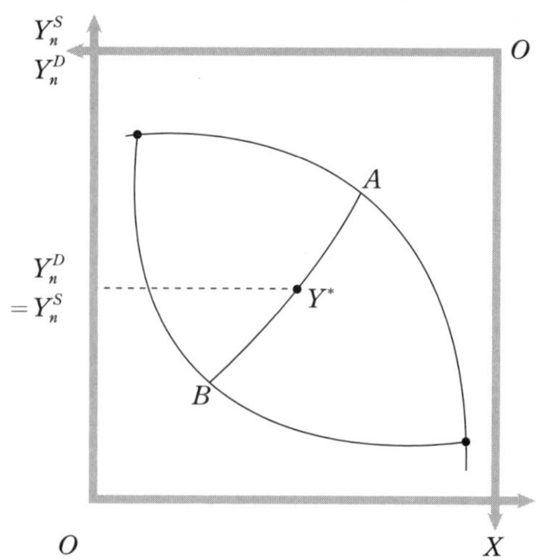

측정한다. 가로축은 다른 재화의 수요와 공급을 측정한다. 볼록렌즈의 경계선의 A점과 B점은 각각 파레토최적이다. A점과 B점을 세로축에 투영한 좌표가 Q_1과 Q_2이다. 볼록렌즈의 크기가 주어져 있으므로 Q_1과 Q_2의 좌표도 주어져 있다. 이것이 회귀방정식에서 반복적으로 주어지는 설명변수의 속성이다. n단계에서 수요 Y_n^D을 결정하는 가중치는 (13−4)의 b_n^D이고 공급 Y_n^S을 결정하는 가중치는 (13−5)의 b_n^S이다. 세로축의 좌표 Q_1과 Q_2 사이의 Y_n^S과 Y_n^D이 그것이다. 식 (6−53)에서 $E(b_t+a_t-1)=b+a-1=0$이므로 $1-a_n \neq b_n$이다. 따라서 $Y_n^S \neq Y_n^D$이므로 Y_n^S과 Y_n^D은 각 협상의 n단계에서 공급의 제휴와 수요의 제휴를 의미하고 b_n^S과 b_n^D은 각각 시장참여자 전체 가운데 공급 제휴자와 수요 제휴자의 비율을 나타낸다. [그림 13−2b]는 동일한 에지워스 상자인데 볼록렌즈 속의 핵 Y^*에서 $Y_n^D=Y_n^S$이 된다. 이때 식 (6−53)에서 $1-a=b$가 되고 초과공급은 $\mu=0$이 된다. 핵 Y^*에서 멀수록 공급과 수요의 사이는 멀다. 다시 말하면 공급이 클수록 수요가 작고 그 반대도 성립한다.

4. 두 번째 질문은 일시균형의 안정성에 관한 것이다. [그림 13−2a]의 제휴를 결정한 제휴무리 b_n이 시간좌표와 수량좌표의 내적 정합으로 새로운 제휴 Y_{n+1}을 제의하여 전의 제휴 Y_n 보다 Y^*에 더 접근시킬 것인가 아니면 더 멀어지게 할 것인가 이다. 이 문제를 규명하기 위해 수요부터 조사할 필요가 있다. 정합방정식 (13−8)에 의해 Y_n이 Y_{n+1}을 생산하면 다음의 두 개의 회귀방정식을 생각할 수 있다.

$$Y_{n+1}^D=b_{n+1}^D Q_1+(1-b_{n+1}^D)Q_2+\mu_{n+1}^D \qquad \cdots\cdots (13-10)$$

$$Y_n^D=b_n^D Q_1+(1-b_n^D)Q_2+\mu_n^D \qquad \cdots\cdots (13-11)$$

이제 2변수 Y_n^D과 Y_{n+1}^D이 알려졌으므로 식 (13−10)~(13−11)을 다음과 같이 확률모수 방정식으로 변환할 수 있다.

$$Y_{n+1}^D=\widetilde{b}_{n+1}^D Q_1+(1-\widetilde{b}_{n+1}^D)Q_2 \qquad \cdots\cdots (13-12)$$

$$Y_n^D=\widetilde{b}_n^D Q_1+(1-\widetilde{b}_n^D)Q_2 \qquad \cdots\cdots (13-13)$$

이것은 기본방정식이다. Y_n^D과 Y_{n+1}^D이 알려졌으므로 다음의 모형변환을 이용하여 무제약의 Q_1과 Q_2을 정의할 수 있다.

$$Y_{n+1}^D\widehat{Y}_{n+1}^D=Q_1Q_2 \qquad \cdots\cdots (13-14)$$

$$Y_n^D \hat{Y}_n^D = Q_1 Q_2 \qquad \cdots\cdots (13-15)$$

식 (13−10)~(13−15)에서 다음이 성립한다.

$$\frac{\mu_{n+1}^D}{\mu_n^D} = \left(\frac{\theta_n^D \hat{Y}_n^D}{\theta_{n+1}^D \hat{Y}_{n+1}^D}\right)\left(\frac{b_{n+2}^D - b_{n+1}^D}{b_{n+1}^D - b_n^D}\right) = 1 - \theta_n^D (Y_{n+1}^D + \hat{Y}_n^D) \qquad \cdots\cdots (13-16)$$

이 결과는 수량좌표의 분석이다. 동일한 방법을 시간좌표에 적용하여 정리하면 다음과 같다.

$$\frac{\eta_{n+1}^D}{\eta_n^D} = \left(\frac{\Phi_n^D \hat{y}_n^D}{\Phi_{n+1}^D \hat{y}_{n+1}^D}\right)\left(\frac{a_{n+2}^D - a_{n+1}^D}{a_{n+1}^D - a_n^D}\right) = 1 - \Phi_n^D (y_{n+1}^D + \hat{y}_n^D) \qquad \cdots\cdots (13-17)$$

식 (13−16)~(13−17)에서 다음이 성립한다.

$$1 > \frac{\mu_{n+1}^D}{\mu_n^D} \frac{\eta_{n+1}^D}{\eta_n^D} > -1 \qquad \cdots\cdots (13-18)$$

이 결과는 식 (8−102)에 의해서 다음이 된다.

$$1 > \mu_{n+1}^D \eta_{n+1}^D > \mu_n^D \eta_n^D > -1 \qquad \text{시장의 힘(수요의 힘)} \qquad \cdots\cdots (13-19)$$

이 조건을 만족시키는 풀이는 2개이다.

$$1 > \frac{\mu_{n+1}^D}{\mu_n^D} > -1\text{과 } 1 > \frac{\eta_{n+1}^D}{\eta_n^D} > -1 \qquad \cdots\cdots (13-20)$$

$$1 > \frac{\mu_{n+1}^D}{\mu_n^D} > 1\text{과 } 1 > \frac{\eta_{n+1}^D}{\eta_n^D} > 1 \qquad \cdots\cdots (13-21)$$

[표 9−3]에서 식 (13−20)이 관측되지만 [표 9−2]에서는 식 (13−21)도 예외적으로 관측되듯이 단계를 지나 갈수록 잔차의 절대값은 감소한다. 그러고 보면 [표 9−2]와 [표 9−3]에서 식 (13−20)이 주로 관측되지만 예외적으로 식 (13−21)이 관측되는 불규칙한 현상은 무질서의 특징을 나타낸다. 식 (13−20)~(13−21)은 식 (8−94)와 일치한다.

5. 전파의 송신에서 잡음(noises)은 확률현상이지만 이 잡음이 고루 분포되지 않는다는 사실은 오래 전부터 알려져 왔다. 잡음 분포의 불규칙성이다. 잡음의 불

규칙성은 2가지이다. 하나는 단절 현상이다. 이러한 현상이 별안간의 대홍수에 비유된 노아효과(Noah effect)이다. 또 하나는 잡음이 없는 거의 기간이 있는가 하면 잡음만 계속되는 기간이 뒤를 잇는 현상이다. 이러한 현상이 7년 풍년과 7년 흉년의 성서기록을 인용한 요셉효과(Joseph effect)인데 잡음이 몰리는 기간을 다시 세부기간으로 쪼개어 보아도 역시 그 속에서도 잡음이 몰리는 기간과 그렇지 않은 기간으로 나뉘게 된다. 이러한 현상은 아무리 기간을 세분하여도 마찬가지이다. 말하자면 오차의 분포가 고르지 않고 불규칙성을 보이며 단절(fracture)되는 현상이다. 주글라 경기변동이나 콘트라치에프 경기변동도 이러한 불규칙성을 보인다. 운동선수나 인기연예인의 활동부진(slump)도 여기에 속한다.

6. 이 단절현상은 칸토르 먼지(Cantor dust), 코흐 눈송이(Koch snowflake), 시얼핀스키 삼각형(Sierpinski triangle), 멩거 스폰지(Menger sponge)로 설명이 되며 만델부로에 의해서 분절기하학으로 창시되었다. 정합방정식의 [그림 10-3b], [그림 10-4b], [그림 10-5b]를 보면 이미 오차가 발생하는 구간과 거의 발생하지 않는 구간이 보이는 것이 그것이다. 거의 발생하지 않는 구간일지라도 다시 발생하는 구간과 그렇지 않은 구간이 있음을 발견할 수 있다. 구간을 시각적으로 세분할 수 있다면 마찬가지 현상을 기대할 수 있는데 이것은 컴퓨터로 확대해서 확인할 수밖에 없을 것이다. 이 그림을 반영한 식 (13-20)~(13-21)이 일반적으로 오차의 부호와 크기가 불규칙함을 증명하고 있다.

7. 식 (13-20)~(13-21)이 수요의 특성인데 동일한 방법을 공급의 정합방정식에 적용하면 동일한 결과를 얻을 수 있다.

$$1 > \mu^S_{n+1}\eta^S_{n+1} > \mu^S_n\eta^S_n > -1 \qquad \text{시장의 힘(공급의 힘)} \quad \cdots\cdots (13-22)$$

$$1 > \frac{\mu^S_{n+1}}{\mu^S_n} > -1\text{과} \quad -1 > \frac{\eta^S_{n+1}}{\eta^S_n} > -1 \qquad \cdots\cdots (13-23)$$

$$1 > \frac{\mu^S_{n+1}}{\mu^S_n} > -1\text{과} \quad 1 > \frac{\eta^S_{n+1}}{\eta^S_n} > -1 \qquad \cdots\cdots (13-24)$$

수요의 풀이 (13-19)와 공급의 풀이 (13-22)가 합쳐서 안정적 일시균형을 보장하는 시장의 힘을 의미한다. 게다가 식 (13-20)~(13-21)과 식 (13-23)~(13-24)에서 수요와 공급의 잔차의 절대값이 감소한다. 그러나 식 (13-23)~(13-24)에서 잔차의 부호가 매번 양수와 음수로 교대하는지는 불분명하다. 식

(8-102)를 보아도 재확인할 수 있다.

8. 이상을 종합하면 다음의 소정리가 성립한다.

> **▶▶▶ 소정리 13-2**
> 불균형에서 협상 단계가 거듭될수록 초과공급과 초과수요가 발생하지만 그 크기는 무질서하고 불규칙적이지만 결정적으로 감소하여 일시균형에 접근한다.

일시균형으로 수렴하는 자연적이고 물리적인 메커니즘이 정합방정식 (13-8)~(13-9)이다. 무한대로 확산하지 않도록 하는 강력한 힘이 자연적으로 존재하는 것이다. 이것은 한 쌍의 수량좌표와 시간좌표의 대칭성과 내적 정합의 결과이다. 수량은 무한하게 커질 수 있는데 대하여 시간은 최대의 크기가 주어져 있으며 시간의 가장 독특한 특징은 축적되지 않는다는 사실이다. 왈라스 탐색이론에서는 시간을 고려하지 않기 때문에 개인이 자신에 비하여 경제전체에 선호, 기술, 자원이 무한대라고 생각하는 가정과 대조적이다. 경쟁균형의 존재정리에서 선호, 기술, 자원이 아래로 유한을 갖는다는 가정만 전제로 설정하였지 위에서 제약하는 가정은 없었던 점이 바로 이 점을 지적한다. 여기에 수요가 증가할 때 그 수요를 충족시키는데 필요한 하루 24시간으로 제한되어 있다는 사실을 추가하면 수요의 팽창을 위로부터 제약한다. 앞서 고센이 지적했듯이 생산물의 수요와 노동은 사용시간의 측면에서 보면 경쟁적이다. 이러한 사실은 노동을 통한 생산물의 공급에도 위로부터 제약을 가한다는 점을 지적하고 있다. 시장의 강력한 힘은 바로 수량과 시간 사이의 긴장관계, 내적 정합에서 기인한다. 그러므로 일시균형의 존재정리 가정에 시간을 포함시키면 위로부터 제약이 자동적으로 부과되어 일시균형은 자연적으로 안정되는 사실이 밝혀진다.

9. 여기에 더하여 시장에서 거래되지 않는 시간의 가격은 주관적으로 평가된다. 소비하는데 드는 시간의 가격은 평가할 객관적인 방법이 없으므로 주관성이 높다. 수량좌표에서 모두에게 동일하게 주어진 가격 하에서 개인 사이에 한계대체율 균등의 법칙이 성립하지만 그 수량을 소비하고 생산하는데 소요되는 시간의 가격에 대해서는 시간좌표에서 개인 사이에 한계대체율 균등의 법칙이 일어나지 않는다. 그러므로 시간좌표에서 비효율적인 한계대체율 불균등의 현상을 만회하려면

수량좌표에서 시간가격을 암묵적으로 반영하는 수밖에 없다. 이것이 수량좌표에 시간좌표가 영향을 미치는 통로가 되고 이 때문에 민서-베커가 관측했듯이 소득효과가 편의(偏倚)되는 현상이 나타나는 것이다. 다시 말하면 소득효과의 편의현상이야말로 소비자가 의식하든 아니 하든 보이지 않는 시간좌표의 현상이 수량좌표에 영향을 주고 있다는 증거이다. 이러한 것들이 종합한 시장의 강력한 힘으로 작용한다.

10. 이러한 현상은 물리학에서도 발생하였다. "맥스웰 장과 전기장에서 기저상태 요동의 계산결과는 전자의 질량과 전하를 무한대로 만들었다. 그것은 관측결과와 일치하지 않는다. 그러나 1940년대에 물리학자들은 이러한 무한을 소거하고 에너지의 관측된 크기만 다루는 정합방법을 찾아냈다. 그러나 이 방법도 만족스럽지 못하였다. … 다행스럽게도 1970년대에 완전히 새로운 대칭성이 발견되어 무한을 상쇄시킬 수 있는 자연적이고 물리적인 메커니즘을 제공하였다. … 초대칭성은 원래 평평한 시공에서 무한을 제거하기 위해서 고려되었다. 초대칭의 한 가지 결과는 모든 장이나 입자들이 스핀이 1/2 크거나 작은 초파트너를 가져야 한다는 것이다."[8] 스핀 2의 입자는 180도를 회전하여 제 모습을 갖고 스핀 1의 입자는 360도를 회전하여 제 모습을 갖는다. 비유하자면 수량좌표의 질량은 90도 회전하면 시간좌표의 크기가 되었다가 다시 90도 회전하면 제 모습이 되므로 스핀 2의 장이라고 부를 수 있다. 시간좌표의 질량도 마찬가지이다. 그러므로 스핀 2를 갖는 수량좌표의 질량과 스핀 2를 갖는 시간좌표의 질량이 서로 대칭(초대칭성)을 형성하여 한 쌍(초파트너)이 된다. 이러한 까닭에 무한으로 확대되지 않고 일시균형으로 수렴하는 것이라고 비유할 수 있다.

보이지 않는 어려운 물리적 현상보다 더 쉬운 현상은 거품이다. 거품이 생기면 언젠가는 거품이 꺼져서 평형으로 돌아가는데 그 또한 물과 공기의 반대되는 역학 관계 때문이다.

11. 일시균형으로 회귀하려는 정합방정식의 자연적이고 물리적인 힘의 크기는 얼마나 되는가. 다시 말하면 얼마나 빠른 속도로 회귀하는가. 힉스는 월요일에 개장된 시장이 일시균형을 빠르고 매끈하게 찾아간다고(the market proceeds quickly

---

8) Hawking, S., *The Universe in a Nutshell*, London: The Book Library, 2001.

and smoothly to a position of temporary equilibrium)[9] 주장했지만 얼마나 빠르고 어떻게 매끈한지는 설명하지 않았다. 이에 대한 질문은 아직도 응답을 기다리고 있지만 정합방정식 (13－8)～(13－9)이 그 대답을 줄 수 있다. 정합방정식 (13－8)～(13－9)를 정리하면 다음과 같이 표현할 수 있다.

$$Y_{n+1}=\cfrac{Y_n}{1+\cfrac{c_n}{1-\cfrac{d_n}{1+\cfrac{c_{n-1}}{1-\cfrac{d_{n-1}}{1-\cdots}}}}} \qquad \cdots\cdots \ (13-24)$$

이 표현에서 무한하게 거듭 반복되는 분모는 무한대의 과정으로 이어진다. 여기서 다음이 정의된다.

$$c_n=\frac{(b_n-b_{n+1})(Q_1-Q_2)}{\mu_n} \qquad \cdots\cdots \ (13-25)$$

$$d_n=\frac{Y_{n-1}}{\mu_n} \qquad \cdots\cdots \ (13-26)$$

$$c_{n-1}=\frac{(b_{n-1}-b_n)(Q_1-Q_2)}{\mu_{n-1}} \qquad \cdots\cdots \ (13-27)$$

$$d_{n_1}=\frac{Y_{n-2}}{\mu_{n-1}} \qquad \cdots\cdots \ (13-28)$$

수학적으로 정합방정식 (13－8)～(13－9)의 형태 (13－24)는 식 (1－1)처럼 수렴속도가 매우 빠르다는 사실을 나타낸다. [표 9－1]의 숫자의 예도 이미 2번째 단계에서 일시균형에 빠르게 접근하고 있음을 보이고 있다. 이러한 현상은 사람들이 가만있으면 손해볼지도 모르는 시간좌표의 주관적 특성을 재빠르게 수량좌표에 반영하기 때문이라고 풀이할 수 있다. 한편 과정이 식 (13－20)을 따르면 양수와 음수를 번갈아 반복하여 매끈하게 수렴되지만 식 (13－21)과 혼합되면 수렴은 하되 양수와 음수가 불확실하게 반복된다. 식 (13－25)～(13－28)의 부호의 불분명함이 부호의 불규칙성의 원인이 된다.

---

9) Hicks(1939), p. 123.

▶▶▶ **소정리 13-3**

정합방정식에 의한 일시균형의 회귀속도는 매우 빠르고 매끈하다.

12. 이제 이 문제를 가격 측면에서 살펴볼 차례이다. 일시균형의 존재와 안정성을 증명했지만 이 과정에서 가격의 역할은 전혀 언급하지 않았다. 그러나 이것은 동전의 앞뒤의 관계와 같다. 첫째, 정합방정식 (13-8)~(13-9)의 Y_n 자체를 가격으로 해석해도 좋고, 둘째, 수량을 가격으로 전환하여 분석하여도 좋다. 첫째 방식부터 생각하자. 가격이 정합방정식 (13-8)의 형태를 갖추고 일시균형으로 회귀하는 예로서 대표적인 모형이 자본자산가격모형(capital asset pricing model)을 들 수 있다. 그 모형은 다음과 같다.

$$P^j_{tn}=\beta_{nj}P^M_{tn}+(1-\beta_{nj})P^F_{tn}+\mu_{tn} \qquad \cdots\cdots (13-29)$$

여기서 P^j_{tn}는 j자산의 수익률이고 P^M_{tn}은 지수자산의 수익률이며 P^F_{tn}는 안전자산의 수익률이다. 나머지 부호는 앞서와 동일하다. 이것은 비내포모형에 속한다. 그러므로 내포모형은 2개이다.

$$P^j_{tn}=\beta_{tnj}P^M_{tn}+(1-\beta_{tnj})P^F_{tn} \qquad \cdots\cdots (13-30)$$

$$\hat{P}^j_{tn}=\beta_{nj}P^M_{tn}+(1-\beta_{nj})P^F_{tn} \qquad \cdots\cdots (13-31)$$

식 (13-29)~(13-31)에서 다음이 유도된다.

$$P^j_{tn+1}=\frac{1}{1+[\beta_{nj}q_1+(1-\beta_{nj})q_2]\mu_n}P^j_{tn} \qquad \cdots\cdots (13-32)$$

여기서 $q_1=\dfrac{1}{P^M_{tn}}$이며 $q_2=\dfrac{1}{P^F_{tn}}$이다. 이것은 정합방정식 (13-8)과 동일한 형태이다. 따라서 수익률이 일시균형으로 수렴하므로 자본자산가격모형은 균형모형이며 수렴속도가 매우 빠르다. 증권시장에서 가격이 빠르게 변하는 이유가 된다.

▶▶▶ **소정리 13-4**

불균형가격은 협상단계가 거듭될수록 일시균형으로 빠르게 회귀한다.

13. 이제 둘째 방식을 생각할 차례이다. 논의를 간단하게 하기 위하여 Y를 고정된 공급, $Y^D=\hat{Y}+\mu^D$을 수요라고 하자. [그림 13-1]의 점 D에서 $\mu_n=DS$일 때 가격 차이가 SC이다. 정합방정식 (13-8)의 풀이 (13-20)에 의하여 잔차가 감소하면 가격 차이도 같은 방식으로 감소하며 초과공급이 감소하는 속도에 맞추어 빠르게 일시균형가격을 회복한다. 수요가 가격 P의 함수이므로 정합방정식 (13-8)은 다음과 같이 표현된다.

$$Y_{n+1}^D(P_{n+1})=\frac{1}{1+\theta_n\mu_n^D(P_n)}Y_n^D(P_n) \qquad \cdots\cdots (13-33)$$

여기서 간단한 1차 함수 $\hat{Y}=A-BP$을 설정하면 $Y^D=A-BP+\mu^D$이므로 식 (13-33)은 다음과 같다.

$$P_{n+1}=\frac{\theta_n}{1+\theta_n\mu_n}\frac{A}{B}(A-Y)+\frac{1-\theta_nA}{1+\theta_n\mu_n}P_n \qquad \cdots\cdots (13-34)$$

이다. 일시균형은 정합방정식 (13-8)에서 $\mu_n=0$을 의미하고 $Y_{n+1}=Y_n=Y^*$이 되는데 같은 조건 하의 식 (13-34)에서 $P^*=\dfrac{A-Y}{B}$이 됨을 확인할 수 있다. 안정적인 경쟁균형이 성립한다.

14. 이 내용을 일반화하면 수량의 조정과 가격의 조정이 이렇게 일치하는 조건은 다음에 하나밖에 없다.

$$Y=Y^D(P)=\hat{Y}(P)+\mu(P) \qquad \cdots\cdots (13-35)$$

$$\frac{\partial\mu_n}{\partial P}=\frac{\partial Y}{\partial P}-\frac{\partial\hat{Y}}{\partial P}>0 \qquad \cdots\cdots (13-36)$$

공급이 고정이라면 수요가 가격의 부의 함수이므로 정합방정식 (13-8)에 의해 수량이 조절될 때 가격도 식 (13-35)에 의해 같은 방향으로 조절된다. 만일 풀이 (13-21)을 따를 때 수량좌표에서 가격이 균형가격보다 낮게 시작하면 계속 균형가격보다 낮은 상태에서 균형에 도달하며 동시에 시간좌표에서는 반대로 가격이 균형가격보다 높게 시작하므로 계속 균형가격보다 높은 상태에서 균형에 도달한다. 이것이 보통 경매시장의 모습이다. 반대로 풀이 (13-20)을 따른다면 수량좌표나 시간좌표에서 초과공급이 양수와 음수를 교대하며 수량과 가격이 조절된다. 수량좌표의 초과공급은 시간좌표의 초과수요가 대응하고 그 역도 성립한다. 이것이 소위 거미집이론(cobweb theory)이다. 다만 거미집이론은 시간에 따르는 과정이지만 여기서는 조절에 따르는 과정만 다를 뿐이다.

> ▶▶▶ **소정리 13-5**
> 가격에 대해 통상적인 수요와 공급의 조건이 만족되면 불균형가격은 불균형 수량과 함께 빠른 속도로 일시균형으로 회귀한다.

15. 소정리 13-1, 소정리 13-2, 소정리 13-3, 소정리 13-4, 소정리 13-5는 일시균형이 존재하며 불균형은 안정적이고 빠르게 균형으로 회귀함을 의미한다. 이 결과는 왈라스의 경매인(Walrasian auctioneer)이 없는 경우에도 성립하고 에지워스의 협상(Edgeworthian bargaining) 없이도 성립한다. 비유하자면 우리는 실시간에서 살면서 허시간의 존재를 알지도 못하고 알 필요도 없는데도 그의 영향을 받듯이 수량좌표(idea 1)에서 경제행위를 하면서 시간좌표(idea 2)를 알지도 못하고 알 필요도 없지만 그의 영향을 받는 것이다. 그것이 정합방정식 (13-8)이다. 사람들은 주로 수량좌표에서 경제활동을 한다. 다만 이러한 그의 행위를 자신도 모르게 제약하는 것이 시간좌표이다.

> ▶▶▶ **소정리 13-6**
> 수량좌표는 아래에서 제약하고 시간좌표는 위에서 제약하므로 그 중간에 일시 균형이 존재하며 그 균형에서 이탈되면 위의 제약과 아래의 제약의 힘의 상호작용으로 빠르게 일시균형으로 회귀한다.

수량좌표(idea 1)와 시간좌표(idea 2)의 동등성, 상호작용, 내적 정합이 자동적으로 조정과정을 안내하여 마침내 일시균형으로 안내한다. 이 자동과정(built-in process)에서 가격의 역할을 살펴보아도 마찬가지이다. 이것은 초과공급이 가격에 대하여 양의 함수가 되어야 함을 의미한다. 여기서 우리는 초과공급이 가격에 대하여 양의 함수에서 탐색과정의 안정조건을 유도한 것이 아니라 그 반대로 탐색과정이 안정적이므로 초과공급이 가격에 대하여 양의 함수일 수밖에 없다는 결과를 얻는다.

16. [그림 13-1]에서 단위시간에 측정하는 수요곡선과 공급곡선이 만나는 균형에서 균형가격 P^*가 결정된다. 균형가격 P^*에 비하여 가격 P_n이 높아서 $P_n > P^*$이면 초과공급은 $\mu_n > 0$인데 이 초과공급은 스스로 그 다음 단계의 초과수요 $\mu_{n+1} < 0$을 생산하게 되는데 초과공급은 감소하므로 이 변화에 맞추어 가격은 $P_{n+1} < P^*$을 탐색하게 된다. 만일 탐색과정에 장애가 존재하지 않는다면 이 과정은 일시균형에 도달할 때까지 빠르고 매끈하게 자동적으로 계속된다.

17. [그림 13-3]은 이 내용을 회귀방정식 $Y_t = \hat{Y}_t + \mu_t = bQ_{t1} + (1-b)Q_{t2} + \mu_t$을 이용하여 설명하고 있다. 가로축은 Q_{t1}을 측정하고 세로축을 Y을 측정하면 절편은 $(1-b)Q_{t2}$이다. 절편이 시간의 함수이지만 2차원의 그림으로 설명하기 위하여 고정이라고 가정한다. 임의의 힉스의 월요일(the Monday) 시간 t에 탐색이 임의의 n단계에서 Q_{t1}의 크기가 가로축의 A로 정해지면 공급 Y_{tn}은 B점([그림 13-1]의 S점에 해당)에서 계획되며 수요 $\hat{Y}_{tn}$은 회귀직선 L_n상의 E_n점([그림 13-1]의 D점에 해당)에서 계획되고 초과공급은 $\mu_{tn} = Y_{tn} - \hat{Y}_{tn} > 0$이다. 이 초과공급 $\mu_{tn} > 0$은 식 (8-71)에 의하여 동일한 월요일 시간 t의 다음 $n+1$단계에서 새로운 공급 Y_{tn+1}을 C점([그림 13-1]의 S'점에 해당)에서 계획하고 이 새로운 자료에 의해 성립하는 새로운 회귀계수 b_{n+1} 하에 새로운 회귀직선 L_{n+1}이 탄생하여 새로운 수요 $\hat{Y}_{tn+1}$이 점 E_{n+1}([그림 13-1]의 D'점에 해당)에서 계획된다. 이때 초과공급은 $\mu_{tn+1} = Y_{tn+1} - \hat{Y}_{tn+1} < 0$이며

그림 13-3 회귀방정식

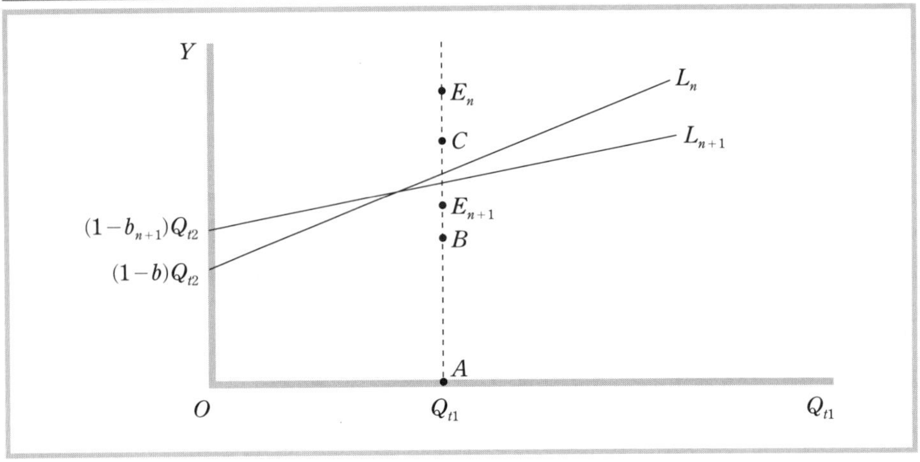

$|\mu_{tn+1}| < |\mu_{tn}|$ 이다. 모든 변화는 동일시간 t 내에서 발생한다. 이 과정이 균형에 도달할 때까지 빠르고 매끈하게 계속되면 월요일 시장은 폐장되고 나머지 일주일 동안 균형가격 하에서 최종적으로 결정된 균형수량의 교환이 계약대로 집행된다.

18. 시장의 강력한 힘 (13－19)～(13－22)는 두 가지 특성을 갖는다. 첫째, 왈라스 경매인이 필요하지 않고, 둘째, 재계약이 필요하지 않는다. 둘째 특성에 관하여 재계약을 허락하지 않는 균형과정은 네기쉬(Negishi, 1961)가 처음 연구하였다. 첫째 특성에 관한 연구는 쉽지 않다. 애로우와 한(Arrow and Hahn, 1971)은 그 어려움을 다음과 같이 토로하고 있다.

> "How do prices come to change in the absence of an auctioneer?" is much more difficult to deal with. ⋯ it is decidedly odd to imagine any one decision unit changing prices under "market pressure." ⋯ What is happening now is that, ⋯ we run into what must be taken to be logical difficulties unless we import a further idealization: the auctioneer(p.325, the quotations are original).

이 인용문은 두 가지를 질문하고 있다. 첫째, 시장의 경매인이 없는 상태에서 교환과정이 어떻게 가격이 변하는가. 둘째, 시장의 힘의 정체라는 것이 무엇인가.

19. 이에 대한 우리의 대답이 정합방정식 (13－8)과 시장의 힘 (13－19)이다. 미분방정식의 가장 결정적인 약점은 정태 일시균형에 도달하기 전에는 재계약이 일어나지 않는 가정 하에서 통상 사용하는 미분방정식에 의한 균형 도달은 극한(in the limit)에서만 가능하다는 점이다. 애로우와 한(Arrow and Hahn 1971)은 이에 대하여 충분히 인식하고 있다. 다시 말하면 무한대에서 균형에 도달한다.

> ⋯ trading will be permitted only "in the limit" (i.e., as t approaches infinity), for it is only in the limit that equilibrium and "called" process coincide. Although there are obvious ways of interpreting the process less strictly, it would be highly desirable nonetheless to be able to do without the recontract assumption(p. 324).

이와 대조적으로 정합방정식 (13－8)에서 이러한 가정이 필요 없다는 것은 식 (13－19)가 증거하고 있다.

20. 지금까지 정합으로 설명한 균형의 회귀현상은 제11장의 분할방법으로도

증명할 수 있다. [그림 13－3]에서 Q_{t1}이 주어져 있을 때 회귀직선 L_n에서 관측된 피설명변수의 크기가 추정치 $\hat{Y}_{tn}$ 보다 크다고 하자. 즉 $\hat{Y}_{tn}<Y_{tn}$이다. 여기서 정합방정식 (13－5)에 의해 다음 단계에 생산된 크기는 Y_{tn+1}이다. 만일 오차가 (13－20)을 따른다면 Y_{tn+1}은 $Y_{tn+1}<\hat{Y}_{tn}$이다. 따라서 다음이 성립한다.

$$\hat{Y}_{tn}=\alpha_n Y_{tn}+(1-\alpha_n)Y_{tn+1} \qquad \cdots\cdots (13-37)$$

여기에 베이즈 변환을 적용하면 다음의 직각쌍곡선을 얻는다.

$$\frac{1}{\hat{Y}_{tn}}=\frac{\beta_n}{Y_{tn}}+\frac{1-\beta_n}{Y_{tn+1}} \qquad \cdots\cdots (13-38)$$

마찬가지 방법으로 Y_{tn+1}은 정합방정식 (13－5)에 의하여 Y_{tn+2}을 생산한다. 여기서 다음이 성립한다.

$$\hat{Y}_{tn+1}=\alpha_{n+1}Y_{tn+1}+(1-\alpha_{n+1})Y_{tn+2} \qquad \cdots\cdots (13-39)$$

여기에 베이즈 변환을 적용하면 다음의 직각쌍곡선을 얻는다.

$$\frac{1}{\hat{Y}_{tn+1}}=\frac{\beta_{n+1}}{Y_{tn+1}}+\frac{1-\beta_{n+1}}{Y_{tn+2}} \qquad \cdots\cdots (13-40)$$

제11장에서 설명한 대로 평행효과만을 분석하기 위하여 식 (13－40)에서 대체효과를 제거하여 표현하면 다음과 같이 표현된다.

$$\frac{1}{\hat{Y}_{tn+1}}=\frac{\beta^S_{n+1}}{Y^S_{tn+1}}+\frac{1-\beta^S_{n+1}}{Y^S_{tn+2}} \qquad \cdots\cdots (13-41)$$

여기서 어깨문자 S는 대체효과를 의미한다. 식 (13－38)에서 대체효과에 의하여 식 (13－41)로 이동하고 다시 식 (13－41)에서 평행효과에 의하여 식 (13－40)으로 이동한다. 제11장에서 분석한 방법을 적용하면 다음의 풀이를 얻는다.

$$\frac{Y_{tn+1}}{\hat{Y}_{tn+1}}=\frac{\beta_{n+1}\left[1+\left(\frac{\beta_{n+1}}{1-\beta_{n+1}}\frac{\beta^S_n}{1-\beta^S_n}\right)^{\frac{1}{2}}\right]}{(1-G)\left[\frac{\beta_{n+1}}{1-\beta_{n+1}}\frac{\beta^S_n}{1-\beta^S_n}\Delta\right]^{\frac{1}{2}}-G} \qquad \cdots\cdots (13-42)$$

여기서

$$G=\frac{\left(\frac{\beta_n}{1-\beta_n}\frac{\alpha_n^S}{1-\alpha_n^S}\Delta\right)^{\frac{1}{2}}\left[(1-D^{\frac{1}{2}})+\left(D-\frac{\hat{Y}_{n+2}}{\hat{Y}_{tn+1}}\right)^{\frac{1}{2}}\right]}{1-\frac{\alpha_n}{1-\alpha_n}\frac{\alpha_n^S}{1-\alpha_n^S}\Delta} \quad \cdots\cdots (13-43)$$

$$D=\frac{1-\alpha_{n+1}}{\alpha_{n+1}}\frac{1-\alpha_n^S}{\alpha_n^S}\frac{1}{\Delta}\left[\frac{1}{2}\frac{\Delta}{1+\Delta}\left(\frac{\hat{Y}_{n+2}}{\hat{Y}_{tn+1}}-1\right)\left(1+\frac{\alpha_{n+1}}{1-\alpha_{n+1}}\frac{\alpha_n^S}{1-\alpha_n^S}\right)\right]^2 + \frac{\hat{Y}_{n+2}}{\hat{Y}_{tn+1}} \quad \cdots\cdots (13-44)$$

확률극한(plim)에서 $n\to\infty$이면 $plim\beta_{n+1}=plim\beta_{n+2}=\beta$이다. $plim\hat{Y}_{n+2}=plim\hat{Y}_{tn+1}=\hat{Y}_t$이므로 $G=0$이다. 따라서 $Y_{tn+1}=\hat{Y}_{tn+1}$가 성립한다. 마침내 일시균형으로 회귀한다.

물론 이 방법은 앞서의 정합방정식만큼 회귀의 속도를 알 수 없는 것이 흠이지만 수량좌표, 시간좌표, 비내포모형, 내포모형을 모두 포함하여 동일한 결과를 확인할 수 있다는데 의의가 있는 것이다. 정합경제이론의 진수를 모두 동원한 결과이다.

제 3 절 보이지 않는 손

1. 정합방정식 (13-8)~(13-9)는 시장의 자동기구의 원리이다. 이 원리의 발견은 시장의 기능에 대한 의구심을 제거하는데 기여한다고 생각할 수 있다. 자연상태에서 시장중재자나 경매인이 없는 상태에서 일시균형에 회귀하는 빠르고 매끈하며 강력한 시장의 힘이 존재한다는 사실은 시장이 훌륭히 그의 기능을 수행한다는 증거이기 때문이다.

2. 이러한 역학의 배경에는 시간이 위에서 제약하고 있다는 특성이 있기 때문이다. 모든 경제활동은 시간을 소모한다. 아무리 소득이 많고 자원이 풍부하여도 최후의 제약은 그들을 이용하고 소비하는 데 필요한 시간이 하루 24시간으로

주어지며 시간은 축적되지 않는 자연의 제약이다. 그러므로 수량에 제약이 없이 위로 무한대로 열려져 있는 선호의 집합이나 기술의 집합이 가능하지 않은 것은 시간이 위에서 제약하기 때문이다. 고센은 일찍이 이 특성이 한계효용과 한계생산을 체감시키는 근본 원리였음을 이해하였다(제 3 장). 그러므로 경제인들이 의식하든 안 하든 수량좌표에서 그들의 경제행위는 시간좌표의 제약을 받고 있다. 수량좌표에서 일시균형을 이탈하려는 행동은 시간의 제약으로 일시균형으로 회귀시킬 수밖에 없다.

3. 이러한 결과를 다 시장으로 확대할 수 있다. [그림 13－2]의 에지워스 상자에서 가로축은 다른 재화의 좌표라고 설정한 것을 일반화하여 M개의 시장으로 확대할 수 있다. 이 경우 수량좌표의 정합방정식 (13－8)～(13－9)을 다음과 같이 벡타로 표현할 수 있다.

$$Y^D(P_1^D)(I+\theta_0^D\mu_0^D)=Y^D(P_0^D) \qquad \cdots\cdots \ (13-45)$$

$$Y^S(P_1^S)(I+\Phi_0^S\mu_0^S)=Y^S(P_0^S) \qquad \cdots\cdots \ (13-46)$$

여기서 가격벡터 P^D는 소비자의 호가(呼價)이고 P^S는 공급자의 호가이다. 각각의 벡터의 차원은 $M\times 1$이다. 방정식의 수는 $2M$인데 미지수의 수는 $4M$이다. 그러나 우리는 시간좌표에서 $2M$개의 정합방정식을 알고 있다.

$$Y^D(\pi_1)\ (I+\Phi_0^D\eta_0^D)=Y^D(\pi_0) \qquad \cdots\cdots \ (13-47)$$

$$Y^S(\pi_1)\ (I+\Phi_0^S\eta_0^S)=Y^S(\pi_0) \qquad \cdots\cdots \ (13-48)$$

이제 $4M$개의 방정식에 미지수는 $4M$개이다. 이론적으로 풀린다. 그러나 시간좌표에서 시간의 가격 π은 개인이 평가하는 주관적 가격이므로 알려지지 않는다. 따라서 초기가격 Y_0^D와 P_0^S을 주어야만 M개의 시장에서 식 (13－45)～(13－46)이 풀린다. 이것은 가격이 임의의 불균형가격에서 시작한다는 뜻이다. 경쟁시장에서 시장에 재화를 공급하는 기업가는 자신의 가격이 일시균형에서 얼마가 될지 모르므로 최초의 호가를 임의로 정하고 소비자 역시 최초의 호가를 임의로 정한다. 그 후에는 빠르고 매끈하게 일시균형으로 회귀한다는 의미이다. M개 시장의 정합방정식 (13－45)～(13－46)에서 균형에 수렴하는 양수의 모든 호가(呼價)가 존재하는가. 식 (13－45)가 가정 13－1에서 13－8을 모두 만족시키고 식 (13－46) 역시 가정 13－1에서 13－8까지 모두 만족하면 각각의 호가는 존재한다.

4. 이제 그렇게 강력한 시장의 힘이 존재한다면 시계열 분석 (13－1)에서 잔차가 발생하는 이유를 물을 차례이다. 그것은 아마 간섭과 장애 때문일 것이다. 식 (13－1)에서 잔차가 초과공급을 의미하는데 [표 9－1]에 의하면 이 오차는 2단계에서 대폭 감소하는 것을 볼 수 있는데 그것이 바로 식 (13－24)가 가리키고 있다. 이렇게 대폭 감소할 수 있는 초과공급을 가로막는 데에는 여러 가지 이유가 있을 것이다. 에지워스의 협상이론에 의하면 담합이나 독점 등 자유로운 제휴(coalition)를 막는 것이 없어야 핵(core)으로 회귀한다. 정부 간섭도 빼놓을 수도 없다.

5. 그러나 초과공급이 빠르게 감소한다는 특성은 비록 장애와 간섭이 일시균형으로 회귀하는 시장의 힘을 억제한다 하여도 그 크기가 생각보다 작을지 모른다. 이것은 분산의 크기로 측정되는데 [표 9－1]의 실험에서도 분산이 작았다. 2단계에서 급감하는 초과공급으로 그 후 단계의 수요와 공급을 균형에 집중시키고 있다. 루카스(Lucas, 2000)가 측정한 경기변동의 분산에 의하면 미국 국내생산을 1로 보았을 때 분산이 0.01로 작다고 보고하고 있다.

6. 슘페터(J. Schumpeter, 1928)는 일찍이 자본주의의 불안정성을 예견하였는데 그것은 수요와 공급의 불일치에서 보았다.

> … Capitalism, whilst economically stable, and even gaining in stability, creates, by rationalizing the human mind, a mentality and a style of life incompatible with its own fundamental conditions, motives and social institutions … It is sufficient to recognize that the only fundamental cause of instability inherent to the capitalist system is losing in importance as time goes on, and may even be expected to disappear. … stable equilibrium will nevertheless eventually emerge, although there may, and often will, be a prior instability－instability of the kind which is one of the sources of what is called "overproduction."[10)]

이에 대하여 사무엘슨(Samuelson 1981)은 슘페터의 결론을 놀랄 만한 과학적 성취라고 평가하고 있다.

---

10) Schumpeter, J., "The Instability of Capitalism," *Economic Journal*(Sep 1928), pp. 361－386.

> We are left in the end with a ··· remarkable phenomenon. Even before the world's most capitalistic society, that of the United States, showed any signs of age or decay, Schumpeter had already, in 1928, arrived at his prediction of its psychosomatic demise as a result of self－induced will not to resist dying.[11)]

시장경제의 불안정성의 이유를 슘페터는 기술발전에 따르는 생산의 증가를 한계효용체감의 법칙으로 수요가 충분히 소화하지 못하여 발생하는 과다생산에서 찾았다. 그러나 이 주장은 시간좌표를 전혀 고려하지 않은 결론이다. 슘페터나 사무엘슨은 시간이 위에서 제약하고 있다는 사실이 자신들의 결론에 어떻게 영향을 미치는지에 대해서 언급하지 않고 있다. 민서－베커가 지적한대로 소비에 시간이 소요되기 때문에 생산이 증가할 때 소비의 대상이 이동한다. 증가한 소득을 종전에 소비하는 데 사용하기 보다 강도 높은 소비에 사용할 수밖에 없다. 이 과정에서 한계위치에 있는 소비에 대한 시간사용의 중요성은 점차 하락하게 되며 시간에 대해 강도 높은 소비의 한계효용은 증가하게 된다. 이것은 새로운 재화가 등장함에 따라 한계효용곡선이 계속 이동함을 뜻한다. 슘페터의 주장에는 이러한 특성이 빠져 있다.

7. 수량좌표(idea 1)와 시간좌표(idea 2)의 대칭성이 한 쌍을 형성하여 보이지 않는 손을 생각보다 강력하게 만든다는 결론은 경쟁시장에 대한 간섭이나 장애를 제거하면 시장은 언제나 불균형 상태에서 빠르고 매끈하게 일시균형으로 회귀할 수 있다는 사실을 우리에게 시사하고 있다.

---

11) Samuelson, P., "Schumpeter's Capitalism, Socialism and Democracy," in A. Heertje, (ed.), *Schumpeter's Vision*, p. 5.

CHAPTER 14

파레토최적

앞장에서 시장경제의 두 가지 특징을 발견하였다. 하나는 시장에는 스스로 균형을 회복하려는 강력한 보이지 않는 손의 자동기구가 작동한다는 사실과 함께, 둘째는 회귀 속도가 빠르고 매끄럽다는 사실이다. 에지워스 협상의 속도가 빠를수록 파레토최적 균형의 달성은 자연의 힘이다. 그러면 현실에서 여러 가지 장애로 인하여 보이지 않는 손에 불균형이 존재하여 파레토최적과 괴리되어 있다면 그 괴리의 크기를 측정할 필요가 있을 것이다. 이것은 지금까지 분석의 자연스런 연장이다. 이 장의 목표는 그 괴리의 크기를 측정하는 파레토최적 지수를 제시하는 것이다.

제 1 절 파레토최적 지수

1. 식 (8−75)의 기본방정식은 다음과 같이 표현할 수 있다.

$$Y_n = b_n Q_1 + (1 - b_n) Q_2 + \mu_n \qquad \text{기본방정식} \qquad \cdots\cdots \ (14-1)$$

이것은 우리가 제 1 장에서 지금까지 사용한 기본방정식의 형태이지만 확률모수 $\widetilde{b_n}$에서 비확률모수 b_n와 잔차 μ_n을 분리하였다. 여기서 피설명변수 Y_n의 추정치 $\widehat{Y}_n$는 다음과 같다.

$$\widehat{Y}_n = b_n Q_1 + (1-b_n) Q_2 \qquad \cdots\cdots (14-2)$$

이것은 기본방정식의 피설명변수에 제약을 부과한 내포모형이고 기본모형과 내포모형 사이의 모형변환 $Y_n \widehat{Y}_n = \pi Q_1 Q_2$을 이용하여 구한 것이 Q_1과 Q_2이다. 식 (14−1)∼(14−2) 사이의 관계는 제 8 장이 보인 대로 위에서 제약하는 시간좌표의 특성이 이미 가미되었으므로 Y_n와 그 추정치 $\widehat{Y}_n$가 주어지면 제 7 장과 제 8 장의 방식은 정합방정식 (8−74)의 존재를 보장한다.

$$\begin{aligned} Y_{n+1} &= \frac{1}{1+[b_n q_1 + (1-b_n) q_2]\mu_n} Y_n \\ &= \frac{1}{1+\theta_n \mu_n} Y_n \qquad \cdots\cdots (14-3) \end{aligned}$$

여기서 $\theta_n = b_n q_1 + (1-b_n) q_2 > 0$이다. 그러므로 정합방정식 (14−3)은 위로 열려 있는 수량좌표의 가정뿐만 아니라 위에서 닫혀 있는 시간좌표 사이의 내적 정합이다. 여기서 잔차가 $\mu_n = 0$이면 $Y_{n+1} = Y_n = Y^*$이 되어 일시균형 Y^*에 도달한다. 정합방정식 (14−3)이 바로 에지워스의 흥정과정을 묘사하는 규칙(rule)이다. 파레토최적의 일시균형 Y^*에 도달하면 식 (14−2)에서 잔차가 $\mu^* = 0$이며 그 결과 파레토최적을 달성하는 n단계에서 $Y_n = \widehat{Y}_n = Y^*$이다. 그러면 식 (14−1)∼(14−2)에서 모형변환 $\pi Q_1 Q_2 = Y_n \widehat{Y}_n = (Y^*)^2$을 만족한다. 따라서 다음 식이 성립한다.

$$\frac{Y_n}{Y^*} = \left(\frac{Y_n}{\widehat{Y}_n}\right)^{\frac{1}{2}} \qquad \text{파레토최적 지수} \qquad \cdots\cdots (14-4)$$

현재의 실제거래량 Y_n과 파레토최적 거래량 Y^*의 비율은 현재 실제거래량과 그 추정거래량의 비율의 제곱근이다. 이것이 파레토최적 지수이다. 1을 기준으로 차이가 생기면 에지워스의 초과공급이나 초과수요가 존재함을 의미한다.

2. 그러나 파레토최적 지표 (14−4)에서 문제는 추정치 $\widehat{Y}_n$와 균형치 Y^*에 있다. 이 추정치는 원래의 비내포모형인 다변수 회귀방정식 (8−5)에서 추

정한 것이다.

$$Y_t = \beta_0 + \beta_1 X_{t1} + \beta_2 X_{t2} + \cdots + \beta_K X_{tK} + \varepsilon_t \text{ 비내포모형} \qquad \cdots\cdots (8-5)$$

그러나 회귀방정식 (8-5)를 정의하는 데에 근본적인 문제가 있으므로 사람마다 추정치가 다른 것이 보통이다. 그러므로 회귀방정식을 사용하지 말고 객관적인 추정치를 찾는 방법을 생각해야 한다. 균형치 Y^*도 문제가 됨은 마찬가지이다. 균형치는 (10-17)에서 Q_1Q_2의 제곱근에 의해 결정되는데 Q_1Q_2는 다시 추정치 $\hat{Y}$에 의해 결정되기 때문이다.

앞서 정합방정식 (8-74)를 유도하는 과정에서 회귀방정식 (8-5)의 추정치 $\hat{Y}_n$가 필요했지만 그 추정치의 정의는 문제되지 않는다. 그 이유는 앞서 설명한대로 정합방정식 (8-74)에 추정치가 나타나지 않기 때문이다. 그러나 파레토최적 지표 (13-4)에는 추정치가 포함되어 있으므로 그의 객관성이 요구된다. 그것은 계량경제학의 방법을 우회하는 것이다. 다행히 그러한 방법의 좋은 대상이 있다. 소비함수를 이용해 보자.

제 2 절 파레토최적 지수의 유일성

1. 소비함수의 특징은 소비지출 C를 설명함에 있어서 다른 조건이 일정할 때 소득 Y가 중요한 역할을 하며 그의 영향력은 한계소비성향 b로 측정된다는 점이다. 여기에 더하여 한계소비성향의 범위는 $1>b>0$이라는 사실도 추가된다. 소득 이외에 소비에 영향을 미치는 변수를 X_{t1}, X_{t2}, …, X_{tn}이 있다면 소비함수는 다음과 같다.

$$C_t = bY_t + a_0 + a_1 X_{t1} + a_2 X_{t2} + \cdots + a_n X_{tn} + \mu_t \qquad 1>b>0 \qquad \cdots\cdots (14-5)$$

소득 이외의 기타변수 X_{t1}, X_{t2}, …, X_{tn}의 정의에 따라 한계소비성향의 추정치가 달라지고 소비지출의 관측치 C_t의 추정치 $\hat{C}_t$도 달라진다. 이러한 편차를 없애고 객관적이며 유일한 한계소비성향을 구하기 위하여 소비함수 (14-5)를 다음과 같이 표현할 수 있다.

$$C_t = bY_t + C_{t0} + \mu_t \qquad 1 > b > 0 \qquad \cdots\cdots (14-6)$$

여기서 $C_{t0} = a_0 + a_1 X_{t1} + a_2 X_{t2} + \cdots + a_n X_{tn}$이다. 여기에 $C_{t0} = (1-b)Q_t$로 정의한다. 그러면 소비함수 (14−5)는 다음과 동등하다.

$$C_t = bY_t + (1-b)Q_t + \mu_t \qquad 1 > b > 0 \qquad \cdots\cdots (14-7)$$

소비함수 (14−5)의 이러한 동등한 표현은 지금까지 우리가 사용해온 기본방정식의 형태이다. 여기서 한계소비성향 b는 비확률모수인데 이것을 확률모수로 변환할 수 있다.

$$C_t = b_t Y_t + (1-b_t)Q_t \qquad \text{기본방정식} \qquad \cdots\cdots (14-8)$$

여기서 $b_t = b + \dfrac{\mu_t}{Y_t - Q_t}$이다. 이제 다음의 모형변환 (2−34)를 시도한다.

$$C_t \hat{C}_t \left(\frac{\kappa_t}{\delta_t} \right) = Y_t Q_t \qquad \text{모형변환} \qquad \cdots\cdots (14-9)$$

여기서 주목할 사항은 새로운 변수 $\hat{C}_t$가 계량경제학적 회귀방정식 (14−5)에서 추정할 필요가 없다는 점이다. 모형변환 (14−9)를 기본방정식에 대입하면 다음의 내포모형을 얻는다.

$$\left(\frac{\kappa_t}{\delta_t} \right) \hat{C}_t = (1-a_t)Y_t + a_t Q_t \qquad \text{내포모형} \qquad \cdots\cdots (14-10)$$

소비지출의 기본방정식 (14−8)과 그의 내포모형 (14−10)의 기본모형에서 연립방정식 체계 14−1이 유도된다.

이것은 제 6 장에서 연립방정식 체계 6−1을 유도한 방법과 동일하다. 이 방정식 체계는 모두 9개의 독립방정식에 9개의 미지수($\hat{C}_t$, Q_t, b_t, a_t, Z_a, Z_b, γ_t, δ_t, κ_t)로 구성되어 있으므로 풀이가 존재한다. 알려진 변수는 C_t와 Y_t이다.

연립방정식 체계 14-1

$$C_t = b_t Y_t + (1-b_t) Q_t \qquad \cdots\cdots (14-8)$$

$$\chi_t \hat{C}_t = c_t Y_t + (1-c_t) Q_t \qquad \cdots\cdots (14-10)$$

$$c_t = \int_{-\infty}^{Z_b} \frac{1}{\sqrt{2\pi}} e^{-\frac{1}{2}x^2} dx \qquad \cdots\cdots (14-11)$$

$$b_t = \int_{-\infty}^{Z_b} \frac{1}{\sqrt{2\pi}} e^{-\frac{1}{2}x^2} dx \qquad \cdots\cdots (14-12)$$

$$Z_c^2 - Z_b^2 = 2\gamma_t ln\left(\frac{C_t}{\chi_t \hat{C}_t}\right) \qquad \cdots\cdots (14-13)$$

$$\frac{\left(b_t - \frac{1}{2}\right)^2}{\frac{1}{4}\left(1 - \frac{\delta_t}{\chi_t}\frac{C_t}{\hat{C}_t}\right)} - \frac{\left(c_t - \frac{1}{2}\right)^2}{\frac{1}{4}\left(\frac{\chi_t}{\delta_t}\frac{\hat{C}_t}{C_t} - 1\right)} = 1 \qquad \cdots\cdots (14-14)$$

$$\gamma_t = 1 + \frac{ln\left(\frac{1}{\delta_t}\frac{2b_t - 1}{2c_t - 1}\frac{Z_c}{Z_b}\right)}{ln\frac{\chi_t \hat{C}_t}{C_t}} \qquad \cdots\cdots (14-15)$$

$$\frac{1}{2}\sqrt{1 - \frac{\chi_t}{\delta_t}\frac{\hat{C}_t}{C_t}} = \frac{1}{\sqrt{2\pi}} \int_0^{\sqrt{2\gamma_t(lnC_t - ln\chi_t\hat{C}_t)}} e^{-\frac{1}{2}x^2} dx \qquad \cdots\cdots (14-16)$$

$$\delta_t = \frac{c_t - \frac{1}{2}}{Z_c} \frac{b_t - \frac{1}{2}}{Z_b} \qquad \cdots\cdots (14-17)$$

2. 이상에서 구한 $\hat{C}$는 회귀방정식에서 구하지 않고 순전히 내적 정합에만 의존하였으므로 고유하다. 따라서 소비지출의 유일한 정합방정식과 유일한 파레토최적 지수가 구해진다.

$$C_{tn+1} = \frac{1}{1 + [b_{tn} y_t + (1 - b_{tn}) q_t] \mu_{tn}} C_{tn} \qquad \text{소비의 정합방정식} \cdots\cdots (14-18)$$

$$\frac{C_{tn}}{C_t^*} = \left(\frac{C_{tn}}{\hat{C}_{tn}}\right)^{\frac{1}{2}} \qquad \text{소비의 파레토최적 지수} \cdots\cdots (14-19)$$

여기서 $y_t = \frac{1}{Y_t}$ 이고 $q_t = \frac{1}{Q_t}$ 이다. 파레토최적 지수는 임의의 t시점에서 경제가 파레토최적에서 어느 정도 이탈되어 있는지를 가리키는 지표이다. 임의의 t시점에서 실제 소비지출이 C_{tn}이면 연립방정식 체계 14-1에서 식 (14-8)~

(14－17)에서 $\hat{C}_{tn}$이 구해진다. 그러면 파레토최적 지수는 (14－19)에 의해 제곱근으로 결정된다. 1보다 크거나 작거나 1과 차이가 클수록 파레토최적에서 멀다는 증거이다.

3. 이상에서 분석한 시장의 특성은 인간 이성의 한계를 넘어서 자연의 균형을 회복한다는 데 있다. 인간 이성으로는 수많은 재화의 가격을 매순간 결정하는데 한계가 있다. 아직도 시장을 대신할 정도의 초대형 컴퓨터가 출현하지 않고 있다. 인간의 능력으로 축적할 수 없는 시간은 한정되었는데(위로 닫혀 있는데), 2천 4백만 개의 상품가격을 매순간 계산할 방도가 없는 것이다. 매순간 변하는 소비자의 선호와 생산자의 기술을 자동적으로 입력시킬 수 있는 제도나 기계는 아직 출현하지 않고 있으며 앞으로도 그럴 것이다. 오직 소비자가 직접 시장에서 선호를 드러내고 생산자가 직접 시장에서 기술수준을 드러냄으로서 그 정보가 시장이라는 기계에 입력되어 가격에 반영되는 수밖에 없다. 새로운 상품이 시장에 나왔을 때 일시균형 가격을 아무도 모르기 때문에 시행착오를 거쳐서 빠르고 매끈하게 일시균형으로 안내하는 것은 이 자연의 힘이다. 사람이 할 수 있는 일이라고는 초기에 시장에서 자신의 상품가격을 호가(呼價)하는 일뿐이다. 그리고 나머지를 시장의 수요와 공급에 맡기면 수량좌표와 시간좌표의 대칭성이 내적 정합을 이루며 일시균형으로 빠르고 매끈하게 안내한다. 이러한 시장의 힘을 인위적인 간섭을 부과하면 파레토최적을 달성하는데 장애를 초래하고 불균형 상태에서 자중손실이 발생하는데 이 손실을 감당할 수 없는 지경에 이르러 붕괴된 것이 봉건주의이고 공산주의이다. 자중손실은 자원의 소유자와 그 자원의 사용 대상자가 다른 경우에 발생하는 손실이다.

4. 시장에 대한 간섭은 경쟁균형을 달성하는 장애가 된다. 이 간섭은 어디에 근거를 두는가. 하나의 근거는 시장이 균형을 찾아가는 속도가 느리다는 가정에 있다. 그러나 폰 미제스(von Mises, 1966)는 다음과 같이 주장한다.

> Economic theory has failed to see the importance of the fact that a shorter or a longer period of time must go by before the equilibrium … can again be established. This assertion would never have been made if, for political reasons, repeated attempts had not been made to embarrass the discussion of

economic questions with irrelevant objections. The defenders of interventionism have occasionally attempted to confronts the arguments of the critics of this policy … with the alleged fact that the propositions of economics hold true only in the long run. Therefore, … the ineluctable conclusion that interventionist measures are senseless and inexpedient cannot yet be drawn. … *the liberal doctrine* provides a direct … demonstration of the senseless and inexpediency of interventionism and the accomplishments of interventions can be refuted only by pointing to interventionist measures that are not effective and that, in fact, bring about effects that run counter to the intentions of those who have recourse to them (p. 133, the italics are not original).

시장의 보이지 않는 손의 기능이 충분하며 간섭은 의미가 없고 실효성이 없다는 사실을 주지하는 것이 자유주의(liberal doctrine)의 임무이다. 자유와 시장은 어떠한 연관이 있는가.

제 3 절 정합방정식과 자유

1. 지금까지 본 대로 정합방정식 (8-74)의 특성은 다양성과 불확실성이다. 그것이 확률방정식의 형태 (8-74)든, 무질서의 결정방정식의 형태 (10-13)이든, 1개의 시계열 표본 속에 다양성의 횡단면 표본집합이 존재한다는 사실 자체는 현실의 다양성을 반영한다. 그러나 그 다양성의 속성은 불확실성이다.

인간 이성의 한계가 곧 불확실성의 본질이다. 이 불확실성은 어디에서 연유하는가. 정합방정식 (8-74)에 의하면 시간(시간좌표)과 공간(수량좌표)의 내적 정합에서 발생한다. 앞서말한 대로 시간은 위에서 닫혀 있고 공간은 아래에서 닫혀 있다는 속성이 외연시간이 연장공간을 불확실하게 만든다고 말할 수 있다. 칸트의 표현을 빌면 초월세계에 대한 무지이다.

이와 대조적으로 기독교 교리에 의하면 아담과 이브가 죄를 지은 대가로 받은 벌이 희소성이다. 유대교는 여기에 불확실성을 추가하였다.[1] 사람은 불

1) Perlman(1998).

확실성을 설명하고자 확률이라는 개념을 생각해 냈지만 불확실성에 대한 무지를 완전히 설명한 것은 아니다.

2. 자유의 본질이 인간의 무지라는 점을 깨달은 최초(?)의 철학자는 칸트이다. 진리가 너희를 자유롭게 한다는 성서의 가르침도 같은 맥락이다. 철학자 러셀은 이러한 이유로 효용보다 진리에 더 높은 가치를 두었다. 그러나 러셀도 진리를 모르는 무지의 상태에서 자유를 갈구하는 것은 마찬가지이다. 철학자 롤즈가 원래의 상태에서 무지의 베일에 쌓일 때 평등해질 수밖에 없다는 주장과 대조적이다. 그러나 베이즈 확률이론 (2-1)에 의하면 무지의 베일을 극복할 수 있는 방법은 원래의 상태에서 검토하는 것이 아니라 새로운 정보에 의해 상태를 교정해나가는 것이다. 정합방정식 (8-74)에 의하면 무지의 베일을 극복할 수 있는 방법은 다양한 횡단면 표본집합을 찾는 것이다. 이러한 맥락에서 케인즈는 사람이 위험한 미래의 포로가 아닌 것은 불확실성이 오히려 우리를 자유롭게 해주기 때문이라고 역설적으로 선언하였다. 베이즈 확률이론 (2-1)의 신봉자다운 케인즈의 주장이지만 케인즈가 살아 있다면 정합방정식 (8-74)의 존재를 인정하고 그에 근거하여 같은 선언을 했을 것이라고 확신할 수 있다. 최근에 게임이론이 불확실성의 참된 원천을 상대방의 의중에 둔 주장도 자유의 다양성을 반영한 비슷한 주장이다. 이것은 중세에 오마 카얌(Omar Khayyam)이 우리가 위험으로 가득 찬 미래의 포로라고 선언한 것과 반대이다.

3. 우리의 주변은 불확실한 것으로 둘러 쌓여 있다. 뿐만 아니라 불확실성을 뛰어넘어서 무지의 세계로 쌓여 있다. 자신이 무지한 것을 다른 사람에게 강요할 수 없다는 데에서 자유는 출발한다. 자신이 옳다는 것을 증명하려면 다른 사람을 강제하는 것이 아니라 설득시켜야 한다. 그러므로 만장일치는 자유의 세속적인 목표이다. 이것은 사상의 자유가 표현의 자유를 동반할 때 가능하다. 이 가능성이 실현되는 곳은 경쟁시장 밖에 없다.

무지는 자유에게 두 가지 특성을 부여하였다. 첫째, 자유를 초월하는 덕목을 부정하는 것이다. 자유보다 높은 덕목을 인정하는 순간 무지는 그의 노예가 된다. 진리를 깨닫지 못하면 자유롭지 못한 것과 같다. 이것은 자유가 누구에게도 양도할 수 없이 천부적으로 주어졌다는 점을 의미한다. 모든 사람이 찬성한다 하여도 한 사람의 언론의 자유를 빼앗을 수 없다. 자유의 이러한 특징은 자유가 보편적이며 소극적이라는 점을 의미하기도 한다. 다른 사람의 자유를 침해하는 특수하며 적극적 자유가 아니라 외부로부터 자유를 빼앗기지 않는 소극적 자유이다. 자유는 수단이 아니라 목적이기 때문이다. 둘째, 자유가 천부적으로 주어졌지만 그렇다고 결정된 것은 아니다. 개인은 스스로 자신의 인격과 지적능력을 개발할 수 있다. 1795년 아담 베르크는「계몽주의가 혁명을 유발하는가」에서 다음과 같이 썼다. “계몽의 표지는 다른 사람의 의견으로부터 독립과 자유이다. 우리의 모든 지식과 신앙은 스스로 연구와 노력으로부터 얻어낸 우리의 재산인 것이며 우리 정신의 형식에 밀착되어 있다. 계몽주의는 그런 의미에서 생각이나 행동에서 우리의 모든 소질과 능력을 자유롭고 독립적으로 사용하는 것이다. 어디에서나 자신의 오성을 사용하는 용기와 능력을 가진 사람은 계몽주의의 최고수준에 도달한 것이다. 그는 자유를 통한 자기 정신의 가장 고유한 형식을 거치지 않는 것을 참이라고 받아드리는 데에서 완전히 벗어났기 때문에 진정한 자기사상가이다.”[2)]

칸트는 1784년 9월 30일에 쓴「질문에 대한 대답: 계몽주의란 무엇인가」라는 글에서 “계몽주의란 인간 스스로가 부과한 미성숙으로부터 벗어나는 것이다. 미성숙이란 다른 사람의 도움 없이 자기 자신의 오성을 사용할 수 없는 사람을 가리킨다. 이 미성숙의 원인은 오성의 결여가 아니라 다른 사람의 지도 없이 자신의 오성을 사용하고자 하는 결단과 용기의 결여일 때 스스로 미성숙을 초래하는 것이다. 현명해질지어다!(Sapere aude!) 너 자신의 오성을 사용할 용기를 가져라! 이것이 계몽주의의 격언이다”라고 썼다.

여기서 다른 사람이란 정부까지 포함한다. 자유인은 모름지기 정부까지 포함하여 어느 누구의 도움 없이 스스로 독립적으로 자신의 인격과 재능을 개발할 의무를 지는 것이다. “정부가 여러분에게 무엇을 해줄까 묻지 말고 여러분이 정부에게 무엇을 해줄까 물어라” 이것이 유명한 케네디 대통령의 취임연설인데 그 원전은 약간 주어를 달리하여 아우슈비츠 집단수용소에서 살아남은 유태인 심리학자 빅터 프렝켈이 하였다는 사실이 인상적이다. 케네디의 연설은 멋은 있겠지만 정부를 가부장적으로 생각하고 있는 발언이다. 칸트에 의하

---

2) Berk, A.(1795).

면 자유인은 이렇게 물어야 한다. “정부가 나에게 무엇을 해줄까 묻지도 않고 내가 정부에게 무엇을 할까 묻지도 않으며 우리가 정부와 함께 무엇을 할까 물어야 한다” 자유주의자에게 그 대답은 시장과 정부의 분리이다.

4. 천부적이고 개별적이고 보편적이며 계몽적인 자유가 신장되는 곳은 시장이다. 자신의 소질과 재능을 자유롭고 독립적으로 사용할 수 있는 곳인데 이것이 가능한 것은 시장균형을 찾아가는 과정에서 무지가 해결되기 때문이다. 하이에크(F. Hayek)는 자유를 자생적 질서의 진화라고 생각하였다. 그런데 시장의 원리는 공리주의에 철학적 기초를 두고 있다. 이것은 생산비가 시장원리의 기초가 아니라 효용이 시장원리의 기초임을 뜻한다. 최근에 공리주의는 두 방향에서 도전을 받았다. 하나는 철학자 롤즈의 정의론이고 또 하나는 효용보다 권리를 중시하는 법학자 하트의 생각이다.

철학자 롤즈는 “공리주의는 사람들 사이의 구분을 진지하게 생각하지 않는다”는 이유로 공리주의와 결별하였다.[3] 이어서 그는 그 이유로 “사회적 선택의 원리들이 공리주의적이라고 기대할 수 없을 것이다. 공리주의는 모든 욕구체계를 이질 융합함으로써 1인에 대한 선택원리를 사회에 적용한다는 점에서 개체론이 아니다”[4]라고 부언하였다. 그러나 “롤즈는 정의를 원래의 상태에서 개인들의 집단적 결과로서 정의하고 있다. 원래의 상태에서 모든 개인은 특징이 없는 동일의 개체에 불과하다”[5] 이러한 점에서 롤즈의 사회정의 원리는 벤담의 효용극대화나 소득극대화와 닮았다.[6] 벤담의 공리주의가 개체의 구분을 하지 않은 것이나 롤즈가 원래의 상태에서 개인을 구분하지 않은 것이나 마찬가지이며 벤담의 공리주의가 효용이나 소득을 최대로 하는 것이나 롤즈의 계약론이 정의를 최대로 하는 것이나 동일한 약점을 노출하고 있다. 다만 벤담의 공리주의의 원형이나 여기에 가중치를 부여한 네기쉬의 공리주의의 변형이나 모두 하나의 개인을 다른 개인으로 대체하여도 최대의 행복을 얻을 수는 있지만 그렇게 되면 파레토최적을 이루지 못한다. 이에 대하여 롤즈의 경우는 어느 경우에도 파레토최적이 보장되지 않는다. 롤즈는 우리가 원래의 상태에

3) Rawls(1971), p. 27.
4) Rawls(1971), p. 29.
5) Posner(1983), p. 59.
6) Posner(1983).

서 무지의 베일에 쌓일 때 평등해진다고 하였는데 프리드만은 현실에서 이미 무지에 쌓여져 있으므로 자유를 최대의 덕목으로 삼아야 한다고 주장한다. 또한 경제학자 아바 러너(Abba Lerner)가 소득균등을 롤즈와 달리 최대의 행복에서 유도하였고 또 다른 경제학자 존 하사니(John Harsanyi)가 오래 전에 원래의 상태에서 정의의 원리를 추출한 것도 놀라운 일이다. 그러나 이들은 모두 공리주의에 기초를 두고 유사한 결과를 도출하였다.[7] 그러므로 정의의 원리나 소득균등이나 모두 계약에 기초하여 유도할 필요가 없는 것이다.

법학자 하트(H. L. A. Hart)는 최소한 미국법 이론에 관하여는 공리주의를 버리고 권리를 규범법 이론의 기초로 삼았다.[8] "진리는 평균 또는 총 일반후생의 극대화를 그 목표로 삼는 주의가 아니라 개인들의 특정한 자유와 이익을 보호하는 기본 권리 …의 주의에 놓여 있을 수밖에 없다"[9]는 그의 주장으로 자유주의 철학의 기초가 효용에서 권리로 옮겨졌다. 그러나 권리의 문제는 소유권과 거래비용과 복잡하게 연관되어 있다.[10] 비행기 소음이 내 집의 벽을 뚫고 내 귀를 괴롭힐 때 나는 권리를 누릴 수 없다. 소유권이 정의된 내 집에서 황사의 피해를 피할 수 없다. 거래비용이 클 때 권리를 인정하는 것은 효율적이지 못하다. 효율성을 논할 때에는 공리주의에 기초를 두지 않을 수 없다.

이러한 도전을 극복하고 공리주의는 3가지 학문에 영향을 주며 통합을 시도하고 있다. 경제학, 정치학, 법학인데 이 가운데에 지난 2백년 동안 공리주의 방법을 가장 발달시킨 경제학이 그 중심에 있다.

5. 시장이 자유를 신장하는 이유는 시장은 첫째, 자발적인 제도이고, 둘째, 만장일치제도이기 때문이다. 첫째 이유를 보면 아무도 시장에서 활동을 강제하지 않는다. 그러나 수요자는 수요자대로 자발적으로 시장에 참여하고 공급자는 공급자대로 자발적으로 시장에 참여한다. 보이지 않는 손이 그들을 시장으로 인도하고 보이지 않는 손이 그들을 시장에서 연결해 준다. 자발적인 인간조직은 시장뿐이다. 그들이 자발적으로 시장에 참여하는 이유는 소비자는 소비자 잉여를 얻고 생산자는 생산자 잉여를 얻기 때문이다. 교환은 모두에게

---

7) Posner(1983), p. 59.
8) Hart(1977, 1979).
9) Hart(1979), p. 77.
10) Posner(1983), pp. 70–75.

혜택을 제공하는 것이다. 자신의 자원을 자신의 목적대로 사용하는 곳은 시장뿐이다. 여기에는 자중손실의 낭비가 발생하지 않는다. 그러나 타인의 자원을 타인을 위하여 사용하게 하는 제도는 자중손실의 낭비를 발생시키는데 이러한 활동은 시장에서 자발적으로 일어나지 않고 정치적 강제에 의해 발생한다. 애로우(Arrow, 1992)는 경쟁시장의 존재가 개인의 자유를 신장시키는데 있다고 보았는데 다음의 인용문이 그것이다.

> The basic element in my view of the good society[complete market competitive equilibrium] is the centrality of others … These principles imply a general committment to freedom … Improving economic status and opportunity … is a basic component of increasing freedom" (Waldrop 1992, p. 45)

경쟁시장에서 수많은 생산자를 대하는 개별 소비자는 그 누구에게 독점적으로 생필품을 공급받지 않으므로 자유롭고, 수많은 소비자를 대하는 개별 생산자는 그 누구에게만 납품하지 않아도 좋으므로 자유롭게 된다. 중세에 개별생산자는 영주에게만 납품하도록 되어 있었고 개별소비자는 영주가 공급하는 것만 소비하도록 되어 있었으므로 자유롭지 못하였다. 소금과 농업용수를 중앙에서 관리하던 옛날 봉건사회부터 일상용품을 중앙에서 공급하던 현대의 공산주의에 이르기까지 개인이 자유롭지 못한 것은 분권적 경쟁시장이 없었기 때문이다.

둘째 이유는 시장에서 균형가격이 결정되는 것은 만장일치 때문이다. 왈라스의 가격탐색 과정에서 시장참여자 누구 하나의 반대가 있어도 거래는 성립하지 않고 마침내 균형에 도달하면 파레토최적이므로 역시 한 사람의 반대가 있어도 움직이지 못한다. 에지워스의 수량협상과정에서 시장참여자 누구 하나의 반대가 있어도 교환은 일어나지 않고 마침내 핵에 도달하면 이번에는 파레토최적에 의해 한 사람의 반대가 있어도 핵에서 움직이지 않는다. 경쟁시장은 만장일치에 기초한 분권적 의사결정기구이다. 여기서 차이점은 에지워스 협상에서는 가격이 매개가 아니라는 점이며 시장참여자의 자원의 크기가 문제가 되지 않는다는 것이다. 다시 말하면 에지워스 협상과정에서는 돈이 투표용지가 되지 않는다는 것이다. 만장일치는 인간 이성의 한계와 무지의 베일을 극복하는 유일한 수단이다. 따라서 시장제도만이 무지의 베일을 넘어서 자유를 성취하게 한다.

CHAPTER 15

자유와 평등

앞장에서 우리는 경쟁시장은 아무 인위적인 간섭이 없을 때 "보이지 않는 손"의 기능이 강력하며 개인의 자유를 신장하는 수단이라는 결론에 도달하였다. 그 결론을 제시하기 위하여 우리는 보이지 않는 손의 방정식을 정합이론으로 찾아내었다. 현상에서 증명할 수 없는 또 하나의 존재가 칸트에 의하면 "자유"이다. 자연법칙에 지배받는 경험세계 이외에 또 하나의 세계가 존재하는데 그것은 오직 개인의 사유 속에서만 모습을 드러내는 선험 또는 초월세계이다. 그것이 바로 칸트가 말하는 자유의 이념이 발견되는 영역이다. 증명될 수 없는 자유의 이념은 칸트에 의하면 정합이론이 아니면 증명할 수 없는 것이다. 칸트는 개인의 자유를 증명하지만 자유의 구현방법에 대해서나 자유로운 개인과 개인을 연결하는 자연적인 자동장치의 기구에 대해서는 말이 없다. 그러나 아담 스미스에 의하면 그것은 시장의 보이지 않는 손에 의한 자유의 구현이다. 현대 경제학의 용어를 빌리면 한계대체율 균등의 법칙이 곧 보이지 않는 손이다. 보이지 않는 손을 정합이론으로 증명하였듯이 자유를 정합이론으로 증명할 수 있을 것이다. 이 장에서 1차 도전을 시도한다.

제 1 절 어 원[1)]

1. 일찍이 토크빌(A. Tocqueville)은 자유를 가슴의 습관(the habits of the heart)이라고 표현하였다. 그러나 자유의 어원은 그렇게 간단하지 않다. 고대의 문헌에는 자유에 해당하는 freedom과 liberty라는 말이 없다. 대표적인 것으로 함무라비 법전에도 없다. 고대문헌에는 노예라는 말은 무수히 나오지만 자유인이라는 말은 나오지 않는다. 노예의 반대말로 주인(master)이라는 말이 통용되었다.

이사 벌린(Issah Berlin)은 두 가지 자유(liberty)에서 적극적(positive) 자유와 소극적(negative) 자유로 나누었다.[2)] 소극적 자유는 누구든지 나의 행동에 간섭하지 않는다는 뜻이고 적극적 자유는 열정이나 소유에 매어 있지 않고 높은 자유를 성취하는 자신의 주인이 된다는 뜻으로 사용하였다. 벌린의 책은 냉전시대에 널리 읽혀졌으나 두 가지 자유 사이에 구분이 사실상 뚜렷하지 않다. 아래에서 고찰하는 대로 벌린의 두 가지 자유는 two liberties가 아니라 two freedoms이어야 한다. 이것은 칸트가 사용한 Freiheit von과 Freiheit zu와 비슷하다는데 연유하기도 하지만 아래에서 밝히는 대로 어원적으로 보면 liberty에는 그 성격상 negative와 positive로 구분하기 어렵기 때문이다.

2. 동양에서는 서양과 접촉하기 전에는 liberty에 해당하는 자유는 있었지만 freedom에 해당하는 자유는 문헌에서 찾아볼 수 없다.[3)] 조선 중기의 허균이 말했던 불기(不羈)는 liberty에 해당한다. 청나라 말기에 엄복(嚴復)이 중국에, 막부 말기에 후쿠자와(福澤諭吉)이 일본에, 조선조 말기에 박영효(朴泳孝)가 한국에 서양의 자유를 소개할 때 그것은 liberty였다.[4)] 이에 대하여 서양에서는 여러 의미의 자유가 탄생하였는데 liberty와 freedom으로 압축할 수

1) 이하의 내용은 Fischer(2005)에 크게 의존하였다.
2) Berlin, I., "Two Concepts of Liberty," *in Four Essays of Liberty*, Oxford University Press, 1969, John Gray, "On Positive and Negative Liberty," *Political Studies*, 1980.
3) Patterson, O., *Freedom*, New York, 1991.
4) 정치사상연구 2집(2000봄), pp. 37-141.

있다.

3. 영어의 liberty는 라틴어의 libertas에서 유래한다. 그의 형용사 liber는 "제한이 없는, 제약이 없는, 구속에서 풀려난"이라는 뜻이다. 비슷한 말은 solutus인데 그의 동사는 solvo이다. 이것은 멍에에서 벗어남을 뜻한다. 이 말들은 그리스 어의 eleutheria와 eleutheros와 비슷한데 분리, 고유, 독립의 상태를 의미한다. 그리스인들은 이 말을 자치시나 독립속령이나 개인에게 사용하였다. 지금도 이 말은 분리된 손가락이나 발가락이나 폐달을 뜻하는 의학용어 eleutherodactylic와 eleutheropetalous에 남아 있다. 지중해 지역의 로마어의 libertas와 그리스말의 eleutheria는 언제나 분리와 독립을 의미한다. 독립과 자주는 같은 의미이다.

4. 영어의 freedom은 전혀 다른 어원을 갖는다. 이 말은 지중해에서 멀리 떨어진 북부 유럽의 고대 언어에서 나왔다. 영어의 free는 노르웨이어의 fri, 독일어의 frei, 덴마크어의 vrij, 겔트어의 rheidd, 웨일즈어의 riya와 동일한 뿌리를 두고 있는데 이 말들은 모두 고대 인도어 priya, friya, riya에서 유래되었고 그 원래의 뜻은 "사랑하는, 다정한"이라는 뜻이다. 영어의 자유 freedom은 친구 friend와 그 뿌리가 같고 독일어의 친구 Freund와 자유 Freiheit도 마찬가지이다. free는 자유인과 인적관계를 맺고 함께 어울리는 사람이나 그러한 소속감의 권리 또는 자격을 의미한다.

이러한 의미의 free는 자유에 관한 가장 오래된 수메르어의 am-ari-gi와도 통한다. 2300BC경에 메소포타미아 라가쉬 Lagash의 점토판에서 발견된 이 말은 동사 ama-gi에서 나왔는데 그 뜻은 어머니가 계시는 집으로 돌아가는 것을 뜻한다. 더 이상 주인에게 얽매인 노예가 아니라 자유로운 가족의 품으로 돌아감을 의미한다.

5. liberty와 freedom은 어원이 다를 뿐만 아니라 의미도 다르다. liberty는 분리, 단절을 의미하고 freedom은 연결을 의미한다. 남부유럽의 로마의 libertas와 그리스의 eleutheria를 갖춘 사람은 노예와 달리 자치권을 부여받음을 뜻하고, 북부유럽의 Freiheit를 갖춘 사람과 메소포타미아의 ama-ari-gi를 갖춘 사람은 노예와 달리 자유로운 가족이나 종족과 합침을 의미한다. 모두

노예가 아님을 의미하지만 하나는 주인과 단절 separation을 의미하고 다른 하나는 가족과 연결 union을 의미한다.

노예에서 벗어나서 주인과 분리 단절되어 독립된 개체가 되는 것은 liberty이고, 노예에서 벗어나서 자유로운 가족이나 사회로 돌아가서 가족이나 사회에 귀속되어 그들과 연결되는 것이 freedom이다. freedom은 사회와 연결되므로 권리와 의무까지 포함하게 된다.

로마인에게 libertas의 개념은 해방이나 독립인데 많은 학자에 의하여 연구되었다. 이에 비하면 고대인에게 freedom은 자유사회에 귀속함을 의미하는데 그리 알려지지 않았다. 타키투스의 게르마니 Germaniae에서 비슷한 개념을 찾아볼 수 있을 뿐이다. 그러나 북부유럽에서는 분명하다. 노르웨이 민요나 아이슬란드 민요에서 나타난다. 9세기 자유 노르웨이 인들은 왕족이나 억압에서 벗어나서 아이슬란드로 피난하여 그곳을 식민지로 개척하였다. 그들은 자신들이 이해하는 freedom을 가져갔는데 그것은 권리와 의무의 복합체였다. 그들에게 자유 freedom은 법의 지배였고, 지도자를 선출할 수 있는 권리를 의미하였으며, Thing이라고 부르는 의회가 지배하고 판단하는 권리를 의미하였다.

Thing은 자유 아이슬란드인의 회의기구이었다. 초기에 회의 참석하는 자유인들은 무기를 갖고 와서 검과 창을 방패에 두드리는 방법으로 투표하였다. 이것을 고대 노르웨이 말로 Vapnatak라고 부른다. 고대 영어로는 Wapentake이고 고대 스코트랜드 어로는 Wappanschawing이다. 아이슬란드 인들은 전국회의를 Althing이라고 불렀다는데 여기에는 법원인 Logretta가 속하였다. Logretta의 의장은 3년 임기의 Logsogumadr이었는데 의장은 매년 자유인들 앞에서 Logberg라고 부르는 법의 바위 옆에서 기억력에 의존하여 법률의 3분의 1을 암송하여 동의를 구한다. 만일 자유인들이 동의하지 않으면 5명의 Logmenn이 문제를 해결한다.

전국의 Althing과 지방의 Thing 회의에는 자유 freedom에 관한 다른 기능이 있었다. 이것은 자유인의 시장활동, 결혼, 가족재회 등에 관한 것이다. 그들은 자유의 자식을 사회의 자유에 받아주고 법을 어긴 사람을 추방하는 것을 결정한다. 무질서, 폭력, 분쟁은 자유세계의 위협이었다. 징벌은 추방, 자유의 박탈 등이다. 11세기 대부분의 아이슬란드인들은 태어날 때 자유인이었다.

이것은 자유인의 기본적인 권리가 되었다. 칸트의 영구평화론에 의하면 무질서, 폭력, 전쟁을 종식시킬 수 있는 유일한 방법이 개인의 이기심에 기초한 상업정신이다. 그렇다면 북부유럽의 자유 freedom은 곧 상업정신이다.

이에 비하면 고대 로마는 반대이었다. 대부분의 사람들은 태어날 때 자유롭지 못했다. 고대 로마의 자유 libertas의 보편적인 상징은 한 손에 vindicta라고 부르는 막대기를 들고 다른 손에는 pileus libertatis라고 부르는 모자를 해방된 노예에게 주는 자유의 여신이었다. 이 관습은 아직도 대학에 남아 있다. 대학 졸업식에서 쓴 사각모는 학문의 자유를 뜻하는데 바로 고대 로마에서 해방된 노예에게 부여하는 pileus libertatis이다. 이처럼 고대 로마의 자유는 쟁취하는 자유이지 북부유럽의 천부적인 자유는 아니었다.

북부유럽에서 자유는 천부적인 것이기에 권력, 재산, 위치와 상관없었다. 이러한 천부적인 자유 freedom이야말로 여러 가지 불평등 앞에서 평등의 요소를 제공하는 기초가 된다. 폴락(Frederick Pollock)과 마이트랜드(Frederic Maitland)는 "모든 자유인 free men은 법 앞에 평등하다"라고 말한 것은 이러한 뜻이다. 자유는 곧 평등의 기초라고 인식하였다. 이 인식은 지금도 경쟁시장에서 찾아볼 수 있다. 독점시장은 모든 소비자를 독점 공급자에게 얽매게 하는 불평등한 제도라는 점을 상기하면 이해할 수 있다.

이와 대조적으로 남부 유럽에서 liberty는 불평등한 것이었다. 사람들은 권력과 재산에 따른 그들의 처지와 형편에 따라 다른 자유 liberty가 부여되었다. 어떤 사람은 많은 자유 liberty가, 어떤 사람은 적은 자유 liberty가 주어졌다. 또 어떤 사람에게는 전혀 자유 liberty가 주어지지 않았다. 예를 들어 로마가 공화제일 때 시민들은 정치의 자유가 주어졌는데 의원들은 언론의 자유가 주어졌고 시민들은 경청하고 투표할 자유가 주어졌다. 하인들은 구경할 자유만 주어졌다. liberty만 갖고는 자유로울 수 없었다. 자유 liberty의 공급은 독점자에 의해 장악되었다.

이러한 의미에서 남부유럽에서 자유 liberty는 곧 자원에 대한 지배의 특권이라는 의미를 포함하게 되었다. 로마에는 권리라는 말은 없고 그 자리를 특권이라는 말이 대신하였던 이유가 바로 특권이 자유였기 때문이다. 여기서 자원은 노예까지 포함한다. 그러므로 해방된 노예는 비로소 자신의 육체를 포함한 다른 자원을 소유하고 지배할 수 있는 자유 liberty를 가질 자격을 인정받은 것이다. 이러한 자유 liberty는 배타적이며 특별한 혜택을 받지 않으면 자원에 대한 다른 사람의 지배에 평등한 권리를 인정하지 않는 것이었다. 남부유럽에서 평등 equality이란 자원지배에 대한 다른 사람의 자유 liberty를 인정하는 것에 불과하였다. 이것을 정식화하면 다음과 같다.

남부유럽	북부유럽
자유 liberty－자원지배에 대한 인위적 특권 평등 equality－자원지배에 대한 타인의 자유	자유 freedom－천부의 권리 평등 equality－자유 앞의 평등

이에 따라 로마인들은 매우 복잡한 자유 libertas의 개념을 만들어내었다. 라틴어의 liberaliter는 많은 자유를 누리는 높은 지위의 사람이 우아하고 관대하게 행동하는 방법을 안다는 의미로 쓰였다. 이것이 현재 영어의 liberality 관대, 후사, 선물의 어원이다. 명사 libertinus는 자유가 부여되었으나 아직 사용할 준비가 되어있지 않은 해방된 노예를 가리킨다. 현대 영어 libertine이 이 말의 뜻을 부분적으로 간직하고 있다. 북부유럽의 자유 freedom은 하나님이 천부적으로 부여한 것이지만 남부유럽의 자유 liberty는 우아하고 관대하며 지위 높은 사람이 독점적으로 공급하는 선물이다.

이러한 추세에 부응하여 남부유럽의 고대 철학자들은 libertas와 eleutheria를 현실도피의 높은 윤리 개념으로 발전시켰다. 그 전열에 스토어 학파가 있는데 고대 세계의 그 어떤 면보다 liberty에 대하여 방대한 저작물을 남겼다. 여기에는 노예였던 에픽테투스 Epictetus와 황제였던 마커스 아우렐리우스 Marcus Aurelius도 포함된다. 지위는 사뭇 달랐으나 주장은 한결같다. 참된 자유로움 liberty는 멍에, 폭정, 질병, 고통, 사망 등 자신의 능력 밖에 있는 것들로부터 독립되는 정신을 연마하는 것이다. 이러한 스토어 학파의 자유는 심지어 전제제도 하에서도 쟁취될 수 있다. 고대 로마에서 자유주의 철학자가 노예와 황제였다는 사실은 현실 도피적인 면을 지적하고 있다.

지중해 문명에서 libertas의 조건은 북부유럽의 자유 freedom보다 제한적이었지만 지역적으로 광대하여 많은 사람의 정신세계를 지배하였다. 그러나 북부유럽의 자유 freedom는 완전한 의미이지만 지리적으로 협소하여 많은 사람에게 알려지기에는 많은 시간이 필요하였다.

6. 북부유럽에서 자유롭게 태어난 사람들에게 권리를 뜻하는 영어의 rights와 독일어의 rechte가 주어졌다. 이 말은 형용사로는 바른, 옳은, 곧은, 선한 것을 뜻한다. 명사가 되면 의무로서 요구할 수 있는 자격을, 또는 그 자체로서 자격을, 권리를 의미한다. 북부유럽에서 권리는 민속에 속하는 권리로서 인식되었다. 앵글로-색슨 왕들의 법에서 이것은 folcrichts라고 표현하였다.

여기에 비하면 고대 지중해지역, 그리스-로마의 세계에서는 권리에 해당하는 말이 없었다. 고대 미노아의 선형B(Linear B)문서에는 권리라는 말은 없고 대신 "공식 양여(authorized concession)"라는 말이 등장한다. 고대 라틴어에 권리에 가까운 말은 법이 허용한다는 의미의 ius 나 신성이 허용한다는 의미의 fas 정도이다. 고대 로마의 liberitas의 참된 의미는 개인의 권리나 내적 천성이 아니라 로마법이 허용하는 포괄적 자유 liberties의 총칭이었다.

북부유럽인들의 권리 right, richt, Recht에 해당하는 말로서 로마인들은 특권 privilegium이나 면책 immunitas을 사용하였다. 특권 privilegium은 사적 privus와 법 legis의 합성어로서 말 그대로 사적 법률을 말한다. immunitas는 특정한 의무와 책임에서 제외시키는 것을 공인하는 것이다. 따라서 특권과 면책은 특정한 개인이나 단체에게 부여하는 특별한 혜택을 가리킨다. 고대 로마인들은 liberty를 이러한 특별한 혜택을 가져오는 특권과 면책으로 이해하였다. 이러한 점에서 권리는 특권과 다르게 생각하였다. 로마에서 privilegium은 부여할 수도 있는 것이었고 북부유럽에서 권리 right는 마땅히 부여되는 것이었다.

liberty와 freedom은 모두 의무와 책임을 포함하지만 둘 사이에는 현격한 차이가 있다. 지중해지역에서 libertas와 eleutheria의 부여에 따르는 것은 현명하고 책임 있는 행동의 요구였다. 자유인은 자신의 행동만 책임지면 되었다. 그러나 북부유럽의 자유인은 동족에게 봉사하고 자유인의 전통과 관습을 따르며 다른 사람의 권리를 존중하는 것은 성스러운 의무였다.

7. 로마가 제정으로 들어서면서 전제로 흐르는 가운데 자유 libertas와 특권 privilegium이 함께 혼재하였다는 사실은 흥미롭다. 따라서 의회를 통해서 자치를 하는 북부유럽의 자유 freedom는 제왕들의 위협이 되어 중세에서 근세에 이르기까지 군주에 의해서 말살시켜야 할 대상이 되었다. 북부유럽의 자유 freedom은 쫓기고 쫓겨 북부유럽의 오지나 도서국가에서 명맥을 유지하여 전

해졌다. 그러나 1797년 노르웨이의 Lagtings, 1801년 아이슬란드의 Althing, 1816년 Faeroe 섬의 Logting이 사라졌다. 이후 freedom에 대한 압제와 옹호는 역사에서 반복적으로 등장한다.

8. 그러나 사라질 뻔했던 자유 freedom의 개념은 기독교 세계에 들어서면서 한층 발전하고 광범위하게 전파되는 계기를 갖게 되었다. 예수는 "진리가 너희를 자유롭게 한다"라고 말하였다. 유대인들이 "우리가 아브라함의 자손이라 남의 종이 된 적이 없거늘 어찌하여 우리가 자유롭게 되리라 하느냐" 되물었다. 예수가 대답하기를 "죄를 범하는 자마다 죄의 종이이라, 종은 영원히 집에 거하지 못하고 아들은 영원히 거한다."

이것은 liberty가 아니라 freedom이다. 노예에서 풀려난 자유인은 가족, 어머니의 집으로 찾아간다는 북부유럽, 메소포타미아, 고대 인도의 자유의 의미이다. 킹 제임스 성서에 free라고 번역되어 있는 것은 그러한 의미에서이다. 그러나 초대 그리스어 성서에는 eleutheros로 기록되어 있고 로마어 성서에는 liber라고 기술되어 있다. 앞서 말한 대로 고대 로마와 그리스 세계에는 freedom에 해당하는 말이 없었기 때문이다. 로마 교회에서는 "기독교인 자유 Christian liberty"라는 말을 고안하여냈다. 이것은 용서 신학(theology absolution)과 결부되어 죄에서 벗어나거나 세속과 단절하여 구원받는 것을 의미하였다.

그러나 예수가 말하는 자유는 사람들이 예수와 연결되고 지상에서의 예수가 몸소 실천한 의무를 따르는 것을 의미한다는 점에서 북부유럽의 freedom이다. 사도 바울이 "내가 자유자가 아니냐? 사도가 아니냐? 예수 우리 주를 보지 못하였느냐? 주 안에서 행한 일이 너희가 아니냐?"라고 환호를 한 대목에 이르는 것을 보면 알 수 있다.

독일 개신교와 영국 청교도는 바울의 환호에 따른다. 루터는 "기독교인의 자유"라는 책에서 세계에서 예수를 위해 일하고 그와 하나 되는 자유를 freedom이라고 주장하였다. 이렇게 되기 위해서는 예수에 대한 절대적 믿음이라는 책임이 뒤따른다. 루터는 두 문장으로 요약하였다. "기독교인은 아무에게도 예속되지 않고 모두에게 주인 되는 것이다. 기독교인은 모두에게 봉사하며 모두에게 종이 되는 것이다." 모순되는 이 두 문장이 루터에게는 freedom의 의미였다. 루터는 종교개혁에서 이 생각을 더욱 발전시켰다. 기독교인의 자유는 남을 사랑하는 것으로 인식하였다. 사랑으로서 자유, 믿는 사람 사이의 유대로서 자유, 하나님의 은총으로서 자유이다. 자유 freedom와 친구 friend의 동일한 말에서 파생되어 나온 것은 우연이 아니다. 루터의 말은 개신교의 일종의 전통이 되었는데 영국 청교도에서는 "영적 자유 soul freedom"로 발전하였는데 이것은 하나님 안에서 하나가 되어 성장하고 마침내 성령과 합치되는 것을 말한다. 영적 자유는 하나님의 은총으로서 어느 누구도 빼앗을 수 없는 것으로 믿었다. 기독교 사상은 북부유럽의 freedom의 지평을 열어주었다.

9. 지금까지 소개한 자유 freedom과 liberty의 의미의 차이를 요약하면 다음과 같다.

	지중해 지역	북부유럽
개 념	liberty, libertas, eleutheria	freedom, Freiheit, folcfre
	분리, 단절, 해방, 독립, 자주	자유인의 유대, 연결
법적 부여	ius, fas, privilegium	right, folcricht
	선택적 부여	천부적 부여
종교적 신앙	liberty of conscience	soul freedom
	제약에서 벗어남	하나님과 일체
사회적 의무	사적 독립에 대한 책임	자유인에 대한 봉사
	자치, 자주	타인의 권리 존중
사회적 지위	inequality	equality
	불평등한 자유	법과 신 앞의 평등한 자유

북부유럽의 자유 freedom는 자유사회와 연결되어 소유와 권리의 형태로서 자유를 의미한다. 그들은 사회성원으로서 누구를 막론하고 양도할 수 없는 권리를 천부적으로 부여받았다. 지중해 지역의 자유 liberty는 분리, 단절, 자치, 독립의 의미이다. 그것은 위계질서를 의미하고 더 높은 권력이 빼앗을 수도 있는 특권의 소유를 의미한다. 이러한 맥락에서 freedom을 자유(自由)라고 번역하면 liberty를 자주(自主)라고 국역할 수 있다. 이러한 자유의 역사에 기초한 위의 제의에 의하면 우리끼리 자유롭게 배타적으로 살겠다는 주장은 반

쪽만의 자유인 자주 liberty에 불과하다.

제2절 개 념

1. 영국이 세계의 중심이 되면서 자유 freedom와 자주 liberty의 개념은 확장된다. 그 전에는 독일, 덴마크, 스칸디나비안 문화에서는 자유 freedom만 있었지 자주 liberty는 없었다. 스페인, 프랑스, 이탈리아, 그리스에서는 자주 liberty만 있었지 자유 freedom은 없었다. 알프스산맥이 그 차이를 갈라놓았다.

영국에서 비로소 freedom과 liberty가 함께 쓰이기 시작하였다. 철학자 한나 피트킨 Hannah Pitkin은 "영국인들이 유일한 기회를 갖게 되었다. 그들에게 처음으로 liberty와 freedom 가운데 선택할 수 있는 기회가 주어진 것이다" 영국인들은 이후 freedom과 liberty를 적절하게 구사하면서 이 두 개념 사이의 긴장, 모순, 대립을 발전시켜 나갔다. 셰익스피어의 「주리어스 시저」에 "자유, 자유, 자유"라는 구절은 "liberty, freedom, enfranchise"이다. liberty는 분리의 의미의 자유, freedom은 연결의 의미에서 자유, enfranchisement는 종에서 풀려나는 자유를 의미하지만 영국에서는 함께 사용하게 되었다.

2. 17세기 영국에서 크롬웰의 내란의 양측은 모두 liberty와 freedom을 무차별하게 외쳤다. 1649년 찰스 I세가 교수대에서 목이 날아가기 직전에 "나는 진실로 백성들의 liberty와 freedom를 그 누구보다 원했다. 그러나 그들이 원하는 liberty와 freedom은 정부를 포함하는 것이어야만 한다"라고 말했다. 그러나 말은 그렇게 말했지만 그가 말하는 자유는 libertas였다.

찰스의 적들도 liberty와 freedom을 혼용하였다. 크롬웰 군대의 토마스 레인보로 Thomas Rainborough는 선언하였다. "우리가 우리 모두의 liberty와 freedom이 어디에 있는가에 대해서 모두 동의한다면 영국에서 가장 가난한 사람일지라도 그의 목소리를 잠기게 하는 정부에 그를 속박할 수 없다" 그의 자유는 freedom이다. 모든 영국인의 타고난 권리를 의미하며 자유사회에 속한다는 뜻이다. 찰스 I세와 크롬웰의 내란은 liberty와 freedom의 충돌이었다.

3. 그 후 토마스 홉스(Thomas Hobbes)가 그의 저서 리바이던 Liviathan에서 "Liberty 또는 freedom은 반대가 없음을 뜻한다. 반대라 함은 행동에 대한 외부 방해물이다"라고 기록할 때 그는 이 둘을 무차별하게 사용하고 있음에 틀림없다. 존 스투어트 밀(John Stuart Mill)의 자유론(On Liberty) 역시 liberty와 freedom을 구별하지 않고 혼용하여 사용하였다. 그의 자유는 민주사회에서 다수에 의해 소수의 자유가 억압받는 가능성을 걱정하였는데 이것은 천부의 자유라는 개념에서 보면 liberty가 아니라 freedom이다.

4. 그러나 두 개념 사이의 차이가 쉽게 사라지지 않는 계기가 북미대륙에서 일어났다. 일찍이 미국 독립선언서에서 "Life, Liberty, and the Pursuit of Happiness"의 자유는 영국에서 분리, 단절, 독립을 의미하였다. 이때까지 미국에서도 liberty와 freedom은 차이가 없이 사용되었다. 그러나 남북전쟁이 촉발되기 직전에 남부의 정치적 구호는 "자유와 분리 liberty and separation" 이었고 북부의 구호는 "자유와 연방 freedom and union"이었다. 노예해방은 liberty이고 그들이 자유인으로 사회에 구속되는 것은 freedom이었다.

5. 이것은 프랑스와 좋은 대조를 보인다. 프랑스 혁명의 구호는 자유, 평등, 박애 liberty, equality, fraternity이었다. 프랑스사람들은 왕정의 압제와 속박에서 벗어나기를 원한다는 의미에서 liberty를 외쳤지만 프랑스에는 freedom에 해당하는 말이 없었던 데에도 연유한다. 이것은 1865년 프랑스의 세 사람 Laboulaye, Bartholdi, Eiffel의 합작으로 미국 독립 1세기를 기념하여 선사한 자유의 여신상 the Statue of Liberty의 이름에도 남아 있다. 이러한 사실은 1833년 프랑스 정부가 미국의 철도와 운하건설을 위하여 파견한 기술자 Michel Chavalier의 기행문에도 정확하게 표현되었다. 그는 미국 사회가 자유 liberty와 질서 order의 균형에 기초한다고 보았다. 즉 liberty+order를 주장한 것이다. liberty 혼자서는 사회조직의 기초가 될 수 없다는 사실을 인식한 것이다. 질서 order는 평등을 요구한다. 따라서 liberty+equality를 자유 freedom이라고 생각한 것이다. 결국 프랑스 혁명의 구호는 자유 freedom와 평등 equality로 요약된다. 그 이유는 세 가지이다.

첫째, 북부유럽의 freedom은 fraternity와 동일한 어원을 갖고 있다. 둘째, 남부유럽에서 liberty는 계급에 따라 불평등하게 부여한 것이기 때문에 불평등한 liberty만으로는 자유로울 수 없고 equality와 합쳐져야 freedom이 된다. 셋째, 북부유럽에서 태어날 때부터 평등한 권리 및 의무와 함께 천부적으로 부여된 자유 freedom이야말로 여러 가지 불평등 앞에서 평등의 요소를 제공하는 기초가 된다. 다시 말하면 liberty는 equality와 배타적이고 fraternity는 freedom과 동일어이다. 이 모든 것을 포용하는 것이 freedom이다. 따라서 불란서 혁명의 3대 이상인 liberty, equality, fraternity를 다음과 같이 정식화 할 수 있다.

$$\text{freedom(F)} = \text{liberty(L)} + \text{equality(E)} \qquad \cdots\cdots \ (15-1)$$

최근에 the Fraser Institute나 the Freedom House에서는 자유를 지수(index)로 표현하여 발표하고 있는데 비슷한 방법으로 평등도 지수로 표현할 수 있을 것이다. 이것은 자유와 평등을 수량으로 표현할 수 있다는 의미이다. 따라서 식 (15-1)은 자유의 크기와 평등의 크기를 비용을 생각하지 않고 단순하게 합친 것이다. 부호로 표현하면 다음과 같다.

$$F = L + E \qquad \cdots\cdots \ (15-2)$$

윌슨 W. Wilson의 연설에도 이 관계가 간접적으로 나타나 있다. "인간의 freedom은 인간의 이해, 행동, 에너지의 완벽한 조화이다. 자유인 freemen은 다른 안내자가 필요 없다." 헨리 조지 Henry George도 그의 저서 진보와 빈곤 Progress and Poverty에서 똑같은 목소리를 내고 있다. "평등 equality와 동의어로서 자유 freedom은 진보의 조건이며 자극이다"

6. 남북전쟁에서 북부의 정치적 명분은 freedom과 union이었고 남부의 정치적 명분은 liberty와 separation이다. 북부는 고대 북부유럽의 freedom의 의미를 정확하게 이해하였고 있었고 남부는 고대 남부유럽의 liberty의 의미를 계승하였다. 북부에서는 주로 북부유럽에서 건너온 이민자가 주류였던데 비하여 남부에서는 남부유럽에서 이주해온 사람들이 주류였다. 노예제도를 둘러싼 내전에서 북부의 freedom은 천부적인 것이고 남부의 liberty는 선택적 부여였다. 다시 말하면 고대 북부유럽의 freedom과 고대 남부유럽의 liberty가 영국에서 혼동된 시기를 지나 미국의 북부에서 freedom이 남부에서 liberty가 각각

재생된 것이다. 북부의 군사적 승리로 freedom+union은 개선하고 liberty+separation은 인내하여야 했다.

7. 그러나 19세기에 들어서면서 산업화가 본격적으로 진행된 미국에서 liberty가 다시 복고할 조짐이 나타났다. 이 시기는 freedom과 liberty의 분쟁시기이다. 경제 분야에서 자유시장과 자유교역을 주장하는 측은 정부간섭을 배제하는 즉 시장을 정부와 분리 독립시키는 고전적 liberty를 들고 나왔다. 자유방임 laissez faire가 바로 liberty라고 생각하였다.

8. 정지에서 분리라는 측변에서는 liberty이시반 정치행위를 시장으로 유인하고 설명하려는 헌법경제학자들에게는 정치를 포용하는 freedom이다. 효용을 극대화하려는 개인의 다음 문제를 생각하자.

$U=U(Q,\ G\ ,\ X)$	목적함수	…… (15-3)
$PQ+T=Y$	제 약 식	…… (15-4)
$Y=RX$		…… (15-5)

여기서 Q는 사적재화이고 G는 공적재화이며 X는 생산요소이다. P는 사적재화의 가격이고 R은 생산요소의 가격이며, T는 세금이고 Y는 소득이다.

경쟁시장에서는 어느 개인도 가격을 좌우할 수 없으므로 개인에게는 주어진 여건이다. 따라서 경쟁시장에서는 개인에게 P와 R이 주어졌을 때 한계효용균등의 법칙에 의하여 사적재화의 수요 Q와 생산요소의 공급 X가 결정된다. 그러나 세금 T와 그것으로 생산하는 공적재화 G의 결정에 대해서는 사적재화의 결정만큼 분명한 논리와 절차가 결여되어 있다. 사적재화가 만장일치로 결정되는 것에 비하면 공적재화와 세금은 과반수결정인지 2/3결정인지 분명하지 않은 것이 그것이다.

세금 T와 공공재화 G의 존재가 시장실패의 결과인데 이를 관장하는 정부의 자의적이고 재량적인 관리가 정부실패를 낳게 하고 있다. 여기에 대한 분야를 헌법경제학이 다룬다. 여기에는 ① 공공선택, ② 재산권, ③ 법경제학, ④ 규제, ⑤ 새 경제사가 속한다.

법경제학은 네 분야에 영향을 줄 것이다. 첫째, 기존 법률의 효과를 경제학이론으로 예측하는 것이다. 예를 들면 세입자를 보호하기 위하여 집세를 못내는 경우 6개월 동안 내쫓지 못하게 하는 법률이 소기의 목적을 달성할 수 있을 것인가. 이러한 법률은 실패하는데 그 이유가 경제법칙에 어긋나기 때문이다. 둘째, 법률이 효율적이 되려면 어떠한 내용을 담아야 하는지 기준을 제공하는 것이다. 예를 들면 하자상품에 대한 책임을 판단하는 것이다. 상품은 구매하기 전에는 하자가 있는지 알 수 없고 하자를 알았을 때에는 손해를 과대평가하는 경향이 있다. 제조업자에게는 가격을 낮추는 경쟁 때문에 하자의 경계선에서 생산하는 동기가 있으며 하자가 발생할 때에는 하자를 과소평가하는 경향이 있다. 셋째, 앞서 두 가지는 기존의 경제이론으로 법률을 분석하는 것인데 대하여 새로운 경제이론과 함께 새로운 법률 영역을 발견하는 것이다. 내가 구입한 건물의 소유권은 어디까지 인정받을 수 있는가. 건물 안에서 화학약품을 취급해도 되는지, 소란을 피워도 되는지 등의 문제이다. 이 문제가 코즈정리이다. 네 번째, 경제이론과 법경제이론으로 과거의 경제사를 해석하는 것이다. 이것이 새 경제학사이다.

정부간섭의 정도는 개인의 자원 제약식에 영향을 주는데 제약식은 개인의 소유를 의미한다. 정부가 개인의 소유를 자의적이고 재량적인 방법으로 간섭하여 그 결과 정부실패를 초래하면서 간섭하는 근거가 무엇인가. 개인의 제약식에 영향을 준다는 것은 개인의 소유권에 대한 침해이며 자원의 자유로운 소유와 처분의 자유에 대한 침해이기도 하다. 개인의 자원지배의 정도를 정부가 자의적으로 부여하는 것은 남부유럽의 liberty와 맥락을 같이 한다. 그러므로 헌법경제학은 개인의 자유 freedom를 최대의 덕목으로 여기는 북부유럽의 정신을 계승하고 있다.[5)]

헌법경제학자들은 소수의 힘을 과대평가하고 있다. 소수에 의한 로비현상과 반대되는 현상을 지적한 사람이 슘페터(J. Schumpeter)이다.[6)] 자본주의가 소수의 기업가 정신을 가진 사람들에 의해 이끌리는 제도라는 그의 생각은 오스트리아 학파의 전통이다. 그러나 그 다음부터 그는 오스트리아 학파와 다르다. 그러한 사람이 차츰 감소할 수밖에 없는 현상이 나타난다는 것이다. 관리인이나 경영인이 기업가를 대체하고 주주가 기업의 주인인지 불분명해진다. 이에 대하여 상대적으로 뒤 처진 다수들은 자신들의 처지를 자본주의 제도의

---

5) Peacock, A., *Economic Freedom*, in Eatwell, J., M. Milgate and P. Newman pp. 88–93.

6) Schumpeter, J., *Capitalism, Socialism and Democracy*, New York: Harper, 1950.

탓으로 돌리고 제도를 교체하는 데 찬성하는 경향을 보인다. 여기에 지식인들이 가세하는데 대중매체의 발달이 그들의 주장을 널리 퍼지는데 큰 역할을 한다. 이것이 민주주의의 본질인데 자본주의와 잘 어울리지 않는다는 것이 슘페터의 생각이며 따라서 그는 자본주의의 뒤에 사회주의를 대안으로 생각하였다. 그의 생전에 소련이 실패한 것은 사회주의가 성공할 수 있는 조건이 구비되지 않은 탓이라고 본다. 만일 사회주의가 성공할 수 있는 조건을 고안할 수 있다면 사회주의가 자본주의의 대안이라고 주장한다. 오늘날 그의 생각은 진화경제학(Evolutionary Economics)이라는 새로운 분야를 열어놓았다.

슘페타의 주장에 경험적으로 반대하는 주장이 폰미제스에게서 나왔다. 폰미제스는 제 1 차 대전 직후 1923년에 출간한 책에서 사회주의라는 이름을 걸고 등장한 정권 치고 약속한 결과를 이루지 못했다는 점을 지적하였다.[7] 그는 이에 근거하여 사회주의가 역사적으로 필연이라는 주장을 공격하였다. 얼마 지나지 않아서 히틀러의 국가사회주의가 등장하자 폰미제스는 1944년에 사회주의가 어떻게 정부와 국민의 관계를 변질시키는지를 분석하였고 자유주의의 위협으로 보았다.[8]

헌법경제학자들은 소수의 힘을 과대평가하고 슘페터는 다수의 힘을 과대평가한다. 투표는 민주주의의 정당한 수단이다. 만일 이 순간에 자본주의 대신 사회주의를 채택하자는 의제를 놓고 국민투표에 부친다면 어떠한 결과가 나올까. 역사적으로 이러한 국민투표를 실시한 적이 없지만 민주주의 논리에 어긋나는 의제는 아니다. 부자가 가진 것을 나누자는 국민투표에 다수가 찬성할 것인가. 슘페터에 의하면 당연히 다수에 의해서 사회주의가 채택이 되어야 할 것이다. 이러한 민주주의 투표에 의하면 재산뿐만 아니라 모든 것을 동등하게 배급하자는 제안이 쉽게 통과될 것이다. 그러나 그렇지 않을 수 있다는 주장이 제기되었다.[9] 자신은 현재 사회의 상류에 속하지 못하지만 후손이 상류에 속하는 기회를 선조가 되어 가지고 스스로 차단하고 싶지 않기 때문이다. 이것은 몇 가지를 시사한다. 첫째, 사람들의 효용함수가 생각보다

---

7) von Mises, L. *Socialism: An Economic and Sociological Analysis*, translated by J. Kahane, New haven: Yale University Press, 1951(1923).

8) von Mises, L., *Omnipotent Government: The Rise of the Total State and Total War*, New Haven: Yale Unversity Press, 1944.

9) Okun, A., *Efficiency and Equity*, New York: Brookings, 1972.

복잡하다는 것이다. 자신의 효용함수에 자신의 후생뿐만 아니라 후손의 후생이 포함되어 있다는 가설이 성립한다. 이 가설은 설득력이 있다. 우리가 열심히 일하는 것은 자신을 위하기도 하지만 후손을 위한 것이기 때문이다. 슘페터 시절에는 효용함수에 대하여 깊은 이해가 없었다. 둘째, 다수에 의한 국민투표는 현재의 위치에서 사람들의 성향을 나타낸 것이다. 롤즈(J. Rawls)의 원래의 위치에서 보면 가난한 사람이라도 자신의 위치가 미래에 향상될 수 있는데 현재의 위치에서 결정과 원래의 위치에서 결정은 모순을 일으킨다. 셋째, 한계효용이 체감하는 한 소득이 전체적으로 높아질수록 위험회피형으로 되어 간다는 것이다. 잃을 것이 많은 사람은 현재의 제도를 쉽게 포기하지 않는다. 롤즈의 원래의 위치에서 생각해 보아도 제도를 바꾸어서 자신의 위치가 어떻게 될지 위험이 너무 크다고 평가한다. 슘페터 시대에는 위험이 효용에 미치는 영향에 대하여 거의 아는 바가 없었다. 최근에 슘페터에 의해 열려진 진화경제학자들은 오히려 슘페터의 주장에 상치될지 모르는 결과를 발표하였다. 자연대수 형태의 효용함수를 가진 사람들이 적자생존에서 성공할 가능성이 높다는 것이다.[10] 만일 이러한 효용함수를 가진 창조적 사람이 많으면 슘페터의 예측과는 달리 자본주의의 앞날은 밝다. 넷째, 민주주의는 수량적으로 1인 1표 제도이다. 그러나 1인 1표 제도는 원하는 바의 질적 강도를 제대로 나타낼 수 없다. 소방의 필요성을 어떤 사람은 강도 높게 느끼지만 다른 사람에게는 그 강도가 낮을 수 있다. 1인 1표 제도의 이러한 단점을 보완하는 것이 로비제도이다. 세상에 수많은 동아리는 결사의 자유의 결과이지만 자신들의 목소리를 높이는 수단이 되기도 한다. 1인 1표 투표제도와 로비제도를 잘 결합하는 것이 자본주의의 숙제이다. 다섯째, 자본주의의 생명은 그러므로 세대 사이에 계층이동의 가능성에 달려 있다. 자신은 상류에 속하지 못해도 자식이 상류에 속할 수 있는데 아무 장애가 없는 기회가 누구에게도 주어지는 한 자본주의는 계속될 것이다. 여기서 교육의 기회균등의 중요성이 강조되는 것이다.

무엇보다도 슘페터는 스스로가 발견한 창조적 기업가의 출현의 속도를 과소평가하고 있다. 그가 책을 쓰던 1930년대를 기준으로 생각해 보면 그 이

10) Lengwiler, *Microeconomic Foundations for Financial Economics*, Princetion: Princeton University Press, 2004.

전의 인류역사를 합친 전 기간보다 그 이후 70년에 불과한 기간이 훨씬 더 많은 창조적 기업가를 배출해내었다. 이것은 지난 70년 교육의 놀라운 성과이다. 슘페터 시대에 비하면 교육의 혜택을 받은 사람이 폭발적으로 증가한 것이다. 말사스가 과학의 발달을 과소평가하고 마르크스가 기술의 발달을 과소평가했듯이 슘페터는 인적 자본의 놀라운 축적을 과소평가한 것이다. 사람의 놀라운 창조성과 그 한계는 아무도 모른다. 무지가 자유의 본질이라고 하지 않았던가.[11] 무엇보다 인적 자본은 한계생산 체감의 법칙에서 예외 현상이기 때문에 앞날은 열려져 있다. 효율성이 곧 창조성인[12] 한 자본주의 경쟁시장의 앞날은 어둡지 않다. 그것이 잘 배양하는 풍토가 바로 자유로운 자본주의 경쟁시장이다.

9. 이것은 제 2 차 세계대전 이후의 발전이다. 그것은 루즈벨트의 네 가지 자유(Four Freedom)에 잘 나타나 있다. 전통적으로 빈곤에서 벗어나는 경제적 자유와 공포에서 벗어나는 자유에 더하여 종교의 자유는 신에 회귀를, 표현의 자유는 반대를 포용하는 freedom으로 발전한 것이다. 경제학의 범위가 넓어지면서 liberty에서 freedom으로 지평을 열고 있다. 이들 사이에는 어떠한 관계가 유지될 수 있을까.

제 3 절 자유와 평등

1. 평등은 필요한가. 다음 세 가지 이유로 평등이 필요하다고 주장할 수 있다. 첫째, 칸트와 쇼펜하우어의 철학에 입각한 것이다. 둘째, 아담 스미스의 도덕감정론에 입각한 것이다. 셋째, 롤즈의 정의이론에 입각한 것이다.

2. 선험 또는 이성의 세계에서 자유, 이것이 도덕과 윤리의 원천이다. 이성의 존재만이 자신의 법칙을 창출할 수 있는 능력이 있으며 자연현상에서 벗어날 수 있다. 칸트는 정언명령에서 다른 사람의 자유를 자신의 자유처럼

11) Friedman, M, *Capitalism and Freedom*, Chicago: Aldine, 1962.
12) Malloy, R., *Law and Market Economy*, Cambridge, 2000.

생각하라고 하였다. 이것은 신약성서의 "네가 대접받고자 하는 대로 남을 먼저 대접하라"라는 황금률과 동일한 내용이다. 그러나 쇼펜하우어에 의하면 선험의 세계는 시간과 공간이 없으므로 시간과 공간으로 정의되는 나와 너의 존재란 존재하지 않는다. 다시 말하면 선험의 세계에서는 개인의 차이가 없이 무차별하며 평등하다. 이것은 불교사상과 일치하며 기독교 성서도 천국에서 부모형제가 없다고 가르친다. 전체가 하나이며 하나가 전체이다. 윤리의 원천은 평등이다. 이러한 점에서 도덕적 자유와 평등은 뿌리가 같다.

칸트는 개인의 도덕적 자유를, 쇼펜하우어는 개인의 윤리적 평등을 설파하였다. 그러나 사람들의 상호관계로 생각을 발전시킬 때 칸트는 그의 최후의 저서 「법철학」에서 사람들의 외적 관계를 규제하는 원리를 찾고자 하였다. 이 원리는 선험세계가 아니라 경험세계에서 찾아야 하며 선험세계의 도덕적 자유와 평등에 관여하지 않는다. 칸트는 이것을 "법의 원리"라고 불렀다.

3. 이에 대하여 아담 스미스는 사람들의 상호관계의 원리를 "시장"에서 찾았으며 그 기초는 이기심과 공감이라고 주장하였다. 스미스의 전통을 이은 경제학은 시장에서 사람 사이에 황금률이 어떻게 달성될 수 있을지를 발견하였다. 개인의 인식을 규명한 칸트철학이 찾지 못한 시장을 스미스가 찾은 것이다.

4. 역사적으로 보면 18세기까지 이기적 행동은 용납되지 않았다. 반대로 공익(公益)은 높이 칭송받았다. 이에 대한 유럽의 사상사는 두 가지에 뿌리를 두었다. 하나는 분배는 정의의 문제라는 아리스토텔레스 학파의 견해이고 다른 하나는 사치는 부패와 도덕적 타락을 가져온다는 도덕주의자들의 견해이다. 이러한 사조에서 중세의 교회와 현대의 전체주의 독재에 미루어 볼 때 이기주의를 억압하기 위하여 내세운 이타주의는 예외 없이 개인의 인권을 제한하였다. 그러나 17세기부터 문예부흥기의 인본주의의 영향으로 개인의 이기심에 대한 이해가 넓어지기 시작하였다. 독일의 프론스베르거(Fronsberger)는 16세기 중엽에 「자기이익을 칭송함에 대하여」라는 글을 쓴 것이 이기심을 긍정적으로 평가한 최초의 책이었다.[13] 17세기 중엽 영국에서 활동한 네덜란드 출신 의사 만더빌(B. Manderville)은 자신의 저서 「꿀벌의 우화」에서 벌들이 탐욕

13) 리하르트 반 뒬멘, 『개인의 역사』, 최운영 옮김, 서울: 현실문화연구, 2005, 219쪽.

과 사치를 가지고 적극적으로 일할 때 벌집 전체가 번성하게 된다는 은유로 이기심이 자연법칙이라고 찬양하였다. 드디어 아리스토텔레스 학파와 도덕주의 학파에 정면으로 대항한 학파가 등장했으니 그것이 스코트랜드 계몽주의이다. 이들 가운데 경제질서에서 공익보다 이기심이 핵심이라는 주장은 아담 스미스의 「국부론」에서 분명해졌다. 19세기와 20세기에 극심한 사상의 혼란 속에서 케인즈는 이기심의 중요성 관하여 다음과 같은 명언을 남겼다. "선용되든 악용되든 궁극적으로 위험한 것은 사상이지 사리(私利)가 아니다."[14)]

5. 그러나 이기심처럼 오해를 불러일으킨 개념도 없다. 이기심이란 근시안적인 이기주의가 아니다. 이기심이란 말하자면 개인이 갖는 흥미, 관심을 말하며, 가치 있다고 생각되는 것이다. 개인이 추구하는 목표로서 믿음이 없는 사람들에게 믿음을 일깨워주는 선교사, 헐벗은 사람에게 도움의 손을 뻗치는 자선가조차도 자신의 관점에서 보면 자신의 가치관에 따라 자신의 이기심을 좇고 있는 것이다. 심지어 자신은 잘못 먹고 잘못 입으면서 자식에게 잘 입히고 잘 먹이는 부모에게조차 그것이 이기심이다.

이기심이 개인뿐만 아니라 공공의 번영의 바탕이며 원천이라는 스미스의 주장은 네 가지로 요약된다. ① 이기심을 수용하고 이성을 통하여 통제하여야 한다. 이기심은 도덕적으로 정당한 충동이며 이익을 추구하는 열쇠이다. 스미스에 따르면 사람들을 시민사회로 안내하는 데에는 두 가지 원리가 있는데 하나는 권위(權威)의 원리이고 다른 하나는 공리(功利)의 원리이다. 공(功)과 이(利)를 추구하는 이기심은 정부 또는 지도자의 권위에 의한 맹목적인 복종의 위험성을 방지한다.[15)] 예를 들면 자신의 계획에 복종하지 않는 사람은 소(cattle)처럼 취급하겠다고 위협한 사회주의자 상시몽은 권위의 원리를 내세운 셈이다.[16)] 권위의 원리에서 공리의 원리로 바뀌는 동인(動因)으로 스미스는 정치와 경제를 들었다. ② 공감(sympathy)을 통하여 이기심을 통제하는 방법은 상대방의 위치에서 보는 역지사지(易地思之)의 훈련이다. 성경에 "네 이

---

14) Keynes, *The General Theory of Employment, Interest, and Money*, London: Macmillan, 1936.

15) 최근에 공리주의(功利主義)를 공공의 이익을 지칭하는 의미에서 공리주의(公利主義)라고 번역하는 경향이 있지만 이 책에서는 전통적으로 사용해온 공(功)과 이(利)를 추구한다는 뜻으로 사용한다.

16) Hayek, F., *The Road to Serfdom*, University of Chicago Press, 1944(1994), p. 28.

웃을 네 몸같이 사랑하라"와 "남에게서 대접을 받고자 하는 대로 너희가 먼저 남을 대접하라" 라는 황금률은 공감의 근원이다. 모든 사람은 상품의 공급자이면서 동시에 수요자라는 사실은 역지사지의 기초를 제공한다. 그러나 수요자이면서 동시에 공급자인 역지사지는 시장에서만 발견된다. 시장에서 발현되는 이기심의 독특한 특성은 호혜성(reciprocity)이다. 역지사지의 또 하나의 기초는 무지 때문에 사람이 실수할 수 있다는 사실이다. 이러한 특성은 아무도 어떠한 사안에 대하여 절대적으로 옳다고 주장하여 남을 강제할 수 없다는 것이다. 이러한 이유로 이기심은 어떠한 권위도 인정하지 않으며 이에 기초하여 정부의 시장간섭도 제한하여야 한다. 이러한 특성은 이기심의 겸허성(humility)이다. 마지막으로 이기심은 다양하므로 경쟁과 교환을 가능하게 한다. 의견이 달라야 경마가 성립한다는 속담이 바로 이것을 가리키는 특성이다. 이기심의 이러한 특성은 다양성(diversity)이다. 아담 스미스는 「도덕감정론」에서 이기심을 조절하는 공감의 중요성을 강조하고 있는데 그가 보기에 공감은 뉴턴의 만유인력과 동일하게 취급하고 있다. 그는 이기적인 인간의 타인에 대한 공감과 내면화된 "공평한 관찰자"의 존재에 의해 도덕을 설명한다. 센(A. Sen) 교수는 이것을 윤리적 관점에 본 동기(ethics-related view of motivation)라고 불렀다.[17] 스미스가 상징하는 인간상은 "공평한 관찰자"나 "내 속의 타인"으로 인정을 받을 수 있고 이기심을 어느 정도 규제하는 인간이라고 할 수 있다. 칸트(I. Kant)는 이것을 "내 의지의 준칙이 항상 보편적 입법원리에 부합하도록 행동하라"는 정언명령(定言命令)이라고 불렀다. 칸트는 그의 영구평화론에서 상호 이기심(mutual self-interest)이 전쟁과 폭력을 억제하고 세계를 하나로 묶는 자연의 힘이라고 보았다.[18] 뉴턴 역학에서는 우주의 물체 사이에 상호의존 관계를 지배하는 공통원리가 만유인력이지만 이기적인 인간 사이에 사회적 관계를 규제하는 공감은 만유인력에 비유할 만하다.[19] 공감이

---

17) Sen, A., *On Ethics and Economics*, Oxford: Basil Black, 1987, p. 4.

18) "… 자연은 현명하게도 세계를 여러 국가로 나누었다. … 그러면서 한편 자연은 상호 이기심(mutual self-interest)이라는 수단으로 국가들을 하나로 합친다. 그 이유는 경제의 정신(spirit of commerce)이 조만간 모든 사람을 하나로 붙잡으며 이것은 전쟁과 병존할 수 없기 때문이다. 국가권력 하의 여러 수단 가운데 재력(financial power)이 가장 의지할 수 있는 것이므로 국가는 도덕보다는 재력에 의해서 평화를 유지할 수 있음을 깨닫게 될 것이다."(Kant 1795).

19) 根岸隆, 경제학의 역사, pp. 47-48.

곧 인력(引力)이다. ③ 국가는 개인의 이익의 총합이며 개인의 이익은 국가의 이익과 동일하다. 국가는 개인의 재산을 지키기 위해 만들어진 것이며 법은 그 목적을 달성하기 위해 제정된 것이다. 역사적으로 재산이 없는 곳에는 국가도 없었다. 스미스는 재산과 부를 힘으로 인식하였다. ④ 개인이익과 집단이익 사이의 균형은 이성이 만드는 것이 아니고 보이지 않는 손으로 완성된다. 인간은 언제나 협조에 의존하였는데 이 협조는 동료의 선의에서 유래되는 것이라고 기대할 수 없다. 사람들이 나에게 대해주는 행동이 그들에게도 이익이 된다는 것을 보여줌으로서 나의 이익을 위하여 그들의 이익을 이용할 줄 안다면 나의 목표를 훨씬 빨리 달성할 것이다. 예를 들면 정육업자, 농부, 제빵업자가 자신의 선의나 자비가 아니라 자신들의 일이 자신들에게 이익이 됨을 알 때 우리는 먹을 것을 얻을 것이다. 오늘날의 용어로 바꾸면 소비자잉여와 생산자잉여가 모든 사람을 시장이라는 거대한 계산기 앞으로 모이게 하는 것이다. 사람들이 시장을 중심으로 회전할 때 떨어져 나가지 않고 계속 모여드는 것은 이기심이라는 구심력과 공감이라는 원심력 때문이다.

소비자잉여는 소비자의 선호에, 생산자잉여는 생산자의 기술에 기초를 두고 있고 소비자잉여와 생산자잉여는 시장에서만 구해지므로 각자의 잉여를 최대로 얻기 위해서는 아무리 변덕스러운 이기심과 기술이라 하더라도 각자에게는 자발적으로 시장이라는 기계에 입력할 동기가 생기는 것이다.

6. 이러한 점에서 이기심은 자유의 원천이고 공감은 평등의 원천이다. 이기심과 공감을 비교할 때 공감은 할인된 이기심이라고 말할 수 있다. 이상의 설명에서 다음과 같은 명제를 받아드리자.

> ▶▶▶ **명제 15-1**
> 이기심은 자유의 원천이며 공감은 평등의 원천이다.

> ▶▶▶ **명제 15-2**
> 공감은 할인된 이기심이다.

7. 식 (15-2)는 수량적으로 보아 자유의 크기와 평등의 크기를 합친 정의이다. 그러나 그 상대적인 크기는 무엇에 의해 결정되는가. 여기에는 두 가지가 작용한다. 하나는 비용이고 하나는 자유와 평등에 대한 상대적인 선호이다. 먼저 비용부터 살펴보자.

8. 자유는 공짜가 아니다.[20] 평등도 공짜가 아니다. 어느 것이 더 비쌀까. 어떠한 자연현상이라 할지라도 숫자로 표현될 때에는 3가지로 표현된다. 개별숫자, 평균숫자, 전체숫자이다. 신장, 체중, 성적, 압력, 온도 등은 모두 개별, 전체, 평균의 숫자로 표현될 수 있다.

9. 이 가운데 한 학급의 학생들의 신장을 예로 들면 개인의 키는 개별신장이고 이들을 모두 합친 것은 전체신장이고 이것을 개인숫자로 나눈 것이 평균신장이다. 개별신장을 한계신장이라 부르면 전체신장은 한계신장의 총합이다. 다음의 간단한 숫자의 예를 보자.

표 15-1 학생의 신장

학생번호	1	2	3	4	5	6	7	8	9	10	11
한계신장	170	168.5	167.5	166	168	169	170	171	172	173	174
전체신장	170	338.5	506.0	672	840	1009	1179	1350	1522	1695	1879
평균신장	170	169.3	168.7	168	168	168.2	168.4	168.8	169.1	169.5	170.8

이 현상을 토지에 적용하면 개별토지가 한계토지이고 이것을 합치면 전체토지면적이 되고 이것을 균등하게 나누면 평균토지 곧 均田이 된다. 다시 [표 15-1]의 한계신장을 개별토지로 보면 전체신장은 총면적이고 평균신장이 均田이다. 전체 농민 인구가 5명이라면 均田을 실시하는 경우 1농민당 168이 고루 배분된다. 농민인구가 2배로 불어나며 동시에 개간으로 토지도 늘어나면 均田은 1농민당 169.5로 증가한다. 그림으로 표현한 것이 [그림 15-1]이다.

20) Freedom is not free.

그림 15-1 한계와 평균의 관계

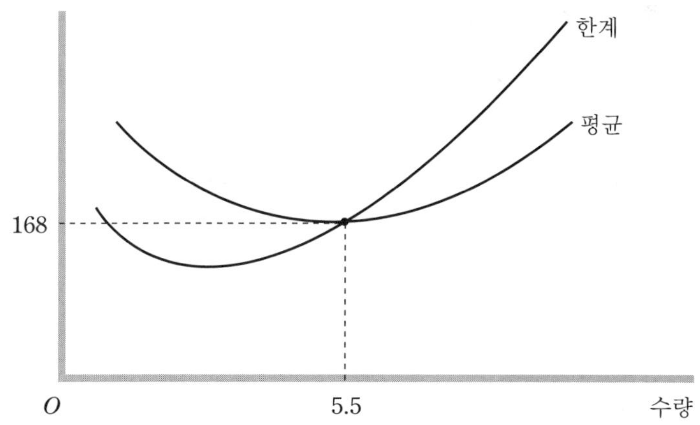

10. 고래로 생산수단이 노동 이외에 토지뿐인 농업경제에서 均田은 빈곤한 농민의 비원임에 틀림없지만 동시에 전제군주에게는 적합한 토지형태인 것도 사실이다. 전제군주로서는 백성이 다같이 빈곤하기를 원한다. 약한 농민이라야 군주는 그들을 임의로 사역할 수 있고 또 그들에게 지위를 빼앗길 우려가 없으며 그들에게 반란을 일으킬 계기를 만들어주지 않는다.

그런데 위에 소수의 대주지가 있고 밑에 다수의 빈민이 있게 되면 군주는 이중의 어려움을 맞이하게 된다. 대지주에게 언제 자신의 지위를 빼앗길지 모르고 빈민은 언제 폭동을 일으킬지 모른다. 그렇기 때문에 공자는 不患貧 患不均이라고 말했으며 孟子, 周禮 등 儒家의 고전은 均田을 이상적인 토지형태로 여겼고 중국의 전제왕조는 均田制度를 실시했던 것이다. 그러므로 均田制度는 농민을 위한 것으로 생각되지만 전제군주를 위한 것으로도 생각된다. 이처럼 평등은 경제발전이 없던 정체사회의 정치적 이상이었다. 이것은 초기 경제학자가 경제적 제약조건을 생각할 때 영향을 주었다.

$$Y = P_1Q_1 + P_2Q_2 \quad \cdots\cdots \ (15-6)$$

여기서 자원 Y는 주어진 것이라고 보며 문제를 효용을 극대화하기 위하여 한정된 자원을 Q_1과 Q_2에 어떻게 배분하느냐로 한정하였다. 그 이유는 제약이 없이는 극대화가 성립하지 않기 때문이다. 이것이 자원배분의 문제이다. 그러므로 가난하더라도 한정된 자원을 고루 배분하는 문제는 공자로 하여금 不患貧 患不均의 주장을 하게 만들었다.

11. 그러나 경제가 어떻게 성장하는지 그 비밀이 드러나면서 한정된 자원이라는 개념은 변하였다. 그것이 경제성장의 모습이다. 정태의 문제가 자원배분(resource allocation)의 문제라면 성장의 문제는 자원의 이용(resource utilization)의 문제이다. 여기서는 현재의 자원을 현재소비와 미래소비, 곧 자본축적, 또는 자원축적에 어떻게 이용하느냐가 중요하다. 이용할 자원은 성장하기에 여기서는 제약조건이 바뀐다.

$$\frac{dk}{dt}=f(k)-c-(n+x+\delta)k \qquad \cdots\cdots (15-7)$$

여기서 k는 1인당 자본을 가리키고 c는 1인당 소비를 가리키며 n은 인구성장률, x는 기술진보율, δ는 감가상각률이다. 그러므로 성장하는 경제에서는 한정된 자원을 고루 배분하는 문제에서 자원 자체를 어떻게 크게 만드느냐의 문제로 전환된다. 그것이 식 (15-7)의 $\frac{dk}{dt}$의 크기이다. 성장하는 경제에 민주정체를 합친 국가조직에서 군주는 더 이상 평등에 의한 均田에 정치제도의 운명을 걸지 않아도 된다. 공자의 不患貧 患不均는 이미 봉건주의의 정치적 산물로 역사적 유물에 지나지 않는다.

12. [표 15-1]에서 학생번호를 상품번호로 대체하자. 2개 만들 때 총비용은 133.8이므로 평균비용은 169.3이고 한계비용은 168.5이다. 한계비용은 감소하다가 상승한다. 평균비용 역시 감소하다가 상승한다. 그러나 한계비용은 평균비용의 가장 낮은 곳 168을 자르고 평균비용보다 더 빠르게 상승한다. [그림 15-2a]는 수요 D와 공급 S이다. 여기서 수요 D는 한계효용 $MU=D$를 가리키고 공급 S는 한계비용 $MC=S$를 나타낸다. 균형 E에서 가격은 P로 수량은 L로 결정된다. 삼각형 AEP는 소비자잉여이고 삼각형 BEP는 생산자잉여이다.

시장에서 한계효용과 한계비용에 의해 가격이 결정된다는 현상의 의미는 1물 1가의 법칙이 작동한다는 것이다. 차별가격을 실시하는 경우를 생각해 보자. 동일한 상품에 대하여 월요일의 가격이 P_M이고 화요일의 가격이 P_T, 수요

그림 15-2a 자유시장

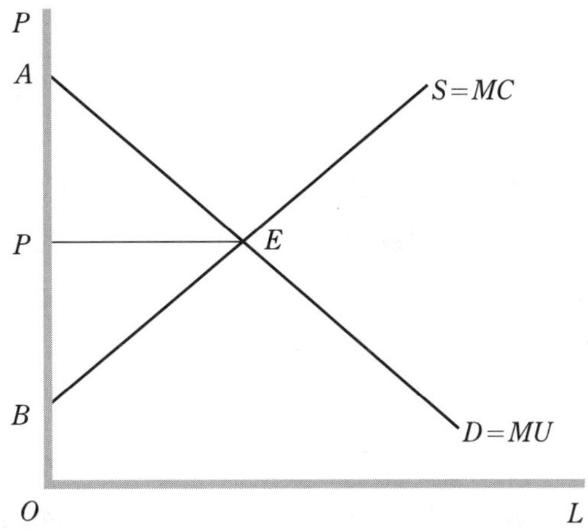

그림 15-2b 평균가격

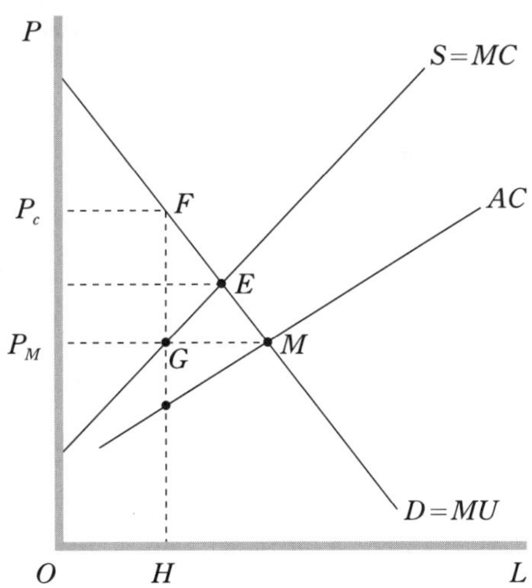

일의 가격이 P_W이라면 소비자잉여는 판매자에게 귀속되고 만다. 그러나 경쟁시장에서는 이러한 일은 일어나지 않는다. 1물 1가의 법칙으로 동일한 가격이 최후의 한계가격 P에 의해 단일하게 결정되기 때문이다. 그러나 어떠한 이유로 한계가격에 의해 결정하지 못한다면 소비자잉여는 감소된다.

[그림 15－2b]는 [그림 15－2a]의 재생인데 평균비용곡선 AC가 추가되었다. 한계비용 MC는 평균비용의 가장 낮은 점을 통과하므로 평균비용 AC는 공급곡선 $S=MC$보다 아래에 위치한다. 이것은 [그림 15－1]의 재생이다. 만일 시장에서 한계비용 대신 평균비용으로 가격을 결정한다면 점 M에서 가격은 P_M이 되고 공급은 H가 되어 감소한다. 공급이 H이면 수요자가 지불하는 가격은 P_C이 된다. 소비자잉여와 생산자잉여가 모두 감소되고 사각형 P_CFG P_M는 최초의 수요자에게 귀속되거나 최초의 공급자에게 귀속되거나 정부에 귀속된다. 삼각형 EFG는 아무에게도 귀속되지 않는 자중손실이다. 그러므로 평균가격은 자중손실을 일으킨다.

이것을 토지에 적용하여도 마찬가지이다. 토지의 비옥함에 따라 가격을 차별하면 마지막 척박한 한계토지가 지불하는 비용이 한계비용이다. 그러나 토지시장이 경쟁적이라면 한계비용이 단일가격이 된다. 그러나 균전제도 아래에서 토지가 고루 배분된다면 평균비용으로 가격이 결정되고 토지의 공급은 결국 감소하게 될 수밖에 없다. 다시 말하면 평등은 자중손실이라는 비용이 추가로 발생시킨다.

13. 평등에서 자중손실이 발생한다는 사실을 직관적으로 생각해 보자. 돈의 소유와 돈의 지출대상의 기준에서 보면 개인의 지출행위는 네 가지로 분류된다. 자신의 돈을 자신을 위하여 지출하는 경우, 자신의 돈을 남을 위해 지출하는 경우, 남의 돈을 나를 위해 쓰는 경우, 남의 돈을 남을 위해 쓰는 경우이다. 첫째 경우가 가장 효율적으로 사용한다. 이 지출은 시장에서만 일어난다. 시장은 이래서 효율적이다. 둘째 경우는 남에게 선물하는 경우이다. 이 경우는 약간 효율성이 떨어진다. 이것을 상징적으로 크리스마스 자중손실 효과라고 부른다. 미국에서 1992년 크리스마스 절기에만 4십억 달러에서 1백 3십억 달러(13조원)의 자중손실이 발생하였다.[21] 남이 좋아할 것으로 기대하는 물품을 내가 사는 것과 그것을 돈으로 준 경우에 그가 자신이 좋아하는 물품을 사는 것과의 차이이다. 다시 말하면 그에게 돈을 직접 준 경우 그가 고르는 품목이 내가 그가 좋아할 것이라고 사는 품목과 다를 경우 수요의 차이 때

21) Bernstein, P.(2004), p. 337.

문에 가격의 변동이 생기고 이때 가격이 효용을 가장 잘 반영하는 것이 전자의 가격이기 때문이다. 가격의 차이가 발생한 것이 자중손실이다. 이 경우 시장에서 지출이 일어나지만 소비자가 원하는 지출에서 벗어나므로 사용하지 않고 방치하는 자원의 크기가 그만큼 비효율적이다. 넷째의 좋은 예는 의료보험과 공공주택이다. 건강한 남이 지급한 금액으로 허약한 남이 혜택을 보는 경우이다. 2003년 미국의 의료보험지출액 가운데 9내지 39퍼센트가 자중손실이다.[22] 하물며 평등이라는 이름 아래 소득을 재분배할 때 자중손실이 발생하는 것은 당연하다.

14. 평등은 원래 신 앞의 평등이든 것이 기회의 평등으로 변하더니 어느새 슬그머니 결과의 평등을 요구하는 지경에 이르렀다.[23] 1776년 작성된 미국 독립선언문은 "모든 사람은 평등하게 태어났다"라고 선언하고 있다. 이것은 신 앞의 평등이다. 그 이유는 그 다음을 보면 안다. "생명, 자유, 행복추구는 천부적으로 부여된 것으로 남에게 양도될 수 없는 것이다" 최초로 이 문구가 역사에서 나타난 문서가 1320년 스코트랜드의 아브로스 선언(Arbroath Declaration)인데 신 앞의 선언이었다.[24] 모든 사람은 신이 부여한 천부적이며 절대적인 자유, 생명, 행복추구에 있어서 평등하다. 이것이 남북전쟁 이후 노예해방과 함께 기회의 평등으로 바뀌었다. 노예해방으로 신 앞의 평등은 마침내 실현된 계기를 마련했기 때문이다. 기회의 평등은 자유주의 시장경제와 상충되지 않는다.

글자 그대로 기회의 균등은 불가능하다. 어떤 사람은 장애자로 태어나고, 어떤 사람은 왕족으로 태어난다. 어떤 사람은 전화 속의 캄보디아에서 태어나고, 어떤 사람은 빅토리아 시대의 영국에서 태어난다. 기회의 평등이란 프랑스 사람이 적절하게 표현한대로 "능력에 따라 열려진 인생"일 것이다.[25] 이렇게 해석하면 기회의 균등이란 인격적 평등 즉 법 앞에 평등이다. 기회의 균등을 인격적 평등으로 해석하면 이미 사람마다 유전적, 문화적 특성이 다른 개성이 있다는 것을 암시하며 그에 따라 사람마다 서로 다른 인생을 살아갈 수

22) Waldfogel(1993). pp. 1328-36.
23) Friedman, M. and R. Friedman, *Free to Choose*, p.128.
24) Bruce, D., *The Scottish 100*, New York: Carrol and Graf, 2000, p. 217.
25) Friedman, M. and R., Friedman, *Free to Choose*, p. 132.

있는 자유를 내포하고 있다. 이런 점에서 기회의 평등은 자유에 없어서는 안 될 필수 불가결의 요소가 된다.

만일 어떤 사람이 자신의 능력에 따라 선택할 수 있는 어떤 자리가 개인의 유전적, 문화적, 가정적 배경의 차이 때문에 거부당한다면 그는 자신의 "생명, 자유, 행복의 추구"에 관한 자유를 제한받는 일이다. 사회의 중추가 되는 병원, 대학, 법원, 회사 등이 번영하려면 개인에게 기회의 균등을 보장하지 않고서는 불가능하다. 인도의 계급제도나 중세시대의 계급제도 하에서는 유능한 인재가 자신의 능력을 펼칠 기회조차 없이, 그리하여 그의 행위가 사회에 기여하는 기회가 박탈당하였기에 인도사회나 중세사회의 정체가 오래 계속된 것이다. 개인이 그의 이기심이 이끄는 대로 행동하여 그 결과 그의 의도와는 상관없이 사회에 득이 된다는 아담 스미스의 통찰이 실현되려면 먼저 누구에게든지 기회의 평등을 보장해야 한다는 것은 기회의 평등이 곧 자유를 실현하는데 중요한 요소가 된다는 것을 의미한다.

그러나 미국에서 남북전쟁의 산물로 기회 균등이 시작될 무렵 유럽에서는 결과의 평등이 등장하였는데 이것은 자유주의 시장경제와 크게 상충된다. 많은 사람들은 어떤 사람이 부모로부터 많은 재산을 상속받는 것을 좋지 않은 감정으로 바라보지만 어떤 사람이 부모로부터 우수한 재능을 물려받는 것은 부러워하는 감정을 갖는다. 이 둘 사이에 무슨 차이가 있을까. 전자는 물적 자본을 물려주는 것이고 후자는 인적 자본을 물려주는 것뿐이다. 어떤 사람이 자식에게 자신이 가진 것을 물려주는 방법은 세 가지이다. 훌륭한 교육을 받게 하는 것, 재산을 물려주는 것, 사업을 물려주는 것. 이 세 가지 사이에 차이가 없다. 이 셋 사이에 차이를 주장하며 셋 사이에 불평등을 강조한 끝에 마지막으로 결과를 평등하게 나누자는 주장이 결과의 평등이다. 그러나 결과의 평등은 자중손실을 발생한다.

15. 기회의 평등이나 결과의 평등은 평균 개념이다. 그러나 한계 개념의 평등도 있으니 그것이 사람 사이의 한계대체율 균등의 법칙이다. 기회의 평등을 기회 균등이라고 부르듯이 한계대체율 균등의 법칙 역시 한계대체율 평등의 법칙이다.[26] 시장은 인위적인 간섭이 없이 가격결정에서 자유로울 때 그렇게

---

26) 영어로 번역하면 평등과 균등은 동일하다. law of marginal substitution rate equality.

결정된 1물 1가의 법칙은 모든 사람의 한계대체율을 균등하게 만들어준다는 사실의 발견이 곧 보이지 않는 손의 핵심이며 평등이 자유와 전혀 모순을 일으키지 않는 유일한 경우이다. 더욱이 비인격적이며 자동적으로 균등하게 되어 자중손실도 발생하지 않는다. 이상을 다음의 명제로 요약할 수 있다.

▶▶▶ 명제 15-3

평균에 기초한 결과의 평등은 자중손실의 비용을 발생한다.

▶▶▶ 명제 15-4

한계에 기초한 1물 1가의 법칙은 한계대체율 평등의 법칙이며 자중손실의 비용이 발생하지 않는다.

16. 자유와 평등의 관계는 어떻게 정의할 수 있을까. 이상의 4명제에서 설명될 수 있다. 명제 15-3에 의하면 평균에 기초한 평등 equality는 자유 liberty보다 더 비용이 소모되는 제도이므로 다음의 비용식이 성립한다.

$$C=bL+(1-b)E \qquad b<1-b \qquad \cdots\cdots (15-8)$$

식 (15-2)은 수량으로 표시한 관계인데 식 (15-8)은 비용으로 환산한 관계이다. 자유 liberty의 가격과 평등 equality의 가격을 합쳐 표준화(normalization)하여 1이라고 하면 자유의 가격 b가 평등의 가격 $1-b$보다 낮다.[27] 이것이 [그림 15-3a]에서 제약 직선의 기울기 $b/(1-b)$가 완만한 이유이다.

자유를 쟁취하는데 과거에 소모된 비용은 고정비용 즉 매몰비용이고 이 고정비용은 자유를 유지하는데 필요한 한계비용과 아무 상관이 없다. 평등을 구현하는 데에도 비용을 지불했지만 이것 역시 과거에 지불한 고정비용이다. 그러나 평등을 유지하는데 필요한 한계비용은 고정비용과 상관없다. 그러나 한계비용이 아니라 평균비용으로 지불하는 데에는 고정비용까지 지불하게 된다. 이것이 자중손실을 일으킨다.

평등이 자중손실을 일으키는 또 하나의 이유는 평등을 실천하는 비인격적

---

27) 가격의 표준화 과정은 식 (5-32)를 참조할 수 있다.

그림 15-3a 자유와 평등

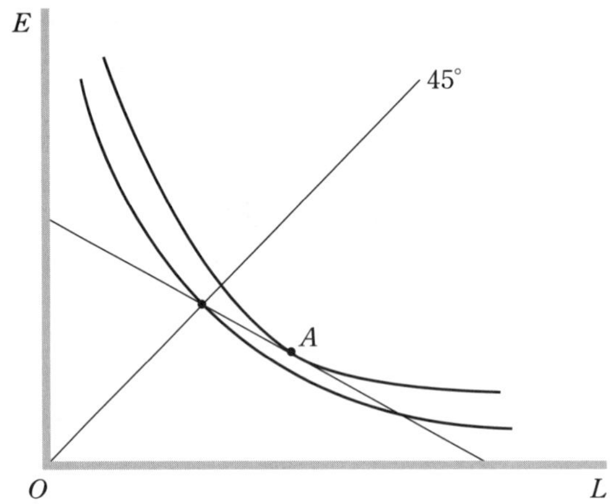

그림 15-3b 자유와 평등

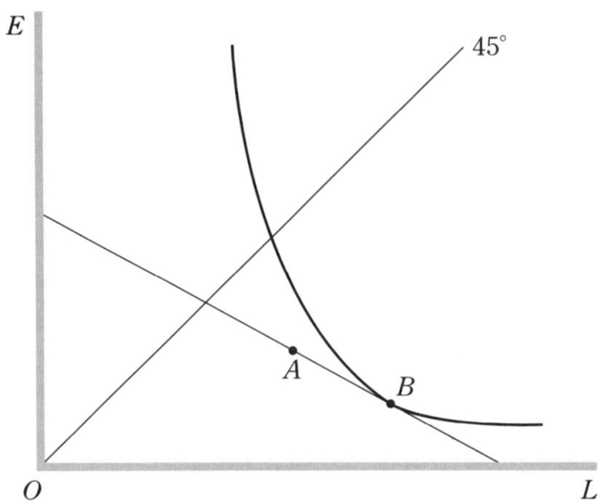

이며 자동적인 기구가 존재하지 않는다는 것이다. 누군가가 소득, 부, 허가, 인가를 인위적으로 평등하게 분배해야 하는데 여기서 비용이 발생할 뿐만 아니라 그 누군가로부터 자유로울 수 없다. 예를 들면 그에게 월급을 지불해야 한다. 여기에 더하여 그를 매수하려는 지대추구행위가 일어나고 반대로 지대회피행위도 일어난다. 지대를 이미 얻은 사람은 지대를 지키기 위하여 매수하려고 하고 그 지대를 제거하기 위하여 매수하려고 한다. 크리스마스 자중손실도 발생한다.

그러나 한계비용을 지불하는 자유는 비인격적이며 자동적인 조절기구로서 시장이 존재하므로 자중손실이 일어나지 않는다. 따라서 자유의 가격이 평등의 가격보다 낮다. 이것을 반영한 개인의 비용 제약 (15−8)은 개인이 자유 liberty와 평등 equality에 지불하는 비용이다. 두 비용을 합친 총비용 C가 자유 freedom의 비용이 된다. [그림 15−3a]의 직선 밑의 삼각형의 면적이 자유 freedom의 비용을 나타낸다.

17. 자유 freedom의 비용 C를 지불한 대가로 얻는 혜택이 있으니 그것이 바로 효용이다. 앞서 명제 15−1에 의하면 이기심은 자유의 원천이고 공감은 평등의 원천이라고 하였으며 명제 15−2에 의하면 공감은 할인된 이기심이라고 하였다. 이기심이나 공감은 마음의 문제이므로 이것을 효용함수로 표현하면 다음과 같다.

$$U(F) = U(L) + \frac{U(E)}{1+\gamma} \qquad \gamma \geq 0,\ \gamma \not< 0 \qquad \cdots\cdots (15-9)$$

식 (15−2)는 수량으로 표시한 자유와 평등의 관계인데 이것을 효용으로 표현한 것이 식 (15−9)이다. 효용함수는 가산형(additive)인데 그것은 두 상태 사이의 효용을 반영하는 것이다. 상태 1은 완전자유상태이고 상태 2는 완전평등상태이다. 이 두 상태를 혼재하는 것이 현실이다. 여기서 상태 1의 효용과 상태 2의 효용에 확률을 각각 부여할 수 있지만 그런 경우 비용 제약 (15−8)에도 동일한 확률을 부여해야 하므로 결과는 마찬가지이다.

18. 효용함수 (15−9)를 비용 (15−8)의 제약 하에 최대로 하는 조건은 다음과 같다.

$$\frac{MU(L)}{MU(E)} = \frac{b}{(1-b)(1+\gamma)} < 1 \qquad \cdots\cdots (15-10)$$

여기서 MU는 한계효용을 가리키는데 등호 우측의 분모가 크기 때문에 분수가 1보다 작다. 한계효용이 체감하므로 이것은 $L>E$을 의미한다. 자유의 크기가 평등의 크기보다 크다. 이 결과는 γ가 음수가 아니면 항상 성립한다. 그러나 자유 liberty에 대한 효용과 평등 equality에 대한 효용 사이의 상대적인 선호를 나타내는 할인율 γ는 음수가 될 수 없다.[28] 음수가 되면 목적함수인 효용함수의 상한이 정해지지 않아서 최적화가 불가능해진다.

할인율이 $\gamma=0$이면 [그림 15-3a]처럼 무차별곡선이 45도선을 중심축으로 대칭이며 자유와 평등에 동일한 선호를 나타낸다. 그렇더라도 자유와 평등의 상대적 비용 제약의 기울기가 완만하기 때문에 무차별곡선이 접하는 점 A은 45도선의 우측이다. 이것은 설사 사람들이 자유와 평등을 동일한 크기로 그 중요성을 감성적으로 인정한다 하더라도 비용 때문에 결과는 자유가 평등 때문에 항상 크게 될 수밖에 없다는 뜻이다. 다른 말로 하면 이기심과 이타심을 주관적 감성으로 동일하게 취급하여도 비용 때문에 객관적으로는 이기심이 이타심을 항상 앞선다는 뜻이다. 더욱이 할인율이 $\gamma>0$이면 무차별곡선은 [그림 15-3b]처럼 45도선을 중심축으로 자유쪽으로 더 기울어지므로 이미 완만한 기울기의 비용 제약과 접하는 점 B에서 자유의 크기는 점 A의 크기보다 더 크게 된다.

> **▶▶▶ 소정리 15-1**
> 자유 liberty의 크기는 평등 equality의 크기보다 항상 크다.

이 결과는 직관과 일치한다. 평등의 기초가 되는 공감이 할인된 이기심이고 평등의 자중손실 비용이 자유보다 비싸다는 사실에서 유래한다.

19. 비용은 곧 소득 Y이나 자원을 의미한다. 그만한 비용을 지불할 수 있는 능력이 뒷받침되어야 하기 때문이다. 따라서 식 (15-8)을 다음과 같이 표현할 수 있다.

$$Y=bL+(1-b)E \qquad \cdots\cdots (15-11)$$

---

28) 증명은 부록 14A.

다른 각도에서 표현하면 소득 Y로 자유 freedom를 사는데 그 자유 freedom는 자유 liberty라는 상품과 평등 equality이라는 상품을 구성되어 있다. 즉 자유 freedom의 구성을 수량 측면으로만 보면 $F=L+E$이지만 자유 liberty와 평등 equality는 모두 공짜가 아니므로 가격 측면까지 생각할 때 $Y=bL+(1-b)E$이다. 소득이 증가하면 직선 밑의 삼각형의 면적이 증가하여 자유 freedom가 증가하고 그 속에서 자유 liberty와 평등 equality가 모두 증가할 수 있다. 그러나 여기서 소득은 우리가 통상 부르는 소득은 아니다. 자유와 평등 이외에 구매해야 할 대상이 많기 때문이다.

20. 베이즈 정리에 비추어서 식 (15-11)을 해석할 차례이다. 식 (15-11)은 베이즈의 주변확률 (1-10)의 형태이다. 이제 질문은 새로운 정보가 추가될 때 주변확률이 변하듯이 새로운 정보가 추가될 때 freedom을 나타내는 Y가 어떻게 변하며 그 구성요소로서 liberty와 equality의 비율은 어떻게 변할 것인가. 이에 대한 대답은 지금까지 분석한 모든 내용을 필요로 한다. 요약하면 다음과 같다.

첫째, 자유 freedom에 대해 지불할 능력 Y이 커질수록 자유 liberty와 평등 equality는 비례적으로 증가하지 않는다(제 5 장의 평행효과 불가능성).

둘째, 동일한 자유 liberty와 평등 equality에 대하여 자유 freedom은 다른 자유 freedom를 생산하며(제 8 장의 정합방정식), 균형자유로 빠르고 매끈하게 수렴한다. 이 과정에서 가중치 b가 변하며 균형자유의 가중치로 수렴한다(제13장의 균형의 수렴성).

그러므로 현재의 자유 liberty와 평등 equality를 가지고 균형자유에 도달하지 못하는 것은 여러 가지 장애 때문이라고 생각할 수 있다. 미래의 연구과제이다.

부록 15A: 효용함수(15-9)의 할인율의 비음수 증명

개인 1의 효용함수는 다음과 같다. $U(F_1)=U(L_1)+U(E)/(1+\gamma)$. 그런데 명제 15-2에 의하면 평등 E는 자원지배에 대한 타인의 자유이다. 타인에는 다음 세대도 포함된다. 이번 세대의 대표자인 개인 1의 측면에서 보면 평등은 자원지배에 대한 자신의 자유 L_1을 제외한 자원지배에 대한 다음 세대의 자유 F_2가 평등이다. 따라서 개인 1의 효용함수는 다음과 같이 가산형으로 표현할 수 있다. $U(F_1)=U(L_1)+U(F_2)/(1+\gamma)$. 한편 다음 세대의 개인 2의 효용함수는 동일한 이치로 $U(F_2)=U(L_2)+U(F_3)/(1+\gamma)$이다. 그 다음 세대의 개인 역시 마찬가지이다. 이것을 개인 1에 대입하면 그의 효용함수는 $U(F_1)=\sum_{t=0}^{\infty}\frac{U(L_i)}{(1+\gamma)^i}$이 되는데 만일 할인율이 음수이면 개인 1의 효용은 상한이 없는 무한대가 된다.

맺는 말

정합경제이론

1. 이 책의 목표는 〈역표본 정리〉의 증명과 응용이었다. 제1편의 이론부분에서 증명을 제시하였고 제2편의 응용부분에서 응용문제를 다루었다. 〈역표본 정리〉는 하나의 개체에서 시작한다. 하나의 개체는, 그것이 사람이든, 자연이든, 사람이 만든 사물이든, 확률적 존재이며 동시에 결정적 존재이다. 모든 사물에 대하여 시간은 한쪽 방향으로 흐르고 미래는 아직 알려져 있지 않기 때문이다. 그 개체는 시간과 공간으로 정의된다. 동일한 시간 t와 동일한 공간 n의 개체를 Y_{tn}으로 정의할 수 있는데 이 정의에는 개체 고유의 요소가 포함되어 있고 주변에 의해 결정되는 요소로 구성된다. 이것이 $Y_{tn} = \widehat{Y}_{tn} + \mu_{tn}$이다. 이 개체를 정의하고 설명하는 방법은 두 가지이다. 전체론(holism)은 개체에 영향을 주는 모든 요인으로 개체를 정의하고 설명하는 것이다. 그것이 $Y_{tn} = \beta_0 + \beta_1 X_{t1} + \cdots + \beta_K X_{tK} + \varepsilon_{tn}$이다. 이에 대하여 환원주의(reductionism)는 1개 내지 2개의 요소로 개체를 정의하고 설명하려는 것이다. 이 책에서 환원주의에 의하여 개체 Y_{tn}을 2개의 확실한 요소와 1개의 불확실한 요소로 정의하였다. 그것이 기본방정식 $Y_{tn} = b_n Q_{t1} + (1 - b_n) Q_{t2} + \mu_{tn}$이다. 이것은 오캄의 면도날 원리에도 부합한다.

2. 전체론이든, 환원주의든, 개체를 수량좌표에 표현한다. 그러나 동일한 현상을 시간좌표에서도 표현할 수 있다. 수량좌표의 직선은 시간좌표에서는 곡선이 되고 역도 성립한다. 수량좌표의 평면거울은 시간좌표의 오목거울이 되며 그 역도 성립한다. 수량좌표와 시간좌표의 이러한 특성을 이용하여 내적 정합을 시도하면 기본방정식은 정합방정식으로 변환된다. 그것이 $Y_{tn+1}=\frac{1}{1+\theta_n\mu_{tn}}Y_{tn}$이다. 그러나 기본방정식에서 정합방정식으로 이행하는 내적 정합과정에서 어떠한 가정이나 조건이 추가되지 않았다. 순수한 수학적 결과이다. 다시 반복하여 강조하면 정합방정식의 중요성은 불확실한 개체 Y_{tn}은 그 자신 속에 자신과 유사한 수많은 $Y_{tn+j}(j=1,\ 2,\ \cdots,\ \infty)$을 포함하고 있다는 수학적 사실의 발견에 있다. 기본방정식의 개체 Y_{tn}가 자신을 스스로 복제하여 횡단면 표본집합을 추출할 수 있게 된 것이다. 이로서 1개의 시계열 표본이 무한개의 횡단면 표본집합을 추출한다는 〈역표본 정리〉가 증명되었다. 이 증명은 현재 거의 모든 학문에서 동시에 발견되는 무질서 현상과 자기복제 현상에 비견된다.

3. 정합방정식 $Y_{tn+1}=\frac{1}{1+\theta_n\mu_{tn}}Y_{tn}$의 의의는 1개의 시계열 표본 속에 횡단면 표본집합의 존재를 발견했다는 점인데 그 특성은 다양성과 불확실성이다. 이것은 자유주의의 다양성과 불확실성에 부합된다. 그러므로 정합방정식의 특성을 규명하는 것이 자유주의의 특성을 설명하는 지름길이다.

4. 확률에 의존하는 정합방정식 $Y_{tn+1}=\frac{1}{1+\theta_n\mu_{tn}}Y_{tn}$이 결정적인 무질서 방정식과 동일하다는 사실도 밝혀졌다. 그것은 다음과 같은 4개의 무질서 연립방정식으로 표현되었다.

$$Y_{tn+1}=\frac{\hat{Q}_{t1}\hat{Q}_{t2}Y_{tn}}{\hat{Q}_{t1}\hat{Q}_{t2}+(\hat{Q}_{t1}+\hat{Q}_{t2}+\nu_{tn}-Y_{tn})\eta_{tn}},$$

$$\hat{Y}_{tn+1}=\frac{\hat{Q}_{t1}\hat{Q}_{t2}\hat{Y}_{tn}}{\hat{Q}_{t1}\hat{Q}_{t2}+(\hat{Q}_{t1}+\hat{Q}_{t2}+\eta_{tn}-Y_{tn})\nu_{tn}},$$

$$\eta_{tn+1}=Y_{tn+1}-\hat{Y}_{tn+1},$$

$$\nu_{tn+1}=(\hat{Y}_{tn+1}-\hat{Q}_{t2})\left[1+\left(\frac{\hat{Q}_{t1}-\hat{Q}_{t2}}{\hat{Y}_{tn}-\hat{Q}_{t2}}\right)\left(\frac{\hat{Y}_{tn}-\hat{Q}_{t2}-\nu_{tn}}{\hat{Q}_{t1}\hat{Q}_{t2}}\right)\right]$$

이것은 횡단면 표본의 분포가 무질서의 특성과 자동복제 기구라는 점을 암시한다. 다양하고 불확실한 횡단면 표본집합이 무질서의 특징을 갖으며 그것이 자동복제 기구의 특징을 갖는다면 횡단면 표본의 정규분포 가정을 다시 조사하여야 할 것이다. 이것은 민주주의 투표의 속성에 심도 있는 분석을 가능하게 할 것이다. 미래의 연구 대상이다.

5. 무질서는 개체 진화의 특성이고 진화현상은 자유현상이다. 반복되는 번성과 소멸을 5개의 무질서 연립방정식의 고유치(eigen value)가 결정한다. 우리가 관심을 갖는 개체가 시장이라면 이 시장현상이 적자생존의 자연현상과 다른 점은 사람에게는 번성과 소멸에 영향을 미치는 적자생존의 이기심에 더하여 공감이 공존한다는 사실이다. 이것이 시장현상을 다른 자연현상과 다르게 만드는 특성이다. 그럼에도 불구하고 시장은 무질서의 끌개(attractor) 또는 균형(equlibrium)으로 빠르고 매끈하게 수렴한다는 사실이 밝혀졌다. 이 결론은 자유시장경제의 존재를 확인시킨다. 자유주의 시장경제는 정합방정식의 무질서 연립방정식 구조에 의해 움직이는 자생적인 질서이다. 자유주의란 무엇인가.

자유주의 시장경제[1)]

1. 자유주의라는 용어가 문헌에 처음 나타난 것은 1821년이다.[2)] 자유 liberty, 평등 equality, 박애 fraternity의 구호로 상징되는 프랑스 혁명의 아들 나폴레옹이 사망한 해이다. 자유라는 용어는 앞서 보았듯이 고대로부터 있었다. 그것이 제13장에서 설명한대로 freedom과 liberty이다. 왜 자유인가. 평등, 정의, 질서, 안전, 평화를 제치고 자유를 사회의 최우선 덕목으로 삼아야 하는 이유가 무엇인가. 이에 대한 대답이 이 책에서 이미 주어졌다고 생각한다. 정의는 자유를 실천하는 기준에 불과하다. 이 책은 정합경제이론에서 시작하여 "보이지 않는 손"의 특성을 증명하고 마침내 "자유"로 끝을 냈는데 그럴 수밖에 없는 것이 자유는 칸트에 의하면 선험적 또는 초월적인 현상이기 때문에 정합이론 아니면 증명이 불가능하다. 자유의 이러한 보이지 않는 특성으로 인류의 역사는 자유의 존재를 부정하려는 세력과 고양시키려는 세력 사이의 갈등이 되었다.

---

1) 이 부분은 윤석범, 김학은 공저, 「경제학입문」의 맺는 말을 약간 수정하여 재현한 것이다.
2) Salleron(1978), ch. 1.

2. 여기서 주목할 사실은 freedom을 발전시키는데 중요한 역할을 했던 북부유럽 가운데 스코트랜드의 자유의 역사이다. 그것은 곧 자유주의와 자본주의의 발상(發祥)의 역사이다. 스코트랜드는 지리적으로 자유 freedom을 깨달은 북부유럽의 오지에 속한다. 앞서 소개한대로 고대 스코트랜드 인들은 자유 freedom를 토론하고 의결하는 자유투표 방법을 Wappanschawing라고 불렀다. 스코트랜드 사람에게 자유 freedom는 천부적인 것이다. 이러한 전통은 스코트랜드인과 지리적으로 가까운 아이슬란드인들에게서도 볼 수 있었는데 그들은 자유투표를 하는 전국회의를 Althing이라고 불렀다. 여기에는 법원인 Logretta가 속하였다. Logretta의 의장은 3년 임기의 Logsogumadr이었는데 의장은 매년 자유인들 앞에서 Logberg라고 부르는 법의 바위 옆에서 기억력에 의존하여 법률의 3분의 1을 암송하여 동의를 구한다. 만일 자유인들이 동의하지 않으면 5명의 Logmenn이 문제를 해결한다.

3. 전국의 Althing과 지방의 Thing 회의에는 자유 freedom에 관한 다른 기능이 있었다. 이것은 자유인의 시장활동, 결혼, 가족재회 등에 관한 것이다. 그들은 자유의 자식을 사회의 자유에 받아주고 법을 어긴 사람을 추방하는 것을 결정한다. 무질서, 폭력, 분쟁은 자유세계의 위협이었다. 징벌은 추방, 자유의 박탈 등이다. 11세기 대부분의 아이슬란드인들은 태어날 때 자유인이었다. 이것은 자유인의 기본적인 권리가 되었다. 칸트의 영구평화론에 의하면 무질서, 폭력, 전쟁을 종식시킬 수 있는 유일한 방법이 개인의 이기심에 기초한 상업정신(spirits of commerce)이다.[3] 그렇다면 북부유럽의 자유 freedom은 곧 상업정신이다. 북부유럽의 이러한 freedom의 전통은 18세기 초에 스코트랜드에서 구체적인 상업정신으로 구현되고 이것이 발전하여 자유주의가 되었다.

4. 중세의 신정정치(神政政治)를 무너뜨린 사건은 유럽의 흑사병과 영국

3) "… 자연은 현명하게도 세계를 여러 국가로 나누었다. … 그러면서 한편 자연은 상호 이기심(mutual self-interest)이라는 수단으로 국가들을 하나로 합친다. 그 이유는 경제의 정신(spirit of commerce)이 조만간 모든 사람을 하나로 붙잡으며 이것은 전쟁과 병존할 수 없기 때문이다. 국가권력 하의 여러 수단 가운데 재력(financial power)이 가장 의지할 수 있는 것이므로 국가는 도덕보다는 재력에 의해서 평화를 유지할 수 있음을 깨닫게 될 것이다"(Kant, 1795).

의 뉴턴(Isaac Newton)의 만유인력의 발견이다. 흑사병에 대해 속수무책이었던 교회의 권위가 추락하면서 개인이 자각의 눈을 뜨는 것과 동시에 우주가 신(神)의 섭리에 의해서 조화롭게 운행된다는 중세의 우주관을 수학의 원리가 우주의 운행을 설명할 수 있다는 기계론적 우주관으로 대체한 것은 교회에서 파문의 대상이 되는 위험한 사상이었다. 다행스러운 것은 영국이 로마 카톨릭이 아니어서 사상의 자유가 비교적 관대하였다는 점이다. 뉴턴이 자연철학의 수학적 원리(Philosophiae Naturalis Principia Mathematica)를 발표한 지 3년인 1690년에 신학자 리차드 벤트리(Richard Bentley)는 뉴턴을 비난하였고 1734년에 철학자 조지 버클리(George Berkley)는 이단이라고 보는 정도에 그쳤다.[4)]

그러나 복음서의 기적을 믿지 않는다는 이유로 캠브리지 대학 교수가 감옥에 갔어야 했고 토마스 패인(Thomas Paine)은 성서의 진리를 부정하는 인쇄물을 출판하였다는 이유로 징역 선고를 받았다. 독일에서도 사정은 마찬가지였다. 라이마루스(Samuel Reimarus) 교수는 역사적 예수와 복음서의 예수를 구별하는 책을 썼으나 종교당국이 무서워 사후 1778년에 발표하게 하였다. 1835년 스트라우스(David Friedrich Strauss) 교수는 예수의 기적은 제자들이 만들어 낸 것이라고 주장하여 대학에서 추방되었다. 칸트 역시 종교 문제로 대학에서 거의 추방될 위기를 경험하였다.[5)] 이 점에서 뉴턴의 선배 격인 갈릴레오(Galileo Galilei)는 더 불행하였다. 뉴턴의 발견은 많은 사람에게 영향을 주었지만 그 가운데 특히 두 사람에게 영향을 주었다. 스코트랜드의 아담 스미스와 프러시아의 스코트랜드 이민 3세 임마누엘 칸트이다. 여기서는 아담 스미스의 업적만 살피기로 한다.

5. 뉴턴의 시대에 스코트랜드는 여전히 신정국가(神政國家)였고 관대하지도 않았다. 이 시절 스코트랜드는 장로교회가 엄하게 다스리고 있었다.[6)] 1696년 에딘버러대학의 신학생 토마스 에이켄해드(Thomas Aikenhead)는 친구들과 사석에서 신을 모독하는 불경스러운 언사를 발언한 죄로 사형을 당하는 사건

4) Outram(2005), p. 102. 뉴턴의 책이 라틴어로 쓰여졌고 내용이 난해한 수학으로 가득 차서 신학자의 반응에 시간이 걸렸다. 미국의 캘리포니아 버클리 대학은 조지 버클리의 이름에서 유래한다.

5) Shanks, H., *The Mystery and Meaning of the Dead Sea Scrolls*, New York: Vintage Books, 1999, pp. 61-62.

6) Herman(2001). Harvie(2002).

이 발생하였다. 철학자 데이비드 흄(David Hume)이 물에 빠졌을 때 사람들이 그가 무신론자라고 그가 요청한 도움을 거절한 유명한 일화도 같은 맥락이다.[7] 그로부터 불과 30년 밖에 지나지 않은 1729년 프란시스 허치슨(Francis Hutcheson)이 글라스고대학에서 신정정치에 도전하는 강의를 시작함으로써 스코트랜드 계몽주의의 아버지가 되었다.[8] 아담 스미스는 그의 제자이다. 스미스 주변에는 데이비드 흄, 프랜시스 허치슨, 아담 퍼거슨(Adam Ferguson), 토마스 라이드(Thomas Reid), 죤 밀라(John Millar), 로드 케임즈(Lord Kames), 윌리암 로버트슨(William Robertson), 제임스 스투어트(James Steuart) 등 기라성 같은 자유주의 사상가들이 있었다. 이때를 일컬어 스코트랜드 계몽주의(Scottish Enlightenment) 시대라고 부른다.[9] 그 중심은 글라스고대학과 에딘버러대학이다. 이들의 관심은 강력한 이웃인 영국이 우주에서 교회의 가르침을 몰아 내고 대신 수학의 원리로 대체하였듯이 사람사회에서 교리를 밀어내고 대신 무엇으로 대체할 것인가 이었다. 다시 말하면 인간의 사회제도를 어떻게 고안하고 설계할 것인가 이었다. 스미스가 도덕감정론(The Theory of Moral Sentiments, p. 316)에서 썼듯이 "인간사회는 거대하고 육중한 하나의 기계"이기 때문이다. 아담 스미스는 이 거대하고 육중한 기계의 작동원리를 시장의 원리에서 찾았다.[10] 여기서 시장(market)이라 함은 작동기구(market mechanism)로서 시장이지 구체적인 장소(marketplace)를 뜻하는 시장이 아니다. 스코트랜드 계몽주의의 특징은 그 이전의 서양 철학자들이 신의 영역과 사람의 영역으로 구분하던 2분법을 깨뜨렸다는 점이다. 스코트랜드 선각자들은 경제와 언어가 이러한 2분법에 맞지 않는다는 사실을 깨달았다. 경제와 언어는 신에 의해 창조된 것이지만 사람의 영역에 속한다. 경제와 언어는 사람과 사람을 연결시키는 접속사로서 사람이 만들지 않은 제도이다.[11] 보이지 않는 손에 의하여 그 접

---

7) Herman(2001).

8) 18세기 계몽주의는 1715년 루이 14세의 사망에서 1789년 프랑스 혁명까지 약 70년 간 지성의 시기를 말한다(Williams, D. The Enlightenment, Cambridge: Cambridge University Press, 1999). 계몽주의의 대표적인 인물은 철학자 칸트(1724-1804)이다. 칸트는 프러시아로 이민한 스코트랜드 3세이다(Bruce(2000)).

9) Robinson(1961). "스코트랜드 계몽주의(Scottish Enlightenment)"라는 용어를 처음 사용한 사람은 19세기말 아일랜드 출생의 시인 스코트(W. R. Scott)이다(Harvie, 2002).

10) Blaug(1968).

11) Houston and Knox(2001), pp. 342-343.

속이 가능하다.

17세기까지 대부분의 국가에서 개인은 자신의 운명을 스스로 결정할 수 없었다. 직업선택의 자유도 없었고 신분변화의 자유도 없었다. 농작물선택의 자유도 없었다. 1774년에 즉위하는 프랑스의 루이 16세는 성직자와 대지주를 중심으로 하는 봉건체제를 그대로 답습하였다. 속세의 일상사는 영주나 국가가 결정하였고 내세의 운명은 교회가 결정하였다. 자연과 인간에 대하여 설명(description)만 허락하였지 호기심 특히 탐구(inquiry)는 금기사항이었다.[12] 이러한 때에 아담 스미스가 보통 국부론이라고 부르는 자신의 책의 제목을 제국의 국부에 관한 본질과 원인에 대한 탐구」(An Inquiry into the Nature and Causes of the Wealth of Nations, 1776)라고 명명한 것은 전통적 교회에 대한 도전이었다.

아담 스미스를 대표로 하는 스코트랜드 자유주의는 개인의 운명은 개인 스스로가 시장에서 찾아서 결정해야 한다고 주장하였다. 교리를 몰아낸 자리에 시장의 원리를 도입한 것이다. 불과 한 세대 전이라면 이것은 교회에 대한 불경이고 체제에 도전하는 위험한 생각이었다. 이 생각은 같은 시기에 이웃 영국의 중상주의, 프랑스의 폭력적 혁명, 프러시아의 군국주의, 이들 모든 나라들을 합친 제국주의와 뚜렷하게 대비된다.[13]

6. 이것이 스미스를 비롯한 자유주의 경제학자가 출현할 당시의 분위기이다.[14] 아담 스미스는 유럽의 최빈국(最貧國)이자 약소 식민지이며 가장 변방인 스코트랜드 사람이다.[15] 근대 자유주의 경제철학이 대국인 영국도 아니고 프랑스도 아니고 이탈리아도 아닌 가장 변방의 약소국 스코트랜드에서 발아했다는 것은 비슷한 처지에 있는 국가들에게 시사하는 바가 크다. 이때는 1707년 스코트랜드가 영국에 합방이 된 후이었고 1745년 내란에서 패한 즈음이었다.[16] 영국처럼 식민지 경영으로 부국을 꿈꾸었던 적도 있었다. 그러나 그 같은 시도는 참담한 실패로 끝났다.[17] 오늘날 파나마에 다리엔(Darien) 식민지를

12) Outram(2005), p.100.
13) Harvie(2002).
14) Minowitz(1993).
15) Perelman(2000), pp. 171-228, 특히 p. 174. Houston, R. A. and W. W. Knox(2002), pp. 182-275.
16) Roberts(2002).
17) 오늘날 파나마에 다리엔(Darien) 식민지를 건설하려던 국가적 투자의 실패로 스코트랜드 화폐국부의 절반을 잃었다(Harvie, 2002; Herman, 2001). 이 식민지계획은 1694년에

건설하려던 국가적 투자의 실패로 스코트랜드 화폐국부의 절반을 잃었다(Harvie, 2002; Herman, 2001). 이 식민지계획은 1694년에 영국은행(Bank of England)을 설계하고 1695년에 스코트랜드은행(Bank of Scotland)을 설립한 패터슨(Paterson)이 수립하였다. 이 실패는 영국, 네델란드, 독일, 스페인의 비협조와 방해에 기인한다. 이 실패는 여러 해의 흉년과 겹쳐서 국가존립을 최악의 상태로 몰아갔고 결국 영국과 합방하고 말았다.

이에 스코트랜드 자유주의자들은 영국식 제국주의적 식민주의나 중상주의를 포기하고 독자적인 제도를 찾으려고 하였다.[18] 그들은 영국에 대한 패배적 열등감에서 벗어나려는 노력의 일환으로 영국과는 다른 방향에서 자연 대신 사람의 연구로 방향을 바꾸었고 자연을 "수학"으로 설명한 것처럼 사람사회를 설명하는데 "시장"을 발견한 것이다. 소수 민족인 아담 스미스의 경제철학의 유산을 이어 받은 데이비드 리카르도(DavidRicardo) 역시 소수민족이며 더욱이 국가도 없는 유태인이다. 그 역시 소수 민족이 살아가야 할 원리를 터득한 사람이다.[19] 아담 스미스는 자유주의의 실천이 시장의 영역을 넓히고 소수 민족이 자유를 얻을 수 있다는 점을 깨달은 사람이다. 아이작 뉴턴에게 만유인력이 우주의 질서인 것처럼 아담 스미스에게 시장은 사람의 질서이다. 그것은 인위적인 것이 아니고 자연적인 질서이며 소국의 사람도 대국의 사람과 함께 대등하게 살아갈 수 있는 질서이다. 이것은 리카르도가 비교우위의 원리를 발견하면서 더욱 확실해졌다.

자유를 확대하려면 시장 수단 이외에는 없다. 그것은 정부조직으로도 이루어지지 않고 종교의 교리로도 성취되지 않는다. 확대된 시장은 분업을 촉진하고 분업은 교환을 필요로 하며 교환은 마침내 화폐를 발달시키게 된다. 화폐야말로 사람을 자유롭게 만든다고 주장한 사람은 독일의 철학자 게오르그 짐멜(Georg Zimmel)이다.[20] 그러나 그는 모국에서도 인정을 받지 못하는 비운의 학자가 되고 말았다. 제자도 없어서 사상적으로 계보도 만들지 못하였다.

영국은행(Bank of England)을 설계하고 1695년에 스코트랜드은행(Bank of Scotland)을 설립한 패터슨(Paterson)이 수립하였다. 이 실패는 영국, 네델란드, 독일, 스페인의 비협조와 방해에 기인한다. 이 실패는 여러 해의 흉년과 겹쳐서 국가존립을 최악의 상태로 몰아갔고 결국 영국과 합방하고 말았다.

18) Harvie(2002), Herman(2001).

19) Friedman(1962).

20) Zimmel(1907). Frankel(1977).

그에게는 아담 스미스를 둘러싼 자유주의 철학자들이 없었다. 독일이 자유주의 영국에 대항하여 보호주의를 내세운 것은 우연이 아닌 듯하다.

같은 시대에 독일 북서부의 하노버(Hanover) 지역은 스코트랜드와 마찬가지로 조지 I세 하의 영국의 속국이었다. 하노버나 스코트랜드나 모두 작은 나라이다. 그러나 스코트랜드가 자유주의와 자본주의를 발명할 때 하노버는 쇄국과 봉건주의를 주장하여 좋은 대조를 보인다.[21] 아담 스미스와 동시대 사람인 하노버의 뫼서(J. Möser)는 격렬하게 자유주의 시장경제를 반대하였다. 자유주의 개방경제가 하노버의 전통을 무너뜨리고 실업을 발생한다는 잘못된 이유였다. 당시 작은 나라가 살아가야 하는 방법을 터득하지 못했던 것이다.

7. 작은 나라만 자유주의 시장경제를 부정한 것이 아니다. 아담 스미스와 그 동료들이 자유주의 경제철학을 주창한 후에도 오랫동안 대국인 영국은 자신의 식민지를 바탕으로 하는 중상주의 제도를 자유주의로 전환하는 것을 거부하였다.[22] 영국은 당시 세계 최강이었으므로 자신들의 식민주의·제국주의·중상주의 체제에 대해서 우월감을 갖고 새로운 체제를 고안한다는 것은 생각도 하지 않고 있었다. 식민지 스코트랜드 사람들은 영국에서 백안시 당하였다. 영국의 이러한 식민주의·제국주의·중상주의 생각은 스코트랜드 자유주의가 등장한지 약 1백년 후인 1850년대에 스코트랜드 출신의 경제학자이며 스코트랜드 계몽주의의 마지막 학자인 존 스튜어트 밀(John Stuart Mill)이 개혁을 주장하기까지 계속되었다. 그의 아버지 제임스 밀(James Mill)은 스코트랜드의 에딘버러대학에서 아담 스미스의 제자 드갈드 스튜아트(Degald Stewart)에게 자유주의를 배우고 영국으로 이주한 스코트랜드 사람이었으니 스코트랜드 자유주의는 1백년만에 밀의 부자(父子)에 의해 영국으로 수출된 셈이다.[23] 드갈드 스튜어트의 제자 가운데에는 영국의 위그당(자유당)을 설립하고 수상이 된 파마스톤도 있었다. 밀의 부자가 영국의 대표적 공리주의자(utilitarian)인 벤담(J. Bentham)과 만난 것은 스코트랜드 자유주의 경제철학의 지평을 더 한층 확대하는 계기가 되었다. 영국은 19세기 중엽에야 비로소 사기업제도를 그 우수

---

21) Muller(2002), pp. 84-103.

22) Herman(2001). Viner(1949). Perelman(2000), pp. 175-179.

23) 제임스 밀이 자기 아들의 이름을 스투아트라고 지은 것은 자신의 스승 드갈드 스투아트를 존경하였기 때문이다.

성 때문에 널리 받아드리게 되었고 자연상태의 자유(natural liberty)의 개념이 서서히 퍼져갔다. 당시 자유주의 경제학자들은 정부에 대해서 되도록 개인의 행동을 간섭하지 말 것을 요구하였다. 맬더스(Thomas Malthus)는 평등을 반대하였고 리카르도는 로버트 오웬(Robert Owen)의 평등사회 실험을 비웃었다.[24] 그럼에도 불구하고 영국의 자유주의는 사실상 실패이었다. 영국 자유시장의 전반적인 쇠퇴는 19세기 자유방임 이상주의자들이 정부의 시장 간섭에 과도하게 비판을 했기 때문이고 그 결과는 역설적으로 자유시장의 붕괴와 복지국가의 발생이었다.[25] 이로 말미암아 점점 증폭되는 사회적 갈등 때문에 존 스튜어트 밀은 사기업제도와 사회주의 사이에서 혼란을 느끼고 있었다. 심지어 제본스(Stanley Jevons), 마샬(Alfredo Marshall), 케인즈(John Neville Keynes, Maynard의 아버지) 등도 독점, 외부경제 등의 이유로 자유시장제도에 대해서 약간 유보적인 태도를 보이고 있었다.[26] 이러한 전통은 지금까지 내려오고 있다. 불완전 경쟁, 외부효과 등은 지금도 새 케인즈 학파가 가격경직성의 원인으로 꼽으며 그로 인해 파생되는 장기적인 문제를 단기에서 해결하려는 정부의 간섭을 두둔하고 있는 배경이 그것이다. "장기에서 우리는 모두 죽는다"라는 케인즈의 말은 이를 잘 표현한 명언이다. 이 명언은 단기의 중요성을 강조한 것이지만 그 중요성을 너무 절박하게 표현함으로써 장기적인 시야에 대해서는 아무 것도 제시하지 못하고 있음을 드러내었다. 이와 대조적으로 스코트랜드 자유주의자들은 단기에 치르는 희생이 장기에 이득을 가져온다고 믿었다.[27] 스코트랜드의 경제사상은 고전학파의 철학이 되었고, 영국의 경제사상은 케인즈 학파의 골격이 되었다.[28]

8. 그러나 영국의 초기 자유주의자들의 이 같은 애매한 태도는 한계생산이론의 발전으로 전환점을 맞는다. 이 이론은 분배문제를 설명하는데 결정적인 기여를 했을 뿐만 아니라 자유주의에 대한 확신이 바로 서는데 큰 공헌을 하였다. 그러나 그 도가 지나쳐서 당시 분배이론을 완성한 클라크(J. B. Clark)

---

24) Stigler(1982).
25) Viner(1960).
26) Stigler(1962).
27) Herman(2001), p. 50. Blaug(1968).
28) Perelman(2000), p. 128, p. 175.

는 한 걸음 더 나아가서 한계생산에 의해서 분배가 이루어지는 것이 정의롭고 윤리적이라고 선언하기에 이르렀다.

그러나 프랑크 나이트(Frank Knight, 1923)는 시장경제의 경쟁제도가 정의롭고 윤리적이라는 주장에 대해서 반어법으로 반박하고 있다. 첫째, 모든 경제제도는 나름대로 사람들의 선호를 형성하는데 역할을 하므로 스스로 그 제도가 좋다고 옹호할 수 없다. 둘째, 경쟁제도는 현재 완전하게 효율적이지 못하다. 셋째, 경쟁제도의 결정적인 단점은 분배가 노력이나 능력보다 유산이나 운에 의해서 결정된다. 넷째, 경쟁제도에서 각자 출발점이 다르기 때문에 공정하지 못하다. 한 마디로 경제제도를 정의와 윤리의 측면에서 옹호하는 태도를 경계하고 있다.[29] 경쟁제도는 현재 시장제도가 자원을 배분하는데 있어서 얼마나 불완전 경쟁인가를 알기 위해서 내세운 준거에 불과하다. 그리고 무엇보다 자유를 신장할 수 있는 최상의 수단이다. 존 스튜어트 밀은 경쟁제도의 최대의 가치는 자유의 보장이라고 기록하고 있다.[30] 여기에는 윤리적인 판단이 개입할 이유도 없고 정의관으로 옹호할 필요도 없다. 이것이 나이트의 요점이다. 나이트의 제자인 스티글러(G. Stigler, 1982)는 어떤 윤리관이 사회적 가치와 충돌하면 그 윤리관을 버리라고 주장하면서 경쟁제도의 개념보다 효율을 더 강조한다. 따라서 경우에 따라 독점이 더 효율적이라면 그를 반대하지 않는다. 그러나 효율은 대부분 경쟁제도 하에서 제고된다. 이래서 경쟁제도를 옹호한다. 불완전 경쟁을 측정하기 위해 내세운 경쟁의 조건을 현실에서 실현시키려는 노력이 20세기 경제학자의 몫이 되었다.

9. 가격신축성이 구현되는 시장경제의 경쟁조건은 흔히 다섯 가지로 꼽는다. 첫째, 하나의 제품이 세분될 수 있어야 한다. 둘째, 수요자와 공급자가 무수히 많아서 어떠한 개인의 의사결정이 다른 사람에게 영향을 주어서는 안된다. 셋째, 시장참여자에게 관련 정보가 동일한 정도로 배분되어야 한다. 넷째, 시장에 진입과 퇴출이 자유로워야 한다. 다섯째, 제품이 동질적이어야 한다. 다섯 조건이 갖추어진 경쟁시장이 소중한 것은 파레토 효율(Pareto efficiency)을 달성할 수 있기 때문이다.

---

29) Knight, F., *The Ethics of Competition*, Stigler(1982)에서 재인용.
30) Stigler(1982).

경쟁시장의 다섯 가지 조건은 100여 년 전만 해도 결코 현실에서 달성될 수 없는 비현실적인 것들로 보였다. 그래서 경제학은 비현실적인 학문으로 매도되기도 하였다. 케언즈(J. E. Cairnes)는 철로를 설명할 수 있는 기계역학에 비하면 철도산업도 제대로 설명할 수 없는 경제학이라고 냉소적이었다.[31] 20세기 초만 하더라도 경쟁의 의미를 이해한 경제학자는 별로 많지 않았다. 독점적 경쟁이나 불완전경쟁이라는 용어도 1890년에는 없었다. 경쟁은 무자비한 삶의 경쟁 정도로 인식되었다.

경쟁을 최적의 가격을 찾아가는 과정으로 이해하고 그에 따라 자원이 가장 효율적으로 배분되어 간다는 사실을 발견한 것은 빌프레토 파레토(Vilfredo Pareto) 이래의 20세기 초였다. 그러나 역사적으로 보면 자유무역과 보호무역의 논쟁과 그의 반복적인 시행은 계속되어 왔다.[32]

그러나 경쟁에 대한 이해는 역설적으로 1930년대에서 1960년대에 이르기까지 시카고 대학, 하버드 대학, 캠브리지 대학 사이에 독점적 경쟁에 대한 첨예한 논쟁에서 그 의미가 확실해지고 이해도가 깊어졌다. 1970년대에 이르러서 시카고 대학의 주장에 가세하는 학자들이 많아지면서 이론적으로 실증적으로 힘을 얻게 되었고 마침내 법적으로 행정적으로 현실에서 경쟁의 다섯 가지 조건을 실현시키려고 노력하게 되었다.[33] 1980년대 준비기간을 거쳐 마침내 오늘의 모습을 드러내게 되었다. 정부의 화폐정책과 재정정책에서 준칙을 강제하려는 시카고 학파의 노력은 1980년대 레이건 행정부가 수정헌법으로 실현시키려는 시도로 나타났을 때 절정에 섰다.

이론적으로 실증적으로 경쟁의 우월성을 확신하는 것과 거의 때를 맞추어 전통적으로 불완전 경쟁 하에 운영해 오던 미국 경제가 어려움에 휩싸이게 되었고 이것을 계기로 1980년대의 미국 경제의 탈바꿈은 자유주의 시장경제 철학의 뒷받침 하에 이루어졌다.[34] 이어서 1990년대에 국제무역의 지각변동도 자유주의 경제의 뒷받침으로 추진되었다. 같은 시기에 유럽이 하나의 경제권으로 통합되고 단일 화폐를 사용한 배경도 이와 동일하다. 앞서 개방경제이론에서 등장한 먼델(Robert Mundell)은 유럽통합의 아버지라고 불리는데 그 역시

31) Stigler(1982).
32) Bairoch(1993). Taylor(1993).
33) Stigler(1988). Schulze(1996). Stein(1996).
34) Greider(1985).

고전학파의 전통을 계승한 미국의 학자로서 유럽에서 시작한 자유주의를 거꾸로 유럽통합에 이론적으로 기여하였다. 유럽통합은 상품과 자본 및 노동의 경쟁시장의 영역을 획기적으로 확대한 사건이다.

10. 이처럼 스코트랜드에서 시작한 자유주의는 2백여 년 만에 미국을 통하여 전 세계로 파급되어 가는 계기를 마련하게 되었다. 이 변화는 경쟁의 다섯 가지 조건의 실현에서 관찰할 수 있다.

첫째 조건의 실현이 눈에 띠는 분야는 이 책의 주제가 된 금융부문이다. 돈이 이미 1원 이하의 단위까지 세분된 분야답게 이 분야의 발전은 괄목할 만하다. 요즈음 등장한 부동산투자신탁(reits) 상품은 적은 자금으로 살 수 없었던 부동산을 세분하여 구매할 수 있는 제도이다. 상호기금(mutual funds)은 이 방면의 고전적인 형태이다. 수익증권, 자산유동화증권은 말할 필요도 없다. 항공회사의 비행기는 쪼개서 팔 수 없지만 그 회사의 주식을 사면 쪼개서 사는 셈이다. 금융의 발달은 모든 상품을 세분할 수 있다. 적은 자금으로 상품을 살 수 있으므로 그렇지 않은 경우와 비교하면 효율을 증진시킨다.

상품의 세분화는 자본주의의 단점인 소득분배를 금융시장을 통해 개선할 수 있는 중요한 단서를 제공하고 있다. 적은 돈으로 수익이 높은 부동산이나 주식을 살 수 없었던 많은 사람들을 세분화를 통해서 이 시장에 참여할 수 있는 것은 진입의 자유라는 넷째 조건도 달성하게 하면서 새로운 소득원천을 창출해 주는 역할을 한다. 이것이 금융시장에서 파레토 소득배분(Pareto income sharing)이다. 경쟁에서 소득이 노력이나 능력보다 유산이나 운에 의해 결정된다는 나이트의 반어법은 경쟁이 소득분배를 제자리 잡아줄 수 있도록 하는 것은 세분의 조건의 실천에 달려 있다는 것으로 발전하였다.

상품의 세분화 기술은 위험의 배분 역할도 한다. 전통적으로 자원배분에만 관심이 있었던 20세기 경제학은 위험배분이라는 분야의 지평을 열어 놓고 있다. 옵션과 선물은 이런 면에서 그 중요성을 더해 간다. 사회가 위험에 방치되는 것을 막아주는 것이 바로 상품의 세분화이고 이를 통해 효율이 제고된다. 현실에서 자산시장은 불완전하며 이러한 특성이 화폐를 비중립으로 만든다. 그러나 옵션은 이론적으로 자산시장을 완전하게 만드는 잠재력을 갖고 있으므로 옵션의 활용은 중립화폐의 실현을 약속한다. 옵션시장의 규모는 이미

뉴욕 주식시장의 규모를 능가하였고 위험은 전보다 감소하였다.[35)]

자원의 배분에서 위험의 배분으로 관심의 방향 전환은 전보다 투자를 더 깊이 이해할 수 있게 만들었다. 현대 경제 운용의 핵심은 수확체감 법칙을 극복하는 투자와 기술진보이다. 계속적인 수익률 향상을 도모하여 이자율을 능가하기 위해서는 기술진보와 투자에 개혁의 핵심을 두어야 한다.[36)] 이렇게 볼 때 개혁의 중심에 금융이 자리잡고 있다는 것을 쉽게 이해할 수 있다. 금융시장의 완비가 자유화-국제화의 필수요건이다.[37)] 금융시장의 완비의 방향은 중립화폐에 두고 있다.

주식할증 수수께끼(equity premium puzzle)라고 알려진 현상은 현재 진행 중인 금융시장 경쟁상태를 잘 대변할 것이다. 메라와 프레스콧(Mehra and Prescott, 1985)은 1931-1984년 기간의 미국자료를 이용하여 주식수익률이 이론적 수치보다 높다는 사실을 밝혀냈다. 그러나 1950년대 이후 주식수익률은 하락하고 있다. 이에 대해서는 논쟁 중이다. 논쟁 가운데 하나가 독점적 주식시장이 경쟁적으로 변해 왔다는 주장이다. 주식가격이론은 주식시장이 경쟁적이라는 가정 하에 성립하는데 주식시장이 경쟁적일수록 이 수수께끼는 해명될 기미가 보이는 것은 현실을 경쟁적 자유시장 경제이론에 맞게 개선해 나간다는 것을 시사할 것이다. 이와 관련하여 1987년 뉴욕증권시장 대폭락의 낙차는 1929년의 낙차보다 컸지만 1주일만에 회복하였다. 옵션가격결정공식을 발견한 사람 가운데 하나인 멀톤(Merton, 1999)은 1973년 옵션시장의 개장이래 주식시장의 위험은 감소되었다고 주장한다. 시장의 가격기능은 향상되어 가고 있다는 증거이다.

거시증권과 중립국채의 발명 역시 금융시장의 제도가 노동시장의 신축성을 가져올 수 있음을 보여주는 좋은 예이다. 거시증권과 중립국채의 출현은 임금을 신축적으로 만들면서 고용을 유지하는 가능성을 약속하는 만큼 거시증권과 중립국채가 출현할 수 있는 금융시장의 경쟁상태가 노동시장의 경쟁상태에 영향을 줄 수 있음을 보여준다.

둘째 조건은 국내적으로는 자유교역을 염두에 두고 있다. 이 조건이 품고

---

35) Merton(1999).

36) Como Commission(1992).

37) Dornbusch(1993). Dore(2000).

있는 의미는 대단히 큰데 그것은 다름 아닌 경쟁이 사람을 자유롭게 한다는 것이다. 경제적으로 사람이 자유로울 수 있는 방법은 자원의 지배권을 나 아닌 다른 사람이 독점하지 않는다는 것이다. 독점은 많은 경우에 그 유지비용이 자원배분을 왜곡시켜 효율성을 떨어뜨린다. 이 조건은 독점을 억제하는 조건으로 경쟁에 필수적이다. 전통적으로 독점으로 인정할 수밖에 없었던 분야도 새로운 분석의 발전으로 경쟁의 영역으로 끌어들이고 있다. 공중파의 경매,[38] 환경,[39] 의료보험의 시장화,[40] 사회보장의 시장화[41] 등이 대표적인 예이다. 이 조건을 국제적으로 확장할 때 이 조건은 자유무역의 명분이 된다. 역사적으로 보면 자유무역과 보호무역의 논쟁은 계속되어 왔지만 현대에 이르러 자유주의는 점점 확대될 전망이다. 그 이유는 역설적으로 현재 국가 간 충분히 만족할 만한 자유경쟁이 이루어지지 않고 있기 때문이다. 현재의 국제무역은 수출하기 위해 수입하는 구조이다. 세계의 구석구석을 휩쓸어도 현재의 불완전 경쟁체제 하에서 이득은 크지 않다. 효율을 증가시키려는 국가 간 시장경쟁이 불가피하다.[42]

셋째 조건은 정보의 투명성이다. 예상하지 않은 정책은 정부와 민간 사이의 정보의 비대칭 현상을 일으키는 대표적인 예가 된다. 예상한 정책을 하기 위해서는 중앙은행이 독립되어야 하고 균형예산을 집행하여야 한다. 이러한 요구는 조만간 성취될 것이다. 국가 간 정보의 비대칭 현상을 피하기 위해서 자유무역은 투명성을 요구한다. 국가 간 투명성은 국가 간 조약의 유효성에도 영향을 미친다. 그 이유 가운데 하나는 모든 자유무역 조약은 기업의 지배구조에 대하여 강제하고 있는데 그 이유가 자유주의에서 기회주의적 보호주의(opportunistic protectionism)로 회귀하는 것을 방지하기 위함이다.[43]

국가 간 조약은 국내의 투명성에 영향을 미친다. 한 사회의 근간은 회계사와 법률가이다. 이들 시장이 폐쇄된 사회는 셋째 조건을 만들 수 없다. 법률가 시장에 두터운 인위적인 진입장애가 있는 한 투명성을 기대할 수 없다.

38) McAfee and McMillan(1996).
39) Viscusi(1996).
40) Newhouse(1996).
41) Gramlich(1996). Diamond(1996).
42) Krugman(1998).
43) Yarbrough and Yarbrough(1992).

분식회계를 효과적으로 대처하는 방법은 회계사 시장을 자유롭게 개방하여 경쟁으로 유도하는 일이다. 금융시장도 발달하여야 한다. 분식회계는 정부의 법률로도 막기 어려운데 금융시장에서 정보의 완전경쟁이 이를 막아준다. 법률 및 회계 등 서비스시장과 금융시장의 개방 없는 자유주의가 실패할 수 있는 것은 이 때문이다.[44]

국가 간 조약의 투명성은 정치제도가 경제제도와 분리되어 있다는 종전 사고방식에 타격을 주고 있다. 정치제도가 경제제도를 지배하는 종전의 운용 방식은 세계무역기구나 우루과이 라운드 또는 지역경제통합 과정에서 이미 용납되지 않고 있다.

넷째 조건인 진입과 퇴출의 자유가 눈에 띠게 허용된 분야가 항공산업과 금융산업이다. 오늘날 많은 사람이 싼값으로 여행할 수 있는 것은 이 덕택이다. 1970년대 보스턴의 소규모 저축회사가 은행이 할 수 있는 업무를 자신은 할 수 없는 규제를 위헌소송으로 철폐시키면서 금융산업은 커다란 전기를 맞게 되었다. 그 밖에 육상운송, 철도운송, 전신전화, 유선방송, 석유, 천연가스, 전기, 중개업 등은 탈규제 이후 소비자 후생을 증가시키고 있다.[45]

진입을 인위적으로 방해하는 모든 것을 철폐하여야 한다. 심지어 인허가 제도, 면허제도까지 없애야 한다는 주장이 나올 정도이다. 여기에서 규제철폐의 근거를 찾을 수 있다. 규제란 특정한 이익집단이 다른 사람의 비용으로 자신의 이익을 창출하기 위하여 정부와 결탁하여 얻어낸 결과물로 보는 포획설(capture theory)이 설득력을 얻는다.[46] 다시 말하면 규제는 정부가 만들어내는 상품으로 정부는 규제의 공급자이고 이것을 가장 비싼 가격을 부르는 수요자에게 파는 경제적 시장을 형성한다. 규제를 산 수요자는 해당 시장에서 독점자가 되므로 효율성을 저해한다. 규제의 철폐는 시장에 대한 정부의 영향력을 줄인다.[47]

다섯째 조건은 상품 사이의 대체성의 증가를 말하는데 대체성의 증가는 곧 가격의 하락을 의미하므로 소비자 후생이 향상된다.[48] 시장규모가 넓어지

---

44) Dornbusch(1993).
45) Winston(1993), Joskow(1997).
46) Stigler(1988).
47) Krueger(1993).
48) Benassy(1991), Sutton(1989).

면서 상품의 표준화의 속도는 빨라지고 있으며 표준화는 상품의 동질성을 높이고 동질성은 상품 사이에 경쟁성 또는 대체성을 높인다. 대체성의 상승은 모든 산업에서 활발하다. 상품 사이의 대체성의 증가는 곧 가격신축성을 의미한다.

11. 이상의 경쟁시장의 다섯 가지 조건을 실현시키면 가격은 신축적으로 되며 시장의 영역이 확대되는 것은 불문가지이다. 교과서에 머물렀던 이상적인 조건을 교과서 밖으로 끌어내는 노력이 진행 중이다. 시장의 영역이 커진다는 것은 가격의 신축성은 높아지고 정책이 무력해진다는 것을 뜻한다. 자연히 정부의 역할은 축소된다. 정부역할의 축소의 핵심은 정부 재량권을 줄이는 것이다. 대신 정부는 준칙을 따르는 일이다. 정부의 역할은 세 가지로 간결하게 요청된다. 낮은 조세율과 작은 예산, 사기업정신의 고취, 자원배분의 시장경쟁 도입이 그것이다.[49] 이것이 현행 제도에 머무르지 않고 경쟁시장 제도를 고안하는 스코트랜드 자유주의의 전통이다.

12. 그러나 정부는 경제의 속성이 불안정하다는 빌미로 정부의 재량권을 확대하는 유혹에 빠지기 쉽다. 외국의 법제를 모방한다 하지만 예외조항이 많고 핵심을 빠뜨리면 아무 소용이 없게 된다.[50] 1980년대 미국의 경제규제를 개혁하려는 노력에서 한 가지 일관된 원칙을 발견할 수 있는데 그것이 바로 정부의 재량을 줄이고 준칙에 따르게 법제를 바꾼 것이다.[51] 마찬가지로 정부의 재량을 줄이고 규칙을 늘인 또 하나의 분야가 1991년의 예금자보험제도개선 법률이다.[52]

1980년대에 남미 국가들은 자유주의 시장경제를 받아들였고 그 결과 성공을 거두고 있다.[53] 그러나 무엇보다도 세계적인 자유주의 물결을 과감히 수용하여 개인의 선호와 경제적 동기를 존중하여 경제제도와 정치제도를 개선하여 성공한 대표적인 국가를 꼽는다면 그것은 뉴질랜드이다, 다음은 이에 대한 뷰캐넌(J. Buchanan)의 글의 인용이다.[54]

---

49) Dore(2000).
50) Freiden(1991). Lustic(1992).
51) Viscusi(1996).
52) Benston, G. and G. Kaufman(1997).
53) Freiden(1991). Lustic(1992). Taylor(1993).
54) Buchanan(1996).

"20세기 중반 뉴질랜드 지도자들은 영국의 사적 권리보호를 위한 관습법이 대중의회민주주의라고 표현되는 기본적인 제도 패턴 내에서 경제발전을 위한 '혼합 중상주의' 프로그램을 선택하였다. 국내산업은 관세와 쿼터에 의해 외국과의 경쟁에서 보호되었다. 어떤 산업은 조세수입에서 직접적으로 보조금이 주어졌다. 일부 시장은 진입과 퇴출에 대한 법적으로 강제된 제약에 의해서 카르텔화가 되었다. 경제의 모든 영역은 공기업이라는 조직을 통해 정치화(政治化)되었다. 이들 기업과 다른 영역에서 생기는 적자는 중앙은행이 발행하는 화폐로 확보된 정부자금에 의해 처리되었다. 정부예산은 선정된 목표에 자원을 재분배하기 위한 수단으로 사용되었다. 1990년대 경제적인 복잡 미묘함에서 우리는 정부 개입의 결과가 예측될 수 있음을 안다. 뉴질랜드 경제는 저조하고 때로는 마이너스 성장을 보이면서 경기가 침체하였다. 실업은 증가하여 계속 높은 수준에 머물고 국내화폐에 대한 환율은 강세를 보이며 예산의 적자는 가중되고 이로 인해 물가가 치솟았다".

"1980년대 초반기에 뉴질랜드 경제상황은 정당의 합당과는 무관하게 대부분의 뉴질랜드 사람들에게는 바람직하지 않을 것으로 인식되었다. 무엇이 행해질 수 있겠는가. 이 시점에서 당시 노동당 정부의 재무부 장관이었던 로저 다그라스(Roger Douglas)는 성격상 헌법적이며 이미 입증된 경제학의 원리에 일치하는 일련의 개혁을 실천하는데 앞장을 섰다. 관세와 쿼터를 줄이거나 없애고 공기업을 매각하여 비정치화 또는 민영화 시켰다. 시장의 국내 카르텔은 감소하였으며 규제된 가격은 시장수준으로 회복하도록 허용되었으며 자본시장에 대한 통제는 사라졌다. 정부 예산을 맞추고 국내총생산에 대한 정부의 지출은 감소되었으며 중앙은행은 화폐의 안정성을 유지하기 위한 동기를 제공하는 규칙들에 의해 제약되었다. 다시 말해 현대 경제학자의 관점에서는 총생산이 증가하고 실업이 줄고 투자가 증가하고 환율이 안정되며 물가상승이 사라지는 것과 같은 결과는 충분히 예상될 수 있었을 것이다. 이 같은 개혁은 지난 10년 동안 계속되었으며 이것은 1996년의 뉴질랜드를 세계의 많은 국가들의 부러움의 대상으로 만들었다."

요약하면 뉴질랜드는 영국의 중상주의 원리에서 벗어나 자유주의 경제학의 원리에 기초한 경쟁시장으로 대전환을 시도하고, 그 결과 가격신축성을 확보하자 물가상승이 없고 경기변동이 없는 성장을 이룰 수 있었다는 줄거리이다. 고전학파가 주장하던 바이다.

13. 이렇게 볼 때 스미스이래 자유주의 시장경제가 현실에서 제 모습을 온전하게 드러낸 것은 불과 10~20년 전에 불과하다고 평가할 수 있다. 소국이었던 스코트랜드의 자유주의가 어떻게 세계의 대세가 되었는가. 그 경로는 순탄하지 않았다. 세 개의 경로를 거쳤다. 첫째, 앞서 언급한대로 밀 부자의 자유주의 사상이 벤담의 공리주의와 만나서 영국의 대표적인 자유주의가 되는 경로이고, 둘째, 오스트리아를 통해 미국으로 전파되는 경로이며, 셋째, 스코트랜드에서 직접 미국으로 전파한 경로이다.

영국 경로는 앞서 언급한대로 사실상 실패로 끝났지만 오스트리아의 경우와 직접이식의 경우는 대성공이었다. 스코트랜드 자유주의는 20세기 끝에 와서 화려한 꽃을 피우기 전에 19세기 말과 20세기 초에 좌절을 맛보게 된다. 19세기 말은 「자본론」을 앞세운 마르크스주의가 크게 성행하던 시기였고 이에 대항하는 자본주의 경제철학과 이론은 미약하기 짝이 없었다. 뵘바베르크(E. Böhm-Bawerk, 1889)의 「자본론」으로 간신히 버티는 정도였다(책의 정확한 제목은 참고문헌을 참조). 뵘바베르크의 이자발생근거는 70여 년이 지나서야 사무엘슨(Samuelson, 1958)이 이자발생의 순수근거를 제시함으로써 완성하지만 마르크스의 「자본론」이 던진 충격은 컸다. 그러나 마르크스의 사상이 19세기말을 휩쓸기 전에 영국의 경제철학은 밀 부자의 스코트랜드 자유주의와 벤담의 공리주의에 영향을 받은 경제사상이 되었다. "공리주의"라는 용어는 스코트랜드의 작가 존 갈트(John Galt)가 처음 사용했으며[55] "최대 다수의 최대 행복"이라는 문구를 최초로 기록한 사람 역시 스코트랜드의 허치슨 교수이다.[56] 처음 이 사상은 중상주의 영국 사회에 큰 영향을 주었을 뿐만 아니라 신생 미국 사회에도 큰 영향을 미쳤고 마르크스 이후에 영국에서 마르크스 사상에 대항하는 거의 유일의 자유주의 사상이 되었다. 19세기를 영국 자유주의의 전파 시기라고 기록한다. 많은 경제학자들은 20세기보다 19세기에 세계화 정도가 더했다고 주장하고 있으며 통계가 이 사실을 뒷받침하고 있다.[57] 그럼에도 불구하고 19세기 중엽부터 영국의 경제정책은 제국주의 식민지 경영을 기초로 하는 중

55) Mill(1848), Harvie(2002).
56) Harvie(2002).
57) Streeten(2001). Taylor, J., *From Sarajevo to Potsdam.*

상주의에서 벗어나지 못했고 영국제도를 모방하려는 후발 국가들로 19세기는 식민주의 · 제국주의 · 중상주의의 세기가 되었다. 자유주의는 자신의 시대를 더 기다려야 했다. 20세기 초에 멩거의 제자인 비저(F. von Wieser)와 뵘바베르크의 제자인 미제스(L. von Mises)는 스코트랜드의 고전적 자유주의의 중요성을 부활하는데 앞장 선다. 스미스의 자연가격(natural price)의 존재를 처음 증명한 사람이 비저이다. 다시 말하면 스코트랜드 자유주의를 당시 대국이었던 영국이 인수를 거부하고 주저하는 때에 오스트리아가 인계한 셈이다.

오스트리아와 프러시아 사이의 관계는 규모는 다르지만 스코트랜드와 영국 사이의 관계와 흡사하다. 오스트리아의 멩거는 프러시아의 슈몰러를 강하게 의식하였고 뵘바베르크는 프러시아를 경계하였다. 비엔나학파는 흄과 밀의 영향을 받았다.[58] 이렇게 하여 자유주의의 주체는 소국 스코트랜드에서 대국 오스트리아로 바뀌었다. 미제스는 상무성의 일개 공무원의 신분으로 자유주의의 선봉에 서서 정부의 시장개입을 적극 반대하였다는 사실은 진기하다. 그의 사무실에서 소수의 인원으로 시작한 자유주의에 대한 세미나는 그 후 꺼져 갈 것 같던 자유주의의 불씨가 되었다. 그의 제자 가운데 하나인 하이엑크(F. von Hayek)가 마침내 자유주의를 미국 시카고대학으로 수출하는데 큰 역할을 한다.

하이에크의 자유주의는 1920년대 초 독일의 경제 파탄에서 태어났다. 1차 대전에서 패배한 독일은 패전의 배상금으로 회복할 수 없는 지경이 되었다. 1923년 10월에서 1924년 1월까지 독일의 물가상승은 인류 역사상 비할 바 없는 기록이 되었다. 그럼에도 불구하고 하이엑크는 이러한 위기에서 정부의 시장개입이 아무 소용없게 되는 조건을 찾아낸 명저를 남겼다.[59] 그 이전에 스웨덴의 경제학자 빅셀(K. Wicksell)이 희미하게 발견한 중립화폐의 개념[60]과 비저의 자연가격의 개념을 영미권에 소개한 사람이 바로 하이엑크이다. 중립화폐의 계보는 스코트랜드학파, 스웨덴학파, 오스트리아학파로 이어진다. 스코트랜드학파의 로우(J. Law), 흄(D. Hume, 1752), 제임스 밀(J. Mill 1821), 존 스투어트 밀(J. S. Mill, 1833)로 계승된 초기 중립화폐관은 중립화폐라는 용어를 최

58) Schumpeter(1954). Blaug(1968). 김준섭(1960).
59) Hayek(1935). Hayek(1933).
60) Wicksell(1898), p. 102.

초로 사용한 스웨덴의 빅셀(Wicksell, 1898)에 이르러 제 1 차 대전 이전에 일단 정리된다. 빅셀의 중립화폐는 같은 시대에 오스트리아 학파의 멩거(C. Menger 1891)에 영향을 주어 헬퍼리히(Helfferich, 1903), 폰 미제스(von Mises, 1912)를 거쳐 하이엑크(Hayek, 1935)로 이어진다. 제 2 차 대전 이후에 하이엑크는 중립화폐를 영미권에 소개하여 시카고학파를 형성하는데 크게 영향을 미쳤다.[61]

빅셀은 존 수투어트 밀과 아담 스미스를 스웨덴에 소개하는데 중요한 역할을 하였고 특히 존 수투어트 밀에게 심취하였다.[62] 빅셀은 입센(H. Ibsen)과 뵈른손(Bjorson)의 영향으로 여성주의자가 되어 존 수투어트 밀을 읽기 시작하였다. 한때 종교와 교회를 믿었던 그는 이제 이성(reason)과 과학(science)을 신봉하는 사람으로 변모하였다. 결국 그는 자유 사상가가 되어 편견과 싸우게 된다. 이런 점에서 밀이 빅셀과 그의 친구들에게 미친 영향은 매우 컸다. 특히 합리성과 자유에 대한 밀의 사상을 흠모하였다. 빅셀은 친구 할말 외발(Hjalmar Ohrvall)이 밀의 자유론(On Liberty)을 스웨덴 말로 번역하는 것을 적극 도왔으며 그에 대한 비평문을 썼다. 후일 그는 밀의 자유론이 1880년대의 세대에게 교과서가 되었다고 술회하였다. 1909년 빅셀은 성경에 대하여 외설적인 농담을 한 혐의로 2개월 감옥에서 지냈는데 이 기간에 그는 말사스(T. Malthus)를 연구하였고 그의 친구가 아담 스미스(A. Smith)를 스웨덴어로 번역하는 일을 도왔다. 빅셀은 독일 경제학을 잘 알고 있음에도 좋아하지 않아서 막스 베버(Max Weber)나 뒤르크하임(Durkheim)을 인용하지 않았다. 빅셀은 드디어 스코트랜드 계몽주의자의 정신적인 후손이 된 것이다. 빅셀의 경제사상은 한 마디로 사람은 사회적 동물이므로 "완전한" 사회를 위하여 그 법칙을 이해하여야 한다는 믿음이다.[63] 이 믿음의 형상화가 화폐의 중립관과 자본의 빅셀 효과이다. 하이에크는 빅셀의 중립화폐 개념을 비저와 미제스에게서 배웠고[64] 미제스는 오스트리아 학파의 창시자인 멩거(C. Menger)에게서 배웠다.[65] 자연가격이 존재한다는 사실은 자연상태에서 가격현상이 신축적이라는 점을 강력

61) Koopmans 1933, Patinkin 1989.

62) Swedberg(2002).

63) Swedberg, R., "Knut Wicksell as a Classic and a Social Thinker," in Lim, H., U. K. Park, and G. Harcourt, *Editing Economics: Essays in Honor of Mark Perlman*, Routledge, 2002, pp. 133-146.

64) von Mises(1912).

65) 중립화폐의 계보는 스코트란드학파, 스웨덴학파, 오스트리아학파에서 찾아진다. 스코트

히 시사한다. 빅셀은 화폐정책의 최종 목표를 화폐의 중립의 실현에 두고 있었던 만큼 미제스와 하이엑크 역시 그러하다. 자연상태의 '조건'을 현실에서 실현할 수 있다면 중립화폐는 가능하다. 정부개입을 반대하는 화폐중립관은 파탄에 빠진 경제위기에서 태어난 것이다. 원시적인 화폐중립관의 싹은 이미 스코트랜드 자유주의자인 흄, 제임스 밀, 존 수투어트 밀에서 발견되며 자연가격은 스미스에서 발견된다.[66] 특히 제임스 밀은 단기와 장기에서 모두 중립이라고 주장하였고,[67] 존 수투어트 밀은 상대가격의 혼동과 예상되지 않는 화폐량을 언급하고 있다. 자연가격, 상대가격 혼동, 예상되지 않는 화폐는 마치 오늘날 새 고전학파의 주장을 연상하는 듯 하다.

14. 오스트리아에서만 자유주의가 위기에서 싹이 튼 것이 아니었다. 1930년대는 미증유의 경제공황의 시기이다. 유럽은 히틀러와 무솔리니 그리고 프랑코의 파시즘, 아시아는 일본의 파시즘의 수중에 들어갔다. 많은 지식인들이 자본주의가 끝났다고 생각하고 사회주의와 공산주의에서 대안을 찾으려고 하였다. 미국도 예외는 아니어서 공산주의가 크게 사람을 끌고 있었다. 이 와중에 루즈벨트가 홀로 자본주의를 지킨 것은 자유주의를 위해서는 다행한 일이었지만 그것은 정부 간섭이 극대화된 수정자본주의였다. 이러한 가운데 자유주의는 시카고 대학의 프랑크 나이트와 헨리 사이먼스(Henry Simons)의 손에 의해 간신히 명맥을 유지하고 있었다.[68] 사이먼스는 대공황에 대한 케인즈의 처방과 루즈벨트의 정책적 실천을 자유주의에 대한 위협으로 보고 맹공격하였다. 이 두 학자의 제자들인 프리드만(Milton Friedman), 스티글러(George Stigler) 등이 현재의 자유주의를 육성하는데 공헌한 업적으로 노벨상을 받았다.[69] 자유주의가 성공하려면 제도의 발전과 법률 체제에 관심을 기울여야 한

랜드학파의 로우(J. Law), 흄(Hume, 1752), 제임스 밀(J. Mill, 1821), 존 수트어트 밀(J.S. Mill, 1833)로 이어지는 초기 중립화폐관은 중립화폐라는 용어를 최초로 사용한 스웨덴의 빅셀(Wicksell, 1898)에 이르러 제 1 차 대전 이전에 일단 정리된다. 빅셀의 중립화폐는 같은 시대에 오스트리아학파의 멩거(C.Menger, 1891)에 영향을 주어 헬퍼리히(Helfferich 1903), 폰 미제스(von Mises, 1912)를 거쳐 하이엑크(Hayek, 1935)로 이어진다. 제 2 차 대전 이후에 하이엑크는 중립화폐를 영미권에 소개하여 시카고학파를 형성하는데 크게 영향을 미쳤다(Koopmans, 1933; Patinkin, 1989).

66) Hume(1752). Mill(1833).

67) Mill(1821).

68) Patinkin(1969).

69) 스티글러는 1990년 글라스고우대학에서 개최한 아담 스미스 사후 200주년 기념 강의에

다는 생각은 시카고학파 문헌에 광범위하게 제시되어 있다. 디렉터(A. Director)와 레비(Levi)가 시작한 법경제학(law and economics)은 시카고학파가 만들어낸 경제학의 분야이다. 뷰케난(J. Buchanan)과 털럭(G. Tullock)에 의해 정치제도를 경제학으로 접근하는 공공경제학(public choice) 역시 넓게 보면 시카고학파의 영향에 있다.

15. 그러나 시카고대학에서 자유주의가 명맥을 유지하기 훨씬 전에 스코트랜드는 민족 대이동(diaspora)을 통하여 직접 신생 미국에 자유주의를 적극 전파하였다. 미국 헌법과 독립선언서는 스코트랜드 자유주의 전통의 계승인데 이 문서에서 주장하는 천부인권설과 행복추구권의 용어는 스코트랜드 자유주의가 처음 사용한 문구이다.[70] 대통령 중심제도 하의 최초의 미국 대법원도 스코트랜드 자유주의의 전통에서 태어났으며 미국 연방주의 역시 스코트랜드의 작품이다.[71] 영국은 합방에서 스코트랜드의 사법제도와 교육제도는 그대로 둔 채의회제도만을 없애버렸지만 합방된 후에도 영국과 다르게 계속 유지한 스코트랜드 고유의 교육제도와 사법제도가 미국에 심어졌다.[72]

16. 경제사를 돌아볼 때 자유주의는 시장의 발견에서 시작한다. 그러나 국가의 흥망성쇠의 원인을 미리 내다보지 못한 인류의 무지 때문에 시장의 숨은 기능을 발견하는데 많은 시간이 소요되었다. 이 무지 때문에 자유주의는 위기를 여러 번 맞이 하였다. 그러나 자유주의는 위기에서 싹이 트고 번영에서 숲을 이루었다. 위기라고, 어렵다고, 임기응변의 재량정책이 변명이 될 수 없다. 정부는 왕왕 정책의 실패를 감추고 그 실패에서 파생된 위기를 정책 개입으로 정당화하는 경향이 있다. 정책 개입은 다시 또 다른 실패를 불러올 가능성이 있고 그 결과를 다시 시장개입의 정당성으로 유도하는 경향이 있다. 자유주의는 소국에서 시작하여 대국으로 퍼져 나갔다. 대국만이 자유주의를 무기로 삼아 소국에게 강요한다는 강변은 자유주의 역사에서는 실패한 주장이다. 자유주의는 주변에서 발아하여 중심으로 전파되었다. 주변부 이론을 전개한 종속이론은 이제 사멸되었다. 중심국가만이 번영할 수 있다는 주장은 증거

서 "아담 스미스는 시카고대학에 살아 있다"고 연설하였다(Perlman 1996, p. 308).

70) Herman(2001).

71) Herman(2001). Repcheck(2003).

가 없다. 더욱이 자유주의는 인간 사회의 제도를 고안할 수 있는 준거를 제공할 수 있다는 점에서 강력한 잠재력을 갖고 있다.

17. 자유가 소중한 것은 수단이 아니라 그 자체가 목적이면서 그의 전성기에서 평등을 실현할 수 있는 능력이 있지만 평등은 그의 어떤 단계에서도 자유를 보장하지 못하기 때문이다. 그 자유는 시장의 경쟁원리에서 실현되고 무엇보다도 시장이 가장 고난에 찼을 때 자유는 씨를 뿌리며 미래를 준비하여 시장의 전성기에 수확을 할 수 있다는 것이다.

현재의 추세라면 자유주의 경쟁시장의 정밀성은 앞으로 그 심도를 더해 갈 것이다. 아담 스미스가 설계한 방향으로 나갈 것이다.[73] 각 국은 이 다섯 가지 조건을 현실에서 어떻게 실천하느냐의 숙제를 안고 있다. 교과서에만 실려 있는 조건을 교과서 밖으로 끄집어내어 현실에서 실현시키려는 그 실천력과 정밀성이 현재 세계가 나아가는 방향이다. 여기에 윤리적인 판단이나 정의관이 개재될 일이 아니다. 인류는 이제야 비로소 자연가격이 존재하는 시장이 자연현상이라는 사실을 이해한 것 같기 때문이다. 18세기에 변방의 작은 최빈국(最貧國) 스코트랜드에서 태어난 시장 자유주의는 19세기에 잠시 꽃을 피우는 듯 하더니 식민주의 · 제국주의 · 중상주의에 눌려 소멸할 듯하였고 20세기에는 공산주의와 대항하는 수정자본주의에 밀려 겨우 명맥을 유지하던 단계를 벗어나 300여 년이 지나는 21세기에 자신의 시대를 눈앞에 두고 있다. 기독교가 변방 예루살렘에서 시작하여 300여 년 만에 최대 강국인 로마를 통해 세계종교가 된 것에 비유할 수 있다. 스코트랜드 인들은 에딘버러를 북방의 예루살렘으로 만들기를 소망하였고[74] 그들이 시작한 시장자유주의는 마침내 세계의 이념이 되는데 성공하였다.

시장경제는 온실의 화초와 같은 것으로 정부의 역할은 자유주의 시장을 지키기 위한 강력한 국가를 유지하는 것이다. 국가와 교회(state and church)가 분리되어 신정정치(神政政治)가 마감되었듯이 국가와 시장(state and market)이 분리되는 정경정치(政經政治)가 마감되는 시대를 눈앞에 두고 있다. 과거에 정부가 시장에 개입할 수 있었던 것은 막대한 자금동원과 정보 수취 능력 때문

72) Herman(2001). 스코트랜드 의회는 2001년 다시 부활하였다.
73) Wight(2002).
74) Herman(2001).

이었다. 그러나 금융시장의 발달은 시장이 정부 못지않게 막대한 자금과 정보를 동원할 수 있게 함으로서 개인과 국가를 연결하는 시장의 역할을 강화해 줄 것이다. 시장의 역할 증대는 개인의 자유를 확장시키고 이러한 의미에서 경제학은 자유주의를 수용하는 방향으로 발전할 것이다.

참고문헌

김학은, "화폐유통속도의 수학적 분할,"「經濟學硏究」, 49(2001. 3), pp. 273-303.

김학은, "정보발생함수 I : 표본에서 모집단으로,"「한국경제학보」, 11(2004, 봄), pp. 83-120.

김학은,「화폐와 금융」, 2006.

根岸隆, 서석태 역,「경제학의 역사」, 서울: 법문사. 1985.

Arrow, K., "I know a Hawk from a' Handsaw," in M. Szenberg, ed., *Eminent Economists: Their Life and Philosophies*, Cambridge University Press, 1992, pp. 42-50.

Arrow, K. and F. Hahn, *General Equilibrium Analysis, Edinburgh*: Oliver & Boyd, 1971.

Arrow, K., H. Chenery, B. Minhas and R. Solow, "Capital-Labor Substitution and Economic Efficiency," *Review of Economics and Statistics*, 1961, pp. 225-248.

Bairoch, P., *Economics and World History*, Chicago: University of Chicago Press, 1993.

Bain, K. and P. G. Howells, "The Income and Transactions Velocities of Money," *Review of Social Economy*, 1991, 383-395.

Bank for International Settlements, *Statistics on Payment Systems in the Group of Ten Countries*, Basle: Bank for International Settlements, 1996.

__________, *Central Bank Survey of Foreign Exchange and Derivative Market Activity*, Basle: Bank for International Settlements, 1999.

Bayes, T., "An Essay Toward Solving a Problem in the Doctrine of Chances," *Philosophical Transactions*, Essay LII, pp. 370-418

Benassy, J. P., "Monopolistic Competition," in Hildenbrand and Schonenschein (eds.), *Handbook of Mathematical Economics*, vol. 4., Amsterdam: North Holland, 1991.

Benston, G. and G. Kaufman, "FDICA after Five Years," *Journal of Economic Perspective*, Summer 1997.

Bergh, A., *Anfklarung und Gedankenfreiheit*, Frankfurt A. M., 1977(1795).

Berlin, I., "Two Concepts of Liberty," in *Four Essays of Liberty*, Oxford University

Press, 1969.

Blaug, M., *Economic Theory in Retrospect*, Irwin, 1968.

Boeschoten, W. J. and M. M. G. Fase, *The Volume of Payments and the Informal Economy in the Netherlands 1965–1982*. Monetary Monographs no. 1, Amsterdam: de Netherlands Bank, and Dordrecht: Nijhoff, 1984.

Bohm-Bawerk, E., Principles of Commodity Value(Grundzuge der Theorie des wirtschaftlich Guterwerts), *Jahrbucher fur Nationalokomie und Statistiks*, vol, 13, 1886.

Bordo, M. D., *The Long-run Behavior of the Velocity of Circulation*, Cambridge: Cambridge University Press, 1987.

__________, "Equation of Exchange," in J. Eatwell et. al. (eds.), *Money*, the new Palgrave series, New York: Norton, 1989, pp. 151–156.

Bruce, D., *The Scottish 100 Portraits of History's Most Influential Scots*, New York: Carroll & Graf, 2000.

Buchanan, J., *The Structure of Progress-National Constitutionalism in a Technologically Opened World Economy*, Korean Economic Research Institute, 1996.

Burenstam Linder S. *The Harried Leisure Class*, New York: Columbia University Press, 1970.

Chan, T., "A Note on Noisy Chaos," *Journal of Royal Statistical Society*, 1994.

Chipman, "Slutsky's 1915 Article: How It Came to Be Found and Interpreted," *History of Political Economy*, 2002.

Chorafas, D., *Chaos Theory in the Financial Markets*, New York: Irwin, 1994.

Como Commission, *America's Agenda: Rebuilding Economic Strength*, London: Sharpe, 1992.

Cone, C., *Torchbearer of Freedom: The Influence of Richard Price on Eighteenth Century Thought*, Lexington, Kentucky: University of Kentucky Press, 1952.

Coveney, P., and R. Highfield, *Frontiers of Complexity*, New York: Fawcett Columbine, 1995.

Cramer, J. S., "Velocity of Circulation," in J. Eatwell et. al., eds., *Money*, the New Palgrave series, New York: Norton, 1989, pp. 328–332.

Cramer, J. S. and G. M. Reekers, "Money Demand by Sector," *Journal of Monetary Economics* 2(1), January 1976, pp. 99–112.

________, "The Work Money Does-The Transaction Velocity of Circulation of Money in the Netherlands, 1950–1978," *European Economic Review*, 1981, pp. 307–26,

________, "The Volume of Transactions and Payments in the United Kingdom, 1968-1977," *Oxford Economic Papers* 33(2), July 1981, pp. 234-55.

David, F. N., *Games, Gods, and Gambling*, NY: Hafner Publishing Company, 1962.

Davidson, P., "Are Grains of Sand in the Wheels of International Finance Sufficient to do the Job when Boulders are often Required?" *Economic Journal* (1997), pp. 671-686.

Dean, E., *Economic Analysis and African Response to Price*, Ph. D. Dissertation, Columbia University, 1963.

des Essars, P., "La vitesse de la circulation de la monnaie," *Journal de la Societe de Statistique de Paris*, vol. 36(1895), pp. 143-26.

Diamond, P., "Proposals to Restructure Social Security," *Journal of Economic Perspective*, Summer 1996.

Dore, R., *Stock Market Capitalism: Welfare Capitalism, Japan and Germany versus Anglo-Saxons*, Oxford: Oxford University Press, 2000.

Dornbusch, R., (ed.), *Policy Making in the Open Economy: Concepts and Case Studies in Economic Performance*, Oxford: Oxford University Press, 1993.

Eichengreen and Wyplosz, "The Unstable EMS," *Brookings Papers on Economic Activity*, 1993, pp. 51-143.

Ekeland, I., *Mathematics and the Unexpected*, Chicago: University of Chicago, 1988.

Fischer, D., *Liberty and Freedom*, Oxford: Oxford University Press, 2005.

Fisher, I., "A Practical Method for Estimating the Velocity of Circulation of Money," *Journal of the Royal Statistical Society* 72, September 1909, pp. 604-11.

________, *The Purchasing Power of Money*, New York: Macmillan, 1911.

Frankel, H., *Two Philosopies of Money*, New York: St. Martin's, 1977.

Freiden, J., *Debt, Investment and Democracy: Modern Political Economy and Latin America*, 1965-1985," Princeton: Princeton University Press, 1991.

Friedman, M., *Price Theory A Provisional Text*, Chicago: Aldine, 1962.

Friedman, M., *Capitalism and Freedom*, Chicago: University of Chicago Press, 1962.

Friedman, M., "Quantity Theory of Money," in J. Eatwell et. al. (eds.), *The New Palgrave A Dictionary of Economics*, vol. 4, London: Macmillan, 1987, pp. 3-20.

Friedman, M., and R. Friedman, *Free to Choose*, New York: Harcourt, 1980.

Garvy, G. and M. R. Blyn, *The Velocity of Money*, New York: Federal Reserve Bank of New York, 1969.

Garza-Valdes, L. A., *The DNA of God?*, New York: Berkley, 1999.

Gleick, K., *Chaos,* Penguin, 1987.

Gossen, H., *The Laws of Human Relations*, 1854. Entwickelung der Gesetze des menschlichen Verkehrs und der daraus fliessenden Regeln fur menchliches Handeln, Braunschweig, Fr. Vieweg & Sohn, 1854).

Gramlich, E. M., "Different Approach for Dealing with Social Security," *Journal of Economic Perspective*, Summer 1996.

Gray, J., "On Positive and Negative Liberty," *Political Studies*, 1980.

Greaves, B. B., *Austrian Economics*, New York: Foundation for Economic Education, 1996.

Greider, W., *The Secrets of Temple*, 1985.

Groebner, D. F., and P. Shannon, *Business Statistics: A Decision-Making Approach*, 4 th. Ed. NY: Macmillan, 1993.

Haldane, E. and G. Ross, (eds.), Philosophical Works of Decartes, New York: Dover, 1934.

Hart, H. L. A., "American Jurisprudence through English Eyes: The Nightmare and the Noble Dream," *Georgia Law Review* 969, 986 (1977).

_______, "Between Rights and Utility," in Ryan (ed.), *The Idea of Freedom: Essays in Honor of Isaiah Berlin*, Oxford: Oxford University Press, 1979.

Harvie, C., *Scotland,* Oxford: Oxford University Press, 2002.

Hayek, F., *Collectivist Economic Planning,* London: Routledge, 1935.

_______, *Freedom and the Economic System*, Chicago: University of Chicago Press, 1939.

_______, *Prices and Production*, London: Routledge, 1931.

_______, "On Neutrality of Money," Translated from the Original German by Hudson: in Hayek, *Money, Capital and Fluctuations: Early Essays,* in R. McCloughry, (ed.), London: Routledge, 1933.

_______, *The Road to Serfdom*, University of Chicago Press, 1944(1994), p. 28.

Helfferich, K., *Das Geld*, Leipzig: Hirschfeld, 1903.

Henon, M., Numerical Study of Quadratic Area-preserving Mappins, *Quarterly Journal of Applied Mathematics*, 1969, pp. 291-312.

Herman, A., *How the Scots Invented the Modern World*, New York: Crown, 2001.

Hicks, J., "A Reconsideration of the Theory of Value," *Economica* (February 1934).

_______, *Value and Capital*, 1939.

_______, *A Revision of Demand Theory*, Oxford 1956.

Hildenbrand, W., *Market Demand*, Princeton: Princeton University Press, 1994.

Hildreth, C. and J. Houck, "Some Estimators for a Linear Model with Random Coefficients," *Journal of the American Statistical Association* vol. 63, 1968, pp. 584-95.

Houston, R. A., and W. W. Knox (eds.), *History of Scotland,* London: Penguin, 2001.

Howells, P. G., and I.B-F. Mariscal, "An Explanation for the Recent Behavior of Income and Transaction Velocities in the United Kingdom," *Journal of Post Keynesian Economy,* 1992, pp. 367-88.

Humphrey, T. M., "The Origins of Velocity Functions," Federal Reserve Bank of Richmond *Economic Quarterly*, Fall 1993, pp. 1-17.

________, "Algebraic Production Functions and Their Uses before Cobb-Douglas," Federal Reserve Bank of Richmond *Economic Quarterly*, Winter 1997, pp. 51-83.

Huang, C. and R. H. Litzengerger, *Foundations for Financial Economics*, New York: North-Holland, 1988.

Hudgson, G., "How Can Evolutionary Economics Evolve?" in Aruka, Y. (ed.), *Evolutionary Controversies in Economics*, Tokyo: Springer-Verlag, 2001.

Hume, D., "Of Money and Of Interest," in D. Hume, *Writings on Economics*(1752), ed. by E. Rotwein, Madison: University of Wisconsin Press, 1970.

Ireland, P. N. "Financial Evolution and the Long-Run Behavior of Velocity: New Evidence from U.S. Regional Data," *Federal Reserve Bank Richmond Economic Review*, vol. 77 (November/December 1991), pp. 16-26.

Johnson, W. E., "The Pure Theory of Utility Curves," *Economic Journal,* December 1913.

Joscow, P., "Restructuring, Competition and Regulatory Reform in the U.S. Electricity Sector," *Journal of Economic Perspective*, Summer 1997.

Kauder, E., A *History of Marginal Utility Theory*, Princeton: Princeton University Press, 1965.

Kendall, M. and R. Plackett, eds., *Studies in the History of Statistics and Probability,* vol. Ⅱ. New York: Macmillan, 1977.

Kennedy, P., *A Guide to Econometrics*, Cambridge: MIT Press, 1991.

Keynes, J. M., *A Treatise on Money*, London: Macmillan, 1930.

________, *The General Theory of Interest, Employment and Money*, London: Macmillan, 1936.

________, *Essays in Biography*, London: Macmillan, 1933. (D. Moggridge, ed., The

Collected Writings of John Maynard Keynes, vol. X., 1972, p. 262).

_______, *A Treatise on Probability*, London: Macmillan, 1921.

Khaneman, D. and A. Tversky, "Prospect Theory: An Analysis of Decision under Risk," *Econometrica*, vol. 47, 1979, pp. 263-291.

Kim, H. (2006), "Econometric Morphogenesis of A Time Series Sample: A Preliminary Report," mimeo, 2006.

Knight, F., "The Ethics of Competition," *Quarterly Journal of Economics*, 1923.

Koop, G., *Baysian Econometrics*, Wiley & Sons, 2003.

Koopmans, J. G., *Zum Problem des "Neutralen" Geldes*, 1933.

Kruger, A., *Political Economy of Policy Reform in Developing Countries*, Cambridge: MIT Press, 1933.

Lancaster, A., *An Introduction to Modern Bayesian Econometrics*, 2003.

Lancaster, K., Change and Innovation in the Technology of Consumption, *American Economic Review*, 1966, pp. 14-23.

Langweiler, Y., *Microfoundations of Financial Economics*, Princeton: Princeton University Press, 2004.

Laurent, R. D., *Currency Transfers by Denomination*, Ph.D Dissertation, University of Chicago, 1970.

Lehndorf, S., "Has the 'Secular Reduction of Working Time' Come to an End," in Glucksman, M. and M. Harvey(eds.), *Rescheduling Time*, Manchester University Press, 1999.

Lim, Park, U. K. and Harcourt, *Editing Economics Essays in Honor of Mark Perlman*, New York: Routledge, 2000.

Lindahl, E., *The Rate of Interest and the Price Level*, 1929.

Lindley, D. V., *Introduction to Probability and Statistics from a Bayesian Viewpoint*, Cambridge University Press, 1965.

Lucas, R., *Models of Business Cycles*, Oxford: Blackwell, 1987.

Lustic, N., *Mexico: The Remaking of an Economy*, Washington, D.C.: Brookings, 1992.

McAfee, G. and McMillan, "Analyzing the Airways Auction," *Journal of Economic Perspective*, Winter 1996.

McGouldrick, P. F., "A Sectoral Analysis of Velocity," *Federal Reserve Bulletin*, December 1962.

Magee, B., *The Story of Philosophy*, London: Dolring Kindersley, 2001.

Malloy, R., *Law and Market Economy*, Cambridge, 2000.

Mandelbrot, B., *Fractal Geometry of Nature*, Springer, 1982.

May, K., "The Intransitivity of Individual Preferences," presented in a joint session of the Econometric Society and the Institute of Mathematical Statistics, December, 1952.

Mayer, H., "Untersuchung zu dem Grundgesetz der wirtschaftlichen Wertrechnung," *Zeitschrift fur Volkswirtschaft und Socialpolitik*. N. F. Ⅱ (Wien 1921), pp. 1–15.

Mill, J., *Elements of Political Economy*, London: Baldwin, 1821

Mill, J. S., The Currency Juggle, *Tait's Edinburgh Magazine,* January 1833.

Miller, M. H., *Merton Miller on Derivatives*, New York: John Wiley, 1997.

Miller, R. D., "The Dynamic Properties of a Two Region Model of the Regional Impact of Monetary Policy in the United States," *Journal of Economics and Business*, 1979, pp. 90–102.

Minowitz, P., *Profits, Priests, and Princes: Adam Smith's Emancipation of Economics from Politics and Religion*, Stanford: Stanford University Press, 1993.

Moritz, R., *On Mathematics*, New York: Dover, 1958.

Moss, L., ed., *The Economics of Ludwig von Mises,* Kansas: Sheed and Ward, Inc. 1976, p. 27,

Muller, J. Z., *The Mind and the Market*, New York: Anchor, 2002.

Murgatroyd, L. and H. Neuberger, *A Household Satellite Account for the UK*, Economic Trends 527, pp. 63–71.

Myrdal, G., *Monetary Equilibrium*, 1939(1931).

Nahin, P., *An Imaginary Tale: The Story of* $\sqrt{-1}$, Princeton: Princeton University Press, 1998.

Neftci, S., *An Introduction to the Mathematics of Financial Derivatives,* 2nd ed., New York: Academic Press, 2000.

Newhouse, J., "Policy Watch: Medicare," *Journal of Economic Perspective*, Summer 1996.

Okun, A., *Efficiency and Equity*, Brookings,

Outram, D., *The Enlightenment*, 2nd ed. Cambridge: Cambridge University Press, 2005.

Owen, J. *The Supply of Labor and the Demand for Recreation*, Ph. D. Dissertation, Columbia University, 1963.

Papandreou, A., *An Experimental Test of an Axiom in the Theory of Choice*, University of Minnesota, December 1952.

________., "A Test of a Stochastic Theory of Choice," *Publication Economics*, vol. 16,

University of California Press, Berkley, 1957.

Patinkin, D., "In Search of the 'Veil of Money' and the 'Neutrality of Money' : A Note on the Origin of Term," *Scandinavian Journal of Economics*, 1989, pp. 131–146.

_______, "The Chicago Tradition, the Quantity of Money and Friedman," *Journal of Money, Credit and Banking*, 1969, pp. 46–70.

Patterson, O., *Freedom*, New York, 1991.

Peacock, A., *Economic Freedom*, in Eatwell, J., M. Milgate and P. Newman, pp. 88–93.

Perelman, M., *The Invention of Capitalism*, Duke University Press, 2000.

Perlman, M., *The Character of Economic Thought, Economic Character, and Economic Institutions*, University of Michigan Press, 1996.

_______, *The Pillars of Economic Understanding*, University of Michigan Press, 1998

Petty, W., *Treatise of Taxes and Contributions*, 1662. In Charles Hull, ed., *The Economic Writings of Sir William Petty, I*, Cambridge, 1899, reprinted, New York: A. M. Kelly, 1964.

Posner, R., *The Economics of Justice*, Cambridge: Harvard University Press, 1983.

_______, "The Theory of Primitive Society," *Journal of Law and Economics*, 1980, pp. 1–4.

Puu, T., "Economic Development in the Arts, Crafts, and Sciences," in Aruka, Y. (ed.), *Evolutionary Controversies in Economics*, Tokyo: Springer–Verlag, 2001.

Rawls, J., *Lecture on the History of Moral Philosophy*, Harvard, 2000,

_______, *A Theory of Justice*, Cambridge: Harvard University Press, 1971.

_______, "Some Reasons for the Maximin Criterion," *American Economic Review*, Proceedings, 1974, pp. 141–146.

_______, "A Kantian Conception of Equality," *Cambridge Review*, 1975, pp. 94–99.

Repcheck, J., *The Man Who Found Time*, Cambridge: Perseus, 2003.

Roberts, J. L., *The Jacobite Wars*, Edinburgh: Polygon, 2002.

Robinson, D. S., *The Story of Scottish Philosophy*, New York: Exposition Press, 1961.

Rosenstein–Roden, P., "La funzione del tempo nella teoria economica," *Annali di Statistica e di Economia*, Anno Ⅲ., vol. 4, Genoa 1936.

Salleron, L., *Liberalisme et Socialisme*, Paris: Saint–Paul, 1978.

Samuelson, P. A., *Foundations of Economic Analysis*, New York: Atheneum, 1965.

_______, "Schumpeter's Capitalism, Socialism and Democracy," in Arnold Hettje (ed.), *Scumpeter's Vision: Capitalism, Socialism and Democracy*, New York: Praeger, 1981,

p. 16.

Schonfeld-Illy, L., *Grenznutzen und Wirtschaftsrechnung*, Wien, 1924.

Schultze, C., "The CEA: An Inside Voice for Mainstream," *Journal of Economic Perspective*, Summer 1996.

Schumpeter, J., *History of Economic Analysis*, London: George & Allen, 1954

_______, *Capitalism, Socialism and Democracy,*

_______, "The Instability of Capitalism," *Economic Journal*, september 1928, pp. 361-386.

_______, "The Nature and Necessity of a Private System," *Economic Reconstruction*, 1934, pp. 170-176.

Screpani E, and S. Zamagni, *An Outline of the History of Economic Thought*, Oxford, 2005.

Seager, H., "Economics at Berlin and Vienna," *Journal of Political Economy*, March 1893.

Selden, R. T., "The Postwar Rise in the Velocity of Money: A Sectoral Analysis, " *Journal of Finance,* December 1961.

Sen, A., *On Ethics and Economics*, Oxford: Basil Black, 1987.

Shanks, H., *The Mystery and Meaning of the Dead Sea Scrolls*, New York: Vintage Books, 1999.

Slutsky, E., "Sulla Teoria del Bilancio del Consummatore," *Giornale degli Economist*, vol. 51, July 1915, pp. 1-24.

Smith, M. F., "Present Position and Potential Developments: Some Personal Views of Bayesian Statistics," *Journal of the Royal Statistical Association*, vol. 147, 1984, part 3, pp. 245-259.

Snyder, C., "New Measures in the Equation of Exchange," *American Economic Review*, 1924.

_______, "On the Statistical Relation of Trade, Credit, and Prices," *Revue de l'Institut International de Statistique* 2, October 1934, pp. 278-91.

Steedman, I., *Pure Consumption Time*, ICER Working Paper No. 15/95, Turin, 1995.

_______, *Consumption and Time*, London: Routledge, 2000.

Stein, H., "A Successful Accident: Recollections and Speculations about the CEA," *Journal of Economic Perspective*, Summer 1996.

Stigler, G., *The Economist as Preacher and Other Essays*, Chicago: University of Chicago Press, 1982.

_______, *Memoirs of an Unregulated Economist,* New York: Basic Books, 1988.

Stigler, S. M., *The History of Statistics: The Measurement of Uncertainty before 1900,* Belknap Press of Harvard University Press, 1986.

Streeten, P., "Integration, Interdependence, and Globalization," *Financial Development,* June 2001, 34–37.

Sutton, J., "Is Imperfect Competition Empirically Empty," in Feiwel, (ed.), *The Economics of Imperfection and Employment*, London: Macmillan, 1989.

Swedberg, R., "Knut Wicksell as a Classic and a Social Thinker," in Lim, Park, and Harcourt, (eds.), *Editing Economics Essays in Honor of Mark Perlman*, New York: Routledge, 2002, pp. 133–146.

Taylor, J., *From Sarajevo to Potsdam*, 1972.

Taylor, L., *The Rocky Road to Reform: Adjustment, Income Distribution, and Growth in Developing World,* Cambridge: MIT Press, 1993.

Tobin, J., "On the Efficiency of the Financial System," *Lloyds Bank Review,* July 1984, 1–15.

Turing, A., "The Chemical Basis of Morphogenesis," *Philosophical Transactions of the Royal Society of London, Series B*, August 1952, pp. 37–72.

Viner, J., "Bentham and J. S. Mill: Utilitarian Background," *American Economic Review*, March 1949.

_______, "Intellectual History of Laissez Faire," *Journal of Law and Economics*, 1960, pp. 45–69.

Viscusi, W., "Economic Foundations of the Current Regulatory Reform Efforts," *Journal of Economic Perspective*, Summer 1996.

von Mises, L., *Human Action: An Economic Treatise*, New Haven: Yale University Press, 1949.

_______, *Theories des Geldes und der Umlaufsmittel*, Munchen: Ducker & Humboldt, 1912, Translated as *The Theory of Money and Credit*, 2nd ed., London: Jonathan Cape, 1934(1912).

_______, Socialism: *An Economic and Sociological Analysis*, translated by J. Kahane, New haven: Yale University Press, 1951(1923).

_______, *Omnipotent Government: The Rise of the Total State and Total War*, New Haven: Yale University Press, 1944.

von Neuman, J. and O. Morgenstein, *Theory of Games and Economic Behavior*, Princeton: Princeton University Press, 1944.

von Thunen, J., *Der Isolierte Staat*, Part I, 1826,

Unwin, S., *The Probability of God*, New York: Three Rivers Press, 2003.

Waldfogel, J., "The Deadweight Loss of Christmas," *American Econmic Review,* Dec. 1993, pp. 1328-36.

Waldrop, M., *Complexity,* Simon & Schuster, 1992.

Weinberg, J. A., "Selling Federal Reserve Payment Services: One Price Fits All?" *Federal Reserve Bank of Richmond Economic Quarterly,* Fall 1994, pp. 1-24.

Wicksell, K., *Interest and Prices,* London: Macmillan, 1936(1898).

Wight, J. B., *Saving Adam Smith: A Tale of Wealth, Transformation, and Virtue,* Prentice Hall, 2002.

Williams, D., *The Enlightenment,* Cambridge: Cambridge University Press, 1999.

Williams, B., "Technical Change, Employment and Hours," in Williams, B. and J. Bryan-Brown (eds.), *Knowns and Unknowns in Technical Change*, London, 1985.

Winston, C., "Economic Deregulation: Days of Reckoning for Microeconomic," *Journal of Economic Literature,* November 1993.

Yarbrough, B. and R. Yarbrough, *Cooperation and Governance in International Trade: the Strategic Organizational Approach*, Princeton: Princeton University Press, 1992.

Zimmel, G. *The Philosophy of Money,* Boston: Routledge, 1978(1907).

찾아보기

찾아보기

김학은(金學𣚭)

서울대학교 농과대학 졸업
미국 University of Pittsburgh 대학원, 경제학 박사
미국 Case Western Reserve University 경제학 조교수
현, 연세대학교 상경대학 경제학 교수

저　서
A Study on Inflation and Unemployment, New York: Garland, 1984.
화폐와 경제, 법문사, 1984.
화폐와 이자, 법문사, 1984.
화폐와 시간, 법문사, 1991.
돈의 역사, 학민사, 1994.
폰지게임과 베짓처방, 전통과 현대, 1998.
새 거시경제학(공저), 세경사, 2005.
자유주의 경제학 입문(공저), 세경사, 2006.

정합경제이론

2006年 11月 20日 初版印刷
2006年 11月 25日 初版發行

著 者 김 학 은
發行人 安 鍾 萬
發行處 博 英 社
서울特別市 鍾路區 平洞 13-31番地
電話 (733)6771 FAX (736)4818
登錄 1952. 11. 18. 제1-171호(倫)

www.pakyoungsa.co.kr e-mail: pys@pakyoungsa.co.kr

定 價 30,000원 ISBN 89-10-20493-1